JN411517

로스쿨

형법각론

신동운 한인섭 이용식 조 국 이상원

傅 英 社

머 리 말

2009년 3월 마침내 법학전문대학원(일명 로스쿨)이 출범하였다. '법률가의 선발'로부터 '법률가의 양성'으로 패러다임이 전환된 것이다. 새로운 제도가 성공적으로 뿌리를 내리려면 무엇보다도 로스쿨의 교육과정이 충실해져야 한다. 실제생활에서 문제되고 있는 법적 쟁점을 정확하게 포착하고 정의로운 해결책을 제시할 수 있는 법적 능력의 함양이 새로운 로스쿨의 교육목표가 되어야 할 것이다.

성공적인 로스쿨의 정착에는 여러 가지 조건들이 필요하다. 그 가운데에서도 로스쿨의 교육목표를 정확히 의식하면서 내용이 알차게 꾸며진 교재개발은 필수적이라고 하지 않을 수 없다. 이러한 시대적 요청에 부응하기 위하여 서울대학교 법학전문대학원에서 형사법을 담당하고 있는 5명의 전임교수가 힘을 모아 로스쿨 강의를 위한 형법총론 교재에 이어서 형법각론 교재를 개발하게 되었다. 형법총론의 경우와 마찬가지로 이론형법학의 정밀성을 견지하면서도 형사정책적 시각과 실무의 경험 등을 다각도로 반영하여 우리 사회에 적합한 형법각론 교재를 개발해 보자는 데에 참여자들의 의견이 일치되었다.

참여자들은 각자의 관심분야에 따라 다음과 같이 집필부분을 분담하였다.

이용식 : 제1장 ~ 제6장(인격적 법익)
이상원 : 제7장 ~ 제9장(재산적 법익 1)
조 국 : 제10장 ~ 제13장(재산적 법익 2)
한인섭 : 제14장 ~ 제17장(사회적 법익)
신동운 : 제18장 ~ 제24장(국가적 법익)

집필자들은 준비과정에서 상의를 거듭한 결과 다음의 사항을 공통의 집필기준으로 확인하였다.

- 형사재판의 실제를 반영하여 인격적 법익, 재산적 법익, 사회적 법익, 국가적 법익의 순으로 체재를 구성한다.
- 교재의 내용은 가능한 한 최근의 대법원판례와 헌법재판소판례를 중심으로 구성한다.
- 문답식으로 진행될 로스쿨 수업을 염두에 두고 학생들의 토론을 유도할 수 있는 문항을 개발한다.

이상의 공통인식 하에 참여자들은 집필에 임하였으나 로스쿨의 출범에 이은 일련의 업무 부담으로 충분한 시간을 확보하지 못하였다. 그 결과 여러 가지 부족함이 예상되지만 그럼에도 불구하고 우선 강의에 사용할 수 있도록 서둘러 본서를 출간하게 되었다. 집필참여자들의 교수경험과 독자 여러분들의 질정을 토대로 본서를 계속 보완·발전시킬 것을 약속드린다.

본서의 출간에는 무엇보다도 서울대학교 법학전문대학원의 김건식 원장님의 후원과 격려에 힘입은 바가 크다. 로스쿨 교육의 성패가 우수한 교재개발에 있음을 일찍부터 강조하시고 이를 위하여 물질적·정신적 지원을 아끼지 아니하신 김건식 원장님께 깊은 감사의 인사를 드리고자 한다.

형법총론에 이어 형법각론 교재의 출간에도 박영사 안종만 회장님과 조성호 부장님, 이경희 편집위원이 많은 도움을 주셨다. 김현숙 법학박사는 형법총론에 이어 형법각론 원고의 편집과 교정도 열성적으로 도와주었다. 본서가 이와 같이 빨리 출간될 수 있었던 데에는 이분들의 도움이 컸다. 이 자리를 빌어서 감사를 전한다. 본서가 새로운 로스쿨의 정착과 발전에 조금이라도 기여할 수 있게 되기를 기대하면서 머리말에 갈음하고자 한다.

2009년 8월

집필자를 대표하여 신동운 씀

목 차

제1장 살인의 죄

Ⅰ. 존엄사(소극적 안락사)의 허용 여부

- 무의미한 연명치료장치 제거행위에 대한 법적 평가

도입판례

대법원 2009. 5. 21. 선고 2009다17417 전원합의체 판결【무의미한연명치료장치제거등】(공2009상, 849)

【당 사 자】 원고, 피상고인 A
피고, 상고인 학교법인 연세대학교
【원심판결】 서울고등법원 2009. 2. 10. 선고 2008나116869 판결
【주　　문】 상고를 기각한다.
상고비용은 피고가 부담한다.
【이　　유】

상고이유를 판단한다.

1. 연명치료 중단의 허용기준에 관한 상고이유에 대하여

가. 의료계약에 따른 진료의무의 내용(생략)

나. 생명과 관련된 진료의 거부 또는 중단

자기결정권 및 신뢰관계를 기초로 하는 의료계약의 본질에 비추어 강제진료를 받아야 하는 등의 특별한 사정이 없는 한 환자는 자유로이 의료계약을 해지할 수 있다 할 것이며(민법 제689조 제1항), 의료계약을 유지하는 경우에도 환자의 자기결정권이 보장되는 범위 내에서는 제공되는

진료행위의 내용 변경을 요구할 수 있을 것이다.

따라서 환자의 신체 침해를 수반하는 구체적인 진료행위가 환자의 동의를 받아 제공될 수 있는 것과 마찬가지로, 그 진료행위를 계속할 것인지 여부에 관한 환자의 결정권 역시 존중되어야 하며 환자가 그 진료행위의 중단을 요구할 경우에 원칙적으로 의료인은 이를 받아들이고 다른 적절한 진료방법이 있는지를 강구해야 할 것이다.

그러나 인간의 생명은 고귀하고 생명권은 헌법에 규정된 모든 기본권의 전제로서 기능하는 기본권 중의 기본권이라 할 것이므로 환자의 생명과 직결되는 진료행위를 중단할 것인지 여부는 극히 제한적으로 신중하게 판단해야 한다.

다. 회복불가능한 사망 단계에 진입한 환자에 대한 진료중단의 허용요건

(1) 의학적으로 환자가 의식의 회복가능성이 없고 생명과 관련된 중요한 생체기능의 상실을 회복할 수 없으며 환자의 신체상태에 비추어 짧은 시간 내에 사망에 이를 수 있음이 명백한 경우(이하 '회복불가능한 사망의 단계'라 한다)에 이루어지는 진료행위(이하 '연명치료'라 한다)는 원인이 되는 질병의 호전을 목적으로 하는 것이 아니라 질병의 호전을 사실상 포기한 상태에서 오로지 현 상태를 유지하기 위하여 이루어지는 치료에 불과하므로, 그에 이르지 아니한 경우와는 다른 기준으로 진료중단 허용가능성을 판단해야 한다.

환자가 회복불가능한 사망의 단계에 진입한 경우, 환자는 전적으로 기계적인 장치에 의존하여 연명하게 되고 전혀 회복가능성이 없는 상태에서 결국 신체의 다른 기능까지 상실되어 기계적인 장치에 의하여서도 연명할 수 없는 상태에 이르기를 기다리고 있을 뿐이므로 의학적인 의미에서는 치료의 목적을 상실한 신체 침해 행위가 계속적으로 이루어지는 것이라 할 수 있으며, 이는 죽음의 과정이 시작되는 것을 막는 것이 아니라 자연적으로는 이미 시작된 죽음의 과정에서의 종기를 인위적으로 연장시키는 것으로 볼 수 있다.

생명권이 가장 중요한 기본권이라고 하더라도 인간의 생명 역시 인간으로서의 존엄성이라는 인간 존재의 근원적인 가치에 부합하는 방식으로 보호되어야 할 것이다. 따라서 이미 의식의 회복가능성을 상실하여 더 이상 인격체로서의 활동을 기대할 수 없고 자연적으로는 이미 죽음의 과정이 시작되었다고 볼 수 있는 회복불가능한 사망의 단계에 이른 후에는 의학적으로 무의미한 신체 침해 행위에 해당하는 연명치료를 환자에게 강요하는 것이 오히려 인간의 존엄과 가치를 해하게 되므로, 이와 같은 예외적인 상황에서 죽음을 맞이하려는 환자의 의사결정을 존중하여 환자의 인간으로서의 존엄과 가치 및 행복추구권을 보호하는 것이 사회상규에 부합되고 헌법정신에도 어긋나지 아니한다고 할 것이다.

그러므로, 회복불가능한 사망의 단계에 이른 후에 환자가 인간으로서의 존엄과 가치 및 행복추구권에 기초하여 자기결정권을 행사하는 것으로 인정되는 경우에는 특별한 사정이 없는 한 연명치료의 중단이 허용될 수 있다.

(2) 환자가 회복불가능한 사망의 단계에 이르렀을 경우에 대비하여 미리 의료인에게 자신의 연명치료 거부 내지 중단에 관한 의사를 밝힌 경우(이하 '사전의료지시'라 한다)에는 비록 진료 중단 시점에서 자기결정권을 행사한 것은 아니지만 사전의료지시를 한 후 환자의 의사가 바뀌었다고 볼 만한 특별한 사정이 없는 한 사전의료지시에 의하여 자기결정권을 행사한 것으로 인정할 수 있다.

다만, 이러한 사전의료지시는 진정한 자기결정권 행사로 볼 수 있을 정도의 요건을 갖추어야 한다. 따라서, 의사결정능력이 있는 환자가 의료인으로부터 직접 충분한 의학적 정보를 제공받은 후 그 의학적 정보를 바탕으로 자신의 고유한 가치관에 따라 진지하게 구체적인 진료행위에 관한 의사를 결정해야 하며, 이와 같은 의사결정 과정이 환자 자신이 직접 의료인을 상대방으로 하여 작성한 서면이나 의료인이 환자를 진료하는 과정에서 위와 같은 의사결정 내용을 기재한 진료기록 등에 의하여 진료 중단 시점에서 명확하게 입증될 수 있어야 비로소 사전의료지시로서의 효력을 인정할 수 있다.

환자 본인의 의사에 따라 작성된 문서라는 점이 인정된다고 하더라도 의료인을 직접 상대방으로 하여 작성하거나 의료인이 참여한 가운데 작성된 것이 아니라면 환자의 의사결정능력, 충분한 의학적 정보의 제공, 진지한 의사에 따른 의사표시 등의 요건을 갖추어 작성된 서면이라는 점이 문서 자체에 의하여 객관적으로 확인되지 않으므로 위 사전의료지시와 같은 구속력을 인정할 수 없고, 아래에서 보는 바와 같이 환자의 의사를 추정할 수 있는 객관적인 자료의 하나로 취급할 수 있을 뿐이다.

(3) 한편, 환자의 사전의료지시가 없는 상태에서 회복불가능한 사망의 단계에 진입한 경우에는 환자에게 의식의 회복가능성이 없으므로 더 이상 환자 자신이 자기결정권을 행사하여 진료행위의 내용 변경이나 중단을 요구하는 의사를 표시할 것을 기대할 수 없다. 그러나 환자의 평소 가치관이나 신념 등에 비추어 연명치료를 중단하는 것이 객관적으로 환자의 최선의 이익에 부합한다고 인정되어 환자에게 자기결정권을 행사할 수 있는 기회가 주어지더라도 연명치료의 중단을 선택하였을 것이라고 볼 수 있는 경우에는 그 연명치료 중단에 관한 환자의 의사를 추정할 수 있다고 인정하는 것이 합리적이고 사회상규에 부합된다.

이러한 환자의 의사 추정은 객관적으로 이루어져야 한다. 따라서 환자의 의사를 확인할 수 있는 객관적인 자료가 있는 경우에는 반드시 이를 참고해야 하고 환자가 평소 일상생활을 통하여 가족, 친구 등에 대하여 한 의사표현, 타인에 대한 치료를 보고 환자가 보인 반응, 환자의 종교, 평소의 생활 태도 등을 환자의 나이, 치료의 부작용, 환자가 고통을 겪을 가능성, 회복불가능한 사망의 단계에 이르기까지의 치료 과정, 질병의 정도, 현재의 환자 상태 등 객관적인 사정과 종합하여 환자가 현재의 신체상태에서 의학적으로 충분한 정보를 제공받는 경우 연명치료 중단을 선택하였을 것이라고 인정되는 경우라야 그 의사를 추정할 수 있을 것이다.

(4) 환자 측이 직접 법원에 소를 제기한 경우가 아니라면, 환자가 회복불가능한 사망의 단계에 이르렀는지 여부에 관하여는 전문의사 등으로 구성된 위원회 등의 판단을 거치는 것이 바람직하다.

라. 이 사건에 대한 판단

원심판결 이유에 의하면, 원심은 환자가 회생가능성이 없는 회복불가능한 사망과정에 진입한 경우에 환자의 진지하고 합리적인 치료중단 의사가 추정될 수 있다면 사망과정의 연장에 불과한 진료행위를 중단할 수 있다는 취지로 판단하였는 바, 원심이 연명치료 중단의 기준으로 삼은 위와 같은 사유는 위에서 살펴 본 회복불가능한 사망의 단계에 이른 경우의 연명치료 중단에 관한 법리와 같은 취지이므로 정당하고 거기에 연명치료 중단의 허용기준에 관한 법리를 오해한 위법이 없다.

2. 원고가 회복불가능한 사망의 단계에 진입하지 않았다는 상고이유에 대하여

앞서 본 바와 같이 환자의 추정적 의사에 의하여 연명치료의 중단이 허용될 수 있는 회복불가능한 사망의 단계는 의식의 회복가능성이 없고 생명과 관련된 중요한 생체기능의 상실을 회복할 수 없으며 환자의 신체상태에 비추어 짧은 시간 내에 사망에 이를 수 있음이 명백한 경우를 의미하는 바, 그 단계에 이르렀는지 여부는 주치의의 소견뿐 아니라 사실조회, 진료기록 감정 등에 나타난 다른 전문의사의 의학적 소견을 종합하여 신중하게 판단해야 한다.

원심은 거시 증거를 종합하여 원고에 대한 뇌 자기공명영상(MRI) 검사에서 뇌가 전반적으로 심한 위축을 보이고 대뇌피질의 요철이 단지 가느다란 띠 형상으로 보일 정도로 심하게 파괴되어 있으며 기저핵 시상(視床)의 구조가 보이지 아니하고 뇌간 및 소뇌도 심한 손상으로 위축되어 있는 사실, 원고의 담당 주치의는 원고에게 자발호흡은 없지만 뇌사상태는 아니며 지속적 식물인간상태로서 의식을 회복할 가능성은 매우 낮아 5% 미만이라는 견해를 피력하였으나, 진료기록 감정의는 원고가 자발호흡이 없어 일반적인 식물인간상태보다 더 심각하여 뇌사상태에 가

깝고 회복가능성은 거의 없다고 하고 있으며, 신체감정의들도 모두 원고가 지속적 식물인간상태로서 회생가능성이 희박하다는 취지의 견해를 밝히고 있는 사실, 자발호흡이 없어 인공호흡기에 의하여 생명이 유지되는 상태인 사실을 각 인정한 후 원고가 회복불가능한 사망의 단계에 진입하였다고 판단하였다.

이러한 원심의 판단은 위의 법리에 따른 것으로서 수긍할 수 있고 거기에 상고이유에서 주장하는 바와 같은 의료행위의 재량성에 대한 법리오해 등의 위법이 없다.

3. 원고의 진료중단을 구하는 의사가 추정되지 않는다는 상고이유에 대하여

원심은 거시 증거를 종합하여 원고가 독실한 기독교 신자로서 15년 전 교통사고로 팔에 상처가 남게 된 후부터는 이를 남에게 보이기 싫어하여 여름에도 긴 팔 옷과 치마를 입고 다닐 정도로 항상 정갈한 모습을 유지하고자 하였던 사실, 텔레비전을 통해 병석에 누워 간호를 받으며 살아가는 사람의 모습을 보고 "나는 저렇게까지 남에게 누를 끼치며 살고 싶지 않고 깨끗이 이생을 떠나고 싶다"라고 말하였던 사실, 3년 전 남편의 임종 당시 며칠 더 생명을 연장할 수 있는 기관절개술을 거부하고 그대로 임종을 맞게 하면서 "내가 병원에서 안 좋은 일이 생겨 소생하기 힘들 때 호흡기는 끼우지 말라. 기계에 의하여 연명하는 것은 바라지 않는다"고 말한 사실 등 일상생활에서의 대화 및 원고의 현 상태 등 여러 사정을 종합하여, 원고가 현재의 상황에 관한 정보를 충분히 제공받았을 경우 원고에게 현재 시행되고 있는 연명치료를 중단하고자 하는 의사가 있었을 것으로 추정하였다.

원심의 이와 같은 조치는 위에서 본 회복불가능한 사망의 단계에 이르렀을 경우의 환자의 자기결정권 및 환자 의사 추정에 관한 법리에 부합되는 것으로서 수긍할 수 있고, 거기에 상고이유에서 주장하는 바와 같은 헌법위반이나 법리오해 등의 위법이 없다.

4. 결론

그러므로 상고를 기각하고, 상고비용은 패소자가 부담하기로 하여 주문과 같이 판결한다. 이 판결에는 원고가 회복불가능한 사망의 단계에 들어섰고 연명치료 중단의 의사가 추정되는지 여부에 대한 대법관 안대희, 대법관 양창수의 반대의견과 연명치료 중단의 허용기준에 대한 대법관 이홍훈, 대법관 김능환의 반대의견이 있는 외에는 관여 법관들의 의견이 일치하였고, 다수의견에 대한 대법관 김지형, 대법관 차한성의 보충의견 및 연명치료 중단의 절차에 대한 대법관 김지형, 대법관 박일환의 별개의견이 있다.

대법관 이용훈(재판장) 김영란 양승태 박시환 김지형 이홍훈 박일환 김능환(주심) 전수안 안대희 차한성 양창수 신영철

참고판례

▷ 서울고등법원 2002. 2. 7. 선고 98노1310 판결 【살인(피고인 을, 병에 대해 인정된 죄명: 살인방조죄)】

【이 유】

1. 항소이유의 요지

가. 피고인 갑

(1) 사실오인

피고인 갑은, 살인의 고의가 없었고, 치료비가 없어서 피해자를 퇴원시킨 행위는 사회통념상 용인될 수 있는 행위로서 사회상규에 위배되지 아니하는 행위이고, 피해자를 퇴원시켜 살해한다는 위법성에 대한 인식이나 그 인식가능성이 없었고, 피해자가 병원에서 의식불명상태로 있을 것이라고 생각하여 차라리 퇴원시키는 것이 낫겠다고 판단하여 퇴원시킨 것이므로 위법성 조각사유의 전제사실에 관한 착오가 있었다.

나. 피고인 을, 병

(1) 원심은 작위에 의한 살인을 부작위에 의한 살인으로 공소장 변경 없이 심판의 대상이 되지 아니한 사실을 인정한 위법이 있다.

(2) 피고인 을, 병은 피해자의 사망이라는 결과발생을 용인하는 내심의 의사가 없었고, 또한 퇴원절차에 의해 피해자에 대한 보호의무를 가족들에게 인계하여 줌으로써 피해자에 대한 보증인적 지위에 있지 아니하였거나 보증인적 지위에 관한 착오가 있었다.

(3) 원심은, 피고인 을, 병이 상 피고인 갑과 공동정범의 관계에 있는 것으로 인정하였으나 피고인 을, 병에게는 주관적인 공동가공의 의사와 객관적인 기능적 행위지배가 없었으므로 원심은 공동정범의 성립요건에 관한 법리를 오해하거나 채증법칙에 위배하여 사실을 오인한 위법이 있고, 피고인 을, 병의 행위는 적극적 행위기여가 결여되어 있으므로 범죄실현에 조력하는 방조행위로 평가될 여지가 있을지는 몰라도 정범의 실행행위라고 볼 수 없다.

(4) 원심은, 보증인의무를 인정하기 위한 전제사실 또는 위법성조각사유에 대한 판단의 전제로서 피해자의 회복가능성이 높은 것으로 사실을 오인하여 판결에 영향을 미친 위법이 있다.

(5) 피고인 을, 병에게는 부작위에 의한 살인죄를 인정하기 위한 전제로서 작위의무가 없었다. 검사가 작위의무의 근거로 들고 있는 것 중 의료법 제16조는 치료요구에 대한 거부에 관한 규정이고, 응급의료에관한법률 제4조는 미래에 진료를 인수할 의료인이 행한 진료의 실효성을 유지시키는 의무로서 이 규정들을 근거로 환자의 사망을 방지할 보증인적 의무로 확대 해석하는 것은 타당하지 아니하고, 더구나 피해자는 응급상황에서 벗어난 상태였으므로 피고인들에게 응급의료에관한법률에 의하여 보증인적 지위나 의무가 인정될 수 없으며, 계약관계에 의한 보증인의무는 보호자의 퇴원요구에 따라 퇴원함으로써 계약관계가 법적으로 종료하여 사망의 결과가 발생한 시점에서는 계약에 의한 보증인 의무가 소멸하였고, 사회상규의 측면에서 보면 오늘날 의료현실에서 의사와 환자 사이의 관계는 서비스계약관계로 이해하는 것이 타당하고, 환자가 의식불명의 상태에 있고 보호자가 치료중단을 진지하게 요구하는 경우 의사의 윤리적인 생명유지의무를 형법적인 작위의무로 볼

수 없다.

(6) 피고인 을, 피고인 병이 보증인의 지위에 있음을 인식하고 있었더라도 위 피고인들은 의학적 충고에 반한 상 피고인 갑의 퇴원요구에 따라 퇴원을 허락한 것으로 피고인들이 의사로서 피해자에 대한 보호의무가 없는 것으로 잘못 알았던 이상 보증인의 의무에 대한 착오가 있었으므로 책임이 조각되고, 피고인들은 피고인 갑의 퇴원요구에 응할 의무보다 피고인들이 망인을 보호하여야 할 의무가 우선하더라도 의료계의 관행에 따라 보호자의 퇴원요구에 응하여야 하는 것으로 잘못 생각하였고, 이에 정당한 이유가 있었으므로 책임이 조각된다.

(7) 피고인 병은 신경외과 전문의가 되기 위한 수련과정을 밟고 있는 전공의로 입퇴원 및 치료결정은 전문의만이 할 수 있고, 실제 전문의인 피고인 을이 피해자의 최초 수술결정, 수술시행 및 퇴원결정 등을 하였으며, 피고인 병은 퇴원을 지시한 사실이 없다.

다. 검사

(1) 법리오해

(가) 피고인 갑, 을, 병

이 사건 공소사실의 요지는, 뇌수술 후 중환자실에서 회복중인 피해자에 대하여 뇌수술에 대한 후속조치를 하지 않거나 입원중인 상태에서 인공호흡기의 작동을 하지 않아 피해자를 사망에 이르게 한 것이 아니라 뇌부종에 의해 완전한 자기호흡이 부족하여 인공호흡기의 도움 없이 생존이 불가능한 피해자를 인공호흡기 장치가 없는 피해자의 집으로 퇴원시키기로 적극적으로 결정하고 이에 따라 피해자를 퇴원시키고, 엠브와 기관삽관까지 제거하여 즉시 피해자를 사망에 이르게 하였다는 것으로 작위에 의한 살인죄임에도 불구하고 부작위에 의한 살인으로 유죄로 인정하였다.

(나) 피고인 정

피고인 정은 앞서 본 바와 같이 작위범이며, 피고인 정은 자신의 상관인 피고인 을, 병과 함께 피해자를 퇴원시켜 사망에 이르게 하는 행위를 분담하였고, 피고인 정의 행위로 피해자의 사망이 확정되었으며 살해행위가 기수에 이른 것이므로 피고인이 상급자의 지시에 의했더라도 피해자가 사망에 이른다는 사실을 알면서도 이에 따라 행위하여 피해자를 사망에 이르게 한 행위는 위법성을 면할 수 없다.

(2) 양형부당(피고인 갑, 을, 병)

원심이 피고인 갑, 을, 병에게 각 집행유예의 형을 선고한 것은 너무 가벼워 부당하다.

2. 항소이유에 대한 판단

가. 공소장 변경 없이 작위범을 부작위범으로 인정하였다는 점에 대하여(피고인 을, 병),

사실의 기초가 되는 사회적 사실관계가 기본적인 점에서 동일하면 공소사실의 동일성은 그대로 유지되고, 피고인의 방어권행사에 실질적인 불이익을 초래할 염려가 없는 경우에는 공소사실과 기본적 사실이 동일한 범위 내에서 법원이 공소장 변경절차를 거치지 아니하고 다르게 인정하더라도 불고불리의 원칙에 위반되지 않는다.

이 사건의 경우 피고인 을, 병에 대해 공소제기된 공소사실과 원심이 인정한 범죄사실은 그 사실의 기초가 되는 사회적 사실관계가 기본적인 점에서 동일하다고 할 수 있을 뿐만 아니라 기록에 의하면, 위 피고인들은 원심법정에서 이 사건 공소사실은 작위에 의한 살인죄가 아니라 부작위에 의한 살인죄에 해당하고 상 피고인 갑이 의식불명인 피해자의 보호자로서 치료를 거부하여 치료행위를 중지하게 된 것으로 피해자에 대한 치료계속의무가 없었거나 그 위법성이 조각되어야 한다는 등 부작위에 의한 살인죄를 전제로 다투어 왔고, 원심은 공소장 변경 없이 부작위에 의한 살인죄를 유죄로 인정하고, 위 피고인들의 부작위에 의한 살인죄를 전제로 한 주장에 대해 판단한 사실을 알 수 있어 위 피고인들의 방어권 행사에 실질적인 불이익을 주었다고 할 수 없고, 더구나 당원은 뒤에서 보는 것처럼 피고인 을, 병의 범행을 작위에 의한 살인방조죄로 인정하는 이상 위 피고인들의 이 부분 항소논지는 이유 없다.

나. 피고인 갑, 을, 병의 행위의 작위성 여부(검사)

형법상의 행위는 규범적으로 금지된 일정한 동작을 한다는 적극적 태도로서의 작위와 규범적으로 요구 또는 기대된 일정한 동작을 하지 아니한다는 소극적 태도로서의 부작위가 있고, 작위와 부작위의 구별은 단순한 자연과학적, 인과적인 분류가 아니라 구성요건의 해석과 적용을 고려한 법적 평가의 문제로 우선 피고인 갑, 을, 병의 이 사건 각 범행에 있어서의 행위내용을 살피고, 그 행위를 법률적으로 어떻게 평가해야 할 것인지를 보기로 한다.

(1) 피고인 갑의 행위의 작위성 여부에 대하여,

검사는, 피고인 갑이 담당의사들 및 인턴과 공모하여 담당의사들에게 스스로 호흡을 할 수 없어 인공호흡기를 부착한 채 치료를 받고 있던 피해자의 퇴원을 요구하여 담당의사들로 하여금 피해자에 대한 퇴원을 결정하게 하고, 인턴으로 하여금 인공호흡보조장치를 제거하도록 하여 인공호흡장치 제거로 인한 호흡정지로 사망에 이르게 하여 살해하였다는 이유로 작위에 의한 살인죄로 이 사건 공소를 제기하였고, 원심은, 이에 대해 피고인 갑이 피해자의 처로서 계속적인 치료로 피해자의 생명을 보호해야 할 의무가 있음에도 불구하고 피해자에 대한 치료를 중단하도록 하여 인공호흡보조장치를 제거하여 뇌간압박에 의한 호흡곤란으로 사망에 이르게 하여 살해하였다는 이유로 부작위에 의한 살인죄를 유죄로 인정하였다.

피고인 갑의 위와 같은 행위를 규범적 관점에서 볼 때 뒤에서 보는 바와 같이 피고인 갑이 담당의사들로부터 피해자의 상태가 호전되어 회복가능성이 있고, 만일 퇴원해서 인공호흡장치를 제거하면 바로 죽는다는 말을 들었음에도 불구하고 자신의 경제적 부담과 피해자에 대한 증오심에서 치료를 중단하는 방법으로 피해자를 살해할 것을 의욕 내지 용인하고, 담당의사들에게 생존가능성이 있는 피해자의 퇴원을 요구하여 치료를 중단하게 하고, 그 일환으로 인공호흡장치 등을 제거케 하여 뇌간압박에 의한 호흡곤란으로 사망에 이르게 한 것으로 피해자의 퇴원과 치료행위의 중단은 1개의 행위가 결합된 양면을 이루는 것으로 피고인 갑의 행위의 의미 있는 중점은 피고인 갑이 피해자의 처로서 그에 대한 계속적인 치료를 통하여 피해자의 생명을 보호해야 할 의무가 있음에도 불구하고 피해자를 퇴원시켜 치료중단할 경우 피해자가 사망할 위험을 예상하고도 그 위험발생을 방지하기 위한 조치를 취하지 않음으로 인하여 사망이라는 결과를 야기한 점에 있는 것이고, 인공호흡장치 등의 제거는 치료중단이라고 하는 행위수행의 한 내용을 이룰 뿐이며,

뒤에서 보는 바와 같이 을, 병, 정과의 공모공동정범 관계도 인정되지 않아 피고인 갑의 퇴원을 요구한 행위 자체는 비난의 대상이 되는 치료중단사실의 전제로서의 의미를 갖는다는 점에 비추어 볼 때 피고인 갑의 범행은 작위가 아니라 부작위에 의한 것으로 판단함이 상당하다.

(3) 피고인 을, 병의 행위의 작위성 여부에 대하여,

검사는, 피고인 2, 3이 피해자가 스스로 호흡을 할 수 없는 상태에서 인공호흡기를 부착한 채 치료를 받고 있던 중 피고인 갑의 요구로 피해자의 퇴원을 지시하여 피해자를 퇴원시킨 후 피고인 정이 피해자에게 부착된 인공호흡보조장치를 제거하여 피해자로 하여금 인공호흡장치제거로 인한 호흡정지로 사망에 이르게 하여 살해하였다는 이유로 작위에 의한 살인죄로 기소하였고, 이에 대해 원심은, 사망원인은 인공호흡보조장치의 제거가 아니라 뇌간압박에 의한 호흡곤란이고, 인공호흡보조장치의 제거라는 행위만이 아니라 이를 포함한 행위 전체를 규범적으로 평가해야 한다는 이유로, 피고인 을, 병은 피해자에 대한 뇌수술 및 치료를 담당하고 있었고, 피해자의 상태와 회복가능성, 치료를 중단하고 퇴원시킬 경우 피해자가 호흡이 어렵게 되어 사망하게 된다는 사실을 알고 있었으므로 계속적인 치료를 함으로써 피해자의 생명을 보호하여야 할 의무가 있음에도 불구하고 피해자의 퇴원을 지시하여 피고인 정이 피해자에게 부착된 인공호흡보조장치를 제거하여 피해자로 하여금 뇌간압박에 의한 호흡곤란으로 사망에 이르게 하여 살해하였다는 이유로 부작위에 의한 살인죄로 인정하였다.

피고인 을, 병의 이 사건 범행은 보호자인 피고인 갑이 피해자를 위한 치료위탁계약을 해지하여 피해자를 퇴원시켜 달라고 요구하고, 피고인 을, 병은 피해자로부터 인공호흡장치를 제거할 경우 사망할 가능성이 있다는 이유로 퇴원을 만류하였으나 피고인 갑이 퇴원을 고집하여 어쩔 수 없이 퇴원결정을 하고, 피고인 을, 병이 자신의 지속적 관리 하에 있는 피해자에 대한 치료를 중단하였다는 것으로 앞에서 본 바와 같이 퇴원결정과 치료행위의 중단은 한 개의 사실관계의 양면으로 상호 결합되어 있는 것인데 피고인 을, 병의 의사의 관점에서 볼 때 피해자가 퇴원하게 되어 치료를 중단하게 된 것이지 치료를 중단할 의사가 있었기 때문에 퇴원결정과 퇴원조치를 취한 것이

아니라 할 것이어서 위 피고인들에 대한 비난은 위 피고인들이 적극적으로 치료행위를 중단한 점에 있다기보다는 피고인 갑의 퇴원요청을 받아들여 퇴원조치를 한 점에 집중되어야 할 것이고, 피고인 을, 병의 치료중단이라고 하는 부작위의 측면에서 보더라도 작위에 의한 살인이라고 하는 법익침해와 동등한 형법적 가치가 있는 것이어서 위 피고인들의 행위를 살인범죄의 실행행위로 평가될 만한 것이라 보기는 어렵고, 한편 피고인 을, 병의 구성요건적 고의는 구성요건해당성을 인식하고 이를 실현시키려는 의지로서 그 실현의지를 인정하기 위해서는 적어도 결과발생을 용인하는 내심의 의사가 있어야 하는 것인데 뒤에서 보는 바와 같이 피고인 을, 병은 피고인 갑이 피해자를 퇴원시켜 사망케 한다는 사정을 인식하고 있었지만 그 결과발생을 용인하는 내심의 의사가 있다고 볼 수 없어 살인죄의 정범으로서의 고의를 부정하고 방조범으로 인정하는 점에 비추어 볼 때 피고인 을, 병의 행위는 부작위에 의한 살해행위가 아니라 피고인 갑이 피해자에 대한 치료를 중단시켜 살해하는 행위에 대하여 피해자에 대한 퇴원조치를 함으로써 그 실행을 용이하게 한 작위의 방조행위로 봄이 상당하다.

(3) 그렇다면, 원심이 피고인 갑에 대한 이 사건 공소사실을 부작위에 의한 살인으로 인정한 것은 정당하다 할 것이나, 피고인 을, 병에 대한 이 사건 공소사실을 작위에 의한 살인방조가 아닌 부작위에 의한 살인죄로 인정한 위법이 있다.

다. 피고인 갑, 을, 병의 고의 및 공모공동정범여부에 대한 판단

(1) 검사는, 피고인 갑, 을, 병 등이 공모하여 작위에 의한 살인죄를 범하였다는 이유로 공모공동정범으로 기소하였는데(원심도, 피고인 갑, 을, 병의 범죄사실에서 공모에 대한 직접적인 설시는 없지만 그 범죄사실 및 적용법조에 비추어 위 피고인들의 부작위에 의한 살인죄에 있어서의 공모공동정범 내지 공동정범을 인정하고 있는 것으로 보인다) 이는 위 피고인들에게 정범으로서의 고의가 있는 것을 전제로 하고 있으므로 과연 위 피고인들에게 정범으로서의 살인의 고의가 있었는지 여부를 본다.

(2) 원심에서 적법하게 채택, 조사한 증거들 및 당심에서의 증인 A의 진술 등에 의하면 다음과 같은 사실을 인정할 수 있고, 당심에서의 B, C, D,

E, F의 각 진술, 진료기록감정촉탁회신서, 환자상태에관한의학적검토(증제1호증), 진술서(증제2호증)의 각 기재만으로는 위 인정사실에 방해가 되지 아니하거나 이를 뒤집기에 부족하다.

(가) 피고인 갑은 피해자의 처이고, 피고인 을은 보라매병원 신경외과 전담의사, 피고인 병은 같은 과 레지던트로 근무하던 자였다.

(나) 1997. 12. 4. 14:30경 피해자는 자신의 주거지에서 경막외출혈상을 입어 보라매병원으로 응급 후송되어 같은 날 18:05경부터 피고인 을의 집도와 피고인 병 등의 보조로 경막외혈종 제거수술을 하였고, 1997. 12. 5. 02:30경 수술을 마친 후 중환자실로 옮겨져 자발호흡이 불완전하여 인공호흡기를 부착한 상태로 계속 합병증 및 후유증에 대한 치료를 받게 되었다.

(다) 수술 후 아무런 반응을 보이지 않던 피해자는 1997. 12. 5. 04:00경 대광반사가 돌아왔고, 그 후 눈뜨는 반응에서는 '부르면 눈을 뜨고 있는 상태'(글라스고우 혼수척도 E3)로, 운동반응에 있어서는 '통증을 가하면 통증을 가하는 위치로 손, 발을 이동하거나 제지하는 등의 반응'(글라스고우 혼수척도 M5)으로 호전되어 갔고, 피고인 병은 뇌부종에 따른 별다른 문제가 없는 것으로 판단하여 수술 후 매 15분마다 측정하던 의식수준, 동공크기, 대광반사 여부를 매 1시간마다 측정하도록 하였으며, 또한 호흡에 있어서는 피해자의 상태에 따라 인공호흡기의 호흡방법, 호흡횟수, 산소농도, 공기공급양 등이 조절되었는데 퇴원 당시 인공호흡기에 의한 호흡횟수는 수술 후 16회에서 12회로, 산소농도는 100%에서 40%(일반적인 공기의 산소농도는 20%)로 호전된 상태였으나 1997. 12. 6. 01:40경 호흡음이 거칠고 양측 폐의 아래쪽에서 호흡음이 감소되었고, 같은 날 09:20경 폐 우상엽 쪽에서 거친 소리가 들리고 환기능력이 감소한 것으로 보이는 등 퇴원 당시 인공호흡기를 제거할 경우 자발호흡이 정상적으로 이루어지기 힘들었고, 수술 후 수술부위에서 피가 자꾸 배어 나와서 1997. 12. 5. 21:00경 수술부위를 다시 봉합하였으나 그 후에도 수술부위에서 피가 계속 배어 나와 수술상처배액기구로 피를 배액하고 있는 상태였다(증인 A의 원심법정진술에 의하면, 직접 사인은 뇌압박에 의한 호흡곤란이고, 중간사인은 경막외출혈과 뇌부종이며, 뇌부종 및 부검당시 두개골 제거 후 경막 위에 응고된 혈종에 의해 뇌압박이 동시에 일어난 것으로 생각된다고 진술하고

있다).

(라) 한편, 피고인 갑은 수술 후 피고인 병으로부터 피해자의 혈종이 완전히 제거되었고 호전될 것으로 예상된다는 말을 들었으나 그때까지 260만원 상당의 치료비가 나온 것을 알고 향후 치료비도 부담하기 어려울 뿐 아니라 금은방을 운영하다가 실패한 후 17년 동안 무위도식하면서 술만 마시고 가족들에 대한 구타를 일삼아 온 피해자가 가족들에게 계속 짐이 되기보다는 차라리 사망하는 것이 낫겠다고 생각하여 경제적 부담을 이유로 피해자의 퇴원을 계속 요구하였다.

(마) 피고인 을, 병은 수차례에 걸쳐 피해자의 상태에 비추어 지금 퇴원하면 죽게 된다는 이유로 퇴원을 만류하고 치료비를 부담할 능력이 없으면 1주일 정도 기다렸다가 피해자의 상태가 안정된 후 도망가라고까지 이야기하였으나 피고인 갑은 피해자의 퇴원을 고집하였고, 1997. 12. 6. 14:00경 피고인 을, 병으로부터 퇴원시 사망가능성에 대한 설명을 듣고, 퇴원 후 피해자의 사망에 대해 법적인 이의를 제기하지 않겠다는 귀가서약서에 서명하였고, 피고인 을, 병은 환자의 보호자가 그 퇴원을 강력히 요구하고 있는 상태에서 퇴원 요구를 거부한 후 발생될 치료결과에 대한 책임이나 향후치료비의 부담이라고 하는 현실적인 문제가 제기되자 보호자의 환자에 대한 퇴원 요구를 거부하면서 의사가 치료행위를 계속할 수 있는 근거 등에 대하여 더 이상 생각해 보지 않은 채 퇴원지시를 하여 피해자의 퇴원절차를 밟게 되었다.

(바) 피고인 병은 피고인 2의 지시에 따라 인턴인 피고인 정에게 피해자의 퇴원절차를 밟도록 지시하여 1997. 12. 6. 14:00경 피고인 정은 피해자에게 부착된 인공호흡기를 제거한 후 피고인 갑과 함께 보라매병원의 구급차로 피해자를 후송하면서 수동으로 인공호흡보조장치를 사용하여 호흡을 보조하다가 피해자의 주거지에 도착한 후 피고인 갑에게 인공호흡보조장치를 제거하게 될 경우 사망하게 된다는 사실을 고지한 후 인공호흡보조장치를 제거하였고, 피고인 정이 떠난 후 5분도 안 되어 피해자는 꺽꺽거리는 등 목부위에서 소리를 내며 불완전하게 숨을 쉬다가 뇌간압박에 의한 호흡곤란으로 사망하였다.

(3) 나아가 피해자의 퇴원 당시의 상태와 사망의 결과발생가능성 및 이

에 대한 피고인들의 인식 등에 관하여 보건대, 기록에 의하면 피해자는 1997. 12. 6. 14:00경 퇴원 당시 운동반응이 '아무 반응이 없는 상태'(글라스고우 혼수척도 M1)로 악화되었고, 피해자에게 급성호흡부전, 급성신부전, 파종성 혈관내 응고증 등 여러 가지 임상상태가 나타난 사실은 인정되나, 증인 A의 원심법정 및 당심법정진술에 의하더라도 급성호흡부전이나 파종성 혈관내 응고증 등은 형태학적인 변화를 나타내는 정도까지 진행이 되지 않았기 때문에 부검결과 나타나지 않았으며, 사망 후부터 부검시까지 뇌부종 상태는 변하지 않는데 부검결과 뇌부종상태가 상당히 심하였고, 그 상태에 비추어 수술 후 뇌부종이 가라앉지 않아 자발호흡이 곤란한 상태에서 퇴원하여 호흡기를 제거함으로써 호흡곤란으로 사망한 것으로 판단된다고 하는 점, 피해자는 전체적으로 수술 후에 호전되는 양상을 나타냈었고, 피고인 을, 병도 피고인 갑에게 같은 취지로 그 퇴원을 만류하였던 것이며, 피고인 을은, 1997. 12. 9. 경찰에서의 참고인 진술(수사기록 40쪽)에서 수술결과는 좋은 편이었고, 치료만 받으면 생명에 전혀 지장이 없었으며, 피해자가 산소호흡기를 착용하지 않으면 생명이 위독한 상태였다고 진술하였고, 1997. 12. 15. 경찰진술(수사기록 289쪽)에서는 수술 후 촬영한 사진에서 혈종이 잘 제거된 것을 확인했기 때문에 회복가능성이 있을 것으로 생각했고, 실제 환자가 마취로부터 깨어나면서 조금씩 회복되고 있는 것을 확인하였으며, 피해자의 경우 퇴원하지 않았다면 병세가 호전될 가능성이 있었을 것으로 생각되고, 퇴원 당시 즉시 사망할 것을 예상하지는 못했지만 사망한다는 것을 알고 있었다고 진술했고(그 뒤 검찰진술이후 이 법정에 이르기까지는 합병증으로 상태가 매우 좋지 않아 생존가능성이 낮았고, 인공호흡기 없이 자가호흡으로 생존이 가능할 것으로 판단하였다거나 판단할 수 없는 상태였다고 진술하고 있다), 피고인 병은 1997. 12. 8. 최초 경찰에서의 참고인진술(수사기록 27쪽)에서는 치료만 계속하면 살 수 있었고, 2~3일만 더 있었으면 의식을 찾을 수 있었으며 퇴원하면 죽는다고 피고인 갑에게 분명히 이야기했다고 진술하였고, 1997. 12. 15. 최초 경찰진술(수사기록 302쪽)에서는 수술 후 6시간 정도 지나 중환자실로 다시 가보니까 환자가 눈을 뜨고 팔을 움직이고 있어 수술이 아주 잘되었다고 생각하였고, 피해자가 자가호흡을 할 수 있는 상태가 아니라서 인공호흡기를 착용시켜 둔 상태였다고 진술하였고, 1997. 12. 30. 최초 검찰진술(수사기록 407쪽)에서는 수술 직후 별다른 문제가 없어 뇌부종이 좋아지는 상태라고 생각했기 때문에 CT를 찍지 않았고, 회복가능성 여부는 알 수 없었다고 진술하였고, 1998. 1. 7. 2회 검찰진술(수사기록 474쪽)에서는 내과적 합병증이 없을 경우 생존가능성은 70% 내지 80% 정도였고, 피해자에게 내과적인 합병증이 있었으나 곧 바로 사망할 정도는 아니었다고 진술하였으며(그 뒤 검찰 및 법정진술에서는 피해자의 생존가능성이 10% 이내이고, 자발호흡이 있었기 때문에 인공호흡기를 제거해도 1~2일 또는 3~4일 정도 더 있다가 사망할 것으로 생각했다는 취지로 진술하였다), 또한 피고인 정도 경찰에서 인공호흡보조장치를 제거하면 사망할 것으로 생각하였다고 진술하였고, 피고인 갑에게도 같은 취지로 설명하였던 점 등에 비추어 볼 때 피해자는 퇴원으로 인한 치료중단과 인공호흡장치의 제거로 사망에 이른 것이고, 인공호흡기를 부착하고, 경막외혈종 제거수술 후 합병증 및 후유증에 대한 치료를 계속하였다면 생존가능성이 있었던 것으로 보이고, 적어도 퇴원으로 인한 치료중단과 인공호흡기의 제거가 없었더라면 뇌간압박으로 인한 호흡곤란으로 바로 사망에 이르는 결과가 초래되지 않았을 것이며, 피고인 을, 병, 정의 전체적인 진술내용에 비추어 볼 때 피고인 을, 병도 피해자로부터 인공호흡장치를 제거할 경우 뇌간압박에 의한 호흡곤란으로 단시간에 사망할 수 있다는 사실을 예견하였던 것으로 보이고, 자발호흡여부 및 생존가능성에 대해서는 이 사건 범행 후 조사를 받으면서 종전의 진술을 바꾸어 주장해 온 것으로 실제 피고인 을, 병이 피해자의 퇴원 당시 피해자의 상태 및 생존가능성을 진지하게 고려하여 판단한 것으로 보이지 않는다.

(4) 위에서 본 바와 같은 피고인들의 범행동기, 범행에 이르게 된 경위, 범행방법, 퇴원 당시 피해자의 상태와 사망의 결과발생가능성 등 범행 전후의 객관적인 사정 및 이에 대한 피고인들의 인식 등을 종합하여 보면, 피고인 갑은 피해자를 퇴원시켜 치료를 중단하고, 인공호흡장치를 제거할 경우 사망에 이르게 된다는 사정을 인식하였고, 이를 실현시키려는 의지도 있었음을 충분히 인정할 수 있지만, 피고인 을, 병은, 피해자에 대한 장시간의 수술을 통하여 피해자를 회생시켜 놓은 뒤 보호자인 피고인 갑에게 수차례에 걸쳐 치료를 계속 받도록 설득하였고, 피고인 갑에게 치료비를 부담할 능력이

없으면 도망가라고까지 이야기했던 점, 피고인 을, 병에게 특별히 범행 동기가 될 만한 사정이 없고, 오히려 피해자를 회생시켜 놓은 의사가 그 사망을 의욕 또는 용인한다는 것은 이례적인 점, 피고인 을, 병으로서는 피해자로부터 인공호흡장치를 제거할 경우 호흡곤란으로 바로 사망할 가능성이 있다는 점과 피고인 갑이 치료비문제로 피해자의 퇴원을 요구하고 있어 피해자에 대한 보호의사와 능력이 없었던 점을 알고는 있었지만 피해자의 호전을 확신할 수는 없는 상태에서 보호자의 퇴원요구를 거절하기 어려워 피해자가 사망할 경우 보호자가 책임진다는 각서를 받고 퇴원절차에 협조했던 점 등에 비추어 볼 때 피해자의 퇴원으로 장래의 치료행위가 중단된 결과가 초래되었지만 피고인 을, 병이 스스로 피해자에 대한 장래의 치료를 중단함으로써 피해자의 사망을 의욕 또는 용인하였다고 보기 어려워 결국 이 사건 범행은 피고인 갑이 정범의 고의를 가지고 피해자를 퇴원시켜 치료를 중단하게 함으로써 인공호흡기 또는 인공호흡보조장치를 제거하여 사망에 이르게 한 것이고, 피고인 을, 병에게는 정범의 고의를 인정할 수 없고, 따라서 피고인 갑과 일체가 되어 그 퇴원요구를 이용하여 피해자를 퇴원시켜 치료를 중단하고, 인공호흡보조장치를 제거함으로써 피해자를 살해하기 위한 자기의 의사를 실행에 옮겼다고 평가할 수 없고, 다만 방조범의 방조행위는 정범이 범행을 한다는 정을 알면서 그 실행행위를 용이하게 하는 직접, 간접의 모든 행위를 말하는 것으로서 범죄사실이 발생할 것을 인식하면서 그 행위를 하면 족하고 그 결과발생을 희망함을 요하지는 않는 것인바, 위에서 본 바와 같이 피고인 을, 병이 정범인 피고인 갑이 피해자를 퇴원시켜 치료행위를 중단하고 인공호흡기 또는 인공호흡보조장치를 제거하여 사망에 이르게 하는 행위를 인식하고 이에 협조한 점에 비추어 볼 때 방조행위로 인정할 수 있을 뿐이다.

(5) 그렇다면, 피고인 갑에게 살인의 고의가 없었다는 위 피고인의 항소논지는 이유 없고, 피고인 을, 병에게 피고인 갑과 공모공동정범으로서 살인죄의 정범으로서의 고의가 있음을 전제로 한 이 사건 공소사실은 범죄의 증명이 없어 무죄이고 방조행위에 지나지 않는다고 할 것이므로 이 점을 지적하는 피고인 을, 병의 항소논지는 이유 있다.

라. 피고인 갑의 정당행위, 법률의 착오 및 위법성조각사유의 전제사실

에 관한 착오의 주장

피고인 갑은, 담당의사들로부터 수일 내에 피해자가 의식을 회복할 가능성이 많다는 취지의 설명을 들어 피해자의 회복가능성을 알고 있었음에도 불구하고 치료비를 감당할 수 없고, 피해자가 차라리 죽는 편이 낫겠다는 생각에서 수술 종료 후 불과 12시간이 경과할 무렵부터 퇴원을 요구했던 것으로 그 치료중단과 퇴원요구가 사회상규에 위배되지 아니하는 정당행위에 해당하지 아니하고, 위법성의 인식이나 인식가능성이 없었다고 볼 수 없으며 위법성조각사유의 전제사실에 관한 착오가 있었다고 볼 수 없다.

마. 피고인 을, 병의 작위의무에 대한 주장이나, 피해자의 회복가능성이 낮았기 때문에 피고인 을, 병의 치료의무가 없었고, 치료의 중단은 위법성조각사유에 해당한다는 주장, 피고인 병은 피해자의 사망이라는 결과발생방지의무를 가진 보증인적 지위에 있지 않았다는 주장, 작위의무에 대한 착오 및 의무의 충돌 등의 주장은 원심에서 판시한 바와 같이 그 이유가 없거나 피고인 을, 병의 이 사건 범행이 부작위임을 전제로 한 것으로 당심이 위 피고인들의 이 사건 범행을 작위에 의한 방조범으로 인정하는 이상 이유 없다.

바. 피고인 병의 주장에 대한 판단

기록에 의하면, 피고인 병은 피해자가 처음 응급실로 왔을 때부터 퇴원에 이르기까지 피해자의 치료를 담당하여 피해자의 상태를 누구보다도 잘 알고 있었고, 피고인 갑이 피해자를 퇴원시켜 인공호흡장치를 제거하게 하여 사망에 이르게 한다는 사정을 알고 있음에도 불구하고 피고인 을의 지시를 받아 피고인 갑이 피해자를 퇴원시키는데 협력하여, 인턴인 피고인 정에게 피해자를 퇴원시키도록 지시하여 피해자를 사망에 이르게 하도록 방조한 사실을 인정하기에 충분하므로 위 피고인의 이 부분 항소논지도 이유 없다.

사. 피고인 정의 무죄부분(검사)

피고인 정은 인턴으로서 전문의인 담당의사의 지시에 따라 그의 의료행위를 보조하는 역할을 담당하고 있을 뿐이고, 담당의사인 피고인 을, 병의 지시에 따라 피고인 갑의 퇴원절차를 밟기 위한 과정을 도와 인공호흡기 또는 인공호흡보조장치를 제거하였더라도 인공호흡기 등의 제거는 퇴원조치에 따르는 일부 과정에 지나지 않을 뿐 아니라 피고인 정은 피해자의 퇴원결정에 관여한 바 없으며, 피고인 갑이 회생가능성이 있는 피해자의 인공호흡기를 제거하여 살해하려 한다는 사정을 인식하였다고 보기는 어려우므로 결국 살인죄의 정범으로서의 고의뿐만 아니라 방조범으로서의 고의도 인정할 수 없어 이 부분 공소사실에 대해 무죄를 선고한 원심은 결론에 있어서는 아무런 잘못이 없다.

3. 결론

따라서 피고인 갑 및 검사의 피고인 갑, 정에 대한 항소는 모두 이유 없어 형사소송법 제364조 제4항에 의하여 이를 기각하고, 원심판결은 피고인 을, 병의 행위가 작위에 의한 방조에 지나지 않는데도 불구하고 부작위에 의한 정범으로 인정한 잘못이 있으므로 이 점을 지적하는 검사 및 위 피고인들의 항소는 이유 있으므로 형사소송법 제364조 제6항에 의하여 원심판결 중 피고인 을, 병에 대한 부분을 파기하되, 피고인 을, 병에 대하여는 위 피고인들에 대한 공소사실과 기초적 사실관계가 동일하므로, 공소장변경절차를 취하지 않더라도 위 피고인들의 방어권 행사에 지장이 없는 살인방조죄로 각 처벌하기로 하여, 당원은 변론을 거쳐 다음과 같이 판결한다.

【범죄사실】

피고인 을은 보라매병원 신경외과 전담의사, 피고인 병은 위 병원 같은 과 레지던트로 각 근무하고 있는 자인바, 1997. 12. 4. 14:30경 피해자 G가 자신의 주거지에서 술에 취한 채 화장실을 가다가 중심을 잃어 기둥에 머리를 부딪치고 시멘트바닥에 넘어지면서 머리를 충격하여 경막외출혈상을 입어 위 보라매병원으로 응급후송된 다음 같은 날 18:05경부터 다음 날 03:00경까지 피고인 을의 집도와 피고인 병 등의 보조로 경막외출혈로 인한 혈종제거 수술을 받고 중환자실로 옮겨져 계속 치료를 받았는데 위 혈종제거수술이 성공적으로 이루어졌고, 시간이 경과함에 따라 피해자의 대광반사와 충격에 대한 반응 속도가 점점 빨라지고 이름을 부르면 스스로 눈까지 뜨려고 하는 등 그 상태가 호전되어 계속적으로 치료를 받을 경우 회복될 가능성이 있었으나 뇌수술에 따른 뇌부종으로 자가호흡을 하기 어려운 상태에서 인공호흡을 위한 산소호흡기를 부착한 채 수술부위에서 배어 나오는 피를 배액하는 등 합병증 및 후유증에 대한 치료를 계속 받던 중, 피해자의 처인 상 피고인 갑이 당시까지 치료비 260만 원 상당뿐 아니라 추가치료비의 지출이 자신의 재산능력에 비추어 상당한 부담이 되고, 17년 동안 무위도식하면서 술만 마시고 가족들에게 구타를 일삼아 온 피해자가 차라리 사망하는 것이 낫겠다고 생각한 나머지, 피고인 을, 병으로부터 위와 같은 피해자의 상태와 인공호흡장치가 없는 집으로 퇴원하게 되면 호흡을 제대로 하지 못하여 피해자가 사망하게 된다는 사실에 대한 설명을 들어 알고 있었음에도 피해자에 대한 치료를 중단하고 퇴원시키는 방법으로 피해자를 살해할 것을 마음먹고, 같은 달 5. 14:20경 및 18:00경 주치의인 피고인 병에게 '도저히 더 이상의 추가치료비를 부담할 능력이 없다'는 이유로 퇴원을 요구하고, 같은 달 10:00경 전담의인 피고인 을에게도 같은 이유로 퇴원을 요구하는 등 피고인 을, 병의 퇴원만류에도 불구하고 계속하여 퇴원을 요구하자 피고인 병은 상 피고인 갑의 퇴원요구를 받아 상사인 피고인 을에게 직접 퇴원승낙을 받도록 하고, 피고인 을은 상 피고인 갑의 퇴원요구를 받아들여 피고인 병게 피해자의 퇴원을 지시하고, 피고인 병은 이에 따라 피해자의 퇴원을 지시하여 피고인 을, 병의 지시를 받은 상 피고인 정으로 하여금 상 피고인 갑과 함께 피해자를 집까지 데리고 간 다음 인공호흡보조장치인 엠브와 기관에 삽입된 관을 제거하여 그 무렵 피해자로 하여금 뇌간압박에 의한 호흡곤란으로 사망에 이르게 하여 피고인 갑의 범행을 용이하게 하여 이를 방조하였다.

【증거의 요지】

이 법원이 인정하는 증거의 요지는, '1. 증인 A의 당심진술'을 추가하는 외에는 원심판결 각 해당란의 기재와 같으므로, 형사소송법 제369조에 의하여 이를 그대로 인용한다.

【법령의 적용】

1. 범죄사실에 대한 해당법조

각 형법 제250조 제1항, 제18조, 제32조 제1항(각 유기징역형 선택)

1. 법률상 감경

각 형법 제32조 제2항, 형법 제55조 제1항 제3호(종범 감경)

1. 작량감경

각 형법 제53조, 제55조 제1항 제3호(각 전과가 없고, 상 피고인 갑의 퇴원

요구에 대해 여러 차례 설득을 하였으며, 피해자의 사망을 의욕 또는 용인하지는 않았던 점, 그 범행경위 및 동기 등 참작)

1. 미결구금일수 산입

각 형법 제57조

1. 집행유예

각 형법 제62조 제1항(위 작량감경사유 및 종래 의료관행에 비추어 비난가능성이 높지는 않은 점 등 참작)

【양형의 이유】

오늘날 의료현실의 변화에 따라 의료행위에 있어서 의사가 환자의 생명과 건강을 위한 주재자의 위치에서 환자에게 자기결정을 위한 정보를 제공하고 동의를 받아 적절한 치료를 해야 하는 계약관계적 측면이 강조되어 가고 있고, 우리나라의 경우 환자가 개인이 아닌 가족의 일원으로서 의료현장에서 의료행위를 결정함에 있어서 때때로 보호자가 환자의 의사를 대신하는 것을 자연스럽게 받아들여 왔으며, 또한 종합병원에 있어서도 윤리위원회의 구성이나 가동이 정상적으로 이루어지지 못하고, 한계상황에서 치료방법의 선택이나 치료행위의 계속 여부를 결정해야 하는 의료인 개인의 판단의 적정성을 검증하거나 양심적 결단에 따른 합리적인 판단을 할 수 있도록 뒷받침하는 제도적 장치가 미비하고, 의료비용의 문제에 있어서도 경제적인 이유로 퇴원을 원하는 환자나 가족들을 위한 의료보험 및 공적 부조 등의 제도적 정비가 충분하지 못하고, 응급환자의 미지급치료비의 대불을 청구할 수 있는 응급의료기금이 현실화되어 있지 않는 등 의료인 개인에게 무한정한 책임만을 강조할 수 없는 측면이 있는 것은 부정할 수 없다.

하지만 인간의 생명은 법익 중 최고의 가치를 가진 법익이고, 개인의 생활감정이나 생활상의 이해와 관계없이 또한 국가나 사회가 개인의 생명을 어떻게 평가하는가에 관계없이 보호되어야 하는 것이고, 국가는 그 생명을 보호해야 할 책무가 있는 것이고, 또한 인간의 생명은 개인이 임의로 처분할 수 없는 것으로 인간의 생명과 결부된 의료행위에 있어서도 이러한 원칙 자체는 포기될 수 없는 것이며, 우리 법이 자살관여죄나 승낙에 의한 살인죄를 처벌하고, 응급의료에관한법률에서 국가가 의료인에게 응급환자에 대한 응급의료라는 공법상의 의무를 부과하고 이를 정당한 이유 없이 거부하거나 중단하지 못하도록 한 이유도 여기에 있다.

따라서 소위 죽음에 직면한 환자에 대한 치료를 중지하거나 생명유지장치를 제거함으로써 환자가 자연적인 경과를 거쳐 죽게 내버려두는 소극적 안락사에 있어서 뿐 아니라 인간의 생명과 직결되는 치료행위의 중지는, 환자가 불치의 병에 걸려 있고, 죽음을 피할 수 없는 말기상태에서 단지 생명을 연장하는 의미밖에 없는 치료행위를 환자의 자기결정권에 기한 진지한 치료중지 요구에 응하여 의사의 양심적 결단에 따라 이루어질 경우에만 제한적으로 허용될 수 있을 뿐이고, 이러한 치료행위의 중지의 허용여부 및 그 범위, 절차와 방법에 대해서 사회적으로 진지한 논의와 합의가 있어야 할 것이다.

이 사건의 경우 생존가능성이 있는 피해자에 대하여 경막외혈종 수술을 받은 후 치료비 부담을 이유로 36시간만에 퇴원시켜 인공호흡장치를 제거함으로써 치료행위의 중단을 초래하여 사망에 이르게 한 것으로 피해자의 보호자인 피고인 갑의 경우 부작위에 의한 살인죄의 형법적 책임을 묻지 않을 수 없고, 담당의사들인 피고인 을, 병의 경우 소극적 안락사의 법적 개념에 해당하지 아니하고, 치료행위 중지의 허용요건을 충족하지도 못하며, 만약 담당의사들이 피해자의 생존가능성 및 더 이상의 치료행위가 의미 있는지 여부를 판단할 수 있는 시점까지 피해자에 대한 치료를 다하고, 동료 및 선후배의사와 의논하거나 병원윤리위원회에 회부하는 등 여러 가지 검증절차를 통하여 더 이상의 치료가 무의미하다고 판단하여 한계상황에서의 환자 자신의 이익과 의사를 고려한 양심적 결단에 의해 퇴원시킨 것이었다면 법원으로서도 그러한 의료인의 결정을 존중할 여지가 있다고 할 것이나, 이 사건은 피해자의 추정적 의사에 반하는 보호자의 경제적 부담을 이유로 한 퇴원요구에 응하여 경솔하게 생존가능성이 있는 환자를 퇴원시켜 그 생명을 포기케 하는 결과를 초래한 행위로서 환자의 상태와 환자 자신의 의사를 신중하게 고려한 담당의사들의 한계상황에서의 양심적 결단이 있다고 볼 수 없음이 명백하고, 따라서 위 피고인들이 보호자의 경제적 고려에 의한 퇴원 요구에 응하여 생존가능성이 있는 피해자의 치료행위의 중지를 초래케 한 행위에 대해서도 단순한 윤리적 책임뿐 아니라 현행법에 의한 책임을 묻지 않을 수 없다.

다만, 피고인 을, 병은 피해자에 대해 자신들이 할 수 있는 최선의 의료조치를 취하였었고, 그 후 피고인 갑의 퇴원요구에 대해 수 차례 만류하였던 사정이 있으며, 피해자의 사망이라는 결과를 의욕 또는 용인할 의사가 있었다고 보이지는 않아 살인죄가 아닌 살인방조죄로 처단하는 점에 비추어 그 형을 주문과 같이 정한다.

【무죄부분】

피고인 을, 병에 대한 이 사건 공소사실의 요지는, 위 항소이유에 대한 판단에서 본 바와 같은 바, 그 판단에서 본 바와 같이 피고인 을, 병이 피고인 갑과 공모하여 위 각 범행을 하였다고 볼 증거가 없으므로, 위 공소사실은 범죄의 증명이 없는 경우에 해당하여 형사소송법 제325조 후단에 의하여 무죄를 선고하여야 할 것이나, 당원이 공소장 변경 없이 각 살인방조죄로 판단하여 유죄를 인정한 이상 주문에서 따로 무죄의 선고를 하지 아니한다.

판사 이종찬(재판장) 조용준 임범석

쟁점연구

1. 위 도입판례에서 대법원이 언급하고 있는 '존엄사(소극적 안락사)'의 개념과 그 허용기준은 무엇인가?
2. 도입판례와 마찬가지로 참고판례 역시 '연명치료장치의 제거행위'가 문제되는 사안이다. 하지만 전자는 '민사판결'인 데 반해, 후자는 '형사판결'이다. 두 판례에 나타난 법원의 관점과 논거들을 비교분석해 보고, 앞으로 형법적 판단에 있어서 도입판례가 시사하는 점이 무엇인지 생각해 보자.
3. 도입판례에서는 '추정적 의사'에 기한 존엄사를 인정할 것인가를 두고, 다수견해와 소수견해가 대립을 보인다. 그 논거를 비교해 보고, '추정적 의사'의 의미와 그 개념적 타당성에 대해 생각해 보자.

Ⅱ. 자살교사 및 방조

도입판례

대법원 2005. 6. 10. 선고 2005도1373 판결【자살방조·강도예비·절도등】(공2005, 1203)

【피 고 인】 갑, 을
【상 고 인】 검사
【변 호 인】 변호사 문홍주
【원심판결】 부산고법 2005. 2. 2. 선고 2004노754 판결
【주　　문】 상고를 기각한다.
【이　　유】

상고이유를 본다.

형법 제252조 제2항의 자살방조죄는 자살하려는 사람의 자살행위를 도와주어 용이하게 실행하도록 함으로써 성립되는 것으로서, 그 방법에는 자살도구인 총, 칼 등을 빌려주거나 독약을 만들어 주거나 조언 또는 격려를 한다거나 기타 적극적, 소극적, 물질적, 정신적 방법이 모두 포함된다 할 것이나(대법원 1992. 7. 24. 선고 92도1148 판결 참조), 이러한 자살방조죄가 성립하기 위해서는 그 방조 상대방의 구체적인 자살의 실행을 원조하여 이를 용이하게 하는 행위의 존재 및 그 점에 대한 행위자의 인식이 요구된다고 보아야 할 것이다.

원심이 채택한 증거에 의하면, 이 사건 변사자들은 2004. 3. 9.경 동반자살하기에 앞서 '자살에 관하여' 등 그 판시 인터넷 사이트 내 자살 관련 카페(동호회) 등지에서 자살에 사용할 청산염 등 유독물의 구입처와 동반 자살자를 물색하여 오던 중 2004. 2. 18.경부터 같은 해 2. 25.경까

지 위 카페 게시판에 청산염 등 자살용 유독물의 일반적 효능 소개를 곁들인 판매 광고용 글을 올린 피고인 갑과 사이에 위 청산염 구입을 위한 상담용 이메일을 주고받고 통화까지 하였으나, 피고인들은 실제로는 위 청산염을 소지한 바도 없이 단지 금원 편취의 의도로 위 판매광고 등을 한 것으로 보이고, 변사자 A 또한 2004. 2. 25.경 이를 알아채고서 그 후 피고인들과의 접촉을 중단하고 다른 불상의 경로를 통해 청산염을 입수한 다음 변사자 B, 변사자 C 등 나머지 변사자들을 그의 소재지로 불러 모아 동반 자살하기에 이른 사실이 인정되는바, 위 인정 사실에서 알 수 있는 바와 같이 피고인들의 이 사건 판매광고 등의 행위는 단지 금원 편취 목적의 사기행각의 일환으로 이루어진 것일 뿐 그 후 다른 경로로 입수한 청산염을 이용한 위 변사자들의 자살행위에 어떠한 물질적 혹은 유형적 기여도 하지 못한 점, 위 변사자들이 위 자살 관련 카페에서의 상호 교감을 통해 이미 자살을 결의하고 구체적 실행 방법만을 물색하고 있던 상황인 데다가 피고인들의 위 판매광고가 사기행각임이 발각되기까지 하였음에 비추어 피고인들이 위 변사자들의 자살의 실행에 정신적 혹은 무형적으로 기여하였다고 보기도 어려운 점, 기록에 의하면 위 변사자들의 자살에 사용된 청산염의 효능에 대하여는 이미 위 자살 관련 카페의 회원들 사이에서는 주지의 사실이었던 것으로 보이는 점 등의 사정에 비추어 피고인들의 위 행위가 위 변사자들이 실행한 자살행위를 원조하여 이를 용이하게 한 방조행위에 해당한다고 보기 어렵다 할 것이고, 나아가 위와 같은 사정 하에서라면 단지 가짜 청산염 판매광고의 수법으로 금원을 편취하고자 한 피고인들에게 위 변사자들의 구체적 자살행위에 관한 방조의 범의가 있다고 보기도 어렵다 할 것이니, 같은 취지에서 이 부분 공소사실에 대하여 무죄를 선고한 원심판결은 정당하다 할 것이고, 거기에 상고이유에서 주장하는 것처럼 사실오인 및 법리오해 등의 위법이 있다고 할 수 없다.

한편, 피고인들에 대한 나머지 무죄판결 부분에 대하여는 상고장 및 상고이유서에 그 이유의 기재가 없으므로 이 부분 원심판결에 대한 상고 역시 이유가 없다.

그러므로 상고를 기각하기로 하여 관여 대법관의 일치된 의견으로 주문과 같이 판결한다.

대법관 박재윤(재판장) 이용우(주심) 이규홍 양승태

참고판례

(가) 대법원 1995. 9. 29. 선고 95도456 판결【특정경제범죄가중처벌등에관한법률위반(사기)·특정경제범죄가중처벌등에관한법률위반(횡령)·사기·사문서위조·사문서위조행사】(공1995, 3652)

형법상 방조행위는 정범의 실행행위를 용이하게 하는 직접, 간접의 모든 행위를 가리키는 것으로서 그 방조는 유형적·물질적인 방조뿐만 아니라 정범에게 범행의 결의를 강화하도록 하는 것과 같은 무형적·정신적 방조행위까지도 이에 해당한다.

(나) 대법원 2008. 9. 25. 선고 2008도6556 판결

형법 제252조 제2항의 자살방조죄는 자살하려는 사람의 자살행위를 도와주어 용이하게 시행하도록 함으로써 성립되는 것으로서, 그 방법에는 자살도구인 총, 칼 등을 빌려주거나 독약을 만들어주거나 조언 또는 격려를 한다거나 기타 적극적·소극적·물질적·정신적 방법이 모두 포함된다 할 것이나 이러한 자살방조죄가 성립하기 위해서는 그 방조 상대방의 구체적인 자살의 실행을 원조하여 이를 용이하게 하는 행위의 존재 및 그 점에 대한 행위자의 인식이 요구된다(대법원 2005. 6. 10. 선고 2005도1373 판결 참조). 원심판결 이유에 의하면, 원심은 그 판시와 같은 사실을 인정한 다음 피해자가 휘발유를 자신의 몸에 뿌리고 죽겠다고 말한 것은 A에게 그 만큼 사랑하다는 것을 보여주기 위해서 한 행동일 뿐 실제 자살의 결의를 가지고 위와 같은 행동을

한 것은 아니고, 피해자가 피고인이 던져준 라이터로 자신의 몸에 불을 붙인 행위로까지 나간 것은 실제로 죽을 마음을 먹고 그 자살의사를 실행에 옮긴 것이라기보다는 충동적으로 일어난 일로 보아야 할 것이며, 피고인도 피해자의 행동을 실제 자살할 마음이 없이 A의 마음을 돌리려는 것이라고 받아들였을 것이어서 피해자가 실제 자살하거나 몸에 불을 붙이는 행동으로 나아갈 것을 예견하였다고 볼 수 없다는 이유로 이 사건 공소사실은 범죄의 증명이 없는 때에 해당한다고 판단하여 이 사건 공소사실을 유죄로 인정한 제1심 판결을 파기하고 피고인에게 무죄를 선고하였는바, 앞서 본 법리와 기록에 비추어 살펴보면, 원심의 사실인정과 판단은 정당한 것으로 수긍이 가고, 거기에 상고이유의 주장과 같은 채증법칙 위반으로 인한 사실오인이나 자살방조죄에 관한 법리오해 등의 위법이 없다.

쟁점연구

위의 도입판례 역시 이에 입각하여, 자살사이트를 통한 청산가리판매 허위광고행위가 피해자의 자살실행(행위)을 물질적·정신적으로 용이하게 했는지를 검토하고 있다. 즉 정범행위(자살행위)와 방조행위 간의 인과관계를 통해서 자살방조의 성립 여부를 판단하고 있다. 하지만 참고판례에서는 '분신협박을 하는 피해자에게 라이터를 던져준 행위'가 자살방조에 해당하는지를 검토하면서, 이를 방조의 고의문제로 환원하여 피고인이 '실제로 분신하여 자살할 것을 예견했는지'를 검토함으로써, 자살방조의 성립 여부를 판단하고 있다.

따라서 도입판례와 참고판례는 자살방조를 부정했다는 점에서는 결론적으로 동일하나, 결론의 도출과정 및 접근방식은 상이하다. 그렇다면, 자살방조죄와 관련하여 위의 두 판례를 서로 비교하여, 대법원의 논리와 접근방식의 타당성 및 문제점을 검토해 보자.

제 2 장 상해와 폭행의 죄

Ⅰ. 상해의 개념

도입판례

대법원 1969. 3. 11. 선고 69도161 판결【강간치상·명령위반】(집17-1, 형63)

【피 고 인】 갑
【상 고 인】 피고인
【원심판결】 제1심 국방부 보통, 제2심 국방부고등 1968. 12. 27. 선고 68노35 판결
【이 유】

변호인의 상고이유를 보건대,

원심이 소론과 같이 변호인의 사실 오인의 점에 대한 항소이유를 일괄하여 이유 없다고 판시하였다 하더라도 원심의 배척한 판단이 있는 것이므로, 이를 들어 위법이라 할 수 없고, 또 타인의 신체에 폭행을 가하여 보행불능, 수면장애, 식욕감퇴 등 기능의 장해를 일으킨 때에는 외관상 상처가 없더라도 형법상 상해를 입힌 경우에 해당한다 할 것이므로, 원심이 피해자 공소외 A에게 위 상해를 가한 피고인을 강간치상으로 처단한 것은 정당하며, 또 원심이 인용한 1심 판결에 거시된 증거를 기록에 대조하여 검토하면, 소론과 같은 사실이 있다 하더라도 위 상해와 직무유기의 각 사실을 인정하는 데 지장이 없다고 본다. 그리고 또

군인 전화 교환수가 정당한 이유 없이 그 맡고 있는 교환대의 자리를 비운 경우에는 밤중이라 전화교환을 할 일이 없었다 하더라도 군인복무규율 제32조의 직무를 유기한 때에 해당한다 할 것이며, 또 강간치상과 명령위반은 서로 그 구성요건이나 피해법익이 다를 뿐더러 명령 위반이 강간치상의 요소가 되는 것이 아니므로, 위 두 개의 행위를 경합범으로 본 원심판결은 정당하다. 따라서 논지는 모두 채용할 수 없다.

대법관 사광욱(재판장) 김치걸 주운화 홍남표

참고판례

(가) 대법원 1991. 10. 22. 선고 91도1832 판결【강간치상, 강간미수】(공 1991, 2873)

피고인이 강간하려고 피해자의 반항을 억압하는 과정에서 주먹으로 피해자의 얼굴과 머리를 몇 차례 때려 피해자가 코피를 흘리고(흘린 코피가 이불에 손바닥만큼의 넓이로 묻었음) 콧등이 부었다면 비록 병원에서 치료를 받지 않더라도 일상생활에 지장이 없고 또 자연적으로 치료될 수 있는 것이라 하더라도 강간치상죄에 있어서의 상해에 해당한다.

(나) 대법원 1989. 1. 31. 선고 88도831 판결【강간치상】(공1989, 375)

피해자가 이미 성행위의 경험이 있는 자로서 그가 입은 상처가 3, 4일간의 가료를 요하는 외음부 충혈과 양 상박부 근육통으로서 위 피해자가 병원에 가서 치료를 받지 않더라도 일상생활을 하는데 아무런 지장이 없고 자연적으로 치유가 될 수 있는 정도이며 실제 아무런 치유를 받은 일이 없다면 이로 인하여 신체의 완전성이 손상되고 생활기능에 장애가 왔다거나 건강상태가 불량하게 변경되었다고 보기는 어려우므로 위 상처가 강간치상죄의 상해에 해당된다고는 할 수 없다.

쟁점연구

1. 상해죄에서 '상해'의 의미에 대해서는, '신체완전성침해설'과 '생리적 기능훼손설' 그리고 '절충설' 등이 대립하고 있다. 도입판례 및 이와 관련된 판례 등을 조사하여 대법원이 취하고 있는 '상해'의 개념에 대해 토론해 보자.
2. 대법원 일반적인 상해죄에서와는 달리, 참고판례처럼 강간(강도)치상죄와 관련해서는 "일상생활상 간과될 정도의 것으로 방치하더라도 자연치유될 수 있는 경미한 상해"를 상해로 인정하지 않고 있다. 이러한 대법원의 '상대적' 상해개념이 과연 타당한 것인지, 만약 타당하다면 그 근거는 어디에서 찾을 수 있는지 생각해 보자.

Ⅱ. 특수폭행죄에서 '위험한 물건'의 '휴대'의 개념

도입판례

대법원 2009. 3. 26. 선고 2007도3520 판결【폭력행위등처벌에관한법률위반(집단・흉기등상해)(인정된죄명: 상해)・폭력행위등처벌에관한법률위반(집단・흉기등손괴)(인정된죄명: 손괴)・존속상해】(공2009상, 588)

【피 고 인】 갑
【상 고 인】 검사
【변 호 인】 변호사 조재돈
【원심판결】 전주지법 2007. 4. 20. 선고 2006노751 판결
【주 문】 상고를 기각한다.
【이 유】

상고이유를 판단한다.

어떤 물건이 폭력행위 등 처벌에 관한 법률 제3조 제1항에 정한 '위험한 물건'에 해당하는지 여부는 구체적인 사안에서 사회통념에 비추어 그 물건을 사용하면 상대방이나 제3자가 생명 또는 신체에 위험을 느낄 수 있는지 여부에 따라 판단하여야 하고(대법원 1981. 7. 28. 선고 81도1046 판결; 대법원 1995. 1. 24. 선고 94도1949 판결; 대법원 2003. 1. 24. 선고 2002도5783 판결 등 참조), 이러한 판단 기준은 자동차를 사용하여 사람의 생명 또는 신체에 위해를 가하거나 다른 사람의 재물을 손괴한 경우에도 마찬가지로 적용된다.

원심판결 이유에 의하면, 원심은 그 판시와 같이 사실을 인정한 다음, 피고인이 이혼 분쟁 과정에서 자신의 아들을 승낙 없이 자동차에 태우

고 떠나려고 하는 피해자들 일행을 상대로 급하게 추격 또는 제지하는 과정에서 이 사건 자동차를 사용하게 된 점, 이 사건 범행은 소형승용차(라노스)로 중형승용차(쏘나타)를 충격한 것이고, 충격할 당시 두 차량 모두 정차하여 있다가 막 출발하는 상태로서 차량 속도가 빠르지 않았으며 상대방 차량의 손괴 정도가 그다지 심하지 아니한 점, 이 사건 자동차의 충격으로 피해자들이 입은 상해의 정도가 비교적 경미한 점 등의 여러 사정을 종합하면, 피고인의 이 사건 자동차 운행으로 인하여 사회통념상 상대방이나 제3자가 생명 또는 신체에 위험을 느꼈다고 보기 어렵다고 판단하여 피고인에 대한 폭력행위 등 처벌에 관한 법률 제3조 제1항 위반죄가 성립하지 아니한다고 보았다.

앞서 본 법리 및 기록에 비추어 살펴보면, 원심의 위와 같은 판단은 정당하고, 거기에 상고이유로 주장하는 폭력행위 등 처벌에 관한 법률 제3조 제1항에 정한 '위험한 물건'에 관한 법리오해 등의 위법이 없다.

그러므로 상고를 기각하기로 하여 관여 법관의 일치된 의견으로 주문과 같이 판결한다.

대법관 차한성(재판장) 김영란 이홍훈(주심) 김능환

참고판례

▷ 대법원 2003. 1. 24. 선고 2002도5783 판결 【폭력행위등처벌에관한법률위반】 (공2003, 752)

어떤 물건이 폭력행위등처벌에관한법률 제3조 제1항의 '위험한 물건'에 해당하는지 여부는 구체적인 사안에서 사회통념에 비추어 그 물건을 사용하면 상대방이나 제3자가 생명 또는 신체에 위험을 느낄 수 있는지 여부에 따라 판단하여야 하고(대법원 1999. 11. 9. 선고 99도4146 판결 참조), 자동차는 원래 살상용이나 파괴용으로 만들어진 것이 아니지만 사람의 생명 또는 신체에 위해를 가하거나 다른 사람의 재물을 손괴하는 데 사용되었다면 폭력행위등처벌에관한법률 제3조 제1항의 '위험한 물건'에 해당한다(대법원 1997. 5. 30. 선고 97도597 판결 참조). 한편, 위험한 물건을 휴대하고 다른 사람의 재물을 손괴하면 상대방이 그 위험한 물건의 존재를 인식하지 못하였거나 그 위험한 물건의 사용으로 생명 또는 신체에 위해를 입지 아니하였다고 하더라도 폭력행위등처벌에관한법률 제3조 제1항 위반죄가 성립한다.

쟁점연구

도입판례와 참고판례 모두 '자동차'가 폭력행위등처벌에관한법률 제3조 제1항의 '위험한 물건'에 해당하는지 여부에 대한 판단은 "구체적인 사안에서 사회통념에 비추어 그 물건을 사용하면 상대방이나 제3자가 생명 또는 신체에 위험을 느낄 수 있는지 여부에 따라 판단하여야 한다"고 판시하고 있다.

하지만 도입판례는 '자동차'가 '위험한 물건'이 아니라고 판단한 반면, 참고판례는 이를 '위험한 물건'으로 보았다. 이로 인해 특수폭행죄의 성립여부가 극명하게 달라진다. 따라서 '구체적인 사안에서 사회통념에 비추어' 대법원 판단기준의 타당성을 검토해 보자.

제 3 장 과실치사상의 죄

Ⅰ. 과실의 개념

도입판례

대법원 2008. 10. 23. 선고 2008도6940 판결 【과실치상】 <골프장캐디 치상 사건>(공2008하, 1653)

【피 고 인】 갑
【상 고 인】 피고인
【원심판결】 서울서부지법 2008. 7. 17. 선고 2008노466 판결
【주 문】 상고를 기각한다.
【이 유】

상고이유를 판단한다.

1. 골프와 같은 개인 운동경기에 참가하는 자는 자신의 행동으로 인해 다른 사람이 다칠 수도 있으므로, 경기규칙을 준수하고 주위를 살펴 상해의 결과가 발생하는 것을 미연에 방지해야 할 주의의무가 있고, 이러한 주의의무는 경기보조원에 대하여도 마찬가지이다. 다만, 운동경기에 참가하는 자가 경기규칙을 준수하는 중에 또는 그 경기의 성격상 당연히 예상되는 정도의 경미한 규칙위반 속에 상해의 결과를 발생시킨 것으로서 사회적 상당성의 범위를 벗어나지 아니하는 행위라면 과실치상죄가 성립하지 않는다고 할 것이지만, 골프경기를 하던 중 골프공을 쳐서 아무도 예상하지 못한 자신의 등 뒤편으로 보내어 등 뒤에 있던 경기보

조원(캐디)에게 상해를 입힌 경우에는 주의의무를 현저히 위반한 사회적 상당성의 범위를 벗어난 행위로서 과실치상죄가 성립한다.

같은 취지에서 원심이 채용 증거를 종합하여 피고인이 골프장에서 골프경기를 하던 중 피고인의 등 뒤 8m 정도 떨어져 있던 경기보조원을 골프공으로 맞혀 상해를 입힌 사실을 인정하여 과실치상죄를 인정하고, 피해자가 경기보조원으로서 통상 공이 날아가는 방향이 아닌 피고인 뒤쪽에서 경기를 보조하는 등 경기보조원으로서의 기본적인 주의의무를 마친 상태였고, 자신이 골프경기 도중 상해를 입으리라고 쉽게 예견하였을 것으로 보이지 않으므로, 피해자의 명시적 혹은 묵시적 승낙이 있었다고 보기 어렵다는 이유로 위법성이 조각된다는 피고인의 주장을 배척한 것은 사실심 법관의 합리적인 자유심증에 따른 것으로서 정당하고 거기에 상고이유로 주장하는 바와 같은 채증법칙 위반, 법리오해 등의 위법이 없다.

2. 반의사불벌죄에 있어 피해자의 처벌을 희망하지 아니하는 의사표시나 처벌을 희망하는 의사표시의 철회는 제1심판결 선고 전까지 할 수 있는 것인바, 기록에 의하면, 피해자가 제1심판결 선고 전까지 피고인에 대한 처벌을 희망하지 아니하는 의사표시를 하였거나 처벌을 희망하는 의사표시를 철회하였음을 인정할 자료를 찾아 볼 수 없으므로, 이 부분 상고이유의 주장은 받아들이지 아니한다.

3. 그리고 형사소송법 제383조 제4호의 규정에 의하면 사형, 무기 또는 10년 이상의 징역이나 금고가 선고된 사건에 있어서만 양형부당을 사유로 한 상고가 허용되는 것이므로, 피고인에게 그보다 가벼운 벌금형이 선고된 이 사건에 있어서는 형의 양정이 부당하다는 사유는 적법한 상고이유가 되지 못한다.

4. 그러므로 상고를 기각하기로 하여, 관여 대법관의 일치된 의견으로 주문과 같이 판결한다.

대법관 김영란(재판장) 이홍훈 안대희(주심) 양창수

참고판례

▷ 대법원 1984. 2. 28. 선고 83도3007 판결【현주건조물방화치사상죄 · 현주건조물방화 · 현주건조물방화미수 · 절도 · 업무상과실치사상 · 소방법위반 · 폭력행위등처벌에관한법률위반】(공1984, 647)

[1] 호텔의 사장 또는 영선과장인 피고인들에게는 화재가 발생하면 불이 확대되지 않도록 계단과 복도 등을 차단하는 갑종방화문은 항상 자동개폐되도록 하며, 숙박업들이 신속하게 탈출 대피할 수 있도록 각 층의 을종방화문(비상문)은 언제라도 내부에서 외부로의 탈출방향으로 밀기만 하면 그대로 열려지도록 설비관리하고, 화재시에는 즉시 전층 각 객실에 이를 알리는 감지기, 수신기, 주경종, 지구경종을 완벽하게 정상적으로 작동하도록 시설 관리하여야 할 업무상의 주의의무가 있다 할 것이다.

[2] 호텔의 사장 또는 영선과장인 피고인들이 오보가 잦다는 이유로 자동화재조기탐지 및 경보시설인 수신기의 지구경종스위치를 내려 끈 채 봉하고, 영업상 미관을 해친다는 이유로 각층에 설치된 갑종방화문을 열어 두게 하고 옥외피난계단으로 통하는 을종방화문은 도난방지 등의 이유로 고리를 끼워 피난구로서의 역할을 다하지 못하게 하였다면, 이와 같은 피고인들의 주의의무 해태는 결과적으로 건물의 화재발생시에 있어서 숙박객 등에게 신속하게 화재를 알릴 수 없게 되고 발화지점에서의 상하층에의 연소방지를 미흡하게 하고 또 숙박객 등을 비상구를 통해 신속하게 옥외로 대피시키지 못하게 하는 것임은 경험상 명백하다 할 것이므로, 이 사건 화재로 인한 숙박객 등의 사상이라는 결과는 충분히 예견가능한 것이라고 할 것이다.

[3] 소위 과실범에 있어서의 비난가능성의 지적 요소란 결과발생의 가능성에 대한 인식으로서 인식있는 과실에는 이와 같은 인식이 있고, 인식없는 과실에는 이에 대한 인식자체도 없는 경우이나, 전자에 있어서 책임이 발생함은 물론, 후자에 있어서도 그 결과발생을 인식하지 못하였다는 데에 대한 부주의 즉 규범적 실재로서의 과실책임이 있다고 할 것이다.

쟁점연구

1. 과실(범)의 개념과 성립요건에 대해서 정리해 보자.
2. 도입판례의 판결요지(2)에서 대법원은, "골프경기를 하던 중 골프공을 쳐서 아무도 예상하지 못한 자신의 등 뒤편으로 보내어 등 뒤에 있던 경기보조원(캐디)에게 상해를 입힌 경우에는 주의의무를 현저히 위반하여 사회적 상당성의 범위를 벗어난 행위로서 과실치상죄가 성립한다"고 판시하고 있다. 하지만 형법상 과실을 '객관적' 주의의무위반으로 보고, 주의의무위반을 '객관적 예견가능성'으로 판단하면서, "아무도 예상하지 못한" 행위에 대해 도입판례처럼 과실치상죄를 인정하는 것이 타당한지 생각해 보자.

Ⅱ. 업무상 과실치사상죄의 '업무'

도입판례

대법원 1961. 3. 22. 선고 4294형상5 판결【업무상과실치사상】(집9, 형31)

【피 고 인】 갑
【상 고 인】 피고인
【원심판결】 제1심 대전지방, 제2심 서울고등
【이 유】

업무상 과실치사상죄에 있어서의 업무라고 함은 사람의 사회생활면에 있어서의 하나의 지위로서 계속적으로 종사하는 사무를 말하고 반복계속의 의사 우는 또는 사실이 있는 한 그 사무에 대한 격별한 경험이나 법규상의 면허를 필요로 하지 아니한다고 할 것인바 일건 기록에 의하면 피고인은 과거 자동차조수로 약 1년 6월간 근무하였고 P운수주식회사 Q지점 자동차수리공장에서 수리공으로서 자동차수리 전후에 그 차륜을 수시 시운전을 하였으며 본건에 있어서 운전면허 없이 본건 자동차 우 회사소유를 운전하였든 사실을 인정할 수 있으므로 피고인이 면허 있는 자동차 운전수가 아니라 할지라도 피고인의 본건 자동차 운전사무는 업무상 과실치사죄에 있어서의 업무에 해당한다 할 것이다.

대법관 김연수(재판장) 사광욱 양회경 김제형 김홍섭

쟁점연구

1. 형법에는 '보호법익'으로서의 업무(예: 업무방해죄), '행위태양'으로서의 업

무(예: 아동혹사죄), '신분'으로서의 업무(예: 업무상 비밀누설죄) 등 다양한 '업무'개념이 존재한다. 그렇다면 도입판례에서 말하는 업무상 과실치사상죄의 '업무'개념과 성질에 대해서 생각해 보자.

2. 업무상 과실의 범위를 제한하는 근거로 거론되는 '허용된 위험' 및 '신뢰의 원칙'의 내용과 형법적 기능에 대해 생각해 보자.

제 4 장 자유에 대한 죄

Ⅰ. 체포 · 감금죄의 객체

도입판례

대법원 2002. 10. 11. 선고 2002도4315 판결【감금치사】(공2002, 2784)

【피 고 인】 갑
【상 고 인】 피고인
【변 호 인】 변호사 최인호 외 3인
【원심판결】 대전고법 2002. 7. 26. 선고 2002노316 판결
【주 문】 상고를 기각한다. 상고 후의 구금일수 중 70일을 본형에 산입한다.
【이 유】

기록에 비추어 살펴보면, 피고인은 제1심판결에 대하여 양형부당만을 항소이유로 내세워 항소하였는바, 이러한 경우 피고인은 원심판결에 대하여 사실오인이나 법리오해의 위법이 있다는 것을 상고이유로 삼을 수 없을 뿐만 아니라(대법원 1995. 2. 3. 선고 94도2134 판결, 1996. 11. 8. 선고 96도2076 판결 등 참조), 나아가 원심이 인용한 제1심판결이 채용한 증거들을 기록에 비추어 살펴보면, 피고인이 피해자를 감금한 기간 등에 관한 원심의 판단에 일부 미흡한 점은 있으나, 피고인이 피해자를 감금하여 사망에 이르게 한 사실은 넉넉히 인정할 수 있고, 또 피고인의 감금

의 고의 역시 충분히 인정될 뿐 아니라, 피고인의 위 행위를 정당행위나 긴급피난으로 볼 수도 없으며, 4일 가량 물조차 제대로 마시지 못하고 잠도 자지 아니하여 거의 탈진 상태에 이른 피해자의 손과 발을 17시간 이상 묶어 두고 좁은 차량 속에서 움직이지 못하게 감금한 행위와 묶인 부위의 혈액 순환에 장애가 발생하여 혈전이 형성되고 그 혈전이 폐동맥을 막아 사망에 이르게 된 결과 사이에는 상당인과관계가 있다 할 것이고, 그 경우 피고인에게 사망의 결과에 대한 예견가능성이 없었다고 할 수도 없을 것이며, 정신병자라고 해서 감금죄의 객체가 될 수 없다고 볼 수도 없는 법리이므로, 원심판결에 채증법칙 위배로 인한 사실오인이나, 정당행위나 긴급피난, 감금죄의 객체, 결과적 가중범에 관한 법리오해 등 상고이유에서 주장하는 바와 같은 위법이 있다고 할 수 없다.

그리고 피고인에게 징역 2년 6월의 형이 선고된 이 사건에서 형의 양정이 부당하다는 사유는 적법한 상고이유가 되지 아니한다.

그러므로 상고를 기각하고, 상고 후의 구금일수 중 일부를 본형에 산입하기로 하여 관여 법관의 일치된 의견으로 주문과 같이 판결한다.

대법관 송진훈(재판장) 변재승 윤재식(주심) 이규홍

쟁점연구

일반적으로 감금죄의 객체는 '신체활동의 자유를 가질 수 있는 자연인'이다. 하지만 구체적인 '자연인'의 범위와 관련해서, 즉 '현실적인 신체활동의 가능성'과 '현실적인 활동의사'가 필요한지를 두고, 최광의설·광의설·협의설·절충설 등이 대립하고 있다. 그렇다면 도입판례를 통해 감금죄의 객체에 대한 대법원의 입장을 추론해 보자.

Ⅱ. 협박죄의 기수시기

도입판례

대법원 2007. 9. 28. 선고 2007도606 전원합의체 판결【형의실효등에관한법률위반·협박】(공2007, 1726)

【피 고 인】 갑
【상 고 인】 피고인
【변 호 인】 변호사 김병익
【원심판결】 대구지법 2006. 12. 28. 선고 2006노2627 판결
【주　　문】 상고를 기각한다.
【이　　유】

상고이유를 판단한다.

1. 협박죄에 관한 상고이유에 대하여

가. 채증법칙 위반 주장에 대하여

원심판결 이유와 원심이 인용한 제1심법원의 채택 증거에 비추어 보면, 피해자 공소외 A가 대학설립 추진을 빙자하여 대학부지 내 택지 및 상가지역 분양 명목으로 공소외 B로부터 받은 돈을 변제하지 못하여 독촉을 받고 있는 상황에서, (이름 생략)경찰서 정보보안과 소속 경찰공무원인 피고인이 2003. 5. 30. 12:30경 피해자에게 전화를 걸어 "나는 (이름 생략)경찰서 정보과에 근무하는 (이름 생략)형사다. 공소외 B가 집안 동생인데 돈을 언제까지 해줄 것이냐. 빨리 안 해주면 상부에 보고하여 문제를 삼겠다"라고 말함으로써 해악을 고지하였다고 인정한 원심의 판단은 정당하고, 거기에 상고이유에서 주장하는 바와 같은 채증법칙을 위배한 위법이 있다고 할 수 없다.

나. 협박죄의 성립요건에 관한 주장에 대하여

협박죄에서 협박이라 함은 일반적으로 보아 사람으로 하여금 공포심을 일으킬 수 있는 정도의 해악을 고지하는 것을 의미하고, 그 주관적 구성요건으로서의 고의는 행위자가 그러한 정도의 해악을 고지한다는 것을 인식·인용하는 것을 그 내용으로 하는바(대법원 1991. 5. 10. 선고 90도2102 판결, 대법원 2006. 6. 15. 선고 2006도2311 판결 등 참조), 협박죄가 성립되려면 고지된 해악의 내용이 행위자와 상대방의 성향, 고지 당시의 주변 상황, 행위자와 상대방 사이의 친숙의 정도 및 지위 등의 상호관계, 제3자에 의한 해악을 고지한 경우에는 그에 포함되거나 암시된 제3자와 행위자 사이의 관계 등 행위 전후의 여러 사정을 종합하여 볼 때에 일반적으로 사람으로 하여금 공포심을 일으키게 하기에 충분한 것이어야 할 것이지만, 상대방이 그에 의하여 현실적으로 공포심을 일으킬 것까지 요구되는 것은 아니며, 그와 같은 정도의 해악을 고지함으로써 상대방이 그 의미를 인식한 이상, 상대방이 현실적으로 공포심을 일으켰는지 여부와 관계없이 그로써 구성요건은 충족되어 협박죄의 기수에 이르는 것으로 해석하여야 할 것이다.

우리 형법은 제286조에서 협박죄의 미수범을 처벌하는 조항을 두고 있으나 미수범 처벌조항이 있다 하여 반드시 침해범으로 해석할 것은 아니며, 지극히 주관적이고 복합적이며 종종 무의식의 영역에까지 걸쳐 있는 상대방의 정서적 반응을 객관적으로 심리·판단하는 것이 현실적으로 불가능에 가깝고, 상대방이 과거 자신의 정서적 반응이나 감정상태를 회고하여 표현한다 하여도 공포심을 일으켰는지 여부의 의미나 판단 기준이 사람마다 다르며 그 정도를 측정할 객관적 척도도 존재하지 아니하는 점 등에 비추어 보면, 상대방이 현실적으로 공포심을 일으켰는지 여부에 따라 기수 여부가 결정되는 것으로 해석하는 것은 적절치 아니하기 때문이다.

결국, 협박죄는 사람의 의사결정의 자유를 보호법익으로 하는 위험범이라 봄이 상당하고, 위 미수범 처벌조항은 해악의 고지가 현실적으로 상대방에게 도달하지 아니한 경우나, 도달은 하였으나 전혀 지각하지 못한 경우, 혹은 고지된 해악의 의미를 상대방이 인식하지 못한 경우 등에 적용될 뿐이라 할 것이다.

위 법리에 비추어 볼 때, 앞서 본 당시 상황에서 피고인이 정보과 소속 경찰관의 지위에 있음을 내세우면서 빨리 변제하지 않으면 상부에 보고하여 문제를 삼겠다고 이야기한 것은, 객관적으로 보아 사람으로 하여금 공포심을 일으키게 하기에 충분한 정도의 해악의 고지에 해당한다고 볼 것이므로, 피해자가 그 취지를 인식하였음이 명백한 이상 현실적으로 피해자가 공포심을 일으켰는지 여부와 무관하게 협박죄의 기수에 이르렀다고 보아야 할 것이다.

같은 취지의 원심 판단은 정당하고, 거기에 협박죄의 성립요건에 관한 법리오해의 위법이 있다고 할 수 없다.

다. 정당행위에 해당한다는 주장에 대하여

권리행사나 직무집행의 일환으로 상대방에게 일정한 해악의 고지를 한 경우, 그 해악의 고지가 정당한 권리행사나 직무집행으로서 사회상규에 반하지 아니하는 때에는 협박죄가 성립하지 아니하나, 외관상 권리행사나 직무집행으로 보이는 경우에도 그것이 실질적으로 권리나 직무권한의 남용이 되어 사회상규에 반하는 때에는 협박죄가 성립한다고 보아야 할 것인바, 구체적으로는 그 해악의 고지가 정당한 목적을 위한 상당한 수단이라고 볼 수 있는 경우라면 위법성이 조각된다고 할 것이지만, 위와 같은 관련성이 인정되지 아니하는 경우에는 그 위법성이 조각되지 아니한다.

원심판결 이유에 의하면, 피해자로부터 돈을 돌려받지 못해 걱정하고 있는 공소외 B를 친구의 부탁으로 상담차 만난 피고인은 공소외 B로부터 그가 처한 상황에 관한 설명을 듣고 그 자리에서 피해자에게 전화를 걸어 자신이 정보과 형사라고 신분을 밝힌 다음 공소외 B가 집안 동생이라고 거짓말을 하면서 공소외 B의 돈을 빨리 안 해주면 상부에 보고하여 문제를 삼겠다고 말한 사실, 당시 피고인은 피해자와 공소외 B 사이의 금전거래로 인한 사건을 정식으로 수사하거나 내사하는 상황이 아니었을 뿐만 아니라 범죄 혐의에 대한 뚜렷한 의심도 갖기 이전이었던 사실을 알 수 있다.

이에 의하면, 우선 피고인이 피해자에게 고지한 해악의 내용은 피고인이 경우에 따라 소속기관에 보고하여 문제 삼을 수도 있다는 취지여서 외관상으로는 직무집행의 의사가 있음을 피력한 것에 지나지 아니하며, 그 목적 역시 피해자의 공소외 B에 대한 채무의 조속한 변제 혹은 피해변상에 있었던 것으로 보여 그 자체로 위법하다거나 부당한 것이라고는 볼 수 없다 하더라도, 경찰공무원복무규정 제10조(민사분쟁에의 부당개입금지)에서 "경찰공무원은 직위 또는 직권을 이용하여 부당하게 타인의 민사분쟁에 개입하여서는 아니 된다"고 규정하고 있는 점과 피해자의 범죄혐의가 드러나기 이전이라는 당시의 상황에 비추어 보면, 피해자의 공소외 B에 대한 채무의 변제나 피해 변상 여부에 따라 직무집행 여부를 결정할 의사를 갖고 있다는 취지의 해악의 고지는, 정당한 직무집행의 일환으로 평가할 수 없을 뿐 아니라, 그 목적 달성을 위한 상당한 수단으로 인정할 수도 없다 할 것이다.

따라서 위와 같은 해악의 고지가 경찰관으로서의 정당한 업무상의 행위라거나 사회상규에 반하지 아니하는 행위라고 볼 수는 없으므로, 같은 취지의 원심 판단은 정당하고, 거기에 정당행위에 관한 법리를 오해한 위법이 있다고 할 수 없다.

2. 형의 실효 등에 관한 법률 위반죄에 관한 상고이유에 대하여

구 형의 실효 등에 관한 법률(2005. 7. 29. 법률 제7624호로 개정되기 전의 것)은 제6조 제2항에서 "수사자료표를 관리하는 자 또는 직무상 수사자료표에 의한 범죄경력조회 또는 수사경력조회를 하는 자는 그 수사자료표의 내용을 누설하여서는 아니 된다"고 규정하면서, 제10조 제1항에서 이를 위반하여 수사자료표의 내용을 누설한 자를 처벌하고 있는바, 위 법이 전과기록 및 수사자료의 관리와 형의 실효에 관한 기준을 정함으로써 전과자의 정상적인 사회복귀를 보장하고자 함을 입법목적으로 하

고 있는 점, 전과자는 주위에 자신의 구체적인 전과 내용이 아닌 전과자라는 사실이 알려지는 것만으로도 정상적인 사회복귀에 커다란 지장을 받게 되는 점과 위 처벌법규의 규정 형식 및 내용 등에 비추어 보면, 같은 법 제10조 제1항에서 말하는 '수사자료표의 내용 누설'이란 수사자료표에 나타난 전과자의 죄명이나 형종 및 형기 등의 내용을 구체적으로 적시하여 누설하는 행위뿐만 아니라, 단순히 특정인에게 전과경력이 존재한다는 사실을 누설하는 행위도 포함한다고 봄이 상당하다.

그렇다면 (이름 생략)경찰서에서 위 공소외 A에 대해 수사자료표에 의한 범죄경력조회를 한 피고인이 그 내용을 근거로 경상북도 P군의 전·현직 공무원 등에게 피해자를 전과자라고 말한 행위들은 모두 '수사자료표의 내용 누설'에 해당하는 것으로 보아야 할 것이고, 피고인이 위 행위들을 하게 된 동기와 행위 내용, 피고인의 지위 등 원심판결 이유에 나타난 여러 사정들에 비추어 보면 이에 대한 피고인의 고의 또한 인정된다고 할 것인바, 같은 취지의 원심 판단은 정당하고, 거기에 상고이유에서 주장하는 같은 법 제10조 제1항 위반죄의 성립요건에 관한 법리오해나 채증법칙 위배 등의 위법이 있다고 할 수 없다.

3. 결론

그러므로 상고를 기각하기로 하여 주문과 같이 판결한다. 이 판결에는 협박죄의 성립요건에 관한 판단에 대하여 대법관 김영란, 대법관 박일환의 반대의견이 있는 외에는 관여 법관들의 의견이 일치되었다.

4. 대법관 김영란, 대법관 박일환의 반대의견은 다음과 같다.

가. 다수의견은, 협박죄는 사람의 의사결정의 자유를 보호법익으로 하는 위험범으로서, 일반적으로 보아 사람으로 하여금 공포심을 일으킬 수 있는 정도의 해악의 고지가 상대방에게 도달하여 상대방이 그 의미를 인식한 이상 상대방이 현실적으로 공포심을 일으켰는지 여부와 관계없이 그로써 구성요건은 충족되며 기수에 이르는 것으로 보아야 한다고 판단하고 있다.

나. 그러나 위와 같은 다수의견에는 다음과 같은 이유로 찬성할 수

없다.

(1) 협박죄의 미수범을 처벌하는 규정을 두고 있지 않은 구 형법(1953. 9. 18. 우리 형법 제정 이전의 의용형법), 독일 형법, 일본 형법 등에 있어서는, 비록 협박행위로 인하여 피해자가 현실적으로 공포심을 일으키지는 않았다고 하더라도 이에 대한 처벌의 필요성은 있는 점 등을 고려하여, 협박죄의 기수시기에 관하여 다수의견과 같은 입장을 취할 여지도 있다고 할 것이다.

그러나 현행 형법은 협박죄의 미수범을 처벌하는 규정을 두고 있는바, 그 입법 취지는 협박죄를 침해범으로 보고, 해악의 고지가 상대방에게 도달하여 상대방이 그 의미를 인식하였으나 현실적으로 공포심을 일으키지는 아니한 경우에는 이를 미수범으로 처벌하도록 함으로써 피해자의 피해 정도 등을 고려한 적정한 양형을 도출하고자 하는 의도라고 보는 것이 자연스럽다고 할 것이다.

어떤 범죄를 위험범으로 볼 것인지 침해범으로 볼 것인지 여부는 범죄의 형태상 당연한 경우를 제외하고는 실정법의 해석 문제라고 할 수 있다.

협박죄는 상대방에게 공포심을 일으킬 수 있는 해악을 고지하는 행위를 구성요건으로 하는 범죄로 범죄의 형태상 당연히 침해범 또는 위험범이라고 확정할 수는 없지만 일반적인 사회적 인식에 비추어 볼 때 상대방에게 공포심을 일으키지 못하였다면 이를 미수범으로 이해하는 것이 자연스럽다고 할 것이다. 왜냐하면 미수범은 통상 구성요건적 행위를 미처 마치지 못한 착수미수와 구성요건적 행위를 마쳤으나 결과가 발생하지 못한 실행미수의 두 가지 모습으로 나타나는바, 본건과 같이 상대방에게 공포심을 일으키지 못한 경우는 실행미수의 전형적인 모습이기 때문이다.

다만, 구 형법 시절에는 미수범의 처벌규정이 없었기 때문에 일반적인 처벌의 필요성을 고려하여 위험범으로 해석할 여지도 있었지만, 현행 형법 아래에서는 그와 같이 해석할 필요성도 없다. 학설을 보더라도 현행 형법 아래에서는 협박죄를 침해범으로 해석하여야 한다는 견해가 압도적인 다수설의 지위를 차지하고 있는 것도 이러한 미수범의 일반적인 모습을 고려할 때 자연스러운 것이라고 할 것이다.

(2) 다수의견은, 사람이 공포심을 일으켰는지 여부의 의미나 판단 기준이 사람마다 다르며 그 정도를 측정할 객관적 척도도 존재하지 아니하는 점 등에 비추어 볼 때 상대방이 현실적으로 공포심을 일으켰는지 여부에 의하여 협박죄의 기수 여부가 좌우되는 것으로 해석하는 것은 부적절하다고 보고 있다.

그러나 협박죄에 있어서 해악의 고지는 '일반적으로 보아 사람으로 하여금 공포심을 일으킬 수 있는 정도'의 해악을 고지하는 것을 의미하는바, 협박죄의 구성요건을 갖추었는지 여부를 판단함에 있어서는 위와 같은 정도의 해악의 고지가 있었는지 여부를 살펴봄으로써 족하다고 할 것이나, 나아가 협박죄가 기수에 이르렀는지 여부를 판단함에 있어서는 상대방이 현실적으로 공포심을 일으켰는지 여부, 즉 협박죄의 보호법익인 상대방의 의사결정의 자유가 현실적으로 침해되었는지 여부를 고려할 필요가 있다고 할 것이다.

그리고 현실적으로 사람이 공포심을 일으켰는지 여부나 그 정도는 사람마다 다를 수 있다고 하더라도, 그러한 사정만으로 현실적으로 사람이 공포심을 일으켰는지 여부나 그 정도를 판단할 수 없다거나 이를 판단할 만한 객관적인 척도나 기준이 존재하지 않는다고 단정할 것은 아니며, 사람이 현실적으로 공포심을 일으켰는지 여부를 판단할 만한 객관적인 기준 및 개별 사건에서의 검사 또는 피고인의 입증과 그에 의하여 인정되는 구체적인 사정 등을 모두 종합하여, 당해 협박행위로 인하여 상대방이 현실적으로 공포심을 일으켰다는 점이 증명된다면 협박죄의 기수에 이르렀다고 인정하고, 이에 대한 증명이 부족하거나 오히려 상대방이 현실적으로 공포심을 일으키지 않았다는 점이 증명된다면 협박죄의 미수에 그친 것으로 인정하면 될 것이고, 이러한 결과가 결코 부적절하다고 볼 것은 아니다.

"의심스러울 때는 피고인의 이익으로"라는 법원칙은 이와 같은 경우에도 적용되어야 하고, 기수에 이르렀는지 의문이 있다면 미수범으로 처벌하면 되지 그와 같은 의문을 해결하기 어렵다고 하여 모든 경우에 기수범으로 처벌하는 것은 이러한 형사법의 일반원칙과도 부합되지 아니하며 형벌과잉의 우려를 낳게 될 뿐이다.

(3) 그렇다면 현행 형법에서의 협박죄는 침해범으로서, 일반적으로 보아 사람으로 하여금 공포심을 일으킬 수 있는 정도의 해악의 고지가 상대방에게 도달하여 상대방이 그 의미를 인식하고 나아가 현실적으로 공포심을 일으켰을 때에 비로소 기수에 이르는 것으로 봄이 타당하고, 기존의 대법원판결들도 협박죄의 기수시기에 관한 이러한 견해에 명백히 저촉되는 것으로 보이지는 아니한다.

(4) 위와 같은 법리 및 기록에 비추어 살펴보면, 이 사건 협박행위와 관련하여 피해자가 수사기관에서 공포심을 일으켰다고 진술한 바 없고 오히려 원심법정에서는 전혀 두렵지 않았다고 증언하였으며, 달리 피고인의 협박행위로 인하여 피해자가 현실적으로 공포심을 일으켰다고 볼 만한 증거가 없으므로, 이 사건 협박죄는 미수에 그친 것으로 봄이 타당하고, 이와 달리 이 사건 협박죄가 기수에 이른 것으로 판단한 원심판결에는 협박죄의 기수에 관한 법리오해로 인하여 판결 결과에 영향을 미친 위법이 있다.

다. 따라서 원심판결은 이러한 위법 때문에 파기되어야 할 것인데, 다수의견은 이와 결론을 달리하므로 반대의견으로 위와 같이 견해를 밝힌다.

대법관 이용훈(재판장) 김지형 김영란 양승태(주심) 김황식 박시환
고현철 이홍훈 박일환 김능환 전수안 안대희

참고판례

▷ 대법원 2002. 12. 10. 선고 2002도4940 판결【절도·횡령·폭력행위등처벌에관한법률위반】(공2003, 413)

【피 고 인】 갑

【상 고 인】 피고인

【변 호 인】 변호사 정용인

【원심판결】 서울지법 2002. 8. 28. 선고 2002노2886 판결

【주 문】 원심판결을 파기하고, 사건을 서울지방법원 본원 합의부에 환송한다.

【이 유】

1. 원심은, 피고인이 2001. 8. 27. 23:30경 피해자 A의 지시에 따라 P군 임야의 반환을 요구하려고 찾아온 공소외 B, C에게, 소지하고 있던 주방용 칼을 꺼내 보이며 "A가 왔으면 무슨 일이 일어났을 것이다. 내가 이런 일이 있을 줄 알고 3년 전부터 준비해 왔는데, Q양행 서류 3개 캐비닛 분량을 가지고 있다"라는 취지로 말하여 피해자 이상용의 생명·신체·재산에 어떤 위해를 가할 듯한 태도를 보이고, 같은 달 30. 10:00경 Q양행 사무실에서 그와 같은 언동이 피해자 A에게 전달되게 함으로써 협박한 것이라는 공소사실을 인정한 다음, 피해자에 대한 협박이 기수에 이른 시기는 주간이지만 실행의 착수가 야간에 이루어진 이상 폭력행위등처벌에관한법률 제2조 제2항, 제1항, 형법 제283조 제1항이 적용된다고 판단하였다.

2. 폭력행위등처벌에관한법률 제2조 제2항, 제1항은 야간에 형법 제283조 제1항의 협박죄를 범한 때에는 그 형의 2분의 1까지 가중한다고 규정하고 있는바, 폭력행위등처벌에관한법률이 제1조에서 집단적, 상습적 또는 야간에 폭력행위 등을 자행하는 자 등을 처벌함을 목적으로 한다고 규정하면서, 제6조에서 위와 같은 야간 협박죄의 미수범을 처벌하는 규정을 따로 두고 있으며, 형법 제283조 제1항의 협박죄의 미수범 처벌규정도 형법 제286조에 별도로 규정되어 있는 점에 비추어 보면, 폭력행위등처벌에관한법률 제2조 제2

항, 제1항, 형법 제283조 제1항이 규정하는 범죄는 협박죄의 기수범이 야간이라는 시간적 제한 아래 이루어진 것을 말하므로, 위 죄가 성립하기 위해서는 해악의 고지가 피해자에게 도달하여 협박이 기수에 이른 시기가 야간에 해당하여야 하고, 이 사건과 같이 실행의 착수가 야간에 이루어졌더라도 기수에 이른 시기가 주간인 경우에는 형법 제283조 제1항이 적용될 뿐 폭력행위등처벌에관한법률 제2조 제2항은 적용되지 않는다고 보아야 한다.

그럼에도 불구하고, 원심은 이와 다른 견해에서 위 공소사실에 대하여 폭력행위등처벌에관한법률 제2조 제2항을 적용하여 피고인을 처단하였으니, 거기에는 위 조항이 규정하는 야간 협박죄의 성립요건에 관한 법리를 오해하여 판결에 영향을 미친 위법이 있고, 이 점을 지적하는 상고이유의 주장은 이유 있다.

3. 그러므로 원심판결 중 폭력행위등처벌에관한법률위반의 점은 그대로 유지될 수 없고 이 부분 공소사실은 원심 판시의 다른 죄와 경합범관계에 있으므로, 원심판결을 전부 파기하여 사건을 원심법원에 환송하기로 하여, 주문과 같이 판결한다.

대법관 이용우(재판장) 서성 배기원 박재윤(주심)

쟁점연구

1. 도입판례에서 대법원은 협박죄의 기수시기는 상대방이 현실적으로 공포심을 일으켰는지 여부와 관계없이 해악의 고지를 상대방이 인식했는지를 기준으로 결정된다고 본다. 즉 대법원은 협박죄를 추상적 위험범으로 이해한다. 하지만 형법 제286조는 협박죄의 미수범을 처벌하고 있는데, 도입판례의 다수의견에서처럼 협박죄를 '위험범'으로 이해하는 것이 가능한지 생각해 보고, 가능하다면 그 논거는 무엇인지 생각해 보자.
2. 그렇다면 도입판례와 달리, 협박죄를 '침해범'으로 이해할 경우, 형법 제286조에서 말하는 '미수'영역은 무엇을 의미하지 토론해 보자.

제 5 장 성적 자유 및 명예에 대한 죄

Ⅰ. 강간죄의 객체

도입판례

대법원 1996. 6. 11. 선고 96도791 판결【강간치상(인정된 죄명 성폭력범죄의처벌및피해자보호등에관한법률위반) · 폭력행위등처벌에관한법률위반】(집44-1, 1049)

【피 고 인】 갑, 을
【상 고 인】 검사
【변 호 인】 변호사 조희래
【원심판결】 서울고법 1996. 2. 23. 선고 95노2876 판결
【주　　문】 검사의 피고인들에 대한 상고를 모두 기각한다.
【이　　유】

상고이유를 본다.

1. 원심은 이 사건 주위적 공소사실, 즉 "피고인들이 공소외인과 합동하여, 1995. 4. 24. 00 : 30경 서울 용산구 (번지 생략) P호텔 부근에서 호객행위를 하던 피해자 A(36세)를 승용차에 납치하여 서울 중구 장충동 2가(번지 생략)에 있는 Q건물 부근의 골목길로 끌고 간 후 폭행과 협박을 가하여 피해자의 반항을 억압한 다음 차 안에서 피고인 갑, 위 공소외인, 피고인 을 순서로 성기를 위 피해자의 음부에 삽입하여 여성으로 성전환 수술을 받은 위 피해자를 각 강간하고 이로 인하여 위 피해자로

하여금 전치 1주를 요하는 안면부타박상 등을 입게 하였다"는 성폭력범죄의처벌및피해자보호등에관한법률 제9조, 제6조 제1항, 형법 제297조 위반의 점에 대하여 위 피해자 A는 형법 제297조의 객체가 되는 부녀라고 할 수 없다는 이유에서 이를 무죄라고 판단한 제1심판결을 그대로 유지하였다.

2. 형법 제297조는 '폭행 또는 협박으로 부녀를 강간한 자'라고 하여 객체를 부녀에 한정하고 있다. 위 규정에서 부녀라 함은 성년이든 미성년이든, 기혼이든 미혼이든 불문하며 곧 여자를 가리키는 것이라 할 것이다.

무릇 사람에 있어서 남자, 여자라는 성(性)의 분화는 정자와 난자가 수정된 후 태아의 형성 초기에 성염색체의 구성(정상적인 경우 남성은 xy, 여성은 xx)에 의하여 이루어지고, 발생과정이 진행됨에 따라 각 성염색체의 구성에 맞추어 내부생식기인 고환 또는 난소 등의 해당 성선(性腺)이 형성되고, 이어서 호르몬의 분비와 함께 음경 또는 질, 음순 등의 외부성기가 발달하며, 출생 후에는 타고난 성선과 외부성기 및 교육 등에 의하여 심리적, 정신적인 성이 형성되는 것이다. 그러므로 형법 제297조에서 말하는 부녀, 즉 여자에 해당하는지의 여부도 위 발생학적인 성인 성염색체의 구성을 기본적인 요소로 하여 성선, 외부성기를 비롯한 신체의 외관은 물론이고 심리적, 정신적인 성, 그리고 사회생활에서 수행하는 주관적, 개인적인 성역할(성전환의 경우에는 그 전후를 포함하여) 및 이에 대한 일반인의 평가나 태도 등 모든 요소를 종합적으로 고려하여 사회통념에 따라 결정하여야 할 것이다.

그런데, 원심판결 이유와 기록에 의하면, 위 피해자는 1958.(월일 생략)생이고 남성으로서의 성기구조를 갖춘 남자로 태어나 남자 중학교까지 졸업하였으나 어릴 때부터 여자옷을 즐겨 입거나 고무줄 놀이와 같이 여자가 주로 하는 놀이를 즐겨하는 등 여성으로서의 생활을 동경하고 여성으로서의 성에 귀속감을 느낀 나머지 1989년경부터 수년간 여장남자로서의 행세를 하여 오다가 1991년과 1992년 일본에 있는 병원에서 자신의 음경과 고환을 제거하고 그 곳에 질을 만들어 넣는 방법으로 여성으로의 성전환 수술을 받음으로써 여성으로서의 질 구조를 갖추고 있고 유방이 발달하는 등 외관상으로는 여성적인 신체구조를 갖추게 되어 보통의 여자와 같이 남자와 성생활을 할 수 있으며 성적쾌감까지 느끼고 있으나 여성의 내부성기인 난소와 자궁이 없기 때문에 임신 및 출산은 불가능한 상태라는 것이다. 그리고 위 피해자는 본래 남성으로서, 달리 여성의 성염색체 구조를 갖추고 있다거나, 성염색체는 남자이면서 생식선의 분화가 비정상적으로 되어 고환과 난소를 겸비한 진성반음양, 또는 고환이나 난소의 발육이 불완전한 가성반음양이라고는 인정되지 아니한다.

그렇다면 위 피해자가 비록 어릴 때부터 정신적으로 여성에의 성귀속감을 느껴 왔고 위의 성전환 수술로 인하여 남성으로서의 내·외부성기의 특징을 더 이상 보이지 않게 되었으며 남성으로서의 성격도 대부분 상실하여 외견상 여성으로서의 체형을 갖추고 성격도 여성화되어 개인적으로 여성으로서의 생활을 영위해 가고 있다 할지라도, 기본적인 요소인 성염색체의 구성이나 본래의 내·외부성기의 구조, 정상적인 남자로서 생활한 기간, 성전환 수술을 한 경위, 시기 및 수술 후에도 여성으로서의 생식능력은 없는 점, 그리고 이에 대한 사회 일반인의 평가와 태도 등 여러 요소를 종합적으로 고려하여 보면 위 피해자를 사회통념상 여자로 볼 수는 없다 할 것이다.

원심판결은 그 이유 설시에서 강간죄의 보호법익 등에 관하여 선뜻 납득할 수 없는 근거들을 내세우는 등 흠이 없지 아니하나, 위와 같은 취지에서 판단한 결론은 정당한 것으로 수긍이 가고 거기에 상고이유로 내세운 바와 같은 부녀의 개념이나 강간죄의 법리를 오해한 위법이 있다 할 수 없다.

3. 그러므로 검사의 피고인들에 대한 상고는 모두 이유 없으므로 이를 모두 기각하기로 하여 관여 법관의 일치된 의견으로 주문과 같이 판결한다.

대법관 이임수(재판장) 김석수 정귀호(주심) 이돈희

참고판례

(가) 대법원 2006. 6. 22.자 2004스42 전원합의체 결정 【개명 · 호적정정】 (공 2006, 1341)

【재항고인】 재항고인(소송대리인 법무법인 청풍 담당변호사 이태화)
【원심결정】 청주지법 2004. 7. 8.자 2003라57 결정
【주 문】 원심결정을 파기하고, 사건을 청주지방법원 본원 합의부에 환송한다.
【이 유】

재항고이유를 판단한다.

1. 성(性)의 결정과 성전환자의 성

가. 호적법을 포함하여 현행법체계는 모든 사람이 남성 또는 여성 중의 하나에 포함되는 것을 전제로 하면서도 남성과 여성의 구분, 즉 성의 결정 기준에 관하여 별도의 규정을 두지 않고 있다.

일반적으로 모체에서 정자와 난자가 수정되어 태아는 남성과 여성별로 각기 다른 성염색체를 갖고, 각 성염색체의 구성에 맞추어 내부 생식기와 이어서 외부 성기가 형성 · 발달하여 출생하며 출생 후 성장 과정에서 심리적· 정신적인 성이 출생시 확인될 수 있는 성염색체 및 내부 생식기 · 외부 성기와 일치하여 남성 또는 여성 중의 하나를 나타내므로, 이 경우 개인의 성염색체를 기준으로 성을 결정하더라도 아무런 문제가 발생하지 않고 실제로도 종래에는 사람의 성을 성염색체와 이에 따른 생식기 · 성기 등 생물학적인 요소에 따라 결정하여 왔다. 그러나 근래에 와서는 생물학적인 요소뿐 아니라 개인이 스스로 인식하는 남성 또는 여성으로의 귀속감 및 개인이 남성 또는 여성으로서 적합하다고 사회적으로 승인된 행동 · 태도 · 성격적 특징 등의 성 역할을 수행하는 측면, 즉 정신적 · 사회적 요소들 역시 사람의 성을 결정하는 요소 중의 하나로 인정받게 되었다.

대법원은 이미 "사람의 성은 성염색체의 구성을 기본적인 요소로 하여 내부 생식기와 외부 성기를 비롯한 신체의 외관은 물론이고 심리적 · 정신적

인 성과 이에 대한 일반인의 평가나 태도 등 모든 요소를 종합적으로 고려하여 사회통념에 따라 결정하여야 한다"고 판시함으로써(대법원 1996. 6. 11. 선고 96도791 판결 참조) 성의 결정에 있어 생물학적 요소와 정신적·사회적 요소를 종합적으로 고려하여야 한다는 점을 명백히 하였다.

나. 위와 같이 사람의 성을 결정하는 데에 여러 가지 요소가 존재한다는 것은 위 각 요소들이 일치하지 않는 경우가 발생할 수 있다는 의미이고, 특히 생물학적 측면의 성은 출생시 곧바로 확인될 수 있지만 정신적·사회적 측면에서의 성이 생물학적 측면의 성과 일치하는지 여부는 출생 당시에는 쉽사리 알 수 없다가 출생 후 성장하면서 비로소 개인이 인식하는 성귀속감과 수행하는 성역할이 생물학적인 성과는 전혀 다른 것으로 확인되기도 한다.

성전환증(Transsexualism)은 1950년대 이후 비로소 의학계에서 학문적인 관심을 받게 되어 국제보건기구(WHO)는 제10차 국제질환분류(ICD-10, 1994년)에서 성전환증을 성정체성(성적 동일성) 장애(Gender Identity Disorder)의 하나로 분류하여 자신의 해부학적 성에 대한 불편함이나 부적절감을 가지고 있으면서, 자신과 반대되는 성으로 살고 인정받고 싶은 욕망, 그리고 자신의 신체를 선호하는 성의 신체에 가능한 일치되도록 호르몬 치료와 수술을 받고자 하는 욕구라고 정의하면서 성전환증으로 진단되려면 전환된 성으로서의 정체성이 최소한 2년 이상 지속되어야 하고, 다른 정신장애증상 또는 성염색체 이상이 존재하지 아니하여야 한다고 하였다. 한편, 미국 정신과 학회가 마련한 정신장애의 진단 및 통계 편람 제3판(DSM-Ⅲ, 1980년)에서는 성전환증을 사춘기 이상의 환자가 자신의 선천적 성에 대하여 지속적으로 불편함과 부적절함을 느끼며 일차 및 이차적 성징을 제거하고 반대 성징을 획득하려는 집착에 2년 이상 사로잡혀 있는 상태라고 정의하였고 위 편람 제4판(DSM-Ⅳ, 1994년)에서는 성전환증이라는 용어를 별도로 사용하지 아니하고 성정체성 장애에 포함시켜 분류하였으나, 현재 많은 임상가들은 성전환증이라는 진단용어를 사용하고 있다.

성전환증의 원인이 유전적인 영향 등 선천적인 것인지, 아니면 사회적인 학습 등 후천적인 것인지 아직 규명되지 아니하였으나, 의학계에서는 대체로 성전환증의 진단을 받고 치료를 계속하여도 위 증세가 치유되지 않는 사람은 궁극적으로 성전환 수술로서 자신이 귀속되고자 원하는 성에 일치하는 외부 성기와 외관을 형성시켜 줄 수밖에 없되, 성기 수술은 복원이 불가능하므로 정신과 진단 및 호르몬 치료를 받고 반대의 성으로 정신적·사회적 적응이 이루어진 사람에 한하여 엄격한 진단 아래 최후의 방법으로 시술하여야 한다는 연구·임상결과가 집적되어 있다.

다. 성전환증을 가진 사람의 경우에도, 남성 또는 여성 중 어느 한쪽의 성염색체를 보유하고 있고 그 염색체와 일치하는 생식기와 성기가 형성·발달되어 출생하지만 출생 당시에는 아직 그 사람의 정신적·사회적인 의미에서의 성을 인지할 수 없으므로, 사회통념상 그 출생 당시에는 생물학적인 신체적 성징에 따라 법률적인 성이 평가될 것이다. 그러나 출생 후의 성장에 따라 일관되게 출생 당시의 생물학적인 성에 대한 불일치감 및 위화감·혐오감을 갖고 반대의 성에 귀속감을 느끼면서 반대의 성으로서의 역할을 수행하며 성기를 포함한 신체 외관 역시 반대의 성으로서 형성하기를 강력히 원하여, 정신과적으로 성전환증의 진단을 받고 상당기간 정신과적 치료나 호르몬 치료 등을 실시하여도 여전히 위 증세가 치유되지 않고 반대의 성에 대한 정신적·사회적 적응이 이루어짐에 따라 일반적인 의학적 기준에 의하여 성전환수술을 받고 반대 성으로서의 외부 성기를 비롯한 신체를 갖추고, 나아가 전환된 신체에 따른 성을 가진 사람으로서 만족감을 느끼고 공고한 성정체성의 인식 아래 그 성에 맞춘 의복, 두발 등의 외관을 하고 성관계 등 개인적인 영역 및 직업 등 사회적인 영역에서 모두 전환된 성으로서의 역할을 수행함으로써 주위 사람들로부터도 그 성으로서 인식되고 있으며, 전환된 성을 그 사람의 성이라고 보더라도 다른 사람들과의 신분관계에 중대한 변동을 초래하거나 사회에 부정적인 영향을 주지 아니하여 사회적으로 허용된다고 볼 수 있다면, 이러한 여러 사정을 종합적으로 고려하여 앞서 본 사람의 성에 대한 평가 기준에 비추어 사회통념상 신체적으로 전환된 성을 갖추고 있다고 인정될 수 있는 경우가 있다 할 것이며, 이와 같은 성전환자(아래에서 말하는 성전환자는 이러한 성전환자를 뜻한다)는 출생시와는 달리 전환된 성이 법률적으로도 그 성전환자의 성이라고 평가받을 수 있을 것이다.

2. 성전환자에 대한 호적상 성별 기재의 정정

가. 호적제도는 우리나라 국민 개인의 신분관계를 법이 정한 절차에 따라 호적에 등록하여 이를 공시하는 제도이다. 호적이 그 사명을 제대로 수행하기 위해서는 국민의 신분관계가 빠짐없이 호적에 기재되어야 하고, 그 기재된 사항이 진정한 신분관계에 부합하여야 한다. 따라서 어떠한 신분관계가 호적에 기재되어 있다고 하더라도, 그 기재 사항이 진실에 부합하지 않는다고 인정할 만한 명백한 증거가 있는 경우에는, 그 기재 사항을 진정한 신분관계에 맞추어 수정함으로써, 호적이 진정한 신분관계를 공시하도록 하여야 한다.

이러한 필요에 따라 호적법은 호적 기재사항의 수정을 위하여 호적 정정과 경정 절차를 규정하고 있다. 호적법 제22조는 호적의 기재가 법률상 무효인 것이거나 그 기재에 착오나 유루(遺漏) 있음을 안 때에 시·읍·면의 장이 일정한 절차에 따라 호적을 직권으로 정정할 수 있도록 하는 한편, 이에 대응하여 호적법 제120조는 호적의 기재가 법률상 허용될 수 없는 것 또는 그 기재에 착오나 유루가 있다고 인정한 때에는 이해관계인이 법원의 허가를 얻어 호적의 정정을 신청할 수 있도록 하고 있다. 한편, 호적법 제23조는 호적기재 후 행정구역이나 토지의 명칭, 지번이 변경된 경우에 호적기재를 경정하도록 규정하고 있으나, 호적법상으로 본적 이외의 호적기재 경정이 허용되는 범위에 관한 규정이나 당사자가 그 변경에 따른 경정을 신청할 수 있는 절차 규정을 두고 있지 않다.

나. 호적법 제15조 제4호는 호적에 기재할 사항으로 성별을 규정하고, 제49조 제2항 제1호는 출생신고서에 자(子)의 성별을 기재하여야 한다고 규정하고 있어, 출생시의 개인의 성별이 호적에 기재되도록 하고 있다. 성전환자의 경우에는 출생시의 성과 현재 법률적으로 평가되는 성이 달라, 성에 관한 호적의 기재가 현재의 진정한 신분관계를 공시하지 못하게 되므로, 현재 법률적으로 평가되는 성이 호적에 반영되어야 한다.

현행 호적법에는 출생시 호적에 기재된 성별란의 기재를 위와 같이 전환된 성에 따라 수정하기 위한 절차 규정이 따로 마련되어 있지 않다. 그러나 진정한 신분관계가 호적에 기재되어야 한다는 호적의 기본원칙과 아울러 아래에서 보는 여러 사정을 종합하여 보면, 위와 같이 성전환자에 해당함이 명백한 사람에 대하여는 호적정정에 관한 호적법 제120조의 절차에 따라 호적의 성별란 기재의 성을 전환된 성에 부합하도록 수정할 수 있도록 허용함이 상당하다.

(1) 성전환자도 인간으로서의 존엄과 가치를 향유하며 행복을 추구할 권리와 인간다운 생활을 할 권리가 있고 이러한 권리들은 질서유지나 공공복리에 반하지 아니하는 한 마땅히 보호받아야 한다(헌법 제10조, 제34조 제1항, 제37조 제2항). 지속적인 성적 귀속감의 형성, 의학적 치료와 나아가 수술을 통하여 전환된 성에 부합하는 성기와 신체 및 외관을 갖추고 사회적인 역할도 그와 동일하게 수행하고 있어 사회통념상 전환된 성을 가진 자로 인식되어 법률적으로 전환된 성으로 평가될 수 있는 성전환자임이 명백함에도 불구하고, 막상 호적의 성별란 기재는 물론 이에 따라 부여된 주민등록번호가 여전히 종전의 성을 따라야 한다면 사회적으로 비정상적인 사람으로 취급되고 취업이 제한됨으로써 결국, 이들의 헌법상 기본권이 침해될 우려가 있다고 할 것이다. 한편, 성전환자의 호적이 정정됨으로써 그 개인이 주변의 멸시 및 신분상의 불이익에서 벗어나서 정상적인 사회구성원으로 받아들여지고 전환된 성에 따라 법률적인 지위를 인정받고 사회적인 활동을 할 수 있는 등 장래에 향유하게 될 이익은 사회적 혼란의 방지 등 호적정정을 불허함으로써 얻어지는 공공의 이익에 비하여 현저히 크다고 할 것이다. 그런데도 법령상 절차규정의 미비를 이유로 성전환자임이 명백한 사람에 대한 호적의 정정을 허용하지 않는다면 위 헌법정신을 온전히 구현할 수 없게 된다고 할 것이다.

(2) 호적법은 1960. 1. 1. 법률 제535호로 제정된 후 실체법규나 관장기관의 변동에 수반한 절차규정의 개정 외에는 근본적인 변화 없이 현재에 이르렀으며, 특히 성별의 기재와 호적정정 사유에 관한 기본적 내용은 전혀 변경되지 아니하였음에 비하여 그동안 성의 결정 기준이나 성전환증에 관한 의학적 연구 성과의 집적으로 성염색체를 출발점으로 하는 성의 이분법과 불가변성의 기본 전제가 수정의 필요성을 맞게 되었다는 점에 비추어 볼 때, 호적법이 성전환자의 호적상 성별란 기재를 수정하는 절차규정을 두지 않은 이유는 입법자가 이를 허용하지 않기 때문이 아니라 입법 당시에는 미처 그 가

능성과 필요성을 상정하지 못하였기 때문이라고 할 것이다.

(3) 호적법 제120조에 의한 호적정정사유 중 호적의 기재가 법률상 허용될 수 없는 경우는 호적의 기재사항이 아닌 내용에 관한 기재 및 호적기재 자체로 보아 당연 무효의 기재 등을 말하고(대법원 1978. 3. 7.자 77스12 결정 등 참조), 호적기재의 착오·유루 역시 신고나 기재의 착오 또는 누락으로 호적에 기재된 내용이 진실과 다르게 된 경우를 말한다고 하여, 일반적으로 호적법 제120조에 의한 호적정정 절차는 경정 절차와는 달리 호적 기재 당시부터 존재하는 잘못을 시정하기 위한 절차로 이해되고 있다. 그렇지만 위 호적정정사유 중 호적의 기재가 법률상 허용될 수 없는 경우를 해석함에 있어서 호적 기재 후의 법령의 변경 등 사정의 변경에 의하여 법률상 허용될 수 없음이 명백하게 된 경우를 반드시 배제하여야 할 필요가 있다고 보기 어려울 뿐 아니라, 호적법 제120조에 의한 호적정정 절차를 둔 근본적인 취지가 호적의 기재가 부적법하거나 진실에 반하는 것이 명백한 경우에 그 기재 내용을 판결에 의하지 아니하고 간이한 절차에 의하여 사실에 부합하도록 수정할 수 있도록 함에 있다는 점을 함께 참작하여 보면, 구체적인 사안을 심리한 결과 성전환자에 해당함이 명백하다고 증명되는 경우에는 호적법 제120조의 절차에 따라 그 전환된 성과 호적의 성별란 기재를 일치시킴으로써 호적기재가 진정한 신분관계를 반영할 수 있도록 하는 것이 호적법 제120조의 입법 취지에 합치되는 합리적인 해석이라 할 것이다.

다. 성전환자에 해당함이 명백한 사람에 대하여 호적법 제120조에서 정한 절차에 따라 성별을 정정하는 호적정정이 허가되고 그에 따라 전환된 성이 호적에 기재되는 경우에, 위 호적정정 허가는 성전환에 따라 법률적으로 새로이 평가받게 된 현재의 진정한 성별을 확인하는 취지의 결정이므로 호적정정허가 결정이나 이에 기초한 호적상 성별란 정정의 효과는 기존의 신분관계 및 권리의무에 영향을 미치지 않는다고 해석함이 상당하다.

한편, 사회통념상 이름이 성별 구분의 기초가 되는 경우가 많으므로, 이 사건 성전환자가 호적정정과 더불어 개명 허가 신청을 하여 법원이 호적정정을 허가하는 경우에는 그의 이름이 정정된 성에 부합하도록 하는 개명 역시 허가할 수 있다.

3. 이 사건의 검토

원심결정 이유와 기록에 의하면, 신청인은 1951.(월일 생략) 출생하여 호적상 여성으로 등재되어 있는데, 신청인은 성장기부터 남성적 기질과 외관을 뚜렷이 보이고 남자 옷을 입어야 마음이 편해지는 등 일상생활에서 여성에 대한 불일치감과 남성으로의 귀속감으로 혼란을 겪어 왔으며 20대에 이르러 타지로 나가 공사인부 등 주로 육체노동에 종사하는 등 남성으로서 생활하면서 계속적으로 성전환수술을 받기를 원하였으나 경제사정이 여의치 못하여 실현하지 못하다가 41세 때인 1992년 7월 (대학교명 생략)대학교 (병원명 생략)병원에서 성전환증의 진단 하에 유방·자궁 및 질제거술과 이어서 음낭성형 및 인공고환 삽입술을 받아 남성 성기 및 음낭을 갖게 되었고 그 후 계속 남성호르몬을 투여 받음으로써 남성의 신체와 외관을 갖추게 되었을 뿐 아니라 정신과적 검사 결과 남성으로서의 성적 정체감이 확고한 사실, 신청인은 법률상 혼인한 경력이 없고 여성으로서 자녀를 출산한 경험도 없으며 성전환수술 후 비로소 그의 처지를 이해하는 여성을 만나 현재까지 동거하고 있지만 남성으로서의 생식기능은 존재하지 않고, 나아가 신청인은 도로교통법 위반죄로 벌금형을 1회 선고받은 외에는 전과가 없고 신용불량전력도 없어 신청인이 성별란의 정정 및 개명으로 범죄 또는 탈법행위를 할 개연성 또한 엿보이지 아니하는 사실을 알 수 있다.

위와 같은 사정을 종합하여 보면, 신청인은 미혼으로 자녀가 없으며 성장기부터 여성에 대한 불일치감과 남성으로의 귀속감을 나타내면서 성인이 된 후에는 오랜 기간 동안 남성으로서 살다가 의사의 진단 아래 성전환수술을 받아 남성의 외부 성기와 신체 외관을 갖추었고, 현재 남성으로서의 성정체성이 확고하여 여성으로 재전환할 가능성이 현저히 낮고 개인생활이나 사회생활에서도 남성으로서 인식되어, 결국 사회통념상 남성으로 평가될 수 있는 성전환자에 해당함이 명백하다고 볼 수 있으므로 신청인에 대한 이 사건 호적정정 및 개명을 허가할 여지가 충분히 있다. 그런데도 원심은 성전환자에 대한 호적정정을 허용할 근거가 없다는 등의 이유로 이 사건 신청을 배척하였는바, 이러한 원심결정에는 헌법과 호적법의 관계규정을 위반하여 재판에 영향을 미친 위법이 있다고 할 것이다.

4. 결론

그러므로 원심결정을 파기하고, 사건을 다시 심리·판단하도록 하게 하기 위하여 원심법원에 환송하기로 하여 주문과 같이 결정한다. 이 결정에 대하여는 호적정정 부분에 관하여 대법관 손지열, 대법관 박재윤의 반대의견이 있는 외에는 관여 법관들의 의견이 일치되었다.

5. 대법관 손지열, 대법관 박재윤의 반대의견은 다음과 같다.

가. 다수의견이 정의하고 있는 이른바 성전환자가 헌법상 보장된 인간으로서의 존엄과 가치를 가지고 행복을 추구할 권리와 인간다운 생활을 할 권리를 향유할 수 있도록 하기 위하여, 전환된 성으로 활동할 수 있는 법적·제도적 장치를 보완하는 등의 배려가 필요하다는 점에 관하여는 다수의견과 견해를 같이 한다.

그러나 성의 변경에 관한 입법적 조치가 이루어지지 아니하더라도 호적정정에 관한 호적법 제120조에 따라서 성전환자에 대하여 변경된 성으로의 호적 정정을 허가함으로써 실질적으로 새로운 성으로의 변경을 허용한다는 취지의 다수의견의 결론에는 찬성할 수 없다.

나. 대법원은 그동안 발생학적인 성인 성염색체의 구성을 기본적인 요소로 하여 성선, 외부성기를 비롯한 신체의 외관은 물론이고 심리적, 정신적인 성, 그리고 사회생활에서 수행하는 주관적, 개인적인 성역할(성전환의 경우에는 그 전후를 포함하여) 및 이에 대한 일반인의 평가나 태도 등 모든 요소를 종합적으로 고려하여 사회통념에 따라 결정하여야 한다고 판단하여 왔는데(대법원 1996. 6. 11. 선고 96도791 판결 참조), 그 취지에 따를 때, 출생신고에 의하여 남자 또는 여자로 호적에 기재되었다고 하더라도, 출생 후 성장하는 과정에서 그와 반대되는 성의 특징이 드러났고 위와 같은 판단 기준에 근거하여 사회통념에 따라 판단한 결과 그 반대의 성이었음이 확인된다면, 출생신고 당시에 성을 잘못 신고한 것이고 따라서 그 호적 기재는 진실에 반하는 것으로서 그 최초의 기재 당시부터 진실에 부합하지 아니한 경우이므로 호적법 제120조에 의한 호적정정의 대상이 될 수 있을 것이다(예컨대, 진성반음양자, 가성반음양자 등에 관한 사례).

다. 그러나 이 사건에서 문제로 되는 것은 성염색체와 내부 생식기·

외부 성기가 일치하여 생물학적으로나 전통적인 사회통념에 의하면 출생신고 당시 완전한 남자 또는 여자였으나, 그 성장과정에서 선천적인 성에 위화감과 불일치감을 느끼고 오히려 반대의 성에 귀속감을 느낌으로써 반대의 성으로서 삶을 영위하고 또 타인에게 인식되기를 원하며 나아가 자신의 신체 역시 이에 부합하게 형성하기를 원하는 증세, 즉 '성전환증'에 관한 것이다.

다수의견은 호적법이 성전환자의 호적상 성별란 기재 변경에 관한 절차 규정을 두지 않은 이유는 입법자가 이를 허용하지 않기 때문이 아니라 입법 당시에는 미처 그 가능성과 필요성을 상정하지 못하였기 때문임을 전제로, 비록 호적법 제120조에 따른 호적정정제도가 일반적으로는 호적 기재 당시부터 존재하는 잘못을 시정하기 위한 절차이기는 하지만, 그 근본취지는 호적의 기재가 부적법하거나 진실에 반하는 것이 명백한 경우에 그 기재 내용을 판결에 의하지 아니하고 간이한 절차에 의하여 사실에 부합하도록 수정할 수 있도록 하는 것이므로, 구체적인 사안을 심리한 결과 성전환자에 해당함이 명백하다고 증명되는 경우에는 호적법 제120조의 절차에 따라 성전환자에 대한 호적의 정정을 허용하여야 한다고 설명하고 있다.

그런데 성전환자의 경우는 선천적으로 불완전한 성적 특징을 가진 자에 대하여 착오나 출생신고 당시 오인으로 인하여 호적에 잘못된 성별로 기재한 경우와 달리, ① 출생신고 당시 성별의 판정이 잘못된 것이 아니고 따라서 최초의 호적 기재도 착오라고 할 수 없고, ② 성의 판별이 생물학적으로 명백하게 결정되는 것이 아니고 다수 의사의 진단과 상당한 기간 동안(다수의견에서 인용한 국제보건기구의 견해 등에 의하면 최소한 2년 이상)의 선행 치료과정이 있어야 하며, 그 밖에도 신분관계 및 사회생활에 중대한 변동이나 부정적 영향을 야기하지 아니하는 등의 일정한 요건에 대한 복잡하고 정교한 판단절차를 필요로 하며, ③ 성의 변경이 허용되더라도 종전까지의 법률적 성결정 나아가 호적기재가 정당한 것으로 인정되고 오로지 장래를 향하여 그 변경의 효력이 발생하게 되는(이 점은 다수의견도 인정하고 있다) 등의 점에서, 처음부터 잘못 기재된 호적을 출생시에 소급하여 정정하기 위한 호적법 제120조가 그대로 적용될 수 없는 사안인 것이다.

라. 호적법 제120조는 "호적의 기재가 법률상 허용될 수 없는 것 또는 그 기재에 착오나 유루가 있다고 인정한 때에는 이해관계인은 그 호적이 있는 지(地)를 관할하는 가정법원의 허가를 얻어 호적의 정정을 신청할 수 있다"라고 규정하고 있고, 다수의견도 인정하고 있는 것처럼 위 법조에 의한 호적정정은 신고 그 자체가 진실에 반하거나 또는 신고는 정당하지만 호적기재 과정에서 잘못이 있어 호적에 기재된 내용이 그 최초 기재 당시부터 진실에 부합하지 아니한 경우를 전제로 하여 이를 시정하는 것으로 이해되어 왔다. 호적법 제120조에 규정된 '착오', '호적의 정정'이라는 문구 등은 그 객관적 의미와 내용이 명확하여 해석상 의문의 여지가 없고, 호적법을 제정할 당시의 입법 취지도 그 내용이 처음 호적에 기재된 시점부터 존재하는 착오나 유루를 정정하고자 하는 것으로서 만일 호적기재가 기재 당시의 진정한 신분관계에 부합되게 적법하게 이루어졌다면 정정의 대상이 될 수 없는 것이었음이 명백하므로, 이러한 해석이 확고하게 정착된 것은 법리적으로 당연한 것이다.

마. 다수의견은 호적 기재 당시를 기준으로 하면 그 기재 내용이 진실에 부합하더라도 사후에 다른 사정에 의하여 기재사항이 변경되었다면 그 변경된 내용에 따라 호적기재를 정정하여야 한다면서, 성전환자의 경우에 호적법 제120조의 직접 적용에 의하여 호적정정이 가능한 것으로 설명하고 있으나, 우리의 견해로는 이러한 경우에 호적법 제120조가 직접 적용될 수 없음이 명백하다고 보므로, 다수의견은 결국 성전환자의 경우에 호적법 제120조를 유추해석하여 호적에 기재된 사항의 '변경'을 허용하자는 취지로 이해할 수 밖에 없다. 그런데 이러한 다수의견의 견해는 호적법 제120조에 대한 문리해석이나 입법 취지 등과는 관계없이, 객관적으로 명백한 호적법 제120조의 규정내용에 일부 내용을 추가·제거 또는 변경하는 것과 동일한 효과를 가져오는 것으로서 정당한 유추해석의 한계를 벗어나는 것이므로, 이러한 다수의견의 해석에 찬성할 수 없는 것이다.

(1) 법률 규정의 해석에 있어서는 법률에 정하여진 문구의 문리적 의미가 해석의 출발점이며 법문의 가능한 의미를 벗어나 그 의미를 창출하는 것은 유추해석으로서 원칙적으로 허용되지 않는다. 형벌법규나 조세법규에서는

유추해석이 금지되고 있고, 그 밖의 사법적 영역에 속하는 법규의 해석에 있어서 실정법 조항의 문리해석 또는 논리해석만으로는 사회적 정의관념에 현저히 반하게 되는 결과가 초래되는 경우에 실정법의 입법정신을 살려 유추해석이나 확장해석을 할 여지가 있지만 이는 입법 취지의 범위 내에서 예외적으로 이루어져야 한다.

사법적극주의의 입장에서 입법목적에 충실한 결과를 이룰 수 있도록 목적론적인 해석을 하여야 할 경우도 있지만, 유추해석 등에는 입법에 의하여 설정된 한계를 넘어설 수 없다는 기본적인 한계가 있으며, 만약 이와 같은 한계를 넘는다면 이는 법해석이 아니라 새로운 법률의 형성으로서 헌법상의 입법권 침해 문제를 야기하게 된다. 뿐만 아니라, 일정한 법적인 문제를 해결하기 위하여 목적론적인 해석이 필요한 경우에도 그 해석이 문제의 해결을 위하여 유효적절하고 법체계상 아무런 문제점이 없어서 만일 입법자가 그와 같은 문제를 인식하였다면 그와 같은 해석과 궤를 같이 하는 입법을 하였으리라고 상정할 수 있는 경우에 한하여 유추해석 등을 하게 되는 것이고, 그 해석이 문제해결에 유효적절한 수단이 되지 못하고 오히려 다른 문제점을 낳을 우려마저 있다면, 위와 같은 유추해석 등은 허용되지 아니한다.

(2) 헌법 제36조는 "혼인과 가족생활은 개인의 존엄과 양성의 평등을 기초로 성립되고 유지되어야 하며, 국가는 이를 보장한다(제1항). 국가는 모성의 보호를 위하여 노력하여야 한다(제2항)"라고 규정하고 있는바, 이는 양성의 구별을 전제로 구분되는 양성 간의 평등을 기초로 하는 혼인과 가족제도가 인간사회의 가장 기본적인 단위로서 모든 영역에서 공동생활의 근간이 됨을 보여주는 것이고, 헌법은 그 밖에도 남자와 여자를 나누어 여자에 대하여 일정한 범위 내에서 특별히 보호하도록 하는 규정을 두고 있으며(헌법 제32조 제4항, 제34조 제3항), 민법을 비롯한 각종 법률에 있어서도 남자·여자라는 성에 따라 헌법에서 정한 양성평등이 보장되는 범위 내에서 법률적인 지위를 달리 정하고 있는 경우가 많은 등, 남자·여자의 구분은 사회생활에 있어서뿐만 아니라 각종 법률관계에 있어서도 핵심적인 기초가 되고 있다. 그리고 우리 헌법이나 관련 법률의 규정들이 전통적인 생물학 지식과 사회통념에 따라 출생에 의하여 남녀의 성이 결정되는 것을 전제로 하고 있음은 구태여 논

증할 필요조차 없을 것이다.

그런데 다수의견에서 정의한 '성전환자'에 대한 성의 인정 및 이에 따른 법률상 성의 변경은, 우리 헌법이나 관련 법률에서 전제로 하고 있던 남녀의 성 결정과는 전혀 다른 기준과 방법을 따르는 것으로서 실질적으로는 남자로부터 여자, 여자로부터 남자로의 성 변경을 의미하는 것이다.

이와 같은 성전환자에 대한 성 변경의 문제는 우리 헌법이나 관련 법률의 제정 당시에 전혀 예상하거나 고려하지 아니한 새로운 문제로서 우리 법체계가 이에 대하여 아무런 제도적 장치를 마련하지 않은 것은 어쩌면 당연하다고 할 수 있다. 따라서 호적법 제120조의 호적정정제도가 이러한 문제 또는 이와 유사한 문제에 대처하기 위하여 마련된 것이 아님은 분명하다. 성전환자와 같이 의학과 생물학의 발전 및 이를 토대로 한 사회학적 연구 등을 배경으로 하여 비로소 발생한 새로운 문제에 대해서는 이를 적절하게 규율하고자 하는 입법목적을 가지고 제정된 새로운 입법을 통하여 새로운 방식에 따라서 대처해야 할 것이다. 더욱이 남녀 간 성의 결정은 개인적 삶의 기본요소가 될 뿐만 아니라, 정치·경제·사회·문화의 모든 영역에서의 공동생활의 근간이 되는 핵심적 요소이며, 윤리적·철학적·종교적 사고와도 밀접한 관련을 가지는 것이기 때문에, 이러한 본질적인 문제를 어떻게 해결할 것인가는 일반 국민의 의견수렴, 신중한 토론과 심사숙고의 과정을 거쳐 국민의 대의기관인 국회가 입법적 결단을 통하여 결정해야 한다. 이는 애당초 명백한 호적기재의 오류를 정정하기 위하여 마련된 제도인 호적정정절차에 대한 새로운 해석 내지 유추해석을 통하여 해결할 수 있는 단순한 문제가 아닌 것이다.

(3) 우리 법제상 신분관계의 창설·변경은 호적법이 아닌 민법 등 다른 법률에 의하여 이루어지며, 호적법에 의한 호적은 그와 같이 창설·변경된 신분관계를 공시하는 제도에 불과하다. 다수의견과 같이 남녀 간의 성 변경을 호적정정 절차에 의하여 허용하는 것은 호적의 단순공시적, 기술적 성격에 걸맞지 않는 것이다.

위에서 본 바와 같이 남자·여자로서의 성의 구분은 개인적·가족적·사회적·국가적인 측면에서 중요한 의미를 가지는바, 사람이 출생신고 당시에 어떠한 성을 가지고 있었는지 여부를 확인하는 호적정정과는 달리, 출생 신고 이후의 사정변경을 이유로 하여 다른 성으로의 실질적 변경을 허용하는 문제는 새로운 신분관계의 창설 내지 변경과 이에 따른 법률관계의 변동을 수반한다. 따라서 성의 변경이 허용되는지 여부 및 그 요건과 절차는 호적법이 아닌 다른 법률에서 합목적적인 고려에 따라 상세하게 정하여야 하고, 그 요건과 절차 등에 따라 성 변경의 효력이 발생된 경우에 비로소 이를 대외적으로 확인하고 공시하는 취지에서 신고절차를 거쳐 호적에 기재되어야 한다. 이와 달리, 성의 변경의 요건이나 절차 등에 관한 근거 법률이 전혀 없는 상태에서 단순히 호적정정절차를 통하여 성의 변경을 허용한다는 것은 신분관계를 공시하는 기능만이 부여된 호적제도 본래의 목적과 기능을 크게 벗어나는 것이다.

(4) 호적법은 제120조에서 가정법원의 허가에 의한 호적기재의 정정신청에 관하여 규정하는 한편, 제123조에서는 확정판결에 의한 호적정정의 신청에 관하여 규정하고 있는바, 법원의 허가에 의한 호적기재의 정정은 그 절차의 간이성에 비추어 정정할 사항이 경미한 경우에 한하여 허용되는 것이고, 친족법상 또는 상속법상 중대한 영향을 미칠 수 있는 사항에 대하여는 호적법 제123조에 따라 확정판결에 의하여만 호적정정의 신청을 할 수 있다(대법원 1981. 10. 10.자 81스15 전원합의체 결정 등 참조). 그리고 친족법상 또는 상속법상 중대한 영향을 미칠 수 있는 사항인지 여부는, 정정하려고 하는 호적기재사항과 관련된 신분관계의 존부에 관하여 직접적인 쟁송방법이 가사소송법 제2조에 규정되어 있는지의 여부를 기준으로 하여 결정되며, 위 법조에서 가사소송사건으로 판결을 받게 되어 있는 사항은 친족법상 또는 상속법상 중대한 영향을 미치는 것으로 보아 호적법 제123조에 따라 확정판결에 의하여서만 호적정정의 신청을 할 수 있고, 가사소송법 제2조에 의하여 판결을 받을 수 없는 사항에 관한 호적기재의 정정은 호적법 제120조에 따라 법원의 허가를 얻어 정정을 신청할 수 있다(대법원 1993. 5. 22.자 93스14, 15, 16 전원합의체 결정 참조).

위에서 본 바와 같이 어느 사람이 남자인가 여자인가를 결정하거나 남자·자의 성을 실질적으로 변경하는 문제는 단순히 개인적인 문제가 아니라 가족 · 친족관계 등에 직접적 영향을 미치는 것이고, 나아가 사회적 · 국가적으로 상당한 영향을 미칠 수 있는 본질적 문제이다. 따라서 성의 변경문제는 가사소송법 제2조에 규정된 재판 대상 사항과 비교하여 볼 때에 그 중요성이 결코 뒤떨어진다고 할 수 없다. 한편, 호적법 제120조에 근거하여 신청인이 그 호적기재 정정을 위하여 법원의 허가를 얻는 절차는 상대방이 존재하지 않는 비송사건으로서 법원은 신청인을 비롯한 사건관계인을 심문하지 아니하고 허가결정을 할 수 있고, 실제로 실무상 신청인이 제출한 각종 서면자료만을 토대로 하여 허부결정을 하는 경우가 대부분이다. 호적법 제120조가 속한 호적비송절차의 특성으로 인하여, 설령 그 호적정정에 관하여 신청인 이외에 다른 이해관계인이 존재한다고 하더라도 그 이해관계인에게 해당 절차에 참여할 수 있는 기회는 사실상 제공되지 아니하고, 나아가 일단 법원이 호적정정을 허가하는 경우 호적법상 불복절차가 없기 때문에 바로 확정되며, 이해관계인들이나 공익의 대표자인 검사로서도 이에 대하여 불복할 수 있는 방법이 없는 등 호적법 제123조의 경우와 비교하여 상대적으로 그 절차적 신중성 등이 취약하다.

위에서 언급한 대법원 전원합의체 결정들은 호적법 제120조 소정 호적기재 정정절차의 상대적 간이성 등에 비추어 그 법조에 의한 호적정정은 친족법상 또는 상속법상 중대한 영향을 미칠 수 있는 사항이 아닌 경미한 경우에 한하여 허용된다고 판시한 것인데, 다수의견은 호적법 제123조도 아닌 호적법 제120조의 매우 간이한 절차를 통하여 성전환자에 대하여 실질적으로 남녀 간의 성 변경을 허용한다는 것으로서, 성의 변경이 가지는 국가적 · 사회적인 중요성과 가족·친족관계에 미치는 직접적 영향 등을 고려할 때 이와 같은 간이한 절차에 의하여 남녀 간의 성 변경을 허용한다는 견해에는 도저히 찬동할 수 없다.

(5) 따라서 호적상 성별란의 단순한 기재 착오를 시정하기 위한 호적정정제도를 성전환자에 대한 실질적인 성 변경의 경우에 확대 적용하는 방법은 법문의 가능한 의미에서 현저히 벗어나고 그 입법 취지에도 반하는 유추해석으로서 허용될 수 없음이 명백하다.

바. 한편, 다수의견과 같이 해석을 하는 것이 과연 새로운 사회현상으로

대두된 성전환증에 관한 문제의 해결이나 그와 같은 문제로 고통 받는 당사자들의 구제를 위하여 적절한 것이고 또한 효과적인 것인가? 아니라고 본다.

(1) 위에서 본 바와 같이 남자·여자로서의 성의 구분은 개인적·가족적·사회적·국가적으로 중요한 의미를 가지며, 출생 당시와는 다른 성으로의 변경을 허용하는 것은 실질적으로 새로운 신분관계로의 변경을 의미하므로, 성의 변경을 허용할 것인지 여부에 대하여 신중한 접근을 요하는 것이지만, 성의 변경을 허용하는 경우에도 그 요건과 절차 및 효과 등이 명확하게 규정되어야 한다. 특히, 위와 같은 성 변경을 구하는 호적정정신청을 하기 위해서는 당사자가 먼저 외과적인 성전환수술을 받아야 한다는 점을 고려한다면, 그 요건과 절차 등이 불명확한 경우에 당사자에게 발생할 수 있는 문제나 사회적 부작용은 대단히 심각한 것이 될 수 있다.

(2) 다수의견은 이 사건에서 실질적인 성변경이 허용되는 성전환자의 기준 내지 요건 등에 관하여 나름대로 설시하고 있다. 그러나 위와 같은 설시가 실질적인 성의 변경에 관한 기준 내지 요건을 충분하게 제시하고 있는지 의문이고, 나아가 이러한 기준 등이 실무적으로 제대로 반영될 수 있을지도 의문이다.

먼저, 사실상 성전환수술을 받은 사람에 대한 성변경의 허용요건 등은 당사자 본인의 행복추구권과 인간으로서의 존엄성뿐 아니라 우리의 전통적 혼인과 가족관계 및 이에 대한 국민들의 의식 등 사회전반적인 문제를 종합적으로 고려하여 입법자의 정책적 판단에 따라서 설정되어야 한다는 점은 위에서 살펴본 바와 같다. 그리고 국회가 그와 같은 법률을 제정함에 있어서는 구체적 요건으로서 출생 당시와 다른 성의 역할을 수행한 최소 기간, 성의 재전환 가능성 여부에 관한 검증 및 정신과 의사의 진단이나 신분법상 영향을 받게 되는 가족들의 의사 확인 등에 관하여 상세하게 규정하여야 할 것이고, 아울러 성전환자가 가족 등을 포함한 타인의 의사가 아니라 바로 자기 자신의 자발적 의사에 의하여 성전환수술의 실시 내지는 성의 변경을 결정하는 것을 보장하기 위한 제도적 장치(예컨대 당사자에게 이를 결정할 수 있는 충분한 의사능력과 책임능력을 요구하거나, 같은 맥락에서 신청인의 연령을 일정한 연령 이상으로 제한하는 방법 등)가 반드시 규정되어야 할 것인데, 다수의견의 경우 이러한 중요 요소 등에 관하여 충분한 설시를 하였다고 보기는 어렵고, 실제로 법원의 재판에 의한 해석으로써 이와 같은 요건과 기준을 충분하고도 명확하게 정한다는 것은 사실상 불가능한 일이다.

또한, 다수의견에서는 '성전환자'를 정의함에 있어서 성전환이 다른 사람들의 신분관계에 중대한 변동을 초래하거나 사회에 부정적인 영향을 미치는 등의 경우에는 성변경이 허용되는 '성전환자'의 개념에 애당초 포함되지 않는 것으로 설시하고 있다. 이러한 다수의견의 견해는 상당한 합리성을 가진 것으로서 수긍할 수 있지만, 문제는 다수의견을 자세히 살펴보아도 어떠한 경우가 성의 변경이 애당초 허용되지 않는 '신분관계에 중대한 변동' 내지 '사회에 부정적 영향'에 해당하는지에 관한 기준이 명확하지 않다는 것이다. 예컨대, 혼인을 하였거나 자녀를 출생한 당사자나 성전환을 악용할 우려가 있는 당사자가 호적정정신청을 하는 경우, 법원은 '신분관계에 중대한 변동' 내지 '사회에 부정적 영향'을 초래한다는 이유로 그 신청을 기각하여야 할 것으로 보이는데, 그 요건의 불명확성으로 인하여 당사자가 이러한 결과를 예견하지 못한 채 성전환수술을 먼저 받은 경우라면 그 당사자로서는 신체적·정신적으로 엄청난 타격을 감수할 수밖에 없다는 점은 굳이 상세하게 설명할 필요가 없을 것이다(이 점은 적극적 요건에 관련해서도 마찬가지이며, 이러한 측면에서 입법론으로는 성전환수술을 실시하기 전에 법원에서 일정한 절차에 따라서 예비심사를 하는 방안 등도 적극적으로 검토할 필요가 있다).

위와 같이 성전환수술을 받은 사람들에 대한 성의 변경을 결정함에 있어서 구비해야 하는 적극적·소극적 요건 및 기준 등에 관한 구체적 입법조치가 없는 상태에서 법원이 호적법 제120조에 근거하여 개별사건에서 그 성 변경 여부를 결정하는 것은 관련 당사자들과 일선 법원에 대하여 객관적·일률적인 기준을 제시할 수 없고, 오히려 법적·사회적 혼란을 초래하게 될 뿐이라는 점을 지적하지 않을 수 없는 것이다.

(3) 한편, 성전환자에 대한 성변경이 가지는 법적 의미의 중대성에 비추어 호적법 제120조의 호적정정절차는 성변경 허가절차로서 미흡하기 이를 데 없다. 위에서 본 바와 같이 호적법 제120조는 호적정정절차 중에서도 비교적 경미한 사항의 정정에 관한 것으로서, 가정법원의 허가를 받는다는 것

이외에는 그 증명의 방법과 절차, 이해관계인들의 참가, 의견청취 및 불복방법, 관계기관에 대한 사실조회 등에 관하여 아무런 규정이 없고, 실무적으로 대부분의 호적정정사건의 경우 신청인이 제출한 신청서 및 증거서류 등을 검토하고 심문절차 없이 허부 결정을 하고 있는 실정이다. 그런데 다수의견도 그 판시와 같은 적극적·소극적 요건(비록 불명확하기는 하지만)의 충족 여부를 심사하기 위하여 엄정한 사실조사 이외에도 정신과 및 외과 의사들, 가족이나 친족 등을 비롯한 가까운 주위 사람들의 의견 내지 의사를 청취하고, 관계기관에 필요한 사항을 조회하는 절차 등이 반드시 필요함을 시사하고 있다. 그리고 사안의 중요성에 비추어 이해관계인의 절차참가와 불복방법 등도 보장되어야 하며, 이러한 절차는 통일적이고 강제성을 가져야 할 것이다. 그런데 개별사건의 재판을 통한 법률해석만으로 이러한 구체적인 절차를 일일이 규정할 수 없음은 자명하다. 따라서 다수의견을 따르는 경우, 우선 법원에서 어떠한 절차에 따라서 성전환자의 요건을 심리하고 판정하여야 할 것인지 혼란스러울 뿐만 아니라, 법원마다 각기 다른 절차에 따라서 심리가 진행되는 경우 당사자들에게 상당한 곤란을 야기함은 물론이고 더 나아가서 법원 내지 재판의 신뢰와 권위를 실추시키는 결과까지 초래하게 될 것이다.

(4) 뿐만 아니라, 성전환자에 대한 성변경을 허용하는 경우, 그 효력이 발생하는 시기 및 효과, 공시방법 등에 관하여도 법률에 명확히 규정하여야 한다. 다수의견에 의하더라도 성전환자에 대한 호적정정의 효과가 기존의 신분관계에는 영향을 미치지 않는다고 하는데, 이는 본래 호적정정절차가 예정하는 법적 효과의 범위를 벗어나는 것이어서 이와 같은 장래적 효력을 호적에 공시할 방법이 없다. 따라서 호적의 기재만으로는 호적법 제120조에 근거한 성별 기재의 정정이 그 출생신고 시점까지 소급적 효력을 가지는 통상적인 호적정정인지 이 사건과 같이 장래적 효력만을 가지는 호적정정인지를 확인할 방법이 없다. 이렇게 되어서는 호적상 기재를 신뢰하는 제3자에게 상당한 오해를 일으키는 것은 물론이고, 당사자 본인도 어느 시점부터 남자(혹은 여자)였는지를 제3자에게 증명하기 위해서 호적등본을 제시하는 외에 재판의 내용과 그 확정사실까지 함께 제시해야 하는 불편을 감수해야

한다.

(5) 한편, 성전환자에 대하여 호적상 성별의 기재를 고쳐주고 주민등록번호를 고쳐주는 것만으로 성 변경에 따른 법적 배려가 충분하다고 할 수 없다. 다수의견의 취지가 분명하지는 않지만, 호적상의 성별 기재의 정정만으로 성별에 따른 법률상의 지위 내지 권리의무가 한꺼번에 변경되는 것을 전제로 하는 것으로 이해되는데, 호적정정에 그와 같은 일반효를 부여하는 법적인 근거 자체가 불분명하다. 그리고 성변경의 효력이 소급하지 않는다고 보는 경우, 과거의 가족관계를 비롯한 기존 법률관계의 정리에 관한 특별한 법률규정 없이 이에 대하여 어떻게 적절하게 법적 규율을 할 수 있을지도 의문이다. 나아가 성의 변경에 따라 국가기관 등을 비롯한 공공기관들이 관리하고 있는 각종 공부(公簿)나 서류 등의 경정의무 및 그 절차, 새로운 성으로 시작하는 사회생활에 대한 국가적·사회적 배려의무 등에 관하여도 일정한 법적 조치가 반드시 필요하다고 생각한다.

(6) 이와 같이 성 변경에 관한 사회적 의견수렴과정을 거치지도 아니하고 의학적·법률적 요건이나 절차 및 효과 등을 구체적으로 규정하는 입법조치도 선행되지 아니한 상태에서 법원이 개별사건에서 호적법 제120조를 적용하여 성전환수술을 받은 사람의 호적정정허가신청을 선별적으로 인용한다면, 성 변경 허가재판의 적법성·타당성에 관한 보장이 미흡하고 법원마다 재판결과가 구구해질 가능성이 있을 뿐만 아니라, 신청인에게 충분하고 적절한 배려가 되는 것인지 여부도 의문이며, 당사자 본인이나 이해관계인들의 법률관계에 미치는 영향도 불분명하여 법적 안정성을 크게 해치게 된다. 또한, 개별사건에 관한 법원의 재판만으로 객관적이고 일률적인 요건과 절차를 제시할 수 없는 결과, 이 사건 신청인과 유사한 처지에 있는 다른 성전환자들이 구체적으로 성 변경 허가를 받을 수 있을 것인지, 성 변경 허가를 받으려면 어떠한 절차를 밟아야 하는지에 관하여 예측가능성이 없어서 법적 지위의 불안을 겪게 된다.

다른 한편으로 성전환자의 성 변경 문제와 같은 중요하고 민감한 문제를 근본적이고 합리적인 대처방법인 입법이 아니라 미봉책에 불과한 호적법 제120조의 적용 내지 유추적용 방식을 활용하는 경우, 자칫하면 추가적인 입법조치의 필요성에 대한 사회적 관심을 약화시킴으로써 오히려 유사한 처지에 있는 당사자들의 문제를 근본적으로 해결할 수 없도록 하는 부작용을 야기할 수도 있다. 따라서 현 단계에서 법원으로서는 이 사건과 같은 사안에서 당사자의 성을 적절한 기준에 따라서 변경할 수 있는 법적·제도적인 보완이 절실하다는 점을 충분히 지적하면서, 현행 호적법 제120조의 호적정정의 방법으로는 이 문제를 해결할 수 없다는 점을 선언하고, 국민의 대의기관인 국회가 사회적 여론을 수렴하여 구체적인 요건과 절차, 효과 등을 담은 입법조치를 하기를 강력히 촉구함으로써 당사자들에게 근본적이고 효과적인 구제가 가능한 여건을 조성하는 데에 일조하는 것이 더욱 중요하다(이러한 입법과정에서는 성전환자의 성 변경에 관한 부정적 견해까지도 함께 논의됨으로써 진정한 의미에서 사회적 통합을 모색할 수 있으리라고 생각한다).

이러한 방법을 따르는 경우 이 사건 신청인이나 다른 성전환자의 입장에서 바로 호적상의 성에 관한 기재를 바꾸지 못한다는 점이 아쉽게 느껴질 수도 있을 것이다. 그러나 신속할 수는 있으나 당사자에게 법적·제도적으로 매우 미흡한 구제방법만 제공하면서 법적 안정성을 크게 해치는 미봉책을 취하는 것보다는, 다소 시간이 걸리더라도 이와 같이 중요하고 본질적인 문제를 우리 헌정질서에 부합하는 방식에 따라서 근본적으로 해결하는 것이 타당하고, 이러한 근본적인 해결만이 이 사건 신청인을 비롯한 성전환자들을 진심으로 배려하는 결과를 가져올 수 있다고 생각한다.

사. 결론적으로 성전환자에 대하여 호적법 제120조의 호적정정절차에 따라 호적상 성별란을 정정하는 것은 허용될 수 없고, 같은 취지에서 이 사건 신청을 기각한 제1심결정을 유지한 원심의 결론은 정당하여 신청인의 재항고를 기각하여야 할 것인바, 이와 다른 다수의견의 견해에는 찬성할 수 없어 위와 같이 반대의견을 표시한다.

6. 대법관 김지형의 다수의견에 대한 보충의견은 다음과 같다.

가. 구체적 사건의 재판에서 법령을 해석·적용하는 것은 법원에 주어진 권한이자 사명에 속하므로, 법원이 재판규범으로서 그 법률규정을 해석·적용함에 있어서는 마땅히 헌법합치적인 해석에 따라야 한다.

이러한 헌법합치적 법률해석은 국가의 최고규범인 헌법을 법률해석의 기준으로 삼아 법질서의 통일을 기하여야 한다는 법원리에 그 기초를 두고 있는 것으로서, 어느 법률규정에 대하여 합헌적 법률해석이라는 이름 아래 그 법률규정의 문언이 갖는 일반적인 의미를 뛰어 넘어서거나 그 법률규정의 입법목적에 비추어 입법자가 금지하고 있는 방향으로까지 무리하게 해석하거나 헌법의 의미를 지나치게 확대함으로써 입법자의 입법형성권의 범주에 속하는 사항 등에 이르기까지 함부로 간섭해서는 아니 되겠지만, 이러한 한계를 벗어나지 않는 이상, 합헌적 법률해석은 민주적 정당성을 가진 입법자가 제정한 법률을 헌법에 합치되도록 해석함으로써 법률의 효력을 유지하려는 것이므로 입법권을 최대한 존중하는 것이고 국민주권의 원리에도 부합한다. 따라서 만약 어떤 법률규정에 대해 합헌적 법률해석의 가능성이 열려 있음에도 불구하고, 법원이 그러한 해석을 단념하여 버린다면 합헌적 법률이 제정될 때까지는 위헌적인 법률공백 상태가 계속되는 것을 그대로 방치하는 셈이 되고, 이는 법원에게 주어진 사법권 행사의 권한과 사명을 동시에 저버리는 결과를 낳게 된다.

그러므로 합헌적 법률해석을 무조건 유추해석 또는 확장해석이라는 이름으로 경계할 것은 아니고 법규의 문언적 의미가 갖는 내포와 외연을 모두 고려하여 헌법질서의 테두리 안에서 이루어질 수 있는 합리적인 해석방법이라면 이를 받아들이는 것이 온당하다.

나. 호적법 제120조의 '정정'의 의미와 범위에 관하여 반대의견과 같이 해석할 여지도 없지 아니하나, 앞서 본 합헌적 법률해석이라는 법리에 비추어 볼 때 성전환자에게 출생 당시 확인되어 신고된 성이 출생 후 그 개인의 성적 귀속감의 발현에 따른 일련의 과정을 거쳐 최종적으로 사회통념상 확인된 성과 부합하지 않는다고 인정할 수 있다면 그와 같이 확인된 성에 맞추어 성별을 바꾸는 것은 호적법 제120조가 말하는 '정정'의 개념에 포함된다고 풀이하는 것이 옳다고 본다.

이러한 해석방법이 호적 기재가 진정한 신분관계를 반영할 수 있도록 하기 위하여 마련된 호적정정제도의 취지와 어긋난다고 볼 아무런 이유가 없을 뿐더러 앞서 다수의견에서 자세히 지적한 것처럼 호적법 제120조의 입법목적에 비추어 보더라도 입법자가 이러한 해석을 처음부터 금지하였던 것은 아니라고 보이고, 나아가 호적법 제120조가 규정하는 '정정'이라는 문언의 의미에 성전환자의 성별 전환을 포함시키지 않는 해석을 한다면 성전환자에게 헌법상 보장되는 기본권의 침해상태가 초래되는 위헌의 소지를 남기게 된다는 점까지 고려할 때 성전환자의 성별 전환을 호적정정의 개념에 포함시키는 것이 입법자의 입법형성권의 범주에 속하는 사항에 함부로 개입하는 경우에도 해당하지 않는 것임을 여기서 다시 한 번 강조하고 싶다.

다. 반대의견은 성전환자에 대한 성별 정정을 특정한 성에서 반대 성으로의 '변경'이라고 단정 짓고 다수의견이 이러한 의미의 성 변경을 허용하고 있다는 전제 아래 논의를 시작함으로써 혼란을 야기하고 있다. 즉, 반대의견의 주요 논거는 성전환자는 종전의 성에서 반대의 성으로 성을 변경한 자이고 따라서 성전환자의 호적상 성별은 기재 당시를 기준으로 하면 진실에 부합하였으나 사후에 다른 사정에 의하여 변경되었으니 이는 호적기재의 변경에 해당하여 호적정정의 범위를 벗어난다는 것으로 이해된다.

그러나 대법원 1996. 6. 11. 선고 96도791 판결은 이미 성 결정에 있어서 생물학적인 요소와 정신적·사회적 요소를 모두 고려하여 최종적으로는 사회통념에 따라야 한다고 판시하였는데, 성전환자는 그 개념상 출생 당시에는 위의 두 가지 요소 중 생물학적인 요소만이 확인되었다가 그 개인의 성장과정을 거치면서 성적 귀속감이나 성 역할의 수행 등 정신적·사회적 요소가 생물학적인 요소와 달리 발현되어 일정 시점에 이르러서는 출생신고된 성과 반대의 성을 가지는 것으로 사회통념상 인정되는 사람이다. 따라서 성전환자에 대하여 출생 당시에는 달리 정신적·사회적 성 결정 요소를 확인할 수 없어 생물학적 요소만에 의하여 출생시 신고된 성이 그의 성인 것으로 알고 있었으나, 성장한 후 일정 시점에서 사회통념상 인정되는 성은 출생시 신고된 성과 반대의 성인 것으로 사후에 비로소 확인될 수밖에 없다는 점에 성전환자에게 특유한 문제가 존재하고 이를 해결하기 위하여 호적정정의 필요성이 제기되는 것이다. 성전환자의 성 결정에 관한 위의 역동적 과정을 사상한 채 단지 성전환자가 성기수술을 통하여 성을 변경한 사람이라고 해석하는 방법은 문제의 핵심을 지나치게 단순화한 데에서 나온 것으로 옳지 않다.

라. 성의 구분은 사회생활과 법률관계의 기초로서 어느 사람이 남자인가 여자인가를 결정하는 문제는 가족·친족관계와 나아가 사회적·국가적으로 상당한 영향을 미칠 수 있다는 반대의견의 지적에는 전적으로 동의하나, 성별 기재가 중요한 사항이므로 호적법 제120조에 의한 호적정정절차에 따라 호적을 정정할 수 없다는 부분에는 동의할 수 없다.

대법원이 "친족법상 또는 상속법상 중대한 영향을 미칠 수 있는 사항에 대하여는 호적법 제123조에 따라 확정판결에 의하여만 호적정정의 신청을 할 수 있다"는 원칙을 거듭 판시하였지만 그 구체적인 사안에 들어가 살펴볼 때 반대의견이 적시한 대법원 1993. 5. 22.자 93스14, 15, 16 전원합의체 결정은 "사망일시에 관하여 직접적인 쟁송방법이 가사소송법은 물론 다른 법률이나 대법원규칙에도 정하여진 바가 없으므로 이에 관한 호적기재의 정정은 호적법 제120조에 따라서 처리되어야 한다"고 판시하였고, 대법원 1981. 10. 10.자 81스15 전원합의체 결정은 "이중호적을 단일화하기 위한 호적정정은 신분관계에 어떠한 영향을 미치지 않는 한 가능하다"고 판시함으로써 모두 호적법 제120조에 의한 호적정정을 허용하였다.

이 사건으로 돌아와 보면, 성전환자의 성을 결정하는 재판이 가사소송법 제2조에서 열거한 가사소송사건 중에 포함되어 있지 않을 뿐만 아니라 앞서 다수의견에서 밝힌 바와 같이 소급효가 배제되어 기존의 법률관계에 영향을 미치지 않으므로 호적법 제120조에 의한 호적정정의 대상으로 삼는 데에 호적정정의 범위에 관한 기존의 대법원판례와 모순될 여지가 없다.

마. 나아가 호적정정허가의 재판이 호적비송사건으로 처리되므로 성전환자의 성별란 기재 변경을 호적정정의 형태로 허용할 수 없다는 반대의견의 지적에도 동의하기 어렵다.

성전환자에 대한 호적상 성별란의 기재를 고치는 것은 그 성질상 대립당사자에 의한 대심구조를 취하는 소송절차보다는 비대심구조를 취하는 비송절차에 적합하다. 뒤에서 보는 바와 같이 성전환자에 대한 성별 변경에 관한 입법을 두고 있는 나라 중의 하나인 일본의 경우 '성 동일성 장해자의 성별 취급의 특례에 관한 법률' 제5조는 성전환자에 대한 성별 변경의 재판을 일본 가사심판법상 갑류 사건으로 취급하는바, 이에 상응하는 우리 가사소송법

제2조의 분류는 라류 가사비송사건으로서 위 유형의 사건에 대하여는 원칙적으로 비송사건절차법이 준용되고 이해관계인의 참가와 심문에 관한 특칙을 두고 있을 뿐이다(가사소송법 제34조, 제37조, 제38조). 한편, 호적정정사건에 준용되는 비송사건절차법은 직권탐지주의를 채택하여 법원은 직권으로 사실의 탐지와 필요하다고 인정되는 증거조사를 하여야 할 뿐 아니라 민사소송법에 따른 증인신문·감정을 실시할 수도 있다(호적법 시행규칙 제97조 제1항 제3호, 비송사건절차법 제10조, 제11조). 반대의견이 지적하는 것처럼 그동안 법원이 호적정정사건에서 신청인이 제출한 자료만을 토대로 허부결정을 하였다면 오히려 이러한 실무 관행을 개선하여야 하지 이를 이유로 호적정정에 의한 구제를 막을 수는 없는 것이다.

바. 반대의견은, 성전환자에 대한 성별 정정을 허용할 수 있는 기준과 요건 등을 명확하게 규정한 입법적 조치가 없는 현상태에서 법원이 호적법 제120조에 근거하여 개별사건에서 성별 정정 여부를 결정하는 것은 관련 당사자 등에게 객관적·일률적 기준을 제시할 수 없고 오히려 법적·사회적 혼란을 초래하게 될 뿐이라고 하면서, 그 한 가지 사례로 종전의 성에 따른 혼인을 하였거나 자녀를 두었던 성전환자에 대하여는 다수의견에 의하더라도 그 성별 정정이 허용되지 않아야 할 것인데도 그 요건이 불명확하여 당사자가 그러한 결과를 예측하지 못한 채 성전환수술을 먼저 받은 경우라면 그 당사자로서는 신체적·정신적으로 엄청난 타격을 받을 수밖에 없는 부작용 등이 예상되고, 따라서 현재로서는 성전환자에 대해서는 어떠한 경우에도 성별에 관한 호적정정을 허가해서는 안 된다는 견해를 제시하고 있으나, 이 역시 선뜻 납득하기 어렵다.

우선, 반대의견이 들고 있는 구체적 사례만을 놓고 본다면, 종전의 성에 따른 혼인 여부나 자녀 유무는 그 성전환자가 사회통념상 전환된 성을 가진 자로서 인식될 수 있는지 여부를 결정하는 여러 가지 요소들의 일부로 포섭하여 법원은 다른 사정들까지 모두 고려한 후 호적정정의 허가 여부를 결정하여야 할 것으로 본다. 뒤에서 보는 것처럼 성전환자의 성별 정정에 관하여 입법적 해결을 꾀하고 있는 나라의 입법례를 보더라도, 예컨대 독일의 '성전환법' 제8조 제1항 제2호는 성별변경 신청 당시 신청자가 혼인하지 않은 상태일 것을 요구할 뿐 신청자가 종전의 성에 따른 자녀를 갖고 있는지 여부를 문제삼지 않는 데에 비하여, 일본의 '성 동일성 장해자의 성별 취급의 특례에 관한 법률' 제3조 제1항은 신청 당시 혼인관계 및 자녀가 존재하지 않을 것을 요구하고 있음을 알 수 있어 혼인 여부나 자녀 유무에 따라 성전환자의 성별 정정을 허용할 것인지 여부는 입법재량의 범위 안에 있는 것이다.

따라서 이에 관한 명확한 입법이 없는 현재로서는 혼인을 하였다거나 자녀를 두었다는 사정이 반대의견이 지적하는 것처럼 성전환자의 호적정정을 허용할 수 없는 사유가 된다고 일률적으로 단정할 수는 없고, 그러한 경우에도 다른 여러 사정들과 종합하여 볼 때 진정한 의미의 성전환자라고 볼 수 있는 경우에는 호적정정이 허가될 수도 있고 반대로 그렇지 않은 경우에는 호적정정이 허가되지 않을 수도 있다(혹시 반대의견의 위와 같은 견해가, 다수의견이 "성전환자가 사회통념상 이미 성전환수술을 받은 후의 성으로 인식되고 있을 뿐만 아니라 전환된 성을 그 사람의 성으로 보더라도 다른 사람들과의 신분관계에 변동을 초래하거나 사회에 부정적인 영향을 주지 않는다고 볼 수 있다면 그 전환된 성으로의 성별 정정을 허용할 수 있다"고 판시한 부분을 성전환자에 대한 호적정정을 허가함에 있어서는 '그 성전환자가 다른 사람들과의 신분관계에 변동을 초래하거나 사회에 부정적인 영향을 미치지 않을 것'을 소극적 요건으로 설정한 것으로 이해한 데에서 나온 것이라면, 그 취지가 잘못 전달된 것이다. 다수의견의 견해는 이를 소극적 요건으로 설정하려는 것이 아니라 진정한 의미에서의 성전환자로 확인되고 더 나아가 그에 따라 호적정정을 하더라도 그 효력이 소급하여 기존의 신분관계 등에 중대한 영향을 주지 않아 제한적인 범위 안에서만 그 효력이 미친다고 볼 수 있다면 호적정정을 허용할 수 있다는 의미로 이해되어야 할 것이다).

나아가 누구나 성전환수술을 받기만 하면 아무런 제한 없이 호적정정을 허용하여야 한다는 것은 더더구나 아니므로, 중요한 것은 성전환수술을 받은 사람이 진정한 의미에서 성전환자라고 볼 수 있는지 여부일 것이고, 따라서 만약 어떠한 사람이 자신이 성전환증을 갖고 있지 않음에도 갖고 있는 것으로 잘못 판단하여 성전환수술까지 받았으나 법원에 의하여 진정한 의미에서의 성전환자가 아니라고 판단되어 호적정정을 허가받지 못하는 경우가 생긴다면, 이것은 오히려 법원이 내린 정당한 법적 판단의 결과라고 볼 것이지 그러한 결과가 성전환수술을 받은 자에게 타격이 될 수 있다는 이유로 진정한 의미의 성전환자로 판단되는 사람에 대한 호적정정조차 아예 거부하여야 할 합리적인 사유가 된다고는 생각하지 않는다.

사. 일반적으로 성전환자의 호적상 성별 기재를 정정하려면 성전환증이 지속된 기간이나 성전환수술의 적정성, 향후 종전의 성으로 재전환할 개연성 유무 등 의학적 기준과 함께 종전의 성에 의한 법률상 혼인관계 및 자녀가 존재하는지 여부, 신청가능 나이 등 법률적 기준을 명확히 정하여 적용할 필요가 있고, 따라서 성전환자의 성별 정정의 의학적·법률적 요건, 절차·효과 등에 관한 모든 사항은 궁극적으로는 법률의 제·개정을 통하여 입법적으로 해결하는 것이 가장 바람직하며, 이러한 입법적인 조치가 없는 상태에서 법원이 개별 사건을 통하여 성전환자에 대한 성별 정정의 허부를 결정하는 것이 성전환자에 대한 보호를 위해 충분하지 않다는 점 자체에 있어서는 다수의견도 반대의견과 그 뜻을 달리하지 않음은 물론이다.

외국의 사례를 보더라도, 유럽의 경우 초기에는 성전환자의 성 변경을 인정하지 않았으나 현재 유럽의 거의 모든 국가에서는 입법이나 판례를 통하여 이를 허용하고 있고, 특히 독일은 1978년에 선고된 연방헌법재판소의 판례가 나온 후 1981년에 성전환자의 성 변경을 인정하는 입법이 마련되었으며, 유럽인권재판소가 2002년 만장일치로 성별 변경을 인정하는 판례를 남긴 것은 특히 주목할 일이다. 미국의 경우에도 상당수의 주에서 이를 허용하는 입법을 두고 있으며, 일본의 경우에도 종래 하급심에서 서로 엇갈리는 판결을 하다가 현재는 입법(2003년 제정되어 2004. 7. 16.부터 시행 중인 '성동일성 장해자의 성별 취급의 특례에 관한 법률')을 통하여 허용하고 있는 실정이다.

결국, 성전환자의 법률적 성을 출생시와 다르게 고치는 것을 허용하는 것이 세계적인 대세이고 법리적으로도 설득력을 얻고 있음을 충분히 확인할 수 있다.

이제 우리의 경우에도 성적 소수자인 성전환자에 대한 권리구제가 법적 안정성의 틀 안에서 이루어질 수 있도록 하루속히 입법적인 조치가 이어졌으면 하는 것은 비단 이 결정에 덧붙이는 우리 법원만의 기대와 바람은 아니라고 확신한다.

그러나 그렇다고 하여 반대의견이 지적하는 것처럼 지금과 같이 호적상 성별란의 정정을 위한 절차규정이 없는 상태에서 성전환자에 대한 호적정정을 허용하는 결정을 하는 것이 성전환자의 구제에 적절하지 아니하고 오히려 부작용을 야기할 우려가 있으므로 법원은 호적의 기재로 인하여 고통받는 성전환자를 보호하기 위하여 어떠한 구제수단도 모색하지 말고 입법적인 조치가 있을 때까지 기다려야만 할 것이라는 취지의 견해에는 커다란 의문을 제기하지 않을 수 없다.

성전환자의 성별 정정에 관한 절차적 규정을 입법적으로 신설하는 것이 이상적임은 두말할 필요도 없지만, 아직까지 어떠한 형태로든 그에 관한 가시적인 입법조치를 예상하기 힘든 현재의 시점에서 본다면 완전한 입법 공백에 따른 위헌적인 상황이 계속되는 것보다는 법원이 구체적·개별적 사안의 심리를 거쳐 성전환자로 확인된 사람에 대해서는 호적법상 정정의 의미에 대한 헌법합치적 법률해석을 통하여 성별 정정을 허용하는 사법적 구제수단의 길을 터놓는 것이 미흡하나마 성전환자의 고통을 덜어 줄 수 있는 최선의 선택일 것이라고 믿어 의심치 않기 때문이다.

아. 결론적으로 성전환자로서 사회통념상 남성이라고 보아야 할 신청인의 이 사건 호적정정신청은 허가되어야 할 것이므로, 이상과 같이 다수의견에 대한 보충의견을 밝힌다.

(나) 성전환자 성폭행범, 항소심도 강간죄 인정 부산고법, 검찰 항소 기각

호적상 남자인 트랜스젠더(성전환자)를 성폭행한 혐의(특수 강도강간)로 기소된 사건에 대해 항소심 재판부도 강간죄를 인정했다. 부산고법 제2형사부(민중기 부장판사)는 23일 가정집에 침입해 여성으로 성전환한 트랜스젠더(59)를 흉기로 위협, 성폭행한 혐의 등으로 기소된 A(29)씨에 대한 항소심 선고공판에서 징역 3년에 집행유예 4년을 선고한 원심을 유지했다. 재판부는 "검찰은 피고인에 대해 집행유예를 선고한 원심 형량이 가볍다고 주장하나 A씨가 초범인 점 등을 고려하면 원심 판단은 적절하다"라며 검찰 항소를 기각한

이유를 설명했다. 1심에 이어 항소심 재판부도 A씨에 대한 강간죄를 인정한 것이다.

또 재판부는 A씨가 피해자에게 흉기를 들이댄 특수강도 혐의에 대해 "증명이 되지 않는다"며 무죄 판단을 내린 원심의 판단도 재확인했다. A씨는 지난해 8월 말 부산의 한 가정집에 침입해 여성으로 성전환한 트랜스젠더를 성폭행하고 돈을 빼앗은 혐의로 기소됐다. 앞서 부산지법은 "피해자는 어릴 때부터 여성의 성적 정체성을 갖고 여성으로 행동해 오다 성전환증 확진을 받고 성전환수술을 받았으며 여성으로서 확고부동한 성적 정체성을 보유하고 있어 형법에서 정한 강간죄의 객체로 성적 자기결정권을 가진 '부녀(婦女)'에 해당하는 것으로 본다"고 판시했다. 검찰 관계자는 "아직 무죄 부분이 있고 트랜스젠더 강간죄에 대한 상급심 판단을 받아 볼 필요가 있기 때문에 대법원 상고 여부를 신중하게 검토하고 있다"고 말했다. 대법원은 1996년 이와 비슷한 사건에 대해 '성염색체가 남성이고 여성으로서의 생식능력이 없다'는 점 등을 들며 트랜스젠더를 강간죄의 객체인 부녀로 인정하지 않았다.

쟁점연구

참고판례에서도 확인할 수 있듯이 이미 민사법영역에서는 성전환 이후의 성(性)을 인정하는 방향으로 나아가고 있다. 그리고 최근에는 형사재판 하급심 판결에서도 트랜스젠더를 여성으로 인정하여 강간죄의 성립을 인정한 사례들이 나오고 있다. 위 (나)는 트랜스젠더에 대한 강간죄를 인정한 부산고법의 판결을 소개한 법률신문의 기사이다.

이 기사를 토대로 도입판례의 논거 및 접근방식의 문제점을 비판적인 시각에서 검토해 보자.

Ⅱ. 부부강간

도입판례

부산지법 2009. 1. 16. 선고 2008고합808 판결【성폭력범죄의처벌및피해자보호등에관한법률위반(특수강간)】확정<부부강간죄 인정 최초 사건>(각공2009상, 460)

【피 고 인】 갑
【검　　사】 유진승
【변 호 인】 변호사 감덕령
【주　　문】 피고인을 징역 2년 6월에 처한다.
　　　　　　다만, 이 판결 확정일로부터 3년간 위 형의 집행을 유예한다.
【이　　유】
【범죄사실】

피고인은 2008. 7. 26. 11:00경 부산(주소 생략)에 있는 피고인의 집에서, 처인 피해자(필리핀 국적의 외국인)가 생리기간 중이어서 성관계를 거부하자 위험한 물건인 가스분사기와 과도(칼날길이 12㎝)를 피해자의 머리와 가슴에 겨누고 죽여 버리겠다고 협박하면서 피해자의 유두와 음부를 자르는 시늉을 하여 피해자의 반항을 억압한 후 피해자의 옷을 모두 벗게 하고 1회 간음하여 피해자를 강간하였다.

【증거의 요지】

1. 피고인의 법정진술
1. 피해자에 대한 검찰 및 경찰 각 진술조서
1. 피고인에 대한 경찰 및 검찰 각 피의자신문조서 중 각 피해자의 진술기재 부분

1. 피해자 작성의 고소장

1. 액체형 레이져 가스분사기 사진, 피의자가 찢어서 버린 피해자의 의류사진

1. 수사첩보보고서, 수사보고(과도 및 상황재연 등 사진촬영)

【법령의 적용】

1. 범죄사실에 대한 해당법조 및 형의 선택

성폭력범죄의 처벌 및 피해자보호 등에 관한 법률 제6조 제1항, 형법 제297조(유기징역형 선택)

1. 작량감경

형법 제53조, 제55조 제1항 제3호

1. 집행유예

형법 제62조 제1항

법률상 처를 강간죄의 객체로 인정한 이유

1. 피고인이 판시 범죄사실과 같이 그 처를 강간한 점에 대하여 검사는 형법상 강간죄의 성립을 전제로 특별법상의 특수강간죄로 기소하였다.

2. 이에 대하여 피고인은 범행을 모두 자백하고 변호인 또한 법리 등에 관하여 특별한 의견을 제시하지 아니하였다.

3. 그러나 부부 사이의 강제적 성관계를 형법상 강간죄로 인정할 것인지의 여부에 관하여는 의견이 나뉘므로, 당원은 이 사건 사안에 대한 법률적용에 임하여, 논점에 관한 그간의 자료를 검토 및 숙고한 다음 별지와 같이 부부 강간에 관한 견해를 제시하고자 한다.

【양형의 이유】

1. 피고인은 결혼정보회사를 통하여 2006. 8. 30. 필리핀 국적의 피해자와 혼인한 다음 그로부터 4개월간 동거하였다. 그러나 피고인이 생활비를 주지 아니하는데다가 주취상태에서 폭행 등 학대를 계속하므로 피해자는 더 견디지 못하고 가출을 한 후 김해에 있는 플라스틱공장에서 노동에 종사하면서 생활하여 왔다. 그러다가 출입국관리사무소 직원에게 불법체류자로 붙들려 2008. 7. 15. 다시 피고인에게 인계되었다. 그때부

터 5일 정도는 합의에 의하여 성관계를 하는 등으로 두 사람 사이에 이렇다 할 문제가 없었으나 7. 21.부터 피해자의 생리가 시작되면서 이를 이유로 피해자가 성관계를 거부하자 피고인은 자신의 성적 욕구를 참지 못하고, 거기다가 컴퓨터에 몰입하는 등 게으름을 피운다는 사정을 들어 그녀를 제압하려는 복합적인 의도에서, 판시와 같은 폭력적인 수단을 동원하여 강간을 한 것이 이 사건 범행이다.

2. 고국과 가족을 떠나 오로지 피고인만 믿고 당도한 먼 타국에서, 언어도 통하지 않고, 친지도 없어, 말할 수 없이 힘들고 외로운 처지에 놓인 피해자를 처로 맞았으면 피고인으로서는 마땅히 사랑과 정성으로 따뜻이 보살펴야 함에도, 필리핀에서 결혼식을 거행하고 혼인신고를 한 후 국내에 피해자를 데려다 놓고는 제대로 부양은커녕 피해자로 하여금 갖은 고초를 겪게 함으로써 급기야 그나마 정을 붙일 수 있는 피고인 곁을 떠나 가출할 수밖에 없게 함은 물론 열악한 상태에서 근로자로 일하도록 계속 내버려두는가 하면, 모처럼 당국의 협력으로 피해자를 다시 만났으면 위로와 휴식으로 정상적인 혼인생활을 유지할 수 있도록 노력하여야 함에도, 자신의 부당한 욕구 충족만을 위하여 처의 정당한 성적 자기결정권의 행사를 무시하고 가스총과 과도로 위협하면서 유두를 자르겠다든가, 죽이겠다든가 하는 차마 사람으로서 생각할 수도 없는 행동을 서슴지 않고 자행한 피고인의 그와 같은 행동은 이를 도무지 이해할 수도 용인할 수도 없는 것이다. 이는 처인 피해자에 대하여도 부끄러운 일일 뿐만 아니라 외국인인 처에 대하여는 그가 한국인이라는 점에서 부끄럽고 참담하기 이를 데 없는 소위라고 아니 할 수 없다. 피고인은 죄질 불량한 이 같은 범행에 대하여 엄한 벌을 받아 마땅하다.

3. 다만, 피고인이 이 사건 범행을 모두 시인하고 비록 뒤늦은 후회이긴 하나, 다시 태어나면 '동물'이 되겠다는 등의 통렬한 자기반성으로 자신의 잘못을 깊이 뉘우치고 있는 점, 피해자가 한동안 가출하였다가 돌아온 데다가 피해자 역시 남편인 피고인과 그간의 사정에 대한 대화와 적절한 의사소통을 위한 노력을 게을리 한 것으로 보이고, 피고인에게

과거 아무런 범죄전력이 없는 점, 이후 피해자가 피고인에 대한 고소를 취소하여 피고인에 대한 선처를 바라고 있는 점 등의 정상을 특별히 참작하기로 한다.

4. 그 밖에 피고인의 연령, 성행, 가정환경, 직업, 범행의 동기, 그 수단 및 결과, 범행 후의 정황 등 공판에 현출된 모든 양형조건을 종합하여 법률이 정한 그 형기의 범위 내에서 피고인의 이 사건 범행에 대한 형을 주문과 같이 정하여 선고한다.

판사 고종주(재판장) 김태규 허익수

참고판례

▷ 대구고법 1970. 6. 24. 선고 70노138 형사부판결: 확정 【강간등피고사건】 (고집1970, 형71)

처가 남편을 상대로 간통죄로 고소함과 동시에 이혼소송을 제기하였다가 처와 남편이 상간자와 손을 끊고 재출발하기로 협의한 후 그 처가 위 고소 및 이혼소송을 취하한 경우, 법률상 부부관계가 계속되는 것이므로 비록 처가 남편과 정교관계를 거절하였더라도 강간죄는 성립치 아니한다.

쟁점연구

1. 소위 '아내강간' 또는 '부부강간'으로 문제되었던 위 사안과 관련하여, 참고판례와 도입판례에 나타난 대법원의 가치판단 및 관점의 전환은 그 동안 우리사회가 겪은 변화의 폭과 그 속도를 가히 짐작케 한다. 그렇다면 위와 관련된 문헌들을 조사하여 '부부강간죄의 성립 여부'를 둘러싼 찬반론의 대립지점과 각각의 논거들은 무엇인지 파악해 보고, 이 문제에 대한

자신의 생각을 정리해 보자.

2. 현재 강간죄의 객체는 '부녀'로 한정되어 있고, 그로 인해 남성에 대한 강간죄는 성립되지 않는다. 그렇다면 만약 부부강간죄를 신설한다고 할 때, 부부 상호 간의 강간죄(예컨대, 남편에 의한 아내강간 혹은 아내에 의한 남편강간)가 성립할 수 있도록 규정할 것인지, 아니면 여전히 기존 강간죄와 마찬가지로 '아내'에 대한 남편의 (부부)강간죄만이 편면적으로 성립하도록 규정하는 것이 타당한지, 이에 관해서도 한번 생각해 보자.

Ⅲ. 명예훼손죄에 있어서 공연성 판단기준

도입판례

대법원 2000. 2. 11. 선고 99도4579 판결【명예훼손】(공2000, 747)

【피 고 인】 갑
【상 고 인】 피고인
【원심판결】 서울지법 1999. 10. 6. 선고 99노7560 판결
【주 문】 원심판결을 파기하고 사건을 서울지방법원 본원 합의부에 환송한다.
【이 유】

상고이유를 판단한다.

1. 명예훼손죄에 있어서 공연성은 불특정 또는 다수인이 인식할 수 있는 상태를 의미하므로 비록 개별적으로 한 사람에 대하여 사실을 유포하더라도 이로부터 불특정 또는 다수인에게 전파될 가능성이 있다면 공연성의 요건을 충족한다 할 것이지만, 이와 달리 전파될 가능성이 없다면 특정한 한 사람에 대한 사실의 유포는 공연성을 결한다 할 것이다(대법원 1981. 10. 27. 선고 81도1023 판결; 1984. 2. 28. 선고 83도891 판결; 1989. 7. 11. 선고 89도886 판결; 1992. 5. 26. 선고 92도445 판결 등 참조).

2. 원심판결 이유에 의하면 원심은, 피고인이 피해자의 친구인 공소외인 앞으로 공소사실 기재와 같은 내용의 편지를 작성하여 도달하게 한 사실을 인정한 다음, 피고인의 이 사건 범행 경위, 범행 목적, 피고인과 공소외인 및 피해자와의 관계 등을 종합하여 보면, 불특정 또는 다수인에게 전파될 가능성, 즉 공연성이 충분히 인정된다고 판단하였다.

그러나 기록에 의하면, 피고인과 피해자는 원래 법률상의 부부로서 서로 이혼소송을 제기하여 1997. 5. 9. 피고인의 청구에 기하여 이혼한다는 제1심판결이 선고된 사실, 공소외인은 피해자의 친구인 대학교수로서 위 소송 과정에서 피해자에게 유리한 증거자료인 진술서를 작성하여 주었던 관계로, 피고인은 1998년 1월 말경 공소외인에게 사실 관계를 알리는 내용의 편지를 보내는 기회에 피해자에게 보내는 서신도 함께 동봉하였는바, 피해자에게 보내는 위 서신에 바로 공소사실과 같은 문구가 기재되어 있었던 사실, 피해자는 친구인 공소외인으로부터 위 서신을 전달받은 다음, 이 사건 공소사실과는 다른 사실로 피고인을 고소함에 있어서 위 서신을 자료로 첨부하였을 뿐인 사실을 알 수 있으며, 달리 공소외인이 위 사실을 불특정 또는 다수인에게 전파하였음을 엿볼 수 있는 자료는 기록상 이를 찾아볼 수 없는바, 이와 같은 사정하에서는 특히 위 공소외인과 피고인과의 관계에 비추어 보아 피고인이 적시한 사실이 불특정 또는 다수인에게 전파될 가능성이 있다고 볼 수는 없는 것이다.

그럼에도 불구하고 원심이 이 사건에 있어서 공연성의 요건이 충족되었다고 단정한 것은, 명예훼손죄에 있어서 공연성의 법리를 오해하고 채증법칙에 위배하여 공연성을 인정한 위법을 저질렀다고 할 것이고, 이러한 위법은 판결 결과에 영향을 미쳤음이 분명하므로, 이 점을 지적하는 상고이유의 주장은 이유 있다.

3. 그러므로 상고이유의 나머지 부분에 관한 판단을 생략한 채 원심판결을 파기하고, 사건을 다시 심리·판단하게 하기 위하여 원심법원에 환송하기로 관여 법관들의 의견이 일치되어 주문과 같이 판결한다.

대법관 조무제(재판장) 김형선(주심) 이용훈 이용우

참고판례

(가) 대법원 2005. 12. 9. 선고 2004도2880 판결【폭력행위등처벌에관한법률위반 · 명예훼손 · 무고】(공2006, 142)

명예훼손죄의 구성요건인 공연성은 불특정 또는 다수인이 인식할 수 있는 상태를 말하는 것으로서, 비록 개별적으로 한 사람에 대하여 사실을 적시하더라도 그로부터 불특정 또는 다수인에게 전파될 가능성이 있다면 공연성의 요건을 충족하는 것이나, 어느 사람에게 귀엣말 등 그 사람만 들을 수 있는 방법으로 그 사람 본인의 사회적 가치 내지 평가를 떨어뜨릴 만한 사실을 이야기하였다면, 위와 같은 이야기가 불특정 또는 다수인에게 전파될 가능성이 있다고 볼 수 없어 명예훼손의 구성요건인 공연성을 충족하지 못하는 것이며, 그 사람이 들은 말을 스스로 다른 사람들에게 전파하였더라도 위와 같은 결론에는 영향이 없다.

(나) 대법원 2000. 5. 16. 선고 99도5622 판결【사기미수 · 명예훼손 · 사자명예훼손】(공2000, 1468)

명예훼손죄의 구성요건인 공연성은 불특정 또는 다수인이 인식할 수 있는 상태를 의미하고, 비록 개별적으로 한 사람에 대하여 사실을 유포하였다고 하더라도 그로부터 불특정 또는 다수인에게 전파될 가능성이 있다면 공연성의 요건을 충족하지만 이와 달리 전파될 가능성이 없다면 특정한 한 사람에 대한 사실의 유포는 공연성을 결한다.

통상 기자가 아닌 보통 사람에게 사실을 적시할 경우에는 그 자체로서 적시된 사실이 외부에 공표되는 것이므로 그 때부터 곧 전파가능성을 따져 공연성 여부를 판단하여야 할 것이지만, 그와는 달리 기자를 통해 사실을 적시하는 경우에는 기사화되어 보도되어야만 적시된 사실이 외부에 공표된다고 보아야 할 것이므로 기자가 취재를 한 상태에서 아직 기사화하여 보도하지 아니한 경우에는 전파가능성이 없다고 할 것이어서 공연성이 없다고 봄이 상당하다.

쟁점연구

1. 명예훼손죄와 관련하여 대법원이 판례이론으로 확립해 오고 있는 '전파성 이론'의 의미와 내용 그리고 그 기준은 무엇인지 정리해 보자.
2. 대법원이 취하는 전파성 이론은 어떠한 문제점이 있는가? 이러한 문제점을 완화하는 방법은 없을까?

제 6 장 주거침입의 죄

Ⅰ. 주거침입죄의 기수시기

도입판례

대법원 1995. 9. 15. 선고 94도2561 판결【주거침입·폭력행위등처벌에관한법률위반】(공1995, 3473)

【피 고 인】 갑
【상 고 인】 검사
【원심판결】 대전고등법원 1994. 9. 1. 선고 94노66 판결
【주 문】 원심판결 중 무죄부분을 파기하고 이 부분 사건을 대전고등법원에 환송한다.
【이 유】

상고이유를 판단한다.

1. 원심판결 이유에 의하면 원심은, 주거침입미수죄가 성립하기 위하여서는 신체의 전부가 목적물에 들어간다는 인식 아래 그러한 행위의 실행의 착수가 있어야 한다고 전제한 다음, 피고인에게 피해자의 방 안을 들여다본다는 인식이 있었을 뿐 그 안에 들어간다는 인식이나 의사를 가지고 있었다고는 보기 어려워, 피고인이 1993. 9. 22. 00:10경 대전 중구 소재 피해자의 집에서 그녀를 강간하기 위하여 그 집 담벽에 발을 딛고 창문을 열고 안으로 얼굴을 들이미는 등의 행위를 하였다는 공소장 기재의 행위를 들어 주거침입의 실행에 착수하였다고는 볼 수 없고

달리 이를 인정할 증거가 없다고 하여 폭력행위등처벌에관한법률위반의 점에 대하여 무죄를 선고한 제1심이 주거침입의 범의에 관한 해석 및 증거조사과정이나 그 취사선택과정에 아무런 위법이 없다는 이유로 검사의 항소를 기각하였다.

2. 그러나 주거침입죄는 사실상의 주거의 평온을 보호법익으로 하는 것이므로(대법원 1984. 4. 24. 선고 83도1429 판결; 1987. 5. 12. 선고 87도3 판결; 1987. 11. 10. 선고 87도1760 판결 등 참조), 반드시 행위자의 신체의 전부가 범행의 목적인 타인의 주거 안으로 들어가야만 성립하는 것이 아니라 신체의 일부만 타인의 주거 안으로 들어갔다고 하더라도 거주자가 누리는 사실상의 주거의 평온을 해할 수 있는 정도에 이르렀다면 범죄구성요건을 충족하는 것이라고 보아야 할 것이고, 따라서 주거침입죄의 범의는 반드시 신체의 전부가 타인의 주거 안으로 들어간다는 인식이 있어야만 하는 것이 아니라 신체의 일부라도 타인의 주거 안으로 들어간다는 인식이 있으면 족하다고 할 것이고, 이러한 범의로써 예컨대 주거로 들어가는 문의 시정장치를 부수거나 문을 여는 등 침입을 위한 구체적 행위를 시작하였다면 주거침입죄의 실행의 착수는 있었다고 보아야 하고, 신체의 극히 일부분이 주거 안으로 들어갔지만 사실상 주거의 평온을 해하는 정도에 이르지 아니하였다면 주거침입죄의 미수에 그친다고 할 것이다.

그러므로 공소사실 기재와 같이 야간에 타인의 집의 창문을 열고 집 안으로 얼굴을 들이미는 등의 행위를 하였다면 피고인이 자신의 신체의 일부가 집 안으로 들어간다는 인식 하에 하였더라도 주거침입죄의 범의는 인정되고, 또한 비록 신체의 일부만이 집 안으로 들어갔다고 하더라도 사실상 주거의 평온을 해하였다면 주거침입죄는 기수에 이르렀다고 할 것이다.

따라서, 이와는 달리 주거침입미수죄가 성립하기 위하여서는 신체의 전부가 목적물에 들어간다는 인식을 요한다고 하여 피고인에게 피해자의 방 안에 들어간다는 인식이나 의사가 없었으므로 주거침입죄의 실행의 착수가 없었다고 본 원심의 판단은 주거침입죄에 있어서의 범의 및 실행의 착수에 관한 법리오해의 위법을 저질렀다고 할 것이므로 이를 지적하는 상고이유의 주장은 이유 있다.

3. 그러므로 나머지 상고이유의 주장에 대하여 판단할 것 없이 원심판결 중 무죄부분을 파기하고, 이 부분 사건을 다시 심리·판단하게 하기 위하여 원심법원에 환송하기로 관여 법관들의 의견이 일치되어 주문과 같이 판결한다.

대법관 박만호(재판장) 박준서 김형선(주심) 이용훈

쟁점연구

1. 주거침입죄의 보호의 정도와 관련해서는 '침해설'과 '추상적 위험범설'의 견해대립이 있다. 그렇다면 위의 판례를 통해서 볼 때, 대법원의 입장은 무엇인지 추론해 보자.
2. 형법 제322조는 주거침입죄의 미수범에 대한 처벌을 규정하고 있다. 하지만 도입판례처럼 신체의 일부만 주거에 들어가도 '침입'을 인정하는 것이 타당한지, 대법원의 견해에 따를 경우, 주거침입죄에서 미수범이 성립할 여지가 있는지에 대해서 생각해 보자.

Ⅱ. 주거침입죄의 성립범위

도입판례

대법원 1996. 5. 10. 선고 96도419 판결【폭력행위등처벌에관한법률위반・업무방해】(공1996, 1944)

【피 고 인】 갑
【상 고 인】 피고인
【원심판결】 서울지법 1996. 1. 16. 선고 95노6902 판결
【주　　문】 상고를 기각한다.
【이　　유】

상고이유를 본다.

업무방해의 점에 대하여

한국통신공사의 직원들의 경우 단체협약에 따른 공사 사장의 지시로 09:00 이전에 출근하여 업무준비를 한 후 09:00부터 근무를 하도록 되어 있음에도 피고인이 쟁의행위의 적법한 절차를 거치지도 아니한 채 조합원들로 하여금 집단으로 09:00 정각에 출근하도록 지시를 하여 이에 따라 수백, 수천 명의 조합원들이 집단적으로 09:00 정각에 출근함으로써 전화고장수리가 지연되는 등으로 위 공사의 업무수행에 지장을 초래하였다면 이는 실질적으로 피고인 등이 위 공사의 정상적인 업무수행을 저해함으로써 그들의 주장을 관철시키기 위하여 한 쟁의행위라 할 것이나 쟁의행위의 적법한 절차를 거치지 아니하였음은 물론 이로 인하여 공익에 커다란 영향을 미치는 위 공사의 정상적인 업무운영이 방해되었을 뿐만 아니라 전화고장수리 등을 받고자 하는 수요자들에게도 상당한 지장을 초래하게 된 점 등에 비추어 정당한 쟁의행위의 한계를 벗어난 것

으로 업무방해죄를 구성한다 할 것이고, 피고인의 이와 같은 행위가 노동3권을 보장받고 있는 근로자의 당연한 권리행사로서 형법 제20조 소정의 정당행위에 해당한다고 볼 수 없으므로 같은 취지의 원심의 사실인정과 판단은 정당하고 달리 원심판결에 소론과 같은 사실오인, 법리오해 등의 위법이나 법률적용의 잘못이 없다. 논지는 모두 이유가 없다.

건조물침입으로 인한 폭력행위등처벌에관한법률위반의 점에 대하여

건조물침입죄는 사실상의 주거의 평온을 그 보호법익으로 하는 것이므로 건조물 관리자의 의사에 반하여 건조물에 침입함으로써 성립하는 것이고, 일반적으로 개방되어 있는 장소라 하더라도 관리자가 필요에 따라 그 출입을 제한할 수 있는 것이므로 관리자의 출입제지에도 불구하고 다중이 고함이나 소란을 피우면서 건조물에 출입하는 것은 사실상의 주거의 평온을 해하는 것으로서 건조물침입죄를 구성한다 할 것이다.

따라서 원심이 지지한 제1심판결이 인정한 바와 같이 피고인을 비롯한 수십여 명의 조합원들이 1994. 7. 27. 및 같은 달 28.에 정보통신부 직원들의 제지 및 퇴거요구에도 불구하고 정보통신부가 입주하여 있는 Q공사 청사건물의 12층 내지 14층의 각 층에서 점거농성하면서 집단적으로 장관퇴진 등의 구호를 외치고, 1995. 4. 13.에도 정보통신부 장관비서실에서 비서실 비서관 등의 제지 및 퇴거요구에도 불구하고 고함을 치고 소란을 피웠다면 건조물침입죄는 성립한다 할 것이고 설사 정보통신부 건물에의 출입목적이 정보통신부의 정책에 대한 항의를 위한 것이라 하더라도 그 죄의 성립에 영향을 주는 것은 아니라 할 것이고, 한국통신 외국인 접견실에서 개최한 이사회의 의결이 소론 주장과 같은 범죄행위에 해당한다고 할 수도 없을 뿐 아니라 원심이 지지한 제1심판결이 채택한 증거에 의하면 피고인을 비롯한 수십여 명의 조합원들은 위 접견실의 출입문을 발로차고 주먹으로 치면서 부수려고 하다가 마침내는 이사회가 개최되고 있던 회의장에 난입하여 회의를 진행 중이던 이사 11명을 둘러싸고 고함을 지르며 회의장 내 기물을 부수었던 사실을 인정할 수 있는바 그와 같은 행위가 소론과 같이 정당방위나 정당한 조합

활동에 해당한다고는 볼 수 없으며, P대학교 강당에서의 Q공사 노동조합 전국대의원대회가 비록 노동조합활동의 일환으로 행하여진 것이고 정책에 항의하기 위한 것이라 하더라도 학교측의 장소사용불허 통보를 받고서 수위들의 출입제지에도 불구하고 강당의 출입문을 무단히 열고 들어간 것이라면 건조물침입죄가 성립한다 할 것이고 그것이 정당행위에 해당한다고 할 수 없다.

결국 이 부분에 관하여 원심판결에 법률적용을 잘못하거나 법리오해 등의 위법이 있다는 논지는 모두 이유가 없다.

그러므로 상고를 기각하기로 하여 관여 법관의 일치된 의견으로 주문과 같이 판결한다.

대법관　이용훈(재판장)　박만호　박준서(주심)　김형선

쟁점연구

도입판례처럼 일반적으로 출입이 허용된 장소(예컨대, 관공서 또는 백화점 등)에 범죄목적을 가지고 들어간 경우에 주거침입죄가 성립하는지를 두고, 판례는 이를 동의권자가 범죄목적의 출입임을 알았을 경우에는 동의하지 않았을 것이기 때문에 주거침입죄가 성립한다고 보는 반면, 학설은 일반적으로 출입이 허가된 장소에의 출입이 사실상의 주거의 평온을 침해한 것으로 보기 힘들다는 이유로 주거침입죄의 성립을 부정하고 있다. 이는 주거침입죄의 보호정도 내지 성격을 침해범으로 볼 것인지, 아니면 위험범으로 이해할 것인지와도 밀접한 관련을 갖는 문제로서, 이에 대해 자신의 입장을 정리해 보자.

제 7 장 권리행사를 방해하는 죄

Ⅰ. 범죄의 체계

참고판례

(가) 서울중앙지법 2004. 6. 1. 선고 2003고합1177 판결【중감금치상 · 강요등】(각공2004, 1172)

면소부분

1. 공소사실의 요지

피고인은,

가. 2002. 5. 7.경부터 같은 달 24일경까지 서울 강남구 삼성동 (번지 생략)에 있는 피고인의 집에서 2002. 5. 3. 공소외 A와 (상호 생략) 3층에 함께 있다가 피고인에게 발각된 일로 서산시 'P모텔'에 피신해 있던 피해자 B를 찾아내 강제로 1일 동안 정신병원에 입원시켰다가 위 집으로 끌고 와 도망가지 못하도록 방문, 거실문, 대문 등에 자물쇠를 별도로 설치하여 채우고, 피고인의 모, 누나 공소외 C 등으로 하여금 열쇠를 관리하게 하면서 피해자를 감시하게 하는 등의 방법으로 약 17일 동안 음식물을 제대로 주지 않고 피해자를 감금하면서 "공소외 A와의 간통 사실을 인정하는 자술서를 써라"고 강요하였으나 피해자는 간통 사실이 없다면서 완강히 거부하자 피해자의 옷을 강제로 발가벗겨 나체로 만든 상태에서 쇠로 만든 벽난로 부지깽이, 허리띠, 옷걸이, 각목 등을 이용하여 피해자의 전신을 구타하고, 항거 불능의 상태에 있는 피해자의 음부에 장식용 돌과 헤어브러쉬, 파마루프 등을 집어넣다 뺐다 하고 머리카락을 가위로 자르고, 면도칼로 음모를 밀고 담뱃

불로 손등을 지지는 등 구타하여 피해자를 수회에 걸쳐 실신시키고, 물을 뿌려 깨어나게 하고 잠을 자지 못하게 하는 등 가혹행위를 하여 피해자로 하여금 약 2주간 이상의 치료를 요하는 전신다발성좌상, 좌측수부화상 등의 상해를 가하고,

나. 위 가항의 일시, 장소에서 피해자를 감금한 상태에서 위와 같이 드라이용 빗을 피해자의 음부에 끼웠다 뺐다 하여 피해자의 음부에서 피가 흐르는데도 위 빗을 음부에 그대로 끼워놓고 완전히 일어서거나 앉지도 못하는 엉거주춤한 자세에서 "공소외 A에게 강간을 당하였다. 공소외 A와 간통을 하였다"라는 등의 허위 내용의 자술서 등을 강제로 작성하도록 하여 피해자로 하여금 의무 없는 일을 하게 하였다. …

3. 판단 …

(3) 다음으로, 이 사건 중 위 강요의 공소사실과 약식명령이 확정된 위 폭행죄의 범죄사실의 동일성에 관하여 살피기로 한다.

형법 제324조의 강요죄는 폭행 또는 협박으로 사람의 권리행사를 방해하거나 의무 없는 일을 하게 한 경우에 성립하는 것으로, 의사결정의 자유와 그 활동의 자유를 보호법익으로 하는바, 폭행죄의 폭행을 그 행위태양의 하나로 삼고 있는 점, 유죄로 확정된 위 폭행죄는 그 범행일시가 이 사건 강요죄의 강요행위 기간 중에 이루어졌으며, 위 두 죄의 범행장소도 모두 위 피고인의 주거지로 동일한 점, 위 두 죄는 모두 피고인이 피해자와 공소외 A의 관계를 의심하여 피해자로 하여금 간통 사실에 관한 자술서를 쓰라고 강요하던 과정에서 이루어진 것으로 그 범행동기와 상대방이 동일한 점, 위 두 죄의 행위는 모두 피고인이 피해자로부터 간통 사실에 관한 자술서를 받으려는 단일한 범의하에 저지른 상호 수단과 결과의 관계에 있는 일련의 행위로서 밀접한 관계에 있는 점 등을 종합하면, 위 두 죄는 사실의 동일성이 갖는 법률적 기능을 염두에 두고 피고인의 행위와 그 사회적인 사실관계를 기본으로 하되 그 규범적 요소도 고려하여 판단하더라도 그 기본적 사실관계가 동일한 것이라고 볼 것이다.

(나) 대전지법 2003. 7. 1. 선고 2003노1172 판결 【권리행사방해】 (각공2003, 225)

가. 형법 제323조 권리행사방해죄 소정의 '타인의 점유'의 의미

형법 제323조 권리행사방해죄의 규정은 재물에 대한 사실상의 점유를 보호하려는 것으로서, 점유자에게 법률상 정당한 점유권원이 있는지의 여부에 관계없이 점유라고 하는 사실상의 상태 그 자체를 독립된 법익으로 보호하여 부정한 수단으로 이를 침해하는 것을 처벌하는 규정이라고 봄이 상당하므로, 위 제323조 소정의 '타인의 점유'는 절도범의 소유자에 대한 점유와 같이 명백히 불법적인 것이 아닌 평온한 점유인 이상, 점유자에게 점유할 정당한 권원의 존재를 그 요건으로 하지 않는 사실상의 점유를 그 보호법익으로 한다고 보아야 할 것이다.

쟁점연구

1. 형법 제37장은 권리행사를 방해하는 죄라는 표제 하에 여러 범죄구성요건을 규정하고 있다. 그런데 제37장에서 규정하는 죄들은 그 성격에 따라 크게 두 가지로 구분할 수 있다. 어떻게 구분할 수 있겠는가?
2. 그 구분의 기준은 무엇인가? 참고판례 (가), (나)는 강요죄와 권리행사방해죄의 보호법익을 어떻게 이해하고 있는가?

Ⅱ. 강요의 죄

도입판례

대법원 2008. 5. 15. 선고 2008도1097 판결【강요미수 등】(공2008, 880)

【피 고 인】 갑, 을
【상 고 인】 피고인들 및 검사
【변 호 인】 변호사 고재술 외 3인
【원심판결】 부산고법 2008. 1. 23. 선고 2007노730 판결
【주　　문】 상고를 각 기각한다.
【이　　유】

1. 검사의 상고이유에 대하여

* * *

나. 피고인 을의 강요미수의 점에 대하여

강요죄는 폭행 또는 협박으로 사람의 권리행사를 방해하거나 의무 없는 일을 하게 하는 것을 말하고, 여기에서 '의무 없는 일'이라 함은 법령, 계약 등에 기하여 발생하는 법률상 의무 없는 일을 말하므로, 폭행 또는 협박으로 법률상 의무 있는 일을 하게 한 경우에는 폭행 또는 협박죄만 성립할 뿐 강요죄는 성립하지 아니한다.

원심은, 그 판시와 같은 사실을 인정한 다음, 그 인정 사실에 나타난 다음과 같은 사정, 즉 피고인 을은 신앙간증을 위해 일본에 갔다가 알고 있던 N으로부터, 팬미팅 공연에 대한 답례로 공소외 A 일행에게 1억 원이 넘는 고급시계를 주었음에도 약속을 이행하지 않는다는 말을 듣고 이를 확인하기 위해 공소외 B, C 등을 만나 N의 말이 어느 정도 사실

임을 확인하였고, 더욱이 공소외 B가 위 피고인에게, 공소외 A의 일본 팬미팅 공연에 관하여 공소외 B 측에 독점권이 있고 구체적인 행사내용은 공소외 A의 소속회사인 P인터내셔널과 공소외 B가 대표이사인 Q엔터플랜이 합법적인 절차에 의하여 서명·날인 작성한 계약서에 명시되어 있다는 2006. 3. 10.자 확인서까지 보여 주었기 때문에, 위 피고인으로서는 공소외 A가 팬미팅 공연을 할 의무가 있다고 믿었을 가능성이 농후하여, 공소외 A가 팬미팅 공연을 할 의무가 없거나 의무 없음에 대한 미필적 인식 즉, 강요죄의 고의가 위 피고인에게 있었다고 단정하기 어렵다는 이유로, 이 부분 공소사실을 유죄로 인정한 제1심판결을 파기하고 무죄를 선고하였다.

앞서 본 법리와 기록에 비추어 살펴보면, 위와 같은 원심의 사실인정과 판단은 옳은 것으로 수긍이 가고, 거기에 상고이유의 주장과 같은 채증법칙 위배나 강요죄에 관한 법리오해의 위법이 있다고 할 수 없다.

또한, 기록에 의하면, 피고인 을은 공소외 A가 팬미팅 공연을 할 의무가 있다고 믿고 있는 상황에서 팬미팅 공연을 할 것을 강요하면서 공소외 A에게 만날 것을 요구한 사실, 공소외 A가 이를 거부하자 전화로 재차 만날 것을 요구하면서 팬미팅 공연이 이행되지 않으면 안 좋은 일을 당할 것이라는 협박을 한 사실을 알 수 있는바, 이와 같이 위 피고인이 공소외 A에게 만나자고 한 것은 팬미팅 공연 약속의 이행을 강요하는 과정에서 나온 협박의 한 태양에 불과하다고 할 것이고, 따라서 위 피고인이 만나서 이야기하자고 한 행위를 가리켜 팬미팅 공연의 약속 이행을 강요한 행위와는 별도의 강요행위라고 볼 수는 없으므로, 원심이 이 부분 공소사실 중 '피해자로 하여금 피고인을 만나…게 하는 등 의무 없는 일을 하게 하려고 한' 부분에 대하여 아무런 판단을 하지 아니하였다고 하더라도 그것이 판결에 영향을 미친 위법이라고 볼 수 없다. 이 점에 관한 상고이유의 주장 역시 받아들일 수 없다.

* * *

그러므로 상고를 각 기각하기로 하여 관여 법관의 일치된 의견으로 주문과 같이 판결한다.

대법관 전수안(재판장) 고현철(주심) 김지형 차한성

참고판례

(가) 대법원 2003. 9. 26. 선고 2003도763 판결【강요미수 등】(공2003, 2129)

강요죄라 함은 폭행 또는 협박으로 사람의 권리행사를 방해하거나 의무 없는 일을 하게 하는 것을 말하고, 여기에서의 협박은 객관적으로 사람의 의사결정의 자유를 제한하거나 의사실행의 자유를 방해할 정도로 겁을 먹게 할 만한 해악을 고지하는 것을 말한다(대법원 2002. 11. 22. 선고 2002도3501 판결 참조).

원심은, 주식회사 P가 P컨트리클럽을 인수하여 Q컨트리클럽으로 명칭을 변경하여 운영함으로써 체육시설의설치·이용에관한법률에 따라 P컨트리클럽의 회원들은 Q컨트리클럽의 회원으로서의 지위를 가지게 되었고, 회원지위 승계등록절차는 골프장 회원관리에 필요한 행정절차에 불과함에도 불구하고, 주식회사 P의 최대주주인 피고인이 대표이사인 공소외 A와 공모하여, "기존 회원들을 대상으로 금 1억 3,000만 원의 수익증권을 매입하는 600명에게 토요일 2회 포함 월 4회 주말예약보장, 그린피면제 등의 특전을 부여하는 특별회원을 모집하겠다"는 내용의 안내문과 함께 특별회원 등을 모집하는 내용이 기재된 새로운 회칙을 첨부하여 "본인은 귀 Club 회칙의 취지를 찬동하고 회원자격 승계약정을 승낙하며 회원의 등록을 신청합니다"라는 문구가 기재된 '일반회원등록신청서' 양식을 송부하면서 위 양식에 따라 등록신청을 하라고 요구하고, 위와 같은 내용의 회칙에 동의하지 않는 회원들이 변경된 회칙에 동의한다는 문구를 삭제하여 발송한 회원등록신청을 유효한 회원등록신청으로 인정하지 아니한 채 주식회사 P에서 작성하여 보낸 양식에 따라 회원등록을 하라는 취지로 이를 반송한 사실, 피고인은 회원등록신청서를 반송하면서 …변경된 회칙에 동의하지 않는 회원들의 승계등록신청을 거부할 의사를 밝힌 사실, 피고인은 그 후 승계등록절차를 밟지 않은 회원들…에 대하여 … 회원으로서의 권리를 제한한 사실을 인정한 다음, 행정적 절차에 불과한 회원의 승계등록절차를 빌미로 회사 측에서 요구하는 대로 승계등록절차를 이행하지 않는 한 회원의 자격을 인정하지 않고 예약제한, 비회원요금 징수와 같은 재산상 불이익을 가하겠다는 의사를 명시한 이상, 이는 재산상 불이익이라는 해악을 고지하는 방법으로 회원들을 협박하여 회원권이라는 재산적 권리의 행사를 제한하고 변경된 회칙을 승낙하도록 강요한 경우에 해당한다고 판단하였다.

원심의 위와 같은 판단은 위 법리에 따른 것으로서 정당하고, 거기에 강요죄의 성립에 관한 법리오해의 위법이 없으며, 위 해악의 고지가 사회의 관습이나 윤리관념 등에 비추어 볼 때 사회통념상 용인할 수 있을 정도의 것이라고 볼 수도 없다.

(나) 대법원 1993. 7. 27. 선고 93도901 판결【협박에의한권리행사방해】(공1993, 2476)

형법 제324조 소정의 폭력에 의한 권리행사방해죄는 폭행 또는 협박에 의하여 권리행사가 현실적으로 방해되어야 할 것임은 소론과 같다고 할 것이나, 원심이 확정한 사실에 의하면 피고인은 피해자의 해외도피를 방지하기 위하여 판시와 같은 방법으로 피해자를 협박하고 이에 피해자가 겁을 먹고 있는 상태를 이용하여 동인 소유의 여권을 교부하게 하여 위 피해자의 해외여행의 권리행사를 방해하였다는 것인바, 위 피해자가 그의 여권을 피고인에게 강제 회수당하였다면 위 피해자가 해외여행을 할 권리는 사실상 침해되었다고 볼 것이므로 원심이 피고인의 판시 소위를 권리행사방해죄의 기수로 본 조처도 옳고, 피고인이 위 여권을 보관하고 있던 기간이 소론과 같이 짧았는지 여부는 이 사건 결과에 영향이 없다.

(다) 대법원 2006. 4. 27. 선고 2003도4151 판결【폭력행위등처벌에관한법률위반(일부변경된 죄명: 폭행)(일부인정된 죄명: 상해 · 강요)】(공2006, 975)

1. 피고인의 상고이유에 대하여

원심판결 이유를 기록에 비추어 살펴보면, 원심이 그 판결에서 들고 있는 증거를 종합하여, 상사 계급의 피고인이 병사들에 대해 수시로 폭력을 행사해 와 신체에 위해를 느끼고 겁을 먹은 상태에 있던 병사들에게 청소 불량 등을 이유로 40분 내지 50분간 머리박아(속칭 '원산폭격')를 시키거나 양손을 깍지 낀 상태에서 약 2시간 동안 팔굽혀펴기를 50~60회 정도 하게 한 사실을 인정한 다음, 이러한 피고인의 행위가 형법 제324조에서 정한 강요죄에 해당한다고 판단한 것은 정당하고, 거기에 상고이유에서 주장하는 바와 같은 심리미진으로 인한 사실오인이나 강요죄에 관한 법리오해 등의 위법이 없다.

* * *

2. 검찰관의 상고이유에 대하여

가. 제1심 판시 2, 3, 6, 9.의 각 점에 관하여

(1) 원심은, 이 사건 공소사실 중 피고인이 폭행 또는 협박으로 ① …취침 중이던 피해자 공소외 A를 비롯한 전 부대원을 집합시킨 후 속옷 차림으로 약 2시간 가량 서 있도록 하고, ② …물기가 있는 약 30m 거리의 내무실 바닥을 포복으로 10여 회 왕복하게 한 후, 이어 50m 거리의 연병장을 오리걸음으로 15여회 왕복하게 하고, ③ …양손을 모아 깍지를 낀 상태에서 팔굽혀펴기를 30여회 하게 하고, ④ …양손을 모아 깍지를 낀 상태에서 약 5분간 엎드려뻗쳐를 하도록 하여 피해자들로 하여금 의무 없는 일을 하게 하였다는 이 사건 공소사실에 대하여, … 피고인과 피해자들의 지위, 피고인이 위와 같은 행위를 하게 된 동기, 그 수단 및 결과 등을 종합하여 보면, 피고인의 위와 같은 행위는 형법 제20조에서 정한 사회상규에 위배되지 아니하는 행위에 해당하여 범죄가 되지 않는다고 판단하였다.

(2) 그러나 원심의 위와 같은 판단은 수긍하기 어렵다.

형법 제20조 소정의 '사회상규에 위배되지 아니하는 행위'라 함은 법질서 전체의 정신이나 그 배후에 놓여 있는 사회윤리 내지 사회통념에 비추어 용인될 수 있는 행위를 말하고, 어떠한 행위가 사회상규에 위배되지 아니하는 정당한 행위로서 위법성이 조각되는 것인지는 구체적인 사정 아래서 합목적적, 합리적으로 고찰하여 개별적으로 판단되어야 하므로, 이와 같은 정당행

위를 인정하려면, 첫째 그 행위의 동기나 목적의 정당성, 둘째 행위의 수단이나 방법의 상당성, 셋째 보호이익과 침해이익과의 법익권형성, 넷째 긴급성, 다섯째 그 행위 외에 다른 수단이나 방법이 없다는 보충성 등의 요건을 갖추어야 한다(…). 그런데 군인사법 제47조의2 …, 그에 따라 제정된 군인복무규율…, 구타 및 가혹행위 근절지침(국방부훈령 제487호)에 따르면, '가혹행위'라 함은 불법적인 방법으로 타인에게 육체적 · 정신적인 고통과 인격적인 모독을 주는 일체의 행위를 말한다(제3조 제1호)고 규정하고 있다. …한편, 기록에 의하면, 피고인이 소속된 부대의 얼차려 지침에서는, …만이 각각 얼차려의 결정권자가 되며, 얼차려의 종류도 …등만을 각 실시할 수 있고, 결정권자나 집행자는 …무리한 반복동작의 실시나 폭언, 폭설 등 인격모독행위를 금지한다고 규정하고 있다.

위와 같은 법규정 및 인정 사실에 원심이 확정한 사실관계를 종합하여 보면, 위 ①의 점의 경우를 제외하고는 피고인은 각 얼차려 당시 얼차려의 결정권자도 아니었고 그 얼차려들이 얼차려 지침상 허용되는 얼차려도 아니어서 위와 같은 얼차려들은 모두 군인복무규율에서 금지하고 있는 사적 제재에 해당됨을 인정할 수 있고, 위 ①의 점의 경우에도 당시 피고인이 일직사관으로서 얼차려를 결정할 수 있는 지위에 있었기는 하나, 피고인이 지시한 얼차려는 얼차려 지침이 허용하는 얼차려도 아닐 뿐만 아니라 근무를 태만히 한 경계병만이 아니라 취침 중인 전 부대원을 깨워 그들 모두로 하여금 동절기에 속옷 차림으로 연병장에 서 있게 한 것으로서, 원심이 내세운 사정을 감안하더라도 피해자들의 법익침해를 정당화할 만한 사유가 있었다고 볼 수 없으며, 위와 같은 얼차려들로 인하여 당시 피해자들이 받았을 육체적·정신적 고통을 고려하여 보면, 위 얼차려들이 훈계의 차원에서 이루어진 것이었다 하더라도 그 정도를 넘어선 것으로서 수단과 방법에 상당성이 인정된다고 보기 어렵고, 나아가 당시 그와 같은 얼차려가 긴급하고도 불가피한 수단이었다고 볼 수도 없다.

그렇다면 피고인의 위와 같은 행위는 형법 제20조의 정당행위로 볼 수 없다고 할 것인데, 원심이 이와 견해를 달리하여 사회상규에 위배되지 않는 행위로서 정당행위에 해당한다고 보고 이에 대하여 무죄를 선고하였으니, 이러한 원심판결에는 형법 제20조의 정당행위에 관한 법리를 오해한 위법이 있다고 할 것이고, 이는 판결에 영향을 미친 것이 명백하다 할 것이다.

쟁점연구

1. 참고판례 (가)를 참조하여 강요죄의 구성요건을 정리하여 보자.
2. 강요의 수단에는 무엇이 있는가? 강요의 수단으로서의 협박은 해악을 고지하는 것인데 그 해악의 내용에 제한이 있는가? 강요의 수단으로서의 협박과 협박죄의 협박은 서로 어떠한 관계가 있는가? 형법 제12조의 강요와는 어떻게 다른가?
3. 강요행위는 어떠한 행위인가? 도입판례와 참고판례 (가), 참고판례 (나)를 참고하여 그 태양을 생각해 보자.
4. 가. 도입판례에서 피고인이 강요한 행위는 무엇인가? 팬미팅을 강요한 행위가 무죄라고 판단한 이유는 무엇인가? 권리를 행사하는 수단으로 폭행·협박을 한 경우 강요죄의 성부에 대하여 판례는 어떠한 입장이라고 이해되는가?

   나. 판례는 공갈죄에 관하여 재물의 교부를 받거나 재산상 이익을 취득할 권리가 있는 자라고 할지라도 사회통념상 일반적으로 용인될 수 없는 정도의 폭행·협박의 방법을 사용하여 재물의 교부를 받거나 재산상 이익을 취득한 때에는 공갈죄를 구성한다고 한다(대법원 1985. 6. 25. 선고 84도2083 판결 참조). 이는 도입판례와 모순되지 않는가?

   다. 도입판례는 면담을 강요한 부분이 따로 범죄가 되지 아니한 이유를 무엇이라고 하였는가? 그 논리에 문제점은 없는가?
4. '얼차려'는 형법상 무슨 죄가 될 수 있는가? 그것은 형법 제20조에 의하여 위법성이 조각되지 않는가? 참고판례 (다)를 참고하라.
5. 강요죄는 형법 제123조의 직권남용권리행사방해죄와 어떻게 다르고 같은가? 후자의 죄에 관하여는 대법원 2009. 1. 30. 선고 2008도6950 판결을 참조하라.

6. 인질강요(제324조의2), 인질상해 · 치상(제324조의3), 인질살해 · 치사(제324조의4)는 강요죄의 가중적 구성요건들이다. 이들은 특정범죄가중처벌 등에 관한 법률 제5조의2에 규정한 죄와 어떠한 관계가 있는가?

Ⅲ. 권리행사방해의 죄

도입판례

대법원 2006. 3. 23. 선고 2005도4455 판결【권리행사방해】(공2006, 748)

【피 고 인】 갑
【상 고 인】 검사
【원심판결】 부산지법 2005. 6. 2. 선고 2004노4396 판결
【주 문】 상고를 기각한다.
【이 유】

상고이유를 판단한다.

1. 권리행사방해죄에서의 보호대상인 타인의 점유는 반드시 점유할 권원에 기한 점유만을 의미하는 것은 아니고, 일단 적법한 권원에 기하여 점유를 개시하였으나 사후에 점유 권원을 상실한 경우의 점유, 점유 권원의 존부가 외관상 명백하지 아니하여 법정절차를 통하여 권원의 존부가 밝혀질 때까지의 점유, 권원에 기하여 점유를 개시한 것은 아니나 동시이행항변권 등으로 대항할 수 있는 점유 등과 같이(대법원 1960. 9. 14. 선고 4293형상448 판결; 1977. 9. 13. 선고 77도1672 판결; 1989. 7. 25. 선고 88도410 판결; 1995. 5. 26. 선고 95도607 판결; 2003. 11. 28. 선고 2003도4257 판결 등 참조) 법정절차를 통한 분쟁 해결시까지 잠정적으로 보호할 가치 있는 점유는 모두 포함된다고 볼 것이고, 다만 절도범인의 점유와 같이 점유할 권리 없는 자의 점유임이 외관상 명백한 경우는 포함되지 아니한다 할 것이다.

그런데 이 사건 기록에 의하여 인정되는 사실은 다음과 같다. 즉, P렌

트카(주)의 공동대표이사 중 1인인 공소외인은 피해자에 대한 개인적인 채무의 담보 명목으로 위 회사가 보유 중이던 이 사건 승용차를 피해자에게 넘겨주었다. 피해자는 위 승용차를 약 4개월 동안 위 회사에서 수시로 연락 가능한 피해자의 사무실 등지에서 운행해 오면서 위 회사 직원의 승용차 반환요구를 공소외인에 대한 채권 및 위 담보제공 약정을 이유로 거절해 왔다. 그러자 위 회사 공동대표이사 중 1인인 피고인은 피해자의 공소외인에 대한 채권의 존부 및 위 담보제공 약정의 효력에 관하여 피해자와 직접 접촉하여 관련 사실 및 증빙자료를 확인하는 등의 절차를 밟지 않은 채 피해자 사무실 부근에 주차되어 있는 이 사건 승용차를 몰래 회수하도록 하였다는 것이다.

이러한 사실관계를 앞서 본 법리에 비추어 살펴본다면, 피해자의 이 사건 승용차에 대한 점유는 법정절차를 통하여 점유 권원의 존부가 밝혀짐으로써 분쟁이 해결될 때까지 잠정적으로 보호할 가치 있는 점유에 포함된다고 봄이 상당하다.

한편, 피해자가 위와 같은 경위로 채권 및 담보제공 약정을 이유로 승용차의 반환을 거절하고 있는 경우이든, 이 사건 승용차를 단순히 임차하였다가 그 반환을 거부하고 있는 경우이든 두 경우 모두 권리행사방해죄에서의 보호대상인 점유에 해당하는 것이므로, 피고인이 피해자가 이 사건 승용차를 단순히 임차하였다가 그 반환을 거절하고 있는 것으로 잘못 알고 있었다는 사정만으로는 피고인에게 권리행사방해의 고의가 없었다고 볼 수 없다.

원심은, 이 사건 승용차의 임차인인 피해자가 승용차를 반환하지 않고 있는 것으로만 알고 있었을 뿐 피해자가 위와 같은 담보제공 약정을 이유로 승용차 반환을 거부하고 있는 줄 알면서도 승용차 회수를 지시한 사실이 없다는 피고인의 주장을 받아들여, 피고인에게 권리행사방해의 고의가 있었다고 볼 증거가 부족하다는 이유로 권리행사방해죄가 성립되지 않는다고 판단하였다. 그러나 앞서 본 법리에 의하면, 원심이 위와 같은 이유로 권리행사방해죄의 성립을 부정한 것은 적절하다 할 수 없다.

2. 다만, 자동차소유권의 득실변경은 등록을 하여야 그 효력이 생기고 (자동차관리법 제6조), 권리행사방해죄의 객체는 자기의 소유물에 한한다 (대법원 2003. 5. 30. 선고 2000도5767 판결; 2005. 11. 10. 선고 2005도6604 판결 등 참조). 그런데 기록에 의하면, 이 사건 승용차는 P렌트카(주)가 구입하여 보유중이나 이 사건 공소사실 기재 일시까지도 아직 위 회사나 피고인 명의로 신규등록 절차를 마치지 않은 미등록 상태였던 사실을 알 수 있다. 따라서 이 사건 승용차는 이 사건 공소사실 기재 범행 당시 P렌트카(주) 혹은 피고인의 소유물이라고 할 수 없어 이를 전제로 하는 권리행사방해죄는 성립되지 아니한다.

그렇다면 원심이 이 사건 공소사실을 무죄로 판단한 이유는 적절하지 않으나 앞서 본 바와 같은 이유로 결국, 이 사건 공소사실이 권리행사방해죄를 구성하지 않는 이상 그 결론에 있어서는 정당하다 할 것이니, 위와 같은 원심의 잘못은 판결 결과에 영향을 미치는 잘못에 해당한다고 볼 수 없으므로 이 점을 들어 원심판결을 파기할 이유로 삼을 수는 없다. 결국, 원심판결에는 상고이유에서 주장하는 바와 같이 판결 결과에 영향을 미친 채증법칙 위반 내지 법리오해 등의 위법이 없다.

3. 그러므로 상고를 기각하기로 하여 관여 대법관의 일치된 의견으로 주문과 같이 판결한다.

대법관 고현철(재판장) 강신욱 양승태 김지형(주심)

참고판례

(가) 대법원 1994. 11. 11. 선고 94도343 판결 【무고 · 절도】 (공1994, 3323)

권리행사방해죄에 있어서의 타인의 점유라 함은 권원으로 인한 점유, 즉 정당한 원인에 기하여 그 물건을 점유하는 권리 있는 자의 점유를 의미하는 것(1960. 9. 14. 선고 4293형상448 판결 참조)으로서 본권을 갖지 아니하는 절도범인의 점유는 여기에 해당하지 않는다 할 것인바, 이 사건에 있어서 피고인이 자신의 집 마당에 보관하고 있는 이 사건 솔을 피고소인들이 피고인의 허락 없이 함께 운반하여 가져갔다 하더라도 그 솥이 피고소인 A의 소유이고 피고인이 이를 절취하여 점유보관하고 있던 것인 이상 피고소인들의 소위는 권리행사방해죄를 구성하지는 않는다고 할 것이니 피고소인들의 소위가 권리행사방해죄에 해당함을 전제로 하는 논지도 이유 없다 할 것이고, 논지가 원용하는 판례는 사안이 달라 이 사건에 적절하지 아니하므로 받아들일 수 없다.

(나) 대법원 2005. 9. 9. 선고 2005도626 판결【야간건조물침입절도(인정된 죄명: 업무방해)·업무방해·권리행사방해】(공2005, 1644)

1. 가. 이 사건 공소사실 중 피고인 갑, 피고인 병의 권리행사방해죄 부분은, 피고인 갑은 부산 … 소재 Z건물의 실소유자로서 실내건축 및 건물임대업체인 주식회사 P를 운영하는 자, 피고인 병은 위 Z건물의 관리인으로서, 피고인 갑이 2002. 9. 20.경 피해자 공소외 A에게 위 빌딩 1층 103호를 임대보증금 30,000,000원에 임대하면서 위 103호의 실내장식공사를 15,000,000원에 하여 주기로 약정하고 그 공사를 진행하던 중, 피고인 갑, 피고인 병은 공모하여, 2002. 10. 24.경 위 Z건물 1층 103호에서 피고인 갑은 피해자 공소외 A의 동생인 공소외 B와 위 실내장식공사 대금 문제로 다툰 일로 화가나 피고인 병에게 위 103호의 문에 자물쇠를 채우라고 지시하고, 피고인 병은 위 103호에 자물쇠를 채워 피해자로 하여금 위 점포에 출입을 못하게 하여 타인의 점유의 목적이 된 자기 물건에 대한 권리행사를 방해하였다는 것이다.

이 부분 원심판결 이유에 의하면, 원심은, 피고인 갑은 위 Z건물의 소유자가 아니므로 권리행사방해죄의 주체가 될 수 없다는 피고인 갑, 피고인 병의 항소이유에 대하여, 공소외 C의 경찰 진술 등 기록에 의하면 이 사건 당시 Z건물의 소유자는 피고인 갑의 처인 공소외 C로 되어 있으나 실제로는 피고인 갑이 공소외 C의 명의로 점포를 임대하고 위 빌딩을 관리하는 등 위 빌딩의 실질적인 소유권을 행사하여 온 사실이 인정되므로 비록 피고인 갑이 위 빌딩의 등기상의 소유자는 아니라 할지라도 실소유자에 해당하여 위 빌딩은 권리행사방해죄에 있어서의 자기의 물건에 해당한다고 할 것이라고 판단하여, 이를 배척하였다.

나. 그러나 원심의 이러한 판단은 그대로 수긍하기 어렵다.

원심이 피고인 갑이 위 빌딩의 등기상의 소유자는 아니라 할지라도 실소유자에 해당한다고 판시한 것이 무슨 의미인지 명확하지는 않으나, 한편 원심이 위 빌딩의 소유자는 피고인 갑의 처인 공소외 C로 되어 있지만 실제로는 피고인 갑이 공소외 C의 명의로 이를 임대하고 관리하는 등 실질적인 소유권을 행사해 왔다고 판시한 것이나, 기록(공판기록 257면 이하의 등기부등본)에 의하면 위 빌딩에 관하여 2002. 7. 9. 전소유자 공소외 D로부터 공소외 C의 명의로 2002. 6. 20. 매매를 원인으로 한 소유권이전등기가 경료되어 있음을 알 수 있는 점 등에 비추어 보면, 위 빌딩은 이를 피고인 갑이 공소외 D로부터 매수하면서 그의 처인 공소외 C에게 등기명의를 신탁(중간생략등기형 명의신탁 또는 계약명의신탁)해 놓은 것이라는 취지로 보인다.

그런데 부동산 실권리자명의 등기에 관한 법률 제8조는 배우자 명의로 부동산에 관한 물권을 등기한 경우에 조세포탈, 강제집행의 면탈 또는 법령상 제한의 회피를 목적으로 하지 아니한 때에는 제4조 내지 제7조 및 제12조 제1항, 제2항의 규정을 적용하지 아니한다고 규정하고 있는바, 만일 피고인 갑이 그러한 목적으로 명의신탁을 함으로써 명의신탁이 무효로 되는 경우에는 말할 것도 없고, 그러한 목적이 없어서 유효한 명의신탁이 되는 경우에도 제3자로서 임차인인 피해자 공소외 A에 대한 관계에서는 피고인 갑은 소유자가 될 수 없으므로, 어느 모로 보나 위 빌딩이 권리행사방해죄에서 말하는 '자기의 물건'이라 할 수 없는 것이다.

(다) 대법원 2007. 1. 11. 선고 2006도4215 판결 【권리행사방해(예비적 죄명: 배임)·명예훼손】(미간행)

1. 권리행사방해죄에 대하여

형법 제323조의 권리행사방해죄에서 말하는 '자기의 물건'이라 함은 범인이 소유하는 물건을 의미하고, 여기서 소유권의 귀속은 민법 기타 법령에 의하여 정하여진다 할 것인바, 부동산실권리자 명의등기에 관한 법률 제4조 제1항, 제2항 및 제8조에 의하면 종중 및 배우자에 대한 특례가 인정되는 경우나 부동산에 관한 물권을 취득하기 위한 계약에서 명의수탁자가 그 일방당사자가 되고 그 타방 당사자가 명의신탁약정이 있다는 사실을 알지 못하는 경우 이외에는 명의수탁자는 명의신탁 받은 부동산의 소유자가 될 수 없고, 이는 제3자에 대한 관계에 있어서도 마찬가지이므로, 명의수탁자로서는 명의신탁 받은 부동산이 '자기의 물건'이라고 할 수 없다.

원심은 그 설시 증거들을 종합하여, P영농조합법인이 공소외인으로부터 이 사건 과수원을 매수할 당시 피고인에게 그 매수인 명의를 신탁하였고 공소외인도 그 사실을 알고 있었던 사실 등 판시 사실들을 인정한 다음, 그에 따르면 위 명의신탁약정 및 그에 기하여 이루어진 이 사건 과수원에 대한 피고인 명의의 소유권이전등기는 모두 무효이므로, 이 사건 과수원 및 그 지상에 식재된 감귤나무를 피고인의 소유로 볼 수 없다고 하여, 주위적 공소사실인 권리행사방해의 점을 무죄로 판단한 제1심판결을 유지하였는바, 앞서 본 법리와 기록에 비추어 보면 이러한 원심의 사실인정 및 판단은 정당한 것으로 수긍할 수 있고, 거기에 상고이유로 주장하는 바와 같은 권리행사방해죄에 있어서의 자기의 물건에 관한 법리를 오해하는 등으로 판결 결과에 영향을 미친 위법이 있다고 볼 수 없다.

2. 배임죄에 대하여

근저당권설정자는 채권자가 담보의 목적을 달성할 수 있도록 그 담보물을 보관할 의무를 지게 되어 채권자에 대하여 그의 사무를 처리하는 자의 지위에 있고, 한편 토지에 식재된 수목은 특별한 사정이 없는 한 그 토지의 부합물에 해당하여 그 토지에 설정된 근저당권의 효력이 미치므로, 근저당권설정자가 그 근저당권의 목적이 되는 토지에 식재된 수목을 처분하는 등으로 부당히 그 담보가치를 감소시키는 행위를 한 경우에는 배임죄가 성립하게 된다.

기록에 의하면 피고인은 피해자에 대한 차용금의 담보로 이 사건 과수원에 관하여 피해자 앞으로 근저당권설정등기를 경료하여 준 사실, 피고인은 피해자의 경매신청에 의하여 이 사건 과수원에 대한 경매절차가 개시된 후인 2004. 6. 28.경 이 사건 과수원에 대한 폐원신청을 하고, 그 무렵부터 2004. 8. 31.경까지 그 지상에 식재된 감귤나무들을 모두 굴취한 후 2004. 9. 3.경 북제주군으로부터 폐원보상비로 19,176,000원을 지급받은 사실을 인정할 수 있다. 위 인정사실에 의하면 피고인은 이 사건 과수원에 대한 근저당권설정자로서 근저당권자인 피해자가 담보목적을 달성할 수 있도록 담보물인 감귤나무를 보관할 의무가 있다 할 것임에도 위와 같이 폐원신청을 하고 감귤나무를 굴취함으로써 폐원보상비 상당의 재산상의 이득을 취득하고 피해자로 하여금 이 사건 근저당권의 담보가치가 감소되는 손해를 입도록 하였으므로, 배임죄의 죄책을 면할 수 없다 할 것이다.

그런데도 원심은 근저당권설정자가 근저당권자에 대하여 담보물을 유지할 의무를 부담하지 아니한다는 이유를 들어 예비적 공소사실인 배임의 점에 대하여도 무죄를 선고하였는바, 이러한 원심의 판단에는 배임죄에 있어서의 타인의 사무에 관한 법리를 오해하는 등으로 판결 결과에 영향을 미친 위법이 있다고 하지 않을 수 없다. 이 점을 지적하는 상고이유의 주장은 이유 있다.

(라) 대법원 1988. 2. 23. 선고 87도1952 판결【권리행사방해】(집36-1, 371)

형법 제323조 소정의 권리행사방해죄에 있어서의 '취거'라 함은 타인의 점유 또는 권리의 목적이 된 자기의 물건을 그 점유자의 의사에 반하여 그 점유자의 점유로부터 자기 또는 제3자의 점유로 옮기는 것을 말하므로 점유자의 의사나 그의 하자있는 의사에 기하여 점유가 이전된 경우에는 여기에서 말하는 취거로 볼 수는 없다 할 것이다.

원심판결 이유에 의하면, 원심은 그 채택증거에 의하여 채권자인 공소외 A가 채무자인 피고인으로부터 차용금 채무의 담보로 제공받은 피고인 소유의 그 설시 맥콜을 공소외 B 등 2인에게 보관시키고 있던 중 피고인이 위 맥콜은 공소외 C로부터 교부받은 것이고 이를 동인에게 반환한다는 내용으로 된 반환서를 공소외 C에게 작성해 주어 공소외 C가 위 B 등 2인에게 이 반환서를 제시하면서 위 맥콜은 피고인에게 편취당한 장물이므로 이를 인계하여 달라고 요구하여 이를 믿은 동인들로부터 이를 교부받아 간 사실을 인정한 다음 공소외 C가 위와 같은 경위로 위 B 등 2인으로 부터 위 맥콜을 인도받아 간 것이라면 이는 피고인의 취거행위로 볼 수는 없다고 판단하여 피고인에게 무죄를 선고하였는바, 기록에 의하여 살펴보아도 원심의 이와 같은 사실인정에 소론과 같은 채증법칙 위반으로 인한 사실오인의 위법이 있다 할 수 없고 또한 공소외 C가 위 맥콜을 가져간 것은 위 B 등 2인의 교부행위에 의한 것이고 그들의 의사에 반하여 가져간 것이 아니라는 취지에서 이를 피고인의 취거행위로 볼 수 없다고 판단한 원심의 조처도 앞서 본 법리에 따른 것으로서 정당하고 거기에 소론과 같은 권리행사방해죄에 관한 법리오해의 위법이 있다 할 수 없다.

(마) 대법원 1994. 9. 27. 선고 94도1439 판결【배임(인정된 죄명: 권리행사방해) 등】(공1994, 2915)

원심은 … 피고인이 공장근저당권이 설정된 판시 선반기계 등을 이중담보로 제공하기 위하여 이를 다른 장소로 옮긴 사실을 인정하고 이는 공장저당권의 행사가 방해가 될 우려가 있는 행위로서 권리행사방해죄에 해당한다고 각 판단하였는바, 기록에 대조하여 살펴보면, 원심의 위 인정판단은 그대로 수긍이 되고, 거기에 소론과 같은 사실오인 또는 권리행사방해죄의 성립에 관한 법리오해 등의 위법이 있다고 할 수 없다.

(바) 대법원 2008. 5. 8. 선고 2008도198 판결【강제집행면탈】(미간행)

형법 제327조의 강제집행면탈죄는 채권자의 권리보호를 그 주된 보호법익으로 하고 있는 것이므로 강제집행의 기본이 되는 채권자의 권리, 즉 채권의 존재는 강제집행면탈죄의 성립요건이라 할 것이고, 따라서 그 채권의 존재가 인정되지 않을 때에는 강제집행면탈죄가 성립하지 않는다(대법원 1988. 4. 12. 선고 88도48 판결; 대법원 2007. 7. 12. 선고 2007도3005 판결 등 참조).

원심이 인용한 제1심의 채용 증거들을 기록에 비추어 살펴보면, 주식회사 P건설(이하 ‘P건설’이라 한다)은 원심 공동피고인 A, B를 상대로 공사대금 청구소송을 제기하여 2006. 1. 20. 광주고등법원에서 “위 피고인들은 연대하여 P건설에 259,113,130원 및 이에 대한 지연손해금을 지급하라"는 취지의 일부 승소판결을 받아 2006. 2. 10. 위 판결이 확정된 사실을 알 수 있으므로, 위 판결에 기해 이 사건 공사대금채권의 존재는 확정되었다고 할 것이다.

피고인은 P건설이 위 판결의 변론종결일 이전인 2004. 11. 26. 위 공사대금채권을 주식회사 Q에 양도하였으니 그 채권양도로 인하여 P건설의 채권은 확정적으로 소멸하였다고 주장하나, 피고인의 주장에 의하더라도 위 공사대금채권에 대하여는 위 채권양도 이전에 이미 다른 채권자들에 의하여 수개의 가압류, 채권압류 및 전부명령 등이 경합되어 있었다는 것이고, 민사소송에서 피고인들인 원심 공동피고인 A, B가 그러한 내용의 항변을 제기하지도 아니한 이상 단순히 채권양도가 있었다는 사정만으로 위 확정판결에 따른 채권의 존재를 부정할 수는 없다고 할 것이다.

한편, 강제집행면탈죄는 이른바 위태범으로서 강제집행을 당할 구체적인 위험이 있는 상태에서 재산을 은닉, 손괴, 허위양도 또는 허위의 채무를 부담하면 바로 성립하는 것이고, 반드시 채권자를 해하는 결과가 야기되거나 이로 인하여 행위자가 어떤 이득을 취하여야 범죄가 성립하는 것은 아니며, 은닉한 부동산의 시가액보다 그 부동산에 의하여 담보된 채무액이 더 많다고 하여 그 은닉으로 인하여 채권자를 해할 위험이 없다고 할 수 없다고 할 것인바(대법원 1999. 2. 12. 선고 98도2474 판결; 대법원 2006. 12. 21. 선고 2006도4775 판결 등 참조), 위 공사대금채권이 P건설의 채권자들에 의하여 압류당한 상태라도 이 사건 건물의 허위양도로 인하여 위 채권의 만족에 지장을 초래할 위험이 없다고 할 수 없다.

(사) 대법원 1999. 2. 9. 선고 96도3141 판결 【강제집행면탈】 (공1999, 508)

원심판결 이유에 의하면 원심은 이 사건 공소사실 중 피고인이 그 채권자들의 강제집행을 면탈할 목적으로, 실제로는 매도한 사실이 없음에도 피고인 소유의 고양시 (주소 생략)에 있는 아파트는 1995. 7. 28. 공소외 A에게, 경기 파주군 (주소 생략) 및 같은 리 (주소 생략)에 있는 피고인 경영의 P여과기산업의 공장부지 및 건물은 같은 달 29. 피고인의 처남인 공소외 B에게 각 매매를 원인으로 한 소유권이전등기를 경료하여 줌으로써 허위양도하였다는 강제집행면탈의 점에 대하여 피고인의 채권자들이 피고인으로부터 물품대금으로 지급받아 소지하고 있던 약속어음들의 지급기일은 모두 위 각 소유권이전등기 이후일 뿐만 아니라, 위 채권자들이 위 각 등기를 전후하여 어음금 등 청구소송을 제기하거나 가압류, 가처분을 신청하려는 기세에 있었다고 볼 아무런 자료가 없으므로, 위 각 등기 당시 피고인이 강제집행을 면탈할 상태에 있었다고 할 수 없고, 이는 피고인 발행의 약속어음들이 같은 달 28.부터 부도가 나기 시작하였다고 하더라도 마찬가지라고 하여 무죄를 선고하였다.

형법 제327조의 강제집행면탈죄는 강제집행을 당할 구체적인 위험이 있는 상태에서 재산을 은닉, 손괴, 허위양도 또는 허위의 채무를 부담하여 채권자를 해할 때 성립된다 할 것이고, 여기서 집행을 당할 구체적인 위험이 있는 상태란 채권자가 이행청구의 소 또는 그 보전을 위한 가압류, 가처분신청을 제기하거나 제기할 태세를 보인 경우를 말한다 할 것이다(대법원 1984. 3. 13. 선고 84도18 판결; 1986. 10. 28. 선고 86도1553 판결; 1996. 1. 26. 선고 95도2526 판결 등 참조).

기록에 의하면 피고인은 위와 같이 그 발행의 약속어음이 부도가 났으나 그 이후에도 위 P여과기산업을 계속 경영하려는 마음을 먹고 위 공장부지 및 건물에 대한 근저당권자인 공소외 주식회사 Q은행으로부터 근저당권을 곧바로 실행하지 않겠다는 양해를 받은 다음, 다른 금융기관이나 일반 채권자들로부터의 가압류 등을 면탈하려는 목적으로 위 공장 등을 각 허위양도한 사실, 위 부도 당시 피고인은 위 각 부동산 외에 다른 재산이 없었는데 피고인의 총 채무액은 위 각 부동산의 가액 합계를 훨씬 초과하는 약 금 1,800,000,000원 정도에 이르고, 한편 부도가 난 약속어음 외에도 피고인이 물품대금의 지급을 위하여 발행한 약속어음들이 다수 있었던 사실을 알 수 있는바, 위와 같이 약속어음이 부도가 난 이상 특별한 사정이 없는 한 피고인 발행의 다른 약속어음들도 만기에 지급거절이 될 것이 예상되어 그 소지인들이 만기 전이라고 할지라도 소구가 가능할 뿐만 아니라(대법원 1984. 7. 10. 선고 84다카424, 425 판결; 1993. 12. 28. 선고 93다35254 판결 등 참조), 통상 약속어음의 부도는 그 발행인의 신용상태가 파탄상태에 이른 것이 객관적으로 확인되는 의미가 있어 위와 같은 정도의 채무초과상태라면 변제기가 도래하지 아니한 피고인의 다른 일반 채권자들도 채권확보에 나설 것이 예상되는 점과 실제로 채권자 중 1인인 공소외 C가 위 각 등기 후에 바로 피고인을 상대로 한 유체동산가압류결정을 받아 1995. 9. 5. 그 집행을 시도한 사실이 기록상 인정되는 점 등에 비추어 보면 위 각 등기 당시에 피고인의 채권자들은 가압류신청 등을 제기할 기세를 보이고 있는 상태였다고 인정함이 상당하다 할 것이고, 따라서 피고인은 현실적으로 강제집행을 당할 구체적인 위험이 있는 상태에서 강제집행을 면탈할 목적으로 재산을 허위양도하였다고 할 것이니, 달리 특별한 사정이 없는 한 피고인의 위와 같은 행위는 강제집행면탈죄를 구성한다고 보아야 할 것이다.

(아) 대법원 2009. 5. 14. 선고 2007도2168 판결【강제집행면탈】(공2009, 905)

형법 제327조는 “강제집행을 면할 목적으로 재산을 은닉, 손괴, 허위양도 또는 허위의 채무를 부담하여 채권자를 해한 자”를 처벌함으로써 강제집행이 임박한 채권자의 권리를 보호하기 위한 것이므로, 강제집행면탈죄의 객체는 채무자의 재산 중에서 채권자가 민사집행법상 강제집행 또는 보전처분의 대상으로 삼을 수 있는 것이어야 한다.

한편, 명의신탁자와 명의수탁자가 이른바 계약명의신탁 약정을 맺고 명의수탁자가 당사자가 되어 명의신탁 약정이 있다는 사실을 알지 못하는 소유자와 부동산에 관한 매매계약을 체결한 후 그 매매계약에 따라 당해 부동산의 소유권이전등기를 명의수탁자 명의로 마친 경우에는, 명의신탁자와 명의수탁자 사이의 명의신탁 약정의 무효에도 불구하고 부동산 실권리자명의 등기에 관한 법률 제4조 제2항 단서에 의하여 그 명의수탁자는 당해 부동산의 완전한 소유권을 취득하게 되고(대법원 2005. 1. 28. 선고 2002다66922 판결 참조), 이와 달리 소유자가 계약명의신탁약정이 있다는 사실을 안 경우에는 수탁자 명의의 소유권이전등기는 무효로 되어 당해 부동산의 소유권은 매도인이 그대로 보유하게 되는데, 어느 경우든지 명의신탁자는 그 매매계약에 의해서는 당해 부동산의 소유권을 취득하지 못하게 되어, 결국 그 부동산은 명의신탁자에 대한 강제집행이나 보전처분의 대상이 될 수 없는 것이다.

(자) 대법원 2001. 11. 27. 선고 2001도4759 판결 【강제집행면탈】 (공2002, 231)

강제집행면탈죄에 있어서 허위양도라 함은 실제로 양도의 진의가 없음에도 불구하고 표면상 양도의 형식을 취하여 재산의 소유명의를 변경시키는 것이고, 은닉이라 함은 강제집행을 실시하는 자로 하여금 채무자의 재산을 발견하는 것을 불능 또는 곤란하게 만드는 것을 말하는바, 그와 같은 행위로 인하여 채권자를 해할 위험이 있으면 강제집행면탈죄가 성립하고 반드시 현실적으로 채권자를 해하는 결과가 야기되어야만 강제집행면탈죄가 성립하는 것은 아니고(대법원 1998. 9. 8. 선고 98도1949 판결 등 참조), 한편 강제집행면탈죄에 있어서 재산에는 동산·부동산뿐만 아니라 재산적 가치가 있어 민사소송법에 의한 강제집행 또는 보전처분이 가능한 특허 내지 실용신안 등을 받을 수 있는 권리도 포함된다 할 것이다. …

한편, 기록에 의하면, 공소외 A가 공소외 P주식회사의 재산에 대하여 강제집행을 실시할 기세를 보이자 피고인이 강제집행을 면탈할 목적으로 공소외 P주식회사 소유인 제1심판결 별지 비품목록 기재 사무용품 17점 중 사용가치가 있는 일부 사무용품을 공소외 P 주식회사 사무실에서 공소외 B 사무실로 옮겨 이를 은닉한 사실을 인정할 수 있는바, 원심이 이와는 달리 피고인이 위 사무용품 17점을 공소외 B에 허위양도하였다는 사실을 인정함으로써 상고이유에서 주장하는 바와 같이 채증법칙에 위배하여 일부 사실을 오인한 위법이 있다고는 할 것이나, 강제집행면탈죄에 있어서 허위양도와 은닉을 나란히 규정하고 있을 뿐만 아니라 허위양도도 넓은 뜻으로는 은닉의 일종이므로 피고인에 대한 처벌법조는 동일하여 위와 같은 일부 사실오인의 위법이 피고인에 대한 양형에 영향을 미쳤다고 보이지 아니하고, 또한 이 사건에서 피고인이 강제집행을 면탈하였다고 인정되는 재산에 비하여 위와 같이 피고인이 은닉하였다고 인정되지 아니하는 사용가치가 없는 사무용품들은 극히 일부에 불과하여 경미하므로, 결국 원심판결에 사실오인의 위법으로 인하여 판결 결과에 영향을 미친 위법이 있다고 할 수 없다.

(차) 대법원 2008. 4. 24. 선고 2007도4585 판결 【강제집행면탈】 (미간행)

원심판결 이유에 의하면 원심은, 2005. 6. 중순경을 기준으로 한 피고인 소유 판시 로데오타운의 시가는 4,318,000,000원이고, 로데오타운에 설정된 근저당권의 채권최고액은 3,486,000,000원이나 피담보채무는 2,490,000,000원이며, 로데오타운의 시가에서 로데오타운에 설정된 근저당권의 피담보채무와 피고인이 허위로 부담한 전세보증금반환채무 600,000,000원을 각 공제하면 1,228,000,000원(로데오타운 시가 4,318,000,000원 – 근저당권의 피담보채무 2,490,000,000원 – 허위채무 600,000,000원)이 남는데, 이는 공사대금채권자가 피고인을 강제집행면탈죄로 고소하면서 공사대금채권액이라고 주장한 716,300,000원을 훨씬 상회하는 금액이며, 결국 피고인이 허위채무를 부담할 당시 피고인에게는 공사대금채권자의 집행을 확보해 줄 수 있는 충분한 재산이 있었으므로 공사대금채권자를 해할 위험성은 없었다고 보고, 강제집행면탈죄 공소사실은 범죄의 증명이 없는 경우라고 하여 무죄를 선고하였다.

형법 제327조의 강제집행면탈죄는 위태범으로 현실적으로 민사집행법에 의한 강제집행 또는 가압류, 가처분의 집행을 받을 우려가 있는 객관적인 상태 아래 즉, 채권자가 본안 또는 보전소송을 제기하거나 제기할 태세를 보이고 있는 상태에서 주관적으로 강제집행을 면탈하려는 목적으로 재산을 은닉, 손괴, 허위양도하거나 허위채무를 부담하여 채권자를 해할 위험이 있으면 성립하는 것이고, 반드시 채권자를 해하는 결과가 야기되거나 행위자가 어떤 이득을 취하여야 범죄가 성립하는 것은 아니며, 현실적으로 강제집행을 받을 우려가 있는 상태에서 강제집행을 면탈할 목적으로 허위채무를 부담하는 등의 행위를 하는 경우에는 달리 특별한 사정이 없는 한 채권자를 해할 위험이 있다고 보아야 할 것이고(대법원 1996. 1. 26. 선고 95도2526 판결 참조), 채무자에게 약간의 다른 재산이 있다 하여 채권자를 해할 우려가 없다고 할 수 없다(대법원 1990. 3. 23. 선고 89도2506 판결 참조).

이러한 법리에 비추어 볼 때 원심이 앞서 본 계산 결과를 토대로 이 사건에서 피고인의 허위채무 부담이 채권자를 해할 위험성이 없다고 판단한 것은 수긍하기 어렵다.

원심이 판시한 이 사건 로데오타운 상가의 시가는 고정적인 것이 아니고 강제집행이 되는 경우 오히려 상당한 가격 하락이 있을 수 있고 근저당권의 채권최고액이 높음에 비추어 그 피담보채권의 액수 또한 증가할 여지도 있으며, 기록에 의하면 피고인에게는 일부 진정한 임차인들에 대한 임대보증금반환채무도 1억 9천만 원이나 있음이 인정되는 점(원심은 이 부분을 계산에서 누락하였다) 등의 사정을 종합하여 보면, 원심이 채권자를 해할 위험이 없다고 판단함에 전제한 위 계산방법은 피고인의 재산상황에 대해 경험칙상 쉽게 예측할 수 있는 장래의 변화 가능성을 모두 도외시한 것일 뿐 아니라 재산 파악에도 오류가 있어, 이를 가지고 피고인의 이 사건 허위채무 부담이 채권자를 해할 위험이 없다고 보기에는 심히 근거가 부족하다고 할 것이고, 가사 채무를 공제한 뒤에 피고인에게 약간의 재산이 남을 수 있다고 예측된다 하더라도 그러한 사유만으로 위 허위채무 부담이 채권자를 해할 위험이 없다고 볼 수는 없을 것이다.

그렇다면 원심이 앞서 본 사유를 근거로 이 사건에서 피고인의 행위가 채권자를 해할 위험이 없다고 판단한 것은 강제집행면탈죄에 대한 법리를 오해하거나 채증법칙에 위배하여 판결 결과에 영향을 미친 위법이 있다고 할 것이어서 파기를 면할 수 없다고 할 것이므로, 이 점을 지적하는 논지는 이유 있다.

(카) 대법원 2009. 5. 28. 선고 2009도875 판결【강제집행면탈】(공2009, 1062)

원심은, 피고인들에 대한 이 사건 공소사실 중 강제집행면탈의 점의 공소시효는 범죄행위가 종료한 때부터 3년으로서, 위 죄는 늦어도 피고인들이 허위의 채무를 부담하는 내용의 채무변제계약 공정증서를 작성한 후 이에 기하여 채권압류 및 추심명령을 받은 2005. 8. 18.에는 성립하였다 할 것이고, 강제집행면탈죄의 보호법익과 구성요건, 위 범행내용 등에 비추어 이 사건에서는 허위의 채무부담에 의한 강제집행면탈죄의 성립과 동시에 위 범죄행위가 종료되어 공소시효가 진행된다고 봄이 상당하므로, 이 사건 공소는 위 강제집행면탈죄가 성립하여 종료한 때인 2005. 8. 18.부터 그 공소시효기간이 경과한 이후인 2008. 8. 22. 제기되었음이 기록상 분명하여 모두 공소시효가 완성되었을 때에 해당한다는 취지로 판단하였다.

(파) 대법원 2000. 9. 8. 선고 2000도1447 판결【특정경제범죄가중처벌등에관한법률위반(횡령 · 사기) · 횡령 · 하도급거래공정화에관한법률위반】(공 2000, 2166)

원심판결 이유에 의하면, 원심은 공소외 회사가 1998. 4. 15. 1차 부도를 냈다가 P은행의 긴급자금지원으로 최종부도를 면하였으나 같은 달 30일 P은행으로부터 추가자금지원을 중단하겠다는 통지를 받게 되자, 피고인은 공소외 회사가 조만간 최종부도를 피할 수 없고 금융기관 등 채권자의 강제집행이 이어질 것으로 예상하여, 그 강제집행을 면탈함과 동시에 공소외 회사의 재산을 횡령할 목적으로, 경리직원 등에게 지시하여 공소외 회사의 자금 1,080,595,170원을 대표이사의 가수금반제로 변칙회계처리한 다음 공소외인 명의의 차명계좌를 개설하여 이를 입금하여 은닉함으로써 강제집행을 면탈함과 동시에 이를 횡령하였다고 인정하였다.

횡령죄의 구성요건으로서의 횡령행위란 불법영득의 의사, 즉 타인의 재물을 보관하는 자가 자기 또는 제3자의 이익을 꾀할 목적으로 위탁의 취지에 반하여 권한 없이 그 재물을 자기의 소유인 것처럼 사실상 또는 법률상 처분하려는 의사를 실현하는 행위를 말하고, 한편 강제집행면탈죄에 있어서 은닉이라 함은 강제집행을 면탈할 목적으로 강제집행을 실시하는 자로 하여금 채무자의 재산을 발견하는 것을 불능 또는 곤란하게 만드는 것을 말하는 것으로서 진의에 의하여 재산을 양도하였다면 설령 그것이 강제집행을 면탈할 목적으로 이루어진 것으로서 채권자의 불이익을 초래하는 결과가 되었다고 하더라도 강제집행면탈죄의 허위양도 또는 은닉에는 해당하지 아니한다 할 것이다.

이와 같은 양죄의 구성요건 및 강제집행면탈죄에 있어 은닉의 개념에 비추어 보면, 타인의 재물을 보관하는 자가 위 보관하고 있는 재물을 영득할 의사로 이를 은닉하였다면 이는 횡령죄를 구성하는 것이고 채권자들의 강제집행을 면탈하는 결과를 가져온다 하여 이와 별도로 강제집행면탈죄를 구성하는 것은 아니라고 할 것이다.

원심으로서는 마땅히 피고인이 위 회사자금을 차명계좌에 입금하게 한 행위가 불법영득의 의사에 기한 것인지, 단지 회사에 대한 채권자들의 강제집행을 면탈하기 위해 이루어진 것인지를 가려보았어야 했음에도 불구하고, 원심이 이에 필요한 심리를 하지 아니한 채 가벼이 위 행위가 강제집행면탈죄를 구성함과 동시에 횡령죄에도 해당한다고 판단하고 만 것은 횡령죄와 강제집행면탈죄에 있어서의 횡령행위 및 은닉에 관한 법리를 오해하여 필요한 심리를 다하지 아니하거나 이유모순의 위법을 저지른 것이라 아니할 수 없고, 이 점을 지적하는 취지의 상고이유의 주장은 이유 있다.

쟁점연구

1. 권리행사방해죄의 구성요건은 무엇인가?
2. 가. 권리행사방해죄의 '타인의 점유'를 도입판례와 참고판례 (가)는 각 어떻게 이해하고 있는가? 양자는 모순되는가? 도입판례에서 권리행사방해죄의 보호대상인 타인의 점유에 속한다고 본 점유태양들의 구체적인 예를 생각해 보자.

   나. A의 물건을 B가 절취한 후 행한 다음 각 A의 행위는 권리행사방해죄가 성립하는가? 이 때 관련되는 민법상의 법리를 함께 생각해 보자. 도입판례는 물론 참고판례 (가) 및 대법원 2003. 11. 28. 선고 2003도4257 판결도 함께 참고하자.

   (i) A가 절도현장에서부터 B를 추적하여 물건을 탈환한 경우

   (ii) A가 B의 추적에 실패한 다음 날 B로부터 물건을 탈환한 경우

   (iii) A가 절취당한 지 1년이 지난 후 A가 B로부터 물건을 탈환한 경우

   (iv) B가 원래 자신에게 본권이 있다고 주장하면서 A의 점유권원을 다툴 때
3. 가. 권리행사방해죄의 객체인 '자기의 물건'은 무슨 의미인가? 다음 각 경우는 자기의 물건인가?

(i) 자동차를 구입하여 실제로 사용하지만 아직 등록을 하지 아니한 경우(도입판례 참조)

(ii) 타인 명의로 등록하여 운전하고 다니던 승용차를 담보제공한 다음 보조키로 운전해 간 경우(대법원 2005. 11. 10. 선고 2005도6604 판결 참조)

(iii) 지입회사의 창고에 입고한 지입차량을 지입차주가 취거한 경우(대법원 2003. 5. 30. 선고 2000도5767 판결 참조)

(iv) 지입회사의 대표이사가 지입차주의 차량을 임의로 취거한 경우(대법원 1992. 1. 21. 선고 91도1170 판결 참조)

(v) 부동산의 명의신탁자가 그 부동산에 자물쇠를 채움으로써 임차인의 출입을 막은 경우{참고판례 (나) 참조}

(vi) 부동산의 명의수탁자가 근저당권을 설정한 후 그 지상에 식재된 감귤나무를 굴취한 경우{참고판례 (다) 참조}

나. 자기의 물건이 아니어서 권리행사방해죄가 성립하지 않는 경우에 다른 죄가 성립할 여지는 없는가? 참고판례 (다)의 경우는 어떤가? 도입판례 또는 문항 3.가.의 (ii) 판례 등의 경우는 어떤가? 만일 이들 사안에서 다른 범죄가 성립할 수 있다면 법원은 왜 이 죄를 인정하지 아니하고 무죄를 선고하였을까? 대법원 1983. 4. 12. 선고 83도292 판결을 참조해 보자.

4. 권리행사방해죄의 행위태양에는 어떠한 것들이 있는가?

가. 참고판례 (라)의 사안이 권리행사방해죄가 성립하지 않는 이유는 무엇인가?

나. 참고판례 (마)의 사안은 행위태양 중 어느 경우에 해당하는가? D가 자기 토지를 A에게 채무담보로 소유권이전등기해주기로 약정한 다음 B에게 매도하여 B 명의로 소유권이전등기를 마쳐준 경우에는 권리행사방해죄가 성립할 것인가(대법원 1972. 6. 27. 선고 71도1072 판결 참조)? 이 사안과 참고판례 (마)의 사안은 어떻게 다른가?

5. 강제집행면탈죄에 관하여 다음을 생각해 보자.

가. 강제집행면탈죄는 채권자의 채권을 보호법익으로 하므로 채권의 존재

가 성립요건이다. 그러나 그 채권이 실제로 침해될 것을 요하지는 않는다. 참고판례 (바)의 사안을 이 점과 관련하여 분석하여 보자.

나. A가 그 소유의 토지위에 있는 건물 소유자 갑을 상대로 건물철거 및 토지인도 소송을 제기하고 그 소송에서 갑이 토지임차인으로서 건물매수청구권을 행사하였는데 그 후 갑이 B로부터 돈을 차용하고 건물에 근저당권설정등기를 마쳐준 경우 강제집행면탈죄가 성립하는가? 대법원 2008. 6. 12. 선고 2008도2279 판결을 참조하라. 또 이 경우는 참고판례 (바)와 어떻게 다른지 검토해 보자.

다. 강제집행을 당할 구체적인 위험이 있는 상태에서의 행위여야 강제집행면탈죄가 성립한다. 참고판례 (사)의 사안에서 원심과 대법원은 이에 관하여 어떻게 판단하였으며 그 논거는 무엇인가?

라. 강제집행면탈죄의 객체는 무엇인가? 참고판례 (아)는 왜 무죄라고 하였는가?

다음 각 경우는 강제집행면탈죄의 객체가 되는가? 대법원 2001. 11. 27. 선고 2001도4759 판결, 대법원 2008. 9. 11. 선고 2006도8721 판결을 참고해 보자.

(i) 동산, 부동산

(ii) 등록된 특허권·실용신안권

(iii) 특허출원이나 실용신안출원된 상태의 지적재산권

(iv) 가압류채권자의 지위(갑이 자신의 A에 대한 약정금채권을 피보전권리로 A의 B에 대한 급여채권을 가압류하자 A가 가압류해방금을 공탁하였는데 갑의 채권자들이 위 공탁금출급청구권에 대하여 가압류하거나 압류·추심명령을 받았고 그 후 갑이 가압류집행해제신청을 하여 A가 위 공탁금을 전액 반환받은 경우)

마. 강제집행면탈죄의 행위태양에는 어떠한 것들이 있는가? 참고판례 (자)를 참고해 보자. 다음 각 경우는 어느 행위태양이 문제되며 범죄의 성부는 어떠한가?

(i) LG 슈퍼를 경영하는 갑이 유체동산가압류 집행을 면탈할 목적으로 LG 슈퍼의 사업자 명의는 그대로 둔 채 슈퍼에서 사용하

는 금전등록기의 사업자 이름을 변경한 경우(대법원 2003. 10. 9 선고 2003도3387 판결)

(ii) 갑이 주식회사 P여객의 재산 일체를 그가 새로이 설립한 Q여객에게 양도한 경우(대법원 2007. 11. 30. 선고 2006도7329 판결)

(iii) 갑이 그 처인 A로부터 재산분할청구권 등에 기하여 가압류 등 강제집행조치가 예상되자 그 누나인 을과 공모하여 을이 갑에게 대여금인 것처럼 1,500만원을 송금하고 갑이 이를 인출하여 을에게 반환한 다음 갑 소유 부동산에 을 명의의 소유권이전청구권 가등기를 마쳐준 경우(대법원 2008. 6. 26. 선고 2008도3184 판결)

바. 강제집행면탈죄는 위험범이라는 말이 현실적으로 어떠한 의미를 가지는가? 참고판례 (바), (차)를 참고하여 생각해 보자.

사. 강제집행면탈죄에 대한 공소시효는 언제부터 진행되는가? 참고판례 (카)에서 범죄의 성립시기와 종료시기는 서로 어떠한 관계가 있는가?

아. 참고판례 (파)의 사안에서 강제집행면탈죄가 성립하려면 어떠한 요건이 있어야 하는가? 이에 비추어 횡령죄와 강제집행면탈죄가 동시에 성립할 수 있겠는가?

제 8 장 절도와 강도의 죄

Ⅰ. 구성요건의 체계

쟁점연구

1. 형법 제38장은 절도와 강도의 죄라는 표제하에 제329조부터 제346조를 규정하고 있다. 이 장에서 규정하는 죄들은 크게 절도의 죄와 강도의 죄로 구분할 수 있다. 각 기본적 구성요건은 무엇인가? 그리고 기본적 구성요건이 변형된 구성요건에는 어떠한 것들이 있는가? 변형된 구성요건들은 기본적 구성요건과 어떠한 관계가 있는가?

2. 특정범죄가중처벌 등에 관한 법률 제5조의4는 형법 제38장의 죄와 어떠한 관계가 있는가? 특히 형법 제332조, 제341조, 제342조는 독자적 의미가 있는가?

3. 위 법률 제5조의5와 형법 제337조, 제338조의 죄의 관계를 생각해 보자.

4. 위 법률 제5조의2와 인질강도죄(형법 제336조)와의 관계를 생각해 보자(제7장 II. 쟁점연구 7. 참조).

5. 형법 제38장의 죄의 일부는 특정강력범죄의 처벌에 관한 특례법이 정한 특정강력범죄에 해당한다. 위 법은 특정강력범죄에 대하여 실체법적으로 또 절차법적으로 어떠한 특례를 두고 있는지 살펴보자. 그리고 그 의미를 검토해 보자.

Ⅱ. 절도 · 강도죄의 객체

도입판례

대법원 2002. 7. 12. 선고 2002도745 판결【절도】(공2002, 1998)

【피 고 인】 갑, 을
【상 고 인】 피고인들
【변 호 인】 변호사 장건상
【원심판결】 수원지법 2002. 1. 26. 선고 2001노3445 판결
【주　　문】 원심판결을 파기하고, 사건을 수원지방법원 본원 합의부에 환송한다.
【이　　유】

1. 이 사건 공소사실의 요지는, 2000. 10. 초순경 피고인 을이 피고인 갑에게 피해자 주식회사 P(이하 '피해 회사'라고 한다)에 보관되어 있는 직물원단고무코팅시스템의 설계도면과 공정도를 빼내오도록 요구하고, 피고인 갑은 이를 승낙한 후, 피고인 갑이 2000. 10. 14. 15:00경 피해 회사 연구개발실에서 그 곳 노트북 컴퓨터에 저장되어 있는 위 시스템의 설계도면을 A2용지에 2장을 출력하여 가지고 나와 이를 절취하였다는 것이다.

이에 대하여 원심은, 위 노트북 컴퓨터는 피해 회사가 그 직원인 피고인 갑에게 업무용으로 지급한 것이고, 위 컴퓨터에 저장되어 있는 위 시스템의 설계도면은 피해 회사의 업무로서 피고인 갑이 작성한 것인 사실, 위 시스템은 피해 회사가 독자적으로 개발하였고, 당시 피해 회사 외부에는 알려져 있지 아니하여 피해 회사의 입장에서 경제적 가치를 가지고 있는 것이며, 피해 회사는 상당한 노력을 기울여 이를 비밀로서

관리하여 온 사실을 인정한 다음, 위 인정 사실에 의하면 피고인 갑이 위 컴퓨터에서 출력한 위 시스템의 설계도면은 절도죄의 객체인 '타인의 재물'에 해당하고, 피고인들이 위와 같은 행위를 함에 있어서는 절도죄의 성립에 필요한 불법영득의사가 있었다고 보여진다고 판단하여, 피고인들에 대하여 절도죄의 유죄를 선고한 제1심판결을 유지하고, 피고인들의 항소를 각 기각하였다.

2. 그러나 원심이 위와 같이 위 시스템의 설계도면이 절도죄의 객체인 '타인의 재물'에 해당한다고 보아 피고인들에 대하여 절도죄의 유죄를 인정한 것은 다음과 같은 이유로 수긍하기 어렵다.

가. 우선 절도죄의 객체는 관리가능한 동력을 포함한 '재물'에 한한다 할 것이고, 또 절도죄가 성립하기 위해서는 그 재물의 소유자 기타 점유자의 점유 내지 이용가능성을 배제하고 이를 자신의 점유하에 배타적으로 이전하는 행위가 있어야만 할 것인바, 컴퓨터에 저장되어 있는 '정보' 그 자체는 유체물이라고 볼 수도 없고, 물질성을 가진 동력도 아니므로 재물이 될 수 없다 할 것이며, 또 이를 복사하거나 출력하였다 할지라도 그 정보 자체가 감소하거나 피해자의 점유 및 이용가능성을 감소시키는 것이 아니므로 그 복사나 출력 행위를 가지고 절도죄를 구성한다고 볼 수도 없다 할 것인바, 위 법리에 비추어 이 사건을 살피건대, 만약 이 사건 공소사실이 위 컴퓨터에 저장되어 있는 위 시스템의 설계 자료를 절취하였다는 것이라면, 이는 절도죄의 객체가 될 수 없는 '정보'를 절취하였다는 것이 되어 절도죄를 구성하지 아니한다 할 것이다.

나. 다음으로 이 사건 공소사실이 위 컴퓨터에 저장되어 있는 위 시스템을 종이에 출력하여 생성된 '설계도면'을 절취한 것으로 본다면, 이 사건 공소사실 자체에 의하더라도 피고인 지태선이 위 시스템의 설계도면을 빼내가기 위하여 위 컴퓨터에 내장되어 있던 위 설계도면을 A2용지에 2장을 출력하여 가지고 나왔다는 것이어서, 이와 같이 피고인 갑에 의하여 출력된 위 설계도면은 피해 회사의 업무를 위하여 생성되어 피해 회사에 의하여 보관되고 있던 문서가 아니라, 피고인 갑이 가지고 갈

목적으로 피해 회사의 업무와 관계없이 새로이 생성시킨 문서라 할 것이므로, 이는 피해 회사 소유의 문서라고 볼 수는 없다 할 것이어서, 이를 가지고 간 행위를 들어 피해 회사 소유의 설계도면을 절취한 것으로 볼 수는 없다 할 것이다(검사의 이 사건 공소사실은 피고인 갑이 위 설계도면을 가지고 가 이를 절취한 사실을 문제 삼는 것이 명백하다 할 것이고, 위 설계도면을 생성시키는 데 사용된 용지 자체를 절취하였다고 기소한 것으로는 보이지 않는다).

다. 그렇다면 이 사건 공소사실은 그 자체로서 절도죄를 구성하지 아니한다 할 것이므로 원심으로서는 피고인들에 대하여 무죄를 선고하였어야 할 것임에도 불구하고, 원심이 그러하지 아니한 채 위 시스템의 설계도면이 절도죄의 객체인 '타인의 재물'에 해당한다고 판단하여 피고인들에 대하여 절도죄의 유죄를 선고한 것은, 절도죄의 구성요건인 '타인의 재물'에 관한 법리를 오해하여 판결 결과에 영향을 미친 위법을 저지른 것이라고 보아야 할 것이다

3. 그러므로 원심판결을 파기하고, 사건을 다시 심리 · 판단하게 하기 위하여 원심법원에 환송하기로 하여 관여 법관의 일치된 의견으로 주문과 같이 판결한다.

대법관 송진훈(재판장) 변재승 윤재식(주심) 이규홍

참고판례

(가) 대법원 1994. 3. 8. 선고 93도2272 판결【횡령 등】(집42-1, 621)

형법 제355조 제1항 소정의 횡령죄의 객체는 자기가 보관하는 '타인의 재물'이므로 재물이 아닌 재산상의 이익은 횡령죄의 객체가 될 수 없다.

횡령죄에 있어서의 재물은 동산, 부동산의 유체물에 한정되지 아니하고 관리할 수 있는 동력도 재물로 간주되지만(형법 제361조, 제346조), 여기에서

말하는 관리란 물리적 또는 물질적 관리를 가리킨다고 볼 것이고, 재물과 재산상이익을 구별하고 횡령과 배임을 별개의 죄로 규정한 현행 형법의 규정에 비추어 볼 때 사무적으로 관리가 가능한 채권이나 그 밖의 권리 등은 재물에 포함된다고 해석할 수 없다.

(나) 대법원 1998. 6. 23. 선고 98도700 판결 【절도】 (집46-1, 670)

타인의 전화기를 무단으로 사용하여 전화통화를 하는 행위는 전기통신사업자가 그가 갖추고 있는 통신선로, 전화교환기 등 전기통신설비를 이용하고 전기의 성질을 과학적으로 응용한 기술을 사용하여 전화가입자에게 음향의 송수신이 가능하도록 하여 줌으로써 상대방과의 통신을 매개하여 주는 역무, 즉 전기통신사업자에 의하여 가능하게 된 전화기의 음향송수신기능을 부당하게 이용하는 것으로, 이러한 내용의 역무는 무형적인 이익에 불과하고 물리적 관리의 대상이 될 수 없어 재물이 아니라고 할 것이므로 절도죄의 객체가 되지 아니한다.

(다) 대법원 2007. 8. 23. 선고 2007도2595 판결 【절도 등】 (공2007, 1504)

절도죄의 객체인 재물은 반드시 객관적인 금전적 교환가치를 가질 필요는 없고 소유자, 점유자가 주관적인 가치를 가지고 있음으로써 족하다고 할 것이고, 이 경우 주관적, 경제적 가치의 유무를 판별함에 있어서는 그것이 타인에 의하여 이용되지 않는다고 하는 소극적 관계에 있어서 그 가치가 성립하더라도 관계없다(대법원 2004. 10. 28. 선고 2004도5183 판결 등 참조).

원심은, 이 사건 부동산매매계약서 사본들을 절도죄의 객체인 재물에 해당한다고 판단하고, 나아가 피고인이 이 사건 부동산매매계약서를 사본이나 부본의 형태로 업무상 필요에 따라 사용할 수 있다 하여도 그 때문에 피해 회사의 점유가 상실된다거나 피고인이 피해 회사와는 무관하게 독자적으로 점유를 하고 있다고는 볼 수 없으므로, 피고인이 공소외 A와 결별하고 사실상 퇴사하면서 피해 회사의 승낙 없이 위 서류들을 가지고 간 이상 절도죄가 성립된다고 판단하였는바, 위의 법리와 기록에 의하여 살펴보면, 이러한 원심의 사실인정과 판단은 옳은 것으로 수긍이 가고, 거기에 채증법칙 위배나 절도죄의 객체인 재물에 관한 법리오해 등의 위법이 있다고 할 수 없다.

(라) 대법원 1998. 11. 24. 선고 98도2967 판결【장물취득】(공1999, 84)

1. 이 사건 공소사실의 요지는, "피고인이 1997. 12. 27. 20:00경 전북 무주군 설천면 심곡리 산 (번지 생략) 소재 P리조트 Q호텔 뒤에서 제1심 공동피고인이 부정 발급하여 절취한 회원용 리프트탑승권 100장 시가 금 2,790,000원 상당이 장물인 정을 알면서도 그로부터 대금 2,790,000원에 매수하여 취득한 것을 비롯하여 그 때부터 1998. 1. 6. 12:00경까지 사이에 모두 5회에 걸쳐 제1심 공동피고인으로부터 회원용 리프트탑승권 1,700장 시가 금 47,430,000원 상당을 대금 47,430,000원에 매수하여서 장물을 취득하였다"는 것이다. …

3. 원심의 판단

원심은, 회원용 리프트탑승권은 그 소지인이 스키장에서 거기에 기재된 일시에 리프트를 탑승할 수 있는 권리가 화체된 증권으로서 그 권리의 행사와 처분에 증권의 점유를 필요로 하는 유가증권이고, 판매하는데 사용할 목적으로 발매할 권한 없이 그 곳에 설치된 발매기를 임의 조작함으로써 리프트탑승권을 부정 발급하여 취득한 행위는 권리가 화체된 문서인 리프트탑승권 그 자체를 절취하는 행위가 아니라 권한 없이 발매기를 조작함으로써 리프트탑승권을 위조하는 행위에 해당하고, 나아가 이를 판매하는 행위는 그와 같이 위조한 리프트탑승권을 행사하는 행위에 해당한다 할 것이므로, 제1심 공동피고인이 권한 없이 리프트탑승권 발매기를 임의 조작하여 정상적인 리프트탑승권과 상이한 R개발 명의의 회원용 리프트탑승권을 취득하는 행위는 유가증권인 회원용 리프트탑승권의 위조죄에 해당함은 별론으로 하고 절도죄를 구성한다고는 볼 수 없고, 그와 같이 본범인 제1심 공동피고인의 행위가 재산범죄인 절도죄를 구성하지 아니하는 이상 제1심 공동피고인로부터 위 위조된 리프트탑승권을 매수한 피고인의 행위가 장물취득죄를 구성한다고 할 수 없다고 판단함으로써, 피고인에 대한 위 장물취득 공소사실을 유죄로 인정한 제1심판결을 파기하고 피고인에 대하여 무죄를 선고하였다.

4. 대법원의 판단

형법상 유가증권이라 함은 증권상에 표시된 재산상의 권리의 행사와 처분에 그 증권의 점유를 필요로 하는 것을 총칭하는 것이므로(대법원 1998. 2. 27. 선고 97도2483 판결; 1995. 3. 14. 선고 95도20 판결 등 참조), 이 사건 회원용 리프트탑승권은 그와 같은 의미에서 유가증권의 일종이고, 제1심 공동피고인이 위와 같이 발매할 권한 없이 발매기를 임의 조작함으로써 리프트탑승권을 부정 발급한 행위가 유가증권인 리프트탑승권을 위조하는 행위에 해당함은 원심이 인정한 바와 같다.

그러나 유가증권도 그것이 정상적으로 발행된 것은 물론 비록 작성권한 없는 자에 의하여 위조된 것이라고 하더라도 절차에 따라 몰수되기까지는 그 소지자의 점유를 보호하여야 한다는 점에서 형법상 재물로서 절도죄의 객체가 된다고 할 것이므로, 이 사건에서 제1심 공동피고인의 행위가 원심이 인정한 것처럼 유가증권위조행위일 뿐 위조된 유가증권인 리프트탑승권의 절도죄에는 해당하지 아니한다고 단정하기 위하여는 과연 제1심 공동피고인이 구체적으로 어떠한 방법으로 이 사건 리프트탑승권 발매기를 조작하여 탑승권을 부정발급하였는지를 살펴보아야 할 것이다.

그런데 기록에 의하면, 제1심 공동피고인은 P리조트 서편매표소에 있던 탑승권 발매기의 전원을 켠 후 날짜를 입력시켜서 탑승권발행화면이 나타나면 전산실의 테스트카드를 사용하여 한 장씩 찍혀 나오는 탑승권을 빼내어 가지고 가는 방법으로 리프트탑승권을 발급·취득한 사실이 인정되고, 그와 같이 발매기에서 나오는 위조된 탑승권은 제1심 공동피고인이 이를 뜯어가기 전까지는 R개발의 소유 및 점유 하에 있다고 보아야 할 것이므로, 위 제1심 공동피고인의 행위는 발매할 권한 없이 발매기를 임의 조작함으로써 유가증권인 리프트탑승권을 위조하는 행위와 발매기로부터 위조되어 나오는 리프트탑승권을 절취하는 행위가 결합된 것이고, 나아가 그와 같이 위조된 리프트탑승권을 판매하는 행위는 일면으로는 위조된 리프트탑승권을 행사하는 행위임과 동시에 절취한 장물인 위조 리프트탑승권의 처분행위에 해당한다 할 것이다.

따라서 이 사건에서 제1심 공동피고인이 위 위조된 리프트탑승권을 위와 같은 방법으로 취득하였다는 정을 피고인이 알면서 이를 제1심 공동피고인으로부터 매수하였다면 그러한 피고인의 행위는 위조된 유가증권인 리프트탑승권에 대한 장물취득죄를 구성한다고 할 것이므로, 이와 다른 견해에서 피고인에 대한 이 사건 장물취득 공소사실을 죄가 되지 아니한다는 이유로 무죄를 선고한 원심판결은 절도죄에 있어서의 절취행위나 재물의 개념에 관한 법리를 오해한 위법을 저지른 것임이 분명하고, 이를 지적하는 검사의 상고논지는 이유가 있다.

(마) 대법원 1994. 2. 22. 선고 93도428 판결【강도상해】(공1994, 1135)

2. 형법 제333조 후단의 강도죄, 이른바 강제이득죄의 요건인 재산상의 이익이란 재물이외의 재산상의 이익을 말하는 것으로서 적극적 이익(적극적인 재산의 증가)이든 소극적 이익(소극적인 부채의 감소)이든 상관없는 것이고, 같은법 제337조 소정의 강도상해, 치상죄의 성립에는 강도범행의 기수나 미수 여부도 불문하는 것이다(당원 1969. 9. 23. 선고 69도1333 판결; 1986. 9. 23. 선고 86도1526 판결; 1988. 2. 9. 선고 87도2492 판결 등 참조).

그러므로 피해자에게 반항을 억압할 정도의 폭행, 협박을 가하여 채무를 부담하게 하거나 채권의 포기나 채무면제의 의사표시를 하게 한 경우와 같이 피해자의 자유의사가 결여된 상태 하에서 처분행위의 외형을 지니는 행동에 의한 이득도 재산상의 이익에 포함되는 것이고, 이 경우 피해자의 의사표시는 사법상 무효이거나 적어도 강박을 이유로 취소가 가능하겠지만 강제이득죄는 권리의무관계가 외형상으로라도 불법적으로 변동되는 것을 막고자 함에 있는 것으로서 항거불능이나 반항을 억압할 정도의 폭행 협박을 그 요건으로 하는 강도죄의 성질상 그 권리의무관계의 외형상 변동의 사법상 효력의 유무는 그 범죄의 성립에 영향이 없고, 법률상 정당하게 그 이행을 청구할 수 있는 것이 아니라도 강도죄에 있어서의 재산상의 이익에 해당하는 것이며, 따라서 이와 같은 재산상의 이익은 반드시 사법상 유효한 재산상의 이득만을 의미하는 것이 아니고 외견상 재산상의 이득을 얻을 것이라고 인정할 수 있는 사실관계만 있으면 되는 것이다(당원 1987. 2. 10. 선고

86도2472 판결 참조).

3. 만일 원심이 인정한 바와 같이 피고인이 피해자를 강요하여 판시와 같은 지불각서를 작성하게 하였다면 이는 특별한 사정이 없는 한 피해자로 하여금 거기에 쓰여진 내용의 의사표시를 하게 한 것이 되어 외형상은 그 서면에 따른 채무부담의 의사표시를 한 것이 되는 것이고, 이 서면이 동시에 그 의사표시에 관한 증거서류가 되는 것뿐이며, 의사표시나 채무부담행위의 존재를 전제로 하지 아니하는 증거서류만을 만들어 낸다는 것은 의미가 없는 것이다.

검사작성의 피고인에 대한 피의자신문조서에 의하면, 피고인은 위 A에게 위 지불각서를 주면서 피해자로부터 돈을 받으라고 하였다고 기재되어 있고, 검사작성의 피해자에 대한 진술조서에 의하면 피고인은 지불각서 작성 후 피해자로 하여금 집(피해자의 처)으로 전화하여 사람을 보내면 돈을 주도록 하라고 하였다고 기재되어 있는바, 이것이 사실이라면 이는 피해자의 채무부담의 의사표시의 존재를 전제로 한 것이라고 볼 여지가 있으므로 원심으로서는 이 부분의 사실관계도 살펴보아 피해자가 피고인에게 위 지불각서를 작성 교부한 것이 피고인의 A에 대한 채무를 인수한다는 의사표시를 한 것으로 볼 수 있는 것인지, 이에 의하여 권리의무관계의 외형적인 불법적 변동이나 피고인의 재산상의 이익의 취득이 있었다고 볼 수 있을 것인지 여부를 판단하여야 할 것이다.

(바) 대법원 2001. 10. 23. 선고 2001도2991 판결【사기】(집49-2, 618)

원심은, 이 사건 공소사실 중 피고인이 대가를 지급하기로 하고 술집 여종업원과 성관계를 가진 뒤 절취한 신용카드로 그 대금을 결제하는 방법으로 그 대가의 지급을 면하여 재산상의 이익을 취득하였다는 부분에 관하여, 정조는 재산권의 객체가 될 수 없을 뿐만 아니라 이른바, 화대란 정조 제공의 대가로 지급받는 금품으로서 이는 선량한 풍속에 반하여 법률상 보호받을 수 없는 경제적 이익이므로, 피고인이 기망의 방법으로 그 지급을 면하였다 하더라도 사기죄가 성립하지 아니한다고 판단하였다.

일반적으로 부녀와의 성행위 자체는 경제적으로 평가할 수 없고, 부녀가 상대방으로부터 금품이나 재산상 이익을 받을 것을 약속하고 성행위를 하는 약속 자체는 선량한 풍속 기타 사회질서에 위반한 사항을 내용으로 하는 법률행위로서 무효이다. 그러나 사기죄의 객체가 되는 재산상의 이익이 반드시 사법(私法)상 보호되는 경제적 이익만을 의미하지 아니하고, 부녀가 금품 등을 받을 것을 전제로 성행위를 하는 경우 그 행위의 대가는 사기죄의 객체인 경제적 이익에 해당하므로, 부녀를 기망하여 성행위 대가의 지급을 면하는 경우 사기죄가 성립한다.

그럼에도 불구하고 이 사건 공소사실 중 피고인이 술집 여종업원을 기망하여 성행위 대가의 지급을 면하여 재산상의 이익을 취득하였다는 부분에 대하여 무죄를 선고한 원심은 사기죄의 법리를 오해하여 판결에 영향을 미친 잘못을 저질렀고, 이 점을 지적하는 상고이유는 이유가 있다.

(사) 대법원 1983. 2. 8. 선고 82도2714 판결【폭력행위등처벌에관한법률위반】(집31-1, 형129)

공갈죄는 재산범으로서 그 객체인 재산상 이익은 경제적 이익이 있는 것을 말하는 것인바, 일반적으로 부녀와의 정교 그 자체는 이를 경제적 이익으로 평가할 수 없는 것이므로 부녀를 공갈하여 그와 정교를 맺었다고 하여도 특단의 사정이 없는 한 이로써 재산상 이익을 갈취한 것이라고 볼 수는 없는 것이다.

원심판결 이유에 의하면, 원심은 피고인이 가짜 기자행세를 하면서 싸롱객실에서 나체쇼를 한 피해자를 고발할 것처럼 데리고 나와 여관으로 유인한 다음, 겁에 질려 있는 그녀의 상태를 이용하여 동침하면서 1회 성교하여 그녀의 정조대가에 상당하는 재산상 이익을 갈취하였다는 공소사실에 대하여 여자의 정조 그 자체는 경제적 이익이 아니라는 이유로 무죄를 선고하였는바, 위에 설시한 이치에 비추어 위와 같은 원심판단은 정당하고, 소론과 같이 공갈죄의 법리를 오해한 위법이 없다.

논지는 창녀나 위 피해자와 같은 주점접대부의 정조는 금전화될 수 있어 이들과의 정교는 경제적 이익이라고 볼 수 있으므로 공갈수단을 사용하여 창녀나 접대부와 정교를 맺고 그 매음대가의 지급을 면한 이상, 공갈죄가 성립한다는 것이나, 이 사건에 있어서는 위 피해자가 주점접대부라고 할지라도 피고인과 매음을 전제로 정교를 맺은 것이 아닌 이상, 피고인 이 매음대가의 지급을 면하였다고 볼 여지가 없으니 더 판단할 것도 없이 위 논지는 이유 없다.

(아) 대법원 1980. 11. 11. 선고 80도131 판결【절도】(공1981, 13379)

절도죄는 재물의 점유를 침탈하므로 인하여 성립하는 범죄이므로 재물의 점유자가 절도죄의 피해자가 되는 것이나 절도죄는 점유자의 점유를 침탈하므로 인하여 그 재물의 소유자를 해하게 되는 것이므로 재물의 소유자도 절도죄의 피해자로 보아야 할 것이다.

그러니 형법 제344조에 의하여 준용되는 형법 제328조 제2항 소정의 친족 간의 범행에 관한 조문은 범인과 피해물건의 소유자 및 점유자 쌍방 간에 같은 조문 소정의 친족관계가 있는 경우에만 적용되는 것이고, 단지 절도범인과 피해물건의 소유자간에만 친족관계가 있거나 절도범인과 피해물건의 점유자간에만 친족관계가 있는 경우에는 그 적용이 없는 것이라고 보는 것이 타당할 것이다.

(자) 대법원 2008. 7. 10. 선고 2008도3252 판결【업무방해·특수절도·일반교통방해·건축법위반】(공2008, 1210)

절취란 타인이 점유하고 있는 재물을 점유자의 의사에 반하여 그 점유를 배제하고 자기 또는 제3자의 점유로 옮기는 것을 말하고, 어떤 물건이 타인의 점유 하에 있다고 할 것인지의 여부는, 객관적인 요소로서의 관리범위 내지 사실적 관리가능성 외에 주관적 요소로서의 지배의사를 참작하여 결정하되 궁극적으로는 당해 물건의 형상과 그 밖의 구체적인 사정에 따라 사회통념에 비추어 규범적 관점에서 판단하여야 한다(대법원 1999. 11. 12. 선고 99도3801 판결 참조).

원심판결 이유를 기록에 비추어 검토하여 보면, 피고인은 피해자로부터 임대계약 종료를 원인으로 한 명도요구를 받고 2006. 9. 3.경 이 사건 식당 건물에서 퇴거하기는 하였으나, 이 사건 식당 건물 외벽 쪽에 설치하여 사용하던 대형냉장고는 그 전원이 연결되어 있는 상태로 둔 사실, 피해자 측은 피고인의 퇴거 직후 명도상황을 점검하면서 위 대형냉장고가 전원이 연결된 상태로 존치되어 있는 것을 확인하고 피고인에게 그 철거를 요구하였으며, 이에 따라 피고인이 2006. 10.경 위 대형냉장고를 철거하였는데, 그 기간 동안 전기사용료가 22,965원 가량인 사실을 각 인정할 수 있다.

사실관계가 이와 같다면, 비록 피고인이 이 사건 식당 건물에서 퇴거하기는 하였으나, 위 대형냉장고의 전원을 연결한 채 그대로 둔 이상 그 부분에 대한 점유 · 관리는 그대로 보유하고 있었다고 보아야 하며, 피고인이 위 대형냉장고를 통하여 전기를 계속 사용하였다고 하더라도 이는 당초부터 자기의 점유 · 관리 하에 있던 전기를 사용한 것에 불과하고, 타인의 점유 · 관리 하에 있던 전기를 사용한 것이라고 할 수는 없고, 피고인에게 절도의 범의가 있었다고도 할 수 없으므로 피고인을 절도죄로 의율할 수는 없다고 할 것이다.

그럼에도 불구하고, 원심은 피고인의 위 전기사용행위가 절도죄에 해당한다고 판단하였으니, 원심판결에는 절도죄에 관한 법리를 오해하여 판결 결과에 영향을 미친 위법이 있고, 이 점을 지적하는 상고이유의 주장은 이유 있다.

(차) 대법원 1999. 11. 26. 선고 99도3963 판결【특정범죄가중처벌등에관한법률위반(절도)(일부 인정된 죄명: 점유이탈물횡령)】(공2000, 118)

원심은, 피고인에 대한 이 사건 공소사실 중 피고인이 4회에 걸쳐서 지하철의 전동차 바닥 또는 선반 위에 있는 핸드폰, 소형가방 등을 가지고 가서 절취하였다는 점에 대하여, 지하철의 승무원은 유실물법상 전동차의 관수자로서 승객이 잊고 내린 유실물을 교부받을 권능을 가질 뿐 전동차 안에 있는 승객의 물건을 점유한다고 할 수 없고, 그 유실물을 현실적으로 발견하지 않는 한 이에 대한 점유를 개시하였다고 할 수도 없으므로, 그 사이에 피고인이 위와 같은 유실물을 발견하고 가져간 행위는 점유이탈물 횡령죄에 해당함은 별론으로 하고 절도죄에 해당하지는 아니한다고 판단함으로써, 위 공소사실에 대하여 범죄로 되지 아니하거나 그 증명이 없다는 이유로 무죄를 선고한 제1심판결의 결론을 유지하고 검사의 항소를 기각하는 판결을 하였는바, 기록에 나타난 자료들을 살펴보면 그와 같은 원심의 판단은 정당하고, 거기에 논지가 주장하는 바와 같이 절도죄에 있어서의 물건의 점유에 관한 법리를 오해한 위법이 있다고 할 수 없으며, 논지가 내세우고 있는 대법원 1988. 4. 25. 선고 88도409 판결은 이 사건과 구체적인 사실관계를 달리 하는 것이어서 인용하기에 적절하지 아니하다. 논지는 이유가 없다.

(카) 대법원 1988. 4. 25. 선고 88도409 판결 【절도】 (공1988, 930)

소론은 피고인이 종업원으로 종사하던 공소의 A 경영 당구장의 당구대 밑에서 어떤 사람이 잃어버린 판시 금반지를 피고인이 주워서 손가락에 끼고 다니다가 그 소유자가 나타나지 않고 용돈이 궁하여 전당포에 전당잡힌 것이어서 이는 유실물횡령에 해당하는 것이지 절도죄로 의율할 수는 없다는 취지이나, 어떤 물건을 잃어버린 장소가 이 사건 당구장과 같이 타인의 관리 아래 있을 때에는 그 물건은 일응 그 관리자의 점유에 속한다 할 것이고, 이를 그 관리자가 아닌 제3자가 취거하는 것은 유실물횡령이 아니라 절도죄에 해당한다 할 것이며, 따라서 원심이 같은 견해에서 피고인을 절도죄로 의율하였음은 또한 정당하고 거기에 소론과 같은 위법사유가 있다 할 수 없다.

(타) 대법원 1984. 1. 31. 선고 83도3027 판결 【절도 등】 (집32-1, 377)

특히 인장절취의 점에 관하여 논지는 그 인장은 피해자의 처였던 공소외 A가 보관 중이던 것이므로 이를 공소외 A의 의사에 따라 가져온 것이 절취가 될 수 없다고 다투고 있는바, … 위 공소외 A는 피해자의 인장이 들어 있던 돈궤짝의 열쇠를 보관하고 있다가 이를 공소외 B에게 주어 위 인장을 꺼내어 오게 한 사실이 인정됨은 소론과 같으나, 1심 거시증거에 의하면 당시 위 피해자와 공소외 A는 사실상 별개 가옥에 별거중이면서 위 인장이 들은 돈궤짝은 피해자가 그 거주가옥에 보관 중이었던 사실이 인정되므로 공소외 A가 돈궤짝의 열쇠를 소지하고 있었다고 하여도 그 안에 들은 인장은 공소외 A의 단독보관 하에 있은 것이 아니라 피해자와 공동보관 하에 있었다고 보아야 할 것이다.

그렇다면 공동보관자중의 1인인 공소외 A가 다른 보관자인 위 피해자의 동의를 얻음이 없이 불법영득의 의사로 위 인장을 취거한 이상 절도죄를 구성한다고 볼 것이므로, 공소외 A의 범행에 공모가담한 피고인들의 행위를 절도죄로 의율한 1심조치는 정당하고 소론과 같은 법률오해의 위법이 없다.

(파) 대법원 1993. 9. 28. 선고 93도2143 판결【살인 · 사기 · 절도 · 사문서위조 · 동행사】(공1993, 3023)

피고인이 피해자를 살해한 방에서 사망한 피해자 곁에 4시간 30분쯤 있다가 그 곳 피해자의 자취방 벽에 걸려있던 피해자가 소지하는 원심판시 물건들을 영득의 의사로 가지고 나온 사실이 인정되는바, 이와 같은 경우에 피해자가 생전에 가진 점유는 사망 후에도 여전히 계속되는 것으로 보아 이를 보호함이 법의 목적에 맞는 것이라고 할 것이고(당원 1968. 6. 25. 선고 68도590 판결 참조), 따라서 피고인의 위 행위는 피해자의 점유를 침탈한 것으로서 절도죄에 해당하므로, 원심판결에 채증법칙을 위반하여 점유이탈물횡령의 범행을 절도로 오인한 잘못이나 절도죄의 고의에 관한 법리를 오해한 위법이 있다는 논지는 받아들일 수 없다.

(하) 대법원 1998. 4. 24. 선고 97도3425 판결【절도】(공1998, 1561)

타인의 토지상에 권원 없이 식재한 수목의 소유권은 토지소유자에게 귀속하고 권원에 의하여 식재한 경우에는 그 소유권이 식재한 자에게 있다고 할 것이다(대법원 1980. 9. 30. 선고 80도1874 판결 참조).

원심이 같은 취지에서, 피고인이 권원 없이 식재한 판시 감나무의 소유권은 그 감나무가 식재된 토지의 소유자인 피해자에게 있다고 판단한 조치는 옳다고 여겨지고, 거기에 상고이유의 주장과 같은 위법이 있다고 할 수 없다.

(거) 대법원 2008. 11. 27. 선고 2006도4263 판결【절도】(공2008, 1824)

금전채무를 담보하기 위하여 채무자가 그 소유의 동산을 채권자에게 양도하되 점유개정에 의하여 채무자가 이를 계속 점유하기로 한 경우, 특별한 사정이 없는 한 동산의 소유권은 신탁적으로 이전되고, 채권자와 채무자 사이의 대내적 관계에서 채무자는 의연히 소유권을 보유하나 대외적인 관계에 있어서 채무자는 동산의 소유권을 이미 채권자에게 양도한 무권리자가 된다고 할 것이고(대법원 2004. 6. 25. 선고 2004도1751 판결 참조), 따라서 동산에 관하여 양도담보계약이 이루어지고 채권자가 점유개정의 방법으로 인도를 받았다면, 그 정산절차를 마치기 전이라도 양도담보권자인 채권자는 제3자에 대한 관계에 있어서는 담보목적물의 소유자로서 그 권리를 행사할 수 있다고 할 것이다(대법원 1994. 8. 26. 선고 93다44739 판결 참조).

한편, 양도담보권자인 채권자가 제3자에게 담보목적물을 매각한 경우, 제3자는 채권자와 채무자 사이의 정산절차 종결 여부와 관계없이 양도담보 목적물을 인도받음으로써 소유권을 취득하게 되는 것이고, 양도담보의 설정자가 담보목적물을 점유하고 있는 경우 그 목적물의 인도는 채권자로부터 목적물반환청구권을 양도받는 방법으로도 가능한 것인바, 채권자가 양도담보 목적물을 위와 같은 방법으로 제3자에게 처분하여 그 목적물의 소유권을 취득하게 한 다음 그 제3자로 하여금 그 목적물을 취거하게 한 경우 그 제3자로서는 자기의 소유물을 취거한 것에 불과하므로, 사안에 따라 권리행사방해죄를 구성할 여지가 있음은 별론으로 하고, 절도죄를 구성할 여지는 없는 것이다.

원심판결의 이유에 의하면, 원심은 그 판시와 같이 사실을 인정한 다음 이 사건 통발어구(이하 '이 사건 어구'라고 한다)의 양도담보권자인 주식회사 P수산(이하 'P수산'이라고 한다)의 상무이사 및 총무부장인 피고인들이 양도담보의 목적물인 이 사건 어구를 제3자인 공소외 A에게 매각한 후 공소외 A로 하여금 이를 임의로 취거하게 하여, 양도담보 설정자로서 그 소유자인 공소외 B의 점유를 배제하였으므로 절도죄가 성립한다고 판단하였다. 그러나 위 법리에 비추어 보면, 동산 양도담보권자가 양도담보의 목적물을 제3자에게 매각한 경우 특별한 사정이 없는 한 그 제3자는 양도담보 설정자에 대한 관계에서도 유효하게 그 소유권을 취득한다고 할 것인바, 원심으로서는 양도담보의 목적물인 이 사건 어구가 제3자인 공소외 A에게 매각되었음에도 여전히 그 소유권이 그 설정자인 공소외 B에게 남아 있게 되는 근거가 무엇인지를 살피고, 나아가 공소외 A가 먼바다 수심 깊은 곳에 투하되어 있는 이 사건 어구를 취거한 행위가 구체적으로 어떠한 방식으로 이 사건 어구에 대한 공소외 B의 점유를 배제하였는지 여부에 대한 심리에 나아갔어야 함에도, 만연히 그 소유자가 공소외 B라는 전제에서 절도죄가 성립한다고 인정함으로써 양도담보에 제공된 동산의 소유권 귀속에 관한 법리를 오해하거나 심리를 다하지 아니한 잘못을 저질렀다. 그로 인하여 원심판결에는 판결 결과에 영향을 미친 위법이 있고, 이 점을 지적하는 상고이유 주장은 이유 있다.

쟁점연구

1. 재물

가. 절도죄의 객체는 '재물'이고(형법 제329조), 강도죄의 객체는 '재물' 또는 '재산상의 이익'이다(형법 제333조). 한편 형법 제346조는 '관리할 수 있는 동력'을 재물로 간주한다. 한편 민법은 제98조에서 '물건'을 '유체물 및 전기 기타 관리할 수 있는 자연력'이라고 정의하고 있다. 재물의 개념은 유체물에 국한되고 형법 제346조는 예외규정인가, 관리가능한 동력도 재물의 개념에 포함되고 형법 제346조는 당연한 것을 규정한 주의규정인가? 도입판례와 횡령죄의 재물에 관한 참고판례(가)는 어떠한 입장으로 생각되는가? 판례는 관리가능성의 의미를 어떻게 이해하고 있는가?

나. 위 가.에 비추어 볼 때 다음 각 경우는 재물인가?

(i) 컴퓨터에 저장된 정보(도입판례)

(ii) 위 정보를 행위자가 출력한 출력물(도입판례)

(iii) 위와 같이 출력하기 위하여 사용된 종이(도입판례)

(iv) 회사의 서류를 행위자가 복사한 복사본(대법원 1996. 8. 23. 선고 95도192 판결)

(v) 전기{참고판례 (자)}

(vi) 권리{참고판례 (가)}

(vii) 전화기의 음향송수신기능{참고판례 (나)}

다. 재물은 경제적 가치가 있는 것이어야 하는가? 참고판례 (다)는 이에 관하여 어떠한 입장을 취하고 있는가? 주관적 가치도 없는 물건은 재물인가?

라. 참고판례 (라)는 위조된 유가증권도 절도죄의 객체가 된다는 취지이다. 이 판례는 이른바 금제품(禁制品)의 재물성에 관한 논의에 어떠한 의미를 가지는가? 이 판례가 원심을 파기한 핵심이유는 무엇인가?

2. 재산상의 이익

가. 강도죄의 객체인 재산상의 이익이란 무엇인가? 참고판례 (마)와 사기죄의 객체인 재산상의 이익에 관한 참고판례 (바)에 비추어 재산상의 이익은 어떻게 정의할 수 있겠는가?

나. 재산상의 이익을 취득한 행위에 무효 또는 취소되는 하자가 있더라도 강도죄는 성립하는가? 참고판례 (마)를 참고하라.

다. 사법상 보호되는 이익이 아닌 경우에도 재산상의 이익을 취득하였다고 할 수 있는가? 참고판례 (바)를 참고하라.

라. 참고판례 (사)는 참고판례 (바)와 모순되지 않는가? 양 사안은 모두 술집 여종업원과 성관계를 맺고도 화대를 지불하지 않는 사안이다. 그런데 어찌하여 참고판례 (바)는 재산상 이익의 취득이 있다고 하고 참고판례 (사)는 재산상 이익의 취득이 없다고 판시하였는가?

3. 타인의 점유·소유

가. 절도죄의 보호법익은 무엇인가? 이는 친족상도례의 적용에 어떠한 영향을 미치는가? 참고판례 (아)를 참고해 보자.

나. 절도죄의 객체인 재물은 타인의 재물이어야 한다. 참고판례 (아)에 비

추어 볼 때 타인의 재물이라 함은 무엇을 의미하는가?

다. 참고판례 (자)를 참고하여 점유를 인정하는 요건은 무엇인지 추출해보자.

라. 잃어버린 물건을 습득한 것이라는 점에서 같음에도 불구하고 참고판례 (차)는 절도죄가 성립하지 않는다고 하고 참고판례 (카)는 절도죄가 성립한다고 하고 있다. 그 이유는 무엇인가? 고속버스 내와 피씨방 내에서는 어떨까? 전자는 대법원 1993. 3. 16. 선고 92도3170 판결을, 후자는 대법원 2007. 3. 15. 선고 2006도9338 판결을 참고하자.

마. 다음 각 경우에 점유의 타인성은 인정되는가?

(i) 부부사이의 점유{참고판례 (타)}

(ii) 종중소유의 분묘를 간수하고 있는 산지기가 분묘에 설치된 석등을 반출하는 경우(대법원 1985. 3. 26. 선고 84도474 판결)

(iii) 피해자가 그 소유의 오토바이를 타고 심부름을 다녀오라고 하여서 그 오토바이를 타고 가다가 마음이 변하여 그대로 타고 가버린 경우(대법원 1986. 8. 19. 선고 86도1093 판결)

바. 사망한 사람의 점유가 문제되는 상황에는 어떠한 경우가 있을까? 이 경우 사자의 점유를 인정할 수 있는가? 참고판례 (파)는 어떠한 경우이며 이에 대한 입장은 무엇인가?

사. 참고판례 (하)에서는 감나무를 심은 사람이 감나무에 열린 감을 수확한 것이 절도죄에 해당하는가가 문제되었다. 절도죄가 성립하는가? 한편, 타인의 토지에 무단으로 채소, 콩, 양파, 마늘, 고추 등을 심어 수확한 경우는 어떠한가? 대법원 1978. 1. 17. 선고 77다1745 판결; 대법원 1970. 3. 10. 선고 70도82 판결; 대법원 1968. 6. 4. 선고 68다613, 614 판결 등을 참고하자.

아. 참고판례 (거)에서 절도죄가 성립하지 않는다고 한 논리를 정리해 보자.

자. 다음은 타인의 재물인가?

(i) 광산개발을 위하여 섬으로 반입하였다가 광산개발이 불가능하게 되자 육지로 반출하는 것을 포기하고 섬에 그대로 두고 떠난 발전기와 경운기(대법원 1994. 10. 11. 선고 94도1481 판결)

(ii) 타인의 양식어업권이 설정된 구역에서 채취한 자연서식의 바지락(대법원 1983. 2. 8. 선고 82도696 판결)

(iii) 타인과 공동소유하고 있는 물건(대법원 1994. 11. 25. 선고 94도2432 판결)

Ⅲ. 불법영득의사

도입판례

대법원 2002. 9. 6. 선고 2002도3465 판결【성폭력범죄의처벌및피해자보호등에관한법률위반(특수강도강간등)·강도상해·절도】(공2002, 2458)

【피 고 인】 갑
【상 고 인】 피고인
【변 호 인】 변호사 조용완
【원심판결】 서울고법 2002. 6. 18. 선고 2002노847 판결
【주　　문】 상고를 기각한다. 상고 후의 구금일수 중 70일을 본형에 산입한다.
【이　　유】

1. 형법 제331조의2에서 규정하고 있는 자동차등불법사용죄는 타인의 자동차 등의 교통수단을 불법영득의 의사 없이 일시 사용하는 경우에 적용되는 것으로서 불법영득의사가 인정되는 경우에는 절도죄로 처벌할 수 있을 뿐 본죄로 처벌할 수 없다 할 것이며, 절도죄의 성립에 필요한 불법영득의 의사라 함은 권리자를 배제하고 타인의 물건을 자기의 소유물과 같이 이용, 처분할 의사를 말하고 영구적으로 그 물건의 경제적 이익을 보유할 의사임은 요치 않으며 일시사용의 목적으로 타인의 점유를 침탈한 경우에도 이를 반환할 의사 없이 상당한 장시간 점유하고 있거나 본래의 장소와 다른 곳에 유기하는 경우에는 이를 일시 사용하는 경우라고는 볼 수 없으므로 영득의 의사가 없다고 할 수 없다 할 것이다(대법원 1984. 12. 26. 선고 84감도392, 1988. 9. 13. 선고 88도917 판결 등 참조).

기록과 원심판결이 인용한 제1심판결 이유에 의하면, 피고인이 강도상해 등의 범행을 저지르고 도주하기 위하여 피고인이 근무하던 인천 중구 항동7가 소재 P아파트 상가 중국집 앞에 세워져 있는 오토바이를 소유자의 승낙 없이 타고 가서 신흥동 소재 Q호텔 부근에 버린 다음 버스를 타고 광주로 가버렸다는 것이므로 피고인에게 위 오토바이를 불법영득할 의사가 없었다고 할 수 없어, 원심이 이를 형법 제331조의2의 자동차등불법사용죄가 아닌 절도죄로 의율한 조치는 정당한 것으로 수긍이 가고, 거기에 상고이유로 주장하는 바와 같이 절도죄에 관한 법리를 오해한 위법이 있다고 할 수 없다.

2. 피고인에게 징역 10년 미만의 형이 선고된 이 사건에서 형의 양정이 부당하다는 사유는 적법한 상고이유가 되지 못한다.

3. 그러므로 상고를 기각하고, 상고 후의 구금일수 중 일부를 본형에 산입하기로 하여 관여 법관의 일치된 의견으로 주문과 같이 판결한다.

대법관 송진훈(재판장) 변재승 윤재식(주심) 이규홍

참고판례

(가) 대법원 2006. 3. 24. 선고 2005도8081 판결【특수절도】(미간행)

1. 형법상 절취란 타인이 점유하고 있는 자기 이외의 자의 소유물을 점유자의 의사에 반하여 그 점유를 배제하고 자기 또는 제3자의 점유로 옮기는 것을 말하고, 절도죄의 성립에 필요한 불법영득의 의사라 함은 권리자를 배제하고 타인의 물건을 자기의 소유물과 같이 그 경제적 용법에 따라 이용·처분할 의사를 말하는 것으로, 단순한 점유의 침해만으로는 절도죄를 구성할 수 없으나 영구적으로 그 물건의 경제적 이익을 보유할 의사가 필요한 것은 아니고, 소유권 또는 이에 준하는 본권을 침해하는 의사 즉 목적물의 물질을 영득할 의사이든 그 물질의 가치만을 영득할 의사이든을 불문하고 그 재물에

대한 영득의 의사가 있으면 족하다.

또한, 비록 채권을 확보할 목적이라고 할지라도 취거 당시에 점유 이전에 관한 점유자의 명시적·묵시적인 동의가 있었던 것으로 인정되지 않는 한 점유자의 의사에 반하여 점유를 배제하는 행위를 함으로써 절도죄는 성립하는 것이고, 그러한 경우에 특별한 사정이 없는 한 불법영득의 의사가 없었다고 할 수는 없다.

원심은 그 판시와 같은 사정에 비추어 피고인들이 자신들의 피해자에 대한 물품대금 채권을 다른 채권자들보다 우선적으로 확보할 목적으로 피해자가 부도를 낸 다음날 새벽에 피해자의 승낙을 받지 아니한 채 피해자의 가구점의 시정장치를 쇠톱으로 절단하고 그 곳에 침입하여 시가 16,000,000원 상당의 피해자의 가구들을 화물차에 싣고 가 다른 장소에 옮겨 놓은 행위에 대하여 피고인들에게는 불법영득의사가 있었다고 볼 수밖에 없어 특수절도죄가 성립한다고 판단하였는바, 앞서 본 법리에 비추어 기록을 살펴보면, 원심의 위와 같은 판단은 정당한 것으로 수긍이 가고, 거기에 상고이유로 주장하는 바와 같이 절도죄에 있어서의 불법영득의사에 관한 법리를 오해하는 등의 위법이 있다고 할 수 없다.

(나) 대법원 2000. 3. 28. 선고 2000도493 판결【절도·사문서위조·위조사문서행사·공정증서원본불실기재·불실기재공정증서원본행사 등】(공2000, 1125)

타인의 재물을 점유자의 승낙 없이 무단 사용하는 경우 그 사용으로 인하여 재물 자체가 가지는 경제적 가치가 상당한 정도로 소모되거나 또는 사용 후 그 재물을 본래의 장소가 아닌 다른 곳에 버리거나 곧 반환하지 아니하고 장시간 점유하고 있는 것과 같은 때에는 그 소유권 또는 본권을 침해할 의사가 있다고 보아 불법영득의 의사를 인정할 수 있으나, 그렇지 아니하고 그 사용으로 인한 가치의 소모가 무시할 수 있을 정도로 경미하고 또 사용 후 곧 반환한 것과 같은 때에는 그 소유권 또는 본권을 침해할 의사가 있다고 할 수 없어 불법영득의 의사를 인정할 수 없다(대법원 1987. 12. 8. 선고 87도1959 판결; 1999. 7. 9. 선고 99도857 판결 등 참조).

따라서 원심이, 피고인이 피해자의 승낙 없이 혼인신고서를 작성하기 위하여 피해자의 도장을 피해자의 집 안방 화장대 서랍에서 몰래 꺼내어 사용한 후 곧바로 제자리에 갖다 놓은 사실을 인정한 다음, 피고인에게 위 도장에 대한 불법영득의 의사가 있었다고 인정할 수 없다고 판단한 것은 정당하고, 거기에 검사의 상고이유 주장과 같은 법리오해의 잘못이 없다. 따라서 검사의 상고도 받아들이지 아니한다.

(다) 대법원 2000. 10. 13. 선고 2000도3655 판결 【절도】 (공2000, 2369)

절도죄의 성립에 필요한 불법영득의 의사라 함은 권리자를 배제하고 타인의 물건을 자기의 소유물과 같이 그 경제적 용법에 따라 이용, 처분하려는 의사를 말한다(대법원 1992. 9. 8. 선고 91도3149 판결; 1996. 5. 10. 선고 95도3057 판결; 1999. 4. 9. 선고 99도519 판결 등 참조).

원심판결 이유에 의하면 원심은, 피고인이 살해도구로 이용한 골프채와 피고인의 옷 등 다른 증거품들과 함께 피고인의 차량 트렁크에 싣고 서울로 돌아오는 중 이 사건 지갑을 쓰레기 소각장에서 태워버린 사실이 인정되므로, 피고인이 살해된 피해자의 주머니에서 지갑을 꺼낸 것은 자신의 살인 범행의 증거를 인멸하기 위한 것이어서 결국 불법영득의 의사가 있었다고 보기 어렵다고 판단하여 이 사건 공소사실 중 절도 부분에 대하여는 무죄를 선고한 제1심판결을 유지하였는바, 위에서 본 법리 및 기록에 비추어 살펴보면, 원심의 위 사실인정 및 판단은 정당하고, 거기에 상고이유에서 주장하는 바와 같은 채증법칙 위반으로 인한 사실오인의 위법이나 절도죄에 있어서 불법영득의사에 관한 법리오해의 위법이 있다고 할 수 없다.

(라) 대법원 1992. 9. 8. 선고 91도3149 판결 【군용물절도】 (공1992, 2923)

절도죄의 성립에 필요한 불법영득의 의사라 함은 권리자를 배제하고 타인의 물건을 자기의 소유물과 같이 그 경제적 용법에 따라 이용·처분할 의사를 말하는 것으로 영구적으로 그 물건의 경제적 이익을 보유할 의사가 필요한 것은 아니지만 단순한 점유의 침해만으로서는 절도죄를 구성할 수 없고 소유권 또는 이에 준하는 본권을 침해하는 의사 즉 목적물의 물질을 영득할 의사이거나 또는 그 물질의 가치만을 영득할 의사이든 적어도 그 재물에 대한 영득의 의사가 있어야 한다(당원 1961. 6. 28. 선고 4294형상179 판결; 1965. 2. 24. 선고 64도795 판결; 1973. 2. 26. 선고 73도51 판결; 1977. 6. 7. 선고 77도1038 판결; 1981. 10. 13. 선고 81도2394 판결; 1981. 12. 8. 선고 81도1761 판결; 1984. 12. 26. 선고 82감도392 판결; 1989. 11. 28. 선고 89도1679 판결 등 참조).

따라서 원심이 판시한 바와 같이, 피고인이 군무를 이탈할 때 총기를 휴대하고 있는지 조차 인식할 수 없는 정신상태에 있었고 총기는 어떤 경우라도 몸을 떠나서는 안 된다는 교육을 지속적으로 받아왔다면 사격장에서 군무를 이탈하면서 총기를 휴대하였다는 것만 가지고는 피고인에게 불법영득의 의사가 있었다고 할 수 없다 할 것이므로 같은 취지에서 원심이 이 사건 군용물절도의 점에 대한 증명이 없다는 이유로 그 부분에 대하여 무죄의 선고를 한 것은 정당하고 거기에 지적하는 바와 같은 법리의 오해나 채증법칙을 어긴 위법이 없다. 주장은 이유 없다.

(마) 대법원 1974. 11. 26. 선고 74도2817 판결【사기 · 사문서위조 · 사문서위조행사 · 절도】(집22-3, 형43)

절도행위의 완성 후 그 장물을 처분하는 것은 재산죄에 수반하는 사후처분행위에 불과하므로 별죄를 구성하지 않음은 소론과 같으나 그 사후처분이 새로운 다른 법익을 침해하는 경우에는 별죄가 성립한다고 보아야 할 것인바, 원심이 유지한 제1심판결에서 피고인이 A양복점에서 A 명의의 은행예금 통장을 절취하여 그를 이용하여 은행원을 기망하여 진실한 명의인이 예금을 찾는 것으로 오신시켜 예금의 인출명의하의 금원을 편취한 것이라고 인정하고 이는 절도죄 외 새로운 법익을 침해한 것이라는 견지에서 사기죄를 인정한 조치는 정당하고, 위 절도행위 후에 예금인출행위가 그 절도행위의 연장이라든가 또는 그에 흡수되는 것이라고도 볼 수 없다 할 것이고, 사기의 피해자는 은행이 되는 수도 있고, 은행이 피해자가 되지 아니하는 경우에는 예금통장 명의인이 피해자가 되는 수도 있다 할 것이므로 논지는 그 어느 것이나 이유 없다.

(바) 대법원 1990. 7. 10. 선고 90도1176 판결【특수강도 · 특수강도미수 · 강도상해 · 사문서위조 · 사문서위조행사 · 사기】(공1990, 1749)

영득죄에 의하여 취득한 장물을 처분하는 것은 재산죄에 수반하는 불가벌적 사후행위에 불과하므로 다른 죄를 구성하지 않는다 하겠으나 강취한 은행예금통장을 이용하여 은행직원을 기망하여 진실한 명의인이 예금의 환급을 청구하는 것으로 오신케 함으로써 예금의 환급 명목으로 금원을 편취하는 것은 다시 새로운 법익을 침해하는 행위이므로 여기에 또 다시 범죄의 성립을 인정해야 하고 이것으로써 장물의 단순한 사후처분과 같게 볼 수는 없는 것이다.

(사) 대법원 1979. 10. 30. 선고 79도489 판결【공갈 · 사문서위조 · 사문서위조행사 · 사기】(공1980, 12357)

원심판결 적시(제1심 판결인용)와 같이 피고인이 공소외인을 협박하여 이에 외포된 동인으로부터 복지자금관리위원회 명의로 된 예금통장과 인장을 교부케 하여 이를 갈취한 뒤 동 예금 인출에 관한 사문서를 위조 및 행사하여 예금을 인출 편취한 범죄사실을 수긍할 수 있고 그 과정에 소론과 같은 채증법칙 위배의 잘못이 있다 할 수 없다.

소론은 피고인이 노동조합지부장의 자격으로 조합원들의 복지향상을 위한 자활사업에 필요한 자금을 긴급하게 사용하여야 할 사정 때문에 그에 충당코자 예치된 복지자금을 일시 사용하게 된 것으로 피고인 자신을 위한 것이 아니기 때문에 영득의 의사가 없었다는 것이나 피고인이 조합원에 대한 복지사업에 필요한 자금지급을 청구할 권리를 가졌다 할지라도 피고인이 판시 예금통장과 인장의 인도를 구할 권리가 있다 할 수 없을 뿐 아니라 위 판시와 같이 협박 수단을 써서 이에 외포심을 느낀 공소외인으로 하여금 통장 및 인장을 교부케 하였음에는 불법영득의 의사가 있었다 할 것이며 이는 인출된 금원의 용도 여하는 아무런 관계가 없다고 할 것이고 예금통장 등의 교부나 복지자금 요구가 노동쟁의행위라고 볼 아무런 자료가 없는 이 사건에 있어 이를 정당행위라고 볼 수 없음은 말할 것도 없고 인출한 금원의 사용을 복지자금관리위원회에서 사후 승인을 받은 여부는 위 판시 범죄의 성립에는 무슨 소장을 주는 바 없다 할 것이니 원심이 위들 사실에 대하여 공갈, 사문서위조, 동행사 및 사기로 다스렸음은 정당하고 거기에 소론과 같은 법리오해가 있다 할 수 없으니 논지 이유 없다.

(아) 대법원 1999. 7. 9. 선고 99도857 판결【여신전문금융업법위반 · 절도】(공1999, 1675)

타인의 재물을 점유자의 승낙 없이 무단사용하는 경우에 있어서 그 사용으로 인하여 물건 자체가 가지는 경제적 가치가 상당한 정도로 소모되거나 또는 사용 후 그 재물을 본래 있었던 장소가 아닌 다른 장소에 버리거나 곧 반환하지 아니하고 장시간 점유하고 있는 것과 같은 때에는 그 소유권 또는 본권을 침해할 의사가 있다고 보아 불법영득의 의사를 인정할 수 있을 것이나, 그렇지 않고 그 사용으로 인한 가치의 소모가 무시할 수 있을 정도로 경미하고, 또한 사용 후 곧 반환한 것과 같은 때에는 그 소유권 또는 본권을 침해할 의사가 있다고 할 수 없어 불법영득의 의사가 있다고 인정할 수 없다고 봄이 상당하다고 할 것이다(대법원 1987. 12. 8. 선고 87도1959 판결; 1992. 4. 24. 선고 92도118 판결 각 참조).

그리고 신용카드업자가 발행한 신용카드는 이를 소지함으로써 신용구매가 가능하고 금융의 편의를 받을 수 있다는 점에서 경제적 가치가 있다 하더라도, 그 자체에 경제적 가치가 화체되어 있거나 특정의 재산권을 표창하는 유가증권이라고 볼 수 없고, 단지 신용카드회원이 그 제시를 통하여 신용카드회원이라는 사실을 증명하거나 현금자동지급기 등에 주입하는 등의 방법으로 신용카드업자로부터 서비스를 받을 수 있는 증표로서의 가치를 갖는 것이어서(여신전문금융업법 제2조 제3호, 제13조 제1항 제1호 참조), 이를 사용하여 현금자동지급기에서 현금을 인출하였다 하더라도 신용카드 자체가 가지는 경제적 가치가 인출된 예금액만큼 소모되었다고 할 수 없으므로, 이를 일시 사용하고 곧 반환한 경우에는 불법영득의 의사가 없다고 보아야 할 것이다(대법원 1998. 11. 10. 선고 98도2642 판결 참조).

원심판결 이유에 의하면, 원심은 피고인이 1998. 3. 31. 15:00경 서울 종로구 (주소 생략)에 있는 피고인이 종업원으로 일하던 (상호 생략) 가게에서, 위 가게의 주인인 피해자 A가 자리를 비운 틈을 타서 위 피해자가 계산대 뒤의 창문에 두고 간 핸드백에서 피해자 소유의 엘지 신용카드 1장을 꺼내어 그 곳에서 약 50m 떨어진 P은행 Q출장소에 설치된 현금자동지급기에서 위 신용카드를 이용하여 50만 원을 현금서비스 받고, 다시 위 가게로 돌아와서 피해자의 핸드백 안에 신용카드를 넣어 둔 사실을 인정한 다음, 신용카드를 이용하여 현금자동지급기에서 현금을 인출하였다 하더라도 그 카드 자체가 가지는 경제적 가치가 인출된 예금액만큼 소모되었다고 할 수 없을 뿐만 아니라 사용 후 바로 원래의 위치에 넣어 둔 점에 비추어 불법영득의 의사가 있다고 보기 어렵다 하여 이 부분 절도의 공소사실에 대하여 무죄를 선고하고 있다.

기록과 위에서 본 법리에 비추어 살펴보면, 원심의 위와 같은 조치는 수긍이 가고, 거기에 절도죄에 관한 법리를 오해한 위법이 없으며, 한편 원심이 피고인이 위 피해자의 신용카드를 사용하여 현금자동지급기에서 현금 50만 원을 인출하여 절취하였다는 부분의 절도의 공소사실을 유죄로 인정하여 처단하고 있는 이상(원심판결 범죄사실 제8항), 이 사건 신용카드 절도의 공소사실을 다시 편취 또는 형법 제348조의2 소정의 편의시설을 부정이용한 것으로 변경할 수도 없는 노릇이므로, 원심이 그와 같이 공소장을 변경할 것을 요구하지 아니하였다고 하여 심리미진의 위법이 있다고 할 수도 없다.

(자) 대법원 2006. 3. 9. 선고 2005도7819 판결【절도】(공2006, 683)

타인의 재물을 점유자의 승낙 없이 무단 사용하는 경우에 있어서 그 사용으로 인하여 물건 자체가 가지는 경제적 가치가 상당한 정도로 소모되거나 또는 사용 후 그 재물을 본래 있었던 장소가 아닌 다른 장소에 버리거나 곧 반환하지 아니하고 장시간 점유하고 있는 것과 같은 때에는 그 소유권 또는 본권을 침해할 의사가 있다고 보아 불법영득의 의사를 인정할 수 있을 것이나, 그렇지 않고 그 사용으로 인한 가치의 소모가 무시할 수 있을 정도로 경미하고, 또한 사용 후 곧 반환한 것과 같은 때에는 그 소유권 또는 본권을 침해할 의사가 있다고 할 수 없어 불법영득의 의사가 있다고 인정할 수 없다

(대법원 1987. 12. 8. 선고 87도1959 판결; 1992. 4. 24. 선고 92도118 판결; 1999. 7. 9. 선고 99도857 판결 등 참조).

그런데 은행이 발급한 직불카드를 사용하여 타인의 예금계좌에서 자기의 예금계좌로 돈을 이체시켰다 하더라도 직불카드 자체가 가지는 경제적 가치가 계좌이체된 금액만큼 소모되었다고 할 수는 없으므로 이를 일시 사용하고 곧 반환한 경우에는 그 직불카드에 대한 불법영득의 의사는 없다고 보아야 할 것인바(대법원 1998. 11. 10. 선고 98도2642 판결; 위 99도857 판결 등 참조), 이와 같은 취지에서 피고인이 2002. 4. 11. 오전 일자불상경 공소외 A가 자리를 비운 틈을 이용하여 공소외 A의 핸드백에서 공소외 B 소유의 P은행 직불카드를 꺼내어 간 뒤 Q은행 R지점에서 위 직불카드를 사용하여 공소외 A의 P은행 예금계좌에서 피고인의 Q은행 계좌로 1,700만 원을 이체시킨 다음 공소외 A와 헤어진 뒤로부터 3시간 가량 지난 무렵에 공소외 A에게 전화로 위와 같은 사실을 말하고 공소외 A를 만나 즉시 위 직불카드를 반환한 이상, 피고인에게 직불카드에 대한 불법영득의 의사가 있었다고 볼 수 없다는 이유로 이 부분 절도의 공소사실에 대하여 무죄를 선고한 원심의 조치는 위 법리에 따른 것으로 정당하고, 거기에 상고이유에서 주장하는 바와 같은 절도죄에 관한 법리를 오해한 위법이 있다고 할 수 없다.

(차) 대법원 2001. 10. 26. 선고 2001도4546 판결 【절도】 (공2001, 2641)

형법상 절취란 타인이 점유하고 있는 자기 이외의 자의 소유물을 점유자의 의사에 반하여 그 점유를 배제하고 자기 또는 제3자의 점유로 옮기는 것을 말하는 것으로, 비록 약정에 기한 인도 등의 청구권이 인정된다고 하더라도, 취거 당시에 점유 이전에 관한 점유자의 명시적·묵시적인 동의가 있었던 것으로 인정되지 않는 한, 점유자의 의사에 반하여 점유를 배제하는 행위를 함으로써 절도죄는 성립하는 것이고, 그러한 경우에 특별한 사정이 없는 한 불법영득의 의사가 없었다고 할 수는 없는 것이다.

그런데 기록에 의하여 살펴보더라도, 비록 A가 약정된 기일에 채무를 이행하지 아니하는 경우 이 사건 굴삭기를 회수하여 가도 좋다는 약속을 하고 각서와 매매계약서 및 양도증명서 등을 작성하여 교부하였다고 하더라도,

그 의사표시 중에 자신의 동의나 승낙 없이 현실적으로 자신의 점유를 배제하고 이 사건 굴삭기를 가져가도 좋다는 의사까지 포함되어 있었던 것으로 보기는 어렵고, 달리 피고인의 굴삭기 취거에 A의 동의가 있었음을 알아볼 자료는 없다(기록에 의하면, 피고인은 이 사건 굴삭기를 취거할 당시 미리 A에게 통지 등의 절차를 거쳐 동의를 구한 사실은 없고, 다만 굴삭기를 취거한 후 A와 통화연락을 한 것으로 보인다).

그렇다면 피고인이 이 사건 굴삭기를 취거한 행위는 일응 절도죄에 해당하고 그 불법영득의 의사도 부인하기 어렵다고 할 것임에도 불구하고, 원심은 위와 같은 약정사실 및 각서 등의 작성, 교부가 있었다는 사실만을 들어 불법영득의 의사의 존재를 부정하고 절도죄에 대하여 무죄를 선고하였으니, 이는 절도죄와 불법영득의 의사에 대한 법리를 오해하고 심리를 다하지 아니하여 판결에 영향을 미친 위법이 있다고 하지 않을 수 없다.

(카) 대법원 1985. 3. 26. 선고 84도1613 판결【절도 · 도로교통법위반】(공 1985, 654)

1. 원심유지의 제1심판결이 확정한 사실에 의하면 피고인과 피고인의 승낙 없이 운전한 자동차의 소유자 A는 한 동리에 거주하면서 1983. 1.경부터 직장관계로 주1회 내지 월1회 정도로 자주 만나는 사이였고, 1983. 9. 10.경에는 피고인이 운전을 배우고 싶다 하여 피해자가 동승하여 피고인에게 그 차를 직접 운전케 한 일도 있었는데 공소사실 기재일시인 1983. 9. 25. 17:00에도 자동차 소유자인 A가 전에 근무하던 P상사에 놀러갔다가 피고인과 만나 소주를 마시는 등 함께 놀다가 헤어졌다는데 피고인은 그때 A가 자동차의 시동열쇠를 차에 둔 채 집으로 들어가는 것을 보고 운전연습을 할 욕심에서 다시 돌아와 그 차를 운전하게 되었다는 것이고, A 또한 그 다음날 아침에 차가 없어진 것을 발견하였으나 피고인이 운전하고 간 것으로 짐작하여 도난신고도 한 바 없었다는 것이며 한편 피고인이 위 A의 자동차를 승낙 없이 운전한 시간은 공소사실 기재대로 인정한다 하더라도 1시간 30분(기록에 의하면 피고인은 30분 가량이었다고 다툰다)밖에 되지 아니한다. 위와 같은 피고인과 피해자간의 친분관계, 피고인이 피해자소유의 자동차를 승낙 없이 운전

하게 된 경위 그 운행시간 등에 비추어보면 피고인에게 불법영득의 의사가 있었다고 보기 어렵다 할 것이므로 같은 취지에서 피고인의 소위가 피해자의 자동차를 절취한 죄에 해당한다는 소론 공소사실에 대하여 범죄의 증명이 없다하여 무죄를 선고한 원심유지의 제1심판결은 정당하고, 거기에 불법영득의 의사에 관한 법리오해의 위법이 있다고 할 수 없다.

2. 불법영득의 의사 없이 타인의 자동차를 일시사용한 제1심 판시 피고인의 소위는 그 주목적이 자동차의 일시사용에 있었던 것이고, 검사가 예비적 공소사실로 내세우려고 한 500원 상당의 유류소비행위는 위와 같은 자동차의 일시사용에 필연적으로 부수되어 생긴 결과로서 원심이 절도죄를 구성하지 않는다고 본 자동차의 일시사용행위에 포함된 것이라 할 것이므로 자동차 자체의 일시사용과 독립하여 별개의 절도죄를 구성하는 것이라고 볼 수 없다. 한편 이와 같이 예비적 공소사실이 주위적 공소사실과 독립하여 별개의 죄를 구성하지 않는 내용이라면 법원으로서는 더 이상의 심리를 할 것이 없어 공소장변경의 허가를 할 필요가 없는 경우라 할 것이므로 원심이 검사의 소론 공소장변경허가신청을 받아들이지 아니한 조치도 정당하고, 거기에 공소장변경에 관한 법리오해의 위법이 있다 할 수 없다.

쟁점연구

1. 절도·강도죄는 주관적 구성요건요소로서 객관적 구성요건요소에 대한 인식·인용 외에 불법영득의사가 필요하다고 보는 것이 지배적인 학설과 판례의 입장이다. 도입판례와 참고판례 (가)를 통하여 불법영득의사의 개념을 정리해 보자.
2. 참고판례 (나)는 불법영득의사가 없다고 판단하였다. 그 이유는 무엇인가? 도입판례와는 어떤 점에서 차이가 있기에 결론이 달라졌는가?
3. 참고판례 (다)는 증거를 인멸하기 위한 것이어서 불법영득의사가 없다고 판단하였다. 증거를 인멸하기 위한 것이라면 왜 불법영득의사가 없는가?
4. 불법영득하는 대상은 물체인가, 가치인가? 참고판례 (라)는 어떤 입장인가?

5. 다음 각 경우에 예금통장이나 카드를 절취, 강취, 갈취한 점에 관하여 범죄가 성립하는가? 결론에 차이가 있다면 그 이유를 생각해 보자.
   (i) 예금통장을 절취·강취·갈취하여 예금을 인출한 경우{참고판례 (마), (바), (사)}
   (ii) 위와 같이 인출한 후 예금통장을 반환한 경우
   (iii) 신용카드를 절취하여 현금을 인출하고 신용카드를 반환한 경우 {참고판례 (아)}
   (iv) 직불카드를 절취하여 계좌이체를 시킨 후 직불카드를 반환한 경우{참고판례 (자)}
   (v) 현금카드를 절취하여 현금을 인출하고 현금카드를 반환한 경우 {대법원 1998. 11. 10. 선고 98도2642 판결}
   (vi) 신용카드, 직불카드, 현금카드를 절취하여 현금을 인출하고 이 카드를 버린 경우
6. 참고판례 (차)에서 피고인은 어차피 굴삭기를 최종적으로 소유·점유할 권리자이다. 그럼에도 불구하고 절도죄가 성립한다고 판단한 판례는 불법영득의사를 어떻게 이해하고 있는 것인가?
7. 참고판례 (카)는 이른바 '사용절도'에 관한 사례이다(같은 취지의 대법원 1992. 4. 24. 선고 92도118 판결도 참고).

가. 판례가 절도죄가 성립하지 않는다고 본 이유는 무엇인가? 도입판례와는 어떠한 차이가 있는가?

나. 피고인은 아무런 죄책도 지지 않는가?

다. 유류소비의 점에 관한 판단을 강요의 죄(제7장 II.) 도입판례에서 면담 강요의 점에 관한 판단과 비교해 보자(제7장 II 쟁점연구 4.다.항 참조).

Ⅳ. 절도 · 강도죄의 행위

1. 절도죄의 행위

도입판례

대법원 1994. 8. 12. 선고 94도1487 판결【특정범죄가중처벌등에관한법률위반(절도) 등】(공1994, 2320)

【피 고 인】 갑
【상 고 인】 피고인
【변 호 인】 변호사 황선당
【원심판결】 대구고등법원 1994. 5. 11. 선고 94노71 판결
【주　　문】 상고를 기각한다.
상고 후의 구금일수 중 90일을 본형에 산입한다.
【이　　유】

* * *

사실이 원심이 확정한 바와 같이, 피고인이 피해자 경영의 금방에서 마치 귀금속을 구입할 것처럼 가장하여 피해자로부터 순금목걸이 등을 건네받은 다음 화장실에 갔다 오겠다는 핑계를 대고 도주한 것이라면 위 순금목걸이 등은 도주하기 전까지는 아직 피해자의 점유 하에 있었다고 할 것이므로(당원 1983. 2. 22. 선고 82도3115 판결 참조), 이를 절도죄로 의율 처단한 원심의 조처는 정당하고, 거기에 소론과 같은 법리를 오해한 위법이 있다고 할 수 없다.

* * *

대법관　이용훈(재판장)　박만호　김형선(주심)

참고판례

(가) 대법원 1996. 10. 15. 선고 96도2227, 96감도94 판결【특정범죄가중처벌등에관한법률위반(절도)·보호감호】(공1996, 3490)

피해자가 결혼예식장에서 신부 측 축의금 접수인인 것처럼 행세하는 피고인에게 축의금을 내어 놓자 이를 교부받아 간 원심 판시와 같은 사건에서 피해자의 교부행위의 취지는 신부 측에 전달하는 것일 뿐 피고인에게 그 처분권을 주는 것이 아니므로, 이를 피고인에게 교부한 것이라고 볼 수 없고 단지 신부 측 접수대에 교부하는 취지에 불과하므로 피고인이 위 돈을 가져간 것은 신부 측 접수처의 점유를 침탈하여 범한 절취행위라고 보는 것이 정당하다.

같은 취지에서 이를 절도죄로 의율한 원심의 조치는 정당하고, 이를 사기죄로 보아야 한다는 상고논지는 받아들일 수 없다. 논지는 이유 없다.

(나) 대법원 1992. 9. 8. 선고 92도1650, 92감도80 판결【특정범죄가중처벌등에관한법률위반(절도)·보호감호】(공1992, 2925)

절도죄의 실행의 착수시기는 재물에 대한 타인의 사실상의 지배를 침해하는 데에 밀접한 행위를 개시한 때라고 보아야 하므로, 야간이 아닌 주간에 절도의 목적으로 타인의 주거에 침입하였다고 하여도 아직 절취할 물건의 물색행위를 시작하기 전이라면 주거침입죄만 성립할 뿐 절도죄의 실행에 착수한 것으로 볼 수 없는 것이어서 절도미수죄는 성립하지 않는다.

이 사건에서 원심이 인정한 피고인의 범죄사실 및 감호청구원인사실 중 피고인의 범행내용은 피고인이 1991. 12. 18. 11:20경 금품을 절취할 의도로 피해자 A의 집에 침입하여 계단을 통해 그 집 3층으로 올라갔다가 마침 2층에서 3층 옥상에 빨래를 널기 위하여 올라가던 피해자를 만나자 사람을 찾는 것처럼 가장하여 피해자에게 B라는 사람이 사느냐고 물어 피해자가 없다고 대답하자 알았다며 계단으로 내려갔다가 피해자가 옥상에 올라가 빨래를 널고 있는 틈을 이용하여 그 집 2층 부엌을 통해 방으로 들어가 절취할 금품을 물색 중 옥상에서 내려온 피해자에게 발각되어 그 뜻을 이루지 못하고 미수에 그쳤다는 것이다.

그러나 기록에 의하면 피고인은 방안에 들어간 사실조차 극구 부인하고 있는바, 원심이 증거로 채용한 피해자의 1심 증언에 의하면 피해자가 옥상에 빨래를 널고 2층으로 내려와 방으로 통하는 부엌 앞에 이르렀을 때에 피고인이 신발을 신은 채 방안에서 뛰어나오는 것을 보았다는 것이어서 피고인이 방안에 침입한 것은 인정되나, 방안에 들어가 절취할 물건의 물색행위에까지 나간 것인지의 여부는 분명하지 않다. 피고인이 방안에 들어간 때로부터 피해자에게 발각될 때까지 물색행위를 할 만한 충분한 시간이 경과하였다면 절도목적으로 침입한 이상 물색행위를 하였을 것으로 보아도 무방하지만, 그럴 만한 시간적 여유가 없었다면 피고인이 방안에서 뛰어나온 것만 가지고 절취할 물건을 물색하다가 뛰어 나온 것으로 단정할 수는 없을 것이다.

원심이 이 점에 관하여 좀 더 밝혀보지 않은 채 위 증인의 증언만으로 만연히 피고인이 절취할 금품을 물색 중 발각되어 미수에 그친 것으로 인정한 것은 증거의 가치판단을 그르치고 심리를 다하지 아니하여 판결에 영향을 미친 위법을 저지른 것으로서 이 점에 관한 논지는 이유 있다.

(다) 대법원 2003. 6. 24. 선고 2003도1985, 2003감도26 판결【강도상해(인정된 죄명: 주거침입 · 상해) · 보호감호】(공2003, 1658)

원심은, 피고인 겸 피감호청구인(다음부터 '피고인'이라고 한다)은 … 2002. 8. 21. 18:30 무렵 구리시 수택동(이하 생략) 다세대주택 2층에 있는 피해자의 집에 재물을 훔치기 위하여 열려있는 현관문을 통하여 방 안에 들어가 뒤지던 중 집안으로 들어오던 피해자에게 발각되자 체포를 면탈할 목적으로 피해자를 밀어 1층 난간으로 떨어뜨리고, 다시 피해자가 일어나 피고인의 목덜미를 붙잡자 주먹으로 피해자의 얼굴을 1회 때려 피해자에게 6주간의 치료가 필요한 우측요골골두골절상 등을 가하였고 재범의 위험성이 있다는 요지의 이 사건 주위적 공소사실 및 감호청구원인사실에 대하여, 피고인을 징역 1년 9월 및 보호감호에 처한 제1심판결을 파기하고, 피고인이 피해자의 집에 들어가 재물을 물색하기 시작하였다고 인정하기에 부족하고 달리 절도범행의 실행에 착수하였다고 인정할 증거가 없으므로 범죄의 증명이 없는 경우에 해당한다고 하여 주위적 공소사실을 무죄로 판단하면서 보호감호청구도 기각하였다.

2. 그러나 피고인이 절도범행의 실행에 착수하지 아니하였다는 원심의 판단은 다음과 같은 이유로 받아들일 수 없다.

야간이 아닌 주간에 절도의 목적으로 다른 사람의 주거에 침입하여 절취할 재물의 물색행위를 시작하는 등 그에 대한 사실상의 지배를 침해하는 데에 밀접한 행위를 개시하면 절도죄의 실행에 착수한 것으로 보아야 한다.

이 사건에서 보면, 피고인은 범행 당일 피해자가 빨래를 걷으러 옥상으로 올라 간 사이에 피해자의 다세대주택에 절취할 재물을 찾으려고 신발을 신은 채 거실을 통하여 안방으로 들어가 여기저기를 둘러보고는 절취할 재물을 찾지 못하고 다시 거실로 나와서 두리번거리고 있다가 피해자가 현관문을 통하여 거실로 들어가다가 마주치게 된 사실을 인정할 수 있다. 이와 같이 피고인이 방 안으로 들어가다가 곧바로 피해자에게 발각되어 물색행위 등을 할 만한 시간적 여유가 없었던 경우가 아니고 피고인이 방 안까지 들어갔다가 절취할 재물을 찾지 못하고 거실로 돌아 나온 경우라면 피고인이 절도의 목적으로 침입한 이상 물색행위를 하는 등 재물에 대한 피해자의 사실상의 지배를 침해하는 데 밀접한 행위를 하였던 것으로 보아야 한다.

그럼에도 불구하고, 원심이 이와 달리 주위적 공소사실인 강도상해의 점에 대하여 피고인이 절도의 실행행위에 착수하지 아니하였다는 이유로 무죄로 판단하는 한편 그에 따라서 보호감호청구를 기각한 것은 형법 제335조에 정하여진 절도의 해석·적용을 그르쳐 판결에 영향을 미친 잘못을 저지른 것이다.

(라) 대법원 1994. 9. 9. 선고 94도1522 판결【절도(인정된죄명: 절도미수)·도로교통법위반】(공1994, 2688)

원심이 적법하게 확정한 바에 의하면 피고인은 판시 일시, 장소에서 그곳에 주차되어 있던 그레이스 승합차를 절취할 생각으로 위 차량의 조수석문을 열고 들어가 시동을 걸려고 시도하는 등 차안의 기기를 이것저것 만지다가 핸드브레이크를 풀게 되었는데 그 장소가 내리막길인 관계로 위 차량이 시동이 걸리지 않은 상태에서 약 10미터 전진하다가 가로수를 들이받는 바람에 멈추게 되었다는 것이다. 사실관계가 이와 같다면, 피고인의 판시 소위는 절도의 기수에 해당한다고 볼 수 없을 뿐만 아니라 도로교통법 제2조 제19호 소정의 자동차의 운전에 해당하지 아니한다고 할 것이므로 이와 같은 취지의 원심판단은 정당하고, 원심판결에 소론과 같은 법령의 해석적용을 잘못한 위법이 있다고 볼 수 없다. 논지는 모두 이유가 없다.

(마) 대법원 2008. 10. 23. 선고 2008도6080 판결【특수절도 · 건조물침입】(공2008, 1651)

2. 피고인들의 특수절도의 점에 관하여

가. 원심의 판단

원심은 “피고인들은 합동하여, 2007. 2. 11. 13:30경 수원시 장안구 (주소 생략) 소재 피해자 공소외인 운영의 주식회사 P 연구소에서, 피고인 갑이 위 연구소 마당 뒤편에서 캔 피해자 소유의 영산홍 1그루 시가 70만 원 상당을 위 연구소 마당에 주차된 승용차에 싣기 위해 운반하여 가 이를 절취하였다”는 피고인들에 대한 특수절도의 점에 관한 공소사실에 대하여, 그 채택 증거들을 종합하여, 피고인 갑은 위 일시에 위 연구소 마당에 쏘렌토 승용차를 세워 두고, 그 곳에서 약 20m 떨어진 연구소 마당 뒤편에서 피해자 소유의 영산홍 1그루를 캔 다음, 남편인 피고인 을에게 전화를 걸어 영산홍을 차에 싣는 것을 도와 달라고 말하여, 피고인 을이 그곳으로 온 사실, 위 영산홍은 높이가 약 1m 50㎝ 이상, 폭이 약 1m 정도로서 상당히 클 뿐만 아니라 뿌리가 상하지 않도록 뿌리 부분의 흙까지 함께 캐내어져 피고인 갑이 혼자서 이를 운반하기는 어려웠던 사실, 피고인들은 위 연구소 마당에 주차된 승용차 바로 뒤에서 위 영산홍을 함께 잡고 있다가 피해자에게 발각된 사실을 인정한 다음, 그 인정 사실에 의하면, 피고인 을은 피고인 갑의 절취범행이 완성되기 전에 위 범행에 가담하여 피고인 갑이 캔 영산홍을 피고인 갑과 함께 위 승용차에 싣기 위해 운반함으로써 범행을 완성하였다고 할 것이므로, 피고인들은 합동하여 위 영산홍을 절취하였다고 판단하여 피고인들을 특수절도죄로 의율하였다.

나. 이 법원의 판단

그러나 원심이 피고인 갑의 절취범행이 완성되기 전에 피고인 을이 이에 가담하여 함께 운반함으로써 피고인들이 합동하여 위 영산홍을 절취하였다고 판단하여 피고인들을 특수절도죄로 의율한 것은 다음과 같은 이유로 수긍하기 어렵다.

입목을 절취하기 위하여 이를 캐낸 때에는 그 시점에서 이미 소유자의 입목에 대한 점유가 침해되어 범인의 사실적 지배 하에 놓이게 됨으로써 범인이 그 점유를 취득하게 되는 것이므로, 이때 절도죄는 기수에 이르렀다고 할 것이고, 이를 운반하거나 반출하는 등의 행위는 필요로 하지 않는다고 할 것이다.

원심이 확정한 사실관계에 의하더라도, 피고인 을은 피고인 갑이 영산홍을 땅에서 완전히 캐낸 이후에 비로소 범행장소로 와서 피고인 갑과 함께 위 영산홍을 승용차까지 운반하였다는 것인바, 앞서 본 법리에 비추어 보면, 피고인 갑이 영산홍을 땅에서 캐낸 그 시점에서 이미 피해자의 영산홍에 대한 점유가 침해되어 그 사실적 지배가 피고인 갑에게 이동되었다고 봄이 상당하므로, 그때 피고인 갑의 영산홍 절취행위는 기수에 이르렀다고 할 것이고, 이와 같이 보는 이상 그 이후에 피고인 을이 영산홍을 피고인 갑과 함께 승용차까지 운반하였다고 하더라도 그러한 행위가 다른 죄에 해당하는지의 여부는 별론으로 하고, 피고인 을이 피고인 갑과 합동하여 영산홍 절취행위를 하였다고 볼 수는 없다고 할 것이다.

그럼에도 불구하고, 원심은 피고인 갑이 영산홍을 땅에서 캐낸 것만으로는 그 절취행위가 완성되지 않았음을 전제로 하여, 피고인 갑이 캐낸 영산홍을 피고인 을이 함께 승용차까지 운반함으로써 비로소 절취행위를 완성하였다는 이유로 피고인들이 합동하여 절취행위를 하였다고 보아 특수절도죄로 의율하였으니, 원심판결에는 절도죄의 기수시기에 관한 법리를 오해한 위법이 있고, 이는 판결 결과에 영향을 미쳤음이 분명하다.

쟁점연구

1. 절도죄의 구성요건 해당 행위는 '절취'이다. 위 'Ⅱ. 절도 · 강도죄의 객체' 참고판례 (자)를 참고하여 절취의 개념을 정리해 보자.
2. 도입판례와 참고판례 (가)는 피해자에 대하여 일정한 기망이 있었다. 그럼에도 불구하고 사기죄가 아닌 절도죄가 성립한다고 본 이유는 무엇일까 (이른바 '책략절도'의 문제)?
3. 절도죄 실행의 착수시기를 판단하는 기준은 무엇인가? 참고판례 (나), (다)는 유사한 사안으로 보이는데 실행의 착수 여부에 관하여 어떠한 판단을 하고 있는가? 그 결론이 다른 이유는 무엇인가?
4. 절도죄의 기수시기에 관하여 재물에 접촉 — 취득 — 이전 — 은닉의 단계를 생각할 수 있다. 참고판례 (라)는 이에 관하여 어떠한 기준을 제시하는가? 참고판례 (마)는 어떠한가?

2. 강도죄의 행위

도입판례

대법원 2009. 1. 30. 선고 2008도10308 판결【강간상해(인정된죄명: 상해)·강도】(미간행)

【피 고 인】 갑
【상 고 인】 피고인
【변 호 인】 변호사 모병철
【원심판결】 대구고법 2008. 10. 30. 선고 2008노369 판결
【주 문】 원심판결을 파기하고, 사건을 대구고등법원에 환송한다.
【이 유】

상고이유를 본다.

형법 제333조의 강도죄는 사람의 반항을 억압함에 충분한 폭행 또는 협박을 사용하여 타인의 재물을 강취하거나 재산상의 이익을 취득함으로써 성립하는 범죄이므로, 피고인이 타인에 대하여 반항을 억압함에 충분한 정도의 폭행 또는 협박을 가한 사실이 있다 해도 그 타인이 재물 취거의 사실을 알지 못하는 사이에 그 틈을 이용하여 피고인이 우발적으로 타인의 재물을 취거한 경우에는 위 폭행이나 협박이 재물 탈취의 방법으로 사용된 것이 아님은 물론, 그 폭행 또는 협박으로 조성된 피해자의 반항억압의 상태를 이용하여 재물을 취득하는 경우에도 해당하지 아니하여 양자 사이에 인과관계가 존재하지 아니한다 할 것이므로, 위 폭행 또는 협박에 의한 반항억압의 상태가 처음부터 재물 탈취의 계획하에 이루어졌다거나 양자가 시간적으로 극히 밀접되어 있는 등 전체적·실질적으로 단일한 재물 탈취의 범의의 실현행위로 평가할 수 있는 경우에 해당하지 아니하는 한 강도죄의 성립을 인정하여서는 안 될 것이

다(대법원 1956. 8. 17. 선고 4289형상170 판결 참조).

그런데 원심이 유지한 제1심판결의 인정 사실과 기록에 의하면, 피고인이 2008. 1. 22. 03:00경 주점에서 만난 도우미 피해자와 합의하에 술을 한잔 더 하기 위해 위 피해자와 같이 주점 밖으로 나와 길을 걷다가 피해자를 그 판시 모텔로 끌고 들어가 피해자를 구타하여 바닥에 쓰러진 피해자를 이불로 덮어씌우고 발로 짓밟아 반항을 억압한 후 1회 간음하여 강간함으로써 4주간의 치료를 요하는 상해를 가하고, 위와 같이 피해자가 폭행을 당하여 이불을 덮고 쓰러져 반항이 불가능한 상태에서 피해자의 손가방 안에 든 현금 20만 원 등을 빼앗아 가 이를 강취하였다고 하는 이 사건 공소사실에 대하여, 원심은 그 판시와 같은 사정들에 비추어 피고인으로부터 강간을 당하였다고 하는 피해자의 진술은 신빙성을 인정하기 어려운 반면, 이를 다투는 피고인의 이 사건 경위에 관한 설명이 훨씬 자연스럽고 사실일 개연성이 높다는 이유를 들어, 이 사건 강간상해의 점에 대해서는 무죄로 판단하면서 그와 일죄의 관계인 위 상해죄와 함께 이 사건 강도의 공소사실을 유죄로 인정하였다.

그러나 원심이 그 진술의 신빙성이 있다고 본 피고인의 이 사건 경위에 관한 진술에 의하면, 피고인이 피해자와 윤락을 위해 위 주점을 나와 모텔로 갈 당시 피해자에게 화대를 지급하기 위해 현금 인출기에서 20만 원을 인출하여 모텔비 35,000원을 지급한 다음 위 모텔 408호실에서 피해자와 성관계를 하던 중에 피해자가 피고인의 성교행위가 너무 과격하다는 이유로 항의를 하면서 성교를 중단하는 바람에 말다툼이 벌어져 이에 화가 난 피고인이 피해자에 대한 폭행을 시작하면서 피해자가 이불을 뒤집어쓴 후에도 계속해서 주먹과 발로 피해자를 구타한 후 이불 속에 들어 있는 피해자를 두고 옷을 입고 방을 나가다가 탁자 위의 피해자 손가방 안에서 현금 20만 원 등이 든 피해자의 키홀더를 우발적으로 가져갔다는 것이고, 한편 피해자의 경찰, 검찰 및 제1심에서의 각 진술에 의하더라도 자신이 이불을 덮어쓴 상태에서 피고인으로부터 폭행을 당한 후 나중에 주위가 조용해져 이불에서 나와 구조를 요청하면서 보니 현금 등이 없어진 사실을 비로소 발견하게 되었다는 것으로 위 재물의 피해 경위에 관한 한 피고인의 진술과 일치함을 알 수 있는바, 그와 같이 피고인의 이 사건 재물 취거행위가 피해자가 이불 속에 들어가 있어 이를 전혀 인식하지 못한 가운데 이루어진데다가 그 원인이 되었던 피고인의 피해자에 대한 폭행행위도 그와는 전혀 무관한 윤락행위 도중의 시비 끝에 발생하게 된 것이 사실이라면, 비록 위 재물의 취득이 피해자에 대한 폭행 직후에 이루어지긴 했지만 위 폭행이 피해자의 재물 탈취를 위한 피해자의 반항억압의 수단으로 이루어졌다고 단정할 수 없어 양자 사이에 인과관계가 존재한다고 보기 어렵다 할 것이고, 달리 위 폭행이 처음부터 재물 탈취의 범의 하에 이루어졌다거나 피고인의 위 폭행 및 재물 취거의 각 행위를 전체적으로 종합하여 단일한 재물 강취의 범행으로 인정할 만한 증거가 존재하지 아니하는 이상, 위 인정 사실만으로는 폭행에 의한 강도죄의 성립을 인정하기에 부족하다고 하지 아니할 수 없다.

그럼에도 원심이 피고인에 대하여 이 사건 강도죄의 성립을 인정한 것은 강도죄의 성립에 관한 법리를 오해하여 판결 결과에 영향을 미친 명백한 위법이 있다 할 것이다.

이 점을 지적하는 취지의 피고인의 상고이유의 주장은 이유 있다.

그러므로 원심판결 중 유죄 부분을 파기하고(원심이 유죄로 인정한 피고인에 대한 판시 각 죄는 형법 제37조 전단의 경합범 관계에 있어 모든 죄에 대하여 하나의 형이 선고되었으므로 유죄 부분 전부를 파기한다), 사건을 다시 심리·판단하도록 원심법원에 환송하기로 하여 관여 대법관의 일치된 의견으로 주문과 같이 판결한다.

대법관 차한성(재판장) 고현철 김지형(주심) 전수안

참고판례

(가) 대법원 2007. 12. 13. 선고 2007도7601 판결 【강도치상(인정된 죄명: 절도 · 상해)】 (공2008, 89)

이른바 '날치기'와 같이 강제력을 사용하여 재물을 절취하는 행위가 때로는 피해자를 넘어뜨리거나 부상케 하는 경우가 있고, 그러한 결과가 피해자의 반항 억압을 목적으로 함이 없이 점유탈취의 과정에서 우연히 가해진 경우라면 이는 강도가 아니라 절도에 불과하다고 보아야 할 것이지만(대법원 2003. 7. 25. 선고 2003도2316 판결 참조), 그 강제력의 행사가 사회통념상 객관적으로 상대방의 반항을 억압하거나 항거불능케 할 정도의 것이라면 이는 강도죄에서의 폭행에 해당하므로(대법원 2004. 10. 28. 선고 2004도4437 판결 등 참조), 날치기 수법의 점유탈취 과정에서 이를 알아채고 재물을 뺏기지 않으려는 피해자의 반항에 부딪혔음에도 계속하여 피해자를 끌고 가면서 억지로 재물을 빼앗은 행위는 피해자의 반항을 억압한 후 재물을 강취한 것으로서 강도의 죄로 의율함이 마땅하다.

원심이 적법하게 인정한 바에 따르면, 피고인들은 빌린 승용차를 함께 타고 돌아다니다가 범행대상 여자가 나타나면 피고인 갑이 범행대상을 쫓아가 돈을 빼앗고 피고인 을은 승용차에서 대기하다가 범행을 끝낸 피고인 갑을 차에 태워 도주하기로 공모한 다음, 2006. 12. 1. 11:00경 대구 수성구 황금동 소재 P아파트 부근으로 차량을 운전해 가 운전석 창문으로 농협 현금인출기가 잘 보이도록 차량을 주차해 놓고 1시간 동안 그곳에서 돈을 인출하는 사람을 지켜보고 있던 중, 피해자 공소외인(여, 55세)이 위 현금인출기에서 돈을 인출하여 가방에 넣고 나오는 것을 발견하고 피고인 갑이 차에서 내려 피해자를 뒤따라간 사실, 피고인 갑은 그 곳에서 400m 가량 떨어진 Q은행 R지점 입구까지 5~6m 정도의 거리를 두고 피해자를 따라가다가 피해자가 상가건물 안의 위 은행으로 들어가려고 하는 것을 보고 피해자의 뒤쪽 왼편으로 접근하여 피해자의 왼팔에 끼고 있던 손가방의 끈을 오른손으로 잡아당겼으나 피해자는 가방을 놓지 않으려고 버티다가 몸이 돌려지면서 등을 바닥 쪽으로 하여 넘어진 사실, 피고인 갑이 가방 끈을 잡고 계속하여 당기자 피해자는 바닥에 넘어진 상태로 가방 끈을 놓지 않은 채 “내 가방, 사람 살려!!!”라고 소리치면서 약 5m 가량 끌려가다가 힘이 빠져 가방을 놓쳤고, 그 사이에 위 피고인은 피해자의 가방을 들고 도망가던 중 아파트경비업체 직원에게 붙잡힌 사실, 피고인 갑의 위와 같은 행위로 인하여 피해자의 가방이 약간 찢어졌으며, 피해자는 바닥에 넘어져 끌려가는 과정에서 왼쪽 무릎이 조금 긁히고 왼쪽 어깨부위에 견관절 염좌상을 입은 사실이 인정된다.

사실관계가 이러하다면, 피고인 갑이 피해자로부터 가방을 탈취하면서 피해자에게 사용한 강제력이 단지 피해자로부터 순간적이고 강력적인 방법으로 가방을 절취하는 날치기 수법의 절도행위 과정에서 우연히 가해진 것에 불과하다고 볼 수는 없으며, 이는 가방을 뺏기지 않으려는 피해자의 반항을 억압하기 위한 목적에서 행해진 것이고 또 피해자의 반항을 억압하기에 족한 정도의 폭행에 해당한다 할 것이다.

그런데도 원심은 이와 반대로 판단하여 위와 같은 피고인들의 행위를 강도치상죄가 아닌 절도죄 및 상해죄의 경합범으로 의율하고 말았으니, 이러한 원심판결에는 절도 및 강도의 죄에 관한 법리를 오해하여 판결에 영향을 미친 위법이 있다. 이 점을 지적하는 검사의 상고논지는 이유가 있다.

(나) 대법원 1995. 3. 28. 선고 95도91 판결【특수강도・폭력행위등처벌에관한법률위반】(공1995, 1786)

원심이 인정한 범죄사실 제1항은 피고인이 1994. 4 .2. 01:00경 광주 광산구 비아동 소재 피해자 A의 집에 찾아와 위 피해자로부터 금원을 강취할 것을 마음먹고 그 곳 방안에 있던 길이 약 25cm 가량의 과도를 위 피해자의 좌측어깨부분에 들이대고 “돈이 얼마 있느냐, 통장에는 돈이 있느냐”라고 말하고 위 피해자가 돈이 없다고 하자 위 피해자를 광주 북구 운암동 소재 P 여관 (호실 생략)으로 강제로 끌고 가 문을 잠근 후 위 피해자에게 계속하여 돈을 요구하면서 주먹으로 얼굴을 5, 6회 가량 때리고, 오른발로 허벅지를 3회 가량 때려 위 피해자의 항거를 불능케 한 다음, 같은 날 19:00경 광주 북구 신암동 소재 (상호 생략)에서 위 피해자로부터 금 350,000원을 교부받아 이를 강취하였다는 것이다.

살피건대 강도죄는 피해자의 의사를 억압하여 반항을 불가능하게 할 정도의 폭행, 협박을 수단으로 하여 재물을 강취하거나 기타 재산상의 이익을 취득하거나 제3자로 하여금 취득하게 하는 범죄이므로, 강도죄에 있어서의 강취는 피해자의 의사가 억압되어 반항이 불가능한 상태에서 피해자의 의사에 반하여 재물을 자기 또는 제3자의 점유로 옮기는 것이라 할 것이다.

그런데 위 원심 인정 사실에 의하면 피고인이 1994. 4. 2. 01:00경 피해자 A의 집과 여관에서 위와 같은 폭행, 협박을 한 후 그로부터 상당한 시간이 경과한 후인 같은 날 19:00경 다른 장소에서 위 금원을 교부받았다는 것인바, 그렇다면 피고인의 위와 같은 폭행, 협박으로 인하여 위 피해자의 의사가 억압하여 반항이 불가능한 정도에 이르렀다고 하더라도 그 후 피고인의 폭행, 협박으로부터 벗어난 이후에는 그러한 의사억압상태가 계속된다고 보기는 어렵다 할 것이고, 기록을 살펴보아도 위 금원 교부 당시에 다시 피해자의 의사를 억압하여 반항을 불가능하게 할 정도의 폭행, 협박이 있었다거나, 이전의 폭행, 협박으로 인한 의사억압 상태가 위 금원교부시까지 계속되었다고 볼 특별한 사정이 있었다고 볼 증거는 없고, 오히려 기록상 위 피해자가 피고인과 헤어진 후 피고인으로부터 다시 돈을 요구하는 무선호출연락을 받고 피고인이 다시 행패를 부릴 것이 두려워 은행에서 예금을 인출하여 피고인에게 지급하였다는 사정이 엿보이므로(수사기록 87면), 위 금원교부는 위 피해자의 의사에 반하여 반항이 불가능한 상태에서 강취된 것이라기보다는 피해자의 하자 있는 의사에 의하여 교부된 즉 갈취당한 것으로 보인다.

따라서 위와 같은 사실관계라면 특수강도죄의 미수로 처벌할 수는 있을지언정 이를 특수강도죄의 기수로 처벌한 원심판결에는 위 재물의 교부가 피해자의 의사에 의한 것인지 아니면 피해자의 의사와 무관하게 강취당한 것인지에 관하여 심리를 제대로 하지 아니한 채 사실을 오인하였거나 특수강도죄 소정의 강취의 점에 관하여 법리를 오해한 위법이 있다 할 것이다.

(다) 대법원 1999. 3. 9. 선고 99도242 판결【강도살인 · 강도예비】(공1999, 707)

원심판결 이유에 의하면, 원심은 피고인이 피해자 경영의 소주방에서 금 35,000원 상당의 술과 안주를 시켜 먹은 후 피해자가 피고인에게 술값을 지급할 것을 요구하며 피고인의 허리를 잡고 피고인이 도망가지 못하게 하자 피고인은 그 술값을 면할 목적으로 피해자를 살해하고, 곧바로 피해자가 소지하고 있던 현금 75,000원을 꺼내어 갔다고 인정하였는바, 원심이 유지한 제1심판결이 채택한 증거들을 기록과 대조하여 검토하여 보면 원심의 이러한 사실인정은 정당하고, 여기에 피고인과 국선변호인이 논하는 바와 같은 채증법칙 위반으로 인한 사실오인의 위법이 있다고 할 수 없다.

한편 제1심판결이 채택한 증거들에 의하면 피고인이 피해자를 살해할 당시 그 소주방 안에는 피고인과 피해자 두 사람밖에 없었음을 알 수 있는바, 그와 같은 경우 피고인이 피해자를 살해하면 피해자는 피고인에 대하여 술값 채권을 행사할 수 없게 되고, 피해자 이외의 사람들에게는 피해자가 피고인에 대하여 술값 채권을 가지고 있음이 알려져 있지 아니한 탓으로 피해자의 상속인이 있다 하더라도 피고인에 대하여 그 채권을 행사할 가능성은 없다 하겠다. 그러므로 위와 같은 상황에서 피고인이 채무를 면탈할 목적으로 피해자를 살해한 것은 재산상의 이익을 취득할 목적으로 피해자를 살해한 것이라 할 수 있고, 또한 피고인이 피해자를 살해한 행위와 즉석에서 피해자가 소지하였던 현금을 탈취한 행위는 서로 밀접하게 관련되어 있기 때문에 살인행위를 이용하여 재물을 탈취한 행위라고 볼 수 있으니 원심이 피고인의 위와 같은 일련의 행위에 대하여 강도살인죄의 성립을 인정한 조치는 정당하고(대법원 1985. 10. 22. 선고 85도1527 판결 참조), 그와 같은 조치에 피고인이 논하는 바와 같은 강도살인죄의 법리오해의 위법이 있다고 할 수 없다.

(라) 대법원 2004. 6. 24. 선고 2004도1098 판결【강도살인 · 사체유기】(공2004, 1274)

1. 원심은, 그 채용 증거에 의하여 피고인이 피해자와 채무 변제기의 유

예 여부 등을 놓고 언쟁을 벌이다가 순간적으로 피해자를 살해하여 피해자에 대한 채무의 지급을 면하기로 마음먹고, 마침 바닥에 떨어져 있던 망치로 피해자의 뒷머리 부분을 수회 때리는 등의 방법으로 피해자를 살해한 다음, 피해자의 상의 주머니 안에서 피해자 소유의 현금 120만 원과 신용카드 등이 들어 있는 지갑 1개를 꺼내어 가 이를 강취하였다고 판단하여, 피고인을 강도살인죄로 처단한 제1심판결을 그대로 유지하였다.

2. 그러나 원심의 이러한 판단은 수긍할 수 없다.

가. 강도살인죄가 성립하려면 먼저 강도죄의 성립이 인정되어야 하고, 강도죄가 성립하려면 불법영득(또는 불법이득)의 의사가 있어야 하며(대법원 1986. 6. 24. 선고 86도776 판결 참조), 형법 제333조 후단 소정의 이른바 강제이득죄의 성립요건인 '재산상 이익의 취득'을 인정하기 위하여는 재산상 이익이 사실상 피해자에 대하여 불이익하게 범인 또는 제3자 앞으로 이전되었다고 볼 만한 상태가 이루어져야 하는데, 채무의 존재가 명백할 뿐만 아니라 채권자의 상속인이 존재하고 그 상속인에게 채권의 존재를 확인할 방법이 확보되어 있는 경우에는 비록 그 채무를 면탈할 의사로 채권자를 살해하더라도 일시적으로 채권자 측의 추급을 면한 것에 불과하여 재산상 이익의 지배가 채권자 측으로부터 범인 앞으로 이전되었다고 보기는 어려우므로, 이러한 경우에는 강도살인죄가 성립할 수 없다고 보아야 한다.

그런데 이 사건 기록에 의하면, 피해자와 피고인 사이에 언쟁이 일어난 원인과 범행 경위 등에 비추어 피고인이 자신의 차용금 채무를 면탈할 목적으로 피해자를 살해한 것이라고 단정하기 어렵고 오히려 그보다는 피고인의 주장처럼, 피해자가 피고인의 변제기 유예 요청을 거부하면서 피고인을 심히 모욕하는 바람에 격분을 일으켜 억제하지 못하고 살해의 범행에 이르렀다고 보는 것이 타당할 뿐 아니라, 피고인과 피해자 사이에 차용증서가 작성되지는 않았지만 피해자의 그 상속인 중 한 사람인 A(피해자의 처)가 피해자로부터 전해 들어 이미 피고인에 대한 대여금 채권의 존재를 알고 있었던 것으로 보이므로, 가사 피고인이 그 차용금 채무를 면탈할 목적으로 피해자를 살해하였다고 하더라도 이 경우에는 일시적으로 피해자 측의 추급을 면한 것에 불과할 것이어서, 이러한 사정만으로 곧바로 강도살인죄가 성립한다고 볼 수는 없을 것이다.

나. 한편, 피고인이 피해자를 살해한 후 피해자의 재물을 강취하였다고 단정하기도 어렵다.

기록에 의하면, 피고인은 살해 직후 피해자가 운전하고 온 차량의 적재함에 피해자의 시체를 싣고 보니 마침 그 상의 조끼에 지갑이 있는 것을 발견하고, 장차 시체가 발견될 때 피해자의 신원이 밝혀지는 게 두려워 이를 숨기기 위하여 지갑을 꺼내 그 차량의 사물함에 통째로 넣어두었다가(따라서 이때까지는 피고인에게 지갑 속의 재물에 대한 불법영득의 의사를 인정하기 어렵다), 그로부터 15시간 가량 지난 후인 그 다음날 10:00경 범행현장에 다시 왔을 때 지갑 속에 들어 있던 돈과 피해자의 바지주머니에 별도로 들어 있던 10만 원 가량의 돈을 꺼냈다가, 지갑 속의 돈은 피에 젖어 사용할 수 없을 것으로 생각하여 며칠 후 P산 계곡에다 지갑째로 버리고, 다만 바지주머니에서 꺼낸 돈을 유류대금과 담뱃값 등으로 사용하였음을 알 수 있다.

강도살인죄는 강도범인이 강도의 기회에 살인행위를 함으로써 성립하는 것이므로, 강도범행의 실행중이거나 그 실행 직후 또는 실행의 범의를 포기한 직후로서 사회통념상 범죄행위가 완료되지 아니하였다고 볼 수 있는 단계에서 살인이 행하여짐을 요건으로 하는데(대법원 1996. 7. 12. 선고 96도1108 판결 참조), 피고인이 피해자 소유의 돈과 신용카드에 대하여 불법영득의 의사를 갖게 된 것은 살해 후 상당한 시간이 지난 후로서 살인의 범죄행위가 이미 완료된 후의 일로 보이므로, 살해 후 상당한 시간이 지난 후에 별도의 범의에 터잡아 이루어진 재물 취거행위를 그보다 앞선 살인행위와 합쳐서 강도살인죄로 처단할 수는 없다.

다. 그럼에도 불구하고, 원심은 그 판시와 같은 이유로 피고인을 강도살인죄로 처단한 제1심판결을 그대로 유지하였으니, 거기에는 채증법칙 위배로 인한 사실오인 또는 강도살인죄의 성립에 관한 법리오해의 위법이 있다고 아니할 수 없다.

쟁점연구

1. 폭행 · 협박

가. 강도죄의 행위는 폭행 · 협박으로 타인의 재물을 강취하거나 재산상의 이익을 취득하는 것이다. 이 때 폭행 · 협박은 어느 정도에 이르러야 하는가? 도입판례를 참고하여 정리해보자.

나. 이에 비추어 볼 때 다음은 강도죄의 폭행 또는 협박이 있는 경우인가?

(i) 약을 탄 오렌지쥬스를 권유하여 마시게 한 다음 깊은 잠에 빠지자 가방에서 현금을 꺼내어간 경우(대법원 1984. 12. 11. 선고 84도2324 판결)

(ii) 기소중지중에 있는 피해자를 승합차에 태운 후 공동묘지로 가면서 경찰관을 사칭하여 돈을 주지 않으면 풀어줄 수 없다는 등으로 협박하여 돈을 입금받은 경우(대법원 2001. 3. 23. 선고 2001도359 판결)

(iii) 날치기{참고판례 (가)}

(iv) 날치기에 대한 피해자의 반항을 억압한 경우{참고판례 (가)}

2. 재물의 강취

가. 참고판례 (나)를 참고하여 강취의 의미를 정리해 보자.

나. 도입판례와 참고판례 (나)를 종합하여 볼 때 강도죄의 강취가 성립하려면 폭행 · 협박과 재물의 취득 사이에 어떠한 관련이 있어야 하는가?

3. 재산상 이익의 취득

가. 참고판례 (다)에 비추어 볼 때 강도죄의 성립을 위하여 피해자의 처분행위가 필요하다고 할 것인가?

나. 참고판례 (다)와 (라)는 모두 채무관계와 관련하여 살인행위가 있은 사안이다. 그런데 강도살인죄의 성부에 관하여 결론은 엇갈린다. 그 이유는 무엇인가?

다. 위 'Ⅱ. 절도·강도죄의 객체' 참고판례 (마)의 사안에서 지불각서를 작성한 것만으로 피해자가 현실적으로 금전적 손해를 받은 바 없고 이러한 때문에 그 판례의 원심은 무죄를 선고하였으나 대법원은 그래도 강도죄의 성립을 인정하였다. 이에 비추어 보면, 참고판례 (라)의 사안도 강도죄가 성립하여야 한다고 볼 수는 없는가? 양 판례는 어떻게 설명할 것인가?

V. 특수절도 · 강도 등

도입판례

대법원 1998. 5. 21. 선고 98도321 전원합의체 판결【강도상해 · 특수절도 · 사기】(집46-1, 648)

【피 고 인】 갑
【상 고 인】 피고인
【변 호 인】 변호사 박태운
【원심판결】 서울고법 1998. 1. 16. 선고 97노2329 판결
【주　　문】 상고를 기각한다.
상고 이후의 구금일수 중 100일을 본형에 산입한다.
【이　　유】

* * *

2. 합동범의 공동정범의 성립 여부 주장(1997. 4. 18. 04:08경 삼성동 소재 P편의점에서 범하였다는 특수절도죄)에 대하여

가. 형법 제331조 제2항 후단의 '2인 이상이 합동하여 타인의 재물을 절취한 자'(이하 '합동절도'라고 한다)에 관한 규정은 2인 이상의 범인이 범행현장에서 합동하여 절도의 범행을 하는 경우는 범인이 단독으로 절도 범행을 하는 경우에 비하여 그 범행이 조직적이고 집단적이며 대규모적으로 행하여져 그로 인한 피해도 더욱 커지기 쉬운 반면 그 단속이나 검거는 어려워지고, 범인들의 악성도 더욱 강하다고 보아야 할 것이기 때문에 그와 같은 행위를 통상의 단독 절도범행에 비하여 특히 무겁게 처벌하기 위한 것이다.

합동절도가 성립하기 위하여는 주관적 요건으로 2인 이상의 범인의

공모가 있어야 하고, 객관적 요건으로 2인 이상의 범인이 현장에서 절도의 실행행위를 분담하여야 하며, 그 실행 행위는 시간적, 장소적으로 협동관계가 있음을 요한다.

나. 한편 2인 이상이 공동의 의사로서 특정한 범죄행위를 하기 위하여 일체가 되어 서로가 다른 사람의 행위를 이용하여 각자 자기의 의사를 실행에 옮기는 내용의 공모를 하고, 그에 따라 범죄를 실행한 사실이 인정되면 그 공모에 참여한 사람은 직접 실행행위에 관여하지 아니하였더라도 다른 사람의 행위를 자기 의사의 수단으로 하여 범죄를 하였다는 점에서 자기가 직접 실행행위를 분담한 경우와 형사책임의 성립에 차이를 둘 이유가 없는 것인바(형법 제30조), 이와 같은 공동정범 이론을 형법 제331조 제2항 후단의 합동절도와 관련하여 살펴보면, 2인 이상의 범인이 합동절도의 범행을 공모한 후 1인의 범인만이 단독으로 절도의 실행행위를 한 경우에는 합동절도의 객관적 요건을 갖추지 못하여 합동절도가 성립할 여지가 없는 것이지만, 3인 이상의 범인이 합동절도의 범행을 공모한 후 적어도 2인 이상의 범인이 범행 현장에서 시간적, 장소적으로 협동관계를 이루어 절도의 실행행위를 분담하여 절도 범행을 한 경우에는 위와 같은 공동정범의 일반 이론에 비추어 그 공모에는 참여하였으나 현장에서 절도의 실행행위를 직접 분담하지 아니한 다른 범인에 대하여도 그가 현장에서 절도 범행을 실행한 위 2인 이상의 범인의 행위를 자기 의사의 수단으로 하여 합동절도의 범행을 하였다고 평가할 수 있는 정범성의 표지를 갖추고 있다고 보여지는 한 그 다른 범인에 대하여 합동절도의 공동정범의 성립을 부정할 이유가 없다고 할 것이다(대법원 1956. 5. 1. 선고 4289형상35 판결; 1960. 6. 15. 선고 4293형상60 판결 등 참조).

형법 제331조 제2항 후단의 규정이 위와 같이 3인 이상이 공모하고 적어도 2인 이상이 합동절도의 범행을 실행한 경우에 대하여 공동정범의 성립을 부정하는 취지라고 해석할 이유가 없을 뿐만 아니라, 만일 공동정범의 성립가능성을 제한한다면 직접 실행행위에 참여하지 아니하면서 배후에서 합동절도의 범행을 조종하는 수괴는 그 행위의 기여도가 강력함에도 불구하고 공동정범으로 처벌받지 아니하는 불합리한 현상이 나타날 수 있다. 그러므로 합동절도에서도 공동정범과 교사범 · 종범의 구별기준은 일반원칙에 따라야 하고, 그 결과 범행현장에 존재하지 아니한 범인도 공동정범이 될 수 있으며, 반대로 상황에 따라서는 장소적으로 협동한 범인도 방조만 한 경우에는 종범으로 처벌될 수도 있다.

이와 다른 견해를 표명하였던 대법원 1976. 7. 27. 선고 75도2720 판결 등은 이를 변경하기로 한다.

다. 원심판결 이유에 의하면, 원심은 제1심이 채택한 증거들을 인용하여 피고인에 대하여 1997. 4. 18. 04:08경 삼성동 소재 P편의점에서 범한 특수절도죄를 유죄로 인정하였다. 그런데 원심이 인용한 제1심판결이 채택한 증거들을 기록과 대조하여 검토하여 보면, 속칭 삐끼주점의 지배인인 피고인이 피해자 A로부터 신용카드를 강취하고 신용카드의 비밀번호를 알아낸 후 현금자동지급기에서 인출한 돈을 삐끼주점의 분배관례에 따라 분배할 것을 전제로 하여 원심 공동피고인 갑(삐끼), 을(삐끼주점 업주) 및 공소외인(삐끼)과 피고인은 삐끼주점 내에서 피해자를 계속 붙잡아 두면서 감시하는 동안 원심 공동피고인 갑, 을 및 공소외인은 피해자의 위 신용카드를 이용하여 현금자동지급기에서 현금을 인출하기로 공모하였고, 그에 따라 원심 공동피고인 갑, 을 및 공소외인이 1997. 4. 18. 04:08경 서울 강남구 삼성동 소재 P편의점에서 합동하여 현금자동지급기에서 현금 4,730,000원을 절취한 사실을 인정하기에 넉넉한바, 비록 피고인이 범행 현장에 간 일이 없다 하더라도 위와 같은 사실관계 하에서라면 피고인이 합동절도의 범행을 현장에서 실행한 원심 공동피고인 갑, 을 및 공소외인과 공모한 것만으로도 그들의 행위를 자기 의사의 수단으로 하여 합동절도의 범행을 하였다고 평가될 수 있는 합동절도 범행의 정범성의 표지를 갖추었다고 할 것이고, 따라서 위 합동절도 범행에 대하여 공동정범으로서의 죄책을 면할 수 없다. 같은 취지의 원심의 판단은 정당하고, 여기에 논하는 바와 같은 법리오해의 위법이 있다고 할 수 없다. 이 점에 관한 논지도 이유가 없다.

* * *

4. 그러므로 상고를 기각하고 상고 이후의 구금일수 중 일부를 주문 기재와 같이 본형에 산입하기로 하여 관여 법관의 일치된 의견으로 주문과 같이 판결한다.

대법관 윤관(재판장) 최종영 천경송 정귀호 박준서 이돈희 김형선 지창권 신성택 이용훈 이임수(주심) 송진훈 서성

참고판례

(가) 대법원 2006. 9. 14. 선고 2006도2824 판결【야간주거침입절도미수】(공 2006, 1770)

야간에 타인의 재물을 절취할 목적으로 사람의 주거에 침입한 경우에는 주거에 침입한 단계에서 이미 형법 제330조에서 규정한 야간주거침입절도죄라는 범죄행위의 실행에 착수한 것이라고 보아야 한다(대법원 2003. 10. 24. 선고 2003도4417 판결 참조).

원심판결 이유에 의하면 원심은, 피고인은 출입문이 열려있는 집에 들어가 재물을 절취하기로 마음먹고 피해자들이 주거하는 이 사건 다세대주택에 들어가 그 건물 101호의 출입문을 손으로 당겨보았는데 문이 잠겨 있자 그 옆의 102호, 2층의 201호, 202호, 3층의 301호, 302호, 옆 건물의 주택 1층에 이르러 똑같이 출입문을 당겨보았는데 모두 잠겨있어 범행에 실패하였고, 그 후 위 주택 2층의 문이 열려 있어 피고인이 제1심 판시 유죄 부분과 같은 절취범행을 한 사실을 인정한 다음, 이 부분에서와 같이 피고인이 잠긴 출입문을 부수거나 도구를 이용하여 강제로 열려는 의사가 전혀 없이, 즉 출입문이 잠겨 있다면 침입할 의사가 전혀 없이 손으로 출

입문을 당겨보아 출입문이 잠겨 있는지 여부를 확인한 것이라면 이는 범행의 대상을 물색한 것에 불과하여 피고인의 이 부분 행위는 야간주거침입절도죄의 예비단계에 불과하고 그 실행의 착수에 나아가지 않은 것이라고 판단하였다.

그러나 주거침입죄의 실행의 착수는 주거자, 관리자, 점유자 등의 의사에 반하여 주거나 관리하는 건조물 등에 들어가는 행위, 즉 구성요건의 일부를 실현하는 행위까지 요구하는 것은 아니고 범죄구성요건의 실현에 이르는 현실적 위험성을 포함하는 행위를 개시하는 것으로 족하다고 할 것이므로(대법원 2003. 10. 24. 선고 2003도4417 판결 참조), 원심 판시와 같이 출입문이 열려 있으면 안으로 들어가겠다는 의사 아래 출입문을 당겨보는 행위는 바로 주거의 사실상의 평온을 침해할 객관적인 위험성을 포함하는 행위를 한 것으로 볼 수 있어 그것으로 주거침입의 실행에 착수가 있었고, 단지 그 출입문이 잠겨 있었다는 외부적 장애요소로 인하여 뜻을 이루지 못한 데 불과하다 할 것이다.

(나) 대법원 2004. 10. 15. 선고 2004도4505 판결【특수절도(인정된 죄명: 절도)】(공2004, 1902)

1. 공소사실의 요지 및 원심의 판단

이 사건 공소사실의 요지는, "피고인은 2004. 1. 8. 22:50경 남원시 광치동에 있는 피해자 경영의 편의점 앞에 이르러 위 상점 출입문을 발로 걷어차 출입문의 시정장치를 손괴하고 그 안으로 침입한 다음, 상점 내에 진열되어 있던 피해자 소유의 담배를 봉투에 넣고, 카운터의 금고에서 피해자 소유의 현금을 꺼내어 피고인의 상의 주머니에 집어넣어 이를 절취하였다"라는 것이다.

이에 대하여 원심은, 그 채택 증거에 의하면 위 상점의 출입문 하단 잠금 고리가 약간 벌어져 있는 사실은 인정되나, 피고인이 술에 취하여 발로 출입문을 걷어차 위와 같은 상태를 만든 것만으로는 피고인이 건조물의 일부를 손괴한 것이라고 볼 수 없다는 이유로, 피고인을 특수절도죄로 의율하여 처벌한 제1심판결을 파기하고 이 사건 공소사실에 포함되어 있는 절도죄만을 유죄로 인정하였다.

2. 이 법원의 판단

그러나 위와 같은 원심의 판단은 수긍하기 어렵다.

형법 제331조 제1항은 야간에 문호 또는 장벽 기타 건조물의 일부를 손괴하고 형법 제330조의 장소에 침입하여 타인의 재물을 절취한 자는 1년 이상 10년 이하의 징역에 처한다고 규정하고 있는바, 형법 제331조 제1항에 정한 '문호 또는 장벽 기타 건조물의 일부'라 함은 주거 등에 대한 침입을 방지하기 위하여 설치된 일체의 위장시설(圍障施設)을 말하고(대법원 2003. 2. 28. 선고 2003도120 판결 참조), '손괴'라 함은 물리적으로 위와 같은 위장시설을 훼손하여 그 효용을 상실시키는 것을 말한다고 할 것이다.

원심이 인용한 제1심판결의 채택 증거들에 의하면, 이 사건 당시 피고인은 상점의 불이 꺼져 있어 사람이 없는 것으로 생각하고 상점의 출입문을 손으로 열어보려고 하였으나 출입문은 그 하단에 부착되어 있던 잠금 고리에 의하여 잠겨져 있어 열리지 않았는데, 피고인이 출입문을 발로 걷어차자 잠금 고리의 아래쪽 부착 부분이 출입문에서 떨어져 출입문과의 사이가 뜨게 되면서 출입문이 열리게 되었고, 이에 피고인이 상점 안으로 침입하여 판시와 같이 피해자의 재물을 절취하였음을 알 수 있는바, 이러한 피고인의 행위는 물리적으로 위장시설을 훼손하여 그 효용을 상실시키는 행위에 해당한다고 할 것이다.

그런데도 원심은 피고인의 행위가 형법 제331조 제1항에 정한 위장시설의 손괴에 해당하지 않는다고 판단하여 피고인을 절도죄만으로 의율하여 처벌하였으니, 원심판결에는 형법 제331조 제1항에 관한 법리를 오해하거나 채증법칙을 위배하여 사실을 오인한 위법이 있다고 할 것이고, 이러한 위법은 판결에 영향을 미쳤음이 분명하다.

(다) 대법원 1991. 11. 22. 선고 91도2296 판결 【특정범죄가중처벌등에관한법률위반(강도강간등)・특수강도】 (집39-4, 759)

원심판결 이유에 의하면, 원심은 피고인이 야간에 타인의 재물을 강취하기로 마음먹고 흉기인 칼을 휴대한 채 시정되어 있지 않은 피해자 A의 집

현관문을 열고 마루까지 침입하여 동정을 살피던 중 마침 혼자서 집을 보던 피해자 A의 손녀 피해자 B(14세)가 화장실에서 용변을 보고 나오는 것을 발견하고 갑자기 욕정을 일으켜 칼을 피해자 B의 목에 들이대고 방안으로 끌고 들어가 밀어 넘어뜨려 반항을 억압한 다음 강제로 1회 간음하여 동 피해자를 강간하였다는 제1심 판시 제2기재 범죄사실에 대하여 제1심이 적법하게 조사하여 채택한 증거들을 종합하면 이를 인정하기에 충분하다고 전제한 다음 구 특정범죄가중처벌등에관한법률(1989. 3. 25. 법률 제4090호) 제5조의6 제1항, 형법 제334조 제2항, 제1항, 제297조를 적용 처단하였다.

그러나 형법 제334조 제1, 2항 소정의 특수강도의 실행의 착수는 어디까지나 강도의 실행행위, 즉 사람의 반항을 억압할 수 있는 정도의 폭행 또는 협박에 나아갈 때에 있다 할 것이고, 위와 같이 야간에 흉기를 휴대한 채 타인의 주거에 침입하여 집안의 동정을 살피는 것만으로는 동 법조에서 말하는 특수강도의 실행에 착수한 것이라고 할 수 없으므로 위의 특수강도에 착수하기도 전에 저질러진 위와 같은 강간행위가 위 구 특정범죄가중처벌등에관한법률 제5조의6 제1항 소정의 특수강도강간죄에 해당한다고 판단한 원심판결에는 동 범죄의 성립에 관한 법리를 오해하여 판결에 영향을 미친 위법이 있다 하지 않을 수 없고, 따라서 이 점을 지적하는 논지는 이유 있다.

(라) 대법원 1992. 7. 28. 선고 92도917 판결【특수강도[인정된죄명: 특정범죄가중처벌등에관한법률위반(강도) 등】(공1992, 2696)

형법 제334조 제1항 소정의 야간주거침입강도죄는 주거침입과 강도의 결합범으로서 시간적으로 주거침입행위가 선행되는 것이므로 주거침입을 한 때에 본죄의 실행에 착수한 것으로 볼 것인바, 같은 조 제2항 소정의 흉기휴대 합동강도죄에 있어서도 그 강도행위가 야간에 주거에 침입하여 이루어지는 경우에는 주거침입을 한 때에 실행에 착수한 것으로 보는 것이 타당하다.

원심판시 1의 가 (3)사실에 의하면 피고인들이 야간에 피해자 A의 집에 이르러 재물을 강취할 의도로 피고인 갑이 출입문 옆 창살을 통하여 침입하고 피고인 을은 부엌방충망을 뜯고 들어 가다가 피해자 시아버지의 헛기침에 발각된 것으로 알고 도주함으로써 뜻을 이루지 못했다는 것이고, 원심판시 1의 나 (1)사실은 피고인들이 야간에 피해자 B의 집에 이르러 피고인 갑이 담을 넘어 들어가 대문을 열고 나머지 피고인들이 집에 들어가 피고인 을이 부엌에서 식칼을 들고 방안에 들어가는 순간 비상벨이 울려 도주함으로써 뜻을 이루지 못했다는 것이므로, 피고인들이 위와 같이 야간에 주거에 침입한 이상 특수강도죄의 실행에 착수한 것으로서 그 미수범으로서 처단되어야 할 것이고 현장에서 함께 행동한 피고인으로서도 같은 죄책을 져야 함은 더 말할 나위도 없다.

(마) 대법원 1984. 9. 11. 선고 84도1398, 84감도214 판결【강도상해 · 보호감호】(집32-4, 형497)

준강도는 절도범인이 절도의 기회에 재물탈환, 항거 등 목적으로 폭행 또는 협박을 가함으로써 성립되는 것이므로, 그 폭행 또는 협박은 절도의 실행에 착수하여 그 실행 중이거나 그 실행 직후 또는 실행의 범의를 포기한 직후로서 사회통념상 범죄행위가 완료되지 아니하였다고 인정될만한 단계에서 행하여짐을 요하는 것인바, 원심판시와 같이 피고인 겸 피감호청구인이 야간에 절도의 목적으로 피해자의 집에 담을 넘어 들어간 이상 절취한 물건을 물색하기 전이라고 하여도 이미 야간주거침입절도의 실행에 착수한 것이라고 하겠고, 그 후 피해자에게 발각되어 계속 추격당하거나 재물을 면탈하고자 피해자에게 폭행을 가하였다면 그 장소가 소론과 같이 범행현장으로부터 200미터 떨어진 곳이라고 하여도 절도의 기회 계속 중에 폭행을 가한 것이라고 보아야 할 것이다.

피고인 겸 피감호청구인이 폭행을 한 시점이 절도의 실행에 착수하기 전이라거나 또는 이미 절도범인의 신분을 상실한 후라는 이유로 준강도죄가 성립되지 않는다는 논지는 이유 없다.

(바) 대법원 1999. 2. 26. 선고 98도3321 판결【강도상해(인정된 죄명: 절도 · 상해) · 주거침입】(공1999, 695)

준강도는 절도범인이 절도의 기회에 재물탈환, 항거 등의 목적으로 폭행 또는 협박을 가함으로써 성립되는 것이므로, 그 폭행 또는 협박은 절도의 실행에 착수하여 그 실행 중이거나 그 실행 직후 또는 실행의 범의를 포기한 직후로서 사회통념상 범죄행위가 완료되지 아니하였다고 인정될 만한 단계에서 행하여짐을 요한다 할 것이다(대법원 1984. 9. 11. 선고 84도1398, 84감도214 판결 참조).

원심이, 그 내세운 증거들에 의하여 판시와 같은 사실을 인정한 다음, 피고인이 피해자의 집에서 절도범행을 마친지 10분 가량 지나 피해자의 집에서 200m 가량 떨어진 버스정류장이 있는 곳에서 피고인을 절도범인이라고 의심하고 뒤쫓아 온 피해자에게 붙잡혀 피해자의 집으로 돌아왔을 때 비로소 피해자를 폭행한 것은 사회통념상 절도범행이 이미 완료된 이후라 할 것이므로 준강도죄가 성립할 수 없다고 판단하였는바, 기록과 앞서 본 법리에 비추어 보면 원심의 이러한 조치는 옳다고 여겨지고, 거기에 상고이유의 주장과 같은 법리오해의 위법이 있다고 할 수 없다.

(사) 대법원 2001. 10. 23. 선고 2001도4142, 2001감도100 판결【강도상해 · 절도{인정된 죄명: 특정범죄가중처벌등에관한법률위반(절도)} · 보호감호】(공2001, 2623)

준강도는 절도범인이 절도의 기회에 재물탈환의 항거 등의 목적으로 폭행 또는 협박을 가함으로써 성립되는 것으로서, 여기서 절도의 기회라고 함은 절도범인과 피해자 측이 절도의 현장에 있는 경우와 절도에 잇달아 또는 절도의 시간 · 장소에 접착하여 피해자 측이 범인을 체포할 수 있는 상황, 범인이 죄적인멸에 나올 가능성이 높은 상황에 있는 경우를 말하고, 그러한 의미에서 피해자 측이 추적태세에 있는 경우나 범인이 일단 체포되어 아직 신병확보가 확실하다고 할 수 없는 경우에는 절도의 기회에 해당한다고 할 것이다.

원심이 유지한 제1심이 들고 있는 관련증거들에 의하면, 피고인은 절도행위가 발각되어 도주하다가 곧바로 뒤쫓아 온 보안요원 A에게 붙잡혀 보안사무실로 인도되어 피해자로부터 그 경위를 확인받던 중 체포된 상태를 벗어나기 위해서 위 피해자에게 폭행을 가하여 상해를 가한 사실이 인정되고, 사실관계가 이러하다면 피고인은 일단 체포되었다고는 하지만 아직 신병확보가 확실하다고 할 수 없는 단계에서 체포된 상태를 면하기 위해서 피해자를 폭행하여 상해를 가한 것이므로 이러한 피고인의 행위는 절도의 기회에 체포를 면탈할 목적으로 폭행하여 상해를 가한 것으로서 강도상해죄에 해당한다고 할 것이고, 원심이 유지한 제1심이 그 범죄사실로서 적시하고 있는 "피해자에게 붙들리자, 그 체포를 면탈할 목적으로 위 피해자의 얼굴을 주먹으로 1회 때려 폭행을 가하고"라는 것은 위와 같은 취지를 간결하게 나타낸 것에 불과하고, 거기에 준강도죄의 성립에 있어서 절도행위와 폭행·협박의 관련성 및 강도상해죄에 관한 법리오해 등의 위법은 없다.

(아) 대법원 2006. 9. 14. 선고 2004도6432 판결 【강도예비】 (집54-2, 472)

1. 상고이유에 대한 판단

가. 기록에 의하면, 피고인은 상습으로 절도 범행이 발각될 염려가 거의 없는 심야의 인적이 드문 주택가 주차장이나 길가에 주차된 자동차를 골라 그 문을 열고 동전 등 물건을 훔치는 범행을 계속해 온 사실 등을 알 수 있는바, 이에 의하면 피고인이 주택가를 배회하며 범행 대상을 물색할 당시 비록 등산용 칼 등을 휴대하고 있었다 하더라도 피고인에게 타인으로부터 금품을 강취할 목적이 있었음이 합리적인 의심이 없는 정도로 증명되었다고 보기는 어려우므로, 같은 취지의 제1심판결을 유지한 원심의 판단은 옳고, 거기에 상고이유에서 주장하는 바와 같은 채증법칙 위반의 위법이 있다고 할 수 없다.

나. 강도예비·음모죄에 관한 형법 제343조는 "강도할 목적으로 예비 또는 음모한 자는 7년 이하의 징역에 처한다"고 규정하고 있는바, 그 법정형이 단순 절도죄의 법정형을 초과하는 등 상당히 무겁게 정해져 있고, 원래 예비·음모는 법률에 특별한 규정이 있는 경우에 한하여 예외적으로 처벌의 대상이 된다는 점(형법 제28조)을 고려하면, 강도예비·음모죄로 인정되는 경우는 위 법정형에 상당한 정도의 위법성이 나타나는 유형의 행위로 한정함이 바람직하다 할 것이다.

그런데 준강도죄에 관한 형법 제335조는 "절도가 재물의 탈환을 항거하거나 체포를 면탈하거나 죄적을 인멸할 목적으로 폭행 또는 협박을 가한 때에는 전2조의 예에 의한다"라고 규정하고 있을 뿐 준강도를 항상 강도와 같이 취급할 것을 명시하고 있는 것은 아니고, 절도범이 준강도를 할 목적을 가진다고 하더라도 이는 절도범으로서는 결코 원하지 않는 극단적인 상황인 절도 범행의 발각을 전제로 한 것이라는 점에서 본질적으로 극히 예외적이고 제한적이라는 한계를 가질 수밖에 없으며, 형법은 흉기를 휴대한 절도를 특수절도라는 가중적 구성요건(형법 제331조 제2항)으로 처벌하면서도 그 예비행위에 대한 처벌조항은 마련하지 않고 있는데, 만약 준강도를 할 목적을 가진 경우까지 강도예비로 처벌할 수 있다고 본다면 흉기를 휴대한 특수절도를 준비하는 행위는 거의 모두가 강도예비로 처벌받을 수밖에 없게 되어 형법이 흉기를 휴대한 특수절도의 예비행위에 대한 처벌조항을 두지 않은 것과 배치되는 결과를 초래하게 된다는 점 및 정당한 이유 없이 흉기 기타 위험한 물건을 휴대하는 행위 자체를 처벌하는 조항을 폭력행위 등 처벌에 관한 법률 제7조에 따로 마련하고 있다는 점 등을 고려하면, 강도예비 · 음모죄가 성립하기 위해서는 예비 · 음모 행위자에게 미필적으로라도 '강도'를 할 목적이 있음이 인정되어야 하고 그에 이르지 않고 단순히 '준강도'할 목적이 있음에 그치는 경우에는 강도예비 · 음모죄로 처벌할 수 없다고 봄이 상당하다.

기록에 의하여 인정되는 피고인의 전력 등에 의하면, 피고인이 휴대 중이던 등산용 칼을 그 주장하는 바와 같이 뜻하지 않게 절도 범행이 발각되었을 경우 체포를 면탈하는 데 도움이 될 수 있을 것이라는 정도의 생각에서 더 나아가, 타인으로부터 물건을 강취하는 데 사용하겠다는 생각으로 준비하였다고 단정하기는 어렵고, 이와 같이 피고인에게 준강도할 목적이 인정되는 정도에 그치는 이상 피고인에게 강도할 목적이 있었다고 볼 수 없으므로 강도예비죄의 죄책을 인정할 수는 없다 할 것이다.

같은 취지에서 강도예비죄 부분 공소사실에 대하여 무죄로 판단한 제1심판결을 그대로 유지한 원심의 조치는 옳고, 거기에 상고이유에서 주장하는 바와 같은 강도예비죄에 관한 법리오해 등의 위법이 있다고 할 수 없다.

(자) 대법원 1995. 12. 12. 선고 95도2385 판결【강도상해 · 폭력행위등처벌에 관한법률위반】(공1996, 461)

피고인이 공소외 A로부터 피해자인 공소외 B에 대한 외상물품 대금채권의 회수를 의뢰받았다 하더라도, 피고인이 위 피해자의 반항을 억압할 정도의 폭행과 협박을 가하여 재물 및 재산상 이득을 취득한 이상 이는 정당한 권리행사라고 볼 수 없음이 명백하여 강도상해죄가 성립함에는 아무런 지장이 없다 할 것이므로(당원 1962. 2. 15. 선고 4294형상677 판결 참조), 같은 취지로 판단한 원심판결은 정당하고, 거기에 논하는 바와 같이 중대한 사실오인으로 인하여 강도상해죄의 법리를 오해한 위법이 있다고 볼 수 없다.

(차) 대법원 1993. 11. 23. 선고 93도213 판결【사기】(공1994, 223)

금융기관 발행의 자기앞수표는 그 액면금을 즉시 지급받을 수 있는 점에서 현금에 대신하는 기능을 가지고 있어서 장물인 자기앞수표를 취득한 후 이를 현금 대신 교부한 행위는 장물취득에 대한 가벌적 평가에 당연히 포함되는 불가벌적 사후행위로서 별도의 범죄를 구성하지 아니한다고 봄이 상당하다 할 것이므로(당원 1987. 1. 20. 선고 86도1728 판결) 원심이 같은 견해 아래 절도범인으로부터 그 정을 알면서 자기앞수표를 교부받아 이를 음식대금으로 지급하고 거스름돈을 환불받은 피고인의 소위를 사기죄가 되지 아니한다고 판단한 조처는 정당하고 거기에 논지가 지적하는 바와 같은 심리미진이나 불가벌적 사후행위 및 사기죄에 관한 법리오해의 위법이 없다.

(카) 대법원 2008. 9. 11. 선고 2008도5364 판결【절도 · 부정경쟁방지및영업비밀보호에관한법률위반】(공2008, 1418)

부정한 이익을 얻거나 기업에 손해를 가할 목적으로 그 기업에 유용한 영업비밀이 담겨 있는 타인의 재물을 절취한 후 그 영업비밀을 사용하는 경우, 영업비밀의 부정사용행위는 새로운 법익의 침해로 보아야 하므로 위와 같은 부정사용행위가 절도범행의 불가벌적 사후행위가 되는 것은 아니다.

원심이 같은 취지에서, P산업의 영업비밀이 담겨 있는 이 사건 단가리스트 CD를 절취한 후 그 CD에 담겨 있는 영업비밀을 부정사용한 피고인의 행위가 부정경쟁방지 및 영업비밀보호에 관한 법률 제18조 제2항 위반죄에 해당한다고 본 것은 정당하고, 거기에 불가벌적 사후행위에 관한 법리오해 등의 위법이 없다.

쟁점연구

1. 야간주거침입절도

참고판례 (가)는 형법 제330조의 야간주거침입죄가 착수시기에 관한 판례이다. 만일 동일한 행위가 주간에 있었다면 어떻게 평가될 수 있는가? 또 주간에 문을 열고 들어가 물건을 절취하는 데 성공하였다면 어떠한가?

2. 특수절도

가. 형법 제331조는 특수절도죄에 관하여 규정하고 있다. 그런데 이 조항에 규정된 구성요건은 서로 다른 3가지 유형으로 구분할 수 있다. 각 구성요건의 내용을 살펴보자.

나. 형법 제334조는 특수강도죄에 관하여 규정하고 있다. 그런데 이 조항에 규정된 구성요건도 서로 다른 3가지 유형으로 구분할 수 있다. 각 구성요건의 내용을 살펴보자. 이는 특수절도죄의 그것과 어떻게 다른가?

다. 형법 제331조 제1항에서 말하는 '문호 또는 장벽 기타 건조물의 일부'의 의미를 참고판례 (나)를 통하여 알아보자.

라. 참고판례 (다)와 (라)는 모두 특수강도의 실행의 착수에 관한 것이다. 양자는 서로 모순되지 않는가? 참고판례 (가)와 보다 부합되는 것은 어느 것인가? 특수강도의 경우에는 야간주거침입절도와 실행의 착수시기를 달리할 수는 없는가?

마. 형법 제331조 제2항 후단과 형법 제334조 제2항 후단은 이른바 '합동범'을 규정한 것이다. 합동범의 성립요건을 도입판례를 통하여 정리해 보자.

바. 합동범의 공동정범이 성립되는가? 이를 인정할 경우 문제점은 없는가?

사. 형법 제331조 제1항과 제2항의 구성요건을 함께 충족시키는 경우 죄수관계는 어떻게 되는가?

3. 준강도

가. 준강도죄의 폭행·협박은 절도의 기회에 이루어져야 한다. 참고판례 (마), (바)는 이를 어떻게 이해하고 있는가?

나. 또 참고판례 (사)는 이를 어떻게 이해하고 있는가?

다. 절도현장에서 일단 벗어났다가 체포된 후 신병확보가 확실하지 않은 상황에서 체포상태를 벗어나려고 폭행을 한 경우 준강도가 성립할 것인가?

라. 강도예비죄(형법 제343조)의 '강도할 목적'에는 '준강도할 목적'도 포함되는가? 참고판례 (아)를 참고하자.

4. 권리행사와 강도죄

참고판례 (자)는 권리실행의 수단으로 폭행·협박을 한 경우에도 강도죄가 성립한다는 취지이다. 여기서는 범죄성립요소의 어느 부분이 검토되었는가? 위 'Ⅲ. 불법영득의사' 참고판례 (차)와는 무엇이 같고 무엇이 다른가?

5. 불가벌적 사후행위

가. 참고판례 (차), (카)를 참고하여 불가벌적 사후행위가 인정되는 기준이 무엇인지 생각해 보자.

나. 다음 각 경우는 불가벌적 사후행위인가?

(i) 절취한 자기앞수표 환금행위(대법원 1982. 7. 27. 선고 82도822 판결)

(ii) 절취한 신용카드를 사용하는 행위(대법원 1996. 7. 12. 선고 96도1181 판결)

(iii) 절취한 예금통장을 이용하여 예금을 인출하는 행위(대법원 1974. 11. 26. 선고 74도2817 판결)

(ⅳ) 절취한 자동차의 번호판을 때어내는 행위(대법원 2007. 9. 6. 선고 2007도4739 판결)

(ⅴ) 절취한 대마를 흡입할 목적으로 소지하는 행위(대법원 1999. 4. 13. 선고 98도3619 판결)

제 9 장 사기와 공갈의 죄

I. 구성요건의 체계

쟁점연구

1. 형법 제39장은 사기와 공갈의 죄라는 표제 하에 제347조부터 제354조를 규정하고 있다. 이 장에서 규정하는 죄들은 크게 사기의 죄와 공갈의 죄로 구분할 수 있다. 각 기본적 구성요건은 무엇인가? 그리고 기본적 구성요건이 변형된 구성요건에는 어떠한 것들이 있는가? 변형된 구성요건들은 기본적 구성요건과 어떠한 관계가 있는가?
2. 특정경제범죄가중처벌 등에 관한 법률 제3조는 사기(형법 제347조), 공갈(제350조), 상습사기·공갈(제351조)과 어떠한 관계가 있는가? 위 특별법범의 구성요건의 내용은 무엇인가?
3. 폭력행위등처벌에 관한 법률에는 특별한 요건을 부가하여 공갈죄를 가중처벌하는 규정을 두고 있다. 형법의 공갈죄 규정과는 어떠한 관계에 있는가? 그 내용은 무엇인가?

Ⅱ. 사기 · 공갈죄의 객체, 고의

도입판례

대법원 2005. 11. 24. 선고 2005도7481 판결【사기】(미간행)

【피 고 인】 갑
【상 고 인】 피고인
【변 호 인】 변호사 김정기
【원심판결】 서울서부지법 2005. 9. 15. 선고 2005노483, 722 판결
【주 문】 원심판결을 파기하고, 사건을 서울서부지방법원 합의부에 환송한다.
【이 유】

1. 원심의 판단

가. 공소사실의 요지

피고인은 서울 (상세 주소 생략)에서 'P트레이딩'이라는 상호로 스포츠용품 도매업을 운영하는 자인바, 사실은 은행대출금채무와 거래업체에 대한 미지급채무 등이 합계 3억 6,600만 원(또는 5억 3천만 원)에 이르러 피해자들로부터 스노우보드 장비 등 스포츠용품을 할인받아 납품받더라도 그 대금을 기일 내에 변제할 의사나 능력이 없음에도 불구하고, 이들로부터 스포츠용품을 납품받고 그 대금을 제때에 지급하지 않는 등으로 그 대금 상당액을 편취하기로 마음먹고,

(1) 2003. 9. 2. 시간불상경 서울 (상세 주소 생략) 소재 피해자 공소외 A가 운영하는 주식회사 Q 사무실에서 공소외 A에게 "스노우보드 장비 일체를 할인하여 납품해 주면 이를 판매하여 매월 말일에 결제하여 주겠다"고 거짓말하여 이에 속은 공소외 A로부터 즉석에서 스노우보드 장

비 일체 3,146,000원 상당을 납품받고서도 그 대금을 변제하지 않고 동액 상당의 재산상 이익을 취득한 것을 비롯하여 그 무렵부터 같은 해 10. 30.까지 8회에 걸쳐 1억 46,445,250원 상당을 납품받고서도 그 대금조로 63,827,150원 상당만 입금하거나 반품하고, 나머지 합계 64,681,660원 상당을 변제하지 않아 동액 상당의 재산상 이익을 취득하고,

(2) 2003. 9. 19. 시간불상경 서울 (상세 주소 생략) 소재 피해자 공소외 B의 주식회사 R 사무실에서 공소외 B에게 “스노우보드 장비 일체를 할인하여 납품해 주면 이를 판매하여 금년 12. 30.까지 그 대금을 전액 결제하여 주겠다”고 거짓말하여 이에 속은 공소외 B로부터 즉석에서 686 스노우보드 의류 35,914,450원 상당을 납품받고서도 그 대금을 변제하지 않고 동액 상당의 재산상 이익을 취득한 것을 비롯하여 그 무렵부터 같은 해 12. 12.까지 11회에 걸쳐 70,710,200원 상당을 납품받고서도 그 대금조로 5,430,650원 상당만 입금하거나 반품하고, 나머지 65,279,550원 상당을 변제하지 않아 동액 상당의 재산상 이익을 취득하고,

(3) 2003. 9. 27. 피고인 운영의 위 ‘P트레이딩’ 가게에서, 피해자 공소외 C에게 “스노우보드 장비 일체를 할인하여 납품해주면 이를 판매하여 납품받은 날로부터 3~4개월 안에 물품대금 전부를 결제해 주겠다”’고 거짓말하여, 이에 속은 공소외 C로부터 같은 날 스노우보드 장비 일체 8,736,000원 상당을 납품받은 것을 비롯하여 그때부터 2004. 1. 29.까지 사이에 14회에 걸쳐 합계 2억 39,001,000원 상당을 납품받고서도 그 대금으로 5,000만 원을 입금하고 60,501,000원 상당을 반품하여 나머지 1억 2,850만 원 상당을 변제하지 않아 동액 상당의 재산상 이익을 취득하였다.

나. 원심의 판단

원심은, 제1심이 적법하게 조사하여 채택한 증거들 특히 제1심증인 공소외 D, 공소외 E의 제1심 법정에서의 각 진술에 의하면, 피고인은 스노우보드 장비 등을 납품하는 업체들에 대한 채무 및 대출금이 수억 원에 이르러 피해자들로부터 스노우보드 장비 등 스포츠용품을 할인받아

납품하더라도 그 대금을 기일 내에 변제할 의사나 능력이 없음에도 불구하고 피해자들로부터 위 물품 등을 납품받고 약속한 기일 내에 물품대금을 지급하지 아니한 사실이 인정된다고 판단하여, 피고인에 대한 이 사건 각 공소사실을 유죄로 인정한 제1심판결을 그대로 유지하였다.

2. 이 법원의 판단

그러나 이러한 원심의 판단은 다음과 같은 이유에서 그대로 수긍하기 어렵다.

가. 사기죄의 주관적 구성요건인 편취의 범의는 피고인이 자백하지 않는 이상 범행 전후의 피고인의 재력, 환경, 범행의 내용, 거래의 이행과정 등과 같은 객관적인 사정 등을 종합하여 판단할 수밖에 없고(대법원 1998. 1. 20. 선고 97도2630 판결; 2004. 12. 10. 선고 2004도3515 판결 등 참조), 물품거래 관계에 있어서 편취에 의한 사기죄의 성립 여부는 거래당시를 기준으로 피고인에게 납품대금을 변제할 의사나 능력이 없음에도 피해자에게 납품대금을 변제할 것처럼 거짓말을 하여 피해자로부터 물품 등을 편취할 고의가 있었는지의 여부에 의하여 판단하여야 하므로, 납품 후 경제사정 등의 변화로 납품대금을 변제할 수 없게 되었다고 하여 사기죄에 해당한다고 볼 수 없다고 할 것이다(대법원 2003. 1. 24. 선고 2002도5265 판결 등 참조).

그런데 피고인의 수사기관에서의 진술 및 기록에 의하면, 피고인은 수사기관에서 이 사건 물품거래 당시 피고인에게는 주택 전세금 8,000만 원, 압구정매장의 임차보증금 2,000만 원, 안산 소재 곱창집의 임차보증금 4,000만 원, 동대문매장의 임차보증금 1억 원, 피고인 명의 통장 잔고 5,000만 원, 재고물품대금 1억 5,000만 원 합계 4억 4,000만 원의 재산이 있다는 취지로 진술하면서, 주택 및 압구정매장과 동대문매장 점포에 관한 각 임대차계약서를 제출하고 있는 반면, 이 사건 공소사실에서 언급하고 있는 거래업체에 대한 미지급채무는 대부분 이 사건 공소사실에서 나타난 피해자들에 대한 물품대금채무이거나 이 사건 물품 거래 이후에 주식회사 S 등 다른 업체와의 물품거래로 인하여 발생한 물품대금

채무일 뿐이어서 피고인이 이 사건 거래 당시 물품대금을 변제할 능력이 없었던 것이라고 단정할 수는 없고, 한편 피고인이 물품을 납품받을 당시 변제할 의사가 없었는지에 관하여도, 기록에 의하면, 피고인과 피해자들 중 공소외 A가 대표이사로 있는 주식회사 Q와 공소외 B가 대표이사로 있는 주식회사 R과 사이에는 이 사건 거래 이전인 2002년 가을경에도 같은 종류의 물품을 같은 방식으로 거래하여 그 물품대금이 정상적으로 모두 결제된 바 있고, 또한 이 사건 물품거래에 있어서도 피고인은 주식회사 Q에게는 물품대금 중 1,500만 원을 지급하고 63,827,150원 상당의 물품을 반품한 바 있고, 주식회사 R에게는 물품대금 중 500만 원을 지급하고 430,650원 상당의 물품을 반품한 바 있으며, 공소외 C가 대표이사로 있는 주식회사 T에게는 물품대금 중 5,000만 원을 지급하고 60,286,500원 상당의 물품을 반품한 바 있는 등 피고인에게 그 물품대금을 변제할 의사가 없었다고 단정하기 어려운 사정들이 있다(원심은 이 사건 피해자를 공소외 A, 공소외 B, 공소외 C 개인으로 보았으나, 기록에 의하면, 공소외 A는 주식회사 Q, 공소외 B는 주식회사 R의 각 대표이사이고, 공소외 C는 주식회사 T가 피고인과 이 사건 물품거래를 한 후에 취임한 대표이사로서, 피고인은 위 각 회사들과 이 사건 물품거래를 한 것으로 보인다).

그렇다면 원심으로서는 피고인에게 편취의 범의를 인정할 객관적인 사정들에 관하여 좀더 세밀히 심리하여 본 다음 피고인에게 과연 위 물품 공급 당시에 편취의 범의가 있었는지 여부를 판단하였어야 할 것임에도 불구하고, 그 거시 증거만으로 피고인에게 편취의 범의가 있었다고 단정하여 피고인에 대한 이 사건 공소사실을 유죄로 인정하였으니, 원심판결에는 편취의 범의에 관하여 채증법칙을 위반하거나 심리를 다하지 아니함으로써 사실을 오인한 위법이 있고, 이는 판결에 영향을 미쳤음이 분명하다.

나. 그리고 사기죄는 타인을 기망하여 착오에 빠뜨리고 그 처분행위를 유발하여 재물을 교부받거나 재산상 이익을 얻음으로써 성립하는 것으로서, 사기죄가 성립하기 위하여는 기망행위와 피기망자의 착오 및 재산적

처분행위가 있어야 하고 이들 사이에는 인과관계가 있어야 할 것이며(대법원 2000. 6. 27. 선고 2000도1155 판결 등 참조), 한편 일반적으로 물품거래 관계에 있어서 물품대금을 변제할 의사나 능력이 없음에도 피해자를 기망하여 물품을 공급받는 경우 피해자의 착오에 의한 재산적 처분행위는 물품의 교부로서 이로써 재물에 대한 사기죄가 성립하고, 그 이후에 물품대금채무를 변제하지 아니한 것은 채무불이행에 불과하여 별도로 재산상 이익을 편취한 것이라고는 볼 수 없으며, 다만 또 다른 기망행위에 의하여 그 채무변제의 유예를 받거나 채무를 면제받은 경우 등 피해자의 별개의 처분행위가 있는 경우에 한하여 재산상 이익 편취에 의한 사기죄가 성립할 수 있을 것이다.

이 사건 공소사실은 편취의 대상이 재물인 스포츠용품인지 아니면 물품대금 미변제로 인한 동액 상당의 재산상 이득인지 그 자체로 명확하다고 할 수 없으나, 이를 물품대금 미변제로 인한 재산상 이득으로 본다고 하더라도, 피고인이 당초부터 대금을 변제할 의사나 능력이 없음에도 피해자들을 기망하여 물품을 교부받은 것이라면 물품을 교부받은 때에 그 물품 편취에 의한 사기죄가 성립하고 그 후에 대금을 변제하지 아니한 행위는 별도로 재산상 이득 편취에 의한 사기죄를 구성한다고는 볼 수 없으며, 그렇지 아니하고 물품을 교부받은 후에 비로소 편취의 범의가 생긴 것이라면, 그 대금 미변제와 관련하여 별도로 피고인의 기망행위와 피해자들의 착오로 인한 처분행위가 있다고 인정되지 아니하는 한 이 역시 채무불이행에 불과하여 재산상 이득 편취에 의한 사기죄가 성립한다고는 할 수 없는바, 그렇다면 원심으로서는 이 사건 공소사실이 재물인 스포츠용품을 교부받아 이를 편취하였다는 것인지, 아니면 변제하지 아니한 물품대금 상당의 재산상 이득을 취득하여 이를 편취하였다는 것인지를 명확히 하고, 나아가 피고인의 기망행위와 피해자들의 착오 및 재산상 처분행위가 있었는지 여부를 살폈어야 할 것임에도 불구하고, 이러한 조치를 취하지 아니한 채 이 사건 공소사실을 유죄로 인정하였으니, 원심판결에는 이 점에서도 심리를 다하지 아니하거나 사기죄에 관한 법리를 오해함으로써 판결에 영향을 미친 위법이 있다 할 것이다.

3. 결론

그러므로 원심판결을 파기하고, 사건을 다시 심리·판단하게 하기 위하여 원심법원에 환송하기로 하여 관여 법관의 일치된 의견으로 주문과 같이 판결한다.

대법관 강신욱(재판장) 손지열 고현철(주심) 김영란

참고판례

(가) 대법원 1995. 12. 22. 선고 94도3013 판결【업무상배임·사기】(공1996, 620)

공소외 학교법인의 이사인 피고인이 위 학교법인의 이사장인 원심 상피고인 A와 공모하여 위 학교법인의 전 이사장인 원심 상피고인 B 개인명의의 당좌수표를 회수하기 위하여 위 학교법인 명의로 이 사건 약속어음 6매를 발행하고 그 중 5매에 대하여 강제집행인락공증을 해 준 이상, 당시 위 어음을 발행함에 있어서 이사회의 적법한 결의를 거치지 아니하고 관할청의 허가를 받지 아니하여 법률상 당연 무효라고 하더라도 배임행위가 성립함에 아무런 지장이 없고, 위와 같은 행위로 인하여 위 학교법인이 민법 제35조 제1항에 의한 손해배상의 책임을 부담할 수 있으므로 위 배임행위로 인하여 위 학교법인에게 제1심 판시와 같은 그 어음금 상당의 손해를 가한 것에 해당한다고 보아야 할 것이므로 같은 취지의 원심의 판단은 정당하다 할 것이고, 거기에 배임죄의 주체나 재산상의 손해에 관한 법리오해의 위법이 있다고 할 수 없다. …

한편 이 사건 각 약속어음공정증서에 앞서 본 바와 같이 증서를 무효로 하는 사유가 존재한다고 하더라도 그 증서 자체에 이를 무효로 하는 사유의 기재가 없고 외형상 권리의무를 증명함에 족한 체제를 구비하고 있는 한 그

증서는 형법상의 재물로서 사기죄의 객체가 됨에 아무런 지장이 없다 할 것인바, 이 사건 각 약속어음공정증서는 권리의무를 증명함에 족한 형식을 구비하고 있고 그 증서를 무효로 하는 사유의 기재가 없음이 원심이 유지한 제1심판결이 인정한 사실에 비추어 명백하므로 원심이 이를 편취한 행위를 사기죄로 인정한 제1심의 조치를 그대로 유지한 것은 정당하고, 거기에 상고이유에서 지적한 바와 같은 사기죄에 관한 법리를 오해한 위법이 있다고 할 수 없다.

(나) 대법원 2008. 2. 14. 선고 2007도10658 판결【사기】(미간행)

원심은, 그 채용 증거들에 의하여 피고인이 피해자들로부터 이 사건 토지를 매수한 경위, 공동주택건설사업의 추진을 위한 용도변경의 신청과 반려, 이 사건 토지에 관하여 공소외 A 명의로 근저당권이 설정된 과정 등에 관하여 그 판시와 같은 사실을 인정한 다음, 피고인이 피해자 공소외 B에게 대출금 및 매매대금의 정산을 미끼로 위 피해자로 하여금 이 사건 토지에 근저당권을 설정하게 하여 이를 담보로 차용한 돈을 피고인 개인의 사업자금으로 사용하였다고 보아 이 사건 공소사실은 유죄로 인정된다고 판단하였다.

관련 증거들을 기록에 의하여 살펴보면, 원심의 위와 같은 사실인정과 판단은 정당하고, 거기에 상고이유로 주장하는 바와 같은 채증법칙 위배 등의 위법이 있다고 할 수 없다.

그리고 사기죄는 타인을 기망하여 그로 인한 하자있는 의사에 기하여 재물을 교부받거나 재산상 이익을 취득함으로써 성립되는 범죄인만큼, 설사 피고인과 피해자들 사이의 매매계약이 토지거래허가를 받지 아니하여 유동적 무효의 상태에 있었다 하더라도, 피고인이 대출금 및 매매대금을 정산해 줄 것처럼 피해자 공소외 B를 기망하여 그로 하여금 근저당권을 설정하게 함으로써 재산상의 이익을 취득한 이상 피고인으로서는 사기죄의 죄책을 면할 수 없다 할 것이므로, 원심판결에 상고이유의 주장과 같은 법리오해의 위법이 있다고 볼 수도 없다.

(다) 대법원 2001. 10. 23. 선고 2001도2991 판결【사기】(집49-2, 618)

일반적으로 부녀와의 성행위 자체는 경제적으로 평가할 수 없고, 부녀가 상대방으로부터 금품이나 재산상 이익을 받을 것을 약속하고 성행위를 하는 약속 자체는 선량한 풍속 기타 사회질서에 위반한 사항을 내용으로 하는 법률행위로서 무효이다. 그러나 사기죄의 객체가 되는 재산상의 이익이 반드시 사법(私法)상 보호되는 경제적 이익만을 의미하지 아니하고, 부녀가 금품 등을 받을 것을 전제로 성행위를 하는 경우 그 행위의 대가는 사기죄의 객체인 경제적 이익에 해당하므로, 부녀를 기망하여 성행위 대가의 지급을 면하는 경우 사기죄가 성립한다.

그럼에도 불구하고 이 사건 공소사실 중 피고인이 술집 여종업원을 기망하여 성행위 대가의 지급을 면하여 재산상의 이익을 취득하였다는 부분에 대하여 무죄를 선고한 원심은 사기죄의 법리를 오해하여 판결에 영향을 미친 잘못을 저질렀고, 이 점을 지적하는 상고이유는 이유가 있다.

(라) 대법원 2006. 11. 23. 선고 2006도6795 판결【사기】(미간행)

민법 제746조의 불법원인급여에 해당하여 급여자가 수익자에 대한 반환청구권을 행사할 수 없다고 하더라도, 수익자가 기망을 통하여 급여자로 하여금 불법원인급여에 해당하는 재물을 제공하도록 하였다면 사기죄가 성립한다고 할 것인바(대법원 1995. 9. 15. 선고 95도707 판결 참조), 피고인이 피해자 공소외인으로부터 도박자금으로 사용하기 위하여 금원을 차용하였더라도 사기죄의 성립에는 영향이 없다고 한 원심의 판단은 옳은 것으로 수긍이 가고, 거기에 불법원인급여와 사기죄의 성립에 관한 법리오해의 위법이 있다고 할 수 없다.

(마) 대법원 1997. 3. 28. 선고 96도2625 판결【사기미수(예비적 죄명: 사기)】(공1997, 1293)

원심판결 이유에 의하면, 원심은 거시 증거에 의하여 판시사실을 인정한 다음, 피고인은 단순히 보험가입자인 공소외 A의 형사책임을 면하게 하기 위하여 보험가입사실증명원을 발급받아 수사기관에 제출하도록 한 것에 불과하고 피고인에게 공소외 P화재보험 주식회사로부터 보험가입사실증명원이라는 서면 자체를 편취하려는 고의가 있었다고 보기 어렵다고 판단하였는바, 기록에 비추어 살펴보면, 원심의 위 인정판단은 모두 수긍이 가고, 거기에 소론과 같은 채증법칙 위반이나 사기죄에 있어서 편취의 법리를 오해한 위법이 있다고 할 수 없다.

그리고 사기죄는 재산, 즉 재물이나 재산상의 이익을 보호법익으로 하는 범죄인데, 원심이 적법하게 확정한 사실과 기록에 의하면, 이 사건 보험가입사실증명원은 피고인이 위 김현수가 교통사고처리특례법 제4조에서 정한 취지의 보험에 가입하였음을 증명하는 보험가입증명원을 제출하여 보험회사가 이를 증명하는 내용의 문서일 뿐이고 거기에 재물이나 재산상의 이익의 처분에 관한 사항을 포함하고 있는 것은 아닌바, 그렇다면 이러한 문서의 불법취득에 의해 침해된 또는 침해될 우려가 있는 법익은 보험가입사실증명원인 서면 그 자체가 아니고 그 문서가 교통사고처리특례법 제4조에 정한 보험에 가입한 사실의 진위에 관한 내용이라고 할 것이므로, 이러한 증명에 의하여 사기죄에서 말하는 재물이나 재산상의 이익이 침해된 것으로 볼 것은 아니어서 사기죄가 성립할 여지가 없다고 할 것이다. 따라서 이 사건 보험가입사실증명원에 대하여는 사기죄가 성립되지 않는다는 원심의 판단은 정당하고, 거기에 소론과 같이 사기죄의 객체에 관한 법리를 오해한 위법이 없으며, 소론이 내세우는 대법원 판결들은 모두 이 사건과 사안을 달리하여 적절한 선례가 되지 아니한다. 논지는 모두 이유 없다.

(바) 대법원 2008. 2. 28. 선고 2007도10416 판결【특정경제범죄가중처벌등에 관한법률위반(사기)】(공2008, 482)

원심이 그 설시의 증거를 종합하여, 피고인이 공소외 P 주식회사의 당기순이익이 흑자로 조작된 재무제표를 제시하는 등의 방법으로 신용보증기금 담당직원을 기망하여 신용보증서를 발급받았다고 인정한 것은 기록에 비추어 정당하고, 거기에 상고이유의 주장과 같은 채증법칙 위반이나 편취의 범의 및 인과관계에 관한 법리오해 등의 위법이 없다.

다만, 신용보증기금의 신용보증서 발급이 피고인의 기망행위에 의하여 이루어진 이상 그로써 곧 사기죄는 성립하고, 그로 인하여 피고인이 취득한 재산상 이익은 신용보증금액 상당액이라 할 것인바(대법원 1983. 4. 26. 선고 82

도3088 판결; 대법원 2007. 4. 26. 선고 2007도1274 판결 등 참조), 원심은 이와 달리 "피고인이 신용보증기금을 기망하여 보증금액 10억 원의 신용보증서를 발급받은 후 이를 담보로 중소기업은행 창원지점으로부터 12억 5,000만 원 상당을 대출받고도 그 대출금을 변제하지 아니하여 신용보증기금으로 하여금 1,017,230,958원 상당을 대위변제하게 함으로써 동액 상당의 재산상 이익을 취득하였다"라고 인정하였으니, 이 부분 원심판결에는 신용보증서의 발급에 관한 사기죄의 기수시기 및 재산상 이익액의 산정에 관한 법리를 오해한 위법이 있고, 이러한 위법은 판결에 영향을 미쳤음이 명백하다. 이 점을 지적하는 상고이유의 주장도 이유가 있다.

쟁점연구

1. 사기죄는 타인을 기망하여 착오에 빠뜨리고 그 처분행위를 유발하여 재물을 교부받거나 재산상 이익을 얻음으로써 성립하는 것이다(도입판례). 재물을 교부받는 경우를 '재물사기', 재산상의 이익을 취득하는 것을 '이득사기'라고 구분하기도 한다. 여기서의 재물이나 재산상의 이익은 공갈죄, 절도·강도죄, 횡령·배임죄의 그것과 같은 의미인가?
2. 사기·공갈로 취득하는 재물이나 재산상 이익은 반드시 사법상 유효한 것이어야 하는가? 참고판례 (가), (나), (다)를 참고하자. 또 제8장 II. 참고판례 (마), (바)도 함께 참고하자. 불법원인급여이기 때문에 피해자가 반환청구를 할 수 없는 경우는 어떤가? 참고판례 (라)를 참고하자.
3. 참고판례 (마)의 보험사실가입증명원은 유효한 문서이다. 그럼에도 불구하고 사기죄가 성립하지 않는다고 한 이유는 무엇인가? 만일 보험사실가입증명원이라는 서면을 편취할 의도였다면 어떤가? 위 서면을 절취한 경우에는 어떠한가?
4. 재물과 재산상 이익은 매우 밀접하게 연결되어 있고 때로는 무엇이 사기·공갈의 객체인지 혼돈스럽게 한다. 도입판례와 참고판례 (바)의 사안에서 편취의 객체는 무엇인가? 이 경우 재물사기가 성립하면 이득사기가

성립하지 않는 이유는 무엇인가?

5. 사법적 거래관계에서 채무불이행이 있는 경우 사기죄로 고소되는 사례가 많다. 단순한 채무불이행은 사기죄가 아니다. 단순한 채무불이행이어서 사법(私法)상의 문제에 그치는 경우와 사기죄가 성립하는 경우를 구별하는 표지는 무엇인가? 도입판례를 참고해 보자.
6. 도입판례에서 소개된 공소사실의 요지는 물품을 공급받고 변제하지 않는 경우로서 사기죄가 성립되는 경우에 사기죄의 구성요건 사실을 기재하는 전형적인 예를 보여주고 있다. 이를 눈여겨 보자.
7. 편취의 고의가 있는지 여부는 직접적으로 증명하기 어렵다. 이 경우 고의의 존부는 어떻게 증명하는가?

Ⅲ. 사기죄의 성립요건(1)

도입판례

대법원 2006. 2. 23. 선고 2005도8645 판결【특정경제범죄가중처벌등에 관한법률위반(사기)】(공2006, 537)

【피 고 인】 갑, 을, 병, 정, 무
【상 고 인】 피고인들
【변 호 인】 변호사 우의형 외 3인
【원심판결】 서울고법 2005. 10. 26. 선고 2005노847 판결
【주 문】 원심판결 중 피고인 무에 대한 부분을 파기하고, 이 부분 사건을 서울고등법원으로 환송한다. 피고인 갑, 을, 병, 정의 상고를 모두 기각한다. 피고인 갑에 대한 상고 후의 구금일수 중 105일을 본형에 산입한다.
【이 유】

상고이유(상고이유보충서는 상고이유를 보충하는 범위 내에서)를 본다.

1. 피고인 갑, 을, 병, 정에 대하여

가. 상고이유 제1점에 대하여

(1) 부작위에 의한 기망의 성립 여부

사기죄의 요건으로서의 기망은 널리 재산상의 거래관계에 있어 서로 지켜야 할 신의와 성실의 의무를 저버리는 모든 적극적 또는 소극적 행위를 말하는 것이고, 그 중 소극적 행위로서의 부작위에 의한 기망은 법률상 고지의무 있는 자가 일정한 사실에 관하여 상대방이 착오에 빠져 있음을 알면서도 그 사실을 고지하지 아니함을 말하는 것으로서, 일반거래의 경험칙상 상대방이 그 사실을 알았더라면 당해 법률행위를 하지

않았을 것이 명백한 경우에는 신의칙에 비추어 그 사실을 고지할 법률상 의무가 인정된다 할 것이다(대법원 1998. 12. 8. 선고 98도3263 판결; 2004. 5. 27. 선고 2003도4531 판결 등 참조).

기록에 의하면, 위 피고인들이 공소외 P주식회사 명의로 경락받은 서울 종로구 (상세 주소 생략) 등 3필지에 위치한 지하 5층 지상 13층의 M빌딩 중 지하 1층부터 지상 6층까지의 상가 점포 1,455개 가운데 당시 분양 가능한 점포 1,318개를 2003. 5.경 분양함에 있어 분양계약서와는 별개의 문서로 수분양자들과 자산관리위탁계약서를 작성하는 방법에 의하여 분양대금 중 금융기관의 대출금으로 충당한 중도금을 제외한 계약금 및 잔대금의 지급을 전부 유예하고, 분양된 점포는 분양 회사의 책임으로 임대 운용하며, 금융기관에 대한 중도금 대출 이자와 수분양상가의 취득, 보유에 따른 제세공과금은 분양자인 공소외 P주식회사가 전액 지원하되 임대수익이나 처분수익이 있는 경우에만 정산키로 함으로써 실질적으로 분양 회사가 전액 책임지기로 하고, 향후 수분양자가 요청하는 경우 수분양자가 실제로 지급한 금액으로 분양 회사인 공소외 P 주식회사가 다시 점포를 매입하는 내용의 이면약정을 한 다음 주식회사 공소외 Q저축은행과 주식회사 공소외 R 저축은행에 대해 위 이면약정의 내용을 감춘 채 수분양자들이 지급하여야 할 위 분양 중도금의 집단적 대출을 교섭하여 그 승낙을 받음으로써 공소외 Q저축은행으로부터 285회에 걸쳐 349억 5,600만 원, 공소외 R저축은행으로부터 687회에 걸쳐 884억 8,800만 원 등 합계 1,234억 4,400만 원에 이르는 금액을 중도금 대출 명목으로 지급받았는바, ① 당초 위 피고인들은 2002. 11.경 공소외 R저축은행으로부터 746억 원을 대출받아 M빌딩을 경락받은 후 2003. 2.경 위 빌딩의 지하 1층부터 지상 6층까지의 상가 점포 1,455개를 일반분양하여 그 분양대금으로 빌딩 인수자금을 상환하려고 계획하였으나 당시에는 아직 위 빌딩에서의 상권 형성이 제대로 되지 않아 겨우 43개의 점포만이 분양되는 데 그쳐 결국 극심한 자금난에 봉착하고 있었던 점, ② 위 자산관리위탁계약에 의하면 위 빌딩 상가의 분양에 따르는 모든 경제적 부담과 위험부담은 오로지 분양자인 공소외 P 주식회사만이 지게 되어 결국 수분양자들은 한 푼의 돈도 들이지 아니하고 아무런 위험부담 없이 상가를 분양받는 형상이어서 일반적 경제관념이나 거래관념으로는 이해할 수 없는 분양계약인바, 위 피고인들이 이와 같은 형태의 분양을 하게 된 것은 극심한 자금난을 타개하기 위하여 상가분양계약을 매개로 금융기관으로부터 수분양자들에 대한 집단적인 분양대금 대출에 의한 중도금 납입의 형태로 자금을 조성할 것을 계획하고 이를 위해 어떠한 방법으로든지 상가 분양이 활성화되는 외관을 만들어야 할 필요가 있었기 때문으로서(즉 분양을 위해 대출을 받는 것이 아니라 대출을 위해 분양을 한 격이다), 단시일 내에 상가 분양을 마치기 위해 공소외 P주식회사나 관련 회사들의 임·직원, 그 가족과 지인들에게 수분양자가 되도록 권유하고, 또 수분양명의만을 빌린 것도 적지 않으며 심지어 일부에게는 명의를 빌리는 데 대한 대가를 약속하기도 한 점, ③ 따라서 이 사건 수분양자들 중 많은 수는 분양회사의 상가운영능력, 상권 활성화 여부 등 상가의 직접적인 운영에는 관심이 없는 사람으로 보이고, 만일 가까운 시일 안에 상가가 활성화되지 못하거나 상가의 시세가 분양가보다 하락한 경우에는 수분양자들 대부분이 중도금 대출금을 상환하지 않고 분양 회사에게 재매입을 요구할 것이 예상되어 종국적으로 중도금 대출금채무 대부분이 분양회사인 공소외 P주식회사의 부담이 될 수밖에 없고, 그 경우 공소외 P주식회사로서는 도저히 이를 감당하지 못하게 될 것이 명백하며, 위 피고인들은 위와 같이 이 사건 상가를 분양한 다음에도 다시 같은 상가를 일반 분양하기로 하여 대규모 분양광고를 내고, 아울러 수분양 상가 상당수에 대해서는 분양 후 수분양자와의 법률분쟁이 있을 것에 대비하여 분양된 상가에 관하여 미리 피고인 병이나 공소외 S주식회사 앞으로 신탁등기까지 경료하는 등 그 스스로 위와 같은 문제점을 알고 이 사건 분양이 잠정적 또는 위장분양이라는 전제 아래 후속 조치를 취한 것으로 보이는 점, ④ 분양 중도금의 집단 대출교섭을 받은 위 각 대출 저축은행들은 그 대출 실시

여부를 심사함에 있어 분양에 의한 상가의 활성화 가능 여부를 중요한 판단 요소로 보았고, 또 분양 상황을 알기 위해 수분양자들의 계약금 납입 여부를 확인하기까지 하였는데, 위 피고인들은 그 확인 요구를 받고 수분양자들과의 자산관리위탁계약에 의해 계약금이 전혀 납입된 바 없는데도 아래의 (2)에서 보는 바와 같이 다른 곳에서 차용한 돈을 계약금으로 납입한 것처럼 공소외 P주식회사 명의 통장이나 공소외 Q저축은행 명의 통장에 입금하여 계약금의 납입을 가장한 점, ⑤ 특히 공소외 R저축은행으로서는 공소외 P주식회사에게 M빌딩의 경락잔대금 지급 등에 필요한 자금 746억 원을 대출하였다가 동일인 대출한도 초과대출을 하였다는 이유로 당시 임원들이 상호저축은행법 위반 등의 혐의로 조사를 받고 있었으므로, 이 사건 분양계약관계에 있어 모든 위험부담이 공소외 P주식회사에게 전가되어 있어 그 분양 중도금을 대출할 경우 종국적으로 그 상환의무가 공소외 P주식회사에게 귀착될 가능성이 큰 것으로 판단되는 경우에는 실질적으로 다시 동일인 한도 초과대출 금지규정에 위반되는 결과가 될 것이어서 그러한 상황에서 위와 같은 대출을 실행하지는 않았을 것으로 보이는 점, ⑥ 뿐만 아니라 이 사건의 경우 각 대출금의 담보를 위해 각 상가 점포 마다 대출금액의 130%를 채권최고액으로 하는 근저당권이 설정되어 있으나, M빌딩 중 지하 1층 내지 지하 6층을 담보로 한 이 사건 대출금은 공소외 R저축은행이 884억 8,800만 원, 공소외 Q저축은행이 349억 5,600만 원 등 1,234억 4,400만 원에 이르는 반면, 지하 5층 지상 13층의 M빌딩 전체에 대한 종전 낙찰가는 약 517억 원에 불과하고, 상권 형성이 안 된 상태에서 대부분의 대출이 일시에 연체 상태에 빠져 다시 경매절차가 진행된다면 그 경락가격 또한 시세에 비해 상당히 저감될 것으로 예상되므로, 제공한 담보로 대출금 전액을 회수하기는 사실상 곤란하다고 보이는 점 등에 비추어 보면, 피해 저축은행들로서는 공소외 P주식회사와 수분양자들과의 사이에 위와 같이 대출금으로 충당되는 중도금 외 계약금과 잔금의 지급이 전액 유예되고, 대출금에 대한 이자와 제세공과금도 사실상 공소외 P주식회사가 부담하며, 수분양자가 분양 회사에 대해 재매입을 구할 수 있는 내용의 비정상적 약정이 존재하고 그 약정에 따라 실제 계약금과 잔금의 지급이 유예된 사실을 알았더라면, 위탁기간 내 M빌딩의 상권 형성이 제대로 이루어지지 않을 경우 대출금채무 대부분이 일시에 연체상태에 빠질 수밖에 없어 대출금채무의 회수가 곤란한 상황이 초래될 가능성이 매우 높다고 보아 이 사건 1,318개의 상가 점포에 관하여 대출계약을 체결하지 않았을 것임을 능히 추단할 수 있으므로(실제 이 사건 대출은 당초 우려되던 바와 같이 공소외 P주식회사가 외부 투자금으로 일부 대출금을 상환한 것 외에는 수분양자들이 대출원리금을 상환한 경우는 거의 없어 현재 대부분의 대출이 연체상태에 있다), 위 피고인들은 이 사건 대출시 피해 저축은행들에게 위와 같은 비정상적인 약정의 내용을 알릴 신의칙상 의무가 있다고 할 것이고, 따라서 위 피고인들이 대출 저축은행들에게 위 약정의 내용을 알리지 않은 것은 사기죄의 요건으로서의 부작위에 의한 기망에 해당한다고 할 것이다.

같은 취지의 원심 판단은 정당하여 수긍할 수 있고, 거기에 상고이유에서 주장하는 기망행위에 관한 법리오해의 위법이 없다.

* * *

다. 상고이유 제3점에 대하여

사기죄에 있어서 동일한 피해자에 대하여 수회에 걸쳐 기망행위를 하여 금원을 편취한 경우, 그 범의가 단일하고 범행 방법이 동일하다면 사기죄의 포괄일죄만이 성립한다(대법원 2002. 7. 12. 선고 2002도2029 판결; 2005. 1. 28. 선고 2004도5598 판결 등 참조).

기록에 의하면, 이 사건 각 범행은 위 피고인들이 자산관리위탁계약서상의 약정 및 계약금 지급의 유예 사실을 숨기는 한편 분양 계약금이 입금된 것처럼 가장하여 피해 저축은행들로부터 10여 일의 짧은 기간 동안에 수백 회에 걸쳐 중도금 대출 명목으로 금원을 편취한 것으로, 단일한 범의하의 동일한 수법의 범행이므로 피해 저축은행 별로 사기죄의 포괄일죄가 성립된다고 할 것이다.

* * *

대법관 강신욱(재판장) 고현철 양승태(주심) 김지형

참고판례

(가) 대법원 1978. 6. 13. 선고 78도721 판결【사기】(집26-2, 형37)

원판결이유에 의하면 원심은 "…직권으로 원심판결을 살피건대…가사 공소장에 적시된 대로 피고인의 속셈으로는 본건 부동산을 위 A에게 매도할 생각이 없이 본건 부동산을 위 A에게 매도하고 그 대금을 지급받았다 하더라도 상대방인 위 A가 표의자의 진의 아님을 알았거나 이를 알 수 있었을 것이라는 아무런 증거가 없는 이 사건에 있어서는 피고인과 위 A 사이에 본건 부동산에 관하여 체결된 위 인정의 매매계약은 민법 제107조에 의하여 유효하다고 아니할 수 없으므로 피고인은 여전히 위 A에게 본건 부동산에 관하여 위 인정의 매매로 인한 소유권이전등기절차이행의 의무가 있다 할 것이어서 이는 단순한 민사상의 채무불이행이지 피고인이 위 A를 기망하여 그 매매대금을 편취한 것이라고는 도저히 인정할 수 없으므로…"라고 설시하고 있다.

그러나 사기죄는 타인을 기망하여 재물을 교부받았으면 성립되는 것이지 고소인(피해자)에게 민사상의 구제수단이 있는 경우는 사기죄는 성립하지 아니한다는 논리는 서지 아니한다. 왜냐하면 피고인의 본건 매매계약에 있어서의 매도하겠다는 청약의 의사표시는 민법 제107조의 진의 아닌 의사표시에 해당하는 동시에 형사적으로는 사기죄에 있어서의 기망행위에도 해당되기 때문이다. 예컨대 사기죄가 성립한다는데 아무도 의심하지 아니하는 소위 무전취식의 경우에도 그 음식물을 사겠다는 범인의 매매청약의 의사표시는 민법 제107조의 진의 아닌 의사표시이고 음식점 주인은 범인의 진의 아님을 모르고 승낙의 의사표시를 한 것이 되기 때문에 그 음식물 매매(공급)계약은 위

법조에 의하여 유효하므로 범인은 그 음식물대금을 지급할 의무가 있고 그 이행을 지체할 때는 민사적으로는 채무불이행의 책임을 지는 동시에 형사적으로는 위 비진의의사표시는 기망행위가 되고 위 음식점주인은 착오에 빠져 승낙의 의사표시를 하게 되었고 또 그 착오로 말미암아 음식물을 교부하였으니 사기죄가 성립함은 당연한 이치이다.

이와 같이 민사상 채무불이행과 범죄의 성립과는 양립할 수 있는 것이므로 원심은 사기죄의 법리를 오해하여 판결에 영향을 미쳤다 할 것이고 이와 같은 취지의 상고논지는 이유 있다.

(나) 대법원 2008. 5. 8. 선고 2008도1652 판결【특정경제범죄가중처벌등에관한법률위반(사기)·사기 등】(미간행)

부동산을 매매함에 있어서 매도인이 매수인에게 매매와 관련된 어떤 구체적인 사정을 고지하지 아니함으로써, 장차 매매의 효력이나 매매에 따르는 채무의 이행에 장애를 가져와 매수인이 매매목적물에 대한 권리를 확보하지 못할 위험이 생길 수 있음을 알면서도, 매수인에게 그와 같은 사정을 고지하지 아니한 채 매매계약을 체결하고 매매대금을 교부받는 한편, 매수인이 그와 같은 사정을 고지받았더라면 매매계약을 체결하지 아니하거나 매매대금을 지급하지 아니하였을 것임이 경험칙상 명백한 경우에는, 신의성실의 원칙상 매수인에게 미리 그와 같은 사정을 고지할 의무가 매도인에게 있다고 할 것이므로, 매도인이 매수인에게 그와 같은 사정을 고지하지 아니한 것은 사기죄의 구성요건인 기망에 해당한다고 할 것이지만, 매매로 인한 법률관계에 아무런 영향도 미칠 수 없는 것이어서 매수인의 권리실현에 장애가 되지 아니하는 사유까지 매도인이 매수인에게 고지할 의무가 있다고는 볼 수 없는 것인바, 부동산의 이중매매에 있어서 매도인이 제1의 매매계약을 일방적으로 해제할 수 없는 처지에 있었다는 사정만으로는, 바로 제2의 매매계약의 효력이나 그 매매계약에 따르는 채무의 이행에 장애를 가져오는 것이라고 할 수 없음은 물론, 제2의 매수인의 매매목적물에 대한 권리의 실현에 장애가 된다고 볼 수도 없는 것이므로 매도인이 제2의 매수인에게 그와 같은 사정을 고지하지 아니하였다고 하여 제2의 매수인을 기망한 것이라고 평가할 수는 없을 것이다(대법원 1991. 12. 24. 선고 91도2698 판결, 대법원 2005. 11. 25. 선고 2005도5021 판결 참조).

그런데 원심이 인정한 사실관계에 의하더라도, 이 사건 제2매매계약 당시 피고인이 공소외 A에 대하여 이 사건 부동산에 대한 소유권이전등기의무를 부담하고 있었다는 사정은, 이 사건 제2매매계약의 효력이나 그 매매계약에 따르는 채무의 이행에 장애를 가져오는 것이라고 볼 수 없음은 물론, 제2매수인의 매매목적물에 대한 권리의 실현에 장애가 된다고도 볼 수 없으므로, 피고인이 제2매수인에게 그와 같은 사정을 고지하지 아니하였다고 하여 제2매수인을 기망한 것이라고 평가할 수는 없다고 할 것이다. 그럼에도, 원심은 피고인이 제2매수인에게 이 사건 제1매매계약을 알리지 아니한 사실을 자백하였다는 이유만으로 피고인이 제2매수인을 기망하였다고 단정하고 말았으니, 이러한 원심의 조치에는 사기죄에 있어서 기망에 관한 법리를 오해하여 판결에 영향을 미친 위법이 있다고 할 것이다.

(다) 대법원 2004. 5. 27. 선고 2003도4531 판결【사기】(공2004, 1117)

사기죄의 요건으로서의 기망은 널리 재산상의 거래관계에 있어 서로 지켜야 할 신의와 성실의 의무를 저버리는 모든 적극적 또는 소극적 행위를 말하는 것이고, 그 중 소극적 행위로서의 부작위에 의한 기망은 법률상 고지의무 있는 자가 일정한 사실에 관하여 상대방이 착오에 빠져 있음을 알면서도 그 사실을 고지하지 아니함을 말하는 것으로서, 일반거래의 경험칙상 상대방이 그 사실을 알았더라면 당해 법률행위를 하지 않았을 것이 명백한 경우에는 신의칙에 비추어 그 사실을 고지할 법률상 의무가 인정된다 할 것인바(대법원 2000. 1. 28. 선고 99도2884 판결 참조), 피해자가 피고인에게 매매잔금을 지급함에 있어 착오에 빠져 지급해야 할 금액을 초과하는 돈을 교부하는 경우, 피고인이 사실대로 고지하였다면 피해자가 그와 같이 초과하여 교부하지 아니하였을 것임은 경험칙상 명백하므로, 피고인이 매매잔금을 교부받기 전 또는 교부받던 중에 그 사실을 알게 되었을 경우에는 특별한 사정이 없는 한 피고인으로서는 피해자에게 사실대로 고지하여 피해자의 그 착오를 제거하여야 할 신의칙상 의무를 지므로 그 의무를 이행하지 아니하고 피해자가 건네주는 돈을 그대로 수령한 경우에는 사기죄에 해당될 것이지만, 그 사실을 미리 알지 못하고 매매잔금을 건네주고 받는 행위를 끝마친 후에야 비로소 알게 되었을 경우에는 주고받는 행위는 이미 종료되어 버린 후이므로 피해자의 착오 상태를 제거하기 위하여 그 사실을 고지하여야 할 법률상 의무의 불이행은 더 이상 그 초과된 금액 편취의 수단으로서의 의미는 없으므로, 교부하는 돈을 그대로 받은 그 행위는 점유이탈물횡령죄가 될 수 있음은 별론으로 하고 사기죄를 구성할 수는 없다고 할 것이다.

(라) 대법원 2007. 1. 11. 선고 2006도4498 판결【사기 · 절도】(공2007, 317)

1. 상고이유 제1점(절도죄의 성립 여부)에 관하여

가. 원심은 먼저 피고인은 경기 (차량번호 생략) 매그너스 승용차가 피해자 공소외 A가 구입한 것으로 위 피해자의 실질적인 소유이고, 다만 장애인에 대한 면세 혜택의 적용을 받기 위해 피고인의 어머니인 공소외 B의 명의를 빌려 등록한 것에 불과한 것임에도 불구하고, 2004. 6. 16. 16:00경 평택시 죽백동에 있는 (상호 생략) 사무실 앞길에서, 열쇠공을 통해 위 피해자가 주차해 둔 위 승용차의 문을 연 후 그대로 위 승용차를 운전하여 가 위 피해자의 소유인 위 승용차 시가 930만 원 상당을 절취하였다는 이 사건 공소사실에 대하여 다음과 같이 판단하여 유죄를 인정한 제1심판결을 파기하고, 무죄로 판단하였다. …

나. 자동차나 중기(또는 건설기계)의 소유권의 득실변경은 등록을 함으로써 그 효력이 생기고 그와 같은 등록이 없는 한 대외적 관계에서는 물론 당사자의 대내적 관계에 있어서도 그 소유권을 취득할 수 없는 것이 원칙이지만(대법원 1968. 11. 5. 선고 68다1658 판결; 1970. 9. 29. 선고 70다1508 판결 등 참조), 당사자 사이에 그 소유권을 그 등록 명의자 아닌 자가 보유하기로 약정하였다는 등의 특별한 사정이 있는 경우에는 그 내부관계에 있어서는 그 등록 명의자 아닌 자가 소유권을 보유하게 된다고 할 것이다(대법원 1989. 9. 12. 선고 88다카18641 판결; 2003. 5. 30. 선고 2000도5767 판결 등 참조).

그런데 만약 이 사건 공소사실과 같이 이 사건 승용차는 피해자 공소외 A이 구입한 것으로 위 피해자의 실질적인 소유이고, 다만 장애인에 대한 면세 혜택 등의 적용을 받기 위해 피고인의 어머니인 공소외 B의 명의를 빌려 등록한 것이고, 나아가 원심 판시와 같이 피고인이 이 사건 당시 공소외 B로부터 위 승용차를 가져가 매도할 것을 허락받고 그녀의 인감증명 등을 교부받은 뒤에 피고인이 이 사건 승용차를 위 피해자 몰래 가져갔다면, 피고인과 공소외 B의 공모·가공에 의한 절도죄의 공모공동정범이 성립된다고 보아야 한다.

따라서 원심으로서는 우선 이 사건 승용차가 피해자 공소외 A가 구입한 것으로 위 피해자의 실질적인 소유이고, 다만 장애인에 대한 면세 혜택 등의 적용을 받기 위해 피고인의 어머니인 공소외 B의 명의를 빌려 등록한 것으로서 양자가 명의신탁관계에 있을 뿐인지, 아니면 피고인의 주장과 같이 피고인이 위 피해자로부터 단독으로 증여를 받거나 또는 그 밖에 위 피해자의 아들로서 피고인의 사실상의 전 남편이던 공소외 C와 공동으로 증여를 받은 것인지 등부터 심리한 뒤 위와 같은 절도죄의 공모공동정범이 성립되는지를 판단하였어야 할 것이다.

그럼에도 불구하고, 원심은 이와 달리 그 판시와 같은 법리를 전제로 하여 이 점에 대하여는 심리·판단하지 아니한 채 피고인이 이 사건 승용차를 가져간 행위는 그 소유자인 공소외 B의 승낙에 기한 것으로서 절도죄에 해당하지 않는다고만 판단하였으니, 이 부분 원심의 판단에는 판결 결과에 영향을 미친 법리오해 등의 위법이 있다고 할 것이고, 따라서 이 점을 지적하는 상고이유의 주장은 이유 있다.

2. 상고이유 제2점(사기죄의 성립 여부)에 관하여

가. 원심은 또 피고인이 같은 해 6월 23일경 평택시 (주소 생략)에 있는 피해자 합자회사 (상호 생략)의 사무실에서 위와 같이 절취한 위 승용차를 마치 피고인이 적법하게 처분할 권한이 있는 것처럼 행세하여 이에 속은 위 회사의 직원에게 위 승용차를 매도하고 즉석에서 그 대금으로 700만 원을 교부받아 이를 편취하였다는 이 사건 공소사실에 대하여도 다음과 같이 판단하여, 유죄를 인정한 제1심판결을 파기하고, 무죄로 판단하였다.

피고인이 이 사건 승용차의 소유자로서 이를 적법하게 처분할 권한이 있는 공소외 B의 허락을 받아 위 승용차를 매도하게 되었음은 앞서 본 바와 같고, 그 판시 증거들을 종합하면, 피고인이 위 매도 당시 공소외 B의 인감증명 등 차량이전에 필요한 서류를 모두 구비하여 합자회사 (상호 생략)의 직원에게 교부하였고, 그 후 위 합자회사 (상호 생략)는 위 서류를 이용하여 이 사건 승용차의 등록명의를 위 회사의 명의로 이전하여 유효하게 소유권을 취득한 사실을 인정할 수 있으므로 피고인이 이 사건 승용차를 매도할 당시 기망행위를 하였다고 볼 수 없고, 또 위 매매 당시 피고인이 위 승용차를 공소외 A 몰래 가져온 사실을 숨겼다고 할지라도 위 회사가 이 사건 승용차에 대한 권리를 취득하는 데에 아무런 법적인 장애가 없으므로 피고인에게 거래관계에서 요구되는 신의칙에 반하는 기망행위가 있었다고 할 수 없다.

나. 우선, 상고이유 제1점에 대한 판단에서 살펴본 바와 같이 원심 판단과 달리 피고인과 공소외 B 모두에게 절도죄의 공모공동정범이 성립될 여지가 있다. 그러나 예컨대 부동산의 명의수탁자가 부동산을 제3자에게 매도하고 매매를 원인으로 한 소유권이전등기까지 마쳐 준 경우, 명의신탁의 법리상 대외적으로 수탁자에게 그 부동산의 처분권한이 있는 것임이 분명하고, 제3자로서도 자기 명의의 소유권이전등기가 마쳐진 이상 무슨 실질적인 재산상의 손해가 있을 리 없으므로 그 명의신탁 사실과 관련하여 신의칙상 고지의무가 있다거나 기망행위가 있었다고 볼 수도 없어서 그 제3자에 대한 사기죄가 성립될 여지가 없고(대법원 1985. 12. 10. 선고 85도1222 판결; 1990. 11. 13. 선고 90도1961 판결 등 참조), 나아가 그 처분시 매도인(명의수탁자)의 소유라는 말을 하였다고 하더라도 역시 사기죄가 성립되지 않으며(대법원 1970. 9. 29. 선고 70도1668 판결 참조), 이는 자동차의 명의수탁자가 처분한 경우에도 마찬가지라고 할 것이다.

한편, 피고인이 설령 명의수탁자인 공소외 B와 공모하여 절취한 것이라고 하더라도 그 자체로 명의신탁관계가 종료되는 것은 아니고, 따로 명의신탁자의 명의신탁 해지의 의사표시가 있어야 종료될 것이며, 더욱이 명의신탁을 해지하더라도 그 등록이 말소, 이전되기 전까지는 명의수탁자의 처분행위가 유효한 것이다. 따라서 피고인이 설령 이 사건 공소사실 기재와 같은 경위로 이 사건 승용차를 가지고 왔고, 그것이 절도죄에 해당될 수 있으며, 나아가 피고인이 그와 같이 위 승용차를 처분하면서 위 승용차가 명의신탁된 것임을 고지하지 않고, 위 공소외 B의 소유라는 말을 하는 등으로 피고인이 대외적으로 적법하게 처분할 권한이 있는 것처럼 행세하여 매도하였다고 하더라도 그 매수인을 피해자로 하는 사기죄가 성립된다고 할 수 없다.

(마) 대법원 2004. 1. 15. 선고 2001도1429 판결 【특정경제범죄가중처벌등에관한법률위반(사기)·보건범죄단속에관한특별조치법위반(부정의약품제조등)】 (공2004, 368)

일반적으로 상품의 선전·광고에 있어 다소의 과장, 허위가 수반되는 것은 그것이 일반 상거래의 관행과 신의칙에 비추어 시인될 수 있는 한 기망성이 결여된다고 하겠으나 거래에 있어서 중요한 사항에 관하여 구체적 사실을 거래상의 신의성실의 의무에 비추어 비난받을 정도의 방법으로 허위로 고지한 경우에는 과장, 허위광고의 한계를 넘어 사기죄의 기망행위에 해당한다(대법원 1992. 9. 14. 선고 91도2994 판결; 1993. 8. 13. 선고 92다52665 판결; 2002. 2. 5. 선고 2001도5789 판결 등 참조).

피고인이 원심공동피고인 을, 원심공동피고인 병, 원심공동피고인 정 등과 공모하여, 관광여행사로 하여금 고령의 노인들을 무료로 온천관광을 시켜주겠다고 모집하여 피고인 경영의 P농산으로 유치해 오도록 하고, 위 원심공동피고인 을, 원심공동피고인 병이 P농산의 이른바 강의실에서 의약에 관한 전문지식이 없음에도 그 분야의 전문가나 의사인 양 행세하면서 삼원농산이 오리, 하명, 누에, 동충하초, 녹용 등 여러 가지 재료를 혼합하여 제조·가공한 'Q'라는 제품이 당뇨병, 관절염, 신경통 등의 성인병 치료에 특별한 효능이 있는 좋은 약이라는 허위의 강의식 선전·광고행위를 하여 이에 속은 위 노인들로 하여금 위 제품을 고가에 구입하도록 한 것은 그 사술의 정도가 사회적으로 용인될 수 있는 상술의 정도를 넘은 것이어서 사기죄의 기망행위를 구성한다고 하지 않을 수 없다.

(바) 대법원 1991. 6. 11. 선고 91도788 판결 【사기·특정경제범죄가중처벌등에관한법률위반】 (공1991, 1965)

원심판결 이유에 의하면, 원심은 피고인이 이 사건 아파트를 분양함에 있어 판시와 같은 과대광고를 한 사실은 인정되나 한편 그 거시증거에 의하여 인정되는 이 사건 아파트에 대한 분양가 결정방법 각 분양계약체결의 경위 및 그 최종대금의 절충과정 등 판시 제반사정에 비추어 볼 때 피고인이 일반에게 한 판시광고는 그 거래당사자 사이에서 매매대금을 산정하기 위한 기준이 되었다고 할 수 없고 단지 분양대상 아파트를 특정하고 나아가 위 아파트의 분양이 쉽게 이루어지도록 하려는 의도에서 한 것에 지나지 않는다고 할 것이므로 피고인이 위 아파트의 분양과정에서 그 평형의 수치를 다소 과장하였다 하더라도 그와 같은 과대광고 자체에 따른 책임을 지는 것은 별론으로 하고 이를 기망행위에 해당한다고는 할 수 없고 달리 피고인의 기망행위를 인정할 증거가 없다고 판시하여 무죄를 선고한 제1심 판결을 그대로 유지하였다.… 원심의 위와 같은 사실인정을 함에 거친 증거의 취사선택관계는 정당한 것으로 수긍이 가고 또 원심이 인정한 사실관계를 전제로 하여 판시 과대광고 행위를 기망행위로 보지 아니한 원심의 판단도 정당하다[.]

(사) 대법원 2000. 1. 28. 선고 99도2884 판결【특정경제범죄가중처벌등에관한법률위반(사기)(인정된 죄명: 상습사기)】(공2000, 636)

사기죄의 요건으로서의 기망은 널리 재산상의 거래관계에 있어 서로 지켜야 할 신의와 성실의 의무를 저버리는 모든 적극적 또는 소극적 행위를 말하는 것이고, 이러한 소극적 행위로서의 부작위에 의한 기망은 법률상 고지의무 있는 자가 일정한 사실에 관하여 상대방이 착오에 빠져 있음을 알면서도 이를 고지하지 아니함을 말하는 것으로서, 일반거래의 경험칙상 상대방이 그 사실을 알았더라면 당해 법률행위를 하지 않았을 것이 명백한 경우에는 신의칙에 비추어 그 사실을 고지할 법률상 의무가 인정되는 것이다(대법원 1998. 4. 14. 선고 98도231 판결; 1998. 12. 8. 선고 98도3263 판결; 1999. 2. 12. 선고 98도3549 판결 등 참조).

원심판결 이유에서 확정된 사실관계에 의하면, 피고인은 피해자들에게 그 시술 등의 전체가 아들 낳기에 필요한 것처럼 사실과 달리 설명하거나 위 병원에 내원할 때에 이미 피고인으로부터 어떠한 시술을 받으면 아들을 낳을 수 있을 것이라는 착오에 빠져 있는 피해자들에게 사실대로 설명하지 아니한 채 마치 그 시술 등의 전체가 아들 낳기에 필요한 것처럼 시술 등을 행하고 피해자들로부터 의료수가 및 약값의 명목으로 금원을 수령하였다는 것이므로, 설사 피고인이 피해자들에게 아들을 갖기 위하여 부부관계를 할 시기와 그 전에 취하여야 할 조치 등에 관하여 피해자들에게 설명한 내용이 의학상 허위라고 단정할 수 없는 부분이 포함되어 있다 하더라도, 피고인이 직접 피해자들에게 그 시술 등의 전체가 아들 낳기에 필요한 것처럼 거짓말을 한 경우에 이러한 피고인의 행위가 피해자들로 하여금 그 시술 등의 효과와 원리에 관하여 착오에 빠뜨려 피고인으로부터 아들 낳기 시술을 받도록 하는 것으로서 기망행위에 해당함은 물론이고, 위 병원에 내원할 당시 이미 착오에 빠져 있는 피해자들의 경우에도 만일 피고인이 사실대로 고지하였다면 그들이 피고인으로부터 그와 같은 시술을 받지 아니하였을 것임은 경험칙상 명백하므로, 이와 같은 경우 피고인으로서는 그들에게 위 시술의 효과와 원리에 관하여 사실대로 고지하여야 할 법률상 의무가 있다고 할 것임에도 불구하고, 피해자들이 착오에 빠져있음을 알면서도 이를 고지하지 아니한 채 마치 위와 같은 시술행위 전체가 아들을 낳을 수 있도록 하는 시술인 것처럼 가장하여 같은 시술을 한 것은 고지할 사실을 묵비함으로써 피해자들을 기망한 행위에 해당한다고 보아야 할 것인바, 결국 피고인이 피해자들에게 행한 시술과 처방의 전체가 마치 아들 낳기 시술인 것처럼 가장하여 의료수가 및 약값 등의 명목으로 금원을 교부받은 이상 이는 사기죄에 해당한다고 할 것이고, 위와 같은 시술에 앞서 피해자들로부터 시술 결과 아들을 낳지 못하여도 하등 이의를 제기하지 않는다는 내용의 시술서약서를 받았다고 하더라도 이는 기망행위의 수단에 불과하여 사기죄의 성립에 아무런 영향이 없다고 할 것이다.

(아) 대법원 1996. 2. 27. 선고 95도2828 판결【사기】(공1996, 1183)

사기죄의 실행행위로서의 기망은 반드시 법률행위의 중요 부분에 관한 허위표시임을 요하지 아니하고 상대방을 착오에 빠지게 하여 행위자가 희망하는 재산적 처분행위를 하도록 하기 위한 판단의 기초가 되는 사실에 관한 것이면 족한 것이므로, 용도를 속이고 돈을 빌린 경우에 있어서 만일 진정한 용도를 고지하였더라면 상대방이 돈을 빌려 주지 않았을 것이라는 관계에 있는 때에는 사기죄의 실행행위인 기망은 있는 것으로 보아야 할 것이다(당원 1995. 9. 15. 선고 95도707 판결 참조).

피고인이 개발제한구역 지정의 해제는 물론이고 그 해제로 인하여 얻게 될 재산상의 이익을 나누어줄 의사와 능력이 없으면서도, 마치 피해자로부터 돈을 차용하게 되면 이를 개발제한구역 지정을 해제하는 데 필요한 비용으로 사용하고 개발제한구역 해제로 인하여 얻게 될 이익을 피해자에게 나누어 줄 것처럼 피해자를 속여 피해자로부터 금원을 차용하였다면, 피고인의 위와 같은 행위는 사기죄에 있어서의 기망행위에 해당하고 피해자는 피고인에게 기망당하여 착오를 일으켜 금원을 대여하게 되었다고 보아야 할 것이며, 피고인에게 타인의 금원을 편취할 의사 또한 있었다고 보아야 할 것이므로, 비록 피고인이 지방공무원으로서 신분을 가지고 있었고 자기 명의로 된 주택을 소유하고 있었다고 하더라도 그와 같은 사정은 피고인의 편취범의를 인정하는 데 있어 장애사유가 될 수 없다 할 것이다.

(자) 대법원 2005. 9. 15. 선고 2003도5382 판결【사기 · 무고 · 위증】(미간행)

사기죄의 구성요건인 편취의 범의는 피고인이 자백하지 않는 이상 범행 전후의 피고인의 재력, 환경, 범행의 내용, 거래의 이행과정 등과 같은 객관적인 사정 등을 종합하여 판단할 수밖에 없는 것이고(대법원 1995. 4. 25. 선고 95도424 판결 참조), 타인으로부터 금전을 차용함에 있어서 그 차용한 금전의 용도나 변제할 자금의 마련방법에 관하여 사실대로 고지하였더라면 상대방이 응하지 않았을 경우에 그 용도나 변제자금의 마련방법에 관하여 진실에 반하는 사실을 고지하여 금전을 교부받은 경우에는 사기죄가 성립하고, 이 경우 차용금채무에 대한 담보를 제공하였다는 사정만으로는 결론을 달리 할 것은 아니다.

(차) 대법원 2003. 10. 10. 선고 2003도3516 판결【특정경제범죄가중처벌등에관한법률위반(사기) · 사기 등】(미간행)

사기죄는 타인을 기망하여 착오에 빠뜨리고 그 처분행위를 유발하여 재물을 교부받거나 재산상 이익을 얻음으로써 성립하는 것으로서, 기망, 착오, 재산적 처분행위 사이에 인과관계가 있어야 한다 할 것이므로(대법원 2000. 6. 27. 선고 2000도1155 판결 등 참조), 가사 위 각 피고인들이 위 각 대출 당시 허위의 재무제표 등을 제출하여 P종합금융을 기망하였다 하더라도 그로 인하여 사기죄가 성립하기 위하여는 위 각 피고인들의 위와 같은 기망행위와 위 각 대출 사이에 인과관계가 있어야 할 것인바, 이에 부합하는 듯한 위 A의 진술 부분은, … 점에 비추어, 위 B의 진술은 위 (가)항에서 본 바와 같은 이유로 모두 위 인과관계를 인정할 증거로 삼기 어렵고, 달리 이를 인정할 만한 자료를 기록상 발견하기 어려우며, 오히려 … 기록에 의하여 알 수 있는 제반 사정에 비추어 보면, P종합금융으로서는 Q인터내셔날이나 닉스가 분식회계를 통하여 재무제표를 허위로 작성하였다는 것을 알았다고 하더라도 위 각 대출을 하였을 것으로 볼 여지가 충분히 있다 할 것이다.

그럼에도 불구하고, 원심이 위 각 피고인들이 위 각 대출 당시 재무제표 등을 제출하여 P종합금융을 각 기망하였다거나 위 각 기망행위와 위 각 대출 사이에 인과관계가 있다고 인정하여 위 각 공소사실을 유죄로 인정한 것은 채증법칙을 위반하여 사실을 잘못 인정하였거나 사기죄에 있어서 기망행위 및 인과관계에 관한 법리를 오해하여 판결 결과에 영향을 미친 위법을 저지른 경우에 해당한다 할 것이므로, 이 점에 관한 위 각 피고인들의 상고이유의 주장은 모두 이유 있다.

(카) 대법원 2005. 4. 29. 선고 2002도7262 판결【특정경제범죄가중처벌등에 관한법률위반(사기) 등】(공2005, 871)

사기죄는 상대방을 기망하여 하자 있는 상대방의 의사에 의하여 재물을 교부받음으로써 성립하는 것이므로 분식회계에 의한 재무제표 등으로 금융기관을 기망하여 대출을 받았다면 사기죄는 성립하고, 변제의사와 변제능력의 유무 그리고 충분한 담보가 제공되었다거나 피해자의 전체 재산상에 손해가 없고, 사후에 대출금이 상환되었다고 하더라도 사기죄의 성립에는 영향이 없는 것이다.

(타) 대법원 2004. 4. 9. 선고 2003도7828 판결【사기】(공2004, 844)

기록에 의하면, 피고인은 대출광고를 보고 찾아온 공소외 A 내지 D(이하 '대출의뢰인들'이라고 한다)로부터 대출 요청을 받고, 대출의뢰인들에게 자동차할부금융대출을 받아 금원을 융통하여 주겠다고 하면서 대출의뢰인들로부터 자동차할부금융에 필요한 서류를 받아 자동차판매회사의 영업사원을 통하여 할부금융회사에 제출하고, 할부금융회사로부터 대출의뢰인들 명의로 자동차할부금융대출을 받아 그 대출금으로 자동차 대금을 지급한 다음(자동차 대금은 할부금융회사가 할부금융대출금으로 자동차판매회사에게 직접 지급함) 자동차판매회사로부터 자동차를 인수하여 대출의뢰인들 명의로 등록한 후 즉시 처분하여 그 대금으로 대출의뢰인들에게 금원을 융통해 주거나 자신이 지출한 비용을 회수하는 방법으로 사채업을 영위해 온 사실을 인정할 수 있는데, 대출의뢰인들은 당초부터 금원을 융통하려는 의사만 있었을 뿐, 할부금융대출의 방법으로 자동차를 구입할 의사는 전혀 없었고(수사기록 15면 내지 25면, 43면 내지 48면, 83면 내지 88면, 111면 내지 115면), 피고인도 대출의뢰인들이 할부금융대출의 방법으로 자동차를 구입할 의사가 전혀 없음을 알면서도 대출의뢰인들 명의로 자동차할부금융대출을 신청하여 그 대출금으로 자동차 대금을 지급한 후 자동차를 인수하여 즉시 중고시장에 매각하여 자금을 마련함으로써, 외형상으로는 할부금융의 방법으로 자동차를 구입하는 형식을 취하기는 하였으나 실제로는 자동차할부금융대출을 단지 자금 융통을 위한 수단으로 이용한 것에 불과한 사실(수사기록 238면 내지 247면), 한편, 할부금융회사는 자동차할부금융 신청인이 할부금융대출의 방법으로 자동차를 구입할 의사 없이 단지 자금을 융통할 목적으로 할부금융대출신청을 하는 것을 안다면 할부금융대출을 실시하지 않으며(수사기록 6면 내지 12면), 피고인도 그러한 사정을 알고 있었던 사실(수사기록 238면 내지 247면)을 인정할 수 있다.

사정이 위와 같다면, 할부금융회사로서는 피고인이 할부금융의 방법으로 대출의뢰인들 명의로 자동차를 구입하여 보유할 의사 없이 단지 자동차할부금융대출의 형식을 빌려 자금을 융통하려는 의도로 할부금융대출을 신청하였다는 사정을 알았더라면 할부금융대출을 실시하지 않았을 것이므로, 피고인으로서는 신의성실의 원칙상 사전에 할부금융회사에게 자동차를 구입하여 보유할 의사 없이 자동차할부금융대출의 방법으로 자금을 융통하려는 사정을 고지할 의무가 있다 할 것이고, 그럼에도 불구하고 이를 고지하지 아니한 채 대출의뢰인들 명의로 자동차할부금융을 신청하여 그 대출금을 지급하도록 한 행위는 고지할 사실을 묵비함으로써 거래상대방인 할부금융회사를 기망한 것이 되어 사기죄를 구성한다고 볼 것이고, 이 사건 대출금이 곧바로 자동차판매회사에 입금됨으로써 자동차들이 이 사건 대출의뢰인들 명의로 실제 출고되었고, 할부금융회사가 자체 기준에 따른 심사 결과 하자가 없다고 판단하여 대출의뢰인들을 채무자로 하여 신용대출을 해 주었다는 점은 피고인의 기망행위에 대한 범의를 인정하는 데에 아무런 지장이 없다.

또한, 사기죄는 타인을 기망하여 그로 인한 하자 있는 의사에 기하여 재물의 교부를 받거나 재산상의 이득을 취득함으로써 성립되는 범죄로서 그 본질은 기망행위에 의한 재산이나 재산상 이익의 취득에 있는 것이고 상대방에게 현실적으로 재산상 손해가 발생함을 요건으로 하지 아니하므로(대법원 1985. 11. 26. 선고 85도490 판결; 1998. 11. 10. 선고 98도2526 판결 등 참조), 대출의뢰인들이 그들 명의의 예금통장에서 자동이체 방법으로 대출원리금을 전액 납부하였거나 비교적 장기간에 걸쳐 여러 차례 납부하였다는 점도 사기죄의 성립에 아무런 지장이 없다.

(파) 대법원 2000. 7. 7. 선고 2000도1899 판결 【특정경제범죄가중처벌등에관한법률위반(사기) 등】 (공2000, 1911)

재물편취를 내용으로 하는 사기죄에 있어서는 기망으로 인한 재물교부가 있으면 그 자체로써 피해자의 재산침해가 되어 이로써 곧 사기죄가 성립하는 것이고, 상당한 대가가 지급되었다거나 피해자의 전체 재산상에 손해가 없다 하여도 사기죄의 성립에는 그 영향이 없으므로 사기죄에 있어서 그 대가가 일부 지급된 경우에도 그 편취액은 피해자로부터 교부된 재물의 가치로부터 그 대가를 공제한 차액이 아니라 교부받은 재물 전부라 할 것이다(대법원 1999. 7. 9. 선고 99도1040 판결; 1995. 3. 24. 선고 95도203 판결 등 참조).

(하) 대법원 2007. 10. 25. 선고 2007도6241 판결【사기 · 유사수신행위의규제에관한법률위반 · 방문판매등에관한법률위반】(미간행)

재물편취를 내용으로 하는 사기죄에 있어서는 기망으로 인한 재물교부가 있으면 그 자체로써 피해자의 재산침해가 되어 이로써 곧 사기죄가 성립하는 것이고 상당한 대가가 지급되었다 하더라도 사기죄의 성립에는 그 영향이 없으므로, 사기죄에 있어 그 대가가 일부 지급된 경우에도 그 편취액은 피해자로부터 교부된 재물의 가치로부터 그 대가를 공제한 차액이 아니라 교부받은 재물 전부라 할 것인바(대법원 2005. 10. 28. 선고 2005도5774 판결 등 참조), 따라서 "이 사건 편취금액으로 조성된 P스타의 공유자금이 먼저 판매원이 된 사람들에게 장려금으로 지급되어 소진되는 바람에 나중에 판매원이 된 사람들에게 지급되지 못한 것일 뿐 피고인이 이를 개인적으로 취득하여 소비한 것이 아니므로 이 사건은 사기죄가 성립할 수 없다"는 취지의 상고이유 주장은 받아들일 수 없다.

(거) 대법원 2003. 12. 26. 선고 2003도4914 판결【사기】(공2004, 298)

원심판결 이유에 의하면, 원심은, 피고인은 사실은 피해자에게 P은행 Q지점 발행의 수표번호 (번호 생략)호, 액면 800만 원인 자기앞수표를 의장권등록무효소송과 관련한 합의금 명목으로 교부하였음에도 불구하고, 2001. 4. 25. 광주지방법원에서 피해자가 소지하고 있던 그 자기앞수표에 대하여 허위사실인 분실을 원인으로 한 공시최고신청을 하여 같은 해 8. 13. 같은 법원에서 (사건번호 생략)로 제권판결을 선고받아 그 시경 확정됨으로써 수표 액면금인 800만 원 상당의 재산상 이익을 취득하였다는 이 사건 공소사실에 대하여, 그 판시와 같은 사실을 인정한 뒤, 다음과 같이 판단하여, 무죄를 선고한 제1심판결을 파기하고 유죄를 인정하였다.

가. 우선, 피고인이 이 사건 수표에 대하여 제권판결을 선고받음으로써 재산상 이득을 취득하였는지 여부에 관하여 보건대, 피고인은 2001. 8. 16. 그 제권판결을 제출하여 P은행 R지점으로부터 A의 예금통장으로 이 사건 수표의 액면금인 800만 원을 입금 받아 그 금액 상당의 재산상 이득을 취득하

였음이 인정된다.

나. 다음, 피해자에게 재산상 손해가 발생하였는지 여부에 관하여 보건대, 피해자가 이 사건 수표를 피고인으로부터 갈취하였다고 하더라도 피고인이 피해자에 대하여 이 사건 수표 발행행위에 대한 의사표시를 취소한 바 없어, 피해자는 유효하게 이 사건 수표에 대한 권리를 행사할 수 있었다고 보아야 하는데, 그 제권판결의 소극적 효과로서 소지하고 있던 수표가 무효가 되어 그 수표상의 권리를 행사할 수 없게 되고, 또 적법한 수표 소지인임을 전제로 한 이득상환청구권도 행사할 수 없게 되는 손해를 입게 되었다고 보아야 한다.

2. 가. 살피건대, 원심 판시와 같이 피고인이 그 자기앞수표에 대하여 공시최고신청을 하여 제권판결을 선고받아 확정되었다면, 그 제권판결의 적극적 효력에 의해 피고인은 그 수표상의 채무자인 P은행에 대하여 수표를 소지하지 않고도 수표상의 권리를 행사할 수 있는 지위를 취득하였다고 할 것이므로, 이로써 사기죄에 있어서의 재산상 이익을 취득한 것으로 보기에 충분하다고 할 것이고, 이는 제권판결이 그 신청인에게 수표상의 권리를 행사할 수 있는 형식적 자격을 인정하는 데 그치고, 그를 실질적 권리자로 확정하는 것이 아니라는 점만으로 달리 볼 수 없다.

따라서 피고인이 제권판결을 선고받아 확정된 뒤 2001. 8. 16. 그 제권판결을 제출하여 P은행 R지점으로부터 A의 예금통장으로 이 사건 수표의 액면금인 800만 원을 입금 받았는지 여부에 관계없이, 피고인은 그 제권판결을 선고받아 확정된 때에 재산상 이익을 취득하였다고 할 것이다.

나. 사기죄는 타인을 기망하여 그로 인한 하자있는 의사에 기하여 재물의 교부를 받거나 재산상의 이익을 취득함으로써 성립하고 사기죄의 본질은 기망에 의한 재물이나 재산상 이익의 취득에 있고 이로써 상대방의 재산이 침해되는 것이므로, 상대방에게 현실적으로 재산상 손해가 발생함을 요하지 아니한다(대법원 1998. 11. 10. 선고 98도2526 판결 등 참조). 또 기망행위를 수단으로 한 권리행사의 경우 그 권리행사에 속하는 행위와 그 수단에 속하는 기망행위를 전체적으로 관찰하여 그와 같은 기망행위가 사회통념상 권리행사의 수단으로서 용인할 수 없는 정도라면 그 권리행사에 속하는 행위는 사기죄를

구성한다(대법원 2003. 6. 13. 선고 2002도6410 판결 등 참조).

그런데 피고인은 이 사건 자기앞수표를 갈취한 피해자에 대하여 그 수표 교부의 원인이 된 합의서상의 의사표시를 취소한 뒤 그 수표의 반환을 청구할 수 있는 권리가 있고, 그 경우 그 수표상의 채무자, 즉 발행인인 광주은행은 피해자에 대하여 이른바 '무권리(無權利)의 항변'으로 대항할 수 있었지만, 기록에 나타난 증거만으로는 그 제권판결 선고시까지 수표 교부의 원인이 된 합의서상의 의사표시가 적법하게 취소되었다고 단정할 수 없을 뿐만 아니라, 그 수표의 소지인인 피해자는 그 원인관계의 흠결이나 하자에 관계없이 수표상의 권리를 행사할 수 있는 자격이 있으므로(다만, 그 수표상의 채무자가 원인관계의 흠결 등을 들어 인적 항변을 할 수 있을 뿐이다), 피고인이 그와 같이 위법하게 제권판결을 선고받아 그 수표(증권)를 무효로 하였다면, 이로써 피해자에게 현실적·경제적으로 재산상 손해가 생겼는지 여부에 관계없이, 피해자의 수표상의 권리를 침해하여 재산상 손해를 입혔다고 보아야 할 것이다.

(너) 대법원 2008. 1. 24. 선고 2007도9417 판결 【사기】 (미간행)

사기죄는 타인을 기망하여 착오에 빠뜨리고 그 처분행위를 유발하여 재물이나 재산상의 이득을 얻음으로써 성립하는 것으로서 여기에서 처분행위라 함은 재산적 처분행위를 의미한다고 할 것인바(대법원 2002. 11. 22. 선고 2000도4419 판결 등 참조), 부동산 위에 소유권이전청구권 보전의 가등기를 마친 자가 그 가등기를 말소하면 부동산 소유자는 가등기의 부담이 없는 부동산을 소유하게 되는 이익을 얻게 되는 것이므로, 가등기를 말소하는 것 역시 사기죄에서 말하는 재산적 처분행위에 해당하고, 설령 그 후 위 가등기에 의하여 보전하고자 하였던 소유권이전청구권이 존재하지 않아 위 가등기가 무효임이 밝혀졌다고 하더라도 가등기의 말소로 인한 재산상의 이익이 없었던 것으로 볼 수 없다. 한편, 피고인에게 피해자 명의의 가등기 말소를 구할 권리가 인정된다 하더라도 피고인이 기망행위를 사용하여 피해자로 하여금 위 가등기를 말소하게 한 경우 그 기망행위가 사회통념상 권리행사의 수단으로서 용인될 수 없는 것이라면 피고인의 위와 같은 행위는 사기죄를 구성한다.

(더) 대법원 2007. 5. 10. 선고 2007도1780 판결 【사기】 (미간행)

기망행위를 수단으로 한 권리행사의 경우 그 권리행사에 속하는 행위와 그 수단에 속하는 기망행위를 전체적으로 관찰하여 그와 같은 기망행위가 사회통념상 권리행사의 수단으로서 용인할 수 없는 정도라면 그 권리행사에 속하는 행위는 사기죄를 구성한다(대법원 2003. 6. 13. 선고 2002도6410 판결 등 참조).

기록에 의하면, 피고인은 P연합회의 하계수련대회를 진행하던 중 술에 취한 상태에서 위 연합회의 다른 임원들과 말다툼을 하다가 홧김에 스스로 화장실 유리문을 발로 차는 바람에 깨진 유리조각에 오른쪽 발을 찔리는 상해를 입은 사실, 그럼에도 피고인은 "회사 하계수련대회 기간에 체력증진을 위한 훈련을 하던 중 모래사장을 맨발로 뛰다가 유리에 발을 찔려 상처를 입었다"라고 허위 내용의 산업재해보상보험 요양신청서를 작성한 후 피해자 근로복지공단에 제출하여 산업재해보상 보험급여를 지급받은 사실을 인정할 수 있는바, 피고인이 위와 같이 산업재해보상보험 요양신청서에 부상 발생경위를 허위로 기재하는 등의 부정한 방법으로 요양신청을 하여 산업재해보상 보험급여를 지급받았다면, 이는 다른 특별한 사정이 없는 한 그 자체로 이미 사회통념상 권리행사의 수단으로서 용인할 수 있는 범위를 벗어난 것으로서 사기죄에 있어서의 기망행위에 해당한다 할 것이다. 그리고 설령 피고인이 산업재해보상 보험급여를 지급받을 수 있는 지위에 있었다고 하더라도 위와 같은 판단에 영향이 생기는 것은 아니다.

쟁점연구

1. 작위에 의한 기망행위

명시적으로 피해자를 기망하는 행위가 사기죄의 '기망'에 해당함에는 의문이 없다. 예컨대 돈이 없으면서도 아무런 말없이 음식점에 들어가 식탁에 앉아 주인이 제공하는 음식을 먹은 이른바 무전취식의 경우 사기죄가 되는가? 사기죄가 된다면 이 경우 기망행위는 어떠한 형태로 있는가? 참고판례 (가)를 참고하자.

2. 부작위에 의한 기망행위

가. 기망행위는 부작위에 의하여서도 할 수 있다. 부작위가 기망행위가 되기 위한 요건은 무엇인가? 그 요건의 핵심은 무엇인가? 도입판례를 참고하자. 도입판례에서는 어째서 기망행위가 인정되었는가?

나. 참고판례 (나)는 이중매도인이 제2매수인에게 제1매매계약의 존재를 알릴 의무는 없다고 한다. 그 이유는 무엇인가?

다. 받을 액수를 초과하여 돈을 지급받으면서도 모른 채하며 전액을 받은 경우 사기죄가 성립하기도 하고 점유이탈물횡령죄가 성립하기도 한다. 그 기준은 무엇인가? 참고판례 (다)를 참고하자.

라. 명의수탁자가 제3자에게 수탁받은 물건을 처분하는 경우 횡령죄나 절도죄가 성립한다. 참고판례 (라)에서 절도죄가 인정된 이유는 무엇인가? 절도한 물건을 제3자에게 명의신탁관계를 밝히지 않고 매도한 경우 사기죄가 성립하는가? 명의신탁관계를 밝히고 매도한 경우는 어떠한가?

마. 과장광고는 경우에 따라 사기죄의 기망행위가 되기도 하고 아니기도 하다. 이를 판단하는 기준은 무엇인가? 참고판례 (마), (바)를 참고해 보자. 이는 민사의 경우에도 대체로 같다. 아파트 분양평수를 다소 과장광고한 사안에 관한 대법원 1995. 7. 28. 선고 95다19515, 19522(반소) 판결, 분양목적물인 특수시설에 대한 소유지분이나 이익배당률을 다소 과장설명한 사안에 관한 대법원 1995. 9. 29. 선고 95다7031 판결을 참조해 보자.

바. 이미 착오에 빠져 있는 상태를 이용하여 이익을 취하는 경우는 사기죄가 되는가? 참고판례 (사)를 참고해 보자.

3. 기망행위의 내용

민법상 착오로 인한 의사표시를 이유로 취소하려면 원칙적으로 법률행위의 내용의 중요부분에 착오가 있어야 한다(민법 제109조). 사기죄의 기망은 반드시 법률행위의 중요 부분에 관한 것이어야 하는가? 참고판례 (아), (자)를 참고하자. 이렇게 본다면 피해자가 처분행위를 하는 동기에만 착오가 있는 경우에도 사기죄는 성립한다고 할 수 있는가?

4. 인과관계

사기죄는 기망 — 착오 — 처분행위라는 일련의 과정을 거쳐 행해진다. 이 때 이들 사이에 인과관계가 존재하여야 한다. 인과관계가 없어 사기죄가 성립하지 않는 예를 참고판례 (차)를 통하여 살펴보자.

5. 재산상의 손해

가. 사기죄가 성립하려면 피해자에게 재산상의 손해가 발생하여야 하는가에 관하여 (i) 불필요하다는 입장, (ii) 필요하다는 입장, (iii) 재물사기죄는 불필요하지만 이득사기죄는 필요하다는 입장 등이 있을 수 있다. 각 논거를 생각해 보자. 판례는 어떠한 입장인가?

나. 판례에 의할 때 다음 각 경우는 재산상 침해가 있다고 할 것인가?

(i) 금융기관을 기망하여 대출받은 후 전액 변제{참고판례 (카), (타)}

(ii) 대가를 지급한 경우{참고판례 (파), (하)}

(iii) 이익사기의 경우{참고판례 (거)}

다. 위 (ii)의 경우 편취액은 교부받은 재물의 가치로부터 대가를 공제한 금액이 되는가?

6. 원래 재물이나 이익을 취득할 권리가 있는데 기망의 수단을 사용한 경우에 사기죄가 성립할 수 있는가? 참고판례 (거), (너), (더)를 참고해 보자. 제8장 Ⅴ.의 쟁점연구 5.항도 함께 참고하자.

Ⅳ. 사기죄의 성립요건(2) – 처분행위

도입판례

대법원 2008. 1. 24. 선고 2007도9417 판결【사기】(미간행)

【피 고 인】 갑
【상 고 인】 피고인
【변 호 인】 변호사 김채영
【원심판결】 수원지법 2007. 10. 25. 선고 2007노2825 판결
【주　　문】 상고를 기각한다. 상고 후의 구금일수 중 70일을 본형에 산입한다.
【이　　유】

피고인의 상고이유를 본다.

1. 제3점에 관하여

원심이 그 채택증거에 의하여 인정한 사실들을 종합하면, 피고인은 피해자가 이 사건 가등기를 먼저 말소해 주더라도 피해자 요구시 이 사건 농지의 소유권을 이전해 줄 의사가 없었음에도 불구하고, 마치 피해자의 요구가 있으면 언제든지 이 사건 농지의 소유권을 이전해 줄 것처럼 행세하면서 이 사건 가등기의 말소를 요청하여, 이에 속은 피해자로부터 이 사건 가등기를 말소받았음을 인정할 수 있는바, 원심이 공소사실 중 이 사건 가등기의 말소로 인한 사기의 점을 유죄로 인정한 것은 이와 같은 전제에 선 것으로서 정당하고, 거기에 상고이유에서 주장하는 바와 같은 채증법칙 위반 등의 위법이 없다.

2. 제1, 2점에 관하여

사기죄는 타인을 기망하여 착오에 빠뜨리고 그 처분행위를 유발하여

재물이나 재산상의 이득을 얻음으로써 성립하는 것으로서 여기에서 처분행위라 함은 재산적 처분행위를 의미한다고 할 것인바(대법원 2002. 11. 22. 선고 2000도4419 판결 등 참조), 부동산 위에 소유권이전청구권 보전의 가등기를 마친 자가 그 가등기를 말소하면 부동산 소유자는 가등기의 부담이 없는 부동산을 소유하게 되는 이익을 얻게 되는 것이므로, 가등기를 말소하는 것 역시 사기죄에서 말하는 재산적 처분행위에 해당하고, 설령 그 후 위 가등기에 의하여 보전하고자 하였던 소유권이전청구권이 존재하지 않아 위 가등기가 무효임이 밝혀졌다고 하더라도 가등기의 말소로 인한 재산상의 이익이 없었던 것으로 볼 수 없다. 한편, 피고인에게 피해자 명의의 가등기 말소를 구할 권리가 인정된다 하더라도 피고인이 기망행위를 사용하여 피해자로 하여금 위 가등기를 말소하게 한 경우 그 기망행위가 사회통념상 권리행사의 수단으로서 용인될 수 없는 것이라면 피고인의 위와 같은 행위는 사기죄를 구성한다.

원심은 그 채택증거에 의하여 피해자가 피고인에 대한 이 사건 농지에 관한 명의신탁약정에 기한 소유권이전등기청구권을 보전할 목적으로 2001. 10. 25.경 이 사건 농지에 자신의 아들인 공소외인 명의로 이 사건 가등기를 마친 사실, 피해자가 2003. 12. 27.경 피고인의 요청으로 이 사건 가등기를 말소해 준 사실, 피고인이 2004. 12.경 및 2005. 1. 20.경 피해자 몰래 이 사건 농지를 제3자에게 매도하고 그 소유권이전등기를 마쳐준 사실을 인정한 다음 피고인이 피해자를 기망하여 이 사건 가등기를 말소하도록 한 이상, 설령 이 사건 가등기가 부동산 실권리자명의 등기에 관한 법률에 위반하여 무효라 하더라도 피고인으로서는 가등기의 부담이 없는 부동산을 소유하게 되는 재산상의 이익을 취득한 것이라고 판단하였는바, 원심의 위와 같은 판단은 위 법리에 따른 것으로서 정당하고, 거기에 상고이유에서 주장하는 바와 같은 법리오해 등의 위법이 없다.

다만, 원심이 이 사건 가등기의 말소로 피고인이 취득한 재산상의 이익액을 산정함에 있어 이 사건 가등기에 의하여 보전되는 권리와 무관한, 피해자가 피고인을 위해 대납한 농지관리기금 대출금의 분할상환금 등 합계액을 기준으로 삼은 것은 잘못이라 할 것이나, 원심이 이 사건 가등기의 말소 자체를 피고인이 취득한 재산상의 이익으로 본 것이 분명한 이상, 위와 같은 이익액의 산정 오류는 판결결과에 영향이 없다고 할 것이다. 이를 다투는 주장은 이유 없다.

3. 제4점에 관하여

원심이 그 채택증거에 의하여 인정한 사실들을 종합하면 피고인은 피해자에게 이 사건 농지의 소유권을 이전해 줄 의사가 없었을 뿐만 아니라, 이미 이 사건 농지 중 일부에 관하여 제3자와 매매계약을 체결한 상태였음에도 불구하고 마치 피해자의 요구가 있으면 언제든지 이 사건 농지의 소유권을 이전해 줄 것처럼 행세하여, 이에 속은 피해자로 하여금 농지관리기금 대출금의 분할상환금 8,582,540원을 대납하게 하였음을 인정할 수 있는바, 원심이 공소사실 중 분할상환금 대납으로 인한 사기의 점을 유죄로 인정한 것은 이와 같은 전제에 선 것으로서 정당하고, 거기에 상고이유에서 주장하는 바와 같은 법리오해 등의 위법이 없다.

4. 그러므로 상고를 기각하고, 상고 후의 구금일수 일부를 본형에 산입하기로 하여 관여 대법관의 일치된 의견으로 주문과 같이 판결한다.

대법관 양승태(재판장) 고현철 김지형 전수안(주심)

참고판례

(가) 대법원 2001. 7. 13. 선고 2001도1289 판결【폭력행위등처벌에관한법률위반 · 사기 등】(공2001, 1900)

원심판결 이유에 의하면, 원심은 피고인은 1995년 8월 말경 남양주시 P면 소재 P면사무소에서, 내연관계에 있던 공소외인이 피해자 A로부터 남양주시 (상세 주소 생략) 전 3,379㎡를 대금 9,500만 원에 매수하기로 계약을 체결한 후 계약금 및 중도금으로 4,500만 원을 지급하고 나머지 잔금을 지급하지 않은 상태에서 사실은 위 A로부터 부동산매도용인감증명서 및 등기의무자본인확인서면을 교부받더라도 이를 이용하여 위 부동산에 대한 형질변경 및 건축허가를 받는 데에 사용하지 아니하고 위 피해자의 의사에 반하여 위 부동산을 피고인 명의로 소유권이전등기를 하는 데에 사용할 생각임에도 불구하고, 위 피해자에게 형질변경 및 건축허가를 받는 데에 부동산매도용인감증명서 및 확인서면이 반드시 필요하니 이를 나에게 건네주면 위 용도로만 사용하겠다라고 거짓말하여, 이에 속은 위 피해자로부터 즉석에서 부동산매도용인감증명서 및 등기의무자본인확인서면을 교부받은 후 이를 이용하여 같은 해 9일경 위 부동산을 피고인 외 4인 명의로 소유권이전등기를 경료함으로써 위 부동산 시가 9,500만 원 상당을 편취하였다는 사실을 인정하여 이 부분 공소사실을 유죄로 판단하였다.

그러나 사기죄는 타인을 기망하여 착오에 빠뜨리고 그로 인한 처분행위로 재물의 교부를 받거나 재산상의 이익을 취득한 때에 성립하는 것이므로, 원심이 인정한 바와 같이 피고인이 피해자에게 부동산매도용인감증명 및 등기의무자본인확인서면의 진실한 용도를 속이고 그 서류들을 교부받아 피고인 등 명의로 위 부동산에 관한 소유권이전등기를 경료하였다 하여도 피해자의 위 부동산에 관한 처분행위가 있었다고 할 수 없을 것이고 따라서 이 부분 공소사실은 사기죄를 구성하지 않는 것이라 할 것이다. 따라서 원심이 이 부분 공소사실을 유죄로 인정한 것에는 사기죄에 대한 법리오해의 위법이 있다 할 것이다.

(나) 대법원 1987. 10. 26. 선고 87도1042 판결【사기·사문서위조·사문서위조행사】(집35-3. 734)

이 사건 공소사실은 피고인은 P사료주식회사 제1영업소장으로 재직중인 자인바, 피고인은 기히 거래를 하던 서산에 이 대리점의 공소외 A가 동인이 제공한 담보물의 가액보다 과다한 외상대금이 있어서 고민을 하고 있던 중 공소외 B에게 A의 채무 중에서 3,000만원에 대하여 새로이 담보를 제공하면 대리점을 개설하여 주겠다고 제의하고, 공소외 B는 기히 공소외 C

로부터 피해자 D 소유의 충남 (상세 주소 생략) 대지와 건물에 Q 등기부등본 등과 그의 인감증명서 3통을 수령하여 소지하고 있던 중, 1984. 1. 24. 18:00경 충남 (상세 주소 생략) 소재 R식당에서 근저당권설정계약서상에 피해자의 자필서명과 무인을 받기 위해 피고인, 공소외 B 및 C 등이 피해자를 만났으나 그 자리에서 피해자가 위 부동산을 Q제분주식회사에 금 4,000만원의 담보로 제공하기로 하였으니 P사료주식회사에는 담보로 제공할 수 없다고 거절하였음에도 불구하고 피고인은 피해자에게 인감증명서만 없으면 근저당설정등기를 할 수 없으니 근저당설정계약서에 자필서명과 무인을 해놓았다가 위 Q제분에 위 부동산을 담보로 제공할 수 없을 경우 P사료주식회사에 대한 담보제공에 사용토록 하자고 하면서 위 같은 날 C가 가져온 피해자의 인감증명서 4통을 돌려주어 마치 근저당권설정을 하지 않을 것 같이 위 D를 속이고 이에 속은 동인으로부터 근저당권설정계약서를 비롯한 담보설정에 필요한 제반 서류에 동인의 서명과 무인을 받은 후 같은 달 25. 12:30경 충남 천안시 (상세 주소 생략) 소재 P사료주식회사 사무실에서 공소외 B와 공모하여 기히 받아 놓은 피해자의 인감증명서 3통과 근저당설정에 필요한 제반서류를 공소외 B에게 넘겨주고 공소외 B는 피해자로부터 동인의 부동산을 위 회사에 담보제공하지 않는다는 정을 알면서도 피고인으로부터 위 서류를 받아 같은 날 18:00경 그 정을 모르는 위 대리점의 직원인 공소외 E에게 등기를 하도록 위임하여 같은 달 27 시간미상경 위 E가 사법서사인 공소외 F에게 위임하여 그 시경 위 F가 대전지방법원 서산등기소에 위 서류를 제출하여 위 부동산에 대하여 A를 채무자로 한 채권최고액 금 3,000만원의 근저당설정등기를 완료하여 위 P사료주식회사에 동액상당의 이익을 취득케 하고 위 D에게 동액상당의 손해를 가한 것이다라고 하여 사기죄로 기소하였는바, 사기죄는 타인을 기망하여 착오에 빠뜨리게 하고 그 처분행위를 유발하여 재물, 재산상의 이득을 얻음으로써 성립하는 것이므로 여기서 처분행위라고 하는 것은 재산적 처분행위를 의미하고 그것은 주관적으로 피기망자가 처분의사, 즉 처분결과를 인식하고 객관적으로는 이러한 의사에 지배된 행위가 있을 것을 요한다고 할 것이다. 그런데 이 사건 공소사실 자체에 의하더라도 피고인의 기망에 의하여 위 D가 했다는 조사록을 볼 때 그의 부동산을 Q제분주식회사에 담보로 제공할 수 없게 된 것이 분명하게 되어 다시 그의 인감증명서를 피고인에게 교부할 때까지는 근저당권 설정계약을 체결할 의사가 있었던 것이 아님이 명백하다.

그렇다면 여기에는 앞서 말한 재산적 처분행위가 있었다고 할 수 없는 것이고 따라서 피고인이 위 서류를 가지고 근저당권설정등기를 경료 해버린 후속적 행위가 다른 죄에 해당되는 것은 별론으로 하고 사기죄에는 해당되지 않으므로 이 사건 공소사실은 형사소송법 제325조 전단에 의하여 무죄라고 할 것이다.

그런데 원심이 이 사건 사기의 공소사실에 대한 범죄의 증명이 없다고 하여 형사소송법 제325조 후단에 의하여 무죄를 선고한 것은 법률적용에 착오가 있다고 하겠지만 결론에 있어 원판결에 영향을 끼친 것은 아니라고 할 것이다.

(다) 대법원 2002. 7. 26. 선고 2002도2620 판결 【특정경제범죄가중처벌등에 관한법률위반(사기) 등】 (공2002, 2163)

사기죄는 타인을 기망하여 착오에 빠지게 하고 그 처분행위를 유발하여 재물, 재산상의 이익을 얻음으로써 성립하는 범죄로서, 여기서 처분행위라고 하는 것은 범인 등에게 재물을 교부하거나 또는 재산상의 이익을 부여하는 재산적 처분행위를 의미하고, 피기망자는 재물 또는 재산상의 이익에 대한 처분행위를 할 권한이 있는 자를 말한다 할 것이며(대법원 1999. 3. 26. 선고 98도4193 판결; 2001. 4. 27. 선고 99도484 판결 등 참조), 관계 법령 및 기록 등에 의하면 주택건설촉진법 제10조의3 제2항에 따라 건설교통부장관이 기금의 운용·관리에 관한 사무를 한국주택은행(현재는 주식회사 국민은행으로 합병되었음)에 위탁하였고, 기금의 운용 및 관리에 관하여 필요한 사항을 규정한 건설교통부훈령인 국민주택기금운용및관리규정(이하 '관리규정'이라고 한다)은 국민주택건설자금 융자신청을 하고자 하는 민간사업자는 한국주택은행의 본점 또는 지점에 서류를 제출하여야 하며, 한국주택은행장은 민간사업자로부터 자금융자신청을 받은 때에는 승인 여부를 결정하도록 규정하고 있는 사실, 관리규정은 한국주택은행장으로 하여금 관리규정의 범위 내에서 관리규정의 시행에 필요한 사항에 관한 세부시행규정을 정하도록 규정하고 있고, 이에 따라 한국주택은행장이 제정한 세부시행규정에 의하면 기금대출 신청 금액이 100억 원을 초과할 경우에는 은행장이 승인 여부를 결정하도록 되어 있는 사실을 인정할 수 있으므로, 이러한 사정 및 위에서 본 사기죄에 관한 법리와 기록에 비추어 살펴보면, 원심이 기금 대출사무를 위탁받은 은행의 일선 담당 직원이 대출금이 지정된 용도에 사용되지 않을 것이라는 점을 알고 있었다 하더라도(지점장이 이를 알고 있었다 하더라도 마찬가지라 할 것이다) 피고인이 대출시마다 지정된 임대주택 건설자금으로 사용할 의사가 없으면서도 용도를 속여 대출받은 이상 사기죄가 성립한다고 보아 원심 판시 범죄사실에 대하여 유죄를 선고한 조치는 정당한 것으로 수긍할 수 있고, 거기에 상고이유로 주장하는 바와 같이 채증법칙 위배 또는 심리미진으로 인한 사실오인이나 사기죄에 있어서 피기망자와 처분행위자 및 기망, 피기망자의 착오와 처분행위 사이의 인과관계 또는 피해자에 관한 법리오해의 위법이 있다고 할 수 없다.

그리고 원심이 피기망자가 누구인지에 관하여 분명한 설시를 하지 아니하였음은 상고이유로 지적하는 바와 같다 할 것이나, 원심이, 피고인이 국민주택 건설자금으로 사용할 의사가 없으면서도 국민주택 건설자금으로 사용할 것처럼 용도를 속여 대출받아 이를 편취하였다고 함으로써 결국 원심도 기금대출 승인 여부에 관한 권한을 가진 자를 피기망자로 보고 있는 것으로 못 볼 바 아니므로 위 사유만으로 원심판결에 상고이유로 주장하는 바와 같이 이유불비의 위법이 있다고 할 수 없다.

(라) 대법원 1994. 10. 11. 선고 94도1575 판결【사기】(공1994, 3027)

사기죄가 성립되려면 피기망자가 착오에 빠져 어떠한 재산상의 처분행위를 하도록 유발하여 재산적 이득을 얻을 것을 요하고, 피기망자와 재산상의 피해자가 같은 사람이 아닌 경우에는 피기망자가 피해자를 위하여 그 재산을 처분할 수 있는 권능을 갖거나 그 지위에 있어야 하는 것이지만(당원 1991. 1. 11. 선고 90도2180 판결; 당원 1989. 7. 11. 선고 89도346 판결 등 참조), 여기에서 피해자를 위하여 재산을 처분할 수 있는 권능이나 지위라 함은 반드시 사법상의 위임이나 대리권의 범위와 일치하여야 하는 것은 아니고 피해자의 의사에 기하여 재산을 처분할 수 있는 서류 등이 교부된 경우에는 피기망자의 처분행위가 설사 피해자의 진정한 의도와 어긋나는 경우라고 할지라도 위와 같은 권능을 갖거나 그 지위에 있는 것으로 보아야 할 것이므로 사기죄의 성립에는 아무런 영향이 없다고 할 것이다.

원심판결 이유에 의하더라도, 피해자 A가 이 사건 토지를 매각하여 자신의 딸 B과 사위 C의 사업자금에 사용하도록 하기 위하여 그 인감도장을 이들에게 주었으며, 이들은 다시 공소외 D에게 그 매각을 위임하면서 위 인감도장을 교부하였다는 사실은 이를 배척하지 아니하고 있고, 기록에 의하면 피기망자인 위 E는 위 D로부터 교부받은 피해자의 인감도장을 사용하여 이 사건 근저당권설정서류를 마련하였다는 것이므로, 피해자 등이 위 D에게 이 사건 토지에 관한 매도권한만을 위임한 바 있으나 동인 등 이 사건 관계인들을 거치는 사이에 위임의 취지가 변질되어 근저당권이 설정되기에 이르렀다고 하더라도, 이를 들어 피기망자인 위 E가 피해자를 위하여 이 사건 토지를 처분할 권능을 갖지 아니하거나 지위에 있지 아니하였다고 단정할 것이 아니다.

원심은 사기죄의 성립에 있어 피기망자와 피해자가 다른 경우 요구되는 피기망자가 재산을 처분할 수 있는 권능이나 지위에 관한 법리를 오해한 나머지, 이 사건 근저당권이 설정된 경위에 대하여 더 심리하여 피기망자가 사실상 근저당권을 설정할 지위에 있었는지의 여부를 가려 보지 아니한 채 앞에서 본 바와 같은 이유로 그 범죄의 성립을 부정한 위법이 있고, 이는 판결의 결과에 영향을 미쳤다고 할 것이므로, 이 점을 지적하는 취지의 논지는 이유가 있다.

(마) 대법원 1980. 4. 22. 선고 80도533 판결 【사기】 (공1980, 12860)

타인의 토지소유권을 편취할 목적으로 하는 사기소송은 목적 토지에 대한 소유권이전등기절차이행에 관한 승소의 확정판결을 받으면 이때 불법한 이익을 취득한 사기죄가 성립한다.[1)]

(바) 대법원 1970. 12. 22. 선고 70도2313 판결【사기】(집18-3, 형149)

피고인이 토지소유권 편취를 목적으로 하는 사기소송에 의하여 토지에 대한 소유권이전등기절차 이행에 관한 승소 확정판결을 받은 후(불법한 이익의 취득) 다시 판결에 기한 이전등기까지 경료(재산권의 취득)하였을 경우 위 승소판결 확정과 동시에 기수단계에 이르렀다고 볼 것이지만, 그 후에 있은 이전등기에 관한 행위는 이미 완료된 사기죄의 사후행위로 볼 것이 아니고, 그것 역시 재물편취를 위한 행위였다고 할 것이므로, 위 승소판결의 확정에 관한 행위와 그 판결에 기한 이전등기경료에 관한 행위는 다같이 사기행위로 인한 재물편취에 관한 행위로서 포괄적으로 관찰하여져야 할 성질의 행위이다.

(사) 대법원 1981. 12. 8. 선고 81도1451 판결【사문서위조·사문서위조행사·공갈미수·사기미수】(공1982, 186)

말소등기소송의 결과 원고인 갑이 승소한다고 가정하더라도 등기명의인들의 등기가 말소될 뿐이고 이것만으로 피고인이 위 임야에 관한 어떠한 권리를 취득하거나 의무를 면하는 것은 아니므로 법원을 기망하여 재물이나 재산상 이익을 편취한 것이라고 보기 어려우니 위와 같은 말소등기소송의 소제기 행위를 가리켜 사기의 실행에 착수한 것이라고 할 수 없다.

(아) 대법원 1983. 10. 25. 선고 83도1566 판결【사기·공정증서원본불실기재·공정증서원본불실기재행사·사기미수】(집31-5, 형152)

피고인이 그 자신이 아닌 타인 명의로 등기명의인들을 상대로 그들 명의의 소유권보존등기 및 이전등기의 말소 소송을 제기한 경우, 가사 그 타인이 승소한다고 가정하더라도 등기명의인들의 등기가 말소될 뿐이고 이로써 그 타인이 위 부동산에 대하여 어떠한 권리를 회복 또는 취득하거나 의무를 면하는 것은 아니므로 법원을 기망하여 재물이나 재산상 이익을 편취한 것이

1) 유사취지: 대법원 2004. 6. 24. 선고 2002도4151 판결(허위의 내용으로 신청한 지급명령이 그대로 확정된 경우에는 사기죄는 이미 기수에 이르렀다).

라고 볼 수 없을 것이니, 위와 같은 말소등기청구소송의 제기만으로는 사기의 실행에 착수한 것이라고 할 수 없다.

(자) 대법원 2003. 7. 22. 선고 2003도1951 판결【무고 · 사기미수】(공2003, 1800)

부동산등기부상 소유자로 등기된 적이 있는 자가 자신 이후에 소유권이전등기를 경료한 등기명의인들을 상대로 허위의 사실을 주장하면서 그들 명의의 소유권이전등기의 말소를 구하는 소송을 제기한 경우, 그 소송에서 승소한다면 등기명의인들의 등기가 말소됨으로써 그 소송을 제기한 자의 등기명의가 회복되는 것이므로 이는 법원을 기망하여 재산상 이익을 편취한 것이다.

(차) 대법원 2006. 4. 7. 선고 2005도9858 전원합의체 판결【특정경제범죄가중처벌등에관한법률위반(사기) 등】(집54-1, 805)

1. 피고인 갑의 상고이유에 대한 판단

가. 소송사기의 성립요건과 기수시기에 관한 상고이유에 대하여

법원을 기망하여 자기에게 유리한 판결을 얻고 그 판결 확정에 의하여 타인의 협력 없이 자신의 의사만으로 재물이나 재산상 이익을 얻을 수 있는 지위를 취득하게 되면, 그 지위는 재산적 가치가 있는 구체적 이익으로서 사기죄의 객체인 재산상 이익에 해당하므로, 사기죄가 성립된다.

피고인 또는 그와 공모한 자가 자신이 토지의 소유자라고 허위의 주장을 하면서 소유권보존등기 명의자를 상대로 보존등기의 말소를 구하는 소송을 제기한 경우 그 소송에서 위 토지가 피고인 또는 그와 공모한 자의 소유임을 인정하여 보존등기 말소를 명하는 내용의 승소확정판결을 받는다면, 이에 터잡아 언제든지 단독으로 상대방의 소유권보존등기를 말소시킨 후 위 판결을 부동산등기법 제130조 제2호 소정의 소유권을 증명하는 판결로 하여 자기 앞으로의 소유권보존등기를 신청하여 그 등기를 마칠 수 있게 되므로, 이는 법원을 기망하여 유리한 판결을 얻음으로써 '대상 토지의 소유권에 대한 방해를 제거하고 그 소유명의를 얻을 수 있는 지위'라는 재산상 이익을

취득한 것이고, 그 경우 기수시기는 위 판결이 확정된 때이다.

이와는 달리, 소유권보존등기 명의자를 상대로 그 보존등기의 말소를 구하는 소송을 제기한 경우, 설령 승소한다고 하더라도 상대방의 소유권보존등기가 말소될 뿐이고 이로써 원고가 당해 부동산에 대하여 어떠한 권리를 회복 또는 취득하거나 의무를 면하는 것은 아니므로 법원을 기망하여 재물이나 재산상 이익을 편취한 것이라고 볼 수 없다는 취지로 판시한 대법원 1983. 10. 25. 선고 83도1566 판결과 같은 취지의 판결들은 위 법리에 저촉되는 범위 내에서 이를 변경하기로 한다.

같은 취지에서 피고인 갑의 판시 소송사기로 인한 특정경제범죄 가중처벌 등에 관한 법률 위반(사기)죄를 유죄로 인정한 원심의 판단은 정당하고, 거기에 상고이유에서 주장하는 바와 같은 소송사기의 성립요건 및 기수시기에 관한 법리오해 등의 위법이 없다. …

4. 결론

그러므로 상고를 모두 기각하고 상고 후의 구금일수 중 108일씩을 피고인들의 각 본형에 산입하기로 하여 주문과 같이 판결하는바, 이 판결에 대하여는 제1.의 가.항 부분의 판단에 대하여 대법관 김황식의 반대의견이 있는 외에는 관여 대법관들의 의견이 일치되었다.

5. 대법관 김황식의 반대의견은 다음과 같다.

가. 다수의견은, 피고인 또는 그와 공모한 자가 자신이 토지의 소유자라고 허위의 주장을 하면서 소유권보존등기 명의자를 상대로 보존등기의 말소를 구하는 소송을 제기한 경우 그 소송에서 위 토지가 피고인 또는 그와 공모한 자의 소유임을 확정하는 내용으로 승소확정판결을 받는다면 이에 터 잡아 상대방의 소유권보존등기를 말소시킨 후 위 판결을 부동산등기법 제130조 제2호 소정의 소유권을 증명하는 판결로 하여 언제든지 단독으로 자기 앞으로의 소유권보존등기를 신청하여 그 등기를 마칠 수 있게 되므로 이는 법원을 기망하여 유리한 판결을 얻음으로써 '위 토지 소유권에 대한 방해를 제거하고 그 소유 명의를 얻을 수 있는 지위'라는 재산상 이익을 취득한 것이고, 그 경우 기수 시기는 위 판결이 확정된 때라고 보고 있으나, 그러한 다수의견에는 다음과 같은 이유로 찬성할 수 없다.

나. 이른바 소송사기에는 ① 확정판결의 효력 그 자체에 의하여 재산상 이익을 취득하는 경우(채무부존재확인판결 등)가 있는가 하면, ② 확정판결 그 자체로는 재물을 취득하는 것은 아니지만, 그 판결에 기하여 피해자의 임의이행이 정당화되거나 임의이행과 동일시할 수 있는 집행을 할 수 있는 권원을 취득하고, 그에 기하여 임의이행 혹은 그에 갈음하는 집행을 하여야 비로소 재물을 취득하는 경우가 있을 수 있다.

후자의 경우에 승소 확정판결 자체에 의하여 취득하는 것은 판결의 기판력, 집행력 및 형성력 등 판결의 효력에 의하여 뒷받침되는 재물 혹은 재산상 이익 취득의 개연성이라고 볼 수밖에 없고, 이와 같은 개연성이 '재산상 이익'으로 평가되고 판결 자체가 피해자의 처분행위와 동일시될 수 있는 이유는 바로 재물 혹은 재산상 이익 취득의 개연성이 판결이 갖는 자체의 효력, 즉 기판력, 집행력 및 형성력 등에 의하여 뒷받침되기 때문인 것으로 보아야 할 것이다.

다. 이렇게 볼 때, 금전의 지급을 명하거나 소유권이전등기를 명하는 승소 확정판결은, 그 기판력 및 집행력이 미치는 주문의 내용에 비추어 볼 때 판결의 확정 자체에 의하여 앞서 본 재물 혹은 재산상 이익 취득의 개연성이 발생하며, 따라서 그 자체를 피해자의 처분행위와 동일시 할 여지는 있겠으나, 소유권보존등기의 말소를 명하는 확정판결은 그 자체의 효력에 의해서는 등기명의인의 보존등기가 말소될 뿐이고 이로써 피고인 또는 그 공모자가 부동산에 대하여 어떠한 권리를 취득하거나 의무를 면하는 것이 아니어서 그 자체만으로는 법원을 기망하여 재물이나 재산상 이익을 편취한 것이라고 볼 수 없다고 보아야 할 것이다.

즉, 소유권보존등기의 말소를 명한 승소확정판결문에 의하여 소유권보존등기를 말소한 뒤 별도의 등기신청절차를 통하여 그 판결문을 부동산등기법 제130조 제2호 소정의 서류로 삼아 소유권보존등기를 신청할 수 있으나, 이는 앞서 본 확정판결 자체의 효력이 미치는 범위와는 무관한 것이고, 그렇기에 보존등기가 말소되어 등기부가 폐쇄된 상태에 이르면 다른 사람도 부동산등기법 제130조 각 호 소정의 서류를 갖추어 그 판결과는 관계없이 얼마든지 소유권보존등기를 할 수 있는 것이다.

소유권보존등기 말소확정판결을 얻은 자의 지위가 위와 같을진대, 이러한 지위를 들어 사기죄의 객체인 재산상 이익을 취득한 것이라고는 볼 수는 없다.

라. 다수의견의 논지에 따르자면, 애초에는 자기 명의의 소유권보존등기를 경료함으로써 재물인 부동산을 편취할 범의가 있었으나, 상대방 소유권보존등기 말소를 명하는 승소확정판결을 얻은 후 범행이 발각되는 등의 사정으로 더 이상의 범행이 불가능해진 경우는 물론, 피고인 스스로 더 이상의 범행을 포기하고 결과의 발생을 방지한 경우에도 현실적으로 소유권보존등기를 경료한 것과 마찬가지로 미수가 아닌 기수로 의율할 수밖에 없게 되어 이는 부당하며, 더구나 재물 또는 재산상 이익의 가액에 따른 특정경제범죄 가중처벌 등에 관한 법률의 적용에 있어서는 부동산을 실제로 취득함이 없이도 기수로서 가중 처단할 수밖에 없게 되는바, 이 점 역시 가혹하다고 아니할 수 없다.

마. 다만, 부동산을 편취하기 위해 허위소송을 제기하여 소유권보존등기의 말소를 명하는 확정판결을 얻어낸 경우 그 자체만으로는 피해자의 처분행위에 갈음하는 내용이나 효력을 갖추어 사기죄의 객체인 재산상 이익을 취득하였다고 평가할 수는 없지만, 재물인 부동산을 편취하는 일련의 과정에서 하나의 장애물을 제거하는 것으로는 평가할 수 있어 그 확정판결에 의하여 비로소 피고인 명의의 소유권보존등기가 가능하게 된다고 볼 것인바, 그 확정판결이 선고되는 과정에 피고인의 기망행위가 존재하는 이상, 실행의 착수시점은 소송을 제기한 시점이라고 봄이 상당하다.

따라서 소유권보존등기 말소 소송을 제기한 경우에는 피고인의 범의가 재물인 부동산의 취득에 있는지 여부와 무관하게, 실행의 착수조차 없다고 본 판결(대법원 1983. 10. 25. 선고 83도1566 판결) 등의 견해는 이와 저촉되는 범위 내에서 이를 변경하여야 한다고 본다.

바. 그렇다면 피고인 갑에 대한 공소사실 중 소송사기의 점은 사기미수죄에 해당한다고 볼 것임에도, 특정경제범죄 가중처벌 등에 관한 법률 위반(사기)죄의 기수로 처단한 원심의 판단에는, 사기죄의 성립요건에 관한 법리를 오해함으로써 판결에 영향을 미친 위법이 있고, 이를 지적하는 위 피고인

의 상고이유의 주장은 이유 있다고 보아야 할 것이어서, 원심판결은 파기되어야 하는 것이다.

(카) 대법원 1997. 12. 23. 선고 97도2430 판결【특정경제범죄가중처벌등에관한법률위반{사기 · 예비적으로 특정경제범죄가중처벌등에관한법률위반(배임)} 등】(공1998, 448)

소송사기에 있어 피기망자인 법원의 재판은 피해자의 처분행위에 갈음하는 내용과 효력이 있는 것이어야 하므로, 피고인이 타인과 공모하여 그 공모자를 상대로 제소하여 의제자백의 판결을 받아 이에 기하여 부동산의 소유권이전등기를 하였다고 하더라도 이는 소송 상대방의 의사에 부합하는 것으로서 착오에 의한 재산적 처분행위가 있다고 할 수 없어 동인으로부터 부동산을 편취한 것이라고 볼 수 없고, 또 그 부동산의 진정한 소유자가 따로 있다고 하더라도 피고인이 의제자백 판결에 기하여 그 진정한 소유자로부터 소유권을 이전받은 것이 아니므로 그 소유자로부터 부동산을 편취한 것이라고 볼 여지도 없다(대법원 1996. 8. 23. 선고 96도1265 판결; 1983. 10. 25. 선고 83도1566 판결 참조).

원심은 이 사건 의제자백 판결이 그 소송 상대방인 공소외 A의 의사에 부합하는 것이고 또한 위 판결의 효력은 소송 당사자인 피고인과 공소외 A 사이에만 미칠 뿐 검사가 피해자라고 주장하고 있는 공소외 P건설주식회사(이하 'P건설'이라 한다)에게는 미치지 아니한다고 보아, 피고인에게 대한 소송사기의 공소사실에 관하여 무죄를 선고한 제1심을 유지하였는바, 원심의 이러한 판단은 위 법리에 따른 것으로 정당하고 거기에 소론과 같은 채증법칙 위배로 인한 사실오인, 소송사기에 관한 법리오해 등의 위법이 있다고 할 수 없다.

(타) 대법원 2002. 1. 11. 선고 2000도1881 판결【사기】(공2002, 499)

소송사기에 있어서 피기망자인 법원의 재판은 피해자의 처분행위에 갈음하는 내용과 효력이 있는 것이어야 하고, 그렇지 아니하는 경우에는 착오에 의한 재물의 교부행위가 있다고 할 수 없어서 사기죄는 성립되지 아니한다고 할 것이므로, 피고인의 제소가 사망한 자를 상대로 한 것이라면 이와 같은 사망한 자에 대한 판결은 그 내용에 따른 효력이 생기지 아니하여 상속인에게 그 효력이 미치지 아니하고 따라서 사기죄를 구성한다고는 할 수 없다(대법원 1986. 10. 28. 선고 84도2368 판결; 1987. 12. 22. 선고 87도852 판결 등 참조).

원심판결 이유에 의하면, 원심은, 피고인이 사실은 창원시 완암동 산 20-2 소재 임야 381,124㎡(이하 '이 사건 임야'라 한다)의 공유자인 공소외 망 A 등 25명으로부터 이 사건 임야를 매수한 사실이 없음에도 불구하고 위 A 등이 전원 사망하였고 피고인 앞으로 이 사건 임야에 대한 종합토지세가 부과되는 점을 기화로 소송을 통하여 승소판결을 받은 후 피고인 앞으로 소유권이전등기를 하는 방법으로 이 사건 임야를 편취할 것을 결의하고, 1994. 12. 29. 창원지방법원에 "1965. 2. 7. 원고(피고인)가 피고(위 A 등 25명)로부터 이 사건 임야를 275,000원에 매수하였으니 피고들은 원고에게 이 사건 임야에 대해 매매를 원인으로 한 소유권이전등기절차를 이행하라"는 취지의 소유권이전등기청구의 소를 제기하면서 피고들의 주소를 허위로 기재한 후 변론기일 소환장 및 선고기일 소환장 중 일부는 피고인이 본인을 사칭하여 수령하고 일부는 집배원에게 "대신 전해 주겠다"고 거짓말하고 수령하여 전달치 않는 방법으로 위 법원 담당재판부를 기망하고 이에 속은 담당재판부로부터 1995. 5. 4. 피고인(원고)의 승소 판결을 받아 같은 해 8. 17. 피고인 명의로 이 사건 임야에 관한 소유권이전등기를 경료함으로써 위 A 등의 상속인인 피해자 B 등 소유의 이 사건 임야 시가 2억 원 상당을 편취하였다는 공소사실에 대하여 그 판시 증거에 의하면 이 사건 임야의 공유자들이 피고인의 위 소 제기시인 1994. 12. 29. 이전에 이미 모두 사망한 사실을 알 수 있으므로, 피고인이 비록 위 민사소송에서 승소판결을 받았다 하더라도 그 판결의 효력은 이 사건 임야의 공유자들의 재산상속인들에게 미치지 아니한다 할 것이어서 사기죄를 구성한다고는 할 수 없다는 이유로, 위 공소사실을 유죄로 인정한 제1심판결을 파기하고 무죄를 선고하였다.

기록과 위 법리에 비추어 살펴보면, 원심의 사실인정과 판단은 정당하고, 나아가 이 사건에서의 피고인의 행위가 소송사기죄의 불능미수에 해당한다고 볼 수도 없으므로, 원심판결에는 주장과 같은 소송사기죄의 불능미수 및 법관의 자유재량에 관한 법리를 오해한 위법이 있다고 할 수 없다.

(파) 대법원 1985. 10. 8. 선고 84도2642 판결【사기】(집33-3, 612)

사기죄는 사람을 기망하여 착오에 빠뜨리고 그로 인한 처분행위로 재물의 교부를 받거나 재산상 이익을 얻는 것으로서 기망행위가 있었다고 하여도 그로 인한 처분행위가 없을 때에는 사기죄가 성립하지 않는 것이고 이른바 소송사기에 있어서도 피기망자인 법원의 재판은 피해자의 처분행위에 갈음하는 내용과 효력이 있는 것이어야 하고 그렇지 아니한 경우에는 착오에 의한 재물의 교부행위가 있다고 할 수 없을 것인 바, 이 사건에서 원심이 적법히 확정한 바와 같이 피고인이 피고인의 소유가 아닌 원심판시 별지목록 1, 2, 3 기재 토지들에 관하여 서울지방법원 의정부지원에 위 토지를 점유사용하거나 그 소유권을 주장한 바도 전혀 없고 위 토지들에 아무런 권한이 없는 공소외 A 및 B를 상대로 그 판시와 같은 소유권확인 등의 청구소송을 제기함으로써 법원을 기망하여 위 법원이 위 토지들이 피고인의 소유임을 확인한다는 취지의 원고 승소판결을 선고하고 그 판결이 확정함에 이르렀다 하여도 위 판결의 효력은 소송당사자들 사이에만 미치고 제3자인 이 사건 토지의 소유자에게는 미치지 아니하여 위 원고 승소판결로 인하여 이 사건 토지들에 대한 제3자의 소유권이 피고인에게 이전되는 것이 아니므로 피고인이 위와 같은 확인판결을 받고 또 그 후 위 판결을 이용하여 위 토지들에 대한 피고인 명의의 소유권보존등기를 함에 이르렀다 하여도 그것이 사기죄를 구성한다고는 볼 수 없다 할 것이다.

(하) 대법원 1992. 12. 11. 선고 92도743 판결【사기미수】(공1993, 498)

이 사건 공소사실의 요지는 피고인이 공소외 P산업합자회사에는 상조회가 구성되어 있지 아니함에도 자동차사고 발생시 사고로 인한 손해를 보상하여 주기로 하는 상조회가 설치되어 있다 하여 위 공소외 회사와 그 회사 상조회에 대하여 연대하여 금 12,100,000원의 지급을 구하는 소장을 수원지방법원 여주지원에 제출하여 위 법원을 기망하여 승소판결을 선고받아 위 금액을 편취하려 하였으나 그 소를 취하함으로써 미수에 그쳤다는 것이고, 원심은 이에 대하여 피고인이 원심법정에 이르기까지 일관하여 공소외 회사에 상조회가 구성되어 있는 것으로 생각하고 위 상조회를 상대로 소를 제기하였으나 위 상조회가 존재하지 아니한다는 사실을 알고는 소를 취하하였다고 변소하고 있는바, 피고인의 범의를 인정할 증거가 없고, 또한 피고인이 위 상조회를 피고로 한 소송에서 법원을 기망하여 승소하더라도 그 상조회가 존재하지 아니한다면 그 명의의 재산도 없을 것이므로 이러한 승소판결로써 상조회로부터 금원을 편취할 가능성이나 위험성이 없고, 이러한 법리는 공소외 회사가 공동피고로 되어 있다 하더라도(공소사실 기재에 의하면 그 소송의 공동피고로 한 P산업합자회사로부터 채무명의를 사취하려 하였다는 사실은 공소사실에 포함되어 있지 아니한 것으로 보인다) 다를 바 없다고 판시하고, 피고인에 대하여 무죄를 선고한 제1심판결을 유지하였다.

원심의 위와 같은 사실인정 과정에 채증법칙 위배의 잘못이 없다. 소송사기에 있어서 피기망자인 법원의 재판은 피해자의 처분행위에 갈음하는 내용과 효력이 있는 것이어야 하는바(당원 1986. 10. 28. 선고 84도2386 판결 참조), 이 사건의 경우처럼 실재하고 있지 아니한 위 상조회에 대하여 판결이 선고되더라도 그 판결은 피해자의 처분행위에 갈음하는 내용과 효력을 인정할 수 없고, 따라서 착오에 의한 재물의 교부행위를 상정할 수 없는 것이므로 사기죄의 성립을 시인할 수 없는 것이다. 원심판결에 소송사기에 관한 법리오해의 위법이 있다고 할 수 없다.

(거) 대법원 1998. 2. 27. 선고 97도2786 판결【사기미수 · 횡령】(공1998, 963)

소송사기는 법원을 기망하여 자기에게 유리한 판결을 얻음으로써 상대방의 재물 또는 재산상 이익을 취득하는 것을 내용으로 하는 범죄로서, 이를 처벌하는 것은 필연적으로 누구든지 자기에게 유리한 주장을 하고 소송을 통하여 권리구제를 받을 수 있다는 민사재판제도의 위축을 가져올 수밖에 없으므로, 피고인이 그 범행을 인정한 경우 외에는 그 소송상의 주장이 사실과 다름이 객관적으로 명백하거나 피고인이 그 소송상의 주장이 명백히 허위인 것을 인식하였거나 증거를 조작하려고 한 흔적이 있는 등의 경우 외에는 이를 쉽사리 유죄로 인정하여서는 아니되는 것이다(대법원 1992. 2. 25. 선고 91도2666 판결; 1997. 7. 22. 선고 96도2422 판결 참조).

그러나 적극적 소송당사자인 원고뿐만 아니라 방어적인 위치에 있는 피고라 하더라도 허위내용의 서류를 작성하여 이를 증거로 제출하거나 위증을 시키는 등의 적극적인 방법으로 법원을 기망하여 착오에 빠지게 한 결과 승소확정판결을 받음으로써 자기의 재산상의 의무이행을 면하게 된 경우에는 그 재산가액 상당에 대하여 사기죄가 성립한다고 할 것이고(대법원 1987. 9. 22. 선고 87도1090 판결 참조), 그와 같은 경우에는 적극적인 방법으로 법원을 기망할 의사를 가지고 허위내용의 서류를 증거로 제출하거나 그에 따른 주장을 담은 답변서나 준비서면을 제출한 경우에 사기죄의 실행의 착수가 있다고 볼 것이다.

(너) 대법원 2004. 3. 12. 선고 2003도333 판결【위증교사 · 사기】(공2004, 670)

원심은, 피고인의 위증교사를 받은 공소외인이, 피해자 A가 원고가 되어 P종합건설 주식회사(이하 'P종합건설'이라 한다)를 상대로 한 판시 어음금청구사건(이하 '이 사건 어음금청구사건'이라 한다)의 항소심 법정에서 "B가 어음 2장의 뒷면에 배서가 되어 있지 않은 것을 보고 원고에게 배서를 요구하자 원고가 사무실 밖으로 나가더니 잠시 후 나무로 된 명판과 검정색 도장을 가져와 어음 2장의 이면에 명판과 인장을 날인하였는데, 그것이 P종합건설의 명판과 인장이었다"는 취지의 위증을 하여 법원을 기망하였고, 이에 속은 항소심 법원이 피해자 A가 승소한 제1심판결을 취소하여 그 청구를 기각하는 판결을 선고하고 그 판결이 대법원의 상고기각판결로 확정됨으로써 P종합건설로 하여금 어음금채무의 이행을 면하게 하는 재산상 이익을 취하게 한 사실이 인정된다 하여 이 사건 사기의 공소사실을 유죄로 인정한 제1심을 유지하였다.

적극적 소송당사자인 원고뿐만 아니라 방어적인 위치에 있는 피고라 하더라도 허위내용의 서류를 작성하여 이를 증거로 제출하거나 위증을 시키는 등의 적극적인 방법으로 법원을 기망하여 착오에 빠지게 한 결과 승소확정판결을 받음으로써 자기의 재산상의 의무이행을 면하게 된 경우에는 그 재산가액 상당에 대하여 사기죄가 성립한다고 할 것이다(대법원 1998. 2. 27. 선고 97도2786 판결 참조).

그런데 소송사기는 법원을 기망하여 자기에게 유리한 판결을 얻음으로써 상대방의 재물 또는 재산상 이익을 취득하는 것을 내용으로 하는 범죄로서, 원고 측에 의한 소송사기가 성립하기 위하여는 제소 당시에 그 주장과 같은 채권이 존재하지 아니하다는 것만으로는 부족하고 그 주장의 채권이 존재하지 아니한 사실을 잘 알고 있으면서도 허위의 주장과 입증으로써 법원을 기망한다는 인식을 하고 있어야만 하는 것이고(대법원 2003. 5. 16. 선고 2003도373 판결 참조), 이와 마찬가지로, 피고 측에 의한 소송사기가 성립하기 위하여는 원고 주장과 같은 채무가 존재한다는 것만으로는 부족하고 그 주장의 채무가 존재한다는 사실을 잘 알고 있으면서도 허위의 주장과 입증으로써 법원을 기망한다는 인식을 하고 있어야만 하는 것이다.

이 사건 어음금청구사건의 항소심은, 원고인 A에게 입증책임이 있는 어음 배서란의 P종합건설의 기명날인의 진정성립 여부, 즉 어음의 배서란에 찍힌 명판과 인장이 P종합건설이 사용하는 것이고 P종합건설의 대표이사 또는 그로부터 권한을 위임받은 자가 이를 날인하였는지의 점에 부합하는 듯한 그 판시 증거를 믿기 어렵다 하여 배척하였는데, 증인 공소외인의 허위진술은 판결에서 A의 주장사실에 부합하는 증거를 배척하는 근거로 삼지 아니하였을 뿐만 아니라, 기록에 의하면 공소외인의 허위 증언을 제외하여도 이 사건 어음금청구사건의 항소심 판결의 결론은 정당한 것으로 수긍할 수 있다.

그렇다면 이 사건 어음에 대한 P종합건설의 배서를 인정할 수 없어 원고인 A가 주장하는 바와 같은 피고에 대한 어음금채권이나 연대보증채권은 존재하지 아니하거나 적어도 이를 인정할 증거가 부족한 것이므로, 피고인이 공소외인으로 하여금 위와 같이 위증을 교사하여 공소외인이 허위 진술을 하였다고 하더라도, 피고인이 A 주장의 채권에 대응하는 P종합건설의 채무가 존재한다는 사실을 잘 알고 있으면서도 허위의 주장과 입증으로써 법원을 기망한다는 인식을 가지고 위증교사를 하였다고 단정하기에는 미흡하다고 할 것이다.

그러므로 피고인에 대하여 위증교사죄가 성립하는 점에 치우친 나머지,

소송사기죄의 기수를 가볍게 인정한 원심은 사실을 오인하였거나, 소송사기죄에 있어 고의 또는 기망행위에 관한 법리를 오해하여 판결에 영향을 미친 위법을 저지른 것이라 할 것이다.

(더) 대법원 2008. 12. 11. 선고 2008도7631 판결【사기】(미간행)

이른바 소송사기죄는 법원을 기망하여 제3자의 재물을 편취하거나 재산상 이득을 취득하는 것을 기도하는 것을 내용으로 하는 것이므로(대법원 2004. 6. 24. 선고 2002도4151 판결 참조), 배당절차와 같은 강제집행절차에서 배당될 금전의 소유자 겸 채무자가 제3자와 공모하여 그 제3자를 허위채권자로 내세우는 방법으로 법원을 기망함으로써 배당을 받아 재산상 이득을 취득하는 경우, 그로 인한 피해자는 그 절차에서 법원에 대한 기망이 없었을 경우 배당을 받을 수 있었음에도 위 기망으로 인하여 배당을 받지 못하게 된 자라고 보아야 할 것인데, 원심판결 이유에 의하면, 피고인이 위 공탁금의 소유자 겸 채무자인 P진리회의 대리인과 공모하여 허위채권에 기한 채권압류 및 추심명령을 받아 배당요구를 하는 기망행위를 하지 아니하였더라면 위 공탁금은 모두 공소외 A가 추심하거나 배당받을 수 있었을 것임에도, 피고인의 기망행위로 인하여 공소외 A는 피고인이 배당받게 된 금액만큼 배당을 받지 못하는 피해를 입게 되었음을 알 수 있는바, 위와 같은 사정을 앞서 본 법리에 비추어 보면 피고인의 위 소송사기 행위로 인한 피해자는 공소외 A라고 보아야 할 것이다.

그렇다면 피고인이 피해자 공소외 A가 아닌 P진리회 측으로부터 위와 같은 허위의 배당신청과 배당금 수령에 대하여 양해 또는 승낙을 얻었다는 사정만으로 피고인의 위와 같은 행위가 사기죄에 해당하지 아니한다고 할 수는 없다 할 것인바, 이에 어긋나는 원심의 앞서 본 판단에는 소송사기죄에 관한 법리를 오해하여 판결 결과에 영향을 미친 위법이 있다고 할 것이다.

(러) 대법원 2005. 3. 24. 선고 2003도2144 판결【사기미수·사문서변조(인정된 죄명: 공문서변조)·변조사문서행사(인정된 죄명: 변조공문서행사)】(공2005, 690)

소송사기는 법원을 속여 자기에게 유리한 판결을 얻음으로써 상대방의 재물 또는 재산상 이익을 취득하는 범죄로서, 이를 쉽사리 유죄로 인정하게 되면 누구든지 자기에게 유리한 주장을 하고 소송을 통하여 권리구제를 받을 수 있는 민사재판제도의 위축을 가져올 수밖에 없으므로, 피고인이 그 범행을 인정한 경우 외에는 그 소송상의 주장이 사실과 다름이 객관적으로 명백하고 피고인이 그 주장이 명백히 거짓인 것을 인식하였거나 증거를 조작하려고 하였음이 인정되는 때와 같이 범죄가 성립되는 것이 명백한 경우가 아니면 이를 유죄로 인정하여서는 아니 되고, 단순히 사실을 잘못 인식하였다거나 법률적 평가를 잘못하여 존재하지 않는 권리를 존재한다고 믿고 제소한 행위는 사기죄를 구성하지 아니한다(대법원 2004. 3. 25. 선고 2003도7700 판결; 2004. 6. 25. 선고 2003도7124 판결 등 참조)고 함은 상고이유에서 주장하는 바와 같다.

그러나 기록에 의하면, 피고인은 피해자와 사이에 온천의 시공에 필요한 비용을 포함한 일체의 비용을 자신이 부담하기로 약정하였음에도 피해자를 상대로 공사대금청구의 소를 제기하면서 시공 외의 비용은 모두 피해자가 부담한다는 내용으로 변조된 인증합의서를 소장에 첨부 제출한 사실이 인정되는바, 피고인의 행위는 증거를 조작함으로써 법원을 기망하여 재산상 이익을 얻으려는 소송사기의 실행에 착수한 행위로 보기에 충분하다.

(머) 대법원 2006. 11. 10. 선고 2006도5811 판결 【특정경제범죄가중처벌등에관한법률위반(사기){인정된죄명: 특정경제범죄가중처벌등에관한법률위반(사기)·사기미수}·공정증서원본불실기재·불실기재공정증서원본행사】(공2006, 2131)

소송사기는 법원을 기망하여 자기에게 유리한 판결을 얻고 이에 터잡아 상대방으로부터 재물의 교부를 받거나 재산상 이익을 취득하는 것을 말하는 것으로서 소송에서 주장하는 권리가 존재하지 않는 사실을 알고 있으면서도 법원을 기망한다는 인식을 가지고 소를 제기하면 이로써 실행의 착수가 있었다고 할 것이고(대법원 1974. 3. 26. 선고 74도196 판결; 1993. 9. 14. 선고 93도915 판결 등 참조) 소장의 유효한 송달을 요하지 아니한다고 할 것인바, 이러한 법리는 제소자가 상대방의 주소를 허위로 기재함으로써 그 허위주소로 소송서류가 송달되어 그로 인하여 상대방 아닌 다른 사람이 그 서류를 받아 소송이 진행된 경우에도 마찬가지로 적용된다고 할 것이다.

(버) 대법원 1982. 10. 26. 선고 82도1529 판결【사문서변조 · 사문서변조행사 · 사기미수 · 문서손괴】(집30-3, 180)

가압류는 강제집행의 보전방법에 불과하고 그 기초가 되는 허위의 채권에 의하여 실지로 청구의 의사표시를 한 것이라고 할 수 없으므로 소의 제기 없이 가압류신청을 한 것만으로는 사기죄의 실행에 착수한 것이라고 할 수 없다고 할 것이다. 같은 취지에서 피고인들의 그 판시소위가 사기미수죄에 해당되지 아니한다고 본 원심판시는 정당하고 이와 다른 견해에서 원심판결에 소송사기의 실행의 착수시기에 관한 법리를 오해한 잘못이 있다는 논지는 받아들일 수 없다.

(서) 대법원 1998. 2. 27. 선고 97도2786 판결【사기미수 · 횡령】(공1998, 963)

적극적 소송당사자인 원고뿐만 아니라 방어적인 위치에 있는 피고라 하더라도 허위내용의 서류를 작성하여 이를 증거로 제출하거나 위증을 시키는 등의 적극적인 방법으로 법원을 기망하여 착오에 빠지게 한 결과 승소확정판결을 받음으로써 자기의 재산상의 의무이행을 면하게 된 경우에는 그 재산가액 상당에 대하여 사기죄가 성립한다고 할 것이고(대법원 1987. 9. 22. 선고 87도1090 판결 참조), 그와 같은 경우에는 적극적인 방법으로 법원을 기망할 의사를 가지고 허위내용의 서류를 증거로 제출하거나 그에 따른 주장을 담은 답변서나 준비서면을 제출한 경우에 사기죄의 실행의 착수가 있다고 볼 것이다.

(어) 대법원 2002. 11. 22. 선고 2000도4419 판결【사기】(공2003, 262)

사기죄는 타인을 기망하여 착오에 빠뜨리게 하고 그 처분행위를 유발하여 재물이나 재산상의 이득을 얻음으로써 성립하는 것이므로 여기에 처분행위라고 하는 것은 재산적 처분행위를 의미하는 것이라고 할 것인바(대법원

1987. 10. 26. 선고 87도1042 판결; 대법원 1999. 7. 9. 선고 99도1326 판결 참조), 배당이의 소송의 제1심에서 패소판결을 받고 항소한 자가 그 항소를 취하하면 그 즉시 제1심판결이 확정되고 상대방이 배당금을 수령할 수 있는 이익을 얻게 되는 것이므로 위 항소를 취하하는 것 역시 사기죄에서 말하는 재산적 처분행위에 해당한다고 할 것이다.

그리고 법원은 공소사실의 동일성이 인정되는 범위 내에서 심리의 경과에 비추어 피고인의 방어권 행사에 실질적인 불이익을 초래할 염려가 없다고 인정되는 때에는, 공소장이 변경되지 않았더라도 직권으로 공소장에 기재된 공소사실과 다른 범죄사실을 인정할 수 있고, 이와 같은 경우 공소가 제기된 범죄사실과 대비하여 볼 때 실제로 인정되는 범죄사실의 사안이 중대하여 공소장이 변경되지 않았다는 이유로 이를 처벌하지 않는다면 적정절차에 의한 신속한 실체적 진실의 발견이라는 형사소송의 목적에 비추어 현저히 정의와 형평에 반하는 것으로 인정되는 경우라면 법원으로서는 직권으로 그 범죄사실을 인정하여야 할 것이다(대법원 1999. 11. 9. 선고 99도3674 판결 등 참조).

이 사건의 경우 공소사실의 요지는 피고인이 피해자 A를 기망하여 공소외 B를 상대로 한 배당이의 소송의 제1심 패소판결에 대한 항소를 취하하게 함으로써 피고인이 이익을 취득하였고 이는 형법 제347조 제1항에 해당한다는 것이나, 기록에 의하면 피고인은 위 B로부터 배당금의 수령을 위임받은 자에 지나지 아니하고 이러한 사실은 공소장 자체에도 나타나 있으므로 위 배당이의 소송의 제1심판결에 대한 항소의 취하로 인하여 이익을 취득하게 되는 자는 피고인이 아니라 위 B임을 알 수 있고, 따라서 피고인의 행위는 형법 제347조 제2항에 해당한다고 할 것인바, 위와 같이 공소제기된 사실과 증거에 의하여 인정되는 범죄사실 사이에는 피해자의 재산상의 처분행위로 인한 이익이 누구에게 귀속되는가 하는 법적 평가에 차이가 있을 뿐, 공소사실의 동일성이 인정되는 범위 내이고 피고인을 증거에 의하여 인정되는 범죄사실로 유죄로 인정하더라도 피고인의 방어권 행사에 실질적인 불이익을 초래할 염려가 있다고는 보여지지 아니하므로 단순히 피고인이 직접 이익을 취득한 것이 아니라는 이유만으로 피고인을 처벌하지 아니하는 것은 현저히 정의와 형평에 반한다고 할 것이다.

따라서 원심으로서는 이 사건 공소사실의 동일성이 인정되는 범위 내에서 피고인을 형법 제347조 제2항으로 의율, 처단하였어야 할 것임에도 불구하고 이에 이르지 아니한 채 만연히 피고인의 행위가 형법 제347조 제1항에 해당하는지의 여부만을 심리한 끝에 피고인에게 무죄를 선고하고 말았으니 이러한 원심판결에는 사기죄 및 공소장변경 없이 심판할 수 있는 범위에 관한 법리를 오해함으로써 판결에 영향을 미친 위법이 있다고 아니할 수 없다.

쟁점연구

1. 처분행위의 의의

   사기죄가 성립하려면 피해자의 처분행위가 있어야 한다. 처분행위의 의미는 무엇인가? 처분행위는 반드시 피고인과의 법률행위에 의하여 하여야 하는가? 도입판례의 사안에서는 어떠한 행위가 처분행위인가?

2. 처분행위의 직접 결과

   참고판례 (가)에서 피해자는 기망에 의하여 서류를 교부하고 결국 부동산 이전등기까지 이루어졌다. 그럼에도 불구하고 사기죄가 성립하지 않는다고 하였다. 위 서류의 교부행위를 처분행위로 볼 수는 없는가? 이와 관련하여 처분행위가 되려면 어떠한 요건이 더 필요한가?

3. 처분의사

   외관상 처분행위는 있었으나 처분의사가 없는 경우에는 처분행위가 있었다고 할 수 없다. 참고판례 (나)에서 이 점을 확인해 보자. 채무액 1000만 원 중 100만 원만 변제하면서 문맹인 피해자를 위하여 영수증을 대신 작성하면서 영수금액을 '壹阡萬圓整'이라고 기재하고 이것이 100만 원정이라는 취지로 허위로 설명하여 서명을 받았다면 사기죄가 성립하는가? 이에 관하여는 대법원 1990. 12. 26. 선고 90도2037 판결을 함께 참고해 보자.

4. 처분행위자

   가. 처분행위는 기망에 기하여야 하므로 피기망자와 처분행위자는 일치한다. 참고판례 (다)에서 누가 이에 해당하는지 찾아보자.

나. 피기망자 즉 처분행위자(이하 '피기망자'라고만 한다)는 통상 피해자인 경우가 많다. 그러나 경우에 따라서는 피기망자가 피해자와 다른 사람인 경우도 있다. 이 경우를 이른바 '삼각사기'라고 한다. 그러나 피기망자는 피해자와 사이에 일정한 관계가 있어야 한다. 그것은 무엇인가? 참고판례 (라)를 참고하자.

5. 소송사기

가. 삼각사기의 대표적인 유형으로 소송사기가 있다. 소송사기가 왜 삼각사기가 되는지 생각해 보자.

나. 참고판례 (마)는 일반적인 경우 소송사기가 기수에 이르는 시점에 관한 판례이다. 기수시기는 언제인가? 대법원 1983. 4. 26. 선고 83도188 판결 및 대법원 2004. 6. 24. 선고 2002도4151 판결도 참고하자. 또 기수 이후의 실제 재산권 이전행위는 어떻게 평가되고 있는가? 참고판례 (바)를 참고하자.

다. 말소소송의 경우에는 우여곡절이 있었다. 참고판례 (사), (아), (자)는 참고판례 (차)가 나오기 전의 판례들로서 참고판례 (차)에 의하여 폐기되었다. 말소소송이 소송사기가 되는지에 관하여 구 판례들, 참고판례 (차)의 다수의견, 참고판례 (차)의 반대의견이 서로 다르다. 각 차이점을 비교해 보자.

라. 피기망자인 법원의 재판은 피해자의 처분행위에 갈음하는 내용과 효력이 있는 것이어야 한다. 이러한 측면에서 다음 각 경우에 소송사기가 성립하는지 검토해 보자.

(i) 원고와 피고가 공모하여 의제자백의 판결을 받는 경우{참고판례 (카)}

(ii) 사자(死者)를 상대로 한 소송{참고판례 (타)}

(iii) 무권한자에 대한 소송{참고판례 (파)}

(iv) 허무인 상대 소송{참고판례 (하)}

마. 소송사기는 그 죄질이 가볍지 아니하며 폐해 또한 크다. 이 점을 고려하여 소송사기죄의 인정요건을 완화하고 엄벌에 처한다면 어떠한 문제가 발생하겠는가? 참고판례 (거)를 참고하자.

바. 피고는 소송사기의 주체가 될 수 없는가? 참고판례 (거), (너)를 참고

하자.

사. 참고판례 (더)는 강제집행의 배당절차에서 채무자가 허위채권자를 내세우는 경우 소송사기가 성립한다는 취지이다. 그 이유를 정리해 보자.

아. 참고판례 (러)~(서)는 소송사기의 실행착수시기에 관한 것이다. 원고의 경우와 피고의 경우를 나누어 실행착수시기가 언제인지 정리해 보자.

6. 형법 제347조 제1항과 제2항

가. 배당이의 소송에서 패소하여 항소한 사람이 항소를 취하하는 것도 처분행위가 되는가? 참고판례 (어)를 참고하자.

나. 형법 제347조 제1항과 제2항 사이에서 공소장변경 없이 직권으로 공소장과 다른 범죄를 인정할 수 있는가? 참고판례 (어)를 참고하자.

V. 신용카드범죄

도입판례

대법원 2003. 11. 14. 선고 2003도3977 판결【여신전문금융업법위반】(공2003, 2418)

【피 고 인】 갑
【상 고 인】 검사
【원심판결】 서울지법 2003. 6. 19. 선고 2002노5589 판결
【주　　문】 상고를 기각한다.
【이　　유】

상고이유를 본다.

여신전문금융업법 제70조 제1항 소정의 부정사용이라 함은 위조·변조 또는 도난·분실된 신용카드나 직불카드를 진정한 카드로서 신용카드나 직불카드의 본래의 용법에 따라 사용하는 경우를 말하는 것이므로, 절취한 직불카드를 온라인 현금자동지급기에 넣고 비밀번호 등을 입력하여 피해자의 예금을 인출한 행위는 여신전문금융업법 제70조 제1항 소정의 부정사용의 개념에 포함될 수 없다.

원심판결 이유에 의하면 원심은, 여신전문금융업법 제2조 제6호는 "직불카드라 함은 직불카드회원과 신용카드가맹점 간에 전자 또는 자기적 방법에 의하여 금융거래계좌에 이체하는 등의 방법으로 물품 또는 용역의 제공과 그 대가의 지급을 동시에 이행할 수 있도록 신용카드업자가 발행한 증표를 말한다"라고 규정하고, 제2호는 "신용카드업이라 함은 다음 각목의 업무 중 (나)목의 업무를 포함한 2 이상의 업무를 행하는 업을 말한다. 가. 신용카드의 발행 및 관리, 나. 신용카드이용과 관련된 대

금의 결제, 다. 신용카드가맹점의 모집 및 관리"로 규정하는 한편 같은 법 제13조 제1항은 "신용카드업자는 대통령령이 정하는 기준에 따라 다음 각 호의 규정에 의한 부대업무를 영위할 수 있다. 1. 신용카드회원에 대한 자금의 융통, 2. 직불카드의 발행 및 대금의 결제, 3. 선불카드의 발행·판매 및 대금의 결제"라고 규정하고 있어, 구 신용카드업법과 달리 신용카드업의 업무범위 중 부대업무를 포괄적으로 규정하지 않고, 위 법 제13조 제1항 각 호의 업무로 제한하여 규정하고 있음을 알 수 있는바, 이러한 현행 여신전문금융업법상의 직불카드의 정의와 신용카드업의 업무범위 및 신용카드업자의 부대업무에 관한 규정의 취지·내용 등에 비추어 보면, 직불카드가 겸할 수 있는 현금카드의 기능은 법령에 규정된 신용카드의 기능에 포함되지 않는다 할 것이고, 또한 하나의 카드에 직불카드 내지 신용카드 기능과 현금카드 기능이 겸용되어 있더라도, 이는 은행의 예금업무에 관한 전자적 정보와 신용카드업자의 업무에 관한 전자적 정보가 회원(예금주)의 편의를 위해 신용카드업자 등에 의해 하나의 자기띠에 입력되어 있을 뿐이지, 양 기능은 전혀 별개의 기능이라 할 것이어서, 이와 같은 겸용 카드를 이용하여 현금지급기에서 예금을 인출하는 행위를 두고 직불카드 내지 신용카드를 그 본래의 용법에 따라 사용하는 것이라 보기도 어렵다고 판단한 후 피고인이 피해자의 직불카드를 절취한 후 그 직불카드를 이용하여 현금자동지급기로부터 피해자의 예금을 인출한 행위가 직불카드부정행사죄에 해당하지 않는다고 보아 무죄를 선고한 제1심의 결론을 그대로 유지하였다.

원심의 위와 같은 인정과 판단은 앞서본 법리에 따른 것으로 정당하고, 거기에 상고이유의 주장과 같은 직불카드부정사용죄에 관한 법리오해의 위법이 있다고 볼 수 없다. 상고이유의 주장을 받아들일 수 없다.

상고이유에서 들고 있는 대법원 1998. 2. 27. 선고 97도2974 판결은 구 신용카드업법상 신용카드부정사용죄의 해석에 관한 것으로 본건에 원용하기에 적절하지 아니하다.

그러므로 상고를 기각하기로 하여 관여 대법관의 일치된 의견으로 주문과 같이 판결한다.

대법관 김용담(재판장) 유지담 배기원(주심) 이강국

참고판례

(가) 대법원 1996. 7. 12. 선고 96도1181 판결【신용카드업법위반 · 절도】(공 1996, 2572)

신용카드를 절취한 후 이를 사용한 경우 신용카드의 부정사용행위는 새로운 법익의 침해로 보아야 하고 그 법익침해가 절도범행보다 큰 것이 대부분이므로 위와 같은 부정사용행위가 절도범행의 불가벌적 사후행위가 되는 것은 아니고, 신용카드업법 제25조 제1항이 규정하는 "도난, 분실된 신용카드 또는 직불카드를 판매하거나 사용한 자"에 절취한 본범이 해당되지 않는다고 볼 수 없으므로, 원심이 위 신용카드를 절취한 후 이를 위 신용카드의 가맹점에서 물품을 구입하는데 사용한 피고인의 행위가 신용카드업법 제25조 제1항 위반죄에 해당한다고 본 것은 정당하고, 거기에 신용카드업법의 법리를 오해한 위법이 있다고 할 수 없다. 이 점에 관한 상고이유는 받아들일 수 없다. …

단일하고 계속된 범의 하에 동종의 범행을 동일하거나 유사한 방법으로 일정 기간 반복하여 행하고 그 피해법익도 동일한 경우에는 각 범행을 통틀어 포괄일죄로 볼 것이다(대법원 1989. 6. 20. 선고 89도648 판결; 1990. 10. 10. 선고 90도1580 판결 참조).

그런데 기록에 의하면, 피고인은 이 사건 신용카드를 절취한 직후 약 2시간 20분 동안에 카드가맹점 7곳에서 합계 금 2,008,000원 상당의 물품을 구입하면서 마치 자신이 위 신용카드의 소유자인 것처럼 행세하여 위 물품의 각 구입대금을 신용카드로 결제하였으며, 피고인이 신용카드를 훔친 목적은 이를 사용하여 신용카드의 가맹점들에서 물품을 구입하는 데 있었고, 같은 날 위 신용카드에 대한 도난·분실신고가 될 것을 염려하여 즉시 신속하게 위 카드가맹점들을 계속 돌아다니며 위 신용카드를 각 사용한 것인 사실 등을 인정할 수 있다.

위 인정사실에 의하면, 피고인은 절취한 카드로 가맹점들로부터 물품을 구입하겠다는 단일한 범의를 가지고 그 범의가 계속된 가운데 동종의 범행인 신용카드 부정사용행위를 동일한 방법으로 반복하여 행하였다고 할 것이고, 또 위 신용카드의 각 부정사용의 피해법익도 모두 위 신용카드를 사용한 거래의 안전 및 이에 대한 공중의 신뢰인 것으로 동일하다고 할 것이므로, 피고인이 동일한 신용카드를 위와 같이 부정사용한 행위는 포괄하여 일죄에 해당한다고 할 것이고, 신용카드를 부정사용한 결과가 사기죄의 구성요건에 해당하고 그 각 사기죄가 실체적 경합관계에 해당한다고 하여도 신용카드부정사용죄와 사기죄는 그 보호법익이나 행위의 태양이 전혀 달라 실체적 경합관계에 있다고 보아야 할 것이므로 신용카드 부정사용행위를 포괄일죄로 취급하는데 아무런 지장이 없다고 하겠다.

따라서 위 신용카드의 각 부정사용행위를 각각 별개의 범죄로 보고 경합범으로 처리한 제1심판결을 그대로 유지한 원심판결에는 죄수 및 경합범의 법리를 오해한 위법이 있다 할 것이다.

(나) 대법원 1992. 6. 9. 선고 92도77 판결 【절도·사문서위조·사문서위조행사·사기·신용카드업법위반】 (집40-2, 662)

신용카드업법 제25조 제1항은 신용카드를 위조·변조하거나 도난·분실 또는 위조·변조된 신용카드를 사용한 자는 7년 이하의 징역 또는 5천만 원 이하의 벌금에 처한다고 규정하고 있는바, 위 부정사용죄의 구성요건적 행위인 신용카드의 사용이라 함은 신용카드의 소지인이 신용카드의 본래 용도인 대금결제를 위하여 가맹점에 신용카드를 제시하고 매출표에 서명하여 이를 교부하는 일련의 행위를 가리키고 단순히 신용카드를 제시하는 행위만을 가리키는 것은 아니라고 할 것이므로, 위 매출표의 서명 및 교부가 별도로 사문서위조 및 동행사의 죄의 구성요건을 충족한다고 하여도 이 사문서위조 및 동행사의죄는 위 신용카드부정사용죄에 흡수되어 신용카드부정사용죄의 1죄만이 성립하고 별도로 사문서위조 및 동행사의 죄는 성립하지 않는다고 보는 것이 타당하다.

원심이 사문서위조 및 동행사의 죄와 신용카드부정사용죄가 실체적 경합관계에 있는 것으로 보고 사문서위조 및 동행사의 죄에 대하여 따로이 무죄를 선고하였음은 법조경합관계에 있는 위 양죄의 죄수에 관한 법리를 오해한 위법을 저지른 것이 분명하나, 피고인을 사문서위조 및 그 행사의 죄로 의율처단하지 않은 조치는 결과적으로 정당하다.

(다) 대법원 2008. 6. 12. 선고 2008도2440 판결【사기 · 절도 · 혼인빙자간음】(공2008, 1018)

가. 이 부분 공소사실의 요지는, "피고인은, 2005. 10. 6. 인천 (상세 주소 생략) 소재 우리은행에서, 피해자 공소외 A 몰래 가져간 피해자의 P카드를 그 곳 현금지급기에 넣어 피해자의 P은행 통장에 입금되어 있는 500만 원을 피고인 명의의 Q은행 통장으로 이체시켜 인출하는 방법으로 가져가 이를 절취하였다"는 것인바, 원심은 이를 유죄로 인정하였다.

나. 절도죄에 있어서의 절취란 타인이 점유하고 있는 자기 이외의 자의 소유물을 점유자의 의사에 반하여 점유를 배제하고 자기 또는 제3자의 점유로 옮기는 것을 말하고(대법원 2006. 9. 28. 선고 2006도2963 판결 등 참조), 절취한 신용카드를 이용하여 현금자동지급기에서 현금을 인출한 경우, 현금자동지급기 관리자의 의사에 반하여 그의 지배를 배제하고 그 현금을 자기의 지배하에 옮겨 놓는 것이 되어 절도죄를 구성하나(대법원 1995. 7. 28. 선고 95도997 판결 등 참조), 위 공소사실 기재 행위 중 피고인이 공소외 A의 신용카드를 이용하여 현금지급기에서 계좌이체를 한 행위는 컴퓨터등사용사기죄에 있어서의 컴퓨터 등 정보처리장치에 권한 없이 정보를 입력하여 정보처리를 하게 한 행위에 해당함은 별론으로 하고 이를 절취행위라고 볼 수는 없고, 한편 피고인이 위 계좌이체 후 현금지급기에서 현금을 인출한 행위는 자신의 신용카드나 현금카드를 이용한 것이어서 이러한 현금인출이 현금지급기 관리자의 의사에 반한다고 볼 수 없으므로, 이 또한 절취행위에 해당하지 아니하는바, 결국 위 공소사실 기재 행위는 절도죄를 구성하지 않는다고 보아야 한다.

(라) 대법원 2006. 7. 6. 선고 2006도654 판결【여신전문금융업법위반】(공 2006, 1575)

여신전문금융업법 제70조 제1항 제4호에 의하면, "강취·횡령하거나 사람을 기망·공갈하여 취득한 신용카드 또는 직불카드를 판매하거나 사용한 자"에 대하여 "7년 이하의 징역 또는 5천만 원 이하의 벌금에 처한다."고 규정하고 있는바, 여기서 부정사용이라 함은 강취, 횡령, 기망 또는 공갈로 취득한 신용카드나 직불카드를 진정한 카드로서 본래의 용법에 따라 사용하는 경우를 말하는 것이고(대법원 2005. 7. 29. 선고 2005도4233 판결 참조), 강취, 횡령, 기망 또는 공갈로 취득한 신용카드라 함은 소유자 또는 점유자의 의사에 기하지 않고, 그의 점유를 이탈하거나 그의 의사에 반하여 점유가 배제된 신용카드를 가리킨다고 보아야 할 것이다(대법원 1999. 7. 9. 선고 99도857 판결 참조).

그런데 기록에 의하면, 피고인 갑은 과다한 술값 청구에 항의하는 피해자들을 폭행 또는 협박하여 피해자들로부터 일정 금액을 지급받기로 합의한 다음 피해자들이 결제하라고 건네준 신용카드로, 합의한 대로 현금서비스를 받거나, 편의점에서 술과 담배를 구입하는 것으로 매출전표를 작성하고 피해자들의 서명을 거쳐 매출전표의 작성을 완료한 후 2~3일 지나 편의점에서 신용카드 결제금액 상당의 술과 담배를 인도받아 술값에 충당한 사실을 알 수 있는바, 이와 같이 합의에 따라 피해자들이 건네준 신용카드로 현금서비스를 받거나 물품을 구입하고 매출전표를 작성하였고, 매출전표에 피해자들 본인이 서명까지 한 경우에는 비록 피고인 갑이 피해자들을 폭행 또는 협박하여 피해자들로 하여금 술값을 결제하도록 하기에 이르렀다고 하더라도 신용카드에 대한 피해자들의 점유가 피해자들의 의사에 기하지 않고 이탈하였다거나 배제되었다고 보기 어렵다.

따라서 같은 취지에서 피고인 갑에 대한 위 공소사실에 관하여 무죄를 선고한 원심의 판단은 정당하고, 거기에 상고이유로 주장하는 바와 같이 채증법칙 위배로 인한 사실오인이나 여신전문금융업법에 관한 법리오해 등의 위법이 있다고 할 수 없다.

(마) 대법원 2007. 5. 10. 선고 2007도1375 판결【강도상해 · 특수강도 · 특수절도 · 여신전문금융업법위반 · 절도 · 도로교통법위반(무면허운전)】(공207, 930)

예금주인 현금카드 소유자를 협박하여 그 카드를 갈취한 다음 피해자의 승낙에 의하여 현금카드를 사용할 권한을 부여받아 이를 이용하여 현금자동지급기에서 현금을 인출한 행위는 모두 피해자의 예금을 갈취하고자 하는 피고인의 단일하고 계속된 범의 아래에서 이루어진 일련의 행위로서 포괄하여 하나의 공갈죄를 구성한다고 볼 것이므로, 현금자동지급기에서 피해자의 예금을 인출한 행위를 현금카드 갈취행위와 분리하여 따로 절도죄로 처단할 수는 없는 것이다(대법원 1996. 9. 20. 선고 95도1728 판결 등 참조). 왜냐하면 위 예금 인출 행위는 하자 있는 의사표시이기는 하지만 피해자의 승낙에 기한 것이고, 피해자가 그 승낙의 의사표시를 취소하기까지는 현금카드를 적법, 유효하게 사용할 수 있으므로, 은행으로서도 피해자의 지급정지 신청이 없는 한 그의 의사에 따라 그의 계산으로 적법하게 예금을 지급할 수밖에 없는 것이기 때문이다.

그러나 강도죄는 공갈죄와는 달리 피해자의 반항을 억압할 정도로 강력한 정도의 폭행 · 협박을 수단으로 재물을 탈취하여야 성립하는 것이므로, 피해자로부터 현금카드를 강취하였다고 인정되는 경우에는 피해자로부터 현금카드의 사용에 관한 승낙의 의사표시가 있었다고 볼 여지가 없다. 따라서 강취한 현금카드를 사용하여 현금자동지급기에서 예금을 인출한 행위는 피해자의 승낙에 기한 것이라고 할 수 없으므로, 현금자동지급기 관리자의 의사에 반하여 그의 지배를 배제하고 그 현금을 자기의 지배하에 옮겨 놓는 것이 되어서 강도죄와는 별도로 절도죄를 구성한다고 할 것이다(대법원 2007. 4. 13. 선고 2007도1377 판결 참조).

(바) 대법원 2005. 9. 30. 선고 2005도5869 판결【절도(예비적 죄명: 횡령)】(공2005, 1761)

예금주인 현금카드 소유자로부터 그 카드를 편취하여, 비록 하자 있는 의사표시이기는 하지만 현금카드 소유자의 승낙에 의하여 사용권한을 부여받은 이상, 그 소유자가 승낙의 의사표시를 취소하기까지는 현금카드를 적법, 유효하게 사용할 수 있으며, 은행 등 금융기관은 현금카드 소유자의 지급정지 신청이 없는 한 카드 소유자의 의사에 따라 그의 계산으로 적법하게 예금을 지급할 수밖에 없는 것이므로, 피고인이 현금카드의 소유자로부터 현금카드를 사용한 예금인출의 승낙을 받고 현금카드를 교부받은 행위와 이를 사용하여 현금자동지급기에서 예금을 여러 번 인출한 행위들은 모두 현금카드 소유자의 예금을 편취하고자 하는 피고인의 단일하고 계속된 범의 아래에서 이루어진 일련의 행위로서 포괄하여 하나의 사기죄를 구성한다고 볼 것이지, 현금자동지급기에서 카드 소유자의 예금을 인출, 취득한 행위를 현금자동지급기 관리자의 의사에 반하여 그가 점유하고 있는 현금을 절취한 것이라 하여 이를 현금카드 편취행위와 분리하여 따로 절도죄로 처단할 수는 없다 할 것이다(대법원 1996. 4. 9. 선고 95도2466 판결, 1996. 9. 20. 선고 95도1728 판결 등 참조).

(사) 대법원 2007. 4. 13. 선고 2007도1377 판결【특수강도 · 절도】(미간행)

범인이 피해자로부터 직불카드 등을 강취한 경우에는, 이를 갈취 또는 편취한 경우와는 달리, 피해자가 그 직불카드 등의 사용권한을 범인에게 부여하였다고 할 수 없고, 따라서 그와 같이 강취한 직불카드를 사용하여 현금자동인출기에서 현금을 인출하여 가진 경우에는 그 현금자동인출기 관리자의 의사에 반하여 그의 지배를 배제하고 그 현금을 자기의 지배하에 옮겨 놓는 것이 되므로 절도죄가 별도로 성립한다고 할 것이다(대법원 1995. 7. 28. 선고 95도997 판결 참조).

그럼에도 불구하고 원심은, 피고인이 피해자로부터 직불카드를 강취한 이 사건에서, 피해자가 그 직불카드의 사용권한을 피고인에게 부여한 것으로 보아 그 직불카드를 사용하여 현금자동인출기에서 현금을 인출한 행위는 그 직불카드 등을 강취한 행위와 포괄하여 하나의 강도죄가 성립할 뿐 따로 절도죄가 성립하는 것은 아니라고 판단하고 말았으니, 원심판결에는 직불카드를 강취한 후 이를 사용하여 현금을 인출한 경우에 있어서의 강도죄와 절도죄의 관계에 관한 법리를 오해하여 판결에 영향을 미친 위법이 있다고 할 것이다. 이 점에 관한 상고이유의 주장은 이유 있다.

(아) 대법원 1996. 4. 9. 선고 95도2466 판결【사기(인정된 죄명: 절도)】(공 1996, 1475)

위 주위적 공소사실의 요지는 피해자인 P은행은 무자력자인 피고인으로부터 기망당하여 신용카드를 발급해줌으로써 피고인이 그 신용카드를 이용하여 현금자동지급기에서 현금을 인출하는 방법으로 금원을 신용대출받는 것을 허용하였고, 피고인은 그에 따라 현금을 인출하였다는 취지이므로 이에 살피건대 무릇 신용카드의 거래는 신용카드회사로부터 카드를 발급받은 사람이 위 카드를 사용하여 카드가맹점으로부터 물품을 구입하면 그 카드를 소지하여 사용하는 사람이 카드회사로부터 카드를 발급받은 정당한 소지인인 한 카드회사가 그 대금을 가맹점에 결제하고, 카드회사는 카드사용자에 대하여 물품구입대금을 대출해 준 금전채권을 가지는 것이고, 또 카드사용자가 현금자동지급기를 통해서 현금서비스를 받아 가면 현금대출관계가 성립되게 되는 것인바, 이와 같은 카드사용으로 인한 카드회사의 금전채권을 발생케 하는 카드사용 행위는 카드회사로부터 일정한 한도 내에서 신용공여가 이루어지고, 그 신용공여의 범위 내에서는 정당한 소지인에 의한 카드사용에 의한 금전대출이 카드 발급시에 미리 포괄적으로 허용되어 있는 것인바, 현금자동지급기를 통한 현금대출도 결국 카드회사로부터 그 지급이 미리 허용된 것이고, 단순히 그 지급방법만이 사람이 아닌 기계에 의해서 이루어지는 것에 불과하다.

그렇다면 이 사건에서와 같이 피고인이 카드사용으로 인한 대금결제의 의사와 능력이 없으면서도 있는 것 같이 가장하여 카드회사를 기망하고, 카드회사는 이에 착오를 일으켜 일정 한도 내에서 카드사용을 허용해 줌으로써 피고인은 기망당한 카드회사의 신용공여라는 하자 있는 의사표시에 편승하여 자동지급기를 통한 현금대출도 받고, 가맹점을 통한 물품구입대금 대출도 받아 카드발급회사로 하여금 같은 액수 상당의 피해를 입게 함으로써, 카드사용으로 인한 일련의 편취행위가 포괄적으로 이루어지는 것이다.

따라서 이 사건에서 카드사용으로 인한 카드회사의 손해는 그것이 자동지급기에 의한 인출행위이든 가맹점을 통한 물품구입행위이든 불문하고 모두가 피해자인 카드회사의 기망당한 의사표시에 따른 카드발급에 터잡아 이루어지는 사기의 포괄일죄라 할 것이다.

그럼에도 불구하고 이와 다른 견해에서 이 사건 공소사실 중 현금자동지급기를 통한 현금대출을 받은 부분만을 골라내어 절도로 보고, 주청구 부분의 사기죄가 성립되지 않는다고 판시한 원심의 조치는 사기죄의 구성요건에 관한 법리오해의 위법이 있다 할 것이다.

(자) 대법원 2005. 8. 19. 선고 2004도6859 판결【사기】(공2005, 1522)

신용카드의 거래는 신용카드업자로부터 카드를 발급받은 사람(이하 '카드회원'이라 한다)이 신용카드를 사용하여 가맹점으로부터 물품을 구입하면 신용카드업자는 그 카드를 소지하여 사용한 사람이 신용카드업자로부터 신용카드를 발급받은 정당한 카드회원인 한 그 물품구입대금을 가맹점에 결제하는 한편, 카드회원에 대하여 물품구입대금을 대출해 준 금전채권을 가지는 것이고, 또 카드회원이 현금자동지급기를 통해서 현금서비스를 받아 가면 현금대출관계가 성립되어 신용카드업자는 카드회원에게 대출금채권을 가지는 것이므로(대법원 1996. 4. 9. 선고 95도2466 판결 등 참조), 궁극적으로는 카드회원이 신용카드업자에게 신용카드 거래에서 발생한 대출금채무를 변제할 의무를 부담하게 된다. 그렇다면 이와 같이 신용카드사용으로 인한 신용카드업자의 금전채권을 발생케 하는 행위는 카드회원이 신용카드업자에 대하여 대금을 성실히 변제할 것을 전제로 하는 것이므로, 카드회원이 일시적인 자금궁색 등의 이유로 그 채무를 일시적으로 이행하지 못하게 되는 상황이 아니라 이미 과다한 부채의 누적 등으로 신용카드 사용으로 인한 대출금채무를 변제할 의사나 능력이 없는 상황에 처하였음에도 불구하고 신용카드를 사용하였다면 사기죄에 있어서 기망행위 내지 편취의 범의를 인정할 수 있다 할 것이다.

이 사건에 있어서도 피고인이 신용카드 사용으로 인한 대금을 신용카드업자에 결제할 의사나 능력이 없으면서도 신용카드를 사용하여 가맹점으로부터 물품을 구입하고 현금서비스를 받았다면 피고인은 신용카드업자가 가맹점을 통하여 송부된 카드회원 서명의 매출전표를 받은 후 카드회원인 피고인이 대금을 결제할 것으로 오신하여 가맹점에 물품구입대금을 결제하여 줌으로써 신용카드업자로부터 물품구입대금을 대출받고, 현금자동지급기를 통한 현금대출도 받아(현금자동지급기를 통한 현금대출은 단순히 그 지급방법만이 사람이 아닌 기계에 의해서 이루어지는 것에 불과하다) 신용카드업자로 하여금 같은 액수 상당의 피해를 입게 한 것이고, 이러한 카드사용으로 인한 일련의 편취행위는 그것이 가맹점을 통한 물품구입행위이든, 현금자동지급기에 의한 인출행위이든 불문하고 모두가 피해자인 신용카드업자의 기망당한 금전대출에 터잡아 포괄적으로 이루어지는 것이라 할 것이다.

(차) 대법원 2002. 7. 12. 선고 2002도2134 판결【특수절도 · 사기 · 여신전문금융업법위반 · 절도 · 사문서위조 · 위조사문서행사 · 점유이탈물횡령】(공 2002, 2004)

피고인이 타인의 명의를 모용하여 신용카드를 발급받은 경우, 비록 카드회사가 피고인으로부터 기망을 당한 나머지 피고인에게 피모용자 명의로 발급된 신용카드를 교부하고, 사실상 피고인이 지정한 비밀번호를 입력하여 현금자동지급기에 의한 현금대출(현금서비스)을 받을 수 있도록 하였다 할지라도, 카드회사의 내심의 의사는 물론 표시된 의사도 어디까지나 카드명의인인 피모용자에게 이를 허용하는 데 있을 뿐, 피고인에게 이를 허용한 것은 아니라는 점에서 피고인이 타인의 명의를 모용하여 발급받은 신용카드를 사용하여 현금자동지급기에서 현금대출을 받는 행위는 카드회사에 의하여 미리 포괄적으로 허용된 행위가 아니라, 현금자동지급기의 관리자의 의사에 반하여 그의 지배를 배제한 채 그 현금을 자기의 지배하에 옮겨 놓는 행위로서 절도죄에 해당한다고 봄이 상당하다(대법원 1996. 4. 9. 선고 95도2466 판결 등 참조).

한편, 형법 제347조의2에서 규정하는 컴퓨터등사용사기죄의 객체는 재물이 아닌 재산상의 이익에 한정되어 있으므로, 타인의 명의를 모용하여 발급받은 신용카드로 현금자동지급기에서 현금을 인출하는 행위를 이 법조항을 적용하여 처벌할 수는 없다.

(카) 대법원 2003. 1. 10. 선고 2002도2363 판결【사기(일부 변경된 죄명: 컴퓨터등사용사기)】(공2003, 663)

1. 원심의 판단

원심판결 이유에 의하면, 원심은, 이 사건 변경된 공소사실 중 컴퓨터 등 사용 사기의 점, 즉 "피고인은 2001. 10. 6. 11:05경 서울 이하 불상지에서 컴퓨터 등 정보처리장치인 인터넷사이트 피해자 한국신용정보 주식회사에 A 명의로 접속하여 그의 신용정보 조회를 하면서 피고인이 마치 A인 것처럼 자신이 부정발급받은 A 명의의 삼성스카이패스카드의 카드번호와 비밀번호 등을 입력하고 그 사용료 2,000원을 지급하도록 부정한 명령을 입력하여 정보처리를 하게 함으로써 그 금액 상당의 재산상 이익을 취득하였다"는 사실이 형사상 범죄를 구성하는지 여부에 대하여 다음과 같이 판단하여 무죄를 선고하였다.

검사가 그 공소사실에 적용한 형법 제347조의2는 컴퓨터 등 정보처리장치에 허위의 정보 또는 부정한 명령을 입력하여 정보처리를 하게 함으로써 재산상의 이익을 취득하거나 제3자로 하여금 취득하게 한 행위를 처벌하도록 규정하고 있는데, 여기에서 규정하고 있는 허위의 정보를 입력한다는 것은 객관적 진실에 반하는 내용의 정보를 입력하는 행위를, 부정한 명령을 입력한다는 것은 프로그램을 구성하는 개개의 명령을 부정하게 변경, 삭제, 추가하는 행위를 각 의미한다는 것에는 이론이 없으나, 나아가 권한이 없는 자가 프로그램에 진실한 정보 또는 프로그램이 허용하는 명령을 입력하는 경우까지를 허위의 정보 또는 부정한 명령의 입력으로 볼 수 있는지의 여부에 대하여는 견해가 일치하지 아니한다.

피고인은 이 사건에서 컴퓨터를 이용, 신용정보 조회 서비스사이트에 접속하여 신용정보를 조회하면서 그 서비스이용대금의 결제를 위하여 피고인이 타인의 인적 사항을 도용하여 타인 명의로 발급받은 신용카드의 번호와 그 비밀번호를 입력하는 행위를 하였는데, 비록 피고인이 타인의 인적 사항을 도용하여 발급받았다고는 하나, 일단 유효하게 발급받은 카드의 번호와 비밀번호가 객관적 진실에 반하는 정보라고 볼 수 없고, 진실한 번호를 입력하여 컴퓨터프로그램이 허용하는 방법으로 대금을 결제하는 것이 곧바로 부정한 명령에 해당된다고 볼 수도 없으므로, 피고인의 그 행위는 결국 권한 없는 자가 진실한 정보를 입력하거나 허용된 명령을 입력한 행위에 불과하다.

그런데 2001. 12. 29. 개정되어 2002. 6. 29. 시행을 앞두고 있는 형법 제347조의2의 개정조항에서는 이 사건과 같이 컴퓨터 등 정보처리장치에 권한 없이 정보를 입력, 변경하여 정보처리를 하게 하는 행위를 처벌하도록 하는 규정을 추가하였는바, 이는 국가가 형벌법규의 해석을 둘러싼 그 동안의 논란을 종식시키기 위하여 그 흠결을 인정하고 처벌의 대상을 확대한 것으로 봄이 상당하므로, 형벌법규의 명확성과 유추적용 금지의 원칙에 비추어 볼 때 피고인에 대한 이 부분 공소사실은 처벌법규가 없어 범죄로 되지 아니하는 경우에 해당된다고 보아야 할 것이다.

2. 이 법원의 판단

그러나 이러한 원심의 판단은 수긍하기 어렵다.

형벌법규는 문언에 따라 엄격하게 해석·적용하여야 하고 피고인에게 불리한 방향으로 지나치게 확장해석하거나 유추해석하여서는 아니되지만, 형벌법규의 해석에서도 법률문언의 통상적인 의미를 벗어나지 않는 한 그 법률의 입법취지와 목적, 입법연혁 등을 고려한 목적론적 해석이 배제되는 것은 아니다(대법원 2002. 2. 21. 선고 2001도2819 전원합의체 판결 등 참조).

기록에 비추어 보면, 구 형법(2001. 12. 29. 법률 제6543호로 개정되기 전의 것, 이하 '구 형법'이라 한다) 제347조의2 규정의 입법취지와 목적은 프로그램 자체는 변경(조작)함이 없이 명령을 입력(사용)할 권한 없는 자가 명령을 입력하는 것도 부정한 명령을 입력하는 행위에 포함한다고 보아, 진실한 자료의 권한 없는 사용에 의한 재산상 이익 취득행위도 처벌대상으로 삼으려는 것이었음을 알 수 있고, 오히려 그러한 범죄 유형이 프로그램을 구성하는 개개의 명령을 부정하게 변경, 삭제, 추가하는 방법에 의한 재산상 이익 취득의 범죄 유형보다 훨씬 손쉽게 또 더 자주 저질러질 것임도 충분히 예상되었던 점에 비추어 이러한 입법취지와 목적은 충분히 수긍할 수 있다.

나아가 그와 같은 권한 없는 자에 의한 명령 입력행위를 '명령을 부정하게 입력하는 행위' 또는 '부정한 명령을 입력하는 행위'에 포함된다고 해석하는 것이 그 문언의 통상적인 의미를 벗어나는 것이라고 할 수도 없다.

그렇다면 그 문언의 해석을 둘러싸고 학설상 일부 논란이 있었고, 이러한 논란을 종식시키기 위해 그와 같이 권한 없이 정보를 입력, 변경하여 정보처리를 하게 하는 행위를 따로 규정하는 내용의 개정을 하게 되었다고 하더라도, 구 형법상으로는 그와 같은 권한 없는 자가 명령을 입력하는 방법에 의한 재산상 이익 취득행위가 처벌대상에서 제외되어 있었다고 볼 수는 없는 바, 이러한 해석이 죄형법정주의에 의하여 금지되는 유추적용에 해당한다고 할 수도 없다.

따라서 원심판결에는 구 형법 제347조의2의 해석을 그르치고, 죄형법정주의에 관한 법리를 오해한 위법이 있고, 이는 판결 결과에 영향을 미쳤음이 분명하다.

쟁점연구

1. 절취한 카드의 사용
   - 가. 절취한 신용카드를 사용하여 물품을 구입하는 경우 어떠한 범죄가 성립하는가? 구법에 관한 참고판례 (가), (나)와 여신전문금융업법 제70조 제1항을 참고하자.
   - 나. 절취한 신용카드나 직불카드를 현금인출기에 넣고 비밀번호를 조작하여 예금을 인출하는 경우 어떠한 범죄가 성립하는가? 신법에 관한 도입판례 및 참고판례 (다)와 구법에 관한 대법원 1995. 7. 28. 선고 95도997 판결 및 대법원 1998. 2. 27. 선고 97도2974 판결을 함께 참고하자.
   - 다. 절취한 신용카드를 이용하여 자신의 구좌로 계좌이체시킨 후 현금지급기에서 현금을 인출한 경우 어떠한 범죄가 성립하는가? 참고판례 (다)를 참고하자.
2. 강취·횡령·편취·갈취한 카드의 사용
   - 가. 강취·횡령·편취·갈취한 카드를 사용하여 물품을 구입한 경우 어떠

한 범죄가 성립하는가? 참고판례 (라)는 이 경우에 일반적으로 적용될 수 있는가?

나. 강취 · 횡령 · 갈취 · 편취한 현금카드로 예금을 인출하는 경우 어떠한 범죄가 성립하는가? 참고판례 (마), (바), (사)를 참고하자.

3. 무자력자의 신용카드 사용

가. 변제할 의사나 능력이 없음에도 불구하고 신용카드를 발급받아 물품구입도 하고 자동지급기에 의한 현금대출도 받은 경우 어떠한 범죄가 성립하는가? 참고판례 (아)를 참고하자.

나. 신용카드를 발급받은 후 무자력이 되었는데 그 후에 물품을 구입하고 자동지급기에 의한 현금서비스를 받는 경우 어떠한 범죄가 성립하는가? 참고판례 (자)를 참고하자.

4. 타인 명의를 모용하여 발급받은 카드의 사용

가. 타인 명의를 모용하여 신용카드를 발급받아 현금지급기에서 현금서비스를 받는 경우 어떠한 범죄가 성립하는가? 참고판례 (차)를 참고하자.

나. 타인 명의를 모용하여 발급받은 카드로 전자거래를 한 경우 어떠한 범죄가 성립하는가? 참고판례 (카)를 참고하자.

Ⅵ. 공갈죄의 쟁점

도입판례

대법원 2002. 2. 8. 선고 2000도3245 판결【사기・공갈】(공2002, 720)

【피 고 인】 갑
【상 고 인】 검사
【원심판결】 대전지법 2000. 6. 27. 선고 99노2533 판결
【주　　문】 상고를 기각한다.
【이　　유】

* * *

2. 공갈죄에 관한 상고이유에 대하여

공갈죄의 수단으로써의 협박은 객관적으로 사람의 의사결정의 자유를 제한하거나 의사실행의 자유를 방해할 정도로 겁을 먹게 할 만한 해악을 고지하는 것을 말하고, 그 해악에는 인위적인 것뿐만 아니라 천재지변 또는 신력이나 길흉화복에 관한 것도 포함될 수 있으나, 다만 천재지변 또는 신력이나 길흉화복을 해악으로 고지하는 경우에는 상대방으로 하여금 행위자 자신이 그 천재지변 또는 신력이나 길흉화복을 사실상 지배하거나 그에 영향을 미칠 수 있는 것으로 믿게 하는 명시적 또는 묵시적 행위가 있어야 공갈죄가 성립한다 할 것이다.

원심은, 피고인이 그의 처인 공소외 A와 공모하여 1997. 11. 15.경 피고인의 집에서 공소외 A는 전화로 피해자 B에게 "작은 아들이 자동차를 운전하면 교통사고가 나 크게 다치거나 죽거나 하게 된다. 조상천도를 하면 교통사고를 막을 수 있고 보살(B 지칭)도 아픈 곳이 낫고 사업도 잘 되고 모든 것이 잘 풀려 나간다. 조상천도비용으로 795,000원을 내

라."고 말하여 만일 피해자가 조상천도를 하지 아니하면 피해자와 그의 가족의 생명과 신체에 어떤 위해가 발생할 것처럼 겁을 주어 이에 외포된 B로부터 같은 달 16일 같은 장소에서 795,500원을 건네받아 이를 갈취하고, 1997년 12월 중순경 같은 장소에서 공소외 A은 피해자 C에게 전화로 "묘소에 있는 시아버지 목뼈가 왼쪽으로 돌아가 아들이 형편없이 빗나가 학교에도 다니지 못하게 되고 부부가 이별하게 되고 하는 사업이 망하고 집도 다른 사람에게 넘어가게 된다. 조상천도를 하면 모든 것이 다 잘 된다. 조상천도를 하지 않으면 큰일 난다"고 말하여 만일 조상천도를 하지 아니하면 C와 그의 가족의 생명과 신체 등에 어떤 위해가 발생할 것처럼 겁을 주고 이에 외포된 C로부터 1998. 1. 5. 피고인의 예금계좌로 835,000원을 송금받아 이를 갈취하였다는 이 사건 각 공갈의 공소사실에 대하여, 위 공소사실과 같은 해악의 고지는 길흉화복이나 천재지변의 예고로서 피고인에 의하여 직접, 간접적으로 좌우될 수 없는 것이고 가해자가 현실적으로 특정되어 있지도 않으며 해악의 발생가능성이 합리적으로 예견될 수 있는 것이 아니므로 이는 협박으로 평가될 수 없다 할 것이고, 달리 피고인 부부가 피해자 가족들을 폭행이나 협박하였다는 점을 인정할 아무런 증거가 없다는 이유로, 이 부분 공소사실에 대하여 무죄를 선고한 제1심의 사실인정과 판단이 정당하다고 하여 제1심판결을 그대로 유지하였다.

기록과 위 법리에 비추어 보면, 원심의 위와 같은 판단은 정당한 것으로 수긍되고, 거기에 상고이유의 주장과 같은 공갈죄의 법리에 관한 법리오해의 위법을 찾아볼 수 없다.

3. 그러므로 상고를 기각하기로 하여 관여 법관의 일치된 의견으로 주문과 같이 판결한다.

대법관 유지담(재판장) 조무제 강신욱

참고판례

(가) 대법원 2005. 7. 15. 선고 2004도1565 판결【폭력행위등처벌에관한법률위반 · 위계공무집행방해 · 공문서부정행사】(공2005, 1380)

무릇, 공갈죄의 수단으로서 협박은 사람의 의사결정의 자유를 제한하거나 의사실행의 자유를 방해할 정도로 겁을 먹게 할 만한 해악을 고지하는 것을 말하고, 해악의 고지는 반드시 명시의 방법에 의할 것을 요하지 아니하며 언어나 거동 등에 의하여 상대방으로 하여금 어떠한 해악을 입을 수 있을 것이라는 인식을 갖게 하는 것이면 족하고, 또한 직접적이 아니더라도 피공갈자 이외의 제3자를 통해서 간접적으로 할 수도 있으며, 행위자가 그의 직업, 지위, 불량한 성행, 경력 등에 기하여 불법한 위세를 이용하여 재물의 교부나 재산상 이익을 요구하고 상대방으로 하여금 그 요구에 응하지 아니할 때에는 부당한 불이익을 초래할 위험이 있을 수 있다는 위구심을 야기하게 하는 경우에도 해악의 고지가 된다고 할 것이다(대법원 2001. 2. 23. 선고 2000도4415 판결, 2003. 5. 13. 선고 2003도709 판결 등 참조).

(나) 대법원 2005. 9. 29. 선고 2005도4738 판결【폭력행위등처벌에관한법률위반(야간 · 공동공갈) 등】(공2005, 1748)

공갈죄에 있어서 공갈의 상대방은 재산상의 피해자와 동일함을 요하지는 아니하나, 공갈의 목적이 된 재물 기타 재산상의 이익을 처분할 수 있는 사실상 또는 법률상의 권한을 갖거나 그러한 지위에 있음을 요한다고 할 것이다.

원심판결 이유에 의하면, 원심은, 그 채용 증거들에 의하여, 피고인 갑, 을, 병 등이 공동하여, 판시 각 일시에 피해자 공소외 A가 종업원으로 일하고 있던 P룸살롱(공소외 B가 건물주로부터 임차하여 공소외 C에게 운영을 위임하였다)에서 위 피해자에게 은근히 조직폭력배임을 과시하면서 “이 새끼들아 술 내놔”라고 소리치고, 피고인 갑 등은 험악한 인상을 쓰면서 “너희들은 공소외 C가 깡패도 아닌데 왜 따라 다니며 어울리냐”라고 말하는 등의 방법으로 신체에 위해를 가할 듯한 태도를 보여 이에 겁을 먹은 위 피해자로부터 판시와 같이 주류를 제공받아 이를 각 갈취하였다는 범죄사실을 유죄로 인정한 제1심을 그대로 유지하면서, 위 피고인들로부터 협박을 당한 공소외 A는 위 주류에 대한 사실상의 처분권자이므로 공소외 A를 공갈죄의 피해자라고 봄이 상당하다고 판단하였다.

앞서 본 법리와 관계 증거를 기록에 비추어 살펴보면, 원심의 위와 같은 사실인정과 판단은 정당한 것으로 수긍이 가고, 거기에 상고이유로 주장하는 바와 같이 채증법칙을 위반하여 사실을 잘못 인정하거나 공갈죄에 있어서의 피해자에 관한 법리오해, 공소시효 완성 및 범행방법에 관한 공소사실의 특정에 관한 법리오해 등의 위법이 있다고 할 수 없다.

(다) 대법원 1990. 10. 16. 선고 90도1815 판결 **【특정경제범죄가중처벌등에관한법률위반 · 폭력행위등처벌에관한법률위반 · 공갈】** (집38-3, 402)

피고인의 위와 같은 공갈범행으로 인하여 취득한 이득액은 범죄의 기수시기를 기준으로 하여 산정하여야 할 것이고 그 후의 사정변경은 고려할 것이 아니라는 원심의 판단도 정당하다. 이와 같은 이득액은 피고인의 그 공갈범행으로 인하여 취득하기로 약정된 즉 불법영득의 대상이 된 재물이나 재산상의 이익의 가액이 기준이 되어야 할 것이며 이 사건에서 계약체결 당시 판시와 같은 면적의 공유수면매립면허가 아직 나온 것이 아니라고 하여도 37,000평에 대한 매립면허가 나오는 것을 전제로 하여 판시와 같은 약정을 한 이상 그 후에 실제매립면허시에 그 면적이 줄어들었다고 하여도 이 사건 결과에는 영향이 없다 할 것이고 그와 같은 사정변경의 가능성이 공갈행위시 예견 가능한 것이라고 하여도 마찬가지라 할 것이다.

(라) 대법원 1985. 6. 25. 선고 84도2083 판결 **【중감금 · 폭력행위등처벌에관한법률위반】** (집33-2, 532)

재물의 교부를 받거나 재산상 이익을 취득할 권리가 있는 자라고 할지라도 사회통념상 일반적으로 용인될 수 없는 정도의 폭행 · 협박의 방법을 사용하여 재물의 교부를 받거나 재산상 이익을 취득한 때에는 이는 정당한 권리행사라고 볼 수 없으므로 공갈죄를 구성한다고 보아야 할 것이다.

피고인이 가사 소론주장과 같이 피해자 공소외 A에게 채권을 가지고 있다고 하여도 원심판시와 같이 피해자에게 장시간 폭행・협박 등 가혹한 행위를 가하여 금원지급의 승낙을 받아낸 것이라면 공갈미수죄의 성립을 인정할 수 있을 것이므로 공갈미수죄를 인정한 원심판단에 채증법칙위반과 법리오해의 위법이 있다는 논지는 이유 없다.

쟁점연구

1. 공갈죄의 수단인 폭행・협박은 강도죄의 그것과 어떻게 구별되는가?
2. 공갈죄의 수단으로서의 협박은 무엇을 말하는가? 도입판례 및 참고판례 (가)를 참고하여 정리해 보자. 특히 제3자를 통한 해악도 가능한지, 해악에 대한 통제권은 어떠한 의미를 가지는지를 함께 검토해 보자.
3. 참고판례 (나)는 이른바 삼각공갈의 예이다. 삼각사기와의 구조를 비교해 보자.
4. 공갈죄의 이득액을 산정하는 시기는 언제인가? 참고판례 (다)를 참고하자.
5. 권리행사를 한다는 이유로 갈취한 경우 공갈죄가 성립하는가? 참고판례 (라) 및 'Ⅲ. 사기죄의 성립요건(1)' 쟁점연구 6.항을 함께 참고하자.

제10장 횡 령 죄

Ⅰ. 횡령죄의 본질과 기수시기

도입판례

(가) 대법원 2002. 11. 13. 선고 2002도2219 판결【횡령·무고】(집 50-2, 749)

【피 고 인】 갑
【상 고 인】 검사 및 피고인
【변 호 인】 변호사 조병직
【원심판결】 대전지법 2002. 4. 19. 선고 2000노1751, 2001노2594(병합) 판결
【주 문】 원심판결을 파기하고, 사건을 대전지방법원 본원 합의부에 환송한다.
【이 유】

1. 검사의 상고에 대한 판단

가. 횡령의 점에 관한 공소사실

피고인은 주식회사 P은행으로부터 충남 예산군 대술면 소재 공장을 매수하여 인수하면서 그 곳에 있던 A 소유의 이 사건 기계들도 함께 인도받아 그를 위하여 보관하던 중 주식회사 Q은행에게 위 공장에 속하는 토지와 건물 및 기계를 담보로 제공하면서 이 사건 기계들에 대하여도 근저당권을 설정하여 주어 이를 횡령하였다.

나. 원심의 판단

원심은 다음과 같은 이유로 횡령의 공소사실 전부에 대하여 무죄를 선고하였다.

(1) 이 사건 기계들 중 제1심판결 별지 범죄일람표 순위 3, 4의 기계는 김영복의 소유라고 볼 수 없다.

(2) 피고인이 위 공장에 속하는 토지와 건물 및 기계에 관하여 주식회사 Q은행에게 공장저당법에 따른 근저당권을 설정하여 주고 대출을 받으면서 이 사건 기계들 중 피고인이 보관하고 있던 A 소유의 위 일람표 순위 3, 4를 제외한 나머지 기계들까지 자신의 소유인 것처럼 근저당권 목적물 목록에 포함시켰으나, 공장저당법에 따라 근저당권의 목적이 되는 것으로 목록에 기재된 물건이라도 그것이 근저당권설정자의 소유가 아니고 다른 사람의 소유인 경우에는 그 물건에 대하여 근저당권의 효력이 미치지 아니하므로 피고인의 위 기계들에 대한 근저당권 설정행위는 횡령죄가 되지 아니한다.

다. 이 법원의 판단

횡령죄는 다른 사람의 재물에 관한 소유권 등 본권을 그 보호법익으로 하고 본권이 침해될 위험성이 있으면 그 침해의 결과가 발생되지 아니하더라도 성립하는 이른바 위태범이므로, 다른 사람의 재물을 보관하는 사람이 그 사람의 동의 없이 함부로 이를 담보로 제공하는 행위는 불법영득의 의사를 표현하는 횡령행위로서 사법(私法)상 그 담보제공행위가 무효이거나 그 재물에 대한 소유권이 침해되는 결과가 발생하는지 여부에 관계없이 횡령죄를 구성한다.

그렇다면 피고인이 보관하던 A 소유의 위 기계들을 담보로 제공한 것은 A의 권리에 대한 현실적인 침해가 없더라도 그 기계들에 대한 불법영득의 의사를 실현하는 행위로서 횡령죄를 구성하는 것으로 보아야 한다. 그럼에도 불구하고, 원심이 이 부분에 대하여 무죄를 선고한 것은 횡령죄의 법리를 오해하여 판결에 영향을 미친 잘못을 저지른 것이다. 따라서 이 점을 지적한 상고이유는 이유가 있다.

2. 피고인의 상고에 대한 판단

원심이, 무고의 점에 관한 공소사실을 유죄로 판단한 것은 옳고, 거기에 상고이유의 주장과 같은 채증법칙 위배나 법리오해 등의 잘못이 없다. 따라서 상고이유는 모두 받아들이지 아니한다.

3. 결론

따라서 원심판결 중 무죄 부분은 파기되어야 하는데, 이 죄와 원심이 유죄로 판단한 무고죄는 형법 제37조 전단의 경합범관계에 있으므로 원심판결의 유죄 부분도 함께 파기한다.

그러므로 주문과 같이 원심판결을 파기하여 사건을 원심법원에 환송하기로 판결한다.

대법관 배기원(재판장) 서성(주심) 이용우 박재윤

(나) 대법원 1993. 3. 9. 선고 92도2999 판결【공정증서원본불실기재 · 공정증서원본불실기재행사 · 횡령】(집41-1, 671)

【피 고 인】 갑
【상 고 인】 피고인
【원심판결】 창원지방법원 1992. 10. 30. 선고 92노697 판결
【주　　문】 원심판결을 파기하고, 사건을 창원지방법원 합의부에 환송한다.
【이　　유】

상고이유를 판단하기에 앞서 직권으로 보건대

1. 원심이 확정한 사실에 의하면, 피고인은 피해자 A의 소유의 이 사건 미등기건물을 관리를 위임받아 거주하여 오던 중 이를 담보로 하여 돈을 차용할 것을 마음먹고, 1991. 3. 6. 마산지방법원 창원등기소에 위 건물이 피고인의 소유라는 취지를 기재한 건물소유권보존등기신청서와 채권자 B, 채무자 갑, 채권최고액 금 45,000,000원의 근저당권설정등기신

청서를 각 작성, 제출하여, 그 정을 모르는 등기공무원으로 하여금 건물등기부에 같은 내용의 소유권보존등기와 근저당권설정등기를 각 마치게 함으로써 공정증서인 위 건물등기부에 각 불실의 사실을 기재하게 하고, 그 무렵 위 불실기재된 건물등기부를 위 등기소에 비치케 하여 각 이를 행사하고, 위 건물 1동을 횡령하고, 같은 해 7. 23. 위 근저당권설정등기를 말소한 다음 근저당권자 C, 채무자 피고인 채권최고액 금 100,000,000원의 근저당권설정등기신청서를 작성, 제출하여 그 정을 모르는 등기공무원으로 하여금 그 근저당권설정등기를 마쳐 비치하게 함으로써 공정증서원본을 불실기재하게 하여 행사하고, 또 위 건물 1동을 횡령하였다는 것이다.

2. 그러나 횡령죄는 타인의 재물을 보관하는 자가 그 재물을 횡령하는 경우에 성립하는 범죄로서, 일단 횡령을 한 이후에 그 재물을 처분하는 것은 불가벌적 사후행위에 해당하여 처벌할 수 없는 것이다(당원 1978. 11. 28. 선고 78도2175 판결 참조).

3. 부동산의 보관은 원칙으로 등기부상의 소유명의인에 대하여 인정되지만 등기부상의 명의인이 아니라도 소유자의 위임에 의거해서 실제로 타인의 부동산을 관리, 지배하면 그 부동산의 보관자라 할 수 있고, 이 사건의 경우와 같은 미등기의 건물에 대하여는 위탁관계에 의하여 현실로 부동산을 관리 지배하는 자가 보관자라고 할 수 있을 것이며, 원심이 인정한 사실에 의하더라도 피고인이 이 사건 미등기건물의 관리를 위임받아 그 곳에서 거주하고 있다는 것이므로 피고인이 이 사건 건물의 보관자의 지위에 있었음은 의문의 여지가 없다.

4. 횡령죄의 구성요건으로서의 횡령행위란 불법영득의사를 실현하는 일체의 행위를 말한다고 할 것이고, 횡령죄에 있어서의 행위자는 이미 타인의 재물을 점유하고 있으므로 그 점유를 자기를 위한 점유로 변개(變改)하는 의사를 일으키면 곧 영득의 의사가 있었다고 할 수 있지만, 단순한 내심의 의사만으로는 횡령행위가 있었다고 할 수 없고, 그 영득의 의사가 외부에 인식될 수 있는 객관적 행위가 있을 때 횡령죄가 성

립한다고 볼 것이다.

따라서, 이 사건에 있어서와 같이 미등기건물의 관리를 위임받아 보관하고 있는 피고인이 임의로 그 건물에 대하여 자신의 명의로 보존등기를 하거나 동시에 타인에게 근저당권설정등기를 마치었다면 이는 객관적으로 불법영득의 의사를 외부에 발현시키는 행위로서 횡령죄에 해당한다고 할 것이고, 이와 같이 피고인이 피해자의 승낙 없이 이 사건 건물을 자신의 명의로 보존등기를 함으로써 이때에 이미 횡령죄는 완성되었다 할 것이므로, 그 횡령행위의 완성 후에 타인에게 근저당권설정등기를 한 행위는 위 피해자에 대한 새로운 법익의 침해를 수반하지 않는 이른바 불가벌적 사후행위로서 별도의 횡령죄를 구성하지 않는다고 할 것이다.

5. 그렇다면 원심판결에는 횡령죄에 있어서의 불가벌적 사후행위에 관한 법리를 오해한 위법이 있다고 할 것이므로, 상고이유에 대한 판단을 생략하고 원심판결을 파기환송하기로 하여, 관여 법관의 일치된 의견으로 주문과 같이 판결한다.

쟁점연구

1. 횡령죄는 위험범(=위태범)인가, 침해범인가?
2. 도입판례 (가)에서 피고인은 A 소유의 기계들을 담보로 제공하였는데, 이러한 행위에 대하여 원심과 대법원이 다른 판단을 한 이유는 무엇인가? 횡령죄의 미수범은 처벌된다(359조)는 점을 생각할 때, 대법원의 입장에 따르면 언제 횡령죄의 미수가 성립할 수 있는가?
3. 도입판례 (나)에서 대법원은 횡령죄의 기수시기를 언제로 보았으며, 그 이유는 무엇인가?(대법원 1985. 9. 10. 선고 85도86 판결 참조)
4. 도입판례 (나)에서 대법원은 횡령 이후 그 재물을 처분하는 것은 '불가벌적 사후행위'라고 판시하고 있다. 만약 횡령 이후 처분을 통하여 새로운 법익 침해가 발생한다면 어떠한가?(대법원 1985. 6. 25. 선고 85도1077 판결 참조)

Ⅱ. 횡령죄의 주체

도입판례

(가) 대법원 1982. 11. 23. 선고 82도2394 판결【특정범죄가중처벌등에관한법률위반·횡령】(집30-4, 형107)

【피고인 겸 피감호청구인】 피고인 겸 피감호청구인
【상 고 인】 검사
【변 호 인】 변호사 전재휴
【원심판결】 서울고등법원 1982. 7. 9. 선고 82노1239, 82감노349 판결
【주 문】 상고를 기각한다.
【이 유】

검사의 상고이유를 본다.

원심은 피해자 A는 서울시내 평화시장 내의 한 가게에서 판시 의류 48장을 매수하여 이를 묶어서 그 곳에 맡겨 놓은 후 그 곳에서 약 50미터 떨어져 위 가게를 살펴볼 수 없는 딴 가게로 가서 지게짐꾼이던 피고인을 불러 위 가게에 가서 맡긴 물건을 운반해 줄 것을 의뢰하자 피고인은 그 가게에 가서 위에 맡긴 물건을 찾아 피해자에게 운반하여 주지 아니하고 용달차에 싣고 가 처분한 사실을 인정하고, 이와 같이 피고인이 물건의 운반의뢰를 수탁 받아 이를 보관하게 된 경우에는, 위 물건에 대한 지배가 피해자에게 남겨지고, 피고인이 이를 사실상 소지하고 있음에 불과하다는 특별한 사정을 인정할 자료가 없는 이 사건에서는 피고인이 피해자의 위 물건에 대한 점유를 침탈하였다고 볼 수 없다는 이유로 주위적 공소사실인 절도죄에 해당하지 아니하고 예비적 공소사실인 횡령죄에 해당한다고 판단하여 피고인의 위 소위를 횡령죄로 의율하

고 있는바, 원판결 설시이유를 기록에 대조하여 보아도 위와 같은 사실인정은 정당하게 수긍이 되고 위와 같이 피해자로부터 피고인 단독으로 판시점포에 가서 그 물건을 운반해 올 것을 의뢰받은 것이라면 피고인의 그 운반을 위한 위 물건의 소지관계는 피해자의 위탁에 의한 보관관계에 있다고 할 것이므로 이를 영득한 행위를 횡령죄로 의율한 것은 정당하고 거기에 절도죄의 법리를 오해한 위법은 있다 할 수 없고, 위와 같이 피고인의 소위를 횡령죄로 문의한 이상 소론의 절도전과 사실과는 서로 유사한 죄가 아니라는 이유로 보호감호청구를 기각한 원심조치 역시 정당하다 할 것이므로 논지는 결국 이유 없음에 돌아간다.

따라서 상고를 기각하기로 하여 관여법관의 일치된 의견으로 주문과 같이 판결한다.

대법관 강우영(재판장) 김중서 이정우 신정철

(나) 대법원 2007. 5. 31. 선고 2007도1082 판결【횡령】(공2007, 1012)

【피 고 인】 갑
【상 고 인】 피고인
【원심판결】 서울서부지법 2007. 1. 19. 선고 2006노1225 판결
【주 문】 원심판결을 파기하고, 사건을 서울서부지방법원 합의부에 환송한다.
【이 유】

1. 원심의 판단

원심은, 그 채택 증거들을 종합하면, "피고인이 피해자 공소외 A의 소유로서 공소외 B명의로 등기되어 있던 이 사건 임야 중 1/4 지분을 피해자로부터 명의신탁 받아 피고인 명의로 소유권이전등기를 경료하고 피해자를 위하여 보관하던 중, 공소외 C에게 위 임야 지분을 매도하고 위 임야 지분에 관하여 공소외 C명의의 매매예약에 의한 가등기를 경료함

으로써 이를 횡령하였다"는 이 사건 공소사실은 충분히 유죄로 인정된다고 판단하였다.

2. 이 법원의 판단

그러나 원심의 이러한 사실인정과 판단은 다음과 같은 이유로 수긍하기 어렵다.

가. 형법 제355조 제1항 소정의 횡령죄는 타인의 재물을 보관하는 자가 그 재물을 횡령하거나 반환을 거부하는 것을 내용으로 하는 범죄로서, 횡령죄의 주체는 타인의 재물을 보관하는 자이어야 하고, 여기서 보관이라 함은 위탁관계에 의하여 재물을 점유하는 것을 의미하므로, 결국 횡령죄가 성립하기 위하여는 그 재물의 보관자가 재물의 소유자(또는 기타의 본권자)와 사이에 법률상 또는 사실상의 위탁신임관계가 존재하여야 할 것이고(대법원 2005. 6. 24. 선고 2005도2413 판결; 2005. 9. 9. 선고 2003도4828 판결 등 참조), 또한 부동산의 경우 보관자의 지위는 점유를 기준으로 할 것이 아니라 그 부동산을 제3자에게 유효하게 처분할 수 있는 권능의 유무를 기준으로 결정하여야 할 것이므로, 원인무효인 소유권이전등기의 명의자는 횡령죄의 주체인 타인의 재물을 보관하는 자에 해당한다고 할 수 없다(대법원 1987. 2. 10. 선고 86도1607 판결; 1989. 2. 28. 선고 88도1368 판결 등 참조).

나. 기록에 의하여 살펴보면, 이 사건 임야는 이태원동(이태원 1동, 2동 주민들로 구성된 비법인 사단)의 소유로서 1948.경 당시 이태원동의 노인회 대표이던 공소외 망인 D, 공소외 E에게 명의신탁되어 위 망인들의 공동명의로 소유권이전등기가 경료되었던 것인데, 그 후 위 망인들의 자손들이 위 임야를 불법 처분한 이후 위 임야에 관하여 원인무효인 각 소유권이전등기, 지분이전등기, 소유권이전청구권가등기 등이 순차 경료되었고, 이에 이태원동이 그 등기명의자들을 상대로 그 각 원인무효등기(공소외 B 및 피고인 명의의 각 지분이전등기를 포함)의 말소청구소송을 제기하여 승소판결을 받고 확정된 사실을 알 수 있다.

그렇다면 피해자 공소외 A나 등기명의자 공소외 B는 위 임야 지분의 소유자라고 할 수 없고, 피고인이 이태원동과는 전혀 무관하게 피해자로부터 위 임야 지분을 명의신탁 받아 피고인 명의로 지분이전등기를 경료한 것에 의하여 소유자인 이태원동과 피고인 사이에 위 임야 지분에 관한 법률상 또는 사실상의 위탁신임관계가 성립되었다고 할 수도 없으며, 또한 어차피 원인무효인 소유권이전등기의 명의자에 불과하여 위 임야 지분을 제3자에게 유효하게 처분할 수 있는 권능을 갖지 아니한 피고인으로서는 위 임야 지분을 보관하는 자의 지위에 있다고도 할 수 없으니, 앞서 본 각 법리에 비추어 볼 때, 피고인의 공소사실과 같은 행위는 피해자 공소외 A에 대해서나 또는 소유자 이태원동에 대하여 위 임야 지분을 횡령한 것으로 된다고 할 수 없다.

다. 그럼에도 불구하고, 원심은 이 사건 임야 지분이 피해자 공소외 A의 소유라고 사실을 그릇 인정한 나머지 피고인의 행위가 피해자의 위 임야 지분을 보관하는 자로서 위 임야 지분을 횡령한 것이 된다고 보아, 공소사실을 유죄로 인정한 제1심판결을 유지하고 말았으니, 이러한 원심판결에는 채증법칙을 위배하여 사실을 오인하고 아울러 횡령죄에 관한 법리를 오해한 위법이 있다 할 것이고, 이러한 위법은 판결에 영향을 미쳤음이 분명하다.

3. 결론

그러므로 원심판결을 파기하고, 사건을 다시 심리·판단하게 하기 위하여 원심법원에 환송하기로 하여 관여 법관의 일치된 의견으로 주문과 같이 판결한다.

대법관 김지형(재판장) 고현철(주심) 양승태 전수안

쟁점연구

1. 횡령죄의 주체가 되기 위해서는 법률상 권한을 가지고 타인의 재물을 보

관하고 있어야 하는가?

2. 도입판례 (가)의 경우 이외에 타인이 맡긴 타인의 재물을 사실상 지배하는 자가 횡령을 하는 예로는 어떠한 것이 있는가? 화물자동차 운전자가 단독으로 위탁을 받아 운반중인 화물의 일부를 영득한 경우 이 운전자는 사실상의 지배자가 되는가?(대법원 1957. 9. 20. 선고 4290형상281 판결) 철도운송 승무원이 화차에 실려 운송 중인 철도청 수탁화물을 탈취한 경우는 어떠한가?(대법원 1969. 7. 8. 선고 69도798 판결)
3. 횡령죄가 성립하기 위한 위탁관계는 법률의 규정이나 계약 등 이외 사무관리 관습조리, 신의칙에 의해서도 성립되는가?(대법원 1987. 10. 13. 선고 87도1778 판결)
4. 부동산에 대한 횡령죄에서 타인의 재물을 보관하는 자의 지위는 무엇을 기준으로 판단하는가?(대법원 2004. 5. 27. 선고 2003도6988 판결) 보존등기 있는 부동산의 경우 누가 보관자가 되는가? 도입판례 (나)는 왜 소유권이전등기의 명의자가 보관자가 될 수 없다고 보았는가?

Ⅲ. 횡령죄의 객체(1)

도입판례

(가) 대법원 2008. 3. 14. 선고 2007도7568 판결【횡령】(미간행)

【피 고 인】 갑
【상 고 인】 검사
【변 호 인】 변호사 최연택 외 1인
【원심판결】 서울중앙지법 2007. 8. 22. 선고 2007노778 판결
【주 문】 상고를 기각한다.
【이 유】

상고이유를 판단한다.

목적과 용도를 정하여 위탁한 금전은 정해진 목적과 용도에 사용할 때까지는 이에 대한 소유권이 위탁자에게 유보되어 있다고 보아야 할 것이나, 특별히 그 금전의 특정성이 요구되지 않는 경우 수탁자가 위탁의 취지에 반하지 않고 필요한 시기에 다른 금전으로 대체시킬 수 있는 상태에 있는 한 이를 일시 사용하더라도 횡령죄를 구성한다고 할 수 없고, 수탁자가 그 위탁의 취지에 반하여 다른 용도에 소비할 때 비로소 횡령죄를 구성한다(대법원 1995. 10. 12. 선고 94도2076 판결; 대법원 2002. 10. 11. 선고 2002도2939 판결 등 참조).

이 사건 공소사실의 요지는, 피고인은 골프회원권 등 매매중개업체인 공소외 A 주식회사를 운영하는 자인바, 2005. 12. 21.경 피해자 공소외 B 주식회사의 대표이사 공소외 C로부터 P컨트리클럽 골프회원권(이하 '이 사건 회원권'이라 한다)을 4억 원에 매입하여 달라는 위임을 받아 같은 달 27일까지 합계 4억 원을 피고인 회사 명의의 예금통장으로 입금 받

아 이를 피해자를 위하여 업무상 보관하던 중, 당초 피고인에게 이 사건 회원권 매도를 의뢰한 주식회사 Q가 같은 달 30일 매도의뢰를 철회하였음에도 불구하고, 그 무렵 같은 장소에서 다른 골프회원권 매입대금 등으로 임의로 소비하여 이를 횡령하였다는 것이다.

이에 대하여 원심은, 그 적법하게 채택한 증거에 의하여 그 판시와 같은 사실을 인정한 다음, 공소외 B 주식회사의 대표이사인 공소외 C가 애초에 이 사건 회원권 중 주식회사 Q가 보유하고 있는 회원권을 특정하여 매입하여 달라고 한 것이 아니라 그 보유자가 누구인지 여부와 상관없이 이 사건 회원권을 매입하여 달라고 의뢰한 것이므로 주식회사 Q가 매도의사를 철회하였음에도 피고인이 즉시 매매대금을 반환하지 않았다는 것만으로 피고인의 불법영득의사를 단정할 수 없고, 피고인이 공소외 B 주식회사로부터 이 사건 회원권 매입 명목으로 받은 4억 원은 그 목적과 용도를 정하여 위탁된 금전으로서 골프회원권 매입시까지 일응 그 소유권이 위탁자인 공소외 B 주식회사에게 유보되어 있는 것이기는 하나, 피고인 회사에는 30여 명의 딜러가 각기 사업자등록을 하고 각자의 책임하에 골프회원권 매매를 중개하고 4명의 팀장과 1명의 본부장이 딜러들을 관리하며, 각 딜러들이 골프회원권 매입대금으로 받은 돈을 피고인 회사의 법인 통장에 입금하면 법인 통장에 입금된 돈을 피고인 회사가 그때그때마다 필요한 곳에 공동으로 사용하는 방식으로 운영되고 있는 점에 비추어, 위 4억 원이 회사자금의 공동관리를 위하여 만들어진 피고인 회사의 법인통장에 입금되어 다른 회사자금과 함께 보관된 이상 그 특정성을 계속 인정하기는 어렵다고 할 것이며, 나아가 공소외 B 주식회사에게 회원권을 매입하여 주기로 한 2006. 1.말경까지 피고인 회사 법인통장에 적어도 4억 원 이상의 잔고가 있었던 이상, 비록 골프회원권의 시세 상승 등 외부적 요인으로 피고인이 약정한 기한까지 골프회원권을 매입하여 주지 못하고 그 대금도 반환하지 못하였다고 하더라도, 피고인이 그로부터 2달여 후인 2006. 4. 10.경까지는 위 매매대금을 전액 반환한 사정 등을 함께 고려한다면, 그러한 사정만으로 바로 피고인의 불법영득의사를 추단할 수는 없다는 이유로 이 사건 공소사실은 범죄의 증명이 없는 때에 해당한다 하여 피고인에게 무죄를 선고하였는바, 앞서 본 법리와 기록에 비추어 살펴보면, 원심의 위와 같은 사실인정과 판단은 정당한 것으로 수긍이 가고, 거기에 '목적과 용도를 특정하여 위탁한 금전의 특정성'에 관한 법리오해, 횡령죄의 불법영득의사 및 반환거부 행위에 관한 법리오해, 또는 채증법칙 위배 등의 위법이 없다.

그러므로 상고를 기각하기로 하여 관여 대법관의 일치된 의견으로 주문과 같이 판결한다.

대법관 박일환(재판장) 박시환(주심) 김능환

(나) 대법원 1999. 4. 15. 선고 97도666 전원합의체 판결【횡령(예비적 죄명: 배임)】(집47-1, 533)

【피 고 인】 갑

【상 고 인】 검사

【원심판결】 서울지법 1997. 2. 5. 선고 96노7892 판결

【주 문】 원심판결을 파기하고, 사건을 서울지방법원 합의부에 환송한다.

【이 유】

상고이유를 본다.

1. 원심은, 피고인이 1995. 4. 1. 서울 영등포구 (상세 주소 생략) 소재 P종합법무법인 사무실에서 당시 피고인이 피해자 A에 대하여 부담하고 있던 1,150만 원의 채무를 변제하기 위하여 공소외 B 소유인 서울 구로구 (상세 주소 생략) 소재 주택에 대한 피고인의 임차보증금 2,500만 원 중 1,150만 원의 반환채권을 피해자에게 양도하고도 B에게 그 채권양도 통지를 하지 않은 채 1995. 4. 20. 서울 구로구 구로동 소재 (상호 생략)

복덕방에서 B가 반환하는 임차보증금 2,500만 원을 교부받아 그 중 이미 피해자에게 그 반환채권을 양도함으로써 피해자의 소유가 된 1,150만 원을 보관하던 중 이를 피해자에게 돌려주지 아니한 채 그 무렵 그곳에서 피고인의 동생인 공소외 C에게 빌려주어 이를 횡령하였다고 하는 주위적 공소사실에 대하여, 채권양도인인 피고인이 채권양수인인 피해자와의 위탁신임관계에 의하여 피해자를 위하여 B로부터 반환받은 임차보증금 중 1,150만 원을 보관하는 지위에 있다고 할 수 없어 횡령죄가 성립하지 않는다는 이유로 무죄를 선고한 제1심판결을 그대로 유지하였다.

채권양도는 채권을 하나의 재화로 다루어 이를 처분하는 계약으로서, 채권 자체가 그 동일성을 잃지 아니한 채 양도인으로부터 양수인에게로 바로 이전한다. 이 경우 양수인으로서는 채권자의 지위를 확보하여 채무자로부터 유효하게 채권의 변제를 받는 것이 그 목적인바, 우리 민법은 채무자와 제3자에 대한 대항요건으로서 채무자에 대한 양도의 통지 또는 채무자의 양도에 대한 승낙을 요구하고, 채무자에 대한 통지의 권능을 양도인에게만 부여하고 있으므로, 양도인은 채무자에게 채권양도 통지를 하거나 채무자로부터 채권양도 승낙을 받음으로써 양수인으로 하여금 채무자에 대한 대항요건을 갖출 수 있도록 해 줄 의무를 부담한다. 그리고 양도인이 채권양도 통지를 하기 전에 타에 채권을 이중으로 양도하여 채무자에게 그 양도통지를 하는 등 대항요건을 갖추어 줌으로써 양수인이 채무자에게 대항할 수 없게 되면 양수인은 그 목적을 달성할 수 없게 되므로, 양도인이 이와 같은 행위를 하지 않음으로써 양수인으로 하여금 원만하게 채권을 추심할 수 있도록 하여야 할 의무도 당연히 포함된다.

양도인의 이와 같은 적극적·소극적 의무는 이미 양수인에게 귀속된 채권을 보전하기 위한 것이고, 그 채권의 보전 여부는 오로지 양도인의 의사에 매여 있는 것이므로, 채권양도의 당사자 사이에서는 양도인은 양수인을 위하여 양수채권 보전에 관한 사무를 처리하는 자라고 할 수 있고, 따라서 채권양도의 당사자 사이에는 양도인의 사무처리를 통하여 양수인은 유효하게 채무자에게 채권을 추심할 수 있다는 신임관계가 전제되어 있다고 보아야 할 것이다.

나아가 이 사건에서와 같이 양도인이 채권양도 통지를 하기 전에 채무자로부터 채권을 추심하여 금전을 수령한 경우, 아직 대항요건을 갖추지 아니한 이상 채무자가 양도인에 대하여 한 변제는 유효하고, 그 결과 양수인에게 귀속되었던 채권은 소멸하지만, 이는 이미 채권을 양도하여 그 채권에 관한 한 아무런 권한도 가지지 아니하는 양도인이 양수인에게 귀속된 채권에 대한 변제로서 수령한 것이므로, 채권양도의 당연한 귀결로서 그 금전을 자신에게 귀속시키기 위하여 수령할 수는 없는 것이고, 오로지 양수인에게 전달해 주기 위하여서만 수령할 수 있을 뿐이어서, 양도인이 수령한 금전은 양도인과 양수인 사이에서 양수인의 소유에 속하고, 여기에다가 위와 같이 양도인이 양수인을 위하여 채권보전에 관한 사무를 처리하는 지위에 있다는 것을 고려하면, 양도인은 이를 양수인을 위하여 보관하는 관계에 있다고 보아야 할 것이다.

따라서 피고인이 채권양도 통지를 하기 전에 B로부터 지급받은 임차보증금 2,500만 원 중 1,150만 원은 그 양수인인 피해자의 소유에 속하고, 피고인은 피해자를 위하여 이를 보관하는 자로서 피해자에게 돌려주지 아니하고 처분한 행위는 횡령죄를 구성한다.

그럼에도 불구하고, 원심이 주위적 공소사실에 대하여 그 판시와 같은 이유로 횡령죄가 성립하지 않는다고 판단한 것은 횡령죄에 관한 법리를 오해한 위법을 저지른 것으로서, 상고이유 중 이 점을 지적하는 부분은 이유 있다.

그러므로 나머지 상고이유에 더 나아가 판단할 필요 없이 원심판결을 파기하고, 사건을 원심법원에 환송하기로 하여 주문과 같이 판결하는바, 이 판결에는 대법관 정귀호, 대법관 김형선, 대법관 신성택, 대법관 이용훈, 대법관 변재승의 반대의견과 대법관 송진훈의 다수의견에 대한 보충의견이 있는 이외에는 관여 대법관의 의견이 일치되었다.

2. 대법관 정귀호, 대법관 김형선, 대법관 신성택, 대법관 이용훈, 대법관 변재승의 반대의견은 다음과 같다.

가. 횡령죄는 타인 소유의 재물을 보관하는 자가 그 재물을 횡령하거나 그 반환을 거부하는 때에 성립한다. 따라서 횡령죄가 성립하기 위하여는 먼저 행위자가 타인 소유의 재물을 보관하는 지위에 있다는 요건이 충족되어야 한다.

나. 그런데 이 사건의 경우 피고인은 '타인의 재물'을 보관하고 있는 지위에 있지 아니하다.

이 사건에서 채무자는 그의 채권자(채권양도인)에게 변제할 의사로 금전을 교부하였다고 할 것이고, 채권자는 이를 자신이 취득할 의사로 교부받았다고 할 것이므로(채권자가 채권양도의 통지를 하지 아니한 채 이를 수령한 것이 신의에 반한다고 하더라도), 채무자가 채권자에게 채무의 변제로서 교부한 금전의 소유권은 채권자에게 귀속하는 것이다. 위와 같은 경우, 채무자가 채권자에게 교부한 금전이 채권양도인과 채권양수인 사이에서는 채권양수인의 소유에 속한다고 볼 수 있는 법률상의 근거가 없다. 재물을 보관하는 관계가 신의칙이나 조리에 따라 성립될 수 있다고 하더라도 재물의 소유권의 귀속은 민사법에 따라야 할 것이고 형사법에서 그 이론을 달리할 수 있는 것이 아니다.

그리고 채권양도인과 채권양수인과의 사이에 채무자가 채권양도인에게 채무의 변제로서 금전을 교부하는 경우, 이를 채권양수인에게 귀속하는 것으로 하기로 특약을 하는 것과 같은 특별한 사정이 없는 한, 채권양도인이 채무자로부터 교부받은 금전을 그대로 채권양수인에게 넘겨야 하거나 채권양수인의 지시에 따라 처리하여야 할 의무가 있다고 볼 근거도 없으므로, 채권양도인이 위 금전을 채권양수인을 위하여 보관하는 지위에 있다고 볼 수도 없다.

다. 그러므로 오로지 채권양도의 통지를 하는 등 대항요건을 갖추어 주어야 할 민사상의 의무를 진다는 이유만으로, 명확한 법리상의 근거 없이 채권양도인이 채무자로부터 교부받은 금전이 채권양수인의 소유에 속하는 것이라 하고 또, 채권양도인이 이를 보관하는 관계에 있다고 의제하여, 횡령죄의 구성요건해당성을 인정하려는 것은 죄형법정주의에도 위배된다고 할 것이다.

또한, 채권양도인이 채무자로부터 인도받은 금전을 임의로 처분하는 행위를 가벌성이 큰 배신행위라는 이유로 처벌하려 한다면, 이는 형법의 자유보장적 기능을 바로 훼손하는 것이라고 하지 않을 수 없다. 사회생활에서 발생하는 모든 배신행위가 형사처벌의 대상이 되는 것은 아니고, 배신행위 중에서 범죄의 구성요건에 해당하지 아니하는 것은, 그 행위의 가벌성이 크다고 하더라도, 함부로 처벌할 수 없는 것이다.

라. 그럼에도 불구하고, 지금까지 처벌된 전례가 없는, 채권양도인의 위와 같은 행위를 새삼스럽게 처벌하고자 하는 것은 옳지 아니하다고 생각한다. 그리고 법리가 명확하지 아니한 경우에는 '의심스러울 때는 피고인에게 유리하게'라는 원칙에 따르는 것이 온당하다고 생각한다.

3. 대법관 송진훈의 다수의견에 대한 보충의견은 다음과 같다.

소수의견은 채권의 양도인과 양수인과 사이에 채무자로부터 교부받은 금전을 양도인이 양수인을 위하여 보관하기로 하는 등의 특별한 약정이 없는 한, 양도인이 채무자로부터 채무변제로서 교부받은 금전의 소유권은 양도인에게 귀속하고, 따라서 양도인은 그 금전을 양수인을 위하여 보관하는 지위에 있지 아니하다는 취지이다.

횡령죄는 자기가 보관하는 '타인의 재물'을 불법으로 영득하는 경우에 성립하는 범죄이므로, 횡령죄의 대상이 되는 재물은 그 소유권이 타인에게 속하는 것을 전제로 한다.

민법 이론에 의하면, 특히 금전은 봉함된 경우와 같이 특정성을 가진 경우를 제외하고는 그 점유가 있는 곳에 소유권도 있는 것이어서, 이를 횡령죄에 그대로 적용한다면 금전은 특정물로 위탁된 경우 외에는 횡령죄가 성립할 여지가 없게 된다. 그러나 이러한 민법 이론은 고도의 대체성이 있는 금전에 대하여 물권적 반환청구권을 인정하는 것이 불필요할 뿐만 아니라, 금전이 교환수단으로서의 기능을 가지고 전전 유통됨을 전제로 하여 동적 안전을 보호하는 데 그 목적이 있는 것이어서, 내부적으로 신임관계에 있는 당사자 사이에서 재물의 소유자, 즉 정적 안전을 보호함을 목적으로 하는 횡령죄에서 금전 소유권의 귀속을 논하는 경우에도 그대로 타당하다고 할 수 없다.

당사자 사이의 신임관계 내지 위탁관계의 취지에 비추어 일정한 금전을 점유하게 된 일방 당사자가 당해 금전을 상대방의 이익을 위하여 보관하거나 사용할 수 있을 뿐 그 점유자에 의한 자유로운 처분이 금지된 것으로 볼 수 있는 경우에는 민법의 채권채무관계에 의하여 상대방을 보호하는 데 머무르지 않고, 그 점유자는 상대방의 이익을 위하여 당해 금전 또는 그와 대체할 수 있는 동일한 가치의 금전을 현실적으로 확보하여야 하고, 그러한 상태를 형법상으로 보호한다는 의미에서 민법상 소유권과는 다른 형법상 소유권 개념을 인정할 필요가 있고, 대법원 판례가 일관하여, 용도를 특정하여 위탁된 금전을 그 용도에 따르지 않고 임의사용한 경우(대법원 1987. 5. 26. 선고 86도1946 판결; 1994. 9. 9. 선고 94도462 판결; 1995. 10. 12. 선고 94도2076 판결 등 참조), 금전의 수수를 수반하는 사무처리를 위임받은 자가 그 행위에 기하여 위임자를 위하여 제3자로부터 수령한 금전을 소비한 경우(대법원 1995. 11. 24. 선고 95도1923 판결; 1996. 6. 14. 선고 96도106 판결; 1998. 4. 10. 선고 97도3057 판결 등 참조)에 횡령죄의 성립을 인정하여 온 것은 이와 같은 취지에 따른 것이다.

소수의견은 양도인이 임의로 처분할 의사로 수령한 이상 그 금전의 소유권은 양도인에게 귀속한다는 것으로서, 양도인의 의사 여하에 따라 금전의 특성상 그 소유권의 귀속을 달리할 수 있다는 취지로도 보이나, 양도인이 임의로 처분할 의사로 수령하였다 함은 그 수령에 불법적인 동기가 있는 것에 불과하고, 그로 인하여 수령한 금전의 처분권한에 어떠한 영향을 미친다고 볼 것은 아니다.

그리고 횡령죄에서 '재물의 보관'이라 함은 재물에 대한 사실상 또는 법률상 지배력이 있는 상태를 의미하고, 그 보관이 위탁관계에 기인하여야 할 것임은 물론이나, 그것이 반드시 사용대차, 임대차, 위임 등의 계약에 의하여 설정되는 것임을 요하지 아니하고 사무관리, 관습, 조리, 신의칙에 의해서도 성립될 수 있는 것인바(대법원 1987. 10. 13. 선고 87도1778 판결; 1996. 5. 14. 선고 96도410 판결 등 참조), 양도인이 채무자에게 채권양도 통지를 하기 이전에 스스로 채무자로부터 추심한 금전에 대하여 그 사전 사후 당사자 사이에 위탁보관관계를 성립시키는 특별한 약정이 없다고 하더라도, 양도인은 위에서 본 바와 같이 양수인을 위하여 채권보전에 관한 사무를 처리하는 지위에 있고, 그 금전도 양수인에게 귀속된 채권의 변제로 수령한 것인 만큼, 그 목적물을 점유하게 된 이상 이를 양수인에게 교부하는 방법으로도 채권양도의 목적을 충분히 달성할 수 있음에 비추어, 양도인으로서는 신의칙 내지 조리상 그가 수령하여 점유하게 된 금전에 대하여 양수인을 위하여 보관하는 지위에 있다고 보아야 할 것이다.

소수의견에 의하면, 다수의견은 구성요건에 해당하지 아니함에도 가벌성이 큰 배신행위라는 이유로 처벌하는 것이어서 죄형법정주의에 위배된다는 것이나, 형법상 횡령죄의 구성요건인 '타인의 재물을 보관하는 자'에서 '보관'이라 함은 규범적 의미를 담고 있는 개념으로서 법관의 보충적인 해석을 통하여 비로소 구체적 사건에 적용될 수밖에 없는 것이므로, 다수의견이 횡령죄에서의 '보관'의 개념을 위와 같이 해석하는 것이 구성요건상의 어의(語義)의 객관적인 한계를 초과한다고 볼 수 없는 이상, 죄형법정주의에 위배된다고 할 수는 없다.

대법원장 윤관(재판장) 정귀호 박준서 이돈희 김형선 지창권 신성택 이용훈 이임수 송진훈(주심) 서성 조무제 변재승

참고판례

(가) 대법원 2002. 8. 23. 선고 2002도366 판결【특정경제범죄가중처벌등에관

한법률위반(업무상횡령)(인정된 죄명: 횡령)】(공2002, 2263)

원심판결 이유에 의하면, 원심은 피고인이 주상복합상가의 매수인들로부터 그 원활한 개점을 위하여 소요되는 일체의 비용인 개발비를 납부 받아 보관하던 중, 매수인들과의 규약에 의해 개발비의 일정 비율에 상당하는 우수상인유치비는 상권의 조기 정착 및 영업활성화를 위한 우수상인유치의 용도에 사용하도록 특정되어 있어 분양대행업무 또는 사업시행자의 분양관련 행사에 관련한 비용으로는 사용할 수 없고 분양대행에 관하여는 분양수수료가 별도로 지급되는 상태임에도 불구하고, 판시 상인협의회의 분양활동에 필요한 경비로 지원하기 위하여 우수상인유치와 관계없이 상가의 분양실적에 따라 상인협의회에 우수상인유치비 할당 금원을 지급한 사실을 인정하고 이를 횡령죄의 유죄로 인정한 제1심판결을 그대로 유지하고 있는바, 원심이 유지한 제1심판결의 채용 증거들을 기록에 비추어 살펴보면, 원심의 조치는 수긍이 되고, 위와 같이 매수인들로부터 용도를 정하여 비용을 납부 받은 이상 그 용도와 무관하게 일반경비로 사용한다거나 위 상인협의회에게 지급하여 일반경비에 사용하도록 할 수 있는 것은 아니라 할 것이므로, 원심판결에 상고이유에서 주장하는 바와 같이 심리를 제대로 하지 아니한 채 채증법칙을 위반하여 사실을 잘못 인정하거나 우수상인유치비의 용도 또는 횡령의 범의에 관한 법리를 오해한 위법이 있다고 할 수 없다.

그러므로 상고를 기각하기로 하여 관여 법관의 일치된 의견으로 주문과 같이 판결한다.

(나) 대법원 2005. 4. 29. 선고 2005도741 판결【특정경제범죄가중처벌등에관한법률위반(횡령)·특정경제범죄가중처벌등에관한법률위반(배임)·상법위반·뇌물공여·배임증재·특정범죄가중처벌등에관한법률위반(뇌물)·특정경제범죄가중처벌등에관한법률위반(사기)·권리행사방해·부정수표단속법위반】(공2005, 897)

나. 특정경제범죄가중처벌등에관한법률위반(횡령)의 점에 대한 판단

대표이사가 회사의 상가분양 사업을 수행하면서 수분양자들을 기망하여 편취한 분양대금은 회사의 소유로 귀속되는 것이므로, 대표이사가 그 분양대금을 횡령하는 것은 사기 범행이 침해한 것과는 다른 법익을 침해하는 것이어서 회사를 피해자로 하는 별도의 횡령죄가 성립되는 것이고(대법원 1989. 10. 24. 선고 89도1605 판결 참조), 주식회사는 주주와 독립된 별개의 권리주체로서 그 이해가 반드시 일치하는 것은 아니므로 회사의 자금을 회사의 업무와 무관하게 주주나 대표이사의 개인 채무 변제, 다른 업체 지분 취득 내지 투자, 개인적인 증여 내지 대여 등과 같은 사적인 용도로 임의 지출하였다면 그 지출에 관하여 주주총회나 이사회의 결의가 있었는지 여부와는 관계없이 횡령죄의 죄책을 면할 수는 없는 것이고, 이는 1인 회사인 경우에도 마찬가지이다(대법원 1989. 10. 13. 선고 89도1012 판결; 1990. 2. 23. 선고 89도2466 판결; 1999. 7. 9. 선고 99도1040 판결 등 참조).

원심의 채용 증거들을 기록에 비추어 살펴보면, 원심이 피고인 갑이 공소외 A주식회사의 1인 주주 겸 대표이사 자격으로 앞서 본 바와 같은 방법으로 (명칭 생략)쇼핑몰 상가 분양사업을 진행하면서, 위 회사에 입금되었거나 입금되어야 할 수분양자들로부터 편취한 분양대금이나 차용금 등 회사의 쇼핑몰 분양 사업자금을, 적법한 이사회 결의 등을 거치지 않고 임의로 피고인 갑의 B, C에 대한 개인 채무 변제, D에 대한 동업청산금, Q · R · S · T 지분 취득 자금, 중국 업체 · 시영아파트 분양사업에 대한 개인 투자금 및 E, F, G, H, I, J, K에 대한 증여 내지 대여금 등 사적인 용도로 사용한 사실을 인정하고, 이에 의하면 피고인에게 횡령죄의 죄책이 인정된다고 판단한 것은 정당하고, 거기에 상고이유로 주장하는 바와 같은 채증법칙을 위반하여 사실을 오인하거나 불가벌적 사후행위, 횡령죄에 있어서의 불법영득의사, 1인 회사의 자금 지출에 있어서 이사회 결의절차의 필요 여부에 관한 법리를 오해한 위법이 있다고 할 수 없다. 이 부분 상고이유 역시 받아들일 수 없다.

* * *

3. 그러므로 상고를 모두 기각하기로 하여 관여 대법관의 일치된 의견으로 주문과 같이 판결한다.

쟁점연구

1. 금전이나 곡물 등 '대체물'(代替物)을 수탁자가 임의처분한 경우 횡령죄 성립의 판단기준은 무엇인가? 도입판례 (가)와 참고판례 (가)를 비교하여 설명하라.
2. 금전수령을 위임받은 자가 금전을 임의소비한 경우는 어떠한가?(대법원 1997. 3. 28. 선고 96도3155 판결) 물건 매도를 위탁받은 위탁매매인이 그 위탁물을 임의처분하면 어떠한가?(대법원 1986. 6. 24. 선고 86도1000 판결)
3. 참고판례 (나)의 피고인 갑은 공소외 A주식회사의 1인 주주 겸 대표이사이다. 그러한 피고인이 회사의 금원을 임의로 소비하는데 왜 횡령죄가 성립하는가?(대법원 1987. 2. 24. 선고 86도999 판결) 그 임의지출에 대하여 주주총회나 이사회의 결의가 있었다면 어떠한가?
4. 공유(대법원 2000. 11. 10. 선고 2000도4335 판결), 합유(대법원 1996. 3. 22. 선고 95도2824 판결) 같은 공동소유물을 구성원이 보관 중 영득하면 횡령죄가 성립하는가?
5. 도입판례 (나)는 채권양도 사안이다. 다수의견과 반대의견은 채권양도인의 횡령죄 주체 여부에 대하여 왜 다른 견해를 나타내었는가? 반대의견에 따르면 양도인은 어떤 죄책을 져야 하는가?
6. 도입판례 (나)에서 채권양도인과 채권양수인과의 사이에 채무자가 채권양도인에게 채무의 변제로서 금전을 교부하는 경우, 이를 채권양수인에게 귀속하는 것으로 하는 특약이 있었다면 어떠한가?
7. 할부매매 같은 소유권유보부(留保附)매매에서 매수인이 대금완납 전에 임의처분하면 어떤 죄책을 지는가?
8. 동산 매도담보의 경우 채권자가 담보목적물을 점유하다가 변제기 전에 임의처분하면 어떠한 죄책을 지는가? 만약 채무자가 매도담보물을 계속 점유하고 있는 상태에서 채무자가 임의처분하면 어떠한 죄책을 지는가?(대법원 1962. 2. 8. 선고 4294형상470 판결)
9. 동산 양도담보의 경우 채권자가 담보목적물을 점유하다가 변제기 전에 임

의처분하면 어떠한 죄책을 지는가?(대법원 1989. 4. 11. 선고 88도966 판결) 만약 채무자가 담보목적물을 점유하고 있다가 변제기 전에 임의처분하면 어떠한가?(대법원 1980. 11. 11. 선고 80도2097 판결)

10. 송금착오로 자신의 계좌에 입금된 돈은 횡령죄의 객체인가, 점유이탈물횡령죄의 객체인가?(대법원 1985. 9. 10. 선고 84도2644 판결)

Ⅳ. 횡령죄의 객체(2): 불법원인급여

도입판례

(가) 대법원 1988. 9. 20. 선고 86도628 판결【뇌물공여·횡령·제3자뇌물교부·폭력행위등처벌에관한법률위반】(공36-2, 382)

【피 고 인】 갑
【상 고 인】 검사
【변 호 인】 변호사 신오철
【원심판결】 서울형사지방법원 1985. 12. 12. 선고 85노4119 판결
【주　　문】 상고를 기각한다.
【이　　유】

검사의 상고이유를 본다.

민법 제746조에 불법의 원인으로 인하여 재산을 급여하거나 노무를 제공한 때에는 그 이익의 반환을 청구하지 못한다고 규정한 뜻은 급여를 한 사람은 그 원인행위가 법률상 무효임을 내세워 상대방에게 부당이득반환청구를 할 수 없고, 또 급여한 물건의 소유권이 자기에게 있다고 하여 소유권에 기한 반환청구도 할 수 없어서 결국 급여한 물건의 소유권은 급여를 받은 상대방에게 귀속된다는 것인바(대법원 1979. 11. 13. 선고 79다483 판결), 원심판시와 같이 피고인이 조합으로부터 공무원에게 뇌물로 전달하여 달라고 금원을 교부받은 것은 불법원인으로 인하여 지급받은 것으로서 이를 뇌물로 전달하지 않고 타에 소비하였다고 해서 타인의 물을 보관 중 횡령하였다고 볼 수는 없으므로 논지 이유 없다.

따라서 이 상고를 기각하기로 하고 관여법관의 일치된 의견으로 주문

과 같이 판결한다.

대법관 박우동(재판장) 이재성 윤영철

(나) 대법원 1999. 9. 17. 선고 98도2036 판결【횡령】(공1999, 2267)

【피 고 인】 갑
【상 고 인】 검사
【원심판결】 인천지법 1998. 6. 11. 선고 98노741 판결
【주 문】 원심판결 중 무죄 부분을 파기하고, 이 부분 사건을 인천지방법원 합의부에 환송한다.
【이 유】

상고이유를 본다.

원심판결 이유에 의하면, 원심은 이 사건 공소사실 중, 피고인은 처인 공소외 A와 공모하여, 1994. 5. 1. 인천 소재피고인 경영의 윤락업소에서, 피해자와 사이에 피해자가 손님을 상대로 윤락행위를 하고 그 대가로 받은 화대를 절반씩 분배하기로 약정한 다음, 그때부터 같은 해 9. 30.까지 피해자가 피고인의 업소에 찾아온 손님들을 상대로 윤락행위를 하고서 받은 화대 합계 2천7백만 원을 보관하던 중 그 중 절반인 1천3백5십만 원을 피해자에게 반환하지 아니하고 피고인과 공소외 A의 생활비 등으로 임의로 소비함으로써 이를 횡령하였다는 부분에 대하여, 형법 제355조 제1항의 횡령죄는 타인의 재물을 보관하는 자가 이를 불법으로 영득함으로써 성립하는 범죄인데, 피고인이 윤락업소를 경영하는 포주로서 피해자가 윤락행위를 하고 그 상대방으로부터 지급받은 화대를 자신이 보관하였다가 피해자와 절반씩 분배하기로 한 약정은 윤락행위등방지법에 의하여 금지된 윤락행위를 영위하는 것을 전제로 한 것이어서 민법 제103조에 규정된 '선량한 풍속 기타 사회질서에 위반한 사항을 내용으로 하는 법률행위'에 해당하여 무효이므로, 피해자는 피고인에 대하여

그 약정에 기하여 금원의 반환을 청구할 수 없을 뿐만 아니라, 민법 제746조 본문에 규정된 '불법의 원인으로 인하여 재산을 급여하거나 노무를 제공한 때'에 해당하여 부당이득으로서도 그 반환을 청구할 수 없어 그 금원은 피고인의 소유에 속하고, 따라서 피고인이 이를 피해자에게 반환하지 않고 소비하였다고 하더라도 그것이 '타인의 재물'이 아닌 이상 횡령죄가 성립하지 아니한다는 이유로 무죄로 판단하였다.

민법 제746조에 의하면, 불법의 원인으로 인한 급여가 있고, 그 불법원인이 급여자에게 있는 경우에는 수익자에게 불법원인이 있는지 여부, 수익자의 불법원인의 정도, 그 불법성이 급여자의 그것보다 큰지 여부를 막론하고 급여자는 불법원인급여의 반환을 구할 수 없는 것이 원칙이나, 수익자의 불법성이 급여자의 그것보다 현저히 큰 데 반하여 급여자의 불법성은 미약한 경우에도 급여자의 반환청구가 허용되지 않는다면 공평에 반하고 신의성실의 원칙에도 어긋나므로, 이러한 경우에는 민법 제746조 본문의 적용이 배제되어 급여자의 반환청구는 허용된다고 해석함이 상당하다(대법원 1997. 10. 24. 선고 95다49530, 49547 판결 등 참조).

이 사건에서와 같이 포주인 피고인이 피해자가 손님을 상대로 윤락행위를 할 수 있도록 업소를 제공하고, 윤락녀인 피해자가 윤락행위의 상대방으로부터 받은 화대를 피고인에게 보관하도록 하였다가 이를 분배하기로 한 약정은 선량한 풍속 기타 사회질서에 위반되는 것이고, 따라서 피해자가 그 약정에 기하여 피고인에게 화대를 교부한 것은 불법의 원인으로 인하여 급여를 한 경우로 보아야 하겠지만, 한편 기록에 의하면, 피고인은 다방 종업원으로 근무하고 있던 피해자를 수차 찾아가 자신의 업소에서 윤락행위를 해 줄 것을 적극적으로 권유함으로써 피해자가 피고인과 사이에 위와 같은 약정을 맺고서 윤락행위를 하게 되었고, 피고인은 전직 경찰관으로서 행정사 업무에 종사하면서도 자신의 업소에 피해자 등 5명의 윤락녀를 두고 그들이 받은 화대에서 상당한 이득을 취하는 것을 영업으로 해 왔음에 반하여, 피해자는 혼인하여 남편과 두 아들이 있음에도 남편이 알코올중독으로 생활능력이 없어 가족의 생계를 위하여 피고인의 권유에 따라 윤락행위에 이르게 되었음을 알 수 있는 바, 위와 같은 피고인과 피해자의 사회적 지위, 그 약정에 이르게 된 경위에다가 앞에서 본 약정의 구체적 내용, 급여의 성격 등을 종합해 볼 때, 피고인측의 불법성이 피해자측의 그것보다 현저하게 크다고 봄이 상당하므로, 민법 제746조 본문의 적용은 배제되어 피해자가 피고인에게 보관한 화대의 소유권은 여전히 피해자에게 속하는 것이어서, 피해자는 그 전부의 반환을 청구할 수 있고, 피고인이 이를 임의로 소비한 행위는 횡령죄를 구성한다고 보지 않을 수 없다.

그럼에도 불구하고, 원심은 위에서 본 바와 같은 이유로 피해자가 피고인에게 보관한 화대의 절반에 대한 이 사건 횡령의 공소사실을 무죄를 판단하였으니, 원심판결에는 횡령죄와 불법원인급여에 관한 법리를 오해함으로써 판결에 영향을 미친 위법이 있고, 이 점을 지적하는 상고이유의 주장은 이유 있다.

그러므로 원심판결 중 무죄 부분을 파기하고, 이 부분 사건을 원심법원에 환송하기로 하여 관여 법관의 일치된 의견으로 주문과 같이 판결한다.

대법관 이돈희(재판장) 지창권 송진훈(주심) 변재승

쟁점연구

1. 불법원인급여의 경우 급여자에게 민법상 반환청구권이 있는가? 소유권은 수급자에게 귀속되는가, 급여자에게 귀속되는가?
2. 형법의 불법판단은 민법상의 반환청구권 존부와 별도로 이루어질 수 있는가? 법질서의 통일성의 관점에서 보자면 어떠한가?
3. 학설 중에는 소유권이전의사가 있는 '불법원인급여'와 그렇지 않은 '불법원인위탁'을 구분하여 횡령죄 성부를 검토하는 견해가 있다[강동범, "불법원

인에 의한 위탁과 횡령죄의 성부," 「현대형사법론: 죽헌 박양빈 교수 화갑기념논문집」(1996)]. 이 입장에 따를 때 불법원인위탁은 횡령죄의 객체가 될 수 있는가?

4. 도입판례 (가)와 달리 도입판례 (나)에서 횡령죄 성립을 인정한 이유는 무엇인가? 민법상의 '과실상계'(過失相計)처럼, 형법의 경우 '불법상계'가 가능한가?

Ⅴ. 불법영득의사

도입판례

(가) 대법원 2005. 8. 19. 선고 2005도3045 판결【특정경제범죄가중처벌등에관한법률위반(횡령)·특정경제범죄가중처벌등에관한법률위반(알선수재)·범죄수익은닉의규제및처벌등에관한법률위반】(공2005, 1536)

【피 고 인】 갑, 을, 병
【상 고 인】 피고인들 및 검사(피고인 병에 대하여)
【변 호 인】 변호사 차철순 외 6인
【원심판결】 서울고법 2005. 4. 26. 선고 2005노49 판결
【주 문】 상고를 모두 기각한다. 피고인 갑에 대하여 상고 후의 구금일수 중 110일을 본형에 산입한다.
【이 유】

* * *

2. 피고인 갑, 피고인 을의 고의 등에 관한 판단

주식회사는 주주와 독립된 별개의 권리주체로서 그 이해가 반드시 일치하는 것은 아니므로, 회사 소유 재산을 주주나 대표이사가 제3자의 자금 조달을 위하여 담보로 제공하는 등 사적인 용도로 임의 처분하였다면 그 처분에 관하여 주주총회나 이사회의 결의가 있었는지 여부와는 관계없이 횡령죄의 죄책을 면할 수는 없는 것이고, 횡령죄에 있어서 불법영득의 의사라 함은 자기 또는 제3자의 이익을 꾀할 목적으로 업무상의 임무에 위배하여 보관하는 타인의 재물을 자기의 소유인 경우와 같은 처분을 하는 의사를 말하고 사후에 이를 반환하거나 변상, 보전하는

의사가 있다 하더라도 불법영득의 의사를 인정함에 지장이 없다(대법원 1983. 9. 13. 선고 82도75 판결, 2005. 4. 29. 선고 2005도741 판결 등 참조). 또, 주식회사의 재산을 임의로 처분하려는 대표이사의 횡령행위를 주선하고 그 처분행위를 적극적으로 종용한 경우에는 대표이사의 횡령행위에 가담한 공동정범의 죄책을 면할 수 없다.

원심이 채용한 증거들을 기록에 비추어 살펴보면, 피고인 갑이 주식회사 P의 주식을 매도하는 과정에서 위 회사의 자금으로 준비한 53억 원 상당의 양도성예금증서를 매수인측이 주식매수대금을 마련하기 위하여 대출을 받는 데 담보로 제공한 것은 그 거래의 형식만 LBO (Leveraged Buyouts)방식에 의한 M&A계약의 외양을 갖추었을 뿐 실제에 있어서는 피고인 1개인의 주식처분에 따른 매매대금을 마련하기 위한 사적인 목적을 위하여 회사의 재산을 임의로 담보제공한 것에 불과하다 할 것이므로, 원심이 주식회사 사이어스의 주주이자 대표이사인 피고인 갑이 피고인 을을 대리인으로 하여 위 회사의 주식을 매도하는 과정에서 1차 중도금 50억 원 마련을 위하여 위 회사 소유의 양도성예금증서를 대출금의 담보로 제공해 달라는 매수인측의 요청을 피고인 을을 통하여 전달받은 다음 이에 응하는 방법으로 순차 공모하여, 피고인 갑은 위 회사의 자금으로 양도성예금증서를 준비하고, 피고인 을은 양도성예금증서의 준비를 독촉하는 외에 머뭇거리는 피고인 갑과 양도성예금증서의 교부를 반대하는 위 회사 주주이자 이사인 공소외 B에게 법적으로 책임질 것이 없다는 취지로 말하면서 강력히 권유하여, 피고인 갑으로 하여금 매수인측에 양도성예금증서 53억 원 상당을 교부토록 하여 매수인측이 1차 중도금 50억 원 대출 원리금의 담보로 제공케 하는 방법으로 횡령하였다는 공소사실을 유죄로 인정한 조치는 정당하고, 거기에 상고이유의 주장과 같은 채증법칙 위반으로 인한 사실오인, 횡령행위의 인식과 공동정범에 관한 법리오해, LBO방식에 의한 M&A계약에 관한 법리오해 등의 위법이 있다고 할 수 없다.

* * *

5. 결론

그러므로 상고를 모두 기각하고, 피고인 갑에 대하여는 상고 후의 구금일수 중 일부를 본형에 산입하기로 하여 관여 대법관의 일치된 의견으로 주문과 같이 판결한다.

대법관 김용담(재판장) 유지담 배기원(주심) 이강국

(나) 대법원 2002. 2. 5. 선고 2001도5439 판결【업무상횡령】(곤2002, 709)

【피 고 인】 갑
【상 고 인】 피고인
【변 호 인】 변호사 이원구
【원심판결】 서울지법 200 1. 9. 27. 선고 2001노3431 판결
【주　　문】 원심판결 중 제1심판결의 판시 제1, 3죄에 대한 부분을 파기하고, 이 부분 사건을 서울지방법원 본원합의부에 환송한다. 나머지 상고를 기각한다.
【이　　유】

상고이유를 판단한다.

1. 이 사건 공소사실의 요지

피고인은 1993. 3. 11.부터 개별화물자동차운송사업자의 공동이익 도모 등을 목적으로 설립된 법인인 공소외 A 화물자동차운송사업연합회(이하 '공소외 A 연합회'라 한다) 회장으로 재직하면서 연합회의 자금관리 등 제반 업무를 관장하는 자인바, ① 연합회의 전신인 공소외 B 화물자동차운송사업조합(이하 '공소외 B 조합'이라 한다)이 1992. 8. 20. 청산법인으로 등기한 후 청산이 완료되지 아니한 상태로 존속하고 있는 한편 공소외 A 연합회가 별도로 설립되어 회장인 피고인이 공소외 B 조합의 청산인 대표직을 겸하던 중, 1994. 4. 5.경부터 1995. 12. 일자불상경까지

공소외 A 연합회사무실에서 공소외 B 조합을 위하여 업무상 보관중이던 금 2,300만 원 가량을 서울시내 등지에서 피고인의 활동비 등으로 임의 소비하여 횡령하고, ② 1996. 12. 5. 충남개별화물자동차운송사업협회(이하 '충남협회'라 한다) 회장 C로부터 공소외 A 연합회회비 금 150만 원을 계좌로 송금 받아 업무상 보관중, 그 무렵 서울시내 등지에서 이빨 치료비 등으로 임의 사용하여 횡령하고, ③ 화물자동차운송사업이 면허제에서 등록제로 바뀌는 등 업계가 어려움에 처하자 1997. 8. 14. 공소외 A 연합회이사회 결의로 위 C, D, E를 공동위원으로 하는 비상대책위원회를 구성하고 그 활동자금으로 예비비에서 금 3,000만 원을 책정하였는바, 1997년 12월경 공소외 A 연합회를 위하여 위 활동자금을 업무상 보관 중, 그 무렵 서울시내 등지에서 그 중 1,000만 원을 피고인의 판공비 등으로 임의 사용하여 횡령하였다는 것이다.

2. 원심의 판단

이에 대하여 원심은 제1심이 적법하게 조사하여 채택한 증거들에 의하면, ① 청산금은 청산위원회의 결의를 거쳐 지출되어야 하나 피고인이 특별판공비로 사용한 금 2,300만 원 가량에 대하여는 공소외 B 조합의 청산위원회가 아닌 공소외 A 연합회이사회에서만 결의된 사실, ② 1995. 12. 5. 공소외 A 연합회통장으로 입금된 금 150만 원은 충남협회가 1997년 1월분 연합회 회비를 선납하기 위하여 송금한 것인 사실, ③ 1997. 12. 1. 공소외 A 연합회이사회에서 비상대책위원회 활동자금에서 금 1,000만 원 가량을 특별판공비, 기관운영판공비, 회의비로 전용하기로 하는 결의는 이루어지지 아니한 사실이 인정되므로 결국 피고인이 공소사실 기재의 각 범죄를 저지른 사실을 넉넉히 인정할 수 있다는 이유로, 이 사건 공소사실에 대하여 유죄로 인정한 제1심을 그대로 유지하였다.

3. 대법원의 판단

가. 공소사실 제1항에 대하여

이 부분에 대한 원심의 판단은 다음과 같은 점에서 수긍하기 어렵다.

기록에 의하면, 원래 개별화물자동차운송사업자들은 공소외 B 조합을 결성하여 전국에 시·도지부를 두고 전국화물자동차운송사업조합연합회(이하 '전국연합회'라 한다)의 회원으로 가입하고 있었는데, 1991년경 전국연합회의 회원조합이 각자 별도로 각 시·도협회를 회원으로 하는 연합회를 구성할 수 있도록 됨에 따라 공소외 B 조합은 1992. 5. 19. 정기총회에서 해산을 결의하고 1993. 3. 11. 각 시·도개별화물자동차운송사업협회를 회원으로 하는 공소외 A 연합회가 구성된 사실, 피고인은 1993. 5. 7. 이후 공소외 B 조합의 청산인 대표와 공소외 A 연합회의 회장을 겸임하면서 공소외 B 조합의 각 시·도지부로부터 미수회비 약 8억 원을 징수하여 공소외 B 조합의 채무 약 6억 7,000만 원 가량을 변제하는 등의 청산업무를 수행한 사실, 공소외 B 조합의 채무 중에는 공소외 B 조합이 전국연합회에 납부하여야 할 미납회비 금 509,969,400원이 포함되어 있었는데 전국연합회는 1992. 8. 18. 공소외 B 조합으로 하여금 미납회비 중 2억 원만을 일정 시기까지 납부하고 나머지 금 309,969,400원은 납부를 면제하는 대신 이를 새로이 설립되는 공소외 A 연합회의 창립준비금으로 지원하도록 한 사실, 피고인은 1994. 4. 29. 공소외 A 연합회이사회에서 공소외 B 조합이 공소외 A 연합회에 창립준비금으로 지원하기로 되어 있는 돈 중 2,000만 원 내지 3,000만 원을 피고인이 개별화물 사업권의 보호를 위하여 특별판공비로 사용할 수 있도록 한다는 내용의 결의를 받은 다음 금 23,065,075원을 특별판공비로 사용한 사실, 그런데 위 공소외 A 연합회이사회에는 공소외 B 조합청산인의 과반수인 7명이 이사로서 참석하여 전원 위 결의에 찬성하였고 1997. 5. 6. 열린 공소외 2 조합청산위원회는 공소외 B 조합의 자금 23,065,075원을 공소외 A 연합회에 지급한 행위에 관하여 별다른 이의 없이 승인한 사실을 각 알아 볼 수 있다.

업무상횡령죄가 성립되기 위하여는 업무로 타인의 재물을 보관하는 자가 불법영득의 의사로써 업무상의 임무에 위배하여 그 재물을 횡령하거나 반환을 거부하여야 할 것이고, 여기서 불법영득의 의사라 함은 타인의 재물을 보관하는 자가 자기 또는 제3자의 이익을 꾀할 목적으로 업무상의 임무에 위배하여 보관하는 타인의 재물을 자기의 소유인 경우와 같이 사실상 또는 법률상 처분하는 의사를 의미하므로(대법원 2001. 5. 8. 선고 99도4699 판결 등 참조), 피고인이 공소외 A 연합회이사회의 결의에 따라 위 금원을 특별판공비로 사용한 행위가 업무상횡령죄에 해당하기 위하여는 그 전제로서 피고인이 공소외 B 조합의 위 자금을 공소외 A 연합회에 이관한 행위가 횡령행위에 해당하여야 한다.

그런데 위에서 본 바와 같이 공소외 B 조합이 공소외 A 연합회에 대하여 금 309,969,400원을 지원할 의무가 있었다면 피고인이 위 자금을 연합회에 이관한 것은 청산인 대표로서 청산조합의 채무를 변제한 것이라고 볼 수 있다. 그리고 공소외 B 조합이나 공소외 A 연합회는 그 목적이나 구성원을 같이 하여 실질적으로 동일한 단체라고 볼 수 있으며, 청산인 중 과반수가 공소외 A 연합회이사회에 참석하여 피고인의 자금 사용에 찬성한 이상 청산위원회를 개최하였다면 위 자금의 공소외 A 연합회에의 이관에 찬성하는 결의가 이루어졌으리라고 충분히 짐작할 수 있다. 이러한 점들을 종합하면 피고인이 공소외 B 조합소유의 위 자금을 공소외 A 연합회에 이관한 행위는 비록 청산위원회의 결의를 거치지 않았다 하더라도 본인인 공소외 B 조합을 위한 것으로서 대표청산인으로서의 임무에 위배되지 않은 것이거나, 적어도 당시 피고인에게는 업무상의 임무에 위배하여 자기 또는 제3자의 이익을 꾀할 목적으로 타인의 재물을 자기의 소유인 경우와 같이 처분한다는 의미에서의 불법영득의 의사가 없었다고 볼 여지가 충분하다 할 것이다.

그럼에도 불구하고, 원심은 피고인이 청산위원회의 결의를 거치지 않고 청산금을 지출하였다는 이유만으로 피고인의 위 행위가 횡령행위에 해당한다고 판단하였으니, 이러한 원심판결에는 횡령행위 또는 불법영득의사에 관한 법리를 오해하거나 심리를 다하지 아니하여 판결 결과에 영향을 미친 위법이 있다고 하지 않을 수 없다. 이 점을 지적하는 상고이유의 주장은 이유 있다.

* * *

다. 공소사실 제3항에 대하여

기록에 의하여 살펴보면, 공소외 A 연합회의 1997년도 예산상 예비비로 금 37,484,000원이 책정되었고 이 중 금 3,000만 원이 비상대책위원회 활동자금으로 사용하기로 결정되어 있었는데, 위 예비비 중 특별판공비로 금 4,147,000원, 기관운영판공비로 금 1,809,370원, 회의비로 금 4,451,250원, 비상대책위원회 스티커 제작비로 금 300만 원이 각 전용되어 사용된 사실을 알 수 있는바, 따라서 이 사건 공소사실 중 피고인이 위 활동자금 중 1,000만 원을 횡령하였다는 구체적 내용은 위 특별판공비, 기관운영판공비, 회의비 합계 금 10,407,620원의 지출을 가리키는 것으로서 결국 피고인이 순전히 개인적인 용도에 공금을 유용한 것이 아니라 공소외 A 연합회의 예산을 전용하였다는 것에 귀결된다.

그런데 예산을 집행할 직책에 있는 자가 자기 자신의 이익을 위한 것이 아니고 경비부족을 메꾸기 위하여 예산을 전용한 경우라면, 그 예산의 항목유용 자체가 위법한 목적을 가지고 있다거나 예산의 용도가 엄격하게 제한되어 있는 경우는 별론으로 하고 그것이 본래 책정되거나 영달되어 있어야 할 필요경비이기 때문에 일정한 절차를 거치면 그 지출이 허용될 수 있었던 때에는 그 간격을 메우기 위한 유용이 있었다는 것만으로 바로 그 유용자에게 불법영득의 의사가 있었다고 단정할 수는 없다(대법원 1995. 2. 10. 선고 94도2911 판결 등 참조).

이 사건에 관하여 보건대, 기록에 의하여 살펴보면 1997년 11월말을 기준으로 피고인의 특별판공비 잔액은 금 3,000원뿐이었고 기관운영판공비는 잔액이 금 21,630원이었으며 회의비는 금 1,176,250원이 초과지출된 상태이었던 사실, 1997. 12. 1. 공소외 A 연합회공소외 A 연합회이사회에서 비상대책위원회 활동자금에서 금 1,000만 원 정도를 특별판공비, 기관운영판공비, 회의비로 전용하기로 정식 의결되었는지 여부가 명확하지 아니하더라도 적어도 피고인과 비상대책위원회 위원들 사이에서는 그것이 양해되었던 사실, 이에 피고인은 1997년 12월경 예비비를 전용하여 시·도협회 이사장 숙박료, 관련 기관 및 방문객에 대한 식사비 등으로 위 기관운영판공비 상당액 금 1,809,370원, 회장단 회의, 이사회, 간담회 등의 비용으로 위 회의비 상당액 금 4,451,250원을 각 충당하고, 영수증 등 증빙서류가 필요 없는 특별판공비로 금 4,147,000원을 지출한 사실, 그 후 1998. 3. 27. 개최된 연합회 이사회에서는 그 사용내역에 대한 소명을 다음 이사회에서 하기로 하는 조건으로 위 예비비의 전용지출을 승인한 사실을 각 알아 볼 수 있는바, 사정이 이러하다면 피고인은 이미 책정되어 있던 특별판공비, 기관운영판공비, 회의비가 부족하거나 적자 상태에 이르러 이를 메꾸기 위하여 예비비 중 비상대책위원회 활동자금으로 사용하기로 결정된 돈 중 일부를 전용한 것으로, 예비비는 그 성격상 용도가 엄격하게 제한되어 있지도 아니하고 위 활동자금의 전용에 관하여도 공동위원들과 양해가 되어 있었으므로 이러한 전용지출이 이사회에 상정될 경우 통과될 수 있었다고 보이는데다가 달리 피고인이 특별판공비 등을 가장하여 사적으로 유용하였다고 인정할 자료도 없는 이상, 1997. 12. 1. 열린 연합회 이사회에서 피고인 주장과 같은 전용결의가 이루어지지 아니하였다는 사정만으로 곧바로 피고인이 불법영득의 의사를 가지고 위와 같이 예산을 전용하여 임의로 소비하였다고 단정할 수 없을 것이다.

이와 달리 위 공소사실에 대하여 유죄로 인정한 원심판결에는 횡령죄에 있어서 불법영득의사에 관한 법리를 오해하거나 심리를 다하지 아니하여 판결 결과에 영향을 미친 위법이 있다 할 것이다. 이 점을 지적하는 상고이유의 주장도 이유 있다.

4. 그러므로 원심판결 중 제1심판결의 판시 제1, 3죄에 대한 부분을 파기하고 이 부분 사건을 원심법원에 환송하며, 같은 판시 제2죄에 대한 상고를 기각하기로 하여 관여 대법관의 일치된 의견으로 주문과 같이 판결한다.

대법관 박재윤(재판장) 서성 이용우(주심)

참고판례

(가) 대법원 2000. 12. 27. 선고 2000도4005 판결【특정경제범죄가중처벌등에관한법률위반(횡령)·상법위반·증권거래법위반·종합금융회사에관한법률위반】(공2001, 410)

1. 피고인의 사실오인에 관한 상고이유 및 그 변호인의 상고이유 제1점에 대하여

가. 원심판결 이유에 의하면, 원심은 제1심이 적법하게 조사·채택한 증거들에 의하여, 피고인은 공소외 회사의 대표이사이자 회장으로 있으면서 위 회사의 일반투자자들이 투자하는 금원 중 1년 이상의 기간으로 장기투자하는 금원은 법인자금으로, 1년 이내의 기간 동안 단기투자하는 금원은 이를 일반자금으로 각 분류하여, 일반자금에 대하여는 위 회사의 비서실 과장으로 근무하던 공소외 A로 하여금 피고인 또는 회사 임직원 명의의 차명계좌에 입금시켜 관리하도록 하면서, 피고인이 개인 명의로 계열기업에 투자 또는 대여할 자금이 필요하거나 개인 용도로 사용할 자금이 필요한 경우 또는 피고인 개인 명의 또는 차명으로 부동산을 구입하기 위하여 자금이 필요한 경우에는 위 일반자금을 임의로 인출하게 하여 사용한 사실, 공소외 A는 피고인으로부터 위와 같은 용도로 사용할 자금을 마련할 것을 구두로 지시받거나 수행비서의 지출결의서로 지시받는 때에는 계정과목을 '인출금'으로, 적요란에는 구체적인 사용처를 기재하지 아니한 채 '회장님 차입금' 또는 '회장님 지시건' 등으로 기재한 출금전표를 작성하여 공소외 A가 관리하는 일반자금을 인출하여 피고인에게 전달하고, 일계표에는 그 지출항목을 '회장 판공비', '회장 지시건' 또는 '기밀비' 등의 명목으로 정리하는 방법으로 처리한 사실 등을 인정한 다음, 이 사건 특정경제범죄가중처벌등에관한법률위반(횡령)의 점에 대한 공소사실 중, 피고인이 P파이낸스 일반투자자들의 투자금으로 조성한 일반자금을 인출하였다고 볼 수 없는 부분, P파이낸스의 업무와 관련된 비용 등으로 사용된 것으로서 피고인이 P파이낸스의 업무와 관련 없이 피고인 개인 용도로 임의로 사용한 것이라고 볼 수 없는 부분, 피고인이 개인 명

의로 계열기업에 대여하거나 투자한 금원이 아니어서 피고인이 이를 불법영득의 의사로 횡령한 것이라고 볼 수 없는 부분, 횡령내역이 중복되거나 별도로 일반자금에서 인출되어 지급된 것이라고 볼 수 없는 부분 등을 제외한 나머지 사실에 대하여, 피고인이 그 자금관리를 담당하던 공소외 A에게까지 사용처를 밝히지 아니한 채 자금을 마련하도록 지시하여 공소외 A로 하여금 판공비, 인출금, 기밀비 등의 명목으로 위 회사일반자금을 인출하게 한 뒤 이를 전달받아 임의로 사용한 점, 공소외 A로부터 정상적인 부동산구입자금 인출절차를 밟지 아니하고 공소외 A의 일반자금으로 조성된 비자금을 인출하여 피고인 개인이나 피고인 명의로 구입한 부동산을 관리해 주던 김황 개인 명의로 부동산을 구입하여 공소외 A의 재산대장에 등록하지 아니한 채 피고인이 개인적으로 관리하여 온 점 등에 비추어, 이를 유죄로 인정한 제1심의 조치는 정당하다고 판단하고 있다.

나. 횡령죄에 있어서의 불법영득의 의사라 함은 타인의 재물을 보관하는 자가 자기 또는 제3자의 이익을 꾀할 목적으로 업무상의 임무에 위배하여 보관하는 타인의 재물을 자기의 소유인 경우와 같이 사실상 또는 법률상 처분하는 의사를 의미하고, 반드시 자기 스스로 영득하여야만 하는 것은 아니다 (대법원 1996. 9. 6. 선고 95도2551 판결; 1999. 7. 9. 선고 98도4088 판결; 2000. 3. 14. 선고 99도4923 판결 등 참조).

기록에 비추어 살펴보면, 원심의 사실인정은 정당한 것으로 수긍이 되고, 또 원심이 인정한 바와 같이, 피고인이 공소외 A의 일반투자자들이 투자하는 금원을 법인자금과 일반자금으로 분류하여 그 중 일반자금을 피고인 또는 회사 임직원 명의의 차명계좌에 입금시켜 관리하도록 하였다 하더라도 그것이 회사재산으로 존재하는 한 불법영득의 의사가 있었다고 보기는 어렵다 할 것이나, 피고인이 그와 같이 관리하는 일반자금을 이사회의 결의 등 법령이나 정관에서 정한 절차를 거치지도 아니한 채 피고인의 구두지시 등에 의하여 자의적으로 인출하여, 계열회사 설립 또는 증자를 하면서 피고인 또는 차명주주 명의로 주식을 매입하고, 피고인 개인 명의로 다른 사람에게 대여하고, 피고인 또는 임직원 개인 명의로 부동산을 취득하는 자금 등으로 사용하였고, 또 자금의 사용내역을 회사장부에 정상적으로 기재하지도 아니한 채 개인 활동비 등으로 사용하였다면, 피고인에게 자기 또는 제3자의 이익을 꾀할 목적으로 업무상의 임무에 위배하여 보관하는 타인의 재물을 자기의 소유인 경우와 같이 처분하는 의사가 있었다고 보지 않을 수 없으므로, 원심이 피고인에게 횡령죄에 있어서의 범의 및 불법영득의 의사가 있었다고 판단한 것은 정당하며, 원심판결에 채증법칙 위배로 인한 사실오인 또는 횡령죄에 있어서의 범의 내지 불법영득의 의사에 관한 법리오해 등의 위법이 있다고 할 수 없다. 그리고 사후에 횡령한 재산을 회사로 귀속시켰거나 귀속시킬 수 있다 하여 이미 성립된 범죄에 영향을 미친다고 할 수도 없다.

이 부분 상고이유의 주장은 그 이유 없다.

* * *

4. 그러므로 원심판결 중 판시 제2 내지 제4의 죄에 대한 부분을 파기하여 이 부분 사건을 원심법원에 환송하고, 나머지 부분에 대한 상고를 기각하기로 하여 관여 법관의 일치된 의견으로 주문과 같이 판결한다.

(나) 대법원 1999. 2. 23. 선고 98도2296 판결【업무상횡령】(공1999, 600)

변호인의 상고이유(기간 경과 후에 제출된 보충상고이유는 상고이유를 보충하는 범위 내에서)를 판단한다.

1. 원심의 판단

피고인에 대한 이 사건 공소사실의 요지는, "피고인은 P주식회사의 전무이사로 근무하다가 1995. 4. 13.부터 대표이사로 근무하는 자인바, 1995. 12. 23.경 서울 마포구 (주소 생략) 위 회사 사무실에서, 공소외 A로부터 승강기 설치대금 136,000,000원 중 금 79,000,000원을 수령하여 회사를 위하여 업무상 보관하던 중 그 임무에 위배하여 그 중 금 41,840,000원을 피고인의 채무변제 등으로 임의소비하여 횡령하였다"는 것인데, 이에 대하여 원심은, 적법하게 증거조사를 마친 증거들을 종합하면 피고인이 위 공소사실과 같이 회사를 위하여 보관 중이던 금원을 피고인의 처 등에게 교부하여 임의소비한 사실이 충분히 인정된다고 설시한 다음, 피고인이 위 회사에 대하여 금 211,193,950원 상당의 채권을 가지고 있어서 위 금원으로 그 채권의 변제에 충당한 것이라는 피고인의 주장에 대하여는, 피고인에게 위 횡령금에 대한 불법영득의 의사가 있었다고 보여지는 이상, 피고인이 위 회사에 대하여 위 금액 상당의 채권이 있었다는 사정만으로는 피고인의 불법영득의 의사를 인정함에 방해가 되지 아니한다고 판단함으로써, 피고인에 대한 위 공소사실을 유죄로 인정한 제1심판결을 유지하고 피고인의 항소를 기각하는 판결을 하였다.

2. 대법원의 판단

우선 원심이 적법한 증거조사에 의하여 인용한 증거들에 의하면, 피고인이 위 회사의 대표이사로 재직하면서 위 회사가 Q주식회사에게 판매한 승강기대금 중 금 79,000,000원을 지급받아서 그 중 금 41,840,000원을 피고인의 개인용도에 소비하고 나머지 금원은 종업원들의 퇴직금 등으로 지출한 사실이 인정되는데, 피고인은 앞에서 본 바와 같이 위 회사에 대하여 금 211,193,950원 상당의 양도대금채권을 가지고 있어서 위 추심한 금원으로 그 채권의 변제에 충당한 것이라고 주장하고 있고, 그에 대한 자료들도 기록상 제출되어 있다.

그런데 회사에 대하여 개인적인 채권을 가지고 있는 대표이사가 회사를 위하여 보관하고 있는 회사 소유의 금전으로 자신의 채권의 변제에 충당하는 행위는 회사와 이사의 이해가 충돌하는 자기거래행위에 해당하지 않는다고 할 것이므로, 대표이사가 이사회의 승인 등의 절차 없이 그와 같이 자신의 회사에 대한 채권을 변제하였더라도 이는 대표이사의 권한 내에서 한 회사채무의 이행행위로서 유효하다고 할 것이다.

그러므로 만일 피고인의 주장과 같이 피고인이 위 회사에 대하여 양도대금채권을 가지고 있고, 위 추심금 중 일부를 그 채권의 변제에 충당하였다면, 그와 같은 피고인의 행위는 대표이사의 권한 내에서 한 회사채무의 정당한 이행행위로서 유효하고, 따라서 피고인에게는 불법영득의 의사가 인정되지 아니하여 횡령죄의 죄책을 물을 수 없다고 할 것이므로, 원심으로서는 피고인이 위와 같은 주장을 하고 있고 그에 따른 입증자료들도 제출하고 있는 이상, 그 주장하는 양도대금채권이 과연 존재하는지, 그리고 존재한다면 그 정확한 액수는 얼마인지 여부와 피고인이 위 추심금의 일부를 임의사용한 행위를 위 채권의 변제로 볼 수 있는지 여부 등에 관하여 보다 충분한 심리를 한 연후에 그 결과에 따라 이 사건 공소사실이 유죄로 인정되는지 여부를 판단하였어야 함에도 불구하고, 원심이 이에 나아가지 아니한 채 피고인이 위 추심금의 일부를 임의소비하였다는 사실만으로 피고인에게는 위 횡령금에 대한 불법영득의 의사가 있었다고 단정한 후, 피고인이 위 회사에 대하여 양도대금채권이 있었다는 사정만으로는 피고인의 불법영득의 의사를 인정함에 방해가 되지 아니한다고 판단함으로써 곧바로 피고인에 대한 위 공소사실을 유죄로 인정한 것은 결국 횡령죄에 있어서의 불법영득의 의사에 관한 법리를 오해한 나머지 심리를 다하지 아니함으로써 판결에 영향을 미치는 사실을 오인한 위법을 저질렀다고 할 것이고, 원심이 인용하고 있는 대법원 1995. 3. 14. 선고 95도59 판결은, 일단 불법영득의 의사로써 업무상 보관 중이던 타인의 금전을 횡령하여 횡령죄가 성립한 이후 횡령행위자가 물건의 소유자에 대한 기존 채권을 주장하면서 그 횡령금채무의 상계를 주장하는 것은 횡령죄의 성립에 아무런 영향을 미치지 않는다는 취지로서 이 사건과는 구체적인 사안을 달리 하는 것이므로, 원심이 위 판례를 인용하여 피고인의 위 주장을 배척한 것은 적절하지 아니하다고 할 것이다. 위와 같은 원심의 잘못을 지적하는 변호인의 상고논지는 이유가 있다.

3. 그러므로 변호인의 다른 상고이유에 관한 판단을 생략한 채 원심판결을 파기하여 사건을 원심법원에 환송하기로 하여 관여 법관의 일치된 의견으로 주문과 같이 판결한다.

쟁점연구

1. 불법영득의사는 어떻게 정의되는가?
2. 판례는 일관되게 횡령죄 성립에 불법영득의사를 요구하고 있다. 이는 횡령죄의 본질에 대한 학설에서 어떠한 입장을 지지하는 것인가?
3. 학계의 다수설은 다른 재산범죄와 동일하게 횡령죄에서도 불법영득의사는 고의와 구별되는 초과주관적 구성요건요소로 보고 있다. 이에 반하여 소수설은 횡령죄에서 불법영득의사는 고의의 내용이라고 파악한다. 도입판

례 (가)는 횡령죄의 피고인에게 타인의 재물을 사후 반환, 변상, 보상하려는 의사가 있더라도 불법영득의사를 인정할 수 있다고 판시하였다. 이는 어떠한 입장에 가까운가?

4. '자금차입에 의한 기업인수'(LBO: Leveraged Buyout)는 기업인수자가 인수자금을 금융기관으로부터 대출을 받고 피인수회사의 자산을 담보로 제공하는 방식의 기업인수·합병(M&A)을 말한다. 도입판례 (가)에서 피고인의 행위를 왜 LBO로 보지 않았는가?
5. 도입판례 (나)와 참고판례 (가)에서는 불법영득의사가 인정되지 않았고, 참고판례 (나)에서는 인정되었다. 그 이유가 무엇인지 각각 분석하라.
6. 참고판례 (나)와 1인 회사 1인 주주의 횡령죄 성립을 인정한 대법원 2005. 4. 29. 선고 2005도741 판결을 비교하라.

Ⅵ. 명의신탁부동산의 임의처분

도입판례

(가) 대법원 2000. 2. 22. 선고 99도5227 판결【횡령】(공2000, 884)

【피 고 인】 갑
【상 고 인】 피고인
【변 호 인】 변호사 전정수 외 1인
【원심판결】 대전지법 1999. 11. 5. 선고 98노2723 판결
【주　　문】 상고를 기각한다. 상고 후 구금일수 중 90일을 본형에 산입한다.
【이　　유】

상고이유를 본다.

기록에 의하면, 이 사건 건물은 피해자 A가 신축하여 원시 취득한 건물로서 원심공동피고인명의로 신탁하여 소유권보존등기를 경료한 것인데, 피고인이 명의신탁사실을 알고도 원심 공동피고인의 횡령행위에 적극, 가담하여 매매계약을 체결하고 피고인의 처 공소외인명의로 소유권이전등기를 경료한 사실이 인정되므로, 원심의 사실인정은 정당하고, 채증법칙 위반 및 심리미진의 위법이 없다.

그리고 부동산을 소유자로부터 명의수탁 받은 자가 이를 임의로 처분하였다면 명의신탁자에 대한 횡령죄가 성립하며, 그 명의신탁이 부동산실권리자명의등기에관한법률 시행 전에 이루어졌고 같은 법이 정한 유예기간 이내에 실명등기를 하지 아니함으로써 그 명의신탁약정 및 이에 따라 행하여진 등기에 의한 물권변동이 무효로 된 후에 처분행위가 이루어졌다고 하여 달리 볼 것이 아니다. 원심이, 같은 취지에서 피고인의 행위가 횡령

죄의 공동정범을 구성한다고 본 것은 정당하고 법리오해의 위법이 없다.

그러므로 상고를 기각하고 상고 후 미결구금일수 중 일부를 그 본형에 산입하기로 하여 관여 대법관의 일치된 의견으로 주문과 같이 판결한다.

대법관 신성택(재판장) 지창권 서성 유지담(주심)

(나) 대법원 2002. 2. 22. 선고 2001도6209 판결【횡령】(공2000, 833)

【피 고 인】 갑

【상 고 인】 검사

【원심판결】 창원지법 200 1. 10. 23. 선고 2000노1292 판결

【주 문】 원심판결 중 무죄부분을 파기하고 그 부분 사건을 창원지방법원 본원 합의부에 환송한다.

【이 유】

1. 공소사실

이 사건 공소사실 중 횡령의 점은, 피고인이 1997. 10.경 피해자 A, B가 낸 각 금 1,000만 원, 피고인이 낸 금 3,000만 원, 합계 금 5,000만 원으로 판시와 같은 부동산을 구입한 후 이를 공동 소유하되 등기는 피고인 명의로 신탁하기로 하고 1998. 4. 8.경 피고인 단독 명의로 소유권이전등기를 경료한 다음, 피해자들을 위하여 이를 보관하던 중, 피해자들의 승낙을 받지 아니하고 1998. 5. 23.경 C에게 소유권이전등기를 경료하고, 같은 해 9. 18.경 근저당권자 D로 된 근저당설정등기를, 같은 해 11. 26. 근저당권자 E로 된 근저당설정등기를 각 경료하고, 1999. 8. 24. F, G에게 소유권이전등기를 경료하는 방법으로 위 부동산을 횡령하였다는 것이다.

2. 원심의 판단

원심은 그 내세운 증거들에 의하여, 피고인과 피해자들이 위 부동산을 매수함에 있어 매매대금은 피고인과 피해자들이 함께 부담하기로 하되

매수인 명의는 피고인 단독 명의로 하기로 한 후 위와 같은 사정을 알고 있는 H와 사이에 위 부동산에 관한 매매계약을 체결하고, 그 매매계약에 기하여 소유권이전등기를 피고인 단독 명의로 경료한 사실을 인정한 다음, 이는 강학상 계약명의신탁 중 매도인이 명의신탁 사실을 안 경우에 해당한다고 전제하고, 이러한 경우 피해자들과 피고인 사이의 명의신탁 약정은 부동산실권리자명의등기에관한법률 제4조 제1항에 의하여 무효이고, 피고인 명의로 경료한 소유권이전등기 중 피해자들의 공유지분에 관한 부분은 같은 조 제2항 본문에 의하여 무효로 되어, 결국 피고인은 피해자들의 공유지분에 한하여는 유효하게 그 소유권을 취득한 것으로 볼 수 없다고 할 것이나, 피해자들은 매도인에 대한 계약관계에서는 직접 전면에 나타남이 없이 단지 피고인에게 자금을 대고 피고인이 계약관계의 전면에서 매도인과 계약을 맺는 구조이므로 피고인이 부동산을 처분하더라도 피해자들과의 관계에서는 단순히 민사상의 정산의무만이 남아 있을 뿐 피해자들과 피고인 사이에 당해 부동산에 관한 법률상 또는 사실상의 위탁관계가 이루어졌다고 보기도 어렵고, 또한 피해자들은 매도인인 H와의 사이에서도 어떠한 법률관계를 형성하고 있지 아니하므로 매도인을 대위하는 등으로 당해 부동산에 대하여 아무런 법률상 권리를 주장할 수도 없으므로 피고인이 위 부동산 중 피해자들의 공유지분에 대한 보관자의 지위에 있었다고 할 수 없으며, 매도인인 H가 피고인과 피해자들 사이의 명의신탁 사실을 알았다고 하더라도 그로서는 피고인과 매매계약을 체결한 후 그 계약에 따라 매매대금을 모두 수령하고 부동산의 소유 명의를 넘겨준 이상 매매계약에 따른 계약 이행을 모두 마친 것이고, 단지 부동산실권리자명의등기에관한법률의 규정 때문에 등기명의의 이전에도 불구하고 그 소유권이 여전히 남아 있다가 제3자에게 넘어가는 등의 결과가 된 것에 불과하여, 그에게 어떠한 피해가 있는 것은 아닐 뿐 아니라 당사자들의 의사에 비추어 보더라도 매도인인 H를 피해자로 보는 것은 적절하지 않으므로, 피고인의 각 처분행위는 횡령죄를 구성하지 않는다고 하여 피고인에 대하여 무죄를 선고하였다(원심은 피고인이 이 사건 부동산에 관하여 C 명의의 소유권이전등기를 경료한 점이 횡령죄가 된다고 하더라도 D 및 E 명의의 각 근저당권설정등기와 F, G 명의의 소유권이전등기를 각 경료한 행위는 위 횡령죄의 성립 후에 이루어진 것으로 불가벌적 사후행위에 해당하여 죄가 되지도 않는다고 판단하였으나, C 명의의 소유권이전등기 외의 각 등기를 경료한 행위에 대하여는 제1심이 판시 이유에서 무죄로 판단하였고 이에 대하여 검사가 항소하지 아니하였으므로 원심의 판단대상이 될 수 없고, 따라서 이 부분은 상고의 대상이 될 수도 없다).

3. 이 법원의 판단

원심은, 피고인과 피해자들이 매수인 명의는 피고인 단독 명의로 하기로 하고 위와 같은 사정을 알고 있는 H와 사이에 이 사건 부동산에 관한 매매계약을 체결하였다고 사실인정한 다음 이 사건 명의신탁이 강학상 계약명의신탁 중 매도인이 명의신탁 사실을 안 경우에 해당한다는 전제에서 피고인의 횡령죄 성립을 부정하고 있으나, 그 전제가 되는 원심의 사실인정과 판단은 수긍할 수 없다.

강학상 계약명의신탁이라 함은 신탁자가 수탁자와 명의신탁 약정을 맺고 수탁자가 매매계약의 당사자가 되어 매도인과 매매계약을 체결한 후 그 등기를 수탁자 앞으로 이전등기하는 경우를 가리키는 것인데, 기록에 나타난 자료에 의하여 살펴보더라도 이 사건에서 피해자들의 부동산 지분에 관하여까지 피고인이 매수 당사자가 되었다고 볼 수 없다.

오히려 원심이 채용한 증거들에 의하면, 이 사건 부동산은 원래 H의 소유이었는데 I가 임의경매절차에서 1996. 7. 12. 이를 낙찰 받아 같은 해 8. 21. 소유권이전등기를 마친 사실, 이에 H가 그 즈음 I에게 위 부동산을 자신에게 다시 매도해 줄 것을 요청하여 I와 사이에 위 부동산을 재매수하기로 약정하고 A로부터 수차례에 걸쳐 합계 금 4,000여만 원을, A를 통하여 B로부터 금 1,000만 원을 각 빌려 I에게 매매대금을 지급한 사실, H는 A 등으로부터 위와 같이 돈을 빌리는 과정에서 변제기까지 갚지 못하면 위 부동산의 소유권을 포기하기로 약정하였다가 1996. 11. 경 정해진 변제기를 지나도록 차용금을 갚지 못하게 되자 결국 채무 금

5,000만 원 대신 A에게 위 부동산을 넘기기로 한 사실, 한편 A가 H에게 빌려준 돈에는 A가 피고인으로부터 빌린 금 1,000만 원과 J로부터 빌린 돈이 포함되어 있었는데, A는 J로부터의 차용금을 갚아야 할 사정이 생기자 피고인에게 투자를 권하여 금 2,000만 원을 추가로 받으면서 피고인과 사이에 이 사건 부동산에 투자된 합계 금 5,000만 원 중 금 3,000만 원을 피고인이 투자한 것으로 정리하였고, 또한 B 사이에서도 H에게 빌려주었던 위 금 1,000만 원을 이 사건 부동산의 매수에 투자하는 것으로 하기로 약정한 사실, A는 피고인 및 B와 사이에 등기를 편의상 피고인 단독 명의로 해두기로 각 약정한 다음 1998. 4. 8. H의 협조를 받아 I로부터 등기서류를 받아 피고인 명의로 소유권이전등기를 경료한 사실, 위 소유권이전의 약정 및 이전등기의 과정에서 H와 매수인 사이에 계약서 등이 작성된 일은 없으나(수사기록 68쪽에 I와 피고인을 당사자로 하는 매매계약서가 나와 있으나, 이는 소유권이전등기를 하기 위한 편의에서 작성한 허위의 계약서임이 분명하다), H는 위 소유권이전등기를 경료하기 이전부터 위 3인이 위와 같이 공동투자한 사실을 알고 있었던 사실을 알 수 있는바, 사정이 이러하다면 피고인만이 소유권이전등기의 원인행위가 된 매매계약의 매수인인 것으로 볼 수는 없고, A가 I의 대리인인 H로부터 매수하되 A와 피고인 및 B의 3인이 공동으로 매수한 것(피고인 및 B에 대한 관계에서는 대리인의 자격으로)으로 보아야 할 것이다.

그렇다면 A와 B의 지분에 관한 한 신탁자인 2인과 수탁자인 피고인과의 명의신탁 관계는, 신탁자가 수탁자와 명의신탁 약정을 맺고 신탁자가 매매계약의 당사자가 되어 매도인과 매매계약을 체결하되 다만 등기를 매도인으로부터 수탁자 앞으로 직접 이전하는 이른바 중간생략등기형 명의신탁 또는 삼자간 등기명의신탁에 해당한다고 할 것인바, 이와 같은 명의신탁 관계에서 명의수탁자인 피고인이 명의신탁된 부동산 지분을 임의로 처분하였다면 횡령죄가 성립한다고 하여야 할 것이다(대법원 2001. 11. 27. 선고 2000도3463 판결 참조).

그럼에도 불구하고, 원심은 이 사건 명의신탁이 이루어진 경위에 관한 사실인정을 그르친 나머지 피고인과 피해자들 사이의 명의신탁 관계를 강학상 계약명의신탁 중 매도인이 명의신탁 사실을 안 경우에 해당한다고 전제하고 피고인에 대하여 무죄를 선고하였으니, 거기에는 부동산실권리자명의등기에관한법률이 정하는 명의신탁에 관한 법리를 오해하거나 심리를 다하지 아니하고 채증법칙에 위반하여 사실인정을 그르침으로써 판결에 영향을 미친 위법이 있다고 할 것이다.

4. 그러므로 원심판결 중 무죄부분을 파기하고(이 사건 공소사실 중 피고인이 횡령하였다는 대상이 이 사건 부동산 전부인지 아니면 피해자들의 지분인지 분명하지 아니한 바, 만일 전자의 경우라면 피고인의 부동산 지분에 관하여는 대내외적으로 피고인의 소유일 뿐만 아니라 피해자들과 사이에 위탁관계도 없으므로 피고인이 이를 임의로 처분하였다고 하더라도 횡령죄가 성립할 여지가 없어 이 부분에 관하여는 무죄를 유지하여야 할 것이나, 이 부분과 일죄의 관계에 있는 피해자들의 지분에 대한 횡령의 점을 파기하는 이상 이 부분도 함께 파기한다), 그 부분 사건을 다시 심리·판단하도록 원심법원에 환송하기로 하여, 관여 법관의 일치된 의견으로 주문과 같이 판결한다.

대법관 유지담(재판장) 조무제 강신욱 손지열(주심)

참고판례

▷ 대법원 2008. 3. 27. 선고 2008도455 판결【배임】(미간행)

상고이유를 판단한다.

신탁자와 수탁자가 명의신탁약정을 맺고, 그에 따라 수탁자가 당사자가 되어 명의신탁약정이 있다는 사실을 알지 못하는 소유자와 사이에서 부동산에 관한 매매계약을 체결한 계약명의신탁에 있어, 수탁자는 신탁자에 대한 관계에서도 신탁 부동산의 소유권을 완전히 취득하고 단지 신탁자에 대하여 명의신탁약정의 무효로 인한 부당이득 반환의무만을 부담할 뿐인바, 그와 같은 부당이득 반환의무는 명의신탁약정의 무효로 인하여 수탁자가 신탁자에 대하여 부담하는 통상의 채무에 불과할 뿐 아니라 신탁자와 수탁자 간의 명의신탁약정이 무효인 이상, 특별한 사정이 없는 한 신탁자와 수탁자 간에 명의신탁약정과 함께 이루어진 부동산 매입의 위임 약정 역시 무효라고 할 것이므로, 수탁자가 신탁자와의 신임관계에 기하여 신탁자를 위하여 신탁 부동산을 관리한다거나 신탁자의 허락 없이 이를 처분하여서는 아니되는 의무를 부담하는 등으로 타인의 사무를 처리하는 자의 지위에 있다고 볼 수 없다(대법원 2001. 9. 25. 선고 2001도2722 판결; 대법원 2004. 4. 27. 선고 2003도6994 판결 등 참조).

원심은 피고인이 조합과의 사이에 실지로는 조합이 매수하는 이 사건 주택 매수인 명의를 피고인의 처 명의로 하기로 하는 위와 같은 계약명의신탁 관계에 있고, 그와 같은 명의신탁계약이 무효임이 인정된다고 보아 피고인이 조합의 재산을 보전 관리하는 지위에 있지 아니하다고 판단하였는바, 원심의 위와 같은 인정과 판단은 위 법리와 기록에 비추어 정당한 것으로 수긍된다.

원심의 설시에 일부 적절치 못한 부분이 있다 하더라도 결론에 있어 정당함이 위와 같으므로, 원심판결에 지적하는 바와 같이 배임죄의 주체에 관한 법리오해의 위법이 있다고 할 수 없으며, 원심의 증거취사와 사실인정을 비난하는 상고이유는 적법한 상고이유가 되지 못한다.

그러므로 상고를 기각하기로 하여 관여 대법관의 일치된 의견으로 주문과 같이 판결한다.

쟁점연구

1. 1995년 제정된 부동산실권리자명의등기에 관한 법률(이하 '부동산실명법'으로 약칭)은 명의신탁약정은 무효이며, 명의신탁약정에 따라 행하여진 등기에 의한 부동산물권변동도 무효라고 규정하고 있다(제4조). 동법이 허용하는 명의신탁은 무엇인가?(제8조) 동법에 따라 허용되는 명의신탁에서 수탁자가 부동산을 임의로 처분하면 무슨 죄가 성립하는가?
2. 도입판례 (가)는 '2자간 명의신탁'에서 수탁자의 부동산 임의처분은 횡령

죄에 해당한다고 판시한다. 판례는 이 부동산의 소유권이 누구에게 귀속된다고 보는 것인가? 반면 '2자간 명의신탁'의 경우 횡령죄가 성립하지 않는다는 학설이 있다. 그 논거는 무엇인가? 명의신탁의 불법성은 형법적 불법인지, 명의신탁에 의한 법률관계는 형법의 보호대상인지, 명의신탁의 신탁자는 반환청구권을 갖는지 여부를 중심으로 답하라.

3. 도입판례 (나)에서 원심과 대법원 판결의 차이는 무엇인가? '계약명의신탁'과 '3자간 명의신탁' 또는 '중간생략형 명의신탁'은 어떻게 다른가? 도입판례 (나)는 이 사건에서 명의수탁자의 부동산 임의처분을 횡령죄로 보고 있는데, 매도인에 대한 횡령죄가 성립하는가 신탁자에 대한 횡령죄가 성립하는가?
4. 참고판례에서 매도인은 명의신탁 여부를 알고 매매예약을 체결하였는가? 이 경우 부동산 소유권은 유효하게 이전하는가? 참고판례는 이 사건에서 횡령죄는 물론 배임죄의 성립도 부정하고 있다. 이에 반하여 배임죄가 성립한다는 학설이 있다[최상욱, "명의신탁부동산의 처분과 형사책임," 「형사법연구」 제13호(2000), 한국형사법학회, 201면]. 그 논거는 무엇인가?
5. 참고판례에서 매도인이 명의신탁 여부를 알고 있었다고 가정하자. 이 경우 수탁자의 임의처분은 무슨 죄를 이루는가?

제11장 배 임 죄

Ⅰ. 배임죄의 보호법익과 본질

도입판례

(가) 대법원 2000. 4. 11. 선고 99도334 판결【특정경제범죄가중처벌등에 관한법률위반(배임)(일부 인정된 죄명: 배임)】(공2000, 1217)

【피 고 인】 갑, 을
【상 고 인】 피고인들
【변 호 인】 변호사 강용구
【원심판결】 광주고법 1998. 12. 30. 선고 98노482 판결
【주 문】 상고를 모두 기각한다.
【이 유】

피고인들 및 그들의 국선변호인의 각 상고이유를 함께 본다.

1. 피고인들에 대한 특정경제범죄가중처벌등에관한법률위반(업무상 배임)의 점에 관하여

* * *

원심이 제1심판결의 채택 증거들을 인용하여 적법하게 확정한 바와 같이 피고인들이 원심의 상피고인과 백미 외상거래를 함에 있어 마땅히 조합 내부의 제 규정 등에 따라 먼저 담보를 취득한 다음 감정평가 기준에 의한 정확한 감정을 통하여 평가된 담보가액의 범위 안에서 외상거래 약정을 체결하되 그 거래 약정금액이 5억 원을 초과할 때에는 농

협중앙회 전남지역본부의 심사를 거치거나 조합 이사회의 의결을 얻어야 하고 나아가 거래처에 대한 신용정도를 면밀히 파악하여 외상거래를 하더라도 그 대금의 지불능력이 있는지 여부 등까지 충분히 검토한 후 외상거래를 하여야 할 업무상 임무가 있음에도 아무런 담보의 설정 없이 그리고 거래약정의 체결 및 이사회의 의결 등을 거치지 아니한 상태에서 원심 상피고인와의 외상거래를 개시하는 등으로 그 임무를 저버리는 행위를 감행하였다면, 이러한 피고인들에게 그 행위 당시 배임의 범의가 없었다고 할 수 없고(피고인들이 정실관계 등에 의하여 원심 상피고인와 거래를 개시·지속한 것이 아니라거나 그 거래와 관련하여 원심 상피고인로부터 부정한 사례금을 수수한 바 없다 하여 위와 달리 볼 것도 아니다), …

* * *

나아가 배임죄는 현실적인 재산상 손해액이 확정될 필요까지는 없고 단지 재산상 권리의 실행을 불가능하게 할 염려 있는 상태 또는 손해 발생의 위험이 있는 경우에 바로 성립되는 위태범이므로(대법원 1989. 4. 11. 선고 88도1247 판결 참조), 이 사건에서와 같이 피고인들이 그 업무상 임무에 위배하여 부당한 외상 거래행위를 함으로써 업무상 배임죄가 성립하는 경우 담보물의 가치를 초과하여 외상 거래한 금액이나 실제로 회수가 불가능하게 된 외상거래 금액만이 아니라 재산상 권리의 실행이 불가능하게 될 염려가 있거나 손해 발생의 위험이 있는 외상 거래대금 전액을 그 손해액으로 보아야 하고, 또한 그것을 제3자가 취득한 경우에는 그 전액을 특정경제범죄가중처벌등에관한법률 제3조에 규정된 제3자로 하여금 취득하게 한 재산상 이익의 가액에 해당하는 것으로 보아야 할 것인바(대법원 1996. 7. 12. 선고 95도1043 판결 참조), 원심이 피고인들의 판시와 같은 배임행위에 의하여 본인인 조합이 입은 재산상 손해액을 그 거래 전 기간에 걸쳐 원심 상피고인에게 외상으로 공급한 백미대금의 총액으로 본 조치나 원심 상피고인로 하여금 취득하게 한 재산상 이익의 가액을 같은 백미대금의 총액으로 보아 위 같은 법률을 적용한 조치는 모두 위의 법리에 따른 것으로 정당하고, 거기에 배임죄에 있어서의 손해액의 범위에 관한 법리오해의 위법 등이 있다고 볼 수 없다.

이 부분 상고이유의 주장은 모두 이유 없다.

2. 피고인 갑에 대한 업무상 배임의 점에 관하여

원심이 인용한 제1심판결의 채택 증거들을 기록에 비추어 살펴보면, 피고인 갑에 대한 이 부분 판시 범죄사실을 충분히 인정할 수 있으므로, 원심이 그 범죄사실을 유죄로 인정한 제1심판결을 그대로 인용한 조치는 정당하고, 거기에 사실오인의 위법이 있다고 할 수 없다. 그리고 위 피고인의 배임행위의 내용을 판시와 같이 조합 이사회가 거래 상대방의 신용, 담보제공 정도, 거래규모 등을 종합적으로 판단하여 그 범위 안에서 거래하도록 의결한 외상 거래의 한도를 지키지 않고 임의로 그 한도를 넘어 외상 거래를 한 행위로 보는 이상, 그 배임행위로 인한 조합(본인)의 손해액도 마땅히 위 거래 한도액을 초과하는 백미대금 부분으로 보아야지 위 거래 한도액과 상관없이 위 피고인이 가공사업소장으로 부임하여 백미 판매업무를 인수한 이후 외상 거래한 백미대금의 총액이나 그 중 같은 기간 동안에 회수한 백미대금을 공제한 나머지 금액으로 볼 것은 아니다.

이 부분 상고이유의 주장도 이유 없다.

그러므로 상고를 모두 기각하기로 하여 관여 대법관의 일치된 의견으로 주문과 같이 판결한다.

대법관 유지담(재판장) 지창권 신성택(주심) 서성

(나) 대법원 1999. 9. 17. 선고 97도3219 판결【배임】(공1999, 2265)

【피 고 인】 갑

【상 고 인】 피고인

【변 호 인】 변호사 조홍은

【원심판결】 서울지법 1997. 11. 12. 선고 97노3259 판결

【주　　문】 상고를 기각한다.

【이　　유】

상고이유를 판단한다.

1. 원심판결 명시의 증거들을 기록에 비추어 검토하여 본 즉, 피고인이 수입자인 피해자가 항공화물 운송회사가 개설한 은행계좌에 예치한 운송보증금을 수출대금 결제시까지 관리하고 그 후 피해자가 반환받을 수 있도록 하여야 할 임무에 위배하여 화물항공 알선회사에 대하여 위 운송보증금을 수출자가 지불하여야 할 운송료 및 항공알선 수수료로 전환하는데 동의하여 운송료 등으로 지불되게 함으로써 수출업자에게 재산상 이익을 취득하게 하고 피해자에게 손해를 가하였다는 내용의 이 피고사건에 대하여 범죄의 증명이 있다고 한 원심판결에 상고이유로 주장하는 채증법칙 위배로 인한 사실오인의 위법이나 배임죄의 범의에 관한 법리오해의 위법이 있다고 할 수 없다.

2. 배임죄에 있어서 타인의 사무를 처리하는 자라 함은 양자 간의 신임관계에 기초를 둔 타인의 재산보호 내지 관리의무가 있음을 그 본질적 내용으로 하는 것이므로(대법원 1976. 5. 11. 선고 75도2245 판결 참조), 배임죄의 성립에 있어 행위자가 대외관계에서 타인의 재산을 처분할 적법한 대리권이 있음을 요하지 아니한다고 할 것이다.

위에서 살펴본 바와 같이 피고인이 피해자와의 신임관계를 위반하여 이 사건 운송보증금을 운송료 등으로 전환함에 동의함으로써 피해자에게 손해를 가한 사실이 인정되는 이상 이러한 피고인의 행위는 배임죄를 구성한다고 함에 아무런 지장이 없다고 할 것이고, 이와 반대되는 입장에서, 피고인이 피해자가 예치한 운송보증금을 운송료 등으로 전환하는데 동의할 수 있는 적법한 권한이 없었으므로 타인의 사무를 처리하는 지위에 있지 아니하였다고 하는 상고이유 주장은 받아들일 수 없다. 원심판결에 상고이유 주장과 같은 배임죄에 있어 타인의 사무에 관한 법리를 오해한 위법이 있다고 할 수 없다.

3. 그러므로 상고를 기각하기로 관여 법관들의 의견이 일치되어 주문

과 같이 판결한다.

대법관 조무제(재판장) 정귀호 김형선(주심) 이용훈

참고판례

▷ 대법원 2008. 2. 28. 선고 2007도5987 판결【특정경제범죄가중처벌등에관한법률위반(배임)】(공2008상, 471)

상고이유(상고이유서 제출기간이 경과한 후에 제출된 상고이유보충서 겸 답변서의 기재는 상고이유를 보충하는 범위 내에서)를 본다.

1. 피고인의 상고이유에 대하여

가. 상고이유 제1, 2점

(1) 기업인수에 필요한 자금을 마련하기 위하여 그 인수자가 금융기관으로부터 대출을 받고 나중에 피인수회사의 자산을 담보로 제공하는 방식{이른바 LBO(Leveraged Buyout) 방식}을 사용하는 경우, 피인수회사로서는 주채무가 변제되지 아니할 경우에는 담보로 제공되는 자산을 잃게 되는 위험을 부담하게 되는 것이므로, 인수자가 피인수회사의 위와 같은 담보제공으로 인한 위험부담에 상응하는 대가를 지급하는 등 반대급부를 제공하는 경우에 한하여만 허용될 수 있다 할 것이다. 따라서 만일 인수자가 피인수회사에 아무런 반대급부를 제공하지 않고 임의로 피인수회사의 재산을 담보로 제공하게 하였다면, 인수자 또는 제3자에게 담보가치에 상응한 재산상 이익을 취득하게 하고 피인수회사에게 그 재산상 손해를 가하였다고 봄이 상당하고(대법원 2006. 11. 9. 선고 2004도7027 판결 참조), 이는 인수자가 자신이 인수한 주식, 채권 등이 임의로 처분되지 못하도록 피인수회사 또는 금융기관에 담보로 제공됨으로써 피담보채무에 대한 별도의 담보를 제공한 경우라고 하더라도 마찬가지라고 할 것이다.

(2) 그런데 원심은 위와 같은 경우 대출금이 상환될 때까지 인수자가 인

수한 주식, 채권 등이 임의로 처분되지 못하도록 피인수회사 또는 금융기관에 담보로 제공된 경우에도 LBO 방식의 기업인수가 허용될 수 있다는 전제하에서, 피고인은 서류상 회사인 공소외 B 주식회사를 설립하여 2001. 6. 7. 위 회사를 통하여 공소외 A 주식회사의 지분 66.2%를 인수한 후 공소외 A 주식회사의 대표이사로 취임한 다음, 2001. 7. 3.부터 같은 달 9.경까지 사이에 별다른 대가 없이 공소외 B 주식회사가 (상호 생략)종합금융 주식회사(이하 '공소외 C 종금'이라고 한다)에 대하여 부담하는 350억 원 상당의 채무에 대한 담보 명목으로 공소외 A 주식회사소유의 원심판결 별지 담보부동산 목록 기재 9개 부동산(이하 '이 사건 부동산'이라고 한다)에 관하여 채권최고액 350억 원 상당의 근저당권을 설정하여 준 행위는 그 판시와 같은 이유로 공소외 B 주식회사가 담보제공자인 공소외 A 주식회사에게 이 사건 부동산을 담보로 제공함에 따른 위험부담에 상응하는 반대급부를 제공하거나 최소한 위 대출금이 상환될 때까지 공소외 B 주식회사가 인수한 주식 등이 임의로 처분되지 못하도록 공소외 C 종금에 제공된 경우라고 볼 수 없어 업무상 배임행위에 해당한다는 취지로 판단하였다.

(3) 따라서 원심이 인수자가 피인수회사에게 위험부담에 상응하는 반대급부를 제공한 경우뿐 아니라 그 피담보채무인 대출금이 상환될 때까지 인수한 주식, 채권 등이 임의로 처분되지 못하도록 피인수회사 또는 금융기관에 담보로 제공된 경우까지도 업무상 배임이 성립하지 아니한다고 판시한 것은 그 전제에서 잘못되었다고 할 것이기는 하나, 원심이 적법하게 채택하여 조사한 증거에 비추어 보면, 피고인의 위 근저당권 설정행위는 이 사건 담보부동산을 담보로 제공함에 따른 위험부담에 상응한 반대급부가 공소외 A 주식회사에게 제공된 경우가 아님이 명백하므로 업무상 배임행위에 해당한다고 한 원심의 결론 부분은 정당하고, 거기에 채증법칙을 위배한 위법을 발견할 수 없으니, 결국 원심의 앞서 본 잘못은 판결의 결과에 영향을 미치지 아니한다고 할 것이다.

(4) 피고인의 이 부분에 대한 나머지 상고이유들은 모두 LBO 방식의 기업인수 과정에서 인수자가 피인수회사 재산을 담보로 제공하는 것은 인수자가 그 피담보채무인 대출금이 상환될 때까지 인수한 주식, 채권 등이 임의로

처분되지 못하도록 피인수회사 또는 금융기관에 담보로 제공된 경우에도 허용된다는 전제하에, 인수자가 인수한 주식, 채권 등이 임의로 처분되지 못하도록 피인수회사 또는 금융기관에 담보로 제공되었는지 여부나 피담보채무에 대하여 다른 담보가 제공되어 있었는지 여부에 대한 채증법칙 위배 또는 법리오해 주장으로서, 앞서 본 바와 같은 이유로 위 전제가 받아들여질 수 없어 판결 결과에 영향을 미칠 수 없는 것이므로 더 나아가 살펴볼 필요 없이 이유 없다.

* * *

2. 검사의 상고이유에 대하여

원심은, 앞서 본 LBO 방식의 기업인수 과정에서 담보제공에 관한 배임죄 성립 여부에 대한 원심의 전제에 기초하여, 공소외 A 주식회사의 대표이사인 피고인이 2001. 6. 12. 공소외 B 주식회사가 한미은행에 대하여 부담하는 320억 원 상당의 채무원리금에 대한 담보 명목으로 공소외 A 주식회사소유의 320억 원 상당의 정기예금채권에 대하여 근질권을 설정해 주었다고 하더라도, 당시 공소외 B 주식회사도 P은행에 대한 위 채무를 담보하기 위하여 위 대출원리금 상당의 가치가 있는 정리채권 등에 근질권을 설정해 두고 있었으므로, 위 정기예금채권에 대한 근질권 설정행위로 인하여 공소외 A 주식회사에게 어떠한 재산상 손해 발생의 위험이 초래되었다고 볼 수 없고, 피고인에게 배임의 범의가 있었다고 볼 수도 없다는 이유로 피고인의 위 행위는 배임죄가 성립하지 아니한다고 판단하였다.

그러나 LBO 방식의 기업인수 과정에서 인수자금을 마련하기 위한 대출에 대한 담보로 피인수회사의 재산을 제공하는 행위는 비록 그 대출금이 상환될 때까지 인수자가 인수한 주식, 채권 등이 임의로 처분되지 못하도록 피인수회사 또는 금융기관에 담보로 제공되었다고 하더라도 허용될 수 없음은 앞서 본 바와 같고, 한편 배임죄에서 '재산상의 손해를 가한 때'라 함은 현실적인 손해를 가한 경우뿐만 아니라 재산상 손해 발생의 위험을 초래한 경우도 포함되며, 일단 손해의 위험을 발생시킨 이상 나중에 피해가 회복되었다고 하여도 배임죄의 성립에 영향을 주는 것은 아니고, 재산상 손해의 유무에 대한 판단은 본인의 전 재산 상태를 고려하여 경제적 관점에 따라 판단되어야 하므로(대법원 2000. 11. 24. 선고 99도822 판결; 대법원 2004. 5. 14. 선고 2001도4857 판결 등 참조), 비록 위 대출금 채무에 대하여 주채무자인 공소외 2 주식회사가 정리채권 등을 담보로 제공하고 있었다고 하더라도, 원심판결 이유와 같이 피고인이 그가 대표이사로 있는 공소외 A 주식회사로 하여금 아무런 대가 없이 공소외 A 주식회사의 재산을 제3자인 공소외 B 주식회사의 대출금 채무에 대한 담보로 제공하도록 하였다면, 공소외 A 주식회사로서는 그와 같은 담보제공으로 인하여 그 담보가치 상당의 재산상 손해를 입었다고 보지 않을 수 없고, 그러한 행위에 대하여 피고인에게 배임의 고의가 없었다고 할 수도 없다.

따라서 이에 어긋나는 원심의 앞서 본 판단은 배임죄에 관한 법리를 오해하여 판결 결과에 영향을 미친 위법이 있다고 할 것이므로, 원심판결 중 근질권 설정에 의한 업무상 배임 부분은 검사의 나머지 상고이유에 대하여 나아가 살펴볼 필요 없이 파기를 면할 수 없다고 할 것이다.

* * *

4. 결론

따라서 원심판결을 모두 파기하고, 사건을 다시 심리·판단하게 하기 위하여 원심법원으로 환송하기로 하여 관여 대법관의 일치된 의견으로 주문과 같이 판결한다.

쟁점연구

1. 배임죄는 위험범인가, 침해범인가? 형법 제355조 제2항은 "본인에게 손해를 가한 때"를 배임죄의 성립요건으로 규정하고 있다. 도입판례 (가)는 이 요건을 어떻게 해석하고 있는가? 판례의 해석은 피고인에게 불리한 유추해석은 아닌가?
2. 배임죄를 침해범으로 보는 입장도 형법 제357조의 배임수재죄는 (추상적) 위험범으로 파악하고 있다. 그 이유는 무엇인가?

3. 배임죄의 본질에 대하여 '권한남용설'과 '배신설'이 있다. 도입판례 (나)는 어떠한 입장을 취하고 있는가? 양 학설의 차이는 무엇인가? 양 학설은 배임죄와 횡령죄의 관계를 어떻게 파악하는가?
4. '배신설'은 모든 사법상의 계약 등의 위반행위자가 배임죄의 행위주체가 되도록 만들고, 위반행위는 배임행위가 되어 배임죄를 구성하는 결과를 야기하여 결국 민사의 형사화를 촉진하게 된다는 비판이 있다[허일태, "배임죄에서의 행위주체와 손해의 개념,"「비교형사법연구」 제6권 제2호(2004), 138, 140~143, 150~154면]. 이러한 견해의 문제의식을 평가해 보라.
5. 도입판례 (가)는 배임죄의 손해액을 어떻게 계산하고 있는가?(대법원 1999. 4. 13. 선고 98도4022 판결 참조) 배임죄의 재산상의 손해는 법률적 관점에서 파악되는가, 경제적 관점에서 파악되는가?(대법원 1995. 11. 21. 선고 94도1375 판결)
6. 손해가 발생한 후 피해가 회복되면 배임죄의 성립에 영향을 주는가? 재산상의 손실을 야기한 임무위배행위가 동시에 그 손실을 보상할 만한 재산상의 이익을 준 경우, 재산상 손해가 있다고 할 수 있는가?(대법원 2005. 4. 15. 선고 2004도7053 판결)
7. 참고판례에 따르면 어떻게 해야 LBO(Leveraged Buyout) 방식의 기업인수가 배임죄의 죄책을 지지 않는가? 반대급부가 제공되지 않은 LBO의 경우 자동적으로 배임의 고의가 인정하는 것은 타당한가? LBO에서 배임의 판단기준은 반대급부 제공 여부가 아니라, "대상회사의 향후의 현금흐름 및 외부차입금 규모와 상환일정에 비추어 LBO를 통해 조달한 외부차입금의 상환이 현실적으로 가능한 것인지, 그리고 인수자가 이러한 외부차입금의 상환에 대하여 어느 정도의 위험을 부담하고 있는지 여부"이어야 한다는 견해와 대법원의 입장을 비교해 보라[이창원 · 이상현 · 박진석, "LBO의 기본구조 및 사례분석,"「BFL」 제24호(2007. 7), 서울대학교 금융법센터, 19면].

Ⅱ. 배임의 주체

도입판례

(가) 대법원 2003. 1. 10. 선고 2002도758 판결【업무상배임】(공2003, 660)

【피 고 인】 갑, 을
【상 고 인】 피고인들
【변 호 인】 변호사 안용득
【원심판결】 대구지법 2002. 1. 25. 선고 2001노1913 판결
【주　　문】 상고를 모두 기각한다.
【이　　유】

1. 배임죄에 있어서 '임무에 위배하는 행위'라 함은 처리하는 사무의 내용, 성질 등에 비추어 법령의 규정, 계약의 내용 또는 신의칙상 당연히 하여야 할 것으로 기대되는 행위를 하지 않거나 당연히 하지 않아야 할 것으로 기대되는 행위를 함으로써 본인과의 신임관계를 저버리는 일체의 행위를 포함한다(대법원 2000. 3. 14. 선고 99도457 판결 참조).

기록에 비추어 인정되는 사실, 즉, 피고인 2는 1988. 8.경부터 대학교, 문화대학, 의료원, 유치원을 산하에 운영하는 공소외 A 학교법인이사장으로 근무하면서 위 학교법인을 대표하여 그 업무를 총괄하여 왔고, 피고인 갑은 1988. 6. 11.부터 대학교총장으로 근무하면서 대학교업무 전반을 총괄함과 동시에 위 학교법인의 이사로서 위 학교법인 이사회에 출석하여 위 학교법인의 업무 전반에 대하여 심의, 결정하면서 위 이사회에 상당한 영향력을 행사하고 있는 사실, 공소외 B는 1909년생이고 1961년부터 대학교의 전신인 기독대학의 학장으로 재직하여 오던 중 위

대학이 종합대학인 대학교로 승격되자 1978년 아들인 피고인 갑에게 총장직을 물려주고 나서 명예총장으로 추대되어 총장과 동일한 보수와 예우를 받아 왔으나 1980년 교육부로부터 시정지시를 받게 되자 그 무렵 명예총장에서 사임한 바 있는 사실, 위 학교법인의 정관이나 대학교의 학교규칙에 대학교명예총장에 관한 규정이 없는 사실에다가, 사립학교법은 제26조에서 상근하는 임원 이외의 학교법인의 임원에 대한 보수의 지급을 금지하고 다만 실비의 변상은 예외로 하고 있으며, 제29조에서 학교의 회계와 법인의 회계를 분리하도록 하고 있는 점, 명예총장은 문언 그대로 명예직이라고 할 것인데 그러한 명예총장에게 매월 일정한 금액이 장기간에 걸쳐 지급되고 장기간에 걸쳐 전용 운전사가 제공된다면 이미 명예직이라고 보기 어려워지는 점 및 1993년은 공소외 B가 84세가 되고 퇴임한 지 15년째가 되는 해인 점 등을 종합적으로 고찰하여 본다면, 피고인 을이 1993. 4. 22.자 위 학교법인의 이사회에서 "공소외 A 학교법인과 공소외 C 재단법인합병시 양 기관의 대표자가 공소외 B 전 대학학장과 공소외 D박사였는데, 공소외 D박사는 의료원의 의료원장으로 추대하여 명예회복되었고, 공소외 B박사의 경우도 명예회복의 차원에서 대학교명예총장으로 추대하고자 한다"라는 제안 이유로 공소외 B를 명예총장으로 추대하고 그에 상응하게 예우할 것을 제안하고, 피고인 갑이 다른 이사들과 만장일치로 찬성하고(수사기록 21쪽 이하의 이사회 회의록 참조), 공소외 B에게 1993. 5.경부터 2000. 1.(이 사건 고발장이 접수되기 직전이다)까지 매월 활동비 명목으로 70만 원 내지 80만 원씩 합계 6,380만 원을, 1995. 9. 1.부터 2000. 2. 3.까지 대학교의 촉탁기사로 채용된 공소외 송의식을 전용 운전사로 제공한 것이므로, 원심이 피고인들의 행위가 '임무에 위배하는 행위'에 해당한다고 판단한 것은 수긍할 수 있고, 거기에 상고이유의 주장과 같은 업무상배임죄의 임무위배 내지 배임에 관한 법리오해의 위법이 없다.

또한, 명예총장에의 추대 및 활동비 내지 전용 운전사의 제공이 '임무에 위배하는 행위'에 해당하는 이상에는, 헌법 제31조 제4항에 따라 대학의 자치가 인정되고 그 내용에 인사에 관한 자치 내지는 자주결정권, 재정에 관한 자주결정권이 포함되며 그러한 결정권을 가진 학교법인의 이사회의 결의가 있었다고 하여 정당화할 수도 없다(위 99도457 판결 및 1990. 6. 8. 선고 89도1417 판결 참조).

2. 학교법인으로부터 전용 운전사를 제공받는 것 또는 학교법인이 전용 운전사에게 급여를 지급하는 것은 업무상배임죄에 정한 '재산상의 이익' 또는 '손해'에 해당한다고 할 것이므로, 이와 반대의 견해에 선 상고이유의 주장은 받아들일 수 없다.

3. 배임죄의 주체로서 '타인의 사무를 처리하는 자'란 타인과의 대내관계에 있어서 신의성실의 원칙에 비추어 그 사무를 처리할 신임관계가 존재한다고 인정되는 자를 의미하고, 반드시 제3자에 대한 대외관계에서 그 사무에 관한 대리권이 존재할 것을 요하지 않으며, 업무상배임죄에 있어서의 업무의 근거는 법령, 계약, 관습의 어느 것에 의하건 묻지 않고, 사실상의 것도 포함한다(위 99도457 판결 참조).

기록에 의하면 피고인 갑은 대학교총장으로 대학교업무 전반을 총괄함과 동시에 위 학교법인의 이사로서 위 학교법인 이사회에 상당한 영향력을 행사하고 있는 자이므로, 피고인 갑이 위 학교법인의 이사로서 이사회에 참석하여 명예총장에 추대하는 결의에 찬성하고, 위 이사회의 결의에 따라 대학교의 총장으로서 대학교의 교비로써 명예총장의 활동비 및 전용 운전사의 급여를 지급한 경우에 업무상배임죄의 주체가 될 수 있다.

따라서 피고인 갑이 위 학교법인의 이사에 불과하여 위 학교법인의 재산에 관한 사무를 처리하는 주체가 될 수 없다는 상고이유도 받아들이지 아니한다.

4. 그러므로 상고를 모두 기각하기로 하여 주문과 같이 판결한다.

대법관 이용우(재판장) 서성 배기원 박재윤(주심)

(나) 대법원 2003. 9. 26. 선고 2003도763 판결【특정경제범죄가중처벌등에관한법률위반(배임)[예비적 죄명: 배임]·강요미수·상습도박·도박개장】(공2003, 2129)

【피 고 인】 갑
【상 고 인】 검사 및 피고인
【변 호 인】 변호사 오종권 외 1인
【원심판결】 서울고법 2003. 1. 17. 선고 2002노1556 판결
【주　　문】 상고를 모두 기각한다.
【이　　유】

* * *

2. 검사의 상고이유에 대하여

배임죄는 타인의 사무를 처리하는 자가 그 임무에 위배하는 행위에 의하여 재산상의 이익을 취득하거나 제3자로 하여금 이를 취득하게 하여 본인에게 손해를 가함으로써 성립하는 것으로, 여기에서 그 주체인 '타인의 사무를 처리하는 자'란 양자 간의 신임관계에 기초를 두고 타인의 재산관리에 관한 사무를 대행하거나 타인 재산의 보전행위에 협력하는 자의 경우 등을 가리킨다(대법원 1994. 9. 9. 선고 94도902 판결 참조).

그리고 회원 가입시에 일정 금액을 예탁하였다가 탈퇴 등의 경우에 그 예탁금을 반환받는 이른바 예탁금 회원제로 운영되는 골프클럽의 운영에 관한 법률관계는 회원과 클럽을 운영하는 골프장 경영 회사 사이의 계약상 권리·의무관계이고, 따라서 그 운영에 관한 회칙은 불특정다수의 입회자에게 획일적으로 적용하기 위하여 골프장을 경영하는 회사가 제정한 것으로, 이를 승인하고 클럽에 가입하려는 회원과 회사와의 계약상 권리·의무의 내용을 구성한다(대법원 1999. 4. 9. 선고 98다20714 판결; 2000. 3. 10. 선고 99다70884 판결 참조).

원심은, 주식회사 관악이 P컨트리클럽을 인수하여 Q컨트리클럽으로 명칭을 변경하여 운영함으로써 P컨트리클럽의 회원들은 당연히 Q컨트

리클럽의 회원으로서의 지위를 가지게 되었음에도 불구하고, P컨트리클럽에서 운영해오던 '회원의 날' 제도를 폐지하고, 기존회원들을 대상으로 앞서 본 바와 같은 특별회원 모집 제도를 시행하는 것으로 회칙을 변경하여, 그에 따라 총 246명의 특별회원을 모집함으로써 기존회원들의 주말예약권을 사실상 제한하거나 박탈하고, 나아가 변경된 회칙에 따른 특별회원 모집제도에 반대하는 기존회원들에 대하여는 승계등록을 거부함으로써 회원으로서의 권리를 행사할 수 없도록 하는 결과가 되었다고 하더라도, 이는 주식회사 P가 기존회원들에 대한 회원가입계약에 따른 민사상의 채무를 불이행한 것에 불과하고, 주식회사 P가 기존회원들의 골프회원권이라는 재산관리에 관한 사무를 대행하거나 그 재산의 보전행위에 협력하는 지위에 있다고 할 수는 없으므로 배임죄의 주체인 타인의 사무를 처리하는 자에 해당하지 아니한다는 이유로 주위적 공소사실인 특정경제범죄가중처벌등에관한법률위반(배임)의 점과 예비적 공소사실인 배임의 점에 관하여 피고인을 무죄라고 판단하였다.

원심의 위와 같은 판단은 앞서 본 법리에 따른 것으로서 정당하고, 거기에 체육시설의설치·이용에관한법률이나 배임죄에 관한 법리오해의 위법이 없다.

3. 결론

그러므로 상고를 모두 기각하기로 하여 관여 대법관의 일치된 의견으로 주문과 같이 판결한다.

대법관 손지열(재판장) 조무제 유지담(주심) 이규홍

참고판례

▷ 대법원 1984. 9. 25. 선고 84도1581 판결【상호신용금고법위반·부정수표

단속법위반】 (공1984, 1761)

1. 피고인 을의 변호인 이영섭, 동 이석선, 동 신창동, 동 오장희의 각 상고이유 제2점을 판단한다.

원심판결 이유에 의하면, 피고인 을은 주식회사 제1상호신용금고(이하 제1금고라고 줄여서 쓴다) 및 주식회사 제2상호신용금고(이하 제2금고라고 줄여서 쓴다)의 사실상 일인 주주로서 법률상 위 양금고의 임원은 아니었으나 회장이라는 명칭을 사용하면서 사실상 위 양금고의 업무전반을 통할하여 오던 자로서 (1) 제1금고의 대표이사였던 피고인 갑과 공모하여 1980. 4. 1부터 1983. 8. 1까지 사이에 제1금고의 거래자 A 외 1,605명으로부터 제1금고의 명의로 차입금 및 부금조로 금 10,919,416,000원을 교부받은 다음 이를 금고의 적법한 장부에 기장하고 금고에 이를 납입하여야 할 임무에 위배하여 위 돈을 비밀장부에 기장한 후 피고인 을이 이 경영하는 공소외 B주식회사 등의 사업자금과 피고인들 개인 명의로 부동산을 매입하는데 유용함으로 피고인 등이 동액상당의 이득을 취득하고 동 금고에 동액상당의 손해를 가하고 (2) 제2금고의 대표이사였던 원심 공동피고인과 공모하여 제2금고의 거래자 C 외 1,023명으로부터 금 2,786,563,000원을 차입금 명목 등으로 교부받은 후 위 (1)항과 같은 방법으로 그 임무에 위배하여 피고인 을이 경영하는 호텔의 운영비등 피고인들을 위하여 유용함으로써 피고인 등이 위 차입금 상당액의 이득을 취득하고 위 금고에 동액상당의 재산상 손해를 가한 사실을 인정하고 있는바, 원심의 위와 같은 사실을 인정함에 있어 거친 증거의 취사과정을 기록과 대조하여 살펴보아도 정당하다고 수긍이 되고 논지가 지적하는 증인 D 및 동 E의 법정 및 수사과정에서의 각 진술내용은 모두 1983. 2. 1 이후의 장부만에 의하여 산출한 수치임이 그 진술자체에 의하여 명백함에 대하여 원심인정의 위 제1항 기재 소위는 1980. 4. 1경부터 1983. 8. 1까지 사이에 범하여진 범행이어서 위 진술내용의 기초된 기간과는 서로 다르므로 위 진술들을 가지고 원심 인정사실을 공격할 자료는 되지 못한다 할 것이고 논지가 지적하는 이른바 심사보류된 22건은 기록에 의하면, 상호신용금고의 보장기금에서 변상할 대상 채권으로 적격여부의 결정이 보류되었다는 것이나 이들 채권에 대하여도 위 금고의 파산관재인 F로서는 심사결과 정당한 채권임이 인정된다는 것이니 원심이 위 22건이 보류된 사유나 그 금액을 심리하지 아니하였다고 하더라도 이를 들어 판결의 결과에 영향을 미칠 위법을 범하였다고는 볼 수 없고 또한 위 (1)항의 채권자중 위 금고로부터 별도로 대출받은 금액이 금 342,397,685원이 있다고 하더라도 일단 위 채권자들로부터 차입금명목으로 돈을 받아 이를 유용한 이상 그 금액상당의 손해가 위 금고에 발생한 것이므로 그 후 그 채권자가 위 금고에서 별도로 대출을 받았다하여 범죄성립에 영향이 있다 할 수 없는 것이고, 설사 위 금액을 위 금고의 손해액에서 공제함이 마땅하다 하더라도 소론이 지적하는 위 금 342,397,685원은 위 제(1)항 범행으로 인한 위 금고의 손해액 10,919,416,000원의 3.2%에도 미달하여 제(1)항의 소위를 포괄일죄로 하여 공소가 제기된 이 사건에 있어서 원심이 그 선고형량을 도출하는 데에는 아무런 영향이 없다 할 것이므로 원심판결에 소론과 같은 위법사유는 없다.

* * *

3. 피고인 갑의 변호인 이희태의 상고이유 제2점, 피고인 을의 변호인 이영섭, 동 이석선의 상고이유 제3점을 판단한다.

제1금고와 제2금고의 모든 주식이 사실상 피고인 을에게 귀속되어 있어 위 양 금고가 소위 1인 주주회사라 하더라도 위 금고들은 주식회사로서 피고인 을과는 행위의 주체에 있어 별개의 인격체이므로 그 본인인 주식회사에 손해가 발생하였을 때 배임죄는 기수가 되는 것이므로 궁극적으로 그 손해가 주주의 손해가 된다 하더라도 위 금고들의 손해가 반드시 주주인 피고인 을의 손해와 일치한다고도 할 수 없어(이 사건에서 위 양 금고의 거래자들에게 막대한 손해가 현실적으로 발생하였다고 보여진다) 위 양 금고가 1인 주주회사라는 이유로 그 1인 주주인 피고인 을이나 그와 공무한 피고인 갑의 제1심 판시 제2소위로 위 양 금고에 아무런 손해가 발생하지 않았다고 볼 수는 없으므로 논지가 지적하는 당원판례는 위와 같은 법리에 입각한 것으로 변경할 필요를 느끼지 아니한다.

* * *

따라서 피고인들의 상고를 모두 기각하고, 미결구금일수의 산입에 관하여 형법 제57조를 적용하기로 하여 관여법관의 일치된 의견으로 주문과 같이 판결한다.

쟁점연구

1. 배임죄에서 타인의 사무를 처리하는 신임관계의 발생근거는 무엇인가? 도입판례 (가)는 배임죄에서 타인의 사무를 처리하는 신임관계가 어디서 발생할 수 있다고 보고 있는가?
2. 신임관계가 무효인 경우 타인의 사무처리자가 될 수 있는가?(대법원 1986. 9. 9. 선고 86도1382 판결; 대법원 1996. 8. 23. 선고 96도1514 판결)
3. 배임죄의 사무는 재산상의 사무로 국한되는지 여부에 대하여 도입판례 (나)의 입장은 무엇인가? 형법 제355조는 사무를 재산상의 사무에 제한하고 있지 않는데, 이러한 제한적 해석은 어떻게 정당화되는가? 형법 제357조 배임수재죄의 주체인 타인의 사무를 처리하는 자는 어떻게 해석되는가?(대법원 1996. 10. 11. 선고 95도2090 판결; 대법원 1991. 6. 11. 선고 91도688 판결; 대법원 1991. 6. 11. 선고 91도413 판결 등)
4. 사무의 내용이 자기의 사무임과 동시에 타인의 사무이면 배임죄의 구성요건에 해당하는가? 후술 이중매매와 이중저당 판례를 참조하여 답하라.
5. 업무상배임죄에 있어서 타인의 사무를 처리하는 자란 고유의 권한으로서 그 처리를 하는 자에 한정되는가? 아니면 그 자의 보조기관으로서 직접 또는 간접으로 그 처리에 관한 사무를 담당하는 자도 포함하는가?(대법원 1999. 7. 23. 선고 99도1911 판결; 대법원 2004. 6. 24. 선고 2004도520 판결).
6. 법인이 타인의 사무를 처리할 의무를 지는 경우 누가 배임죄의 주체가 되는가?(대법원 1984. 10. 10. 선고 82도2595 전원합의체 판결)
7. 1인 회사 1인 주주의 경영판단은 형법적 통제로부터 해방될 수 있는가? 이에 대하여 참고판례는 어떠한 입장을 취하고 있는가? 이와 관련하여 1인 회사는 실질적으로 주주의 소유재산이고 회사와 주주는 이해의 동질성을 가진다는 이유로 형식적 법인격론을 비판하고 주주의 손해가 없으면 회사

의 손해를 인정해선 안 된다는 견해[윤영신, "전환사채의 저가발행에 대한 이사의 배임죄 성부," 「민사판례연구」 제28집(2007), 346면; 이철송, "자본거래와 임원의 형사책임," 「인권과정의」 제359호(2006), 106면]와, 상법상 회사 임원의 충실의무는 1차적으로 회사를 향한 것이지만 그가 회사의 변제자력이 불충분하다는 것을 알면서도 회사소유 돈을 유용하여 사적인 용도로 사용하였다면 소수주주나 회사에 돈을 빌려 준 채권자에게 피해를 발생시켰는지 등을 따져 형법상 업무상 배임죄의 죄책 여하를 검토해야 한다는 견해[이용식, "횡령·배임죄와 이사의 자기거래," 「상사판례연구」 제4권(2000), 240~241면]가 대립한다. 각 입장의 논거를 분석하고 평가해 보라.

Ⅲ. '경영판단'에 대한 배임죄 적용

도입판례

(가) 대법원 2004. 7. 22. 선고 2002도4229 판결【특정경제범죄가중처벌등에관한법률위반(배임)·보험업법위반】(공2004, 1480)

【피 고 인】 갑, 을
【상 고 인】 피고인들
【변 호 인】 변호사 박성철 외 2인
【원심판결】 서울고법 2002. 7. 26. 선고 2002노174 판결
【주 문】 원심판결을 파기하고, 사건을 서울고등법원에 환송한다.
【이 유】

상고이유를 판단한다.

1. 피고인 갑의 상고이유에 대한 판단

가. 공소사실의 요지

피고인 갑에 대한 공소사실의 요지는, 피고인 갑은 1993. 8. 25.부터 1996. 8. 13.까지 P보증보험주식회사(이하 'P보증보험'이라고 한다)의 대표이사로 재직하였는데, P보증보험의 영업지침에 의하면 보험계약을 체결하기 전에 심사 주무부서가 인수조건을 심사함에 있어 대상 업체의 재무상황과 비재무상황 등을 기준으로 평점을 산출하여 심사등급을 나누고 그에 따른 인수조건을 정하되 평점이 낮은 등급일수록 인수조건을 엄격하게 규정하고 있으며 예외적으로 심사등급을 조정할 수 있는 등 부실회사채의 지급보증 등으로 발생할 수 있는 위험을 회피하도록 세부규정을 두고 있으므로, 보증보험회사를 경영하는 피고인 갑으로서는 위 영업지침에 따라 대상 회사의 재무구조, 사업전망, 경영실태, 원리금 상환능

력이나 연대보증인의 신용상태 등을 면밀하게 조사·확인하여 평점을 산출하고 이에 따른 심사등급을 정확하게 결정한 후 그에 따른 인수조건을 엄격히 적용하여 보증금액의 상환이 확실한 경우에 한하여 보증을 인수하여야 할 임무가 있음에도 이러한 임무에 위배하여, (1) 1994. 8. 24.경부터 1995. 3. 16.까지 사이에 재무부 근무시절 직장 상사이던 Q종합개발주식회사(이하 'Q종합개발'이라고 한다)의 대표이사 A으로부터 주식회사 R산업(이하 'R산업'이라고 한다) 등 7개 업체의 S기술금융 주식회사(이하 'S기술금융'이라고 한다)로부터의 기술개발융자금 69억 6,700만 원에 대한 지급보증을 요청받게 되었는바, R산업 등 7개 업체들은 1992. 내지 1994.에 신설된, 자본금 5,000만 원 내지 3억 원의 소규모 법인들로서, 매출실적이나 영업이익이 전혀 없어 심사평점의 산출조차 불가능한 업체들이고, 또한 연대보증인인 Q종합개발도 1993. 12. 말 기준 자기자본 8억 8,200만 원, 매출액이 전혀 없는 업체로서 심사평점 37점으로 심사등급 D급이고, 지급보증요청을 검토한 P보증보험 실무진에서 지급보증을 반대하고 있었으므로 이러한 경우 피고인 갑로서는 R산업 등의 지급보증을 인수하여서는 아니 되고 부득이 지급보증을 인수하더라도 P보증보험의 영업지침에 따라 담보율 100% 이상의 담보물을 확보하는 등 인수조건을 충분히 확보한 다음 지급보증을 인수하여야 함에도 불구하고, 위 A와의 개인적인 친분관계를 고려한 나머지 재무상태나 신용도 등에 대한 아무런 검토도 없이 신용도 취약업체인 Q종합개발을 함부로 우대기업(C군)으로 부당하게 선정한 후 동 회사를 연대보증인으로 하는 등 위 영업지침에 규정된 인수조건을 충족하지 못한 채 B급 인수조건으로 지급보증을 하여 주는 등 8회에 걸쳐 합계 69억 6,700만 원의 기술개발자금을 함부로 지급보증하였으나 1995. 6.경 위 보증의뢰 업체 및 연대보증한 Q종합개발 등이 모두 부도처리됨으로써, 보험회사의 임원이 임무에 위배한 행위를 하여 R산업 등 7개 업체에 위 금액 상당의 이익을 취득하게 하고, P보증보험에 동액 상당의 손해를 가하고, (2) 1995. 10. 16. T종합특수강 주식회사(이하 'T종합특수강'이라고 한다)의 대표이사 B로부터 그 회사의 제154회 회사채 78억 4,700만 원에 대한 지급보증을 요청받게 되었던바, T종합특수강은 1990.부터 재무구조가 악화되면서 소속 그룹의 회장이기도 한 위 B의 외화밀반출 루머 등으로 인해 전 금융기관에서 그룹 전체에 대한 대출금 회수에 들어가 자금사정이 어려웠고, 1994. 12. 말 기준으로 9,231억 원에 이르는 과다한 차입으로 이자부담이 가중되어 1992년도 790억 원, 1993년도 895억 원, 1994년도 685억 원 등 3년 연속으로 적자가 누적되면서 재무구조가 악화되어 부채비율이 878.1%에 달하는 부실회사로서, 1992. 10. 23. P보증보험으로부터 우대업체 선정이 취소된 후에 재무상태 등이 더욱 악화되어 회사채를 발행하더라도 그 원리금 상환능력이 의심스러운 상황이고, 또한 T종합특수강은 과다계약자로 보험계약 유의자에 해당되어 영업지침상 청약접수 비대상업체로 분류되었을 뿐 아니라, P보증보험의 심사부서에서 기업 평가한 결과 평점 54점으로 심사등급 C급에 해당되고, 위 154회 회사채 지급보증요청을 검토한 부사장 C, 상무이사 D 등 P보증보험의 임·직원들이 지급보증의 인수를 반대하고 있었으므로, T종합특수강의 지급보증을 하여서는 아니 되고 부득이 지급보증을 하더라도 P보증보험의 영업지침에 따른 인수조건을 충분히 확보한 다음 지급보증을 해주어야 함에도 불구하고 위 B와의 친분관계를 고려한 나머지 함부로 T종합특수강을 우대업체(B군)로 재선정하여 심사등급을 상향조정한 뒤, 아무런 물적 담보 없이, 자금사정 및 신용상황이 악화되어 우대업체 선정이 취소된 주식회사 T(이하 'T'라고 한다)를 연대보증인으로 하여, 78억 4,700만 원의 회사채 발행을 함부로 지급보증하였으나, T종합특수강 및 T 등이 1997. 3.경 부도처리됨으로써 보험회사의 임원이 임무에 위배한 행위를 하여 T종합특수강에 위 금액 상당의 이익을 취득하게 하고 P보증보험에 동액 상당의 손해를 가하였다는 것이다.

나. 원심의 판단

(1) 위 공소사실 (1)항에 대하여

원심은 제1심이 채택한 증거들에 의하여, 위 A는 Q종합개발을 통하여 중국 흑룡강성 삼강평원의 농장개발사업을 추진하던 중, 개발자금조달이 여의치 않게 되자 R산업의 대표이사인 E 등으로부터 한국기술금융의 기술개발자금을 융자받을 수 있도록 도와주면 Q종합개발의 농장개발사업에 투자하겠다는 제의를 받게 되자 재무부 근무시절의 부하이던 피고인 1을 찾아가 Q종합개발의 농장개발사업을 설명하면서 위 기술개발자금에 대한 지급보증의 인수를 부탁한 사실, 피고인 갑은 A와 동석한 자리에서 부사장인 C와 담당 상무인 D를 사장실로 불러 A를 소개하면서 A가 부탁한 지급보증 인수건을 긍정적으로 검토하도록 지시한 사실, 위 D의 지시로 심사부장인 F를 포함한 심사부 실무자들이 P보증보험 안산지점에 신청된 위 지급보증 인수건을 검토한 결과, 신청인으로 되어 있는 R산업 등 7개 업체 모두가 신설업체로서 매출실적이 전혀 없어 심사등급을 평가할 자료조차 없는 상황이어서 심사승인이 불가능하고, 지급보증을 해주더라도 100%의 담보를 제공받도록 되어 있는 D급 인수조건으로 지급보증을 하여야 할 것으로 판단하여 신용으로 지급보증을 인수하는 것을 반대하였으나, 피고인 1의 지시를 거부할 수 없어 신용으로 지급보증을 인수하는 방안을 검토한 끝에 우대업체가 연대보증하는 경우 담보가 필요 없는 B급 인수조건으로 지급보증계약을 인수하는 것이 가능하다는 데 착안하여 Q종합개발을 우대업체로 선정하는 방안을 D를 통하여 피고인 갑에게 보고한 사실, 피고인 갑이 이와 같은 방안을 승인하자 위 D는 기업분석부장인 G에게 Q종합개발을 우대업체로 선정하도록 지시한 사실, 기업분석부의 심사결과 Q종합개발은 1993. 12. 말 기준으로 자기자본이 8억 8,200만 원 정도이고 매출실적이 전혀 없는 등 심사평점이 37점에 불과하여 그에 따른 심사등급이 D급으로 평가되었음에도 불구하고, Q종합개발의 신용성에 대한 객관적인 평가 및 거래실적, 산업특성, 동종업체에서의 지위 등을 면밀히 검토하지 않은 채, P보증보험의 영업지침 제1065조 제3항의 "회사와의 거래실적, 산업특성, 동업계 지위, 정부의 중소기업지원시책 등을 감안하여 신용이 있다고 인정되는 업체를 우대업체로 선정(군 상향조정 포함)할 수 있다. 이 경우 제1064조(위임전결

사항)에서 정한 수임자의 상위결재권자를 전결권자로 한다"라는 규정을 근거로 Q산업개발을 우대업체 C군으로 선정하기로 하고 피고인 갑의 결재를 받은 사실, 그 후 P보증보험은 Q종합개발의 연대보증 아래 R산업 등 7개 업체에 S기술금융의 기술개발자금 합계 69억 6,700만 원에 대한 지급보증을 인수하였으나, 1995. 6.경 R산업 등 보증신청 업체 및 연대보증업체인 Q종합개발이 모두 부도처리된 사실을 인정한 다음, P보증보험의 대표이사인 피고인 1이 Q종합개발을 우대업체 C군으로 선정한 것이 회사의 영업지침을 위배한 것은 아니라고 하더라도, 기업분석부의 객관적인 심사결과로는 우대업체 D군 정도에 해당하는 Q종합개발에 대하여 그 사업계획 등에 대한 면밀한 검토 없이 S기술금융의 기술개발자금에 대한 지급보증을 위하여 실무자들의 반대에도 불구하고 영업지침을 자의적으로 해석하여 Q종합개발을 우대업체 C군으로 선정하여 지급보증을 인수한 사정 등을 종합하면, 피고인 갑에게 임무위배의 인식과 그로 인하여 자기 또는 제3자가 이익을 취득하고 본인에게 손해를 가한다는 인식이 있었거나 이에 대한 미필적 인식이 있었다고 볼 수밖에 없으므로 배임의 고의를 인정하기 충분하고, 회사의 영업지침을 형식적으로 준수하였다고 하여 보증금액 상환 가능성에 대한 구체적인 검토 없이 지급보증을 인수한 이 사건 범행을 임무에 위배한 것이 아니라고 할 수는 없다고 판단하였다.

(2) 위 공소사실 (2)항에 대하여

또한, 원심은 P보증보험이 이미 지급보증하였으나 1995. 11. 9. 만기가 도래하는 T금속의 회사채 54억 4,000만 원에 대한 상환여력이 전혀 없고 상환기한의 연기도 불가능할 것으로 판단되자, T그룹 소속 T종합특수강의 대표이사인 B, 자금담당이사인 H, T의 관리담당이사인 공소외 I 등은 T종합특수강 명의의 신규 회사채를 발행하여 만기가 도래한 T금속의 회사채를 상환하기로 결정하고 1995. 9. 말경 P보증보험 강남지점에 P종합특수강의 제154회 회사채에 대한 지급보증의 인수를 부탁하였으나 물적 담보 없이는 불가능하다며 거절당한 사실, 그 후 P보증보험

본사와 협의가 되었다며 심사의뢰하여 달라는 위 H, I 등의 부탁에 따라 강남지점에서 T종합특수강의 신규 회사채 지급보증 인수건에 대한 심사를 의뢰하자, 부사장인 C, 담당 상무인 D, 심사과장인 J 등이 삼미종합특수강의 경우 1992.부터 1994.까지 3년 연속 적자가 누적되고 연도별 차입금 및 부채비율이 늘어나면서 재무상태와 신용상태가 매년 악화되어 있어 원리금 상환능력이 의심스럽다는 사정을 들어 지급보증 인수를 반대하였으나, 피고인 갑은 위 C를 심하게 질책하면서까지 지급보증의 인수를 지시한 사실, T종합특수강에 대한 심사결과 심사평점이 54점으로 C급 인수조건에 해당할 뿐만 아니라, P보증보험의 영업지침상 우대업체로 선정된 업체의 재무상황 및 비재무상황 등을 종합적으로 판단하여 계속적인 거래를 하는 경우 많은 손해가 발생할 것으로 판단되는 경우에는 우대업체선정을 취소하도록 규정하고 있는데, T종합특수강은 이와 같은 영업지침에 따라 1992. 10. 23.자로 우대업체선정이 취소되었고, 과다계약자로 보험계약 유의자에 해당하여 청약접수 비대상업체로 분류되고 있었던 사실, 앞서 본 바와 같이 T종합특수강의 재무상태와 신용상태가 매년 악화되어 가고 있었고, 금융권에서도 기존 대출금을 회수하면서 어음과 수표 용지의 교부를 제한하고 있었으며, T그룹 전체에 대한 부도위기설 등이 나돌아 재무상태가 극도로 악화되고 있었음에도, 피고인 갑의 지시에 따라 영업지침 제1071조 제2항의 "우대업체 선정이 취소된 업체라도 취소 사유가 해소되었거나 해소될 것으로 인정되는 경우에 주무부서에서 선정기준 등 충족 여부를 검토한 후 재선정할 수 있다"는 규정에 기하여 T종합특수강을 우대업체 B군으로 재선정한 다음, T종합특수강 발행의 백지 당좌수표 2매와 위 B의 개인 연대보증, T의 연대보증, T의 대표이사인 공소외 K의 개인 연대보증 외에 어떠한 물적 담보도 취득하지 않은 채 78억 4,700만 원의 신규 회사채에 대한 지급보증을 한 사실, 한편 지급보증 당시 대한보증보험은 T그룹에 대한 지급보증 잔액을 단계적으로 감소시킨다는 방침에 따라 T종합특수강에게 신규 회사채 발행에 기한 차입금으로 T금속의 만기 도래 회사채 54억 4,000만 원을 전액 상환하고, T종합특수강의 전환사채 211억 원 중 100억 원 정도를 주식으로 전환하는 조건을 제시하였고, T종합특수강이 이를 받아들여 1995. 8. 7. 전환사채 211억 원 중 97억 원을 주식으로 전환하고 같은 해 11. 9. T금속의 회사채 54억 4,000만 원을 전액 상환한 사실, T종합특수강을 비롯한 T그룹은 1997. 3. 18. 모두 부도가 난 사실을 인정한 다음, 비록 대표이사인 피고인 갑이 T종합특수강을 우대업체 B군으로 재선정하여 신규 회사채에 대한 지급보증을 인수한 것이 회사의 영업지침을 위배한 것은 아니고 T그룹 전체에 대한 보증잔액을 감소시킨 것이라고 하더라도, 이미 우대업체 선정이 취소되어 청약접수 비대상업체로까지 분류되어 있고 재무상황 및 신용상황이 극도로 악화되어 있는 T종합특수강에 대한 객관적인 기업가치평가 없이 형식적인 검토만을 거쳐 우대업체 B군으로 재선정하고 정책적으로 국가기간산업인 T종합특수강을 부도내지는 않을 것이라는 자의적인 판단에 기하여 실무자들의 반대에도 불구하고 신규 회사채의 지급보증을 인수한 사정을 종합하면, 피고인 갑에게 임무위배의 인식과 그로 인하여 자기 또는 제3자가 이익을 취득하고 본인에게 손해를 가한다는 인식이 있었거나 이에 대한 미필적 인식이 있었다고 볼 수밖에 없으므로, 배임의 고의를 인정하기 충분하고, 회사의 영업지침을 형식적으로 준수하였다고 하여 보증금액의 상환가능성에 대한 구체적인 검토 없이 지급보증을 인수한 이 사건 범행을 임무에 위배한 것이 아니라고 할 수는 없는 것이며, 결과적으로 만기가 도래한 T금속의 회사채가 상환되었다고 하여 T종합특수강에 대한 신규 회사채의 지급보증을 차환보증이라고 할 수는 없는 것이고(보증액 역시 78억 4,700만 원으로 T금속의 회사채 54억 4,000만 원을 초과하고 있다), 배임죄에서 '재산상의 손해를 가한 때'라 함은 현실적인 손해를 가한 경우뿐만 아니라 재산상 실해 발생의 위험을 초래한 경우도 포함되고 일단 손해의 위험성을 발생시킨 이상 사후에 피해가 회복되었다 하여도 배임죄의 성립에 영향을 주는 것은 아니므로, T종합특수강의 신규 회사채에 대한 지급보증 당시 이미 손해의 위험이 발생한 이상, 그 후에 T종합특수강의 기존 전환사채 중 일부가 주식으로 전환되었다는 사정은 이 사건 배임죄의 성립에 영향을 주는 것이 아니라고 판단하였다.

다. 대법원의 판단

그러나 원심의 위와 같은 판단은 다음과 같은 이유로 수긍할 수 없다.

(1) 일반적으로 업무상배임죄의 고의는 업무상 타인의 사무를 처리하는 자가 본인에게 재산상의 손해를 가한다는 의사와 자기 또는 제3자의 재산상의 이득의 의사가 임무에 위배된다는 인식과 결합하여 성립되는 것이며, 이와 같은 업무상배임죄의 주관적 요소로 되는 사실(고의, 동기 등의 내심적 사실)은 피고인이 본인의 이익을 위하여 문제가 된 행위를 하였다고 주장하면서 범의를 부인하고 있는 경우에는 사물의 성질상 고의와 상당한 관련성이 있는 간접사실을 증명하는 방법에 의하여 입증할 수밖에 없고, 무엇이 상당한 관련성이 있는 간접사실에 해당할 것인가는 정상적인 경험칙에 바탕을 두고 치밀한 관찰력이나 분석력에 의하여 사실의 연결상태를 합리적으로 판단하는 방법에 의하여야 한다는 점, 그리고 배임죄에 있어서 '재산상의 손해를 가한 때'라 함은 현실적인 손해를 가한 경우뿐만 아니라 재산상 실해 발생의 위험을 초래한 경우도 포함된다는 점은 당원이 일관되게 설시하여 온 바이다(대법원 2003. 2. 11. 선고 2002도5679 판결 참조).

그런데 경영상의 판단과 관련하여 기업의 경영자에게 배임의 고의가 있었는지 여부를 판단함에 있어서도 위와 마찬가지의 법리가 적용되어야 함은 물론이지만, 기업의 경영에는 원천적으로 위험이 내재하여 있어서 경영자가 아무런 개인적인 이익을 취할 의도 없이 선의에 기하여 가능한 범위 내에서 수집된 정보를 바탕으로 기업의 이익에 합치된다는 믿음을 가지고 신중하게 결정을 내렸다 하더라도 그 예측이 빗나가 기업에 손해가 발생하는 경우가 있을 수 있는바, 이러한 경우에까지 고의에 관한 해석기준을 완화하여 업무상배임죄의 형사책임을 묻고자 한다면 이는 죄형법정주의의 원칙에 위배되는 것임은 물론이고 정책적인 차원에서 볼 때에도 영업이익의 원천인 기업가 정신을 위축시키는 결과를 낳게 되어 당해 기업뿐만 아니라 사회적으로도 큰 손실이 될 것이다. 따라서 현행 형법상의 배임죄가 위태범이라는 법리를 부인할 수 없다 할지라도, 문제된 경영상의 판단에 이르게 된 경위와 동기, 판단대상인 사업의 내용, 기업이 처한 경제적 상황, 손실발생의 개연성과 이익획득의 개연성 등 제반 사정에 비추어 자기 또는 제3자가 재산상 이익을 취득한다는 인식과 본인에게 손해를 가한다는 인식(미필적 인식을 포함)하의 의도적 행위임이 인정되는 경우에 한하여 배임죄의 고의를 인정하는 엄격한 해석기준은 유지되어야 할 것이고, 그러한 인식이 없는데 단순히 본인에게 손해가 발생하였다는 결과만으로 책임을 묻거나 주의의무를 소홀히 한 과실이 있다는 이유로 책임을 물을 수는 없다 할 것이다.

(2) 기록에 비추어 살펴볼 때, 이 사건에서 임무위배행위인지 여부가 문제되는 것은 보증보험회사의 영업으로 행한 보증보험계약의 인수인바, P보증보험의 설립취지문에도 나타나 있듯이 P보증보험은 담보력이 부족한 기업이나 개인의 신용을 보완해 줌으로써 국가경제발전에 기여하기 위한 목적으로 설립된 보증보험회사로서 대출금에 대하여 전액 회수를 전제로 대출업무를 영위하는 일반 시중은행과 달리 보증보험회사는 보증한 회사채의 지급 불능 등으로 인한 보험사고가 발생할 위험이 어느 정도 있음을 전제로 보험의 법리에 따라 신용 위주로 영업을 영위하는 특성도 가지고 있고, 따라서 기본적으로 보증보험회사의 경영자에게 공소사실의 기재와 같이 보증금액의 상환이 확실한 경우에 한하여 보증을 인수할 임무가 있다고는 할 수 없다.

나아가 개개의 보증인수행위별로 살펴보면, 우선 Q종합개발은 1992. 4.경 중국의 흑룡강성 농업개발건설총공사와 합작하여 중국 흑룡강성의 삼강평원에 대규모 농지를 임차하여 농장을 개발하는 사업을 추진하던 한국 최초의 대규모 해외농업개발 추진업체이었고, 그 대표이사이던 A는 경제기획원차관, 농수산부장관, 농업진흥공사 이사장, 흑룡강성 특별경제고문 등을 지낸 저명한 인물이었으며, 1994. 4. 6.까지 총 1억 1,400만 평 중 4,000만 평을 이미 개발하여 일부 농산물을 생산하고 있었고,

당시는 정부의 북방정책에 따라 중국과의 수교가 이루어지고 중국의 개혁·개방정책과 맞물려 우리 기업의 중국에 대한 투자가 적극적으로 벌어지기 시작하던 무렵이었던 점은 공지의 사실로서 위 사업 내용은 당시 주요 언론에 대대적으로 보도되기도 하였으며, 피고인 갑은 A로부터 직접 그 사업 내용, 진행상황 및 전망에 관한 설명을 듣고 그 사업전망이 있다고 판단하였던 것으로 볼 수 있고, 피고인 갑이 심사심의위원회의 의결을 거치는 등 적법한 절차를 거쳐 Q종합개발을 우대업체로 선정한 점에 비추어 위 영업지침 제1065조 제3항을 적용한 것이 임무위배행위에 해당한다고 보기는 어렵고, 따라서 Q종합개발의 연대보증 아래 R산업 등 7개 업체의 기술개발자금 대출에 대한 지급보증을 한 것은 적법한 절차에 따른 것이었다고 보일 뿐이며, 여기에다가 피고인 갑과 A가 모두 재무부 출신이기는 하나 같은 부서에서 상급자와 하급자의 관계로 근무한 적도 없고 기타 별다른 친분관계도 없었으며 Q종합개발을 우대업체로 선정하기로 한 이후 그 연대보증 하에 지급보증을 하는 것에 대하여 반대한 실무자도 없었던 사실, 피고인 1이 금품을 수수하거나 기타 개인적인 이익을 얻으려 하였다는 점이 인정되지도 않는 사실 등을 보태어 보면 원심이 적시한 일부 간접사실들만으로는 Q종합개발의 연대보증 하에 R산업 등 7개 업체에 대하여 지급보증을 한 것이 임무위배행위에 해당한다거나 피고인 갑에게 배임의 고의가 있었다고 단정하기 어렵다 할 것이다.

다음으로, 피고인 갑은 P보증보험의 대표이사로 취임한 이후 재정상태가 좋지 않던 T그룹에 대한 지급보증 잔액을 매년 단계적으로 감소시켜 왔는데, 1995. 11. 9. 만기가 도래하는 T금속의 회사채 보증액 54억 4,000만 원에 대한 지급보증의 경우 T금속이 자본잠식 상태로 상환능력이 없어 그 기한을 연장할 수도 없고, 그렇다고 기한 연장을 거절하여 부도를 내는 경우 T그룹 전체의 부도로 연결되어 T그룹 전체의 보증잔액 580억 원을 회수하지 못하게 될 수도 있는 반면, 같은 그룹 계열사인 T종합특수강은 국내 최대, 세계 3대 규모의 특수강제조업체로서 국가기간산업이며, 총자산이나 매출액 등 규모 면에서는 특별우대업체에 해당하고, 북미현지법인인 T아트라스의 인수로 일시적으로 자금난을 겪고 있었지만 1994.부터 시설투자가 일단락되어 향후 금융비용을 절감하게 될 것이 예상되고 있었고 특별우대업체의 자격이 취소된 이후 매출액과 영업이익이 지속적으로 개선되고 있는 등 T금속에 비하여 상대적으로 재정상태가 양호한 점을 감안하여, 만기가 도래한 T금속의 회사채 보증액 54억 4,000만 원을 전액 상환하고 P보증보험이 과거 지급보증하였던 211억 원 상당의 T종합특수강 발행의 전환사채 중 100억 원 정도를 주식으로 전환하는 대신에 T종합특수강의 회사채 78억 4,700만 원에 대한 지급보증을 해 주는 방식으로 T그룹의 전체적인 보증규모를 줄여가는 계획을 추진하였고, 실제 이러한 계획은 모두 그대로 이행되었으므로(다만 실제 주식으로 전환된 사채금액은 97억 원 상당이었고 전환사채가 주식으로 전환된 날은 1995. 8. 7.경으로서 원심의 판시와 달리 보증인수를 하기 이전이었다) 결과적으로 T그룹에 대한 보증잔액을 약 73억 원 정도 감소시켜 P보증보험으로서는 T종합특수강의 회사채 지급보증으로 손해를 본 것이 아니라 그 금액만큼 이득을 본 셈이 되어 실제로 손해가 발생하지 않았으며, T종합특수강의 재무상황과 비재무상황을 면밀히 검토한 결과 회사의 영업지침에 기하여 우대업체로 선정하는 것이 상당하였으므로 우대업체 B군으로 선정한 것이고, 우대업체로 선정되는 경우 영업지침에 의해 청약접수 비대상업체에서 제외되기 때문에 과거 보험계약 유의자로서 청약접수 비대상업체로 분류되어 있던 T종합특수강을 청약접수 비대상업체에서 제외한 것이어서 이와 같은 업무처리과정에 있어서 영업지침에 위배되는 것은 없었다고 보여지고, 설사 T종합특수강을 우대업체 B군으로 재선정한 것이 다소 무리한 측면이 있었다 할지라도 이는 위와 같이 T그룹의 보증한도를 점진적으로 감축시킴으로써 회사의 이익을 지키려는 의도 하에 행한 처분으로 볼 수 있기 때문에 이 부분만을 따로 떼어내어 임무위배행위에 해당한다고 보기는 어려우며, 여기에다가 피고인 갑이 금품수수 기타 어떠한 개인적인 이익을 얻은 사실이 없음은 원심도 인정하고 있고, 기록상 피고인 갑이 원심의 판시와 같이 T그룹의 회장 B와 어떠한 친분관계가 있었다는 점을 인정할 만한 자료를 찾을 수 없으며, 심사 초기에 부사장 C가 T종합특수강의 부채비율이 높다는 등의 이유로 반대 의견을 표시하였으나 위와 같이 T금속이 발행한 회사채의 상환 및 T종합특수강이 발행한 전환사채 중 100억 원 상당의 주식전환과 연계하여 조건부로 처리하기로 한 이후에는 반대한 직원이 없었던 것으로 보이고 위 C 역시 제1심의 증인으로 출석하여 위 지급보증으로 인하여 T그룹 전체에 대한 보증총액이 감소함으로써 회사에 이익이 되었다는 점을 시인한 바 있고, 위 지급보증 이후 T종합특수강이 발행한 제155차 내지 178차의 회사채에 대하여 P보증보험 주식회사, V산업은행, 주식회사 W은행, 주식회사 X은행 등과 같은 금융기관들 역시 지급보증을 계속 해주었으며, 달리 피고인 갑이 의도적으로 회사에 손해를 가하는 배임행위를 저지를 동기도 찾아 볼 수 없는 점을 보태어 보면 피고인 갑에게 배임의 고의가 있었다고 단정하기 어렵다 할 것이다.

그럼에도 불구하고, 원심은 피고인 갑에 대한 위 각 공소사실에 대하여 업무상배임죄의 성립을 인정하였는바, 이러한 원심판결에는 업무상배임죄의 고의를 인정하기 위하여 필요한 심리를 다하지 아니하거나 업무상배임죄에 있어서의 임무위배행위 내지 고의에 관한 법리를 오해하였거나 채증법칙을 위배하여 사실을 오인한 위법이 있다 할 것이고, 이를 다투는 상고이유의 주장은 정당하다.

* * *

3. 결론

그러므로 나머지 상고이유에 대한 판단을 생략한 채 원심판결 전부를 파기하고, 사건을 다시 심리·판단하게 하기 위하여 원심법원에 환송하기로 관여 대법관의 의견이 일치되어 주문과 같이 판결한다.

대법관 변재승(재판장) 윤재식 강신욱(주심) 고현철

(나) 대법원 2000. 5. 26. 선고 99도2781 판결【특정경제범죄가중처벌등에관한법률위반(배임)·증권거래법위반】(공2000, 1575)

【피 고 인】 갑
【상 고 인】 피고인
【변 호 인】 변호사 정지형 외 1인
【원심판결】 서울고법 1999. 6. 15. 선고 99노342 판결
【주 문】 상고를 기각한다.
【이 유】

변호인들의 상고이유를 함께 본다.

1. 업무상배임죄가 성립하기 위하여는 주관적으로 배임행위의 결과 본인에게 재산상의 손해가 발생하거나 발생할 염려가 있다는 인식과 자기 또는 제3자가 재산상의 이득을 얻는다는 인식이 있으면 족하고 본인에게 재산상의 손해를 가한다는 의사나 자기 또는 제3자에게 재산상의 이득을 얻게 하려는 목적은 요하지 아니하며(대법원 1983. 12. 13. 선고 83도2330 전원합의체 판결; 1989. 8. 8. 선고 89도25 판결 등 참조), 주식회사의 이사가 타인 발행의 약속어음에 회사 명의로 배서할 경우 그 타인이 어음금의 지급능력이 없어 그 배서로 인하여 회사에 손해가 발생하리라는 점을 알면서 이에 나아갔다면, 이러한 약속어음의 배서행위는 타인에게 이익을 얻게 하고 회사에 손해를 가하는 행위로서 회사에 대하여 배임행위가 되고, 그것이 경영상의 판단이라는 이유만으로 배임죄의 죄책을 면할 수는 없으며(대법원 1999. 6. 25. 선고 99도1141 판결 참조), 한편 주식회사와 주주는 별개의 인격으로서 동일인이라고 볼 수 없으므로, 회사의 임원이 그 임무에 위배되는 행위로 재산상 이익을 취득하거나 제3자로 하여금 이를 취득하게 하여 회사에 손해를 가한 때에는 이로써 배임죄가 성립하고, 그 임무위배행위에 대하여 사실상 대주주의 양해를 얻었다고 하여 본인인 회사에 손해가 없다거나 또는 배임의 범의가 없다고도 볼 수 없고(대법원 1985. 10. 22. 선고 85도1503 판결 참조), 주식회사의 경

영을 책임지는 이사는 이사회의 결의가 있더라도 그 결의 내용이 주주 또는 회사 채권자를 해하는 불법한 목적이 있는 경우에는 이에 맹종할 것이 아니라 회사를 위하여 성실한 직무수행을 할 의무가 있으므로, 이사가 임무에 위배하여 주주 또는 회사 채권자에게 손해가 될 행위를 하였다면, 회사 이사회의 결의가 있었다고 하여 그 배임행위가 정당화될 수 없는 것이다(대법원 1989. 10. 13. 선고 89도1012 판결 참조).

2. 원심판결 이유를 앞서 본 법리와 기록에 비추어 살펴보면, 피고인은 P종합금융 주식회사의 경영권을 인수할 목적으로 그 회사 발행의 주식을 매집하고자 이에 소요되는 자금을 마련하는 방편으로 10억 원을 투자하여 급조한 주식회사 A 및 원심 공동피고인이 경영하던 회사로서 거래실적이나 자산이 거의 없는 주식회사 B 명의로 원심 판시와 같이 액면 합계 467억 원에 달하는 이 사건 약속어음들을 발행하게 하고, 나아가 이를 금융기관에서 할인하기 위하여 피고인 자신이 대주주이고 이사 겸 부사장으로서 경영을 사실상 책임지고 있던 회사로서 금융권에서 신용이 있는 주식회사 C의 명의로 배서를 한 것으로서 이 경우 주식회사 A 및 주식회사 B는 그 약속어음들을 결제할 자금이나 능력이 없어 결국 그 배서인인 주식회사 C가 모든 책임을 져야 하는 만큼, 피고인이 그 배서에 앞서 주식회사 C의 이사회 결의를 거치고, 또한 주식회사 C의 대주주로서 피고인의 형들인 공소외 D, E의 승낙을 받았다고 하더라도, 이는 주식회사 C의 이사 겸 부사장으로서 실질적 경영자인 피고인이 그 지위를 이용하여 자신의 권한을 넘어 주식회사 C의 설립 목적과 사업범위를 벗어난 행위로서 주식회사 C에 대한 신임관계를 저버리는 임무위반의 행위이고, 또한 주식회사 C와 그 소수주주 또는 채권자들에게 재산상의 손해를 입힐 수 있다는 것을 충분히 인식하고 있었던 것으로 보이므로, 피고인에게 업무상배임의 범의가 없었다고 할 수 없으며, 이 사건 약속어음들에 대한 배서에 관하여 주식회사 C의 이사회 결의 및 대주주의 승낙이 있었다고 하여 본인인 주식회사 C의 승낙이 있었다고 볼 수도 없다.

같은 취지에서 피고인을 업무상배임으로 인한 특정경제범죄가중처벌등에관한법률위반죄로 다스린 원심의 조치는 정당하고, 거기에 상고이유에서 주장하는 바와 같이 배임죄에서의 임무위배행위, 배임의 범의 또는 피해자의 승낙에 관한 법리를 오해하거나, 채증법칙을 위배하여 사실을 잘못 인정한 위법이 있다고 볼 수 없다.

3. 그러므로 상고를 기각하기로 하여 관여 법관의 일치된 의견으로 주문과 같이 판결한다.

대법관 이돈희(재판장) 이임수 송진훈(주심) 윤재식

참고판례

▷ 대법원 2004. 6. 24. 선고 2004도520 판결【특정경제범죄가중처벌등에관한법률위반(배임)·주식회사의외부감사에관한법률위반】(공2004, 1266)

1. 피고인들에 대한 공소외 A 주식회사관련 특정경제범죄가중처벌등에관한법률(이하 '특경법'이라 한다)위반(배임) 부분에 관한 판단

가. 피고인들의 업무상 배임행위 및 배임죄의 고의 유무에 대하여

* * *

그리고 업무상배임죄가 성립하려면 주관적 요건으로서 임무위배의 인식과 그로 인하여 자기 또는 제3자가 이익을 취득하고 본인에게 손해를 가한다는 인식, 즉 배임의 고의가 있어야 하고, 이러한 인식은 미필적 인식으로도 족한바, 이익을 취득하는 제3자가 같은 계열회사이고, 계열그룹 전체의 회생을 위한다는 목적에서 이루어진 행위로서 그 행위의 결과가 일부 본인을 위한 측면이 있다 하더라도 본인의 이익을 위한다는 의사는 부수적일 뿐이고 이득 또는 가해의 의사가 주된 것임이 판명되면 배임죄의 고의를 부정할 수 없다고 할 것이다(대법원 2001. 7. 13. 선고 2001도1660 판결; 2003. 2. 11. 선고 2002도5679 판결 등 참조).

이러한 법리와 원심이 인용한 제1심판결의 채택 증거들을 기록에 비추어 살펴보면, 피고인 갑은 공소외 B 주식회사의 대표이사 회장이자 공소외 B 주식회사 및 공소외 C 주식회사, 공소외 A 주식회사 등이 속해 있는 (상호 생략)그룹의 회장이고, 피고인 병은 공소외 B 주식회사의 이사 겸 부회장으로 (상호 생략)그룹의 기획조정실장이며, 피고인 을은 공소외 B 주식회사의 대표이사 사장인바, 피고인들이 이미 자본금 300억 원이 모두 잠식됨으로써 그 발행주식의 실질가치가 영(零) 원으로 평가되고 있고 보험금 지급여력이 없는 등 그 재무구조가 상당히 불량한 상태에 있는 회사인 공소외 A 주식회사의 재정상태를 잘 알고 있으면서도 공소외 A 주식회사에 대한 재정경제원 장관의 자본금 증액명령을 이행하여야 한다는 점을 구실로 삼아 공소외 A 주식회사의 신주를 인수할 의무가 있지도 않은 공소외 B 주식회사의 자금으로 공소외 A 주식회사가 발행하는 신주를 액면가격으로 인수한 것은 그 자체로 공소외 A 주식회사에게 이익을 얻게 하고 공소외 B 주식회사에게 손해를 가하는 배임행위임이 분명하고, 비록 공소외 A 주식회사가 재정경제원 장관의 증자명령을 이행하지 아니한다면 공소외 A 주식회사가 속해 있는 (상호 생략)그룹 전체의 명예가 손상되어 그 결과 (상호 생략)그룹의 계열사인 공소외 B 주식회사의 영업에도 지장이 있게 될 가능성이 있으므로 공소외 B 주식회사도 위한다는 의사가 일부 있었다 할지라도 이는 부수적인 의사에 불과할 뿐이고, 오히려 피고인들은 공소외 B 주식회사의 자금으로 공소외 A 주식회사의 증자를 위하여 주주에게 배정된 주식 또는 실권된 주식을 액면가격으로 인수하는 경우 그 피해는 결국 공소외 B 주식회사에 돌아갈 것임을 잘 알고 있었으므로 배임에 대한 고의도 충분히 인정되며, 피고인들로서는 단순히 그것이 경영상의 판단이라는 이유를 내세워 그에 대한 죄책을 면할 수 없다고 할 것이다. 따라서 원심이 같은 취지에서 피고인들에 대한 이 사건 업무상배임 범죄사실을 유죄로 인정한 것은 정당하고, 거기에 채증법칙 위배로 인한 사실오인, 배임죄에 있어서의 업무위배행위와 고의에 관한 법리오해 등의 위법이 있다고 할 수 없다.

* * *

2. 피고인 갑, 피고인 을의 정리회사 공소외 D 주식회사관련 특경법위반

(배임)의 점에 대한 판단

가. 원심의 판단

이 부분 공소사실의 요지는, 피고인 갑, 피고인 을이 공모하여, 공소외 D 주식회사는 1996년도 자산이 410,830,306,985원, 부채가 579,515,629,902원, 자본총계가 마이너스 168,685,322,917원으로 자본금 16,000,000,000원을 초과한 상태이고, 1983. 10. 17.부터 법정관리 중에 있어 회생 여부가 불확실한 상태에 있었으므로 공소외 B 주식회사가 공소외 D 주식회사의 채무에 대하여 지급보증을 할 경우 담보를 제공받는 등의 방법으로 공소외 B 주식회사에게 손해가 가지 않도록 하여야 할 업무상 임무가 있음에도 이에 위배하여 아무런 담보를 제공받음이 없이 공소외 D 주식회사가 P은행에 견질용으로 발행한 액면금 12,719,446,905원인 약속어음의 공동발행인란과 지급보증 한도액이 17,807,225,667원인 한정근보증서의 연대보증인란에 각 날인하여 연대보증을 함으로써 공소외 D 주식회사로 하여금 17,807,225,667원 상당의 재산상 이익을 취득하게 하고, 공소외 B 주식회사에게 동액 상당의 재산상 손해를 가하였다는 것인바, 원심은 이에 대하여 판시 채용 증거들에 의하여 이를 유죄로 인정한 제1심을 그대로 유지하였다.

나. 대법원의 판단

그러나 위와 같은 원심의 판단은 다음과 같은 이유에서 수긍하기 어렵다.

(1) 회사의 대표이사가 타인의 채무를 회사 이름으로 지급보증 또는 연대보증함에 있어 그 타인이 만성적인 적자로 손실액이나 채무액이 누적되어 가고 있는 등 재무구조가 상당히 불량하여 이미 채무변제능력을 상실한 관계로 그를 위하여 지급보증 또는 연대보증을 할 경우에 회사에 손해가 발생할 것이라는 점을 알면서도 이에 나아갔다면 그러한 지급보증 또는 연대보증은 회사에 대하여 배임행위가 된다고 할 것이나, 그 타인이 단순히 채무초과 상태에 있다는 이유만으로는 그러한 지급보증 또는 연대보증이 곧 회사에 대하여 배임행위가 된다고 단정할 수 없다.

(2) 원심이 인용한 제1심판결이 적법하게 인정한 사실에 의하면, 공소외 D 주식회사는 1983. 10. 17.부터 법정관리 중에 있는 회사로서 1996년도 자산이 410,830,306,985원, 부채가 579,515,629,902원, 자본총계가 마이너스

168,685,322,917원으로 자본금 16,000,000,000원을 크게 초과한 상태임은 인정된다.

그러나 기록에 의하면, 공소외 D 주식회사는 1992년도 이후 꾸준하게 영업이익을 내고 있으면서(당기순이익이 1992년 말에는 5,866,155,803원, 1993년 말에는 7,854,389,803원, 1994년 말에는 5,082,252,521원, 1995년 말에는 1,250,685,110원, 1996년 말에는 2,279,721,443원이다) 이 사건 연대보증이 있었던 1997. 2.을 기준으로 할 때 법정관리의 계속에 특별히 문제가 있었던 사정은 보이지 않는 점, 이 사건 연대보증은 이미 공소외 B 주식회사가 속해 있는 (상호 생략) 그룹의 계열회사인 공소외 C 주식회사가 연대보증채무를 부담하고 있던 공익채무에 대하여 추가로 보증한 것이고, 공소외 D 주식회사는 이러한 인적담보 이외에도 물적 담보로 채권자인 상업은행에게 공소외 D 주식회사소유의 부동산에 대하여 채권최고액을 150억 원으로 하는 근저당권설정등기를 경료하기로 하였으며, 공소외 D 주식회사명의의 350억 원 상당의 예금 및 적금에 대하여 질권을 설정하기로 한 점 등을 인정할 수 있으므로, 이러한 사정을 참작하여 볼 때, 이 사건 보증에 이르게 된 경위, 공소외 D 주식회사가 정리계획에 따른 정리채무와 공익채무의 변제를 제대로 이행하고 있었는지 여부, 이 사건 지급보증을 할 당시인 1997. 2.경 공소외 D 주식회사에 대하여 갱생의 가능성이 없다는 이유로 회사정리절차가 폐지될 가능성이 있었는지 그리고 그러한 사정을 피고인들이 알고 있었는지 여부(공판기록 821쪽에 편철된 공소외 D 주식회사의 등기부등본에 의하면 1998. 11. 16. 서울지방법원에서 회사정리절차폐지결정이 있었고, 1999. 6. 30.에는 파산선고가 있었던 점이 인정된다) 등에 대하여 더 심리한 다음, 원심이 판단한 것과 같이 이 사건 지급보증 당시 이미 공소외 D 주식회사가 회생의 가능성이 없는 회사였고 이를 피고인들이 알고 있었다면 그 지급보증에 이른 피고인 갑, 피고인 을의 행위를 업무상배임죄로 처단할 수 있으나, 그렇지 않고 공소외 D 주식회사가 그 당시까지 채무이행을 제대로 하고 있는 등 정상적인 영업활동을 하고 있으면서 단순히 채권자의 요구에 의하여 계열회사라는 이유로 공소외 B 주식회사를 공익채무의 연대보증인으로 추가한 것에 불과하다면 위 피고인들의 위의 행위를 업무상배임죄로 처단할 수는 없을 것이다.

그럼에도 불구하고 원심이 공소외 D 주식회사는 법정관리 중인 회사로서 자본총계가 마이너스 168,685,322,917원에 이른다는 사실만으로 공소외 D 주식회사가 그 당시 이미 회생능력이 없는 회사로 단정하여 이러한 공소외 D주식회사의 공익채무에 대하여 연대보증을 한 행위에 대하여 업무상배임죄가 성립한다고 본 것은 심리를 다하지 아니한 채 채증법칙을 위반한 사실오인으로 인하여 판결 결과에 영향을 미친 위법을 저지른 경우에 해당한다 할 것이므로, 이 점에 관한 피고인 피고인 갑, 피고인 을의 상고이유의 주장은 이유 있다.

* * *

4. 결론

그러므로 원심판결 중 피고인 갑에 대한 공소외 D 주식회사관련 특경법위반(배임)죄 및 외감법위반죄와 피고인 을에 대한 공소외 D 주식회사관련 특경법위반(배임)죄에 대한 상고는 이유 있으므로 나머지 상고이유에 관하여 더 나아가 살필 필요 없이 파기되어야 할 것이고, 피고인들에 대한 공소외 A 주식회사관련 특경법위반(배임)죄에 대한 상고는 이유 없으므로 이를 기각하여야 할 것인바, 원심은 피고인 갑에 대하여 1997. 4. 17. 확정된 판결이 있으므로, 형법 제37조 후단, 제39조에 의하여 위 확정판결 이전에 범한 공소외 A 주식회사관련 특경법위반(배임)죄 및 공소외 D 주식회사관련 특경법위반(배임)죄와 위 확정판결 이후에 범한 외감법위반죄에 대하여 따로 형을 정하면서 공소외 A 주식회사관련 특경법위반(배임)죄 및 공소외 D 주식회사관련 특경법위반(배임)죄에 대하여 형법 제37조 전단의 경합범 관계로 보아 하나의 형을 선고하였고, 피고인 을에 대한 각 죄를 형법 제37조 전단의 경합범 관계로 보아 하나의 형을 선고하였으므로, 결국 피고인 갑, 피고인 을에 대한 원심판결 전부를 파기하고, 이 부분을 사건을 다시 심리·판단하게 하기 위하여 원심법원에 환송하기로 하고, 피고인 병의 상고는 이유 없어 이를 기각하기로 하여 관여 대법관의 일치된 의견으로 주문과 같이 판결한다.

대법관 박재윤(재판장) 조무제 이용우(주심) 이규홍

쟁점연구

1. '경영판단의 원리'(business judgement rule)란 무엇인가? 도입판례 (가)는 피고인의 경영판단의 주장을 어떻게 포섭하고 있는가?[이규훈, "업무상 배임죄와 경영판단," 「형사판례연구」 제13호(2005), 형사판례연구회; 조국, "기업범죄통제에 있어서 형법의 역할과 한계: 업무상 배임죄 배제론에 대한 응답," 「형사법연구」 제19권 제3호(2007. 9), 한국형사법학회 참조]
2. 주식회사 임원의 임무위반은 대주주의 양해나 이사회의 결의가 있으면 정당화되는가? 이 점에 대한 도입판례 (나)의 입장과 논거는 무엇인가?
3. 계주가 계원으로부터 일정 계금을 다음 달에 지급하겠다는 동의를 받은 후 그 금액을 뺀 계금을 지급한 경우 배임죄 성립을 부정하였다(대법원 1983. 11. 9. 선고 83도2309 판결). 이 판결과 도입판례 (나)의 차이는 무엇인가?
4. 참고판례는 업무상 배임죄의 고의를 어떻게 파악하고 있는가? 참고판례가 회사 대표이사의 지급보증 또는 연대보증을 배임행위로 보지 않은 이유는 무엇인가?
5. 세칭 '삼성 에버랜드 전환사채 저가발행 사건' 판결에서 다수의견과 반대의견은 신주 등의 발행에 있어 주주배정방식의 경우와 제3자배정방식의 경우를 구별하여야 하고 그에 따라 이사의 임무도 그 내용을 달리 한다는 점에서는 의견일치를 보았다. 그러나 어디서 의견이 갈라졌는가?(대법원 2009. 5. 29. 선고 2008도9436 판결; 대법원 2009. 5. 29. 선고 2007도4949 판결)

Ⅳ. 부동산 이중매매와 이중저당

도입판례

(가) 대법원 2007. 6. 14. 선고 2007도379 판결【배임】(미간행)

【피 고 인】 갑
【상 고 인】 피고인
【원심판결】 서울북부지법 2006. 12. 21. 선고 2005노1624 판결
【주 문】 원심판결을 파기하고, 사건을 서울북부지방법원 합의부에 환송한다.
【이 유】

상고이유를 본다.

이중매매에 있어서 매도인이 매수인의 사무를 처리하는 자로서 배임죄의 주체가 되기 위하여는 매도인이 계약금을 받은 것만으로는 부족하고 적어도 중도금을 받는 등 매도인이 더 이상 임의로 계약을 해제할 수 없는 상태에 이르러야 하는바, 특별한 사정이 없는 한 매매계약 당시 합의한 계약금이 매매대금 총액에 비하여 다소 과다하다는 사정만으로 매도인이 그 배액을 상환하여 매매계약을 해제할 권한을 유보하지 아니한 것으로 볼 수는 없고, 이러한 경우 매도인이 합의한 계약금 전부를 지급받지 못하고 있다면, 아직 타인의 사무를 처리하는 자의 지위에 있다고 할 수 없으므로 이중으로 제3자에게 처분한 행위에 대하여 배임죄의 책임을 물을 수 없다(대법원 1986. 7. 8. 선고 85도1873 판결 등 참조).

이와 같은 법리에 비추어 기록을 살펴보면, 피고인은 2003. 1. 24.경 공소외 A에게 (이름 생략)아파트 401호, 402호에 관한 수분양권을 각 180,000,000원에 양도하되, 계약금은 각 8,500만 원, 중도금은 각 6,000

만 원, 잔대금은 각 3,500만 원으로 정하였고, 그 후 일부 계약금조로 7,000만 원을 지급받음과 아울러 피고인의 공소외 A에 대한 2,500만 원의 기존 채무와 공소외 A의 피고인에 대한 위 계약금 중 동액 상당의 채무가 상계되어 피고인이 이를 지급받은 것으로 한 다음 2003. 1. 말경 5,000만 원을 추가로 지급받은 결과, 당초 합의한 계약금 각 8,500만 원은 그때까지 계약금 명목으로 수령한 합계 145,000,000원 중 1/2의 비율에 따른 7,250만 원씩이 지급되었을 뿐, 나머지 계약금 각 12,500,000원(85,000,000원 − 72,500,000원)은 아직 지급되지 아니한 채 남아 있는 한편, 피고인이 2003. 9. 1.경 공소외 B의 처 공소외 C에게 공사대금채무의 변제에 갈음하여 401호에 관한 수분양권을 양도하자, 공소외 C는 2003. 9. 3. 위 401호에 관하여 자신의 명의로 소유권이전등기를 마친 사실을 알 수 있는바, 비록 피고인이 이중으로 매매한 401호에 관한 수분양권의 매매대금 180,000,000원에 비하여 계약금 8,500만 원이 다소 과다하다고 할지라도, 특별한 약정 등이 없는 한 이것만으로 피고인이 계약금의 배액을 상환하여 이 사건 분양권 양도계약을 해제할 권리가 없다고 단정할 수는 없고, 사정이 이와 같다면 피고인이 계약금 8,500만 원 전부를 수령하지 아니한 이상, 아직까지 배임죄에서 말하는 타인의 사무를 처리하는 자에 해당된다고 할 수 없다.

그럼에도 불구하고, 원심은 이와 달리 그 판시와 같이 위 계약금 8,500만 원은 해제권을 보류하기 위하여 주고받은 것으로 보기 어렵다는 이유로 피고인에 대한 이 사건 공소사실을 유죄로 판단하였으니, 이러한 원심판결에는 배임죄에 관한 법리를 오해하였거나 채증법칙에 위배하여 사실을 오인함으로써 판결에 영향을 미친 위법이 있다.

그러므로 나머지 상고이유에 대한 판단을 생략한 채 원심판결을 파기하고, 사건을 다시 심리·판단하게 하기 위하여 원심법원에 환송하기로 하여 관여 대법관의 일치된 의견으로 주문과 같이 판결한다.

대법관 안대희(재판장) 김영란 김황식(주심) 이홍훈

(나) 대법원 1988. 12. 13. 선고 88도750 판결【배임】(공1989, 125)

【피 고 인】 갑
【상 고 인】 피고인
【변 호 인】 변호사 최휴섭
【원심판결】 서울형사지방법원 1988. 3. 25. 선고 87노5008 판결
【주 문】 상고를 기각한다.
【이 유】

피고인 변호인의 상고이유를 본다.

원심판결 이유에 의하면, 원심은 피고인이 대표이사로 있는 공소외 A 주식회사는 1971. 12. 30. 공소외 망 B에게 이 사건 대지를 매도하였으므로 피고인은 그 상속인인 피해자 C에게 그 소유권이전등기를 해줄 임무가 있음에도 불구하고 그 임무에 위배하여 1985. 5. 3. 공소외 D에게 위 대지를 대금 2,000,000원에 매도하여 위 피해자에게 동액상당의 손해를 가한 사실을 인정하고 피고인을 배임죄로 의율처단하고 있는바, 기록에 의하여 원심이 취사한 증거내용을 살펴보면 위와 같은 원심조치에 수긍이 가고 아무런 위법이 없다.

논지는 우선 공소외 A주식회사가 공소외 망 B에게 매도하였다는 토지는 종로구 창신동9의 361 대지 14평 3홉이고 피고인이 공소외 D에게 매도한 이 사건 토지는 같은 동 9의 437 대지11평 5홉으로서 두 토지가 동일토지라고 인정할 증거가 없다는 것이나, 원심이 유지한 1심채용 증거에 의하면 종로구 창신동 9의 361은 같은 동 9의 358로 합병되고 같은 동 9의 358은 같은 9의 8에 합병된 후 같은 동 9의 8에서 이 사건 토지인 같은 동 9의437이 분할되었는데 이 사건 토지의 위치는 구지번인 같은 동 9의 361과 대체로 일치하고 다만 그 지적에 약간의 차이가 있는 사실이 인정되며 이러한 사실은 1심의 사실조회에 대한 종로구청장의 1986. 12. 19.자 회신내용에 의하여도 뒷받침되고 있으므로, 위 두 토지가 동일한 토지임을 인정하기에 넉넉하다. 다만 위 구지번인 같은

동 9의 361은 1969. 7. 9.에 같은 동 9의 358에 합병되었으므로 위 회사가 위 망 B에게 위 토지를 매도한 1971. 12. 30.에는 지적공부상 위 구지번이 존재하지 않았던 사실이 엿보이나, 기록에 의하면 위 망 B는 위 회사로부터 위 망인이 지상건물을 소유하면서 점유하고 있는 이 사건 대지를 특정하여 매수하면서 그 지번을 구지번으로 표시한 것으로 보여지므로 위 두 토지의 동일성 인정에 장애가 되지 않는다.

또 논지는 설사 위 두 토지가 동일한 토지라고 하더라도 위 망 어영택은 이 사건 토지의 매매대금 중 계약금과 중도금만을 지급하고 잔대금을 완납치 아니하여 위 회사에 대하여 아직 등기청구권이 없으므로 피고인이 위 토지를 타에 매도하였다고 하여도 배임죄가 성립되지 않는다고 주장하고 있다.

그러나 가사 피고인 주장대로 중도금만이 지급된 상태라고 하여도, 부동산매도인이 매수인으로부터 계약금과 중도금까지 수령한 이상 특단의 약정이 없다면 잔금수령과 동시에 매수인 명의로의 소유권이 전등기에 협력할 임무가 있으므로 이를 다시 제3자에게 처분함으로써 제1차 매수인에게 잔대금수령과 상환으로 소유권이전등기절차를 이행하는 것이 불가능하게 되었다면 배임죄의 책임을 면할 수 없는 것이다(당원 1985. 1. 29. 선고 84도1814 판결 참조). 이밖에 논지는 피고인의 범의를 인정할 증거가 없다는 것이나 기록에 의하여 1심채용 증거를 살펴보면, 피고인은 2중매매를 하기 전인 1983. 10.경 피해자 C가 피고인에게 찾아와 이 사건 토지에 대한 위 망 B와의 1차 매매계약서를 제시하고 계약이행을 요구한 사실을 자인하고 있고 여기에 다른 1심채용 증거를 합쳐보면 피고인의 배임범의를 인정하기에 어렵지 않다.

결국 원심판결에 배임죄의 법리오해, 심리미진 및 채증법칙위반의 위법이 있다는 조치는 모두 이유 없으므로 상고를 기각하기로 하여 관여법관의 일치된 의견으로 주문과 같이 판결한다.

대법관 배석(재판장) 이회창 김주한

참고판례

▷ 대법원 1990. 4. 24. 선고 89도2281 판결【특정경제범죄가중처벌등에관한 법률위반】(공1990, 1194)

상고이유를 본다.

기록에 의하면 피고인은 1987. 3.부터 같은 해 9. 26.까지 사이에 부천시 (상세 주소 생략) 소재 409평방미터 대지상에 지하 1층, 지상 4층의 P여관 건물 시가 4억 원 상당을 건축하면서 그 대지와 건물에 Q상호신용금고로부터 채권최고액 1억 8천만 원에 근저당권을 설정하였는바, 1987. 10. 26.경 부천시 심곡동 소재 R다방에서 피해자 A와 위 P여관에 관하여 전세금은 1억 3천만 원으로 하고 위 1번 근저당권 다음인 2번으로 전세권설정등기를 하여 주기로 하는 내용으로 전세계약을 체결하고 즉석에서 위 전세금 1억 3천만 원을 교부받았으므로 피해자에게 전세권설정등기를 하여 줄 의무가 있음에도 불구하고 그 임무에 위배하여 1987. 11. 2.경 위 여관 건물에 채권최고액 금 2억 7천만 원에 주식회사 대양상호신용금고 명의로 근저당권설정등기를 경료함으로써 피해자에게 전세금 1억 3천만 원 상당의 손해를 가한 것이라는 공소사실에 대하여 원심은, 피고인은 위 대지와 건물에 채권최고액 금 1억 8천만 원 채권자 Q상호신용금고로 근저당권설정등기를 하였는바, 1987. 10. 26. 피해자 A와 사이에 위 건물에 관하여 전세금을 1억 3천만 원으로 하는 전세계약을 체결함에 있어 위 1억 8천만 원의 근저당권등기를 말소한 후 그 전세금반환채무에 대한 담보능력을 침해하지 아니하는 범위 내에서 1순위 근저당권설정등기를 한 다음 2순위로 전세권설정등기를 하여 주기로 약정한 사실, 피고인은 위 1번 근저당권을 말소하지 아니하고 전세권설정등기도 하지 아니한 채 1987. 11. 2. 채권최고액 2억 7천만 원의 2번 근저당권설정등기를 한 사실, 위 대지 및 건물의 1988. 8. 5.경의 시가는 금 651,170,000원 정도인 사실을 인정한 다음, 피고인이 위 1번 근저당권을 말소하지 아니한 채 1987. 11. 2. 채권액 2억 7천만 원의 2번 근저당권을 설정하였다 하더라도 당시 위 대지와 건물의 담보가치는 1, 2번 근저당권채권최고액 합계 4억 5천만 원 및 전세금반환채무액을 합한 5억 8천만 원을 초과하고 있으므로 그 후 위 대지와 건물에 관한 경매가 진행되어 4억 6천만 원에 경락되었다거나 그 경락대금의 배당에 있어서 저당권보다 우선권이 있는 조세채권이 존재하여 위 전세금반환채권이 실질적으로 보호받지 못하게 되었다는 사정만으로는 위 2번 근저당권설정에 의하여 피고인의 위 A에 대한 전세금반환채무의 담보능력을 상실하게 되었다고 인정하기에는 어렵고 달리 이를 인정할 증거가 없으므로 피고인에 대한 위 공소사실에 관하여 무죄를 선고한다고 판시하고 있다.

그러나 피고인이 원판시 토지와 건물에 대하여 금 180,000,000원의 근저당권설정등기를 한 다음, 피해자와 건물에 대하여만 130,000,000원의 전세권설정등기를 하여 주기로 하고도 그 등기를 하지 아니한 채 토지와 건물에 대하여 금 270,000,000원의 2번 근저당권설정등기를 경료함으로써 건물의 전세권자인 피해자에게 손해를 입혔는지의 여부는 피고인이 2번 근저당권설정등기를 한 1987. 11. 2. 당시의 건물의 담보가치가 얼마나 되는가 하는 점을 밝혀 그 손해의 발생 여부를 판단하여야 할 것이다.

원심이 이에 이르지 아니하고 2번 근저당권설정등기가 된지 9개월이나 지난 1988. 8. 5. 당시의 토지와 건물의 시가만을 심리하고 피고인의 2번 근저당권설정등기에 의하여 피고인의 피해자에 대한 전세금반환채무의 담보능력을 상실하였다고 볼 수 없다고 한 것은 배임죄에 있어서의 손해에 관한 법리오해와 심리미진의 위법이 있다 할 것이므로 논지는 이유있다.

그러므로 원심판결 중 무죄부분을 파기하고, 이 부분 사건을 원심법원에 환송하기로 하여 관여 법관의 일치된 의견으로 주문과 같이 판결한다.

대법관 배만운(재판장) 김덕주 윤관 안우만

쟁점연구

1. 도입판례 (가)의 부동산 이중매매에서 매도인은 선(先)매수인으로부터 다소 과다한 계약금을 수령하였다. 도입판례 (나)의 부동산 이중매매에서 매도

인이 선(先)매수인으로부터 중도금을 수령하였다. 각각의 경우 매도인은 선매수인의 사무를 처리하는 자가 되는가? 매도인이 잔금까지 수령한 경우는 어떠한가?

2. 부동산 이중매매에서 매도인의 배임죄가 성립할 때 실행의 착수시기와 기수시기는 각각 언제인가?(대법원 2003. 3. 25. 선고 2002도7134 판결; 대법원 1985. 10. 8. 선고 83도1375 판결)
3. 부동산 이중매매에서 매도인이 중도금 내지 잔금을 수령한 것을 후(後)매수인이 알고 있으면서 이중매매를 하였다면, 후매수인은 매도인의 배임죄의 공동정범 또는 협의의 공범이 될 수 있는가?(대법원 1975. 6. 10. 선고 74도2455 판결; 대법원 2005. 3. 11. 선고 2004도4142 판결)
4. 참고판례는 부동산의 이중저당을 다루고 있다. 이중저당을 행한 부동산 소유자는 타인의 사무를 처리하는 자가 되는가? 판례는 어떠한 경우에 이중저당이 배임죄에 해당한다고 보는가?

제12장 장 물 죄

Ⅰ. 장물죄의 요건(1)

도입판례

(가) 대법원 1987. 10. 13. 선고 87도1633 판결【특정범죄가중처벌등에관한법률위반·절도·장물보관】(공1987, 1750)

【피 고 인】 갑
【상 고 인】 피고인
【변 호 인】 변호사 윤재식
【원심판결】 대구고등법원 1987. 6. 25. 선고 87노763 판결
【주 문】 상고를 기각한다.
상고 이후의 판결선고 전 구금일수 중 50일을 원심판결의 형에 산입한다.
【이 유】

피고인과 변호인의 각 상고이유에 대하여, 원심이 유지한 제1심판결의 거시증거에 의하면, 피고인이 이 사건 수표들을 보관 중 1986. 4. 27. 10:00경 위 수표들의 발행은행에 문의하여 위 수표들이 도난당한 장물인 정을 알게 되었으면서도 계속 보관하였다는 판시 범죄사실을 넉넉히 인정할 수 있고 여기에는 소론과 같은 심리미진이나 채증법칙 위배, 이유모순 등의 위법이 있다할 수 없으며, 기록에 의하면 피고인이 제1심법정 제1회 공판기일에서 검사작성의 각 피의자신문조서의 진정성립 및 그

진술이 임의로 이루어진 것임을 인정하고 있고 달리 위 조서들이 참여 검찰주사에 의하여 조서열람 등 절차도 거치지 않은 채 허위작성된 것이라고 볼만한 사유도 없으므로 위 조서기재를 유죄의 증거로 들고 있는 제1심 및 이를 유지한 원심의 판시는 정당하고 여기에 소론과 같은 법률위반이 있다고 할 수 없다.

장물인 정을 모르고 보관하던 중 장물인 정을 알게 되었으면서도 계속 보관함으로써 피해자의 정당한 반환청구권 행사를 어렵게 하고 위법한 재산상태를 유지시키는 때에는 장물보관죄가 성립한다 할 것이고 기록상 피고인이 장물을 반환하는 것이 불가능하였던 것이라고 인정되지 않으므로 피고인의 소위를 장물보관죄로 처단한 제1심판결을 유지한 원심판결에 아무런 법리오해가 있다할 수 없고, 원심판결은 피고인이 위 수표들이 장물인 정을 몰랐고 또 장물인 정을 알았다 하여도 그 반환이 불가능하여 반환하지 못하였던 것이므로 장물보관죄에 해당하지 않음에도 불구하고 원심이 장물보관죄를 인정하였음은 사실을 오인하여 판결에 영향을 미친 위법이 있다는 내용의 피고인 변호인의 항소이유를 적시한 후 "증거들을 기록과 대조하여 종합하여 보면 피고인의 장물보관죄 사실을 인정하기에 넉넉하고 달리 원심의 사실인정과정에 논지가 지적하는 위법이 있음을 찾아볼 수 없다"고 판단하여 피고인이 위 장물을 반환하는 것이 불가능하였다는 사실 자체를 인정하지 않음으로써 장물보관죄를 인정한 1심판결을 유지하고 있음을 알 수 있으므로 원심판결이 판단을 유탈함으로써 판결에 영향을 미친 법령위반이 있다고도 할 수 없다.

논지들은 모두 이유 없어 이 상고를 기각하고, 형법 제57조를 적용하여 상고 이후의 판결선고 전 구금일수 중 50일을 원심판결의 형에 산입하기로 관여법관의 의견이 일치되어 주문과 같이 판결한다.

대법관 윤일영(재판장) 최재호 배석

(나) 대법원 2000. 3. 10. 선고 98도2579 판결【장물취득·장물보관】(공 2000, 992)

【피 고 인】 갑, 을

【상 고 인】 검사

【원심판결】 서울고법 1998. 7. 9. 선고 97노88, 778 판결

【주 문】 원심판결을 파기하고, 사건을 서울고등법원에 환송한다.

【이 유】

상고이유를 본다.

1. 원심이 인정한 사실관계

원심판결 이유에 의하면, 원심은 그 채용 증거들을 종합하여 다음과 같은 사실을 인정하였다.

가. 공소외 주식회사 P의 과장으로서 물품판매 및 수금 업무에 종사하던 제1심 공동피고인은 자신이 감원 대상이라는 것을 알고서 이에 반발하여, 1996. 3. 5. 거래처인 공소외 주식회사 Q, 주식회사 R로부터 물품대금 명목으로 교부받아 보관 중이던 약속어음 8매 액면 합계 829,124,426원을 영득할 의사로, 이를 할인의뢰할 권한이 없음에도 그 권한이 있는 것처럼 가장하여 공소외 A에게 할인을 의뢰하면서 교부하여, A로부터 그 할인금 명목으로 그날 금 7억 4,648만 원, 같은 달 7일 금 4,500만 원을 자기앞수표와 현금으로 교부받아 그 중 금 2억 5,000만 원은 자신 명의의 S은행 예금계좌에, 금 3억 4,100만 원은 자신 명의의 T은행 예금계좌에, 금 2,400만 원은 자신 명의의 U은행 예금계좌에 각각 예치하였다가 같은 달 8일까지 그 대부분을 현금으로 인출하였다.

나. 피고인 을은 같은 달 14일 자신의 집에서 제1심 공동피고인으로부터 그가 위와 같이 취득 보관 중이던 현금 중 금 9,500만 원을 보관하여 달라는 부탁을 받고서 이를 교부받아 같은 달 27일까지 자신의 집에 보관하고, 제1심 공동피고인으로부터 같은 달 14일 현금 300만 원, 같은 달 17일 현금 300만 원, 같은 달 18일 현금 400만 원, 같은 달 19일 현

금 1,000만 원을 자신의 집에서 각각 교부받아 취득하였다.

다. 피고인 갑은 제1심 공동피고인으로부터 피고인 을이 보관중이던 현금 9,500만 원을 건네받아 전달해 달라는 부탁을 받고, 같은 달 27일 13:30경 피고인 을의 집에서 피고인 을의 처 공소외 A로부터 현금 9,500만 원 중 금 7,000만 원을 건네받아 그 중 금 6,800만 원을 공소외 B 명의의 V은행 예금계좌에 입금하였다가 수시로 인출하여 소비하였다.

* * *

3. 장물에 관한 법리오해 주장에 대하여

가. 원심은, 피고인들이 제1심 공동피고인이나 공소외 A로부터 교부받은 이들 현금이 장물인 정을 알면서도, 1의 나, 다항 기재와 같이 이를 보관 또는 취득하였다는 공소사실 부분에 대하여 다음과 같은 이유를 들어 무죄로 판단하였다.

제1심 공동피고인이 위와 같이 A를 기망하여 판시 약속어음 8매의 할인금 명목으로 자기앞수표와 현금을 교부받은 것은 제1심 공동피고인이 판시 약속어음 8매를 A에게 할인을 의뢰하여 교부함으로써 성립한 특정경제범죄가중처벌등에관한법률위반(횡령)죄의 불가벌적 사후행위가 아니라 새로운 법익을 침해한 행위로서 사기죄가 성립하여 이들 자기앞수표와 현금은 사기죄의 장물에 해당하지만, 제1심 공동피고인이 그 자기앞수표와 현금 중 일부를 은행에 예치하였다가 다시 인출한 현금은 장물을 처분한 대가로 취득한 물건으로서 이미 장물성을 상실하였다고 보아야 할 것이고, 피고인들이 보관하거나 취득한 현금이 제1심 공동피고인이 그의 예금계좌에서 인출한 현금이 아니고 A로부터 교부받은 현금 자체라고 인정할 증거가 없으므로, 이 부분 공소사실은 범죄의 증명이 없는 경우에 해당한다.

나. 그러나 원심의 이 부분 판단은 수긍할 수 없다.

장물이라 함은 재산범죄로 인하여 취득한 물건 그 자체를 말하고, 그 장물의 처분대가는 장물성을 상실하는 것이지만(대법원 1972. 6. 13. 선고 72도971 판결, 1972. 2. 22. 선고 71도2296 판결 등 참조), 금전은 고도의 대체성을 가지고 있어 다른 종류의 통화와 쉽게 교환할 수 있고, 그 금전 자체는 별다른 의미가 없고 금액에 의하여 표시되는 금전적 가치가 거래상 의미를 가지고 유통되고 있는 점에 비추어 볼 때, 장물인 현금을 금융기관에 예금의 형태로 보관하였다가 이를 반환받기 위하여 동일한 액수의 현금을 인출한 경우에 예금계약의 성질상 인출된 현금은 당초의 현금과 물리적인 동일성은 상실되었지만 액수에 의하여 표시되는 금전적 가치에는 아무런 변동이 없으므로 장물로서의 성질은 그대로 유지된다고 봄이 상당하고(대법원 1999. 9. 17. 선고 98도2269 판결 참조), 자기앞수표도 그 액면금을 즉시 지급받을 수 있는 등 현금에 대신하는 기능을 가지고 거래상 현금과 동일하게 취급되고 있는 점(대법원 1993. 11. 23. 선고 93도213 판결 등 참조)에서 금전의 경우와 동일하게 보아야 할 것이다.

따라서 제1심 공동피고인이 장물인 자기앞수표와 현금을 그의 명의의 예금계좌에 예치하였다가 현금으로 인출하였다고 하여 인출된 현금이 장물로서의 성질을 상실하였다고 볼 수는 없고, 피고인들이 그 정을 알고서 이를 보관 또는 취득하였다면 장물죄가 성립한다.

그럼에도 불구하고 원심은, 위에서 본 바와 같이 피고인들이 교부받은 현금이 제1심 공동피고인이 A로부터 교부받은 현금 그 자체라고 인정할 증거가 없다는 이유로 무죄라고 판단하였으니, 원심판결에는 장물에 관한 법리를 오해하여 판결에 영향을 미친 위법이 있고, 이 점을 지적하는 상고이유의 주장은 이유 있다.

4. 결론

그러므로 원심판결을 파기하고, 사건을 다시 심리·판단하게 하기 위하여 원심법원에 환송하기로 하여 관여 법관의 일치된 의견으로 주문과 같이 판결한다.

대법관 윤재식(재판장) 이임수 송진훈(주심)

쟁점연구

1. 장물죄의 본질에 대해서는 추구권설, 위법상태유지설, 공범설 등이 있다. 각각의 내용은 무엇인가?
2. 각 학설의 입장에서 불법원인급여물, 대체장물, 연쇄장물, 취소권의 소멸이나 해지권의 소멸로 피해자에게 반환청구권이 인정되지 않는 재물, 문서위조죄·뇌물죄·도박죄 등 비재산범죄로 취득한 재물의 경우 장물성이 인정되는지 여부를 각각 검토해보라.
3. 도입판례 (가)는 장물죄의 본질을 어떻게 파악하고 있는가?
4. 판례는 장물을 "재산범죄로 인하여 취득한 물건 그 자체"로 보고 있다. 그런데 도입판례 (나)가 환전통화의 장물성을 인정하는 근거는 무엇인가?
5. 장물을 매각하여 받은 금전(대법원 1972. 6. 13. 선고 72도971 판결), 장물을 전당잡히고 받은 전당표(대법원 1973. 3. 13. 선고 73도58 판결)는 장물인가?
6. 절취한 예금통장으로 인출한 현금은 장물인가? 권한 없이 타인의 현금카드로 현금자동인출기에서 인출한 현금은 장물인가? 절취한 물건을 자신의 것이라고 속이고 팔아 획득한 현금은 장물인가?(대법원 1980. 11. 25. 선고 80도2310 판결)

Ⅱ. 장물죄의 요건(2)

도입판례

(가) 대법원 1975. 9. 23. 선고 74도1804 판결【문서손괴·절도·사기·장물운반】(공1975, 8691)

【피고인, 상고인】 갑, 을
【변 호 인】 변호사 김창수
【원 판 결】 청주지방법원 1974. 5. 22. 선고 74노74 판결
【주 문】 원판결을 파기하고 사건을 청주지방법원 합의부에 환송한다.
【이 유】

변호인의 상고이유 제1에 대하여,

원판결은 그 이유명시에서 입목을 벌채하고자 하는 자는 누구나 관계 당국으로부터의 허가를 받아야 하며 허가를 받지 아니하고 산림 안에서 임목을 벌채한 경우에는 임산물단속에 관한 법률위반죄를 구성하고 그로 인하여 생산한 임산물은 법률상 장물이 되는 것이므로 이를 운반한 때에는 장물운반죄가 성립되는 것이라 판단하였다.

그러나 장물이라 함은 재산죄인 범죄행위에 의하여 영득된 물건을 말하는 것으로서 절도, 강도, 사기, 공갈, 횡령 등 영득죄에 의하여 취득된 물건이어야 하므로 산림법 제93조 소정의 절취한 임산물은 장물이 될 것이나 임산물단속에 관한 법률위반죄에 의하여 생긴 임산물은 그것이 재산범죄적 행위에 의한 것이 아니기 때문에 장물이 될 수 없을 것임에도 불구하고 원판결이 임산물 단속에 관한 법률위반행위에 의하여 생한 임산물은 법률상 장물이 된다고 판단하였음은 장물에 관한 법리를 오해한 것이라 할 것으로서 이 점에 관한 상고논지는 이유 있다.

* * *

따라서 다른 논점에 대한 판단을 할 것 없이 원판결은 파기를 면치 못 할 것이므로 형사소송법 제397조에 의하여 관여법관의 일치된 의견으로 주문과 같이 판결한다.

대법관 민문기(재판장) 홍순엽 한환진 이일규

(나) 대법원 2004. 4. 16. 선고 2004도353 판결【장물취득】(공2004, 862)

【피 고 인】 갑
【상 고 인】 검사
【원심판결】 서울지법 2003. 12. 23. 선고 2003노9781 판결
【주 문】 상고를 기각한다.
【이 유】

상고이유를 본다.

형법 제41장의 장물에 관한 죄에 있어서의 '장물'이라 함은 재산범죄로 인하여 취득한 물건 그 자체를 말하므로, 재산범죄를 저지른 이후에 별도의 재산범죄의 구성요건에 해당하는 사후행위가 있었다면 비록 그 행위가 불가벌적 사후행위로서 처벌의 대상이 되지 않는다 할지라도 그 사후행위로 인하여 취득한 물건은 재산범죄로 인하여 취득한 물건으로서 장물이 될 수 있다.

그러나 기록에 의하면, 공소외인은 권한 없이 주식회사 P의 아이디와 패스워드를 입력하여 인터넷뱅킹에 접속한 다음 위 회사의 예금계좌로부터 자신의 예금계좌로 합계 180,500,000원을 이체하는 내용의 정보를 입력하여 자신의 예금액을 증액시킴으로써 컴퓨터등사용사기죄의 범행을 저지른 다음 자신의 현금카드를 사용하여 현금자동지급기에서 현금을 인출한 사실을 인정할 수 있는바, 이와 같이 자기의 현금카드를 사용하여

현금자동지급기에서 현금을 인출한 경우에는 그것이 비록 컴퓨터등사용사기죄의 범행으로 취득한 예금채권을 인출한 것이라 할지라도 현금카드 사용권한 있는 자의 정당한 사용에 의한 것으로서 현금자동지급기 관리자의 의사에 반하거나 기망행위 및 그에 따른 처분행위도 없었으므로, 별도로 절도죄나 사기죄의 구성요건에 해당하지 않는다 할 것이고, 그 결과 그 인출된 현금은 재산범죄에 의하여 취득한 재물이 아니므로 장물이 될 수 없다고 할 것이다.

또 장물인 현금 또는 수표를 금융기관에 예금의 형태로 보관하였다가 이를 반환받기 위하여 동일한 액수의 현금 또는 수표를 인출한 경우에 예금계약의 성질상 그 인출된 현금 또는 수표는 당초의 현금 또는 수표와 물리적인 동일성은 상실되었지만 액수에 의하여 표시되는 금전적 가치에는 아무런 변동이 없으므로, 장물로서의 성질은 그대로 유지되지만 (대법원 1999. 9. 17. 선고 98도2269 판결; 2000. 3. 10. 선고 98도2579 판결; 2002. 4. 12. 선고 2002도53 판결 등 참조), 공소외인이 컴퓨터등사용사기죄에 의하여 취득한 예금채권은 재물이 아니라 재산상 이익이므로, 그가 자신의 예금구좌에서 6,000만 원을 인출하였더라도 장물을 금융기관에 예치하였다가 인출한 것으로 볼 수 없다.

같은 취지에서 원심이 피고인이 공소외인으로부터 교부받은 6,000만 원은 장물이 아니라는 이유로 피고인에 대하여 무죄를 선고한 제1심판결을 그대로 유지한 원심의 판단은 정당하고, 거기에 주장과 같은 장물에 관한 법리를 오해한 위법이 없다.

그러므로 상고를 기각하기로 하여 관여 법관의 일치된 의견으로 주문과 같이 판결한다.

대법관 조무제(재판장) 이용우 이규홍(주심) 박재윤

쟁점연구

1. 도입판례 (가)는 재산범죄 이외의 범죄로 취득한 재물의 장물성을 인정하고 있는가?
2. "관리할 수 있는 동력"은 장물이 될 수 있는가?(대법원 1972. 6. 13. 선고 72도971 판결)
3. 도입판례 (나)는 본범의 행위가 불가벌적 사후행위로서 처벌의 대상이 되지 않는다 하더라도 그로 인하여 취득한 물건은 장물이 될 수 있다고 판시하였다. 그러면서도 동 판례는 권한 없이 타인의 현금카드로 자신의 구좌로 계좌이체를 하고 이후 자신의 현금카드로 현금을 인출한 경우 이 현금의 장물성을 부정하였다. 그 이유는 무엇인가?
4. 배임죄는 장물죄의 본범이 될 수 있는가? 배임죄를 실행하는데 제공된 재물은 장물이 될 수 있는가?(대법원 1975. 12. 9. 선고 74도2804 판결; 대법원 1981. 7. 28. 선고 81도618 판결; 대법원 1983. 11. 8. 선고 82도2119 판결)
5. 위조된 유가증권(리프트 탑승권)을 발매기에서 뜯어간 경우 이 위조탑승권은 장물이 되는가?(대법원 1998. 11. 24. 선고 98도2967 판결)
6. 본범은 장물죄의 주체가 될 수 있는가? 본범의 교사범과 방조범은 KI가 될 수 있는가?(대법원 1986. 9. 9. 선고 86도1273 판결)

제13장 손 괴 죄

도입판례

(가) 대법원 2007. 6. 28. 선고 2007도2590 판결 【폭력행위등처벌에관한법률위반(공동공갈)·폭력행위등처벌에관한법률위반(공동상해)·폭력행위등처벌에관한법률위반(공동폭행)·폭력행위등처벌에관한법률위반(공동주거침입)·폭력행위등처벌에관한법률위반(공동재물손괴등)·업무방해·집회및시위에관한법률위반】 (공2007, 1217)

【피 고 인】 갑
【상 고 인】 피고인
【원심판결】 서울남부지법 2007. 3. 16. 선고 2006노921-1(분리) 판결
【주　　문】 원심판결을 파기하고, 사건을 서울남부지방법원 합의부에 환송한다.
【이　　유】

상고이유를 판단한다.

* * *

2. 공동재물손괴의 점에 관하여

형법 제366조 소정의 재물손괴죄는 타인의 재물을 손괴 또는 은닉하거나 기타의 방법으로 그 효용을 해하는 경우에 성립하는바, 여기에서 재물의 효용을 해한다고 함은 사실상으로나 감정상으로 그 재물을 본래의 사용목적에 공할 수 없게 하는 상태로 만드는 것을 말하며, 일시적으로 그 재물을 이용할 수 없는 상태로 만드는 것도 여기에 포함된다(대법

원 1971. 11. 23. 선고 71도1576 판결; 1992. 7. 28. 선고 92도1345 판결; 1993. 12. 7. 선고 93도2701 판결 등 참조).

특히, 건조물의 벽면에 낙서를 하거나 게시물을 부착하는 행위 또는 오물을 투척하는 행위 등이 그 건조물의 효용을 해하는 것에 해당하는지 여부는, 당해 건조물의 용도와 기능, 그 행위가 건조물의 채광·통풍·조망 등에 미치는 영향과 건조물의 미관을 해치는 정도, 건조물 이용자들이 느끼는 불쾌감이나 저항감, 원상회복의 난이도와 거기에 드는 비용, 그 행위의 목적과 시간적 계속성, 행위 당시의 상황 등 제반 사정을 종합하여 사회통념에 따라 판단하여야 할 것이다.

위와 같은 법리에 비추어 기록에 나타난 제반 사정을 살펴보면, 시내버스 운수회사로부터 해고당한 피고인이 민주노동조합총연맹 전국해고자투쟁특별위원회 회원들과 함께 위 회사에서 복직 등을 요구하는 집회를 개최하던 중 2006. 3. 10. 래커 스프레이를 이용하여 회사 건물 외벽과 1층 벽면, 식당 계단 천장 및 벽면에 '자본똥개, 원직복직, 결사투쟁' 등의 내용으로 낙서를 함으로써 이를 제거하는데 약 341만 원 상당이 들도록 한 행위는 그로 인하여 건물의 미관을 해치는 정도와 건물 이용자들의 불쾌감 및 원상회복의 어려움 등에 비추어 위 건물의 효용을 해한 것에 해당한다고 볼 수 있으나, 같은 해 2. 16. 계란 30여 개, 같은 해 3. 2. 계란 10여 개를 위 회사 건물에 각 투척한 행위는, 비록 그와 같은 행위에 의하여 50만 원 정도의 비용이 드는 청소가 필요한 상태가 되었고 또 유리문이나 유리창 등 건물 내부에서 외부를 관망하는 역할을 수행하는 부분 중 일부가 불쾌감을 줄 정도로 더럽혀졌다는 점을 고려해 보더라도, 그 건물의 효용을 해하는 정도의 것에 해당하지 않는다고 봄이 상당하다.

그럼에도 불구하고, 원심은 위 낙서행위 외에 각 계란투척행위까지 재물손괴죄에 해당하는 것으로 판단하였으니, 이 부분 원심판결에는 재물손괴죄에 관한 법리를 오해하여 판결에 영향을 미친 위법이 있다.

3. 결론

그렇다면 원심판결 중 2006. 2. 16. 및 같은 해 3. 2. 각 공동재물손괴의 점은 그대로 유지될 수 없는바, 원심에서는 이 부분과 형법 제37조 전단의 경합범 관계에 있는 나머지 유죄 부분 전부에 대하여 하나의 형이 선고되었으므로, 원심판결을 모두 파기할 수밖에 없다.

따라서 원심판결을 파기하고 사건을 다시 심리·판단하게 하기 위하여 원심법원에 환송하기로 하여 관여 대법관의 일치된 의견으로 주문과 같이 판결한다.

대법관 김황식(재판장) 김영란 이홍훈 안대희(주심)

(나) 대법원 1985. 2. 26. 선고 84도2802 판결【재물손괴】(공1985, 522)

【피 고 인】 갑
【상 고 인】 피고인
【원심판결】 수원지방법원 1984. 11. 9. 선고 84노584 판결
【주 문】 상고를 기각한다.
【이 유】

피고인의 상고이유를 본다.

원심이 유지한 1심판결 채용의 증거에 의하면, 피고인은 이 사건 약속어음을 공소외 A에게 발급하고 위 A는 공소외 B에게 백지배서의 방식으로 양도하였는데 그 후 피고인은 소지인인 위 B에게 위 어음의 액면과 지급기일을 개서하여 주겠다고 하여 위 어음을 교부받은 후 함부로 위 어음의 수취인란에 "C, D, E"의 이름을 추가로 기입하여 위 어음배서의 연속성을 상실하게 함으로써 그 효용을 해하였다는 1심판시사실이 넉넉히 인정되고, 기록에 의하여 그 증거취사과정을 살펴보아도 채증법칙 위반의 위법이 없다.

결국 피고인의 위 행위를 문서손괴죄로 의율처단한 원심조치는 정당

하고 이를 다투는 논지는 이유 없으므로 상고를 기각하기로 하여 관여 법관의 일치된 의견으로 주문과 같이 판결한다.

대법관 이일규(재판장) 전상석 이회창

참고판례

(가) 대법원 2007. 9. 20. 선고 2007도5207 판결 【재물손괴】 (공2007, 1721)

1. 물건이 그 본래의 사용목적에 공할 수 있거나, 다른 용도로라도 사용이 가능한 상태에 있다면, 재산적 이용가치 내지 효용이 있는 것으로서 재물손괴죄의 객체가 될 수 있다(대법원 1979. 7. 24. 선고 78도2138 판결; 대법원 1993. 12. 7. 선고 93도2701 판결 등 참조).

기록에 의하면, 피해자들의 이 사건 각 아파트는 이 사건 당시 재건축사업으로 그 철거가 예정되어 있었고 소유자나 세입자들이 모두 타처로 이사하여 거주하지 않은 채 비워져 있던 상태였음을 알 수 있으나, 위 각 아파트 자체의 객관적 성상이 그 본래의 사용목적인 주거용으로 사용될 수 없는 상태로 되어 있었다는 점을 인정할 자료가 없고, 더욱이 피해자들이 P재건축정비사업조합(이하 '이 사건 조합'이라 한다)에로의 신탁등기 및 명도를 거부하는 방법으로 계속 그 소유권을 행사하고 있는 상황에서, 위와 같은 사정만으로는 위 각 아파트가 재물로서의 이용가치나 효용이 없는 물건으로 되었다고 할 수 없으므로, 위 각 아파트는 재물손괴죄의 객체가 된다고 할 것이다.

같은 취지에서 원심이, 피해자들의 위 각 아파트가 재물손괴죄의 객체가 된다고 판단한 것은 옳은 것으로 수긍이 가고, 거기에 상고이유의 주장과 같은 재물손괴죄의 객체에 관한 법리오해의 위법 등이 있다고 할 수 없다.

* * *

5. 그러므로 상고를 기각하기로 하여 관여 법관의 일치된 의견으로 주문과 같이 판결한다.

(나) 대법원 1989. 10. 24. 선고 88도1296 판결【업무상횡령, 문서손괴, 사문서위조, 사문서위조행사】(공1989, 1825)

상고이유를 본다.

* * *

(2) 제2점(손괴)에 대하여,

원심판결이 유지한 제1심판결은 그 증거에 의하여, 피고인은 P군인회 Q지부 제1지회의 사무국장으로서 위 지회의 경리직원인 공소외 A으로 하여금 경리장부를 정리케 하던 중 그 누계가 맞지 않는다는 이유로 위 장부의 2면에서부터 13면까지를 찢어버려 위 지회 소유인 위 경리장부의 효용을 해하여 손괴하였다고 인정하고 이에 대하여 형법 제366조를 적용하였다.

그러나 손괴죄의 객체는 타인의 재물 또는 문서인데, 여기서 말하는 재물이란 재산적 이용가치 내지는 효용이 있는 물건을 뜻하고, 그 문서는 거기에 표시된 내용이 적어도 법률상 또는 사회생활상 중요한 사항에 관한 것이어야 하는 바, 인정되는 사실에 의하더라도 경리장부를 정리하던 중 누계가 잘못되었다는 이유로 그 잘못된 부분을 찢었다는 것이고 피고인의 법정에서의 진술 및 사법경찰관 사무취급작성의 A에 대한 진술조서의 기재에 의하면, 그전에 이미 작성되어 있던 장부에 기재된 위 지회의 1985. 1. 내지 6월분의 세입세출명세를 새로운 장부로 이기하는 과정에서 경리직원인 위 A가 누계 등을 잘못 기재하다가 피고인의 지시에 의하여 잘못 기재된 장부의 2면에서 13면까지를 찢어버리고 14면에 계속하여 종전장부의 기재내용을 모두 이기하여 위 지회의 감사로부터 결제를 받았음을 알 수 있으므로 사실관계가 위와 같다면 그당시 위 지회의 새로운 경리장부는 아직 작성중에 있어 손괴죄의 객체가 되는 문서로서의 경리장부가 아니라 할 것이고, 또 그 찢어버린 부분이 진실된 증빙내용을 기재한 것이었다는 등의 특별한 사정이 없는 한 그 이기 과정에서 잘못 기재되어 찢어버린 부분 그 자체가 손괴죄의 객체가 되는 재산적 이용가치 내지 효용이 있는 재물이라고도 볼 수 없다.

그런데도 원심이 그 장부 중 찢어버린 부분의 재산적 이용가치 내지는 효용에 대하여 더 심리함이 없이 이를 문서 또는 재물손괴죄로 다스린 것은 손괴죄의 객체에 대한 법리를 오해하여 심리를 다하지 아니함으로써 판결결과에 영향을 미쳤다고 할 것이다. 이 점을 지적하는 주장은 이유 있다.

쟁점연구

1. 도입판례 (가)에서 래커 스프레이를 이용하여 건물 벽에 낙서한 행위와 계란을 건물에 투척한 행위를 각각 어떻게 평가하고 있는가? 그 판단기준은 무엇인가?
2. 손괴죄에서 재물의 효용을 해한다는 것은 무엇을 의미하는가? 재물 본래의 효용가치가 상실되었어도 손괴죄의 객체가 되는가? 재물의 효용가치를 일시적으로 해하더라도 손괴죄가 성립하는가?
3. 도입판례 (나)에서 문서위조죄가 아니라 문서손괴죄가 인정된 이유는 무엇인가? 문서의 작성명의자가 타인소유의 문서 내용을 고치는 경우와, 문서의 작성명의자가 아닌 자가 문서의 내용을 고친 경우 각각 무슨 죄가 성립하는가?
4. 형법 제366조 문서손괴죄의 문서와 제231조 사문서위조죄의 문서 사이의 차이는 무엇인가? 참고판례 (나)는 문서손괴죄의 문서가 되려면 어떠한 실질을 갖추고 있어야 한다고 보고 있는가?
5. 1995년 형법개정으로 추가된 형법 제366조의 특수매체기록이란 컴퓨터 등 정보처리장치에 의하여 만들어진 기록을 말한다. 개정 전 특수매체기록을 담고 있는 디스켓이나 레이저 디스크 등을 손괴하지 않고 기록만을 손괴하면 어떠한 죄가 성립하는가?
6. 경계표를 손괴, 이동, 제거하였으나 토지의 경계가 인식가능한 상태라면 어떠한 죄가 성립하는가?(대법원 1991. 9. 10. 선고 91도856 판결)

제14장 방화와 실화의 죄

Ⅰ. 현주건조물방화죄 및 현주건조물 방화치사죄

도입판례

대법원 1983. 1. 18. 선고 82도2341 판결【살인·현주건조물등에의방화·군무이탈】(공1983, 463)

【피 고 인】 갑
【상 고 인】 피고인
【변 호 인】 변호사 유승우
【원심판결】 해군고등군법회의 1982. 8. 19. 선고(1982. 8. 27. 확인) 82노29 판결
【주 문】 상고를 기각한다.
【이 유】

1. 변호인의 상고이유 제1점을 판단한다.

원심판결이 인용한 제1심 판결 거시의 증거들을 기록과 대조하여 살펴보면, 피고인은 그의 부 공소외 인이 사찰의 주지인 피해자 A때문에 피고인과 공소외인 등 가족이 거주하여 오던 암자에서 쫓겨난데 대하여 원한을 품고 동인을 살해하기로 결의하고, 1982. 3. 31 소속대로부터 외박허가를 얻고 외출하여 동년 4. 1. 00:30 경 안면에 마스크를 하고 위 피해자 A의 집에 침입하여 그 집 부엌의 석유곤로 석유를 플라스틱 바가

지에 딸아 마루에 놓아두고 큰 방에 들어가자 피해자 A는 없고 동인의 처 피해자 B와 딸 피해자 C(19세), 피해자 D(11세), 피해자 E(8세) 등이 깨어 피해자 C가 피고인을 알아보기 때문에 마당에 있던 절구방망이를 가져와 피해자 B와 C의 머리를 각 2회씩 강타하여 실신시킨 후 이불로 뒤집어씌우고 위 바가지의 석유를 뿌리고 성냥불을 켜 대어 피해자 A 및 동인가족들이 현존하는 집을 전소케 하고 불이 붙은 동가에서 빠져 나오려는 위 피해자 D와 E가 탈출하지 못하도록 방문 앞에 버티어 서서 지킨 결과 실신하였던 피해자 B와 탈출하지 못한 피해자 D와 E를 현장에서 소사케 하고, 탈출한 피해자 C는 3도 화상을 입고 입원가료 중 동년 4. 10. 사망에 이르게 하여 동인들을 살해하고, 위 범행 후 자살을 기도하다가 귀대일시인 동년 4. 1. 17:00에 귀대치 아니하고 이튿날인 4. 2. 03:00경 검거됨으로써 10시간 동안 부대를 이탈한 사실이 인정된다.

원심은 피고인의 위 4인에 대한 살해행위를 형법 제250조 제1항에, 위 현주건조물에의 방화행위를 형법 제164조 전단에 의율하고 양자를 상상적 경합범으로 처단하여 피고인에게 사형을 선고한 제1심 조치를 지지하고 있으므로 살피건대, 먼저 실신한 피해자 B와 C에 대한 범죄사실에 관하여 보면 형법 제164조 후단이 규정하는 현주건조물 방화치사상죄는 그 전단에 규정하는 죄에 대한 일종의 가중처벌규정으로서 불을 놓아 사람의 주거에 사용하거나 사람이 현존하는 건조물을 소훼함으로 인하여 사람을 사상에 이르게 한 때에 성립되며 동 조항이 사형, 무기 또는 7년 이상의 징역의 무거운 법정형을 정하고 있는 취의에 비추어 보면 과실이 있는 경우 뿐 아니라 고의가 있는 경우도 포함된다고 볼 것인바(대법원 1966. 6. 28. 선고 66도1 판결은 과실에 의한 경우에 동조 후단의 적용요건에 관한 사례이므로 위와 같은 당원 견해와 저촉되지 아니한다), 이와 다른 견해에서 형법 제164조 후단의 범죄는 과실의 경우에만 적용되는 것으로 판정하여 피고인을 현주건조물에의 방화죄와 살인죄의 상상적 경합으로 의율한 제1심 판단을 지지한 원심판결은 결국 형법 제164조 후단의 법리를 오해하였다는 평을 면하지 못한다(이 사건에서와 같이 위

양 죄의 상상적 경합으로 기소된 사실을 형법 제164조 후단의 범죄로 인정한다 하더라도 공소사실의 동일성이 손상되지 아니함은 물론이다).

그러나 논지처럼 형법 제164조 후단의 범죄로 인정하여 동 조항을 적용한다면 피고인만이 상고한 이 사건에 있어서 피고인에게 불리한 의율이 될 수밖에 없는 법리로서 결국 논지는 채택될 수 없다.

다음 피고인이 불을 놓은 집에서 빠져 나오려는 위 피해자 D, E를 방문에서 가로 막아 동녀들을 탈출 못하게 함으로써 불에 타 숨지게 하였다는 공소사실에 관하여 직권으로 살피건대, 형법 제164조 전단의 현주건조물에의 방화죄는 공중의 생명, 신체, 재산 등에 대한 위험을 예방하기 위하여 공공의 안정을 그 제1차적인 보호법익으로 하고 제2차적으로는 개인의 재산권을 보호하는 것이라고 할 것이나, 여기서 공공에 대한 위험은 구체적으로 그 결과가 발생됨을 요하지 아니하는 것이고 이미 현주건조물에의 점화가 독립연소의 정도에 이르면 동 죄는 기수에 이르러 완료되는 것인 한편 살인죄는 일신전속적인 개인적 법익을 보호하는 범죄이므로, 이 사건에서와 같이 설사 사람이 현존하는 건조물에 그 사람을 살해하기 위하여 방화한 경우라 할지라도 그것은 1개의 행위가 수개의 죄명에 해당하는 경우라고 볼 수 없고, 위 방화행위와 살인행위는 법률상 별개의 범의에 의해 별개의 법익을 해하는 별개의 행위라고 하지 않을 수 없는바, 그렇다면 불에 타고 있는 집에서 빠져 나오려는 이 사건 피해자들을 막아 소사케 한 행위는 별개의 행위로서 살인죄를 구성한다고 할 것임에도 이를 위 방화죄와 상상적 경합범으로 처단한 제1심 판단을 지지한 원심판결에는 필경 살인죄, 현주건조물 등에의 방화죄 및 죄수의 법리를 오해한 잘못이 있다고 볼 수 있으나 이 사건에서 피고인을 현주건조물 등에의 방화죄와 살인죄(피해자 D, E에 대한)의 실체적 경합범(관계)으로 의율처단한다면 상상적 경합범(관계)으로 의율처단한 원심보다 피고인에게 불리함이 분명하므로 결국 피고인의 불이익에 귀결되는 법리로서 위 직권판단한 이유를 들어 원심판결을 파기할 수는 없다는 결론에 이른다.

* * *

4. 그러므로 피고인의 상고를 기각하기로 관여법관의 의견이 일치되어 주문과 같이 판결한다.

대법관 신정철(재판장) 김중서 강우영 이정우

쟁점연구

1. 방화와 실화의 죄의 장의 전체적 조문의 체계와 내용을 살펴보자. "공공의 위험"이란 용어가 어떤 조문에는 있고 어떤 조문에는 없는데, 그 이유는 무엇이고 어떤 차이를 보이고 있는가.
2. 형법 제164조 제2항은 현주건조물에 불을 놓아 사람을 "사망에 이르게 한 때"를 "사형, 무기 또는 7년 이상의 징역"에 처한다고 규정한다. 이 조항은 현주건조물방화치사죄라고 명명되고 있으나, 기본행위(방화)와 중한 결과(사망) 사이의 관련에 대해 논란이 있다. 양자 사이에 과실로 인한 결과적 가중범은 당연히 포함되지만, 고의로 인한 사망도 포함하느냐가 쟁점이다. 원심과 대법원은 어떻게 판시하고 있으며, 그 논거는 어떻게 되는가.
3. 사실관계를 법적으로 포섭함에 있어, 원심은 상상적 경합을, 대법원은 실체적 경합을 인정한다. 원심과 대법원은 각각 사실관계와 법적용에 있어 어떠한 논리에 입각해 있는가.
4. 방화죄의 보호법익으로 도입판례(통설이기도 함)는 "공공의 안정을 그 제1차적인 보호법익으로 하고 제2차적으로는 개인의 재산권을 보호"하기 위함이라는 견해를 취하고 있다. 반면 "공공안전"만을 보호법익으로 하면 충분하다는 견해도 있다. 양자의 주장 근거는 무엇인가. 양 견해는 방화죄의 적용범위에서 어떤 차이를 보일 수 있을까.
5. 방화죄의 기수시기에 대해서는 어떤 견해의 대립이 있는가. 대법원의 입장은 무엇인가.

Ⅱ. 실 화 죄

도입판례

대법원 1994. 12. 20.자 94모32 전원합의체 결정【공소기각결정에대한재항고】(공1995, 538)

【재항고인】 검사
【피 고 인】 갑
【원심결정】 대전지방법원 1994. 5. 6.자 94로1 결정
【주 문】 원심결정 및 제1심결정을 취소하고, 사건을 대전지방법원에 환송한다.
【이 유】

재항고이유를 본다.

1. 기록에 의하면, 검사는 피고인이 1993. 3. 23. 16:00경 대전 (상세주소 생략) 피해자 A 등 소유의 사과나무 밭에서 바람이 세게 불어 그냥 담뱃불을 붙이기가 어렵자 마른 풀을 모아 놓고 성냥불을 켜 담뱃불을 붙인 뒤, 그 불이 완전히 소화되었는지 여부를 확인하지 아니한 채 자리를 이탈한 과실로, 남은 불씨가 주변에 있는 마른 풀과 잔디에 옮겨 붙고, 계속하여 피해자들 소유의 사과나무에 옮겨 붙어 사과나무 217주 등 시가 671만 원 상당을 소훼하였다는 것을 공소사실로, 형법 제170조 제2항, 제167조를 적용법조로 하여 공소를 제기하였는바, 이에 대하여 제1심 법원은 형법 제170조 제2항은 타인의 소유에 속하는 제167조에 기재한 물건(일반물건)을 소훼한 경우에는 적용될 수 없고, 형법상 그러한 물건을 과실로 소훼한 경우에 처벌하도록 하고 있는 규정이 없으므로 결국 공소장에 기재된 사실이 진실하다고 하더라도 범죄가 될 만한 사실

이 포함되어 있지 아니한 때에 해당한다는 이유로 공소기각의 결정을 하였고, 위 결정에 대하여 검사가 즉시항고하자, 원심법원은 형법 제170조 제2항의 "자기의 소유에 속하는 제166조 또는 제167조에 기재한 물건"을 "자기의 소유에 속하는 제166조에 기재한 물건 또는 자기나 타인의 소유에 속하는 제167조에 개재한 물건"으로 해석하는 것은 죄형법정주의의 원칙, 특히 유추해석금지 또는 확장해석금지의 원칙에 반한다는 이유로 즉시항고를 기각하여 제1심결정을 유지하고 있다.

2. 그러나 형법 제170조 제2항의 "자기의 소유에 속하는 제166조 또는 제167조에 기재한 물건을 소훼하여 공공의 위험을 발생하게 한 자"를 "자기의 소유에 속하는 제166조에 기재한 물건 또는 자기의 소유에 속하는 제167조에 기재한 물건을 소훼하여 공공의 위험을 발생하게 한 자"로 해석하여 "타인의 소유에 속하는 제167조에 기재한 물건을 소훼하여 공공의 위험을 발생하게 한 자"를 제외함으로써 타인의 물건을 과실로 소훼하여 공공의 위험을 발생하게 한 경우에는 처벌하지 아니한다면, 우리 형법이 제166조에서 타인의 소유에 속하는 일반건조물 등을 방화한 경우(이 경우 공공의 위험을 발생하게 함을 요건으로 하고 있다)보다 더 무겁게 처벌하고 있고, 제167조에서 타인의 소유에 속하는 일반물건을 소훼하여 공공의 위험을 발생하게 한 경우를 자기의 소유에 속하는 물건에 대한 경우보다 더 무겁게 처벌하고 있으며, 제170조에서 과실로 인하여 타인의 소유에 속하는 제166조에 기재한 물건(일반건조물 등)을 소훼한 경우에는 공공의 위험발생을 그 요건으로 하지 아니하고 있음에 반하여 자기의 소유에 속하는 제166조에 기재한 물건을 소훼한 경우에는 공공의 위험발생을 그 요건으로 하고 있음에 비추어, 명백히 불합리하다고 하지 아니할 수 없다.

따라서 형법 제170조 제2항에서 말하는 "자기의 소유에 속하는 제166조 또는 제167조에 기재한 물건"이라 함은 "자기의 소유에 속하는 제166조에 기재한 물건 또는 자기의 소유에 속하든, 타인의 소유에 속하든 불문하고 제167조에 기재한 물건"을 의미하는 것이라고 해석하여야 할 것이며, 제170조 제1항과 제2항의 관계로 보아서도 제166조에 기재한 물건(일반건조물 등) 중 타인의 소유에 속하는 것에 관하여는 제1항에서 이미 규정하고 있기 때문에 제2항에서는 그중 자기의 소유에 속하는 것에 관하여 규정하고, 제167조에 기재한 물건에 관하여는 소유의 귀속을 불문하고 그 대상으로 삼아 규정하고 있는 것이라고 봄이 관련조문을 전체적, 종합적으로 해석하는 방법일 것이다. 이렇게 해석한다고 하더라도 그것이 법규정의 가능한 의미를 벗어나 법형성이나 법창조 행위에 이른 것이라고는 할 수 없어 죄형법정주의의 원칙상 금지되는 유추해석이나 확장해석에 해당한다고 볼 수는 없을 것이다. 따라서 이 점을 지적하는 논지는 이유 있다.

3. 그러므로 재항고를 받아들여 원심결정과 제1심 결정을 모두 취소하고, 사건을 제1심법원인 대전지방법원에 환송하기로 하여(다만, 이 사건 공소사실만을 보면, 마치, 피고인이 과실로 인하여 피해자의 사과나무를 소훼한 사실에 대하여 공소를 제기한 것처럼 보이나, 공소장에 그 적용법조로 형법 제170조 제2항, 제167조가 기재되어 있으므로, 사실심으로서는 먼저 위 법조에 맞게 공소사실을 정리하여야 할 것이다), 대법관 천경송, 대법관 정귀호, 대법관 박준서, 대법관 김형선을 제외한 관여 대법관의 일치된 의견으로 주문과 같이 결정한다.

대법관 천경송, 대법관 정귀호, 대법관 박준서, 대법관 김형선의 반대의견은 다음과 같다.

다수의견은 형법 제170조 제2항의 “자기의 소유에 속하는 제166조 또는 제167조에 기재한 물건”이라는 표현을, 먼저, “자기의 소유에 속하는 제166조에 기재한 물건 또는 제167조에 기재한 물건”을 축약한 것으로 보고, 나아가 이를 “자기의 소유에 속하는 제166조에 기재한 물건, 또는 자기의 소유에 속하는이라는 수식어가 걸리지 아니하는, 다시 말하여, 자기나 타인의 소유에 속하는 제167조에 기재한 물건”으로 해석하여야 한다는 것이다.

그러나, 형벌법규의 해석은 문언해석으로부터 출발하여야 하고, 문언상 해석 가능한 의미의 범위를 넘어서는 것은 법창조 내지 새로운 입법행위 바로 그것이라고 하지 아니할 수 없으며, 이는 죄형법정주의의 중요한 내용인 유추해석의 금지원칙상 쉽게 허용되어서는 안 될 것이다.

형법 제170조 제2항은 명백히 "자기의 소유에 속하는 제166조 또는 제167조에 기재한 물건"이라고 되어 있을 뿐 "자기의 소유에 속하는 제166조에 기재한 물건 또는 제167조에 기재한 물건"이라고는 되어 있지 아니하므로, 우리말의 보통의 표현방법으로는 '자기의 소유에 속하는'이라는 말은 '제166조 또는 제167조에 기재한 물건'을 한꺼번에 수식하는 것으로 볼 수밖에 없고, 위 규정이 "자기의 소유에 속하는 제166조에 기재한 물건 또는, 아무런 제한이 따르지 않는 단순한, 제167조에 기재한 물건"을 뜻하는 것으로 볼 수는 없다고 하지 아니할 수 없다.

과실로 인하여 타인의 소유에 속하는 일반물건을 소훼하여 공공의 위험을 발생하게 한 경우 그 처벌의 필요성이 있다는 점에는 의견을 같이할 수 있으나, 그 처벌의 필요성은 법의 개정을 통하여 이를 충족시켜야 할 것이고 법의 개정에 의하지 아니한 채 형법의 처벌규정을 우리말의 보통의 표현방법으로는 도저히 해석할 수 없는 다른 의미로 해석하는 것에 의하여 그 목적을 달성하려고 한다면 그것은 죄형법정주의의 정신을 훼손할 염려가 크다고 아니할 수 없다.

이러한 이유로 다수의견에는 찬동할 수가 없는 것이다.

대법관 윤 관(재판장) 김석수 박만호 천경송 정귀호(주심) 안용득
박준서 이돈희 김형선 지창권 신성택 이용훈 이임수

쟁점연구

피고인 갑은 피해자 A 소유의 사과나무 밭에서 바람이 세게 불어 그냥 담뱃불을 붙이기 어렵게 되자 마른 풀을 모아놓고 성냥불을 켜 담뱃불을 붙인 뒤, 그 불이 소화되었는지 확인하지 않고 자리를 떠났다. 거기서 남은 불

씨가 주변의 마른 풀과 잔디에 붙고, A의 사과나무에 옮겨 붙어 사과사무 217주가 불타고 말았다. 갑은 형법 제170조 1항의 과실로 타인(A) 소유의 제167조 제1항 소정의 물건(타인소유의 일반물건)을 소훼하였다.

1. 검사는 갑에 대해 형법 제170조 제2항의 실화죄로 기소하였다. 그런데 제1심과 항소심은 갑을 처벌할 근거조항이 없다고 판단하여 공소기각의 결정을 내렸다. 하급심의 근거는 본 사안은 '타인소유의 물건'이므로, 형법 제170조 제2항에 규정된 바 "자기의 소유에 속하는 제166조 또는 제167조에 기재한 물건"에 해당하지 않는다는 것이다. 이 판결들은 어떤 법해석방법에 의거해 있는가.
2. 대법원은 다수의견과 반대의견으로 나뉘어졌다. 모두가 본 사안이 처벌의 필요성이 있으며, 조문상의 결함 때문에 처벌 여부가 다투어지고 있음에는 일치하고 있다. 방화죄와 실화죄의 조문의 체계를 통해 볼 때, 처벌필요성 및 조문상 결함을 인정하는 이유를 정리해 보자.
3. 법관의 법해석의 방법에 대하여 다수의견과 반대의견은 차이를 보이고 있다. 각자의 논지를 정리하고, 어느 한 쪽의 논지를 일방적으로 확장시킬 때 따를 위험성과 그 한계를 음미해 보자.
4. '문언의 가능한 의미와 한계'에 대하여 형법총론상의 죄형법정주의에 대하여 다시 한 번 음미해보자.

※ 다음 논문을 아울러 참고하기 바람.

형벌법규의 欠缺과 解釋에 의한 補正의 限界[2)]

신 동 운

* * *

1. 爭點의 整理

본 판례는 형법 제170조 제2항 失火罪의 적용범위를 명확하게 정리하였다는 점에서 우선 주목되며, 나아가 缺陷있는 形罰法規의 解釋에 의한

補正의 문제에 대하여 이론적 고찰의 계기를 제공해 주었다는 점에서 의미가 있다.

판례의 사실관계에 따르면 피고인 박○례는 담배불을 붙인 후 그 불을 확실하게 끄지 아니한 과실로 타인 소유의 사과나무들을 불태워 버렸다. 검사는 박○례의 행위가 형법 제170조 제2항에서 규정한 내용 가운데 "과실로 인하여 … 제167조에 기재한 物件을 燒毁하여 公共의 危險을 發生하게 한" 경우에 해당한다고 보아 실화죄로 기소하고 있다. 이에 대하여 제1심 법원 및 원심법원은 형법 제170조 제2항이 "過失로 인하여 自己의 所有에 속하는 제166조 또는 제167조에 기재한 物件을 燒毁하여 公共의 危險을 發生하게 한" 경우만을 규율대상으로 하고 있기 때문에 他人所有의 사과나무를 소훼한 피고인의 행위를 이 조문으로 처벌할 수는 없다는 결론에 이르고 있다.

이와 같은 논란이 제기되는 이유는 무엇보다도 우리 입법자가 형법 제170조를 입법함에 있어서 세밀한 부분까지 주의를 기울이지 못한 점에 있다고 생각된다. 즉 형법 제170조 제2항은 "自己의 所有에 속하는 제166조 또는 제167조에 기재한 物件"이라는 표현을 사용함으로써 他人所有에 속하는 제167조에 기재한 물건에 대하여 명확하게 태도표명을 하지 아니한 결함을 안고 있다(타인 소유에 속하는 제166조에 기재한 물건에 대해서는 형법 제170조 제1항에 명문의 규정이 마련되어 있다).

이와 같은 결함부분에 대하여 대법원의 다수의견이나 소수의견은 모두 處罰의 必要性을 인정하고 있다. 다수의견은 방화죄의 조문들이 타인소유의 물건에 대한 방화를 자기소유의 물건에 비하여 보다 완화된 요건으로, 그리고 보다 중한 法定刑으로 처벌하는 형태로 규정되어 있음을 지적하면서, 자기 소유 물건에 대한 실화죄를 처벌하면서 他人所有 물건에 대한 失火罪를 처벌하지 않는다면 그것은 명백히 불합리하다고 주장한다. 또한 소수의견도 "과실로 인하여 타인의 소유에 속하는 일반물건을 소훼하여 공공의 위험을 발생하게 한 경우에 그 處罰의 必要性이 있다는 점에는 의견을 같이 할 수 있다"는 입장에 서 있다. 그런데 문제는 입법의 결함과 처벌의 필요성 사이에 빚어지는 이러한 갈등관계를 과연 법관이 해석을 통하여 극복할 수 있겠는가 하는 점에 있는데 이 부분에 대해서는 다수의견과 소수의견이 견해가 나뉘고 있다.

이 문제에 대하여 대법원 다수의견은 방화죄의 관련조문을 전체적, 종합적으로 해석함으로써 입법의 결함을 극복, 형사처벌의 목적을 달성할 수 있다고 본다. 다수의견은 먼저 방화죄의 관련조문들을 대비하면서 他人所有 물건에 대한 失火의 처벌 필요성을 강조하고 있다. 그리고 여기에서 한 걸음 더 나아가 형법 제170조 제1항과 제2항의 관계를 분석함으로써 또 하나의 입론의 자료를 제시하고 있다. 즉 다수의견은 "제170조 제1항과 제2항의 관계로 보아서도 제166조에 기재한 물건(일반건조물 등) 중 타인의 소유에 속하는 것에 관하여는 제1항에서 이미 규정하고 있기 때문에 제2항에서는 그 중 자기의 소유에 속하는 것에 관하여 규정하고, 제167조에 기재한 물건에 관하여는 소유의 귀속을 불문하고 그 대상으로 삼아 규정하고 있는 것이라고 봄이 관련조문을 전체적, 종합적으로 해석하는 방법일 것"이라고 설시하고 있다.

이에 대하여 대법원 소수의견은 "형법의 처벌규정을 우리말의 보통의 표현방법으로는 도저히 해석할 수 없는 다른 의미로 해석하는 것에 의하여 그 목적을 달성하려고 한다면 그것은 죄형법정주의의 정신을 훼손할 염려가 크다"고 지적함으로써 해석을 통한 해결에 반대하고 "그 처벌의 필요성은 법의 개정을 통하여 이를 충족시켜야 할 것"이라고 주장하고 있다. 결국 대법원의 다수의견과 소수의견이 견해를 달리하는 부분은 형법 제170조 제2항의 立法上 缺陷을 解釋을 통하여 해결할 수 있다고 볼 것인가 아닌가 하는 점에 있다.

이와 같은 대법원의 견해대립을 보면서 우리는 여기에서 缺陷있는 刑罰法規의 내용을 보완하는 법관의 解釋作業이 과연 어느 범위까지 허용되는가 하는 질문을 하게 된다. 이 물음과 관련하여 생각되는 해결방안은 크게 세 가지가 있다. 첫째는 형벌법규를 조성하는 文言의 語義, 자구배열, 문장구성 등을 우리말의 통상적인 표현방법에 따라서 해석하고 그 의미범위를 넘어서는 영역의 문제에 대해서는 해석을 통한 보완을 일절 허용하지 않는 방안이다. 만일 당해 형벌법규의 통상적인 어의에서 벗어나는 사실까지 법규의 해석을 통하여 규율하려고 한다면 그것은 類推解釋이 되어 죄형법정주의에 반한다고 본다. 본 판례의 대법원 소수의견은 이 입장에 서 있다고 생각된다.

두 번째는 형벌법규가 사용하고 있는 문언의 통상적인 의미나 용법을 넘어서서 그 文言에 대하여 아직도 意味附與가 가능한 부분을 찾아내어 그 범위 내에서 형벌법규의 흠결을 보완하는 방안이다. 이때 문제되는 문언에 대하여 아직도 부여할 수 있는 의미가 있는가 하는 판단은 論理解釋, 歷史的 解釋, 合目的的 解釋 등 통상의 해석기법을 동원하여 내리면 된다. 본 판례의 대법원 다수의견이 관련조문을 전체적, 종합적으로 해석하여야 한다고 지적한 부분은 다수의견이 바로 이 두 번째의 해결방법을 채택하였음을 보여주고 있다.

세 번째의 방법은 구체적 형벌법규가 사용하고 있는 문언에 구애되지 않고 형벌법규의 흠결부분을 類推解釋의 방법으로 보완하는 방안이다. 현재 우리나라에서는 유추해석의 방법을 주장하는 견해는 보이지 않지만 독일의 경우에는 일부 학자들에 의하여 이러한 방법이 유력하게 주장되고 있다.

* * *

2) 判例月報 제294호, 판례월보사, 1995. 3, 23~24면.

제15장 교통방해의 죄

도입판례

서울중앙지법 2006. 1. 11. 선고 2001노1474 판결【일반교통방해·노동쟁의조정법위반·폭력행위등처벌에관한법률위반】상고 (각공2006, 436)

【피 고 인】 갑
【항 소 인】 갑, 검사
【검　　사】 민기호
【변 호 인】 법무법인 지평 담당변호사 강금실 외 13인
【원심판결】 서울중앙지법 2001. 1. 31. 선고 95고단10975 판결
【주　　문】 원심판결을 파기한다.
피고인을 벌금 15,000,000원에 처한다.
피고인이 위 벌금을 납입하지 아니하는 경우 50,000원을 1일로 환산한 기간 피고인을 노역장에 유치한다.
원심판결 선고 전의 구금일수 111일을 위 벌금에 관한 노역장유치기간에 산입한다.
【이　　유】
1. 항소이유의 요지
가. 피고인의 항소이유

* * *

(3) 교통방해의 점에 대한 사실오인 및 법리오해
(가) 다수인이 모여서 도로를 따라 행진하는 방법으로 시위를 함에 있

어, 집회 및 시위에 관한 법률(이하 '집시법'이라고 한다)에 의하여 사전에 신고한 후 그 신고 범위 내에서 행진시위를 하거나, 신고 당시 예상하지 못한 사정의 발생으로 인하여 부득이 행진시위의 형태가 당초 신고한 내용과 다르게 되었더라도 교통을 통제할 직무권한이 있는 경찰관의 현장지시에 따라 행진시위를 한 경우에는 행진시위로 인하여 교통이 방해되는 결과가 초래된다고 하더라도 이는 일반교통방해죄의 구성요건해당성이 없거나 그 위법성이 조각된다고 할 것인바, 1995. 11. 12. 연세대학교에서 개최된 위 민주노총 창립대의원대회 등 행사의 참가자들이 위 행사를 마친 후 민노준의 주관 하에 연세대학교에서 여의도광장까지 행진하는 시위(이하 '이 사건 행진시위'라고 한다)를 함에 있어, 민노준이 사전에 이미 집시법의 규정에 따라 관할 경찰서장에게 '인도로 가두행진을 하겠으며 차도를 점거하지 않겠다'는 등의 내용의 사전신고를 하였으나, 실제 시위 참가자가 신고 당시의 예상을 훨씬 뛰어넘는 3만 명에 달하게 되자, 행진을 시작하기 전에 민노준 측의 담당자와 경찰관이 만나 '대오가 신속하게 이동하게 할 것, 경찰의 통제선 내에서 행진할 것' 등의 합의를 한 후, 경찰의 현장지시 및 통제에 따라 시위대가 행진시위를 하였고, 그 과정에서 시위대가 차도의 일부를 사용하여 행진을 하기도 하였으나 이는 대오를 신속하게 이동시키려는 경찰의 통제에 따른 것일 뿐이고, 경찰의 통제를 벗어나 시위대가 특정목적을 위하여 멈추어 구호를 외치거나 행진을 중단한 적도 없으므로, 이 사건 행진시위는 형법 제185조 소정의 일반교통방해죄의 구성요건에 해당하지 아니하거나 또는 그 위법성이 조각된다.

(나) 가사, 이 사건 행진시위의 일부 참가자가 신고한 시위의 범위를 일탈하거나 경찰관의 현장지시에 따르지 않은 채 위법하게 행진시위를 함으로써 교통이 방해되는 결과가 초래되었다고 하더라도, 이 사건 행진시위의 주최자인 피고인은 이러한 일부 참가자들의 교통방해 행위에 직접 가담한 바 없고, 교통방해 행위자들과 교통방해의 범행을 공모한 바도 없다.

(다) 그럼에도 불구하고, 원심은 사실을 오인하고 집시법과 형법상 일반교통방해죄에 관한 법리를 오해한 나머지, 피고인이 원심 판시 범죄사실 3의 다항 기재의 일반교통방해 범행을 저질렀다고 잘못 인정함으로써 판결에 영향을 미친 위법을 저질렀다.

* * *

다. 피고인의 위 1의 가의 (3)항 기재 항소이유에 대한 판단

(1) 먼저, 이 사건 행진시위가 일반교통방해죄의 구성요건에 해당하지 아니하거나 위법성이 조각되는지의 점에 관하여 본다.

(가) 모든 국민은 헌법 제21조 제1항에서 정한 바에 따라 집회의 자유를 보장받는다고 할 것이나, 다수인이 집결하여 의사를 표출하는 옥외집회의 경우에는 그 성격상 타인의 권리나 공공의 안녕질서와 충돌될 가능성이 많고, 특히 도심의 통행로에서 벌어지는 옥외집회나 시위의 경우 일반인의 교통권이나 원활한 교통소통이라는 공공의 이익과 상충될 우려가 있으므로, 이러한 경우 집회 및 시위의 권리를 최대한 보장함과 동시에 일반공중의 교통권 내지는 원활한 교통소통을 포함한 공공의 안녕질서가 침해되지 않도록 적절한 조화를 도모할 필요가 있다.

이에 따라 집시법 제1조는 "이 법은 적법한 집회 및 시위를 최대한 보장하고 위법한 시위로부터 국민을 보호함으로써 집회 및 시위의 권리의 보장과 공공의 안녕질서가 적절히 조화되게 함을 목적으로 한다"고 규정함으로써 집회 및 시위의 자유와 일반공중의 교통권 내지는 원활한 교통소통을 포함한 공공의 안녕질서의 조화를 강조하고 있고, 그 구체적 장치로서 옥외집회 또는 시위를 주최하고자 하는 자는 그 목적, 일시, 장소 및 참가예정인원과 시위방법 등을 기재한 신고서를 관할 경찰서장에게 제출하여야 하며(제6조 제1항), 대통령령이 정하는 주요도시의 주요도로에서의 집회 또는 시위에 대하여 교통소통을 위하여 필요하다고 인정할 때에는 이를 금지하거나 교통질서유지를 위한 조건을 붙여 제한할 수 있고(제12조 제1항), 집회 또는 시위의 주최자는 집회 또는 시위에 있어서의 질서를 유지하여야 하고, 주최자가 질서를 유지할 수 없을 때에

는 그 집회 또는 시위의 종결을 선언하여야 하며, 신고한 목적, 일시, 장소, 방법 등 그 범위를 현저히 일탈하는 행위를 할 수 없도록 규정하고 있다(제14조).

(나) 이러한 집시법의 각 규정 및 그 입법 취지에 비추어 보면, 집시법에 의해 적법한 옥외집회 신고를 마치고 그 신고된 범위 내에서 행한 집회나 시위의 경우 그로 인해 교통의 소통에 장애가 초래된다고 하더라도 이는 특별한 사정이 없는 한 적법한 집회 및 시위의 자유의 범위 내의 것이므로 위법하다고 할 수 없고, 아울러 신고된 내용과 다소 다르게 집회나 시위가 진행되었다고 하더라도, 집회 및 시위의 자유의 보호 필요성과 이러한 집회 및 시위로 인하여 침해되는 일반공중의 교통권 등의 침해의 정도가 균형을 유지하는 범위 내에서는 집회 및 시위가 신고된 내용과 실제로 진행된 내용이 서로 다르다는 이유만으로 이를 위법하다고 단정할 수는 없겠지만, 집회 또는 시위가 당초 신고된 범위를 현저히 일탈하거나 위 집시법 제12조의 규정에 의한 조건을 현저하게 위반함으로써 교통소통 등 질서유지에 직접적인 위험을 명백하게 초래한 경우에는 적법한 집회의 자유의 범위를 초월하여 타인의 권리 또는 공공의 안녕질서에 직접적인 위해를 가한 것으로 보아야 할 것이므로 이는 형법 소정의 교통방해죄의 구성요건을 충족하고 그 위법성이 조각되는 것도 아니라고 할 것이다.

(다) 그런데 원심이 적법하게 채택하여 조사한 증거들과 당심이 적법하게 채택하여 조사한 집회신고서(수사기록 6권 99면), 교통질서 유지를 위한 조건통보서(수사기록 6권 125면)의 각 기재 및 현존을 종합하면, 피고인이 공동대표자들 중 1인으로 있는 민노준이 1995. 10. 10.경 이 사건 행진시위와 관련하여 서울지방경찰청장에게 제출한 옥외집회신고서와 각서에는 약 1만 명이 이 사건 행진시위에 참가하여 8열 종대로 인도를 이용하여 경찰관의 유도에 따라 평화적으로 행진하겠다는 내용으로 기재되어 있는 사실, 위 신고를 접수한 서울지방경찰청장은 1995. 11. 12. 08:00경 이 사건 행진시위가 주요도로에서의 행진에 해당한다는 이유로

집시법 제12조 제1항 및 집시법 시행령 제8조에 의하여 교통질서 유지를 위한 조건을 민노준의 집행위원이던 공소외 A를 통하여 민노준 측에 통보하였는데, 위 통보서에는 "이 사건 행진시위시 진행방향 우측 보도만을 통행하여야 하고, 다수인원 행진을 이유로 차도로 행진하거나 차량사용으로 교통소통을 방해하여서는 안 되며, 행진 중 앉는 등 신고 이외의 행위를 해서는 안 되고, 도착시까지 중단 없이 진행하여야 하며, 교차로 통과시 횡단보도, 지하도, 육교 등을 이용하며 반드시 교통신호를 지켜야 한다"는 내용이 포함되어 있는 사실, 그런데 실제로 이 사건 행진시위에는 1만 명 이상의 인원이 참가하였고, 주최자인 민노준 측은 이 사건 행진시위를 위해 원심 판시 범죄사실 3의 다항 기재와 같은 만장, 깃발, 플래카드, 풍물패 등의 장비를 준비하였던 사실, 이러한 장비를 갖춘 1만 명 이상의 인원이 우측 보도만을 통행하여 행진하는 등 위 조건을 준수하여 행진하게 될 경우 교통소통에 막대한 지장을 초래할 것이 예상되자, 서대문경찰서 소속 정보2계장 공소외 B는 공소외 A를 통하여 민노준 측에 "행진대오가 신속하게 이동할 것, 사거리에서는 측면차량이 통과하고 대오가 통과할 수 있도록 통제를 해줄 것, 경찰통제선 내에서 행진할 것, 경찰과 협조해서 마찰이 없도록 하자"는 내용의 요구를 하였고 민노준 측도 이를 수락하였던 사실, 그 후 이 사건 행진시위를 신속히 진행시키기 위하여 경찰의 묵시적 양해 하에 대체로 인도 외에 진행방향 2, 3개의 차선이 점거된 상태에서 이 사건 행진시위가 진행되었으나, 그 중 일부 구간에서 이 사건 행진시위 참가자들이 경찰의 통제를 벗어나 연세대 및 신촌로터리 차도 무단횡단, 신촌로터리 전차선 점거행진, 한국경영자총연합회 회관 앞 도로점거 연좌시위, 대흥로터리 전차선 점거행진 및 연좌시위, 마포로 전차선 점거행진, 마포대교 북단 입구 3개 차선 도로점거 연좌시위, 마포대교 전차선 점거행진, 마포대교 남단 → 여의도광장 입구 전차선 점거행진, 마포대교 남단 도로점거 연좌시위 등을 감행하였고, 이로 인하여 위 각 해당 구간에서는 상당한 시간 동안 교통의 소통이 불가능하거나 교통의 소통에 현저한 곤란이 초래되었던 사실이 각 인정된다.

(라) 위 인정 사실에 의하면, 이 사건 행진시위의 참가자들이 그 일부 구간에서 감행한 위에서 본 바와 같은 차도 무단횡단, 전차선 점거행진, 도로점거 연좌시위 등은 당초 신고된 범위를 현저히 일탈하거나 위 집시법 제12조의 규정에 의한 조건을 현저하게 위반한 것으로서 교통소통 등 질서유지에 직접적인 위험을 명백하게 초래하였다고 할 것이므로, 시위참가자들의 이러한 행위는 적법한 집회 및 시위의 자유의 범위를 초월하여 타인의 권리 또는 공공의 안녕질서에 직접적인 위해를 가한 것으로서 형법 제185조 소정의 일반교통방해죄의 구성요건을 충족하고 그 위법성이 조각되는 것도 아니라고 할 것이고, 비록 이 사건 행진시위가 시작되기 전에 경찰 측과 민노준 측과의 사이에 앞서 본 바와 같은 내용의 합의가 있었다고 하더라도 달리 볼 것은 아니다.

쟁점연구

1. 형법 제185조(일반교통방해죄)는 그 행위의 태양으로 "손괴 또는 불통하게 하거나 기타 방법으로 교통을 방해한" 경우를 나열하고 있다. '교통을 방해', '기타 방법'이란 용어는 죄형법정주의상의 명확성의 원칙에 비추어 어떤 문제를 갖고 있는가. 또한 그 문제를 극복하기 위하여 해석론적으로는 어떠한 지침을 만들어낼 수 있는가. 입법론적으로는 어떤가.
2. 시위대의 도로통행에서 경찰이 제시한 가이드라인을 준수하지 않고 도로를 점거하는 형태로 시위한 경우, 그것을 곧바로 일반교통방해죄로 의율하는 것은 헌법상의 집회및시위의 자유에 배치되지 않는가. 집회및시위에 관한법률과 일반교통방해죄의 적용상의 차이를 살펴보자.
3. 권위주의 체제하에서 정치집회, 노동쟁의 등 사회적 합의가 큰 사안에 대하여 형사법적 개입을 능사로 하는 경향이 있어왔다. 자유민주주의 하에서 시민적·정치적 자유의 행사에 대하여 '탈형사화'의 전망에 대해 논의

해보시오.

※ 다음 논문을 아울러 참고하기 바람.

일반교통방해죄와 집회시위에의 그 적용을 둘러싼 문제[3)]

한 인 섭

형법 제185조 일반교통방해죄의 행위방법 및 법정형의 분석을 통해, 동 조항은 그 적용범위가 엄격하게 제한되어야 함을 밝히고자 했다. 동 조항에서 '기타 방법'은 손괴·불통과 동등한 정도의 교통방해를 초래하는 방법으로만 (한정)해석되어야 한다. 현재의 판례와 학설들에 따를 경우, 일반교통방해죄의 범위가 지나치게 확장된다. 단지 인간의 신체를 '기타 방법'에 포함시키는 것은 교통질서가 인간을 위한 것이라는 단순한 사실을 무시하고 있다. 또한 일반교통방해죄의 법정형은 지나치게 광범하여 위헌의 소지가 있다. 특히 기타 방법에 대한 확장해석과 광범위한 법정형이 결합할 경우 위헌소지를 넘어서 위헌적 결과를 가져온다.

집회시위는 헌법상의 기본권이며 소수자를 위한 중핵적인 표현의 자유로써 충분히 보장되어야 한다. 집회시위에 대해서는 규제적 시각이 아니라 보장적 시각에서 접근되어야 한다. 다수인이 모여 거리시위를 하는 경우 그 거리사용의 불가피성을 인정하면 경찰의 역할은 처벌이 아니라 교통질서의 원활함을 위해 노력하는 것이다. 시위를 하기 위해 차도사용은 인정하되, 고의로 교통질서 방해를 위해 적극적으로 행동한다면 그것은 규제의 대상이 되어야 할 것이다. 다만 그 규제의 방법은 형법상의 일반교통방해죄라는 중범죄 조항의 적용이 아니라, 교통질서의 원활함을 위한 도로교통법의 위반이라는 질서위반적 제재를 활용하는 것이 맞다.

형법상의 일반교통방해죄는 도로를 물리적으로 파괴하거나, 쉽게 제거하기 어려운 장애물을 설치하거나, 그와 동등한 수준의 방법을 통해 통행을 불가능케 할 경우를 위해 유보되어야 할 것이다. 기존의 판례가 일반교통방해죄의 적용범위를 지나치게 확장하여, 심지어 헌법상의 권리행사에까지 극단적인 제약을 가하는 경향은 치안형법의 잔재로써 민주헌정국가의 법해석으로 인정할 수 없다. 독일, 일본 등의 국가와 비교해 볼 때도 이 점은 명백하다.

3) 「형사법연구」 제21권 제1호(통권 제38호), 한국형사법학회, 2009. 3, 353~374면.

제16장 문서에 관한 죄

Ⅰ. 문서에 관한 죄에서의 문서

1. 문서의 개념

도입판례

대법원 2006. 1. 26. 선고 2004도788 판결【사문서변조·변조사문서행사】(공2006, 365)

【피 고 인】 갑
【상 고 인】 피고인
【원심판결】 부산지법 2004. 1. 15. 선고 2003노176 판결
【주 문】 상고를 기각한다.
【이 유】

상고이유를 판단한다.

1. 관련 증거를 기록에 비추어 살펴보면, 피고인이 상우회 회장 공소외 A에게 작성·교부한 합의서(아래에서는 '최초 합의서'라 한다) 및 이에 대하여 상인들이 찬성 혹은 반대의 취지로 서명날인 혹은 서명무인한 문서(아래에서는 '서명날인부'라 한다)는 상인들의 의사에 기하여 진정하게 성립되었으나, 최초 합의서 중 잔금지급조건을 '3개월 분할납입'에서 '6개월 분할납입'으로 고친 합의서(아래에서는 '수정 합의서'라 한다)는 명의자인 상인들의 동의 없이 피고인이 임의로 작성하였다고 판단한 원심의

사실인정 및 판단은 정당하고(원심이 최초 합의서 내용에 대하여 상우회 대표단과 공소외 주식회사를 대리한 현장소장인 피고인 사이에 합의가 이루어지지 않았던 것처럼 설시한 부분은 적절하지 않으나, 최초 합의서 및 서명날인부가 찬반 의사를 표시한 상인들에 의하여 진정하게 성립된 이상 그 부분 사실인정은 이 사건 사문서변조죄 및 변조사문서행사죄의 성부에 영향을 미치는 사유가 아니다), 거기에 상고이유에서와 같은 판결에 영향을 미치는 채증법칙 위배로 인한 사실오인 등의 위법이 없다.

2. 형법상 문서에 관한 죄에 있어서 문서라 함은, 문자 또는 이에 대신할 수 있는 가독적 부호로 계속적으로 물체 상에 기재된 의사 또는 관념의 표시인 원본 또는 이와 사회적 기능, 신용성 등을 동시할 수 있는 기계적 방법에 의한 복사본으로서 그 내용이 법률상, 사회생활상 주요 사항에 관한 증거로 될 수 있는 것을 말하고, 문서변조죄에 있어서 행사할 목적이란 변조된 문서를 진정한 문서인 것처럼 사용할 목적을 말하는 것으로 적극적 의욕이나 확정적 인식을 요하지 아니하고 미필적 인식이 있으면 족한 것이다.

위 법리를 기초로 이 사건 각 합의서 및 서명날인부의 작성 경위, 형식, 내용, 기능 등을 살펴보면, 장기간의 분쟁을 종결짓는 상황에서 '합의서'라는 제목 아래 합의의 구체적인 내용을 특정하여 기재한 다음 그에 대한 상인들의 찬반 의사를 표시함으로써 분쟁이 재발될 경우 입증자료로 사용하기 위하여 작성된 최초 합의서 및 서명날인부 각 원본과 사본은 모두 형법상 문서에 관한 죄에서 있어서의 문서에 해당함은 명백하고, 같은 성격의 수정 합의서와 서명날인부 사본도 마찬가지이다. 수정 합의서는 포스코의 단순한 내부 자료에 불과하고 이를 행사할 의사도 없었다는 피고인의 주장은 받아들일 수 없다.

같은 취지의 원심의 판단은 정당하고, 거기에 상고이유에서와 같은 문서에 관한 죄에 있어서의 문서나 행사할 목적의 의미에 관한 법리오해 등의 위법이 없다.

3. 관련 증거를 기록에 비추어 살펴보면, 피고인이 최초 합의서의 잔

금지급조건을 '1999. 7. 30.부터 3개월 분할납입'에서 '1999. 7. 30.부터 6개월 분할납입'으로 수정할 즈음 상인들은 자신들의 이해관계에 따라 최초 합의서의 '3개월 분할납입'안에 찬성 혹은 반대함으로써 상호 의견 충돌을 빚어 그 와중에 상우회 회장이 교체되고 신임회장 공소외 B는 공소외 주식회사와 아무런 협의도 없이 잔금지급조건을 '1999. 10.부터 6개월 분할납입'으로 선언하고 나선 사실, 이에 따라 최초 합의서가 사실상 무효화되고 분쟁이 계속될 가능성이 농후해지자 최초 합의서에 찬성한 상인들이 공소외 B의 위 선언에 동조하는 것을 차단하고, 최초 합의서에 반대한 상인들의 지지를 이끌 생각으로 피고인이 공소외 주식회사의 내부결재를 거쳐 일방적으로 '1999. 7. 30.부터 6개월 분할납입'이라는 잔금지급조건을 상인들에게 통보한 다음 그에 대한 상인들의 찬반 의사 확인절차는 따로 거치지 아니한 채 같은 내용의 수정 합의서를 임의로 작성한 사실을 인정할 수 있다.

위와 같은 상황에서라면, 최초 합의서의 잔금지급조건인 '1999. 7. 30.부터 3개월 분할납입'에 찬성 혹은 반대한 상인들이 수정 합의서의 잔금지급조건인 '1999. 7. 30.부터 6개월 분할납입'에 대하여도 종전의 찬성 혹은 반대의견을 바꾸지 않고 그대로 유지할 것이라고 보기는 어려우므로, 최초 합의서의 잔금지급조건을 임의로 수정함으로써 상인들이 마치 수정 합의서의 '1999. 7. 30.부터 6개월 분할납입'안에 찬성 혹은 반대하는 의사표시를 한 것처럼 의사표시의 내용을 왜곡한 피고인의 행위에 대하여 최초 합의서에 찬성 혹은 반대한 상인들의 추정적 승낙이 있었을 것이라고 보기는 어렵고 변조의 범의도 인정된다 할 것이므로, 같은 취지의 원심판결은 정당하고, 거기에 상고이유에서와 같은 추정적 승낙 내지 변조의 범의에 관한 법리오해 등의 위법이 없다.

4. 그러므로 상고를 기각하기로 하여 관여 대법관의 일치된 의견으로 주문과 같이 판결한다.

대법관 이강국(재판장) 손지열 김용담(주심) 박시환

쟁점연구

1. 형법 제20장 문서에 관한 죄(제225조~제237조의2)의 개별조문들을 구성요건의 체계에 따라 분류해보자. 행위의 객체로서 공문서와 사문서, 행위의 태양으로서 위조, 변조, 자격모용, 허위작성, 위(변)조된 문서의 행사, 부정행사 등으로 나누어진다. 각 개념의 기본적인 개념을 정리해 보자.
2. 문서의 일반적 의미와 문서관련죄에서의 문서의 개념은 동일하지 않다. 문서관련죄에서 문서에 해당하기 위해서는 어떤 속성을 갖추어야 하는가. 도입판례를 보면서 정리해 보자. 이 판례에서 문서로 판단된 것은 어떤 것인가.
3. 문서관련죄에서 문서의 개념이 일반적인 의미보다 훨씬 제한적으로 설정되어야 할 근거는 무엇인가.

2. 문서의 요건

도입판례

대법원 1997. 12. 26. 선고 95도2221 판결【사기·사문서위조·위조사문서행사】(공1998, 450)

【피 고 인】 갑
【상 고 인】 피고인 및 검사
【원심판결】 전주지법 1995. 8. 22. 선고 94노442 판결
【주 문】 원심판결 중 유죄 부분을 파기하고, 사건을 전주지방법원 합의부에 환송한다. 검사의 상고를 기각한다.
【이 유】

1. 피고인의 상고이유를 본다.

가. 원심은 이 사건 공소사실 중 "피고인은 행사할 목적으로, 피해자 A의 사무실 안에서 사실은 전북 (상세 주소 생략) 지상 논 1,157㎡의 소유자인 피해자 B로부터 피고인이 위 토지에 대한 사용권을 얻었거나, 위 토지 사용에 관한 책임각서와 토지주시행포기각서의 작성권한을 위임받은 사실이 전혀 없음에도 불구하고, 위 토지상에 아파트를 건축할 의사로 위 토지를 매수하려는 피해자 A로 하여금 사무실 직원인 공소외 C에게 지시하게 하여 위 사무실에 비치되어 있던 용지 2장에 타자기를 이용하여 '책임각서, 각서인 성명: B, 주소: 전북 (상세 주소 생략), 주민등록번호: 380509-○○○○○○○, 토지소재: 전북 (상세 주소 생략), 소유자 성명: B, 토지면적: 1988㎡ 중에서 1157.03㎡, 위 각서인은 1992. 5. 5. 현재 위 토지의 소유주로서 아래 보증인의 명의로 허가관청에 주택허가 서류를 계류 중 위 토지를 매매하게 되었던바, 금일 이후 허가를 취득할 때까지의 모든 책임을 지기로 하며 주택사업의 허가가 나온 후의 모든

권한을 P산업개발 대표 A에게 위임할 것을 책임각서함. 이상. 1992. 5. 5. 위보증인성명: 피고인, 주소: 전북장수군, 읍 장수리 번지생략, 주민등록번호: 410301-생략, 전화번호: 0656-351-생략, 유한회사 P산업개발 귀하'라고 각 기재하게 하고, 또 다른 용지 2장에 '토지주시행포기각서, 토지소재: 전북 (상세 주소 생략), 건축면적 및 연면적 각 공란, 소유자 성명: B, 소유자 주소: 전북 (상세 주소 생략), 허가번호란 공란, 위 본인은 위 소재 토지주로서 공사 및 모든 권한을 P개발 대표 A에게 전권 위임하며 동 사업을 포기하고 기명날인한다. 이상. 1992. ○. ○. 유한회사 P산업개발 귀하'라고 각 기재하게 한 다음, 위 책임각서 문장이 기재되어 있는 2장의 용지와 토지주시행포기각서 문장이 기재되어 있는 2장의 용지를 위 A로부터 각 건네받아 그 중 책임각서 문장이 기재되어 있는 2장의 용지 중 보증인란에 기재되어 있는 피고인의 성명 옆에 피고인의 성명이 새겨진 도장을 날인하여 권리의무에 관한 사문서인 위 B 명의의 책임각서 2장과 토지주시행포기각서 2장을 각 위조하고, 즉석에서 위와 같이 위조한 책임각서 2장과 토지주시행포기각서 2장 중 각 1장씩을 그 정을 모르는 위 A에게 진정하게 성립한 것인 양 교부하여 이를 각 행사하였다"는 점에 대하여, 제1심이 적법하게 조사하여 채택한 증거들을 종합하면, 피고인이 B의 승낙이나 위임을 받지 아니하고 이 사건 사문서들을 작성한 사실이 인정되고, 사문서위조에 있어서 문서는 그 명의자가 작성한 진정한 사문서로 볼 수 있는 정도의 외관과 형식을 갖추어 일반인이 진정한 사문서로 오신하기에 충분하면 성립하는 것이고, 반드시 작성명의자의 서명이나 날인이 있어야 하는 것은 아니라는 이유로 유죄를 인정한 제1심판결을 그대로 유지하였다.

나. 살피건대, 사문서위조죄는 그 명의자가 진정으로 작성한 문서로 볼 수 있을 정도의 형식과 외관을 갖추어 일반인이 명의자의 진정한 사문서로 오신하기에 충분한 정도이면 성립하는 것이고, 반드시 그 작성명의자의 서명이나 날인이 있어야 하는 것은 아님은 원심판결이 설시한 바와 같다 할 것이나, 일반인이 명의자의 진정한 사문서로 오신하기에

충분한 정도인지 여부는 그 문서의 형식과 외관은 물론 그 문서의 작성 경위, 종류, 내용 및 일반거래에 있어서 그 문서가 가지는 기능 등 여러 가지 사정을 종합적으로 고려하여 판단하여야 할 것이다(당원 1988. 3. 22. 선고 88도3 판결 참조).

그런데, 위 공소사실에 의하면, 위 책임각서는 전북 (상세 주소 생략) 토지에 관하여 그 소유자인 위 B가 건축허가를 받을 때까지의 모든 책임을 지고 허가가 나온 후의 주택건축에 관한 모든 권한을 위임하기로 위 A에게 약속하는 내용을, 위 토지주시행포기각서는 위 토지에 관하여 위 B가 위 A에게 공사 및 모든 권한을 위임하고 사업을 포기한다는 내용을 각 타자기를 이용하여 타자한 것으로서, 모두 각서를 받는 지위에 있는 위 A가 있는 자리에서 그 직원을 시켜 작성하였다는 것이고, 각서인인 위 B의 난에는 위 B의 성명, 주소 및 주민등록번호(책임각서의 경우) 또는 성명 및 주소(토지주시행포기각서의 경우)만이 기재되었을 뿐 위 B의 서명이나 날인은 없었다는 것인바, 위 문서들의 위와 같은 형식, 외관과 기재방식 및 작성경위에다 위 문서들이 위 토지에 관하여 위 B가 소유자로서의 권한을 포기하고 그 권한을 위 A에게 위임하였음을 증명하는 서류로서 각서인은 그 내용에 따른 의무를 부담하게 된다는 각서의 기능 등에 비추어 보면, 위 책임각서와 토지주시행포기각서는 공소사실 기재와 같은 정도만으로는 위 토지의 소유자인 B가 작성한 진정한 각서로 오신하기에 충분한 정도의 외관과 형식을 갖춘 완성된 문서라고 보기에 부족하다 할 것이고, 위 B 명의의 책임각서 기재란 다음에 피고인이 보증인으로서 성명과 주소, 주민등록번호 등을 기재하고 피고인의 성명 옆에 피고인의 도장을 날인하였다고 하여도 위 B 명의의 책임각서 부분과 피고인 명의의 보증 부분은 별개의 문서인 점에 비추어 볼 때, 위와 같은 결론을 좌우할 수 없다고 할 것이다.

다. 그럼에도 불구하고 원심이 피고인에 대한 위 공소사실을 유죄로 인정한 것은 사문서위조죄에 있어서 문서에 관한 법리를 오해한 위법이 있다고 할 것이므로, 상고이유 중 이 점을 지적하는 취지의 주장은 이유 있다.

* * *

3. 그러므로, 원심판결 중 유죄 부분을 파기하여 이 부분 사건을 원심법원에 환송하고, 검사의 상고를 기각하기로 하여 관여 법관의 일치된 의견으로 주문과 같이 판결한다.

대법관 김형선(재판장) 정귀호(주심) 박준서 이용훈

쟁점연구

1. 문서에는 그 진정성을 보장하기 위하여 작성명의자가 존재해야 한다. 문서에 대한 공공의 신용은 작성명의자의 신용에 의해 보장되기 때문에, 작성명의자가 없는 문서는 문서가 아니다. 여기서 작성명의자는 실제작성자가 아니라 문서상의 주체를 말한다.
2. 도입판례에는 '책임각서'와 '토지주시행포기각서'라는 두 문서를 피고인 갑이 실제소유자의 승낙이나 위임 없이 소유자의 명의로 작성하였지만, 소유자의 서명 혹은 날인은 하지 아니하였다. 그런데도 원심이 사문서위조죄가 성립된다고 판단한 근거는 무엇인가. 대법원은 원심의 근거를 수용할 수 없다고 판시했는데, 그 근거는 무엇인가.
3. 도입판례를 통해 작성명의자의 서명·날인이 있는 경우에 문서위조죄가 쉽게 성립하지만, 작성명의자의 서명·날인이 없으면 문서위조죄가 성립하기는 쉽지 않다. 그렇다고 문서위조죄의 성립이 불가능하지는 않다고 한다. 판례의 기준은 '작성명의자가 진정으로 작성한 문서'로 신뢰할 수 있는가 여부에 따라 문서위조죄 여부를 판단한다. 그러한 신뢰가 가능한 문서의 요건을 정리해 보자.

3. 복사문서의 문서성의 정립

도입판례

대법원 1989. 9. 12. 선고 87도506 전원합의체판결【위조사문서행사】(공 1989, 1418)

【피 고 인】 갑, 을
【상 고 인】 검사
【원심판결】 부산지방법원 1987. 1. 16. 선고 86노2956 판결
【주　　문】 원심판결을 파기하고, 사건을 부산지방법원 합의부에 환송한다.
【이　　유】 검사의 상고이유를 본다.

이 사건 공소사실 중 위조사문서행사죄의 요지는 피고인들은 공모하여 행사할 목적으로 1983. 3. 25. 공소외 A가 제1심판시 골프장시설공사 도급권을 피고인 을에게 위임하는 내용의 사실증명에 관한 A 명의의 위임장 1매를 위조한 다음 이를 전자복사하여 그 사본을 진정하게 성립된 것처럼 피해자 서대원에게 제시하여 행사하였다는 것이다.

원심판결 이유에 의하면, 원심은 형법에 규정된 위조문서행사죄에 있어서의 문서라 함은 작성명의인의 의사가 표시된 물체 그 자체의 의미한다 할 것이므로 원본을 기계적인 방법에 의하여 사진 복사한 경우에 그 사본 또는 등본은, 사본 또는 등본의 인증이 없는 한 위 죄의 행위객체인 문서에 해당되지 아니한다고 판시하여 같은 이유로 피고인들에게 무죄를 선고한 제1심판결을 그대로 유지하고 있다.

그러나 문서위조 및 동행사죄의 보호법익은 문서자체의 가치가 아니고 문서에 대한 공공의 신용이므로 문서위조죄의 객체가 되는 문서는 반드시 원본에 한한다고 보아야 할 근거는 없고 문서의 사본이라 하더

라도 원본과 동일한 의식내용을 보유하고 증명수단으로서 원본과 같은 사회적 기능과 신용을 가지는 것으로 인정된다면 이를 위 문서의 개념에 포함시키는 것이 상당하다 할 것이다.

그러므로 문서의 사본 중에서도 사진기나 복사기 등을 사용하여 기계적인 방법에 의하여 원본을 복사한 문서 이른바 복사문서는 사본이라 하더라도 필기의 방법 등에 의한 단순한 사본과는 달리 복사자의 의식이 개재할 여지가 없고, 그 내용에서부터 모양, 형태에 이르기까지 원본을 실제 그대로 재현하여 보여주므로 관계자로 하여금 그와 동일한 원본이 존재하고 있는 것으로 믿게 할 뿐만 아니라 그 내용에 있어서도 원본 그 자체를 대하는 것과 같은 감각적 인식을 가지게 하는 것이고, 나아가 오늘날 일상거래에서 복사문서가 원본에 대신하는 증명수단으로서의 기능이 증대되고 있는 실정에 비추어 볼 때 이에 대한 사회적 신용을 보호할 필요가 있다 할 것이므로 위와 같이 사진복사한 문서의 사본은 문서위조 및 동행사죄의 객체인 문서에 해당한다고 보아야 할 것이다. 형법에 규정된 문서위조 및 동행사죄에 있어서 문서의 개념에 관하여 이와 상대되는 견해를 표시한 종전의 본원 판례(1969. 11. 26. 선고 69모85 결정; 1978. 4. 11. 선고 77도4068 판결; 1981. 12. 22. 선고 81도2715 판결; 1982. 5. 25. 선고 82도715 판결; 1983. 9. 13. 선고 83도1829 판결; 1983. 11. 8. 선고 83도1948 판결; 1985. 11. 26. 선고 85도2138 판결; 1988. 4. 12. 선고 87도2709 판결 및 1988. 10. 24. 선고 88도1680 판결 등)는 이를 폐기하기로 한다. 따라서 이 사건에서 위조된 위임장을 사진복사한 문서의 사본을 제시 행사한 피고인들의 행위는 형법 제234조 소정의 위조사문서행사죄에 해당한다 할 것임에도 불구하고 원심이 위와 같이 판단한 것은 문서의 개념에 관한 법리를 오해하여 법령적용을 잘못한 위법을 저지른 것이라 할 것이므로 이 점을 지적하는 상고논지는 이유 있다.

그러므로 원심판결 중 위조사문서행사에 관한 부분 및 이와 형법 제37조 전단의 경합범 관계에 있는 사문서위조, 사기에 관한 유죄부분을 모두 파기하고 사건을 원심인 부산지방법원 합의부에 환송하기로 하여 대법관 이재성의 반대의견과 대법관 이회창의 별개 의견을 제외한 관여 법관의 일치된 의견으로 주문과 같이 판결한다.

대법관 이재성의 반대의견은 아래와 같다.

다수의견이 설시하는 바와 같이 사진기나 복사기 등을 사용하여 기계적인 방법에 의하여 원본을 복사한 문서, 이른바 복사문서가 그 문서의 내용에서부터 모양, 형태에 이르기까지 원본을 실제 그대로 재현하여 보여줌으로써 관계자로 하여금 그와 동일한 원본이 존재하고 있는 것으로 믿게 할 염려가 있고 일상거래에서 복사문서가 원본에 대신하는 증명수단으로서의 기능이 증대되고 있는 실정이어서 진정문서에 대한 사회적 신용을 보호할 필요가 있다고 하는 점은 수긍할 수 있다.

그러므로 이 사건의 경우와 같이 위임사실이 없음에도 불구하고 위임이 있었던 것처럼 위임장을 위조하고 그 위조위임장을 전자복사기로 복사한 후 그 복사본을 진정한 위임장의 복사본인 것처럼 제시 행사한 경우 그 행위가 위법하고 심히 부도덕한 것임을 말할 나위가 없다.

그러나 행위자의 어떤 행위가 위법하고 심히 부도덕하다는 사실만으로는 그 행위자를 처벌할 수 없다.

즉 법률에 명시된 처벌규정에 해당하지 아니하면 아무리 위법성이 중대하고 심히 부도덕한 행위라 할지라도 처벌할 수 없는 것이다(헌법 제11조).

이 죄형법정주의의 원칙은 입법자에게는 처벌법규를 제정함에 있어서 그 범죄의 구성요건과 법적효과(처벌내용)를 일반국민이 잘 이해할 수 있도록 일의적으로 명확하게 규정할 것을 요구하고 법관에게는 처벌법규를 해석하는데 있어서 가능한 한 엄격한 해석을 할 것을 요구하고 있는 것이다.

그리하여 법조문에 분명하게 표시되지 아니한 사실에 대하여 다른 유사한 사실에 관한 법규정을 유추적용하는 것을 금지하는 것이다. 즉 처벌법규의 해석에 있어서는 유추해석이나 확장해석은 할 수 없는 것이다.

그런데 다수의견은 위조된 위임장을 전자복사한 행위를 형법 제231조 소정의 사문서위조죄로 처단하고 그 복사본의 제시행위를 형법 제34조 소정의 위조사문서행사죄로 처단하여야 한다는 것이다.

우리 형법 제231조는 "행사할 목적으로 권리의무 또는 사실증명에 관한 타인의 문서 또는 도화를 위조 또는 변조한 자는 5년 이하의 징역에 처한다"고 규정하였다. 위 조문에서 '문서를 위조한 자'라는 뜻이 무엇인가 하는 점이 문제가 되는데 그것은 첫째로 '문서'라고 하는 것이 무엇을 말하느냐 하는 점을 해석하고 그 다음에 '위조'라고 하는 것이 어떠한 행위를 가리키는 것이냐를 해석함으로써 문제를 해결할 수 있다고 할 것이다.

그런데 지금까지는 일반적으로 문서는 문서작성명의인의 의사표시가 문자 등으로 지편 등 물체 위에 영속되는 상태로 표현(기재)되어 있는 것을 말하고 그것은 문서의 원본을 의미하는 것이고 그 원본을 사진을 찍어 내거나 전자복사한 복사본 따위는 문서의 개념에 포함되지 아니하는 것으로 여겨왔었다. 그리고 '위조'라는 행위의 개념도 '정당한 작성권한 없는 자가 타인의 명의로 문서를 작성하는 것'으로 풀이하여 왔다. 그러므로 위조한 위임장을 전자복사기로 복사본을 만들어 낸 경우에 그 복사본을 형법 제231조에 규정한 문서라고 보기도 어렵거니와 그 복사본을 만들어 낸 행위를 '타인명의로 문서를 작성하였다'고 할 수도 없을 것이다. 즉 그와 같은 행위는 복사본을 만들어 낸 행위가 형법 제231조 소정의 문서위조행위에 해당한다고 보기 어렵고 만들어낸 복사본도 그 법조가 정한 문서에 해당한다고 보기는 어렵다고 생각한다.

그러함에도 불구하고 그러한 경우 문서위조와 성립을 인정하는 것은 죄형법정주의의 원칙에 의하여 금지된 유추확장해석을 하는 것이 된다고 믿는다.

전자복사본에 의한 부정서류의 범람으로부터 진정문서에 대한 사회적 신용을 보호할 필요가 있다고 하여도 그러한 행위를 처벌할 수 있는 명확한 규정이 없는 이상 법원으로서는 무죄를 선고하여야 하고 필요성을 강조하여 처벌법규를 적용하는 것은 부당하다. 그러한 사태에 대한 대책은 입법으로 하여야하고 법원이 형벌법규의 유추확장해석으로 대처할 일이 아니라고 믿는다. 또 다수의견은 복사문서가 필기의 방법 등에 의한 단순한 사본과는 달리 복사자의 의식이 개제할 여지가 없다 하여 필사본을 만들어 그러한 원본이 존재한다고 속인 경우와 전자복사본을 제시하고 그러한 원본이 있다고 속인 경우를 구별하려고 하나 형법 제231조가 규정한 문서의 개념 속에 전자복사본은 포함되고 필사본은 포함되지 않는다고 해석한다면 그 규정은 다의적으로 해석하는 것이 되어 형법법규의 명확성에 반하는 결과가 될 것이다.

이상과 같은 소견으로 당원 1978. 4. 11. 선고 77도4068호 판결은 유지되어야 하고 이 사건 검사의 상고는 기각하여야 한다고 믿는다.

대법관 이회창의 별개의견은 다음과 같다.

* * *

대법관 이일규(재판장) 김덕주 이회창 박우동 윤관 배석 이재성 김상원 배만운 안우만 김주한 윤영철 김용준

쟁점연구

현행 형법 제237조의2(복사문서 등)에는 "전자복사기, 모사전송기 기타 이와 유사한 기기를 사용하여 복사한 문서 또는 도화의 사본"도 문서관련죄의 문서로 본다고 규정한다. 1995. 12. 29. 신설된 규정이다. 이 규정이 도입되기 이전에는 복사문서가 문서위조죄의 문서에 해당하는가에 대한 의견의 대립이 있었다. 의견의 대립은 판례에도 뚜렷이 나타났다. 대법원 1978. 4. 11. 선고 77도4068 판결에는 9인의 다수의견은 문서의 원본만이 문서에 해당한다고 판시했는데(7인의 반대의견 있음), 대법원 1989. 9. 12. 선고 87도506 전원합의체판결은 복사문서도 문서에 해당한다고 판례변경을 하였다(다수의견 11, 반대의견 1, 별개의견 1).

1. 1989년 판례의 논거와 1978년 판례의 논거를 서로 비교해 보라.

2. 판례의 변경이 생겨난 가장 중요한 배경은 무엇일까.
3. 1989년 판례의 반대의견의 설득력을 존중하기 위하여 1995년의 법률규정이 신설되었다. 죄형법정주의와 관련된 문제점은 극복된 셈이다. 그러나 문서의 성립범위와 관련하여, 실질적 접근(사회적 신용을 중심으로 한)이 형식적 접근(원본을 중심으로 한, 혹은 법률상의 인정된 범위내의 사본만 인정하는)보다 더 합리적이라고 볼 수 있는가.

4. 허무인, 사망자 명의의 문서

도입판례

대법원 2005. 2. 24. 선고 2002도18 전원합의체 판결【사문서위조 · 위조사문서행사】(공2005, 534)

【피 고 인】 갑
【상 고 인】 피고인
【변 호 인】 변호사 이재호
【원심판결】 서울지법 2001. 12. 12. 선고 2001노9963 판결
【주　　문】 상고를 기각한다.
【이　　유】

1. 원심은 그 채택 증거들을 종합하여, 피고인이 중국 중의사 및 침구사 시험에 응시할 사람을 모집한 후 그들을 중국에 데려가 응시원서의 제출을 대행하면서 응시생의 임상경력증명서가 필요하게 되자, 임상경력증명서 양식에 응시생의 이름과 생년월일 및 학습기간 등을 기재한 다음 의원직인란에 P한의원이라고 기재하고 그 옆에 임의로 새긴 P한의원의 직인을 날인하여 P한의원 명의의 임상경력증명서를 위조한 것을 비롯하여, Q한의원과 R한의원 명의의 임상경력증명서를 같은 방법으로 각 위조하여 행사한 사실을 인정하였는바, 기록에 의하여 살펴보면, 이와 같은 원심의 사실인정은 옳고, 거기에 채증법칙을 위배하여 사실을 오인한 위법이 없다.

2. 문서위조죄는 문서의 진정에 대한 공공의 신용을 그 보호법익으로 하는 것이므로 행사할 목적으로 작성된 문서가 일반인으로 하여금 당해 명의인의 권한 내에서 작성된 문서라고 믿게 할 수 있는 정도의 형식과 외관을 갖추고 있으면 문서위조죄가 성립하는 것이고(대법원 1968. 9. 17.

선고 68도981 판결; 1971. 7. 27. 선고 71도905 판결; 2003. 9. 26. 선고 2003도3729 판결 등 참조), 위와 같은 요건을 구비한 이상 그 명의인이 실재하지 않는 허무인이거나 또는 문서의 작성일자 전에 이미 사망하였다고 하더라도 그러한 문서 역시 공공의 신용을 해할 위험성이 있으므로 문서위조죄가 성립한다고 봄이 상당하며, 이는 공문서뿐만 아니라 사문서의 경우에도 마찬가지라고 보아야 할 것이다.

이와 달리, 타인 명의의 문서를 위조하여 행사하였다고 하더라도 그 명의인이 실재하지 않는 허무인이거나 또는 문서의 작성일자 전에 이미 사망한 경우에는 사문서위조죄 및 동행사죄가 성립하지 않는다고 판시한 대법원 1997. 7. 25. 선고 97도605 판결; 1994. 9. 30. 선고 94도1787 판결; 1991. 1. 29. 선고 90도2542 판결; 1980. 3. 25. 선고 79도799 판결; 1977. 2. 22. 선고 72도2265 판결; 1970. 11. 30. 선고 70도2231 판결; 1969. 10. 14. 선고 69도1480 판결; 1966. 11. 22. 선고 66도1341 판결; 1960. 8. 10. 선고 4292형상658 판결; 1959. 3. 20. 선고 4291형상591 판결; 1957. 8. 30. 선고 4290형상214 판결 등은 이를 모두 변경하기로 한다.

나아가 기록에 의하여 살펴보면, 피고인이 중국 현지에서 교부받은 임상경력증명서의 양식에 응시생의 이름과 생년월일 및 학습기간 등을 기재한 다음 의원 상급자(원장) 및 한의원 이름을 생각나는 대로 임의로 기재하고 당해 한의원 명의의 직인을 임의로 새겨 날인함으로써 원심 판시 각 임상경력증명서를 위조하여 행사한 이 사건에 있어서, 위 각 임상경력증명서의 명의인인 한의원이 실재하지 않는다고 하더라도, 위 각 임상경력증명서들은 일반인으로 하여금 당해 명의인의 권한 내에서 작성된 문서라고 믿게 할 수 있는 정도의 형식과 외관을 갖추고 있다고 보기에 충분하므로, 원심이 피고인에 대한 이 사건 각 사문서위조 및 동행사의 범죄사실을 모두 유죄로 인정한 조치는 옳고, 거기에 사문서위조죄 및 동행사죄의 성립에 관한 법리를 오해한 위법이 없다.

3. 그러므로 상고를 기각하기로 하여 관여 대법관 전원의 일치된 의견으로 주문과 같이 판결한다.

대법관 최종영(재판장) 변재승 유지담 윤재식 이용우 배기원
이규홍 이강국 박재윤 고현철(주심) 김용담 김영란

쟁점연구

본 판례변경이 이루어지기 이전에는 공문서와 사문서의 경우에 그 판단을 달리하고 있었다. 즉 공문서의 경우에는 "공무원 또는 공무소의 권한 내에서 작성된 것이라고 믿을 수 있는 정도의 형식과 외관을 구비하면" 작성명의인이 실재하지 않더라도 공문서위조죄가 성립하지만, 사문서의 경우에는 작성명의인이 실재할 것을 요구했다. 따라서 작성명의자가 허무인 혹은 사망자인 경우에는 사문서위조죄나 동행사죄가 성립하지 않았다.

1. 이렇게 공문서와 사문서의 취급에서 차이를 두었던 근거는 무엇인가.
2. 판례변경을 통해 사문서의 경우에도 작성명의인이 반드시 실재할 필요는 없다고 한다. 이렇게 작성명의인이 허무인・사망자의 경우에 문서위조죄 등이 성립한다고 판례변경을 한 이유는 무엇인가.
3. 허무인·사망자를 작성명의자로 한 경우에도 문서위조죄 등이 성립한다고 한다면, 문서의 범위가 지나치게 확대될 우려가 있다. 그러한 우려를 불식시키기 위해 어떠한 해석상의 통제방법을 둘 수 있겠는가.

※ 다음 판례평석을 아울러 참고하시오.

사망자・허무인 명의 사문서위조의 경우 사문서위조죄 성립 인정 대법원 2005. 2. 24. 선고 2002도18 전원합의체 판결[4)]

조 국

이번 전원합의체 판결을 통하여 대법원이 2005년에 이르러 수십 년간

유지해오던 입장을 변경한 것은, 오늘날 사회·경제생활 분야에서 거래주체로서 국가, 공공단체나 사인, 공기업 사이에 본질적인 차이는 사라졌고, 공·사문서에 대한 안전과 신용의 보호 역시 차이를 둘 필요가 없다는 인식전환의 결과이다. 법원은 위조된 문서의 실질적인 중요성, 신용도 및 대사회적 위험의 정도 등을 고려하여 사문서 위조의 경우도 그 처벌에 있어서도 공문서 위조와 차이를 두지 않기로 판단한 것이다.

이러한 변화는 기존의 일부 대법원 판결에서 일정하게 예고된 바 있다. 대법원은 과거 1975. 2. 10. 선고 73도2296 판결과 대법원 2003. 9. 26. 선고 2003도3729 판결에서, '자연인이 아닌 법인이나 단체명의의 문서'의 경우 "그 작성된 문서가 일반인으로 하여금 당해 명의인의 권한 내에서 작성된 것이라고 믿을 수 있는 정도의 형식과 외관을 구비하면 성립되는 것이고," 문서작성자의 실재여부는 사문서 위조죄의 성립에 영향이 없다는 판결을 내린 바 있다. 즉, 자연인 아닌 법인 또는 단체명의의 사문서에 있어서는 문서작성자로 표시된 사람의 실존 여부는 사문서 위조죄의 성립에 아무런 지장이 없다는 것이다. 이러한 입장은 해산 등기를 마쳐 그 법인격이 소멸한 법인 명의의 사문서를 위조한 행위에 대한 판결(대법원 2005. 3. 25. 선고 2003도4943 판결)에서 다시 확인되고 있다. 이 점에서 2005년 평석대상 전원합의체 판결은 상기 두개의 판결의 문제의식을 자연인에 의한 사문서위조의 경우까지 확장시켰다는 의미를 갖는다.

이러한 판례의 변화는 일본 판례의 변화에 일정하게 조응하는 것이다. 일본 판례의 과거 입장은 변경 전 한국 판례와 동일하였으나, 실제로 존재하는 회사의 상무를 가공의 인물로 만들어서 그 대표자 이름으로 문서를 작성한 경우(日判 昭和 23. 10. 26), 명의인인 자연인이 사망하여 실존하지 아니하는 경우(日判 昭和 26. 5. 11), 가공의 명의인을 사용한 경우(日判 昭和 28. 11. 13) 등의 사건에서 사문서 위조죄의 성립을 인정하여 기존의 입장을 변경한 바 있다.

사실 사망자·허무인 명의의 사문서라고 하더라도 일반 사회생활뿐만 아니라 법률생활에 중요한 영향을 미친다. 특히 사망자의 경우는 그 명의

문서로서 권리의무의 취득, 변경, 소멸이 야기될 수 있다는 점을 유념할 필요가 있다. 사문서의 기능과 중요성이 공문서의 그것과 방불하는 의미를 갖게 된 현실에서 과거 판례와 같이 사문서위조죄의 적용범위를 축소하는 해석을 고수하는 것은 형사정책적으로 문제가 있다. 이 점에서 이번 판례변경은 적정하다.

한편, 형법해석론의 관점에서도 이번 판례변경은 타당하다. 사망자나 허무인 명의의 문서도 문서가 되는지 여부는 문서에 관한 죄의 보호법익을 고려하여 결정하여야 한다. 문서에 관한 죄의 보호법익이 명의를 도용당하는 사람의 개인적 법익을 보호하기 위한 것이라면 사자나 허무인 명의의 문서는 문서라고 할 필요가 없다. 그러나 문서에 관한 죄의 보호법익은 문서에 대한 공공의 신용과 거래의 안전이라는 사회적 법익이고, 사망자나 허무인 명의의 문서로부터도 일반인들을 보호해야 하므로 일반인에게 진정한 문서로 오인될 수 있을 정도이면 공문서, 사문서를 막론하고 사망자나 허무인 명의의 문서라도 문서에 관한 죄가 성립한다고 보아야 하기 때문이다. 그리고 형법전의 '타인'의 문언은 이러한 해석을 전혀 금지하지 않고 있다. 물론 이전의 판례의 해석에 비하여 판례변경후의 해석은 결과적으로 피고인에게 불리함을 초래하지만, 이는 형법 문언의 범위 내에서의 불리한 판례변경은 허용되는 것이기에 문제가 없다.

물론 변경된 판례에 따르더라도 누가 보더라도 진실한 작성자가 아님을 알 수 있는 경우임이 외관상 명백한 경우, 예컨대, '단군왕검' 명의를 사용한 경우에는 문서 위조죄에 해당하지 아니한다. 사문서위조죄가 성립하려면 "일반인으로 하여금 당해 명의인의 권한 내에서 작성된 문서라고 믿게 할 수 있는 정도의 형식과 외관을 갖추고" 있어야 하기 때문이다.

4) 법률신문 3387호, 2005. 8. 18.

5. 공문서와 사문서의 구별

도입판례

대법원 2005. 3. 24. 선고 2003도2144 판결【사기미수·사문서변조(인정된 죄명: 공문서변조)·변조사문서행사(인정된 죄명: 변조공문서행사)】(공 2005, 690)

【피 고 인】 갑
【상 고 인】 피고인
【변 호 인】 변호사 황석보
【원심판결】 창원지법 2003. 4. 8. 선고 2002노1909 판결
【주 문】 원심판결을 파기하고, 사건을 창원지방법원 본원 합의부에 환송한다.
【이 유】

1. 이 사건 공소사실 및 원심의 판단

이 사건 공소사실은 "피고인은 지하수 개발업에 종사하는 자인바, 1998. 3. 3.경 A가 소유하고 있는 창원시 귀현동 산25 소재 임야 30,000평에서 온천수가 나올 것으로 알고, A와 위 임야에 온천개발을 하는 데 필요한 공사비는 피고인이 전액 부담하고 온천수가 나오면 위 임야의 절반을 피고인이 가지기로 하는 계약을 체결하고, 같은 날 마산시 석전동 소재 P공증인합동사무소에서 합의내용 제1조에 '갑은 시공에 필요한 비용의 전액을 부담한다. 온천구 시공 전에 필요한 환경영향평가 등 준비비용 일체와 온천구 허가 취득비용 및 예상치 못했던 일체의 비용을 전액 부담한다'('갑'은 피고인이다)라고 기재한 온천수개발합의서를 작성하여 인증서를 각 교부받은 후, 위 임야에 대하여 B에게 도급을 주어 온천수개발공사를 완료하였으나 온천수가 나오지 않았고, B에게 공사비

도 지급하지 못하게 되자, 위 인증합의서를 변조하여 A를 상대로 공사대금청구소송을 제기하여 공사비 및 기타 투자비용을 사취하기로 마음먹고,

가. 위 인증서를 교부받은 1998. 3. 3. 이후 일자 불상경 장소 불상지에서, 행사할 목적으로, 권한 없이, 위 인증합의서의 '온천구 허가 취득비용 및 예상치 못했던 일체의 비용을 전액 부담한다' 부분 중 '예상치 못했던 일체의 비용을' 부분을 위 인증합의서의 다른 부분에서 '시공', '와', '필요한', '일체의', '비용은', 'A가'라는 글자를 복사하여 오려 붙이고 '온천구 허가 취득비용' 부분의 '온천구' 다음에 '시공'이라고 적어 넣고, '허가' 다음에 '권'이라고 적어 '온천구 시공 허가권 취득 비용 및 시공 외 필요한 일체의 비용은 A가 전액 부담한다'라는 내용으로 고쳐 공문서인 위 인증합의서를 변조하고,

나. 2001. 6. 26.경 창원지방법원 민사과에 A를 피고로 하는 공사대금청구 소송을 제기하면서 소장에 위와 같이 변조한 인증서를 첨부하여 제출함으로써 이를 행사하고,

다. 같은 일시, 장소에서 '피고가 토지소유자의 임대차계약서를 받아주지 않아 공사를 중단하게 되었으니 이미 소요된 공사비와 시공 외 필요한 비용인 투자자들에 대한 교제비, 도로사용료, 온천탐사비 등 합계 5,000만 원을 지급하라'는 취지의 소장을 작성하여 위와 같이 '시공 외 필요한 일체의 비용은 A가 부담한다'는 취지로 변조한 인증합의서와 함께 제출함으로써 A로부터 5,000만 원을 사취하려고 하였으나 2002. 3. 28. 소취하 간주됨으로써 미수에 그쳤다"는 것이다.

원심은 그 채택 증거들에 의하여 이 사건 공소사실을 모두 유죄로 인정하고 피고인을 공문서변조죄, 변조공문서행사죄 및 사기미수죄로 각 처벌하였다.

2. 공문서변조죄 및 변조공문서행사죄에 대한 판단

먼저, 기록에 나타난 증거들과 이 사건 인증합의서의 변개된 내용 및 정도에 비추어 보면, 원심이 그 판시와 같이 피고인이 행사할 목적

으로 임의로 위 인증합의서를 변개한 사실과 소장에 위와 같이 변조한 인증합의서를 첨부하여 제출함으로써 이를 행사한 사실을 인정하고, 이를 인증합의서에 관한 변조죄 및 그 행사죄에 해당된다고 판단한 것 자체는 옳은 것으로 수긍이 가고, 거기에 채증법칙을 위배하여 사실을 오인하거나 문서의 변조에 관한 법리를 오해한 위법이 있다고 할 수 없다.

그러나 원심이 이 사건 인증합의서 중 합의서의 내용을 변조하여 행사한 범죄사실을 공문서변조죄 및 변조공문서행사죄로 처벌한 조치는 수긍하기 어렵다.

기록에 의하면, 이 사건 온천수개발합의서에 대한 인증서는 공증인법 제34조에 정한 공정증서가 아니라 공증인법 제57조 제1항에 정한 사서증서의 인증에 해당함이 분명한데, 공증인법 제57조 제1항은 "사서증서의 인증은 당사자로 하여금 공증인의 면전에서 사서증서에 서명 또는 날인하게 하거나 사서증서의 서명 또는 날인을 본인이나 그 대리인으로 하여금 확인하게 한 후 그 사실을 증서에 기재함으로써 행한다"라고 규정하고 있으므로, 공증인이 공증인법 제57조 제1항의 규정에 의하여 사서증서에 대하여 하는 인증은 당해 사서증서에 나타난 서명 또는 날인이 작성명의인에 의하여 정당하게 성립하였음을 인증하는 것일 뿐 그 사서증서의 기재 내용을 인증하는 것은 아니다.

그렇다면 사서증서 인증서 중 인증기재 부분은 공문서에 해당한다고 하겠으나, 위와 같은 내용의 인증이 있었다고 하여 사서증서의 기재 내용이 공문서인 인증기재 부분의 내용을 구성하는 것은 아니라고 할 것이므로, 이 사건과 같이 사서증서의 기재 내용을 일부 변조한 행위는 공문서변조죄가 아니라 사문서변조죄에 해당한다고 보아야 할 것이다.

한편, 원심이 들고 있는 대법원 1992. 10. 13. 선고 92도1064 판결은 사서증서 인증서 중 그 촉탁인 또는 촉탁대리인의 출석 여부에 관한 인증기재 부분을 변조하여 행사한 행위가 공문서변조죄 및 변조공문서행사죄에 해당한다고 판시한 것으로서, 사서증서 인증서 중 사서증서 부분만을 변조하여 행사한 이 사건에 원용하기에는 적절하지 않다.

그럼에도 불구하고 원심은, 사서증서 인증서는 그 전체를 공문서로 보아야 한다는 이유로 피고인의 이 부분 범죄사실을 공문서변조죄 및 변조공문서행사죄로 처벌하였으니, 원심판결에는 사서증서 인증서에 관한 법리를 오해한 위법이 있다고 할 것이고, 이는 판결에 영향을 미쳤음이 분명하다.

* * *

따라서 원심판결 중 피고인에 대한 공문서변조 및 변조공문서행사의 공소사실을 유죄로 인정한 부분은 파기되어야 할 것이고, 사기미수의 점에 관한 피고인의 상고는 이유 없으나, 원심은 이를 모두 유죄로 인정한 다음 형법 제37조 전단의 경합범으로 보아 피고인에게 1개의 형을 선고하였으므로, 원심판결은 전부 파기될 수밖에 없다.

4. 결론

그러므로 원심판결을 파기하고, 사건을 다시 심리·판단하게 하기 위하여 원심법원에 환송하기로 하여 관여 법관의 일치된 의견으로 주문과 같이 판결한다.

대법관 윤재식(재판장) 강신욱 고현철(주심) 김영란

참고판례

▷ 대법원 2004. 12. 23. 선고 2004도6483 판결【사문서위조·위조사문서행사·도로교통법위반(음주운전)】(미간행)

* * *

제1심판결이 들고 있는 증거들을 기록에 비추어 살펴보면, 이 사건 주취

운전자 적발보고서 및 주취운전자 정황진술보고서의 각 운전자란에 타인의 서명을 한 다음 이를 경찰관에게 제출한 것은 사문서위조 및 동행사죄에 해당하므로, 같은 취지에서 이 사건 공소사실에 대하여 유죄를 선고한 제1심판결을 유지한 원심의 조치는 정당한 것으로 수긍이 가고, 거기에 사문서위조 및 동행사죄에 대한 법리오해의 위법이 없다.

그러므로 상고를 기각하기로 관여 대법관의 의견이 일치되어 주문과 같이 판결한다.

쟁점연구

공문서와 사문서의 구분은 문서관련죄에서 가장 중요한 구분 중의 하나이다. 공문서는 공무소 또는 공무원이 직무에 관하여 작성한 문서를 말한다. 공무원이 그 직무상 작성된 것만 공문서이며, 공무원이 작성했다고 다 공문서로 분류되는 것은 아니다. 사문서는 사인의 명의로 작성된 문서이다.

1. 하나의 서류에도 공문서와 사문서가 결합되어 있을 수 있다. 작성명의자와 증명내용에 따라 구분해내야 할 것이다. 도입판례에서 공문서인 부분과 사문서인 부분을 정확히 구분해 보자.
2. 참고판례의 사실관계는 다음과 같다. 피고인 A는 음주운전으로 단속되자 신분증을 제시하지 않고 구두로 쌍둥이 형인 B의 인적 사항을 말하였다. 단속경찰관은 다음과 같은 조치를 취했다.
   가. 자신의 명의로 '주취운전자 적발보고서'를 작성하였다.
   나. '주취운전자 정황보고서'를 자기 명의로 작성하면서 거기에 주취운전의 경위를 기술했다.
   다. 그 정황보고서의 양식 가운데 있는 운전자의 인적 사항에(A가 말한 대로) B의 명의를 기재하고 A에게 서명을 요구했던 바, A는 운전자란에 B라고 서명했다.
   라. 경찰관은 그 정황보고서에 경찰관 명의의 서명을 했다.

(1) 여기서 공문서의 부분과 사문서의 부분을 나눌 수 있는가.
(2) 다.의 행위는 범죄일 수 있는가, 있다면 어떤 구성요건에 해당 할 수 있는가.

Ⅱ. 공(사)문서의 위조와 변조

도입판례

대법원 1991. 9. 10. 선고 91도1610 판결【공문서위조 · 공문서위조행사 · 총포도검화약류단속법위반 · 절도 · 특정범죄가중처벌등에관한법률위반】(공 1991, 2565)

【피 고 인】 갑
【상 고 인】 피고인
【변 호 인】 변호사 이해진
【원심판결】 서울고등법원 1991. 5. 24. 선고 91노259 판결
【주 문】 상고를 기각한다.
상고 후의 구금일수 중 40일을 본형에 산입한다.
【이 유】

* * *

원심이 확정한 바와 같이 피고인이 행사할 목적으로 공소외 A의 주민등록증에 붙어있는 사진을 떼어내고 그 자리에 피고인의 사진을 붙였다면 이는 기존 공문서의 본질적 또는 중요부분에 변경을 가하여 새로운 증명력을 가지는 별개의 공문서를 작성한 경우에 해당한다 할 것이므로 원심이 이를 공문서위조죄로 다스린 것은 정당하고 거기에 법리오해의 위법이 없다.

* * *

대법관 김용준(재판장) 최재호 윤관 김주한

쟁점연구

문서위조와 문서변조는 문서관련죄의 기본적 실행행위이다. 위조란 작성권한 없는 자가 타인의 명의를 모용하여 문서를 작성(창출)하는 것이다. 문서의 변조는 작성권한 없는 자가 원 문서의 동일성을 유지하는 범위 내에서 문서내용에 변경을 가하는 것이다. 기존 문서의 본질적 또는 중요부분에 변경을 가하여 새로운 증명력을 갖는 별개의 문서를 작성한 경우에 해당하면 이는 변조가 아니라 위조에 해당한다. 그러나 무엇이 '본질적 또는 중요부분의 변경'에 속하는가에 대해서는 쉽지 않는 경우도 있으며, 이제까지의 판례를 검토하면서 왜 위조(혹은 변조)로 판단했는가를 음미할 필요가 있다.

1. 도입판례에서 주민등록증의 사진을 떼어내고 자기 사진을 붙여 타인의 것처럼 사용하려는 경우 이것이 공문서의 변조인가 위조인가.
2. 작성자가 자기명의로 허위내용을 작성한 경우에는 문서에 대한 위조가 될 수 있는가.

Ⅲ. 자격모용에 의한 공(사)문서의 위조와 변조

도입판례

대법원 2008. 2. 14. 선고 2007도9606 판결【사기・사문서위조・위조사문서행사・배임・자격모용사문서작성・자격모용작성사문서행사】(공2008, 415)

【피 고 인】 갑

【상 고 인】 검사

【변 호 인】 변호사 이원익

【원심판결】 대구지법 2007. 11. 1. 선고 2007노2173 판결

【주 문】 원심판결을 파기하고, 사건을 대구지방법원 본원 합의부에 환송한다.

【이 유】 상고이유를 본다.

1. 이 사건 자격모용사문서작성 및 동행사의 점에 관한 공소사실은, “피고인은, 사실은 대구 북구 매천동 (지번 1 생략) 소재 ○○부동산 사무실의 대표는 자신이 아니라 공소외 A임에도 2003. 12. 5.경 대구 북구 매천동 (지번 1 생략) 소재 ○○부동산 사무실에서, 행사할 목적으로 권한 없이, 그곳에 비치된 부동산매매계약서 용지의 부동산표시란에 ‘대구시 북구 매천동 (지번 2 생략) 대지 364㎡(110평) 및 판넬구조 사무실 53㎡(16평)’, 매매대금란에 ‘사억구천만원’, 매도인란에 ‘대구시 북구 관음동 (지번 생략), 공소외 B’, 공인중개사란에 ‘○○부동산 대표 △△△(피고인의 이름임)’ 등으로 기재한 다음 위 ○○부동산 대표 △△△의 이름 옆에 자신의 도장을 날인하는 방법으로, ○○부동산 대표 공소외 A의 자격을 모용하여 위 부동산매매계약서 1통을 작성하고, 그 자리에서 위와 같이

자격을 모용하여 작성한 계약서를 그 정을 모르는 공소외 C에게 마치 진정하게 성립한 것처럼 교부하여 이를 행사하였다"는 것이다.

2. 원심은, "대표권을 가장하여 자격모용사문서작성죄가 성립하기 위해서는 적어도 피모용자가 대표권을 가지는 법인 혹은 단체를 전제로 하고, 또한 대리권을 가장하여 위 죄가 성립하기 위해서는 피모용자인 자연인과의 대리관계를 현명하여야 한다고 봄이 상당한바, 이 사건의 경우 피모용자인 '○○부동산'은 민법상의 법인, 권리능력 없는 사단 혹은 재단으로서의 성격을 가진다기보다는 단순히 부동산중개사무소의 상호일 뿐이고, 피고인이 '○○부동산 대표 △△△'이라고 표시한 것은 피고인이 위 부동산 사무실을 직접 운영한다는 것을 나타낼 뿐 피고인이 위 부동산 사무실에 관하여 어떠한 대표권이 있음을 나타내는 것은 아니어서 자격모용사문서작성 및 동행사죄가 성립되지 않는다"는 이유로, 이 부분 공소사실에 대하여 무죄를 선고한 제1심판결을 그대로 유지하였다.

3. 그러나 자격모용에 의한 사문서작성죄는 문서위조죄와 마찬가지로 문서의 진정에 대한 공공의 신용을 그 보호법익으로 하는 것으로서 행사할 목적으로 타인의 자격을 모용하여 작성된 문서가 일반인으로 하여금 당해 명의인의 권한 내에서 작성된 문서라고 믿게 할 수 있는 정도의 형식과 외관을 갖추고 있으면 본죄는 성립하는 것이고, 위와 같은 요건이 구비되었다면 본죄에서의 '타인'에는 자연인뿐만 아니라 법인, 법인격 없는 단체를 비롯하여 거래관계에서 독립한 사회적 지위를 갖고 활동하고 있는 존재로 취급될 수 있으면 여기에 해당한다고 보아야 한다.

그런데 기록에 의하여 살펴보면, '○○부동산'은 공소외 A가 부동산중개업을 영위하기 위하여 2003. 4. 17. 구 '부동산중개업법'에 따라 개설등록한 부동산중개사무소로서, 그 무렵부터 대구 북구 매천동 (지번 1 생략)에 사무소를 두고 사무소 운영에 필요한 물적 설비가 갖춰진 상태에서 피고인이 공소외 A가 등록한 '○○부동산'의 등록명의를 빌려 부동산중개행위를 하기로 하였는데, 이 사건 매매계약의 중개과정에서는 피고인이 위 사무소에서 자신을 '○○부동산'의 대표자라고 자칭하면서 위 부동산매매계약서의 공인중개사란에 '○○부동산'의 상호와 등록번호 및 전화번호, 그리고 그 자신을 대표자로 기재하였으며, 이에 따라 공소외 C는 피고인이 '○○부동산'의 대표자 자격으로 이 사건 매매계약을 중개하는 것으로 알고서 피고인에게 이 사건 부동산중개 및 부동산매매계약서 작성을 의뢰하였던 사실을 알 수 있다.

사정이 이러하다면, 일반인으로서는 이 사건 부동산매매계약서에서 작성명의인으로 된 '○○부동산'이라는 표시가 법인이나 단체, 그 밖에 다른 개인사업체 등의 어느 명칭에 해당하는지 알 수 없는 이상, '○○부동산'을 작성명의인으로 하여 그의 권한 내에서 작성된 문서라고 믿게 할 수 있는 정도의 형식과 외관을 갖추고 있다고 보기에 충분하다 할 것인데, 위에서 본 바와 같이 '○○부동산'은 공소외 A가 부동산중개업을 영위하기 위하여 등록한 부동산중개사무소로서, 부동산중개행위 등 부동산중개업을 영위하는 과정에서 '○○부동산'의 명의로 이루어진 모든 행위는 그 법률효과가 그 명칭의 부동산중개사무소 등록자에게 귀속될 수 있는 관계에 있다 할 것이므로, 위 부동산매매계약서의 공인중개사란에 작성명의인으로 기재된 '○○부동산'은 단순히 상호를 가리키는 것이 아니라 독립한 사회적 지위를 갖고 활동하고 있는 존재로 취급될 수 있다 할 것이고, 따라서 피고인의 위 각 행위는 자격모용사문서작성 및 동행사죄에 해당된다고 할 것이다.

그럼에도 불구하고, 원심은 '○○부동산'이 단순히 부동산중개사무소의 상호에 불과하다고 판단하여 자격모용에 의한 사문서작성죄의 명의인이 될 수 없다는 이유로 무죄를 선고하였으니, 원심판결에는 자격모용사문서작성죄에 있어서의 명의인에 관한 법리를 오해하여 판결 결과에 영향을 미친 위법이 있다 할 것이다.

이 점을 지적하는 상고이유의 주장은 이유 있다.

4. 따라서 원심판결 중 이 부분 자격모용사문서작성 및 동행사죄의 공소사실은 파기하여야 하는바, 이 부분 공소사실과 원심에서 유죄로 인정한 공소외 B 명의의 부동산매매계약서에 대한 사문서위조 및 동행사죄

의 공소사실은 각 형법 제40조의 상상적 경합관계에 있으므로 함께 파기하여야 하고, 위 사문서위조 및 동행사죄를 파기하는 이상 원심에서 이와 형법 제37조 전단의 경합범 관계에 있다고 하여 하나의 형이 선고된 나머지 유죄의 공소사실 역시 함께 파기할 수밖에 없으므로, 결국 원심판결은 모두 파기할 수밖에 없다.

5. 그러므로 원심판결을 파기하고, 사건을 다시 심리·판단하게 하기 위하여 원심법원에 환송하기로 하여, 관여 대법관의 일치된 의견으로 주문과 같이 판결한다.

대법관 고현철(재판장) 양승태 김지형(주심) 전수안

쟁점연구

피고인 갑은 부동산매매계약서 중 공인중개사 란에 '○○부동산대표 갑'이라고 기재한 다음 '갑'의 이름 옆에 자신의 도장을 날인한 경우이다. 그런데 이 사안이 자격모용에 의한 사문서작성죄가 성립하는가에 대해, 무죄설(제1심, 항소심)과 유죄설(대법원)로 판단을 달리하였다.

1. 자격모용에 의한 문서위조죄의 통상적 요건은 무엇인가. 원심판결에서 "자격모용사문서작성죄가 성립하기 위하여는 적어도 피모용자가 대표권을 가지는 법인 혹은 단체를 전제로 하고, 또한 대리권을 가장하여 위 죄가 성립하기 위하여는 피모용자인 자연인과의 대리관계를 현명하여야 한다고 봄이 상당하다"(대구지방법원 2007. 11. 1. 선고 2007노2173 판결)는 판단에 어떤 오류가 있다고 볼 수 있는가?
2. 대법원이 이와 다른 새로운 기준을 내세우고 있는 것인가?

Ⅳ. 허위문서작성죄

1. 허위공문서작성죄 및 허위진단서등작성죄

도입판례

(가) 대법원 1976. 2. 10. 선고 75도1888 판결【허위진단서작성】(공 1976, 9014)

【피고인, 상고인】 갑
【변 호 인】 변호사 이일재
【원 판 결】 서울형사지방법원 1975. 5. 8. 선고 74노6036 판결
【주 문】 원판결을 파기하고 사건을 서울형사지방법원 합의부에 환송한다.
【이 유】 변호인의 상고이유를 판단한다.

허위진단서작성죄는 의사가 사실에 관한 인식이나 판단의 결과를 표현함에 있어서 자기의 인식판단이 진단서에 기재된 내용과 불일치하는 것임을 인식하고서도 일부러 내용이 진실 아닌 기재를 하는 것을 말하는 것이므로 의사가 주관적으로 진찰을 소홀히 한다던가 착오를 일으켜 오진한 결과로 객관적으로 진실에 반한 진단서를 작성하였다면 허위진단서 작성에 대한 인식이 있다고 할 수 없으니 동 죄의 성립은 아니 된다 하여야 될 것이다. 본건에서 보면 A라는 사람의 배위에 있는 선천적인 흑색모반을 피고인이 원설시와 같은 17일의 가료를 요하는 좌상이라고 진단서를 피고인이 작성케 된 경위는 다음과 같이 인정될 수 있다. 즉 A의 형 되는 사람이 다른 사람과 싸우며 상해를 입혔는데 피고인이 상해진단서를 만들어 주었기 때문에 벌금형을 받은 일이 있음을 원한으로 여겨오다가 마침내 형제가 합의하여 일을 꾸미기를 동생인 A의 배내모

반을 이용하여 피고인으로부터 허위진단서를 받아 내서 의사에게 보복할 것을 공모한 후 배안의 모반을 운동선수에게 맞은 상처로 가장하고 중환자 행세로 피고인 병원에 부축을 받고 들어가 진찰을 받게 되었을 때 알콜로 환부를 닦을 때 아프다는 시늉으로 그럴 듯이 속이며 3일전에 운동선수에게 맞아 다쳤다고 호소한 것이 주공되어 뜻하는 대로 상해진단서를 받아냈다고 인정될 수 있으며 피고인은 위와 같은 환자를 가장한 A의 호소를 그대로 믿고 체온을 재보니 열이 좀 있음을 알았으며 알코올로 환부라고 지적하는 데를 닦고 보았으나 멍든 자국처럼 보였으며 환부를 알코올로 닦으려면 아프다고 몹시 엄살을 부려 진짜로 알았으며 따라서 더 이상 세밀한 진찰을 하지 못했으며 엑스레이 사진을 찍자고 하였더니 돈이 없다고 하여 하지 못하여 본채 선천적인 흑색모반을 모르고 오진하므로 배부좌상으로 진단서를 발부한 사실이 피고인의 법정에서의 진술과 증인 A의 진술로 인정될 수 있다 하겠다.

사실관계가 이상과 같다면 피고인은 A의 허위조작된 말과 행동을 경솔하게 그대로 믿은 나머지 대강한 진찰로서 환자의 호소하는 병세대로 진단을 내리고 그대로 진단서를 써준 것뿐, 피고인이 선천적인 모반인 줄을 알고서도 이를 거짓으로 좌상이라고 진단서를 썼다고 인정될 수는 없으니 다른 특단의 사정이 엿보이지 아니하는 본건에 있어서 피고인이 위와 같은 경우에 처하여 경솔한 진찰을 거쳐 소견으로 좌상이란 판단을 하고 이것을 그대로 진단서에 기재한 행위를 가리켜 허위진단서작성의 인식이 있다고 인정될 수는 없을 것이다.

그렇거늘 원심이 피고인에게 허위진단서작성죄가 구성된다고 본 판단은 허위진단서작성죄의 법리를 오해한 나머지 판결에 영향을 미친 위법이 있다고 하리니 논지는 이유 있고 원판결은 파기를 못 면한다.

그러므로 일치된 의견으로 주문과 같이 판결한다.

대법관 김윤행(재판장) 이영섭 민문기 김용철

(나) 대법원 2004. 4. 9. 선고 2003도7762 판결【허위공문서작성·허위진단서작성·부정처사후수뢰】(공2004, 842)

【피 고 인】 갑
【상 고 인】 피고인
【변 호 인】 변호사 전현희 외 2인
【원심판결】 서울고법 2003. 11. 21. 선고 2003노1942 판결
【주 문】 상고를 기각한다.
【이 유】

1. 원심판결과 원심이 인용한 제1심판결의 채용 증거들을 기록에 비추어 살펴보면, 국립병원의 내과과장 겸 진료부장으로 근무하는 의사로서 보건복지부 소속 의무서기관인 피고인이 공소외인의 부탁을 받고 허위의 진단서를 작성한 사실과 그 사례 명목으로 금품을 수수한 사실을 각각 인정할 수 있고, 원심판결에 상고이유로 주장하는 바와 같이 채증법칙을 위배하여 사실을 잘못 인정하였다거나 부정처사후수뢰죄에 관한 법리를 오해한 위법이 있다고 볼 수 없다.

2. 직권으로 판단하건대, 원심은 공무원이자 의사인 피고인이 허위의 진단서를 작성한 행위에 대하여 형법 제227조 소정의 허위공문서작성죄와 형법 제233조 소정의 허위진단서작성죄가 각 성립하되 두 죄는 상상적 경합의 관계에 있다고 판단하였다.

그러나 형법이 제225조 내지 제230조에서 공문서에 관한 범죄를 규정하고, 이어 제231조 내지 제236조에서 사문서에 관한 범죄를 규정하고 있는 점 등에 비추어 볼 때 형법 제233조 소정의 허위진단서작성죄의 대상은 공무원이 아닌 의사가 사문서로서 진단서를 작성한 경우에 한정되고, 공무원인 의사가 공무소의 명의로 허위진단서를 작성한 경우에는 허위공문서작성죄만이 성립하고 허위진단서작성죄는 별도로 성립하지 않는다고 할 것이다.

따라서 위 행위에 대하여 허위공문서작성죄와 허위진단서작성죄의 상

상적 경합을 인정한 원심의 판단은 법률 적용을 그르친 잘못이 있다고 할 것이나, 원심은 이와 실체적 경합범 관계에 있으며 형이 중한 위 부정처사후수뢰죄에 정한 형에 경합범 가중을 하여 처단형을 정하였으므로, 앞서 본 원심의 죄수 평가의 잘못은 판결 결과에 영향을 미쳤다고 보기 어렵다(대법원 1974. 4. 9. 선고 73도2334 판결; 2003. 2. 28. 선고 2002도7335 판결 등 참조).

3. 그러므로 상고를 기각하기로 하여 관여 대법관의 일치된 의견으로 주문과 같이 판결한다.

대법관 김용담(재판장) 배기원 이강국(주심)

쟁점연구

허위문서작성죄는 작성권한 있는 자가 행사할 목적으로 문서 등을 허위로 작성하거나 변개하는 죄이다. 공문서인가 사문서인가에 따라서 허위작성죄의 범죄성립범위가 다르다. 즉 공문서의 허위작성은 처벌되지만, 사문서의 허위작성은 원칙적으로 처벌조항이 없으며, 예외적으로 의사 등에 대해서만 인정한다. 인정되는 경우에도 법정형이 다르다. 공문서허위작성이 사문서허위작성보다 더 무겁게 처벌받는다.

1. 허위진단서작성죄에서 '허위'는 진실에 반하는 내용을 말한다. 도입판례 (가)와 같이, 진실에 반하지만, 착오를 일으켜 오진한 결과 허위적 내용의 진단서를 작성했다면 어떻게 되는가.
2. 도입판례 (나)는 공무원인 의사가 국립병원의 명의로 허위의 진단서를 발급한 사례이다. 이 경우 그 진단서는 허위공문서작성죄의 공문서인가 허위진단서발급죄의 사문서인가. 판단의 요소는 어떤 것이 있는가를 먼저 적시해보고, 본 사안에 적용시켜 보자.

※ 다음 판례평석을 아울러 참고하시오.

허위진단서작성죄와 허위공문서작성죄의 관계

(2004. 4. 9. **선고** 2003**도**7762 **판결**: **공**2004**상**, 842)[5)]

민 유 숙

(나) 학설의 개관

① 허위공문서작성죄와 허위진단서작성죄의 상상적 경합에 해당한다는 견해 우리의 다수설이다.

㉮ 조문의 문리적 해석

형법은 허위진단서작성죄의 주체를 '의사·치과의사·한의사·조산사'라고만 규정하였기 때문에 해석상 공무원인 의사 등이 이에 해당하지 않는다고 볼 근거가 없다.

일본형법상 허위진단서작성죄는 '공무소에 제출할' 진단서 등에 한정되기 때문에 공무원이 작성한 진단서를 위 조문에 맞추어 해석하면, "공무원이 공무소에 제출하기 위하여 허위의 진단서를 작성한 경우"가 되어 부자연스럽다. 때문에 일본형법상 허위진단서작성죄의 해석으로는 私人인 의사가 공무소에 제출하기 의하여 작성한 진단서라고 한정해석하는 것이 자연스럽다.

그러나 우리 형법은 이러한 제한이 없으므로 작성주체를 私人인 의사로 한정 해석하기 어렵고 결국, 공무원인 의사가 작성한 진단서에 대하여도 허위진단서작성죄는 성립할 수 있고, 양 죄의 관계만이 문제가 될 뿐이다.

㉯ 구성요건의 측면

허위공문서작성죄나 허위진단서작성죄의 하나만이 성립한다고 해석하려면 위 어느 죄가 기본적 구성요건이고 다른 죄는 이에 대한 가중적 구성요건의 관계에 있어야 한다.

이른바 유형위조(공문서 및 사문서 위조죄)는 문서의 성립의 진정을 보호하기 위하여 규정된 범죄로서 형법은 유형위조에 있어서는 공·사문서를 막론하고 모두 처벌하고 있다. 따라서 유형위조에 있어서 당해 문서가 공무원이 작성한 문서인가, 아니면 사인이 작성한 문서인가에 따라 해당법조가 결정되며 양자의 경합은 문제될 여지가 없다.

이에 반하여 작성권한이 있는 자가 문서를 허위로 작성하거나 변경하는 범죄유형, 즉 무형위조는 문서에 대한 내용의 진실을 보호하기 위하여 규정된 범죄인바, 형법은 사문서의 무형위조를 원칙적으로 처벌하지 않으며 예외적으로 진단서, 검안서 또는 생사에 관한 증명서의 무형위조만을 처벌하고 있다. 그러나 공문서의 무형위조는 원칙적으로 처벌하고 있다.

형법이 사문서의 무형위조를 원칙적으로 처벌하지 않고 진단서 등에 대하여만 처벌하는 이유는 원칙적으로 형법이 사인에 의하여 작성된 문서의 내용의 진실까지 보호할 것은 아니지만 진단서의 내용은 특별한 증명력과 신용력이 있어서 이를 보호할 필요가 있기 때문이다.

한편, 형법이 공문서의 무형위조를 원칙적으로 처벌하는 이유는 공무원이 직무에 관하여 작성한 문서라는 이유 자체만으로도 일반인에 대한 특별한 증명력과 신용력이 인정되기 때문이다.

이와 같이 무형위조에 있어서는 처벌범위가 공·사문서별로 차이가 있고 특히, 사문서의 무형위조가 제한되어 있어서 허위진단서작성죄는 '진단서'라는 문서의 종류가 갖는 특수성에 기하여 처벌되는 데에 비하여 허위공문서작성죄는 '공무원이 작성'하였다는 행위주체가 갖는 특수성에 기하여 처벌되는 것이다.

결국, 양자는 각자 특정한 허위문서를 대상으로 하는 것으로 독립된 구성요건의 관계에 있다.

㈐ 보호법익의 측면

일본형법상 허위진단서작성죄는 '공무소에 제출할' 진단서 등에 한정되기 때문에 진단서 등의 일반적인 신용성뿐 아니라 '사용목적의 공공성'이 보호법익에 포함되고 이로써 허위공문서작성죄나 공문서위조죄의 처벌목적인 문서의 공공성과 연결된다.

이에 비하여 우리 형법은 일본과 같은 구성요건적 제한이 없어서 보험금을 수령하기 위하여 보험회사에 제출하는 진단서, 사립학교 학생이 결석을 하기 위하여 학교에 제출하는 진단서 모두 객체가 되어 '공공성'과 무관하다.

결국, 허위진단서작성죄는 우리 사회에서 의사 작성의 진단서가 갖는 증명력과 신용성을 그 보호법익으로 하고 허위공문서작성죄는 공무원이 직무권한에 기하여 작성한 문서의 공적인 권위와 신뢰성을 보호법익으로 하므로, 양 죄의 보호법익이 일치한다고 보기 어렵다.

② 허위공문서작성죄만 성립한다는 견해

㉮ 허위진단서작성죄의 주체를 제한적으로 해석하는 견해

일본의 해석론처럼 허위진단서작성죄의 주체를 '사인인 의사'로 한정함으로써 결국, 허위공문서작성죄만의 성립을 인정하는 해석하는 견해이다.

우선, 입법연혁상 이 조항은 일본형법가안 315조의 영향을 받아서 구법에서 행위의 주체를 의사에 국한하였지만 가안에서 치과의사와 산파를 포함하였는데, 우리 법은 여기에 한의사를 더 추가한 것이라고 한다.

형법은 공문서에 관한 범죄를 규정하고, 이어서 사문서에 관한 범죄를 규정하는 체계를 취하고 있으며, 또한 허위진단서작성죄는 형법상의 사문서의 무형위조를 처벌하는 유일한 예외규정이고 공문서의 경우에는 허위공문서작성죄라는 별도의 규정을 두고 있다.

의사가 아닌 사람이 공무원인 의사의 자격을 모용하여 공문서인 진단서를 허위로 작성한 경우에는 공문서위조만이 성립하고, 사문서위조와 공문서위조의 상상적 경합이 되지 아니는 점에 비추어 보더라도 허위진단서작성죄는 사문서의 무형위조를 벌하는 규정이므로 진단서가 공문서인 경우에는 이에 해당하지 아니하고, 사문서 중에서 증거력이 특히 중요하기 때문에 진단서 등에 한하여 처벌하는 것이라고 해석함이 상당하다.

또한, 공무원인 의사가 작성하는 진단서의 경우에는 공문서에 불과할 뿐, 허위진단서작성죄에서 말하는 사문서인 진단서와는 다르다고 해석할 수도 있다.

결국, 허위진단서작성죄의 대상이 되는 진단서는 사문서인 진단서만을 말하는 것이고 그 진단서가 공문서에 해당하는 경우에는 허위공문서작성죄만이 성립한다고 해석하여야 한다는 것이다.

㉯ 법조경합으로 보는 견해

우리나라의 소수설로서 양 죄가 법조경합관계에 있어 허위공문서작성죄가 성립한다고 해석한다.

허위진단서작성죄는 허위문서작성죄의 정형적인 특징과 기본적인 불법내용을 정함으로써 당해 범죄유형의 가벌성에 대한 최소한의 제 조건을 내포함으로써 기본적 구성요건에 해당하는바, 한편 형법은 문서에 관한 죄에서는 항상 사문서에 관한 죄를 기본으로 공문서에 관한 죄를 가중하여 처벌하고 있으므로 허위공문서작성죄는 허위사문서작성죄인 허위진단서작성죄의 가중적 구성요건으로서 법조경합관계에 있다고 해석하는 것이다.

허위진단서등작성죄와 허위공문서작성죄는 문서의 진정에 대한 공공의 신용으로서 보호법익이 동일하다고 해석한다.

③ 허위진단서작성죄만 성립한다는 견해

우리나라의 소수설이다.

작성자는 비록 공무원이지만 그가 작성한 진단서 등은 사문서와 차이가 없으므로 목적론적 환원을 통해 사문서의 일종으로 보아야 한다는 것이다. 종래 우리 형법의 해석에서 공문서와 사문서의 구별을 오직 명의인만을 기준 삼는 단일설이 지배적이었으나, 문서의 기능과 보호법익에 비추어 실질적으로 사문서와 구별되는 높은 증거력을 가진 공문서만을 공문서로 보고, 나머지는 비록 공무원 명의의 문서라도 문서죄의 기본형태인 사문서 범주로 환원시키는 것이 목적론적으로 합당하다는 것이다.

본죄는 의사 등이 갖는 직업적 특성을 고려한 구성요건인 만큼 행위주체의 신분에 따라 구성요건 적용에 차이를 두어서는 안 된다고 해석한다.

---

5) 민유숙, "허위진단서작성죄와 허위공문서작성죄의 관계," 「대법원판례해설」 50호, 2004 상반기, 2004. 12, 620~644면. 지면관계상 각주는 생략함(편자).

2. 허위공문서작성죄의 간접정범 여부

도입판례

대법원 1961. 12. 14. 선고 4292형상645 판결【병역법위반·공문서위조】(집9, 형193)

【상 고 인】 검사 김재
【피 고 인】 갑
【원심판결】 제1심 전주지방 제2심 광주고등
【이 유】

우선 공문서 위조의 점을 살펴본다.

기록에 의하여 공소장에 기재된 피고인에 관한 범죄사실을 찾아 보건대 피고인은 4288년 12월 1일경 전주 경찰서장을 거쳐서 전라북도지사에게 피고인의 도민증 발급 신청을 함에 있어서 도민증 용지 한 장에 징집 해당자가 아닌 피고인의 동생 공소외 A의 성명과 생년월일 4272년 12월 17일 낳음이라고 쓴 후 그 사진란에 피고인의 사진을 부쳐서 도민증 발급 신청을 하여서 그 정을 모르는 전주경찰서장 및 전라북도지사로부터 4288년 12월 31일경 전라북도지사 명의의 위 도민증 한 장을 발급 받아 이를 위조하였다고 함에 있는바 이는 결국 형법 제227조(구형법 제156조)의 범죄의 간접정범으로서 기소된 것으로 볼 것이나 형법은 소위 무형위조에 관하여서는 공문서에 관하여서만 이를 처벌하고 일반 사문서의 무형위조를 인정하지 아니할 뿐 아니라(다만 형법 제233조의 경우는 예외) 공문서의 무형위조에 관하여서도 동법 제227조 이외에 특히 공무원에 대하여 허위의 신고를 하고 공정증서 원본 면허장 감찰 또는 여권에 사실 아닌 기재를 하게 할 때에 한하여 동법 제228조의 경우의 처벌규정을 만들고 더구나 위 227조의 경우의 형벌보다 현저히 가볍게 벌하고 있음에 지나지 아니하는 점으로 보면 공무원이 아닌 자가 허위의 공문서 위조의 간접정범이 되는 때에는 동법 제228조의 경우 이외에는 이를 처벌하지 아니하는 취지로 해석함을 상당하다고 할 것이며 이 점에 관하여 위 취지에 저촉되는 본원 4286년 형상 제39호(4288년 2월 25일 선고) 판결 이유는 이를 유지할 필요가 없다 하여 폐기하기로 한다.

이리하여 원심이 피고인에 관한 위 허위 공문서 위조의 간접정범의 점에 관하여 이는 형법 제228조에 정한 경우에 해당하지 아니한다 하여 범죄가 구성되지 아니한다 하여 무죄를 선고한 것은 적법하고 이를 비난하는 논지는 채용할 수 없다.

* * *

대법관 이영섭(재판장) 사광욱 홍순엽 양회경 민복기 방순원 최윤모 나항윤

쟁점연구

1. 도입판례에 나오는 '무형위조'는 무슨 뜻인가. 유형위조와 무형위조는 어떻게 다른가.
2. 무형위조에 대해 공문서와 사문서는 각각 법률상 어떻게 규정되어 있는가.
3. 형법 제228조의 공정증서는 무슨 뜻이고, 공정증서에 해당하는 문서에는 어떤 것이 있는가.
4. 본 도입판례에서 병역의무를 면탈할 목적으로 허위의 사실을 신고하여 공무원이 허위의 도민증(오늘날 주민등록증에 해당)을 발급하게 한 경우 허위공문서작성죄(형법 제227조)의 간접정범의 요건을 충족시킨 것으로 보임에도 불구하고, 판례에서 동 간접정범의 성립을 부인한 근거는 무엇인가를 정리해 보라.

3. 보조공무원이 관여한 경우

도입판례

대법원 1992. 1. 17. 선고 91도2837 판결【허위공문서작성 · 동행사】(공1992, 948)

【피 고 인】 갑
【상 고 인】 검사
【원심판결】 광주지방법원 1991. 7. 11. 선고 91노496 판결
【주　　문】 원심판결을 파기하고 사건을 광주지방법원 합의부에 환송한다.
【이　　유】

상고이유를 본다.

원심판결 이유에 의하면, 원심은 피고인이 1990. 4. 7.자 향토예비군훈련을 받은 사실이 없음에도 불구하고 소속 예비군동대 방위병인 공소외 을에게 위 날짜에 예비군훈련을 받았다는 내용의 확인서를 발급하여 달라고 부탁하자, 동인은 작성권자인 예비군 동대장 A에게 그 사실을 보고하여 그로부터 피고인이 예비군훈련에 참가한 여부를 확인한 후 확인서를 발급하도록 지시를 받고서는 미리 예비군 동대장의 직인을 찍어 보관하고 있던 예비군훈련확인서용지에 피고인의 성명 등 인적사항과 위 부탁받은 훈련일자 등을 기재하여 피고인에게 교부한 사실을 인정하면서도, 허위공문서작성죄의 주체는 그 문서작성권한이 있는 공무원이나 그 문서의 전결권을 위임받은 자로 제한되는 것이고 예외적으로 그 문서작성권한이 있는 공무원을 보조하는 지위에 있는 공무원이 허위의 신고나 보고를 하여 작성권한이 있는 공무원으로 하여금 허위의 문서를 작성하게 한 경우에는 허위공문서작성죄의 간접정범이 성립될 수 있으나 공무

원이 아니면서 이와 공모한 자에 대하여는 허위공문서작성죄의 본질 및 그 구성요건의 정형성에 비추어 그에 대한 공범은 성립되지 아니한다하여 위 을의 행위가 허위공문서작성죄의 간접정범에 해당하는지 여부에 관계없이 공무원이 아닌 피고인에 대하여는 위 죄의 공범으로서의 죄책을 물을 수 없다고 판시함으로써, 피고인에 대한 공소사실 중 허위공문서작성 및 동행사 부분에 대하여 무죄를 선고한 제1심 판결을 그대로 유지하였다.

그러나 공문서의 작성권한이 있는 공무원의 직무를 보좌하는 자가 그 직위를 이용하여 행사할 목적으로 허위의 내용이 기재된 문서초안을 그 정을 모르는 상사에게 제출하여 결제하도록 하는 등의 방법으로 작성권한이 있는 공무원으로 하여금 허위의 공문서를 작성하게 한 경우에는 간접정범이 성립되고 이와 공모한 자 역시 그 간접정범의 공범으로서의 죄책을 면할 수 없는 것이고(당원 1977. 12. 13. 선고 74도1990 판결; 1986. 8. 19. 선고 85도2728 판결 각 참조), 여기서 말하는 공범은 반드시 공무원의 신분이 있는 자로 한정되는 것은 아니라고 할 것이다.

원심이 인정한 바에 의하면 방위병인 을은 공문서작성권한이 있는 공무원을 보좌하는 자신의 직위를 이용하여 정을 모르는 그 작성권자로 하여금 허위의 공문서를 작성하게 함으로써 허위공문서작성죄의 간접정범인 죄책을 지게 되었다 할 것이니 그와 공모한 피고인으로서도 신분이 공무원인지 여부에 관계없이 그 공범으로서의 죄책을 면할 수 없는 것이다.

필경 원심은 허위공문서작성죄의 간접정범의 공범에 관한 법리를 오해함으로써 판결에 영향을 미친 위법을 저지른 것이라 할 것이므로 이를 지적하는 논지는 이유 있다.

이에 원심판결을 파기하여 사건을 원심법원에 환송하기로 관여 법관의 의견이 일치되어 주문과 같이 판결한다.

대법관 박만호(재판장) 박우동 김상원 윤영철

쟁점연구

1. 위의 대법원 1961. 12. 14. 4292형상645 판결의 논지에 따르면, 공문서의 무형위조는 (공정증서라는 특별히 중요한 공문서에 대해서는 법률상의 예외를 인정하는 경우를 제외하면) 오직 작성권한자만이 범할 수 있는 것이다. 물론 작성권한자와 공동으로 범행한 경우는 공동정범, 교사범, 종범 등으로 처벌될 것이다. 여기서 허위공문서작성죄의 경우 작성권한자만을 처벌대상으로 하는 근거는 무엇일까.
2. 그런데 위의 도입판례(91도2837)를 보자. 작성권한 있는 공무원을 보조하는 공무원(을)이 허위의 문서초안을 상사에게 올려 결재권자(작성권자, A)가 그 정을 모른 채 공문서를 작성하게 되었다면, 을에게 허위공문서작성죄의 간접정범의 죄책을 인정하고 있다. 작성권한자를 제외하고는 간접정범이 될 수 없다는 원칙에도 불구하고, 보조공무원의 경우에는 간접정범이 될 수 있다는 예외를 인정한 근거는 무엇인가. 그리고 원칙과 예외에 대한 이러한 판례의 경향에서 생겨날 수 있는 문제점은 없을까.
3. 도입판례를 보면, 보조공무원(을)과 공모한 비공무원(갑)에게도 허위공문서작성죄의 간접정범을 인정하고 있다. 갑은 공무원의 신분을 갖고 있지 않은 자임에도 불구하고, 공무원범죄에 대한 간접정범이 일반적으로 인정될 수 있는가. 또한 구체적으로 본 허위공문서작성죄의 간접정범의 공동정범을 인정할 수 있는 근거는 무엇이며, 생겨날 수 있는 문제점은 없을까.
4. 도입판례의 사실관계를 약간 변형하여, 만일 보조공무원 을이 상사 A의 결재를 받지 아니하고 자신이 보관하고 있던 상사 A의 직인을 날인하여 을에게 교부했다면, 을의 죄책은?(대법원 1981. 7. 28. 선고 81도898 판결 참조)

Ⅴ. 공(사)문서의 부정행사

도입판례

대법원 2001. 4. 19. 선고 2000도1985 전원합의체 판결【공문서부정행사】(공2001, 1185)

【피 고 인】 갑
【상 고 인】 검사
【원심판결】 서울지법 2000. 4. 7. 선고 2000노 1677 판결
【주 문】 원심판결을 파기하고, 사건을 서울지방법원 본원 합의부에 환송한다.
【이 유】

1. 가. 원심은, 이 사건 공소사실 중 공문서부정행사의 점에 관하여, 운전면허증은 운전면허를 받은 사람이 운전면허시험에 합격하여 자동차의 운전이 허락된 사람임을 증명하는 공문서로서, 그 본래의 사용목적은 자동차를 운전하는 때에 이를 지니고 있어야 하고 운전중 경찰공무원으로부터 그 제시 요구를 받은 때에 이를 내보여야 하는 데 있을 뿐 그 소지자의 신분의 동일성을 증명하는 데 있지 아니하므로, 경찰공무원에게 자신의 인적사항을 속이기 위하여 다른 사람의 운전면허증을 제시한 것은 운전면허증의 사용목적에 따른 행사가 아니어서 공문서부정행사죄에 해당하지 아니하고, 따라서 피고인이 폭력행위등처벌에관한법률위반죄의 피의자로서 그 신분을 확인하려는 경찰공무원에게 자신의 인적사항을 속이기 위하여 다른 사람의 운전면허증을 제시한 행위는 공문서부정행사죄에 해당하지 않는다고 판단하였다.

나. 원심의 위와 같은 판단은 지금까지 이 법원이 운전면허증의 제시

행위와 공문서부정행사죄의 성립에 관하여 판시하였던 의견에 따른 것이다.

2. 가. 형법 제230조는 공문서부정행사죄의 구성요건으로 단지 '공무원 또는 공무소의 문서 또는 도화를 부정행사한 자'라고만 규정하고 있어, 자칫 그 처벌범위가 지나치게 확대될 염려가 있으므로, 이 법원은 위 죄에 관한 범행의 주체, 객체 및 태양을 되도록 엄격하게 해석하여 그 처벌범위를 합리적인 범위 내로 제한하여 왔고, 이러한 태도는 앞으로도 지켜져야 함이 원칙이다.

나. 그러나 이 법원은 다음과 같은 이유로 운전면허증의 제시행위와 공문서부정행사죄의 성립에 관한 지금까지의 입장을 바꾸는 것이 보다 올바른 법률의 해석·적용이라고 판단한다.

먼저, 운전면허증은 운전면허를 받은 사람이 운전면허시험에 합격하여 자동차의 운전이 허락된 사람임을 증명하는 공문서로서, 운전면허증에 표시된 사람이 운전면허시험에 합격한 사람이라는 '자격증명'과 이를 지니고 있으면서 내보이는 사람이 바로 그 사람이라는 '동일인증명'의 기능을 동시에 가지고 있다. 운전면허증의 앞면에는 운전면허를 받은 사람의 성명·주민등록번호·주소가 기재되고 사진이 첨부되며 뒷면에는 기재사항의 변경내용이 기재될 뿐만 아니라, 정기적으로 반드시 갱신교부되도록 하고 있어, 운전면허증은 운전면허를 받은 사람의 동일성 및 신분을 증명하기에 충분하고 그 기재 내용의 진실성도 담보되어 있다. 그럼에도 불구하고 운전면허증을 제시한 행위에 있어 동일인증명의 측면은 도외시하고, 그 사용목적이 자격증명으로만 한정되어 있다고 해석하는 것은 합리성이 없다. 인감증명법상 인감신고인 본인 확인, 공직선거및선거부정방지법상 선거인 본인 확인, 부동산등기법상 등기의무자 본인 확인 등 여러 법령에 의한 신분 확인절차에서도 운전면허증은 신분증명서의 하나로 인정되고 있다.

또한, 주민등록법 자체도 주민등록증이 원칙적인 신분증명서이지만, 주민등록증을 제시하지 아니한 사람에 대하여 신원을 증명하는 증표나 기타 방법에 의하여 신분을 확인하도록 규정하는 등으로 다른 문서의 신분증명서로서의 기능을 예상하고 있다.

한편, 우리 사회에서 운전면허증을 발급받을 수 있는 연령의 사람들 중 절반 이상이 운전면허증을 가지고 있고, 특히 경제활동에 종사하는 사람들의 경우에는 그 비율이 훨씬 더 이를 앞지르고 있으며, 금융기관과의 거래에 있어서도 운전면허증에 의한 실명확인이 인정되고 있는 등 현실적으로 운전면허증은 주민등록증과 대등한 신분증명서로 널리 사용되고 있다.

위와 같이 살펴본 바에 따르면, 제3자로부터 신분확인을 위하여 신분증명서의 제시를 요구받고 다른 사람의 운전면허증을 제시한 행위는 그 사용목적에 따른 행사로서 공문서부정행사죄에 해당한다고 보는 것이 옳다.

다. 그러므로 운전면허증의 제시행위와 공문서부정행사죄의 성립에 관하여 이 판결의 해석과 다르게 판시하였던 이 법원의 판결들(1989. 3. 28. 선고 88도1593 판결; 1991. 5. 28. 선고 90도1877 판결; 1991. 7. 12. 선고 91도1052 판결; 1992. 11. 24. 선고 91도3269 판결; 1996. 10. 11. 선고 96도1733 판결; 2000. 2. 11. 선고 99도1237 판결 등)은 이 판결의 의견과 어긋나는 범위 내에서 이를 변경한다.

3. 그럼에도 불구하고 원심은 이 사건 공소사실 중 공문서부정행사의 점에 대하여 무죄를 선고하였으니, 원심판결에는 운전면허증에 관한 공문서부정행사죄의 법리를 오해하여 판결에 영향을 미친 위법이 있고, 이를 지적하는 상고이유는 이유가 있다.

따라서 원심판결 중 무죄 부분과 나머지 유죄 부분은 형법 제37조 전단의 경합범관계에 있어 하나의 형을 선고하여야 하므로, 원심판결을 모두 파기하고, 사건을 원심법원에 환송하기로 하여 주문과 같이 판결한다. 이 판결에는 대법관 송진훈의 반대의견이 있는 외에는 다른 대법관들의 의견이 일치되었다.

4. 대법관 송진훈의 반대의견

가. 다수의견은, 운전면허증은 이에 표시된 사람이 운전면허시험에 합격한 사람이라는 '자격증명'과 이를 지니고 있으면서 내보이는 사람이 바로 그 사람이라는 '동일인증명'의 기능을 동시에 갖고 있으며, 각종 법령에서 또는 거래의 실제에서 신분증명서로서 널리 사용되고 있으므로, 제3자로부터 신분확인을 위하여 신분증명서의 제시를 요구받고 다른 사람의 운전면허증을 제시한 행위는 그 사용목적에 따른 행사로서 공문서부정행사죄가 성립한다고 보는 것이 옳다고 하면서, 이러한 견해에 어긋나는 종전의 대법원판결들은 변경되어야 한다고 한다.

그러나 이러한 견해는 공문서부정행사죄의 구성요건에 관한 법리를 오해한 데에서 비롯된 것으로 볼 수밖에 없어 찬성할 수 없다.

공문서부정행사죄는 사용목적이 특정된 공문서의 경우에 그 사용명의자 아닌 자가 사용명의자인 것으로 가장하여 그 사용목적에 따른 행사를 하여야 성립하는 것인바, 운전면허증의 본래의 사용목적은 자동차를 운전할 때에 이를 지니고 있어야 하고 운전 중에 경찰공무원으로부터 제시를 요구받은 때에 이를 제시하는 데 있는 것일 뿐, 그 소지자의 신분의 동일성을 증명하는 데 있는 것은 아니므로, 제3자로부터 신분확인을 위하여 신분증명서의 제시를 요구받고 다른 사람의 운전면허증을 제시한 행위는 운전면허증의 사용목적에 따른 행사라고 할 수는 없고, 따라서 공문서부정사용죄가 성립하지 아니한다고 해야 할 것이다.

나. 형법 제230조는 공문서부정행사죄의 구성요건으로 '공무원 또는 공무소의 문서 또는 도화를 부정행사한 자'라고만 규정하여, 문언상으로는 모든 공문서가 행위의 객체에 포함되고 그 사용권한자와 용도가 특정되었는지 여부는 묻지 않는 것으로 되어 있으나, 그 사용권한자와 용도를 특정할 수 없는 공문서의 경우에는 그 부정행사의 개념조차 특정하기 어려워 과연 그러한 경우에도 부정행사죄가 성립될 수 있는지조차 의문시되고, 만일 이를 긍정할 경우 처벌범위가 지나치게 확대될 위험이 있다.

이 점에 관하여는 다수의견도 같은 견해인 것으로 보이거니와, 범죄의 구성요건이 추상적이거나, 모호한 개념으로 이루어지거나 또는 그 적용범위가 너무 광범위하고 포괄적이어서 불명확하게 되어 통상의 판단능력을 가진 국민이 그에 의하여 금지된 행위가 무엇인가를 알 수 없는 경우에는 죄형법정주의의 원칙에 위배된다.

그러므로 지금까지 대법원은 공문서부정행사죄의 행위 객체를 사용권한자와 용도가 특정된 공문서로 한정하고, 행위의 태양도 본래의 사용목적에 따른 행사만을 의미하는 것으로 제한하여 해석해 온 것이다(대법원 1974. 9. 4. 선고 74도1695 판결; 1981. 12. 8. 선고 81도1130 판결; 1983. 6. 28. 선고 82도1985 판결; 1993. 5. 11. 선고 93도127 판결; 1999. 5. 14. 선고 99도206 판결 등 참조).

무릇, 어떠한 공문서가 일정한 자격을 받은 사람임을 증명하려면 그 사람이 자격을 취득하였다는 사실과 더불어 그 동일성을 확인하는 데 필요한 인적사항이 기재되고 사진도 첨부되어야 할 것이므로, 자격증명에는 언제나 동일인증명이 내재되기 마련이다. 이와 같이 자격증명을 위한 공문서에 동일인증명의 기능이 내재되어 있다고 하여 그 본래의 사용목적이 소지자 신분의 동일성을 증명하는 데 있다고 볼 수는 없는 것이다.

그런데 주민등록법 제17조의9의 규정 등에 의하면, 주민등록증을 17세 이상의 자에 대한 일반적인 신분증명서로서 규정하고 있음에 비하여, 도로교통법 제68조 등의 규정에 의하면, 운전면허증은 운전면허시험에 합격하여 자동차의 운전이 허락된 자임을 증명하는 공문서로서 그 본래의 사용용도가 운전 중에 경찰공무원으로부터 그 제시를 요구받으면 이를 제시하여 자동차의 운전이 허가된 자임을 증명하도록 그 사용목적이 특정되어 있다. 그 소지자의 인적사항 확인은 자격증명에 따르는 부수적인 기능에 지나지 아니하는 것이다.

다수의견에서 지적하고 있는 바와 같이 현실 거래와 일부 법령이 정한 분야에서 운전면허증이 그 소지자의 인적사항을 확인하는 데 사용되고는 있지만, 이는 어디까지나 운전면허증의 사실적 내지 부수적 용도에 불과하고 본래의 용도라고 할 수 없으며, 그러한 용도로서 널리 사용된다는 사정만으로 사실적 용도 내지 부수적 용도가 본래의 용도로 승화

된다고 할 수는 없다. 이러한 사정은 운전면허증 외에도 일정한 자격의 증명에 관한 공문서들로서 여권, 공무원증, 사원증, 학생증 등의 경우에도 마찬가지이다.

그럼에도 불구하고, 어떠한 공문서가 그 본래의 사용목적 이외의 용도로 널리 사용된다는 등의 이유를 들어 그러한 사실상 내지 부수적 용도도 본래의 사용목적에 포함된다고 본다면 그 부정행사로 인한 처벌범위가 크게 확대될 것이고, 이는 죄형법정주의의 원칙에 따라 공문서부정행사죄의 행위 객체와 태양을 제한적으로 해석함으로써 그 처벌범위를 합리적인 범위 내로 제한하여 온 종전 판례들과 실질적으로 저촉된다고 보이므로, 다수의견은 이러한 불합리한 결과를 신중히 고려하였어야 할 것이다.

문서에 관한 죄는 본래 그 내용이든 형식이든 문서의 진정성립에 대한 사회 일반의 신용을 보호하려는 것인데, 일단 진정하게 성립된 문서의 행사는 그 자체만으로 이와 같은 법익을 침해한다고 보기 어려울 뿐만 아니라, 그 행사로 인하여 다른 법익이 침해되었다면 그 법익 침해에 관한 죄로 처벌할 수 있으므로, 진정한 문서의 행사를 제한 없이 처벌할 필요성이 크다고 하기도 어렵다. 실제로도 주민등록법 제21조 제2항은 다른 사람의 주민등록증을 부정사용한 자를, 여권법 제13조 제3항은 타인 명의의 여권을 행사한 자를, 같은 조 제4항은 행사할 목적으로 여권을 타인에게 양도·대여 또는 이를 알선한 자 및 행사할 목적으로 타인 명의의 여권을 양도 또는 대여 받은 자를 따로 처벌하고 있다.

다. 이상의 이유로 다수의견에는 찬성할 수 없고, 다수의견이 변경하여야 한다는 대법원판결들은 공문서부정행사죄의 행위 객체와 태양을 합리적으로 제한하여 온 대법원의 일관된 견해를 표명한 것으로서 그대로 유지하여야 할 것이다.

대법관 최종영(재판장) 송진훈 서성(주심) 조무제 유지담 윤재식
이용우 배기원 강신욱 이규홍 이강국 손지열 박재윤

쟁점연구

피고인이 폭력행위등처벌에관한법률위반죄의 현행범으로 체포되어 경찰에서 조사를 받던 중 신분확인을 위하여 신분증명서의 제시를 요구받고 자신의 인적 사항을 속이기 위하여 전에 길에서 주어 가지고 있던 타인의 운전면허증을 마치 피고인의 운전면허증인 것처럼 제시하였다.

1. 운전면허증이 사회 일반에서 어떤 용도에 쓰이고 있는지 확인해 보자.
2. 타인의 운전면허증을 자신의 것처럼 제시하여 신분의 동일성을 제시하려는 목적으로 사용한 경우, 이 판결 이전의 판결들이 공문서부정사용죄가 성립할 수 없다고 본 근거는 무엇인가.
3. 판례 변경은 공문서부정행사죄의 적용범위를 지나치게 확대해석한 것으로 죄형법정주의를 위배한 것인가, 아니면 죄형법정주의의 테두리 내에서, 시대변화에 따른 합리적 해석의 산물인가.
4. 이 같은 판례변경에 따라 처벌되게 된 피고인이 형벌불소급의 원칙에 저촉된다고 주장한다면, 피고인의 기존 판례에 대한 신뢰는 보호받을 가치가 없는 것인가.

제17장 성풍속에 관한 죄

Ⅰ. 간 통 죄

도입판례

헌재 2008. 10. 30, 2007헌가17【형법 제241조 위헌제청 등】(헌집 20-2, 696)

【주 문】 형법(1953. 9. 18. 법률 제293호로 제정된 것) 제241조는 헌법에 위반되지 아니한다.

【이 유】

* * *

3. 판단

가. 입법연혁 및 외국 입법례

(1) 간통죄에 관한 처벌규정은 우리 민족 최초의 법인 고조선의 8조법금(八條法禁)에서부터 존재했을 것으로 보는 견해가 통설이며, 그 후 현재까지 그 내용상 다소 변화는 있지만 처벌규정 자체는 계속 존재해 왔다. 1905. 4. 20. 대한제국 법률 제3호로 공포된 형법대전에서 유부녀가 간통한 경우 그와 상간자를 6월 이상 2년 이하의 유기징역에 처했고(같은 법 제265조), 일제시대인 1912. 4. 1. 시행된 제령 11호 조선형사령으로 의용한 일본의 구 형법 제183조에서도 부인 및 그 상간자의 간통에 대하여 2년 이하의 징역형으로 처벌하였다.

대한민국 정부수립 후 최초의 형법 제정 시, 간통죄를 존치할 것인지에 대하여 많은 논란이 있었고, 국회의 표결에서 현재와 같이 남녀평등 쌍벌주의와 친고죄로 하는 안이 국회의원 출석 의원수(110명)의 과반수를 가까스로 넘은 57표의 찬성으로 통과되었다.

(2) 간통죄를 비교법적으로 고찰해 보면 첫째 남녀불평등처벌주의가 있고, 둘째 남녀평등처벌주의가 있으며, 셋째 남녀평등불벌주의가 있다. 먼저 남녀불평등처벌주의에는 예컨대 개정 전 프랑스형법이나 이탈리아의 구형법과 같이 남편과 부인의 간통에 대하여 처벌을 달리하는 경우와, 1947년 폐지되기 전의 일본의 구형법이나 이를 의용한 우리나라 구 형법과 같이 부인의 간통만을 처벌한 예가 있다. 다음으로 남녀평등처벌주의는 우리나라의 현행 형법과 미국의 몇몇 주에서 이를 채택하고 있다. 마지막으로 남녀평등불벌주의는 간통에 대하여 형사적 제재를 하지 않는 입법례로서 덴마크는 1930년, 스웨덴은 1937년, 일본은 1947년, 독일은 1969년, 프랑스는 1975년, 스페인은 1978년, 스위스는 1990년, 아르헨티나는 1995년, 오스트리아는 1996년에 각 간통죄 규정을 폐지하였다.

나. 헌법재판소의 선례

헌법재판소는 이 사건 법률조항에 대하여 모두 세 차례에 걸쳐 합헌 결정을 하였으며, 그 취지는 다음과 같다.

(1) 헌재 1990. 9. 10. 89헌마82 결정

다수의견인 합헌의견은 “간통죄의 규정은 헌법 제10조의 개인의 인격권·행복추구권의 전제가 되는 자기운명결정권에 포함된 성적 자기결정권을 제한한다. 그러나 선량한 성도덕과 일부일처주의 혼인제도의 유지 및 가족생활의 보장을 위하여서나 부부간의 성적성실의무의 수호를 위하여, 그리고 간통으로 야기되는 사회적 해악의 사전예방을 위하여 간통행위를 규제하는 것은 불가피하고, 그러한 행위를 한 자를 2년 이하의 징역에 처하는 것은 성적 자기결정권에 대한 필요최소한의 제한으로서 자유와 권리의 본질적 내용을 침해하는 것은 아니”라고 보았다.

이에 대하여, ① 간통죄가 사회상황·국민의식의 변화에 따라 그 규범력이 완화되었음에도 아직은 범죄적 반사회성이 있다는 재판관 2인의 보충의견, ② 간통죄 자체의 존폐는 입법정책의 문제이지만 징역형 일원주의를 유지하는 간통죄 형벌규정은 헌법에 합치되지 아니한다는 재판관 2인의 반대의견, ③ 간통의 형사처벌이 국민의 사생활은폐권을 희생시킬 만큼 성질서 유지에 기여한다거나 범죄의 예방기능을 다하고 있다고 믿기 어렵고 제도외적 남용으로 인한 역기능이 크다는 점에서 헌법에 반하며, 가사 범죄화가 합헌이더라도 그에 대한 자유형은 과잉금지원칙에 반한다는 재판관 1인의 반대의견이 있었다.

(2) 헌재 1993. 3. 11. 90헌가70 결정

위 89헌마82 결정의 판시를 그대로 유지하였는데, 위 89헌마82 결정 이후 임명된 재판관 1인은 다수의견의 보충의견에 가담하였다.

(3) 헌재 2001. 10. 25. 2000헌바60 결정

다수의견은 위 89헌마82 결정의 판시를 그대로 유지하면서 입법자의 간통죄의 폐지 여부에 대한 진지한 접근을 요구하였다. 이에 대하여 간통은 성적 성실의무를 위반하는 계약위반행위이므로 그에 대한 책임추궁은 계약법의 일반원리에 따라야 하고 윤리적 비난과 도덕적 회오의 대상이 될지언정 형사처벌의 문제는 아니라는 입장에서 간통의 형사처벌은 인간의 존엄성을 보장하도록 한 헌법 제10조에 위반된다는 재판관 1인의 반대의견이 있었다.

다. 이 사건 법률조항 개관

이 사건 법률조항은 선량한 성풍속을 보호하고, 일부일처제하의 가정 또는 가정의 기초가 되는 제도로서의 혼인 및 부부간의 성적 성실의무를 보호하기 위하여 규정된 것이다.

우리 민법은 법률혼주의를 채택하고 있으므로(민법 제812조) 간통죄의 주체인 '배우자 있는 자'의 배우자는 법률상의 배우자를 말하고 사실상 동거하고 있지 아니하더라도 이에 포함된다. '간통' 및 '상간' 행위는 합의에 의한 성교를 의미하는데, 이때 간통자의 경우 자신이 배우자있

는 자라는 것과 배우자 이외의 자와 성교한다는 것을 인식해야 하고, 상간자의 경우 배우자있는 자와 성교하는 것임을 인식하고 있어야 함은 물론이다. 간통 및 상간행위는 성교 시마다 1개의 죄가 성립하고, 장기간에 걸쳐 동거하며 간통하였다고 하여 포괄 1죄가 되는 것은 아니다.

한편 간통죄는 배우자의 고소가 있어야 공소를 제기할 수 있는 친고죄로 배우자가 간통을 종용 또는 유서한 때에는 고소할 수 없다(형법 제241조 제2항). 이에 따라 이혼의사의 합치가 있는 등 다른 이성과의 정교관계가 있어도 이를 인정 내지 묵인한다는 사전 동의(종용)가 있거나, 간통사실을 알고 난 후 혼인관계를 지속시킬 의사로 그 책임을 묻지 않겠다는 의사를 표시하는 사후용서(유서)가 있는 때는 고소할 수 없다. 고소를 할 수 있는 경우에도 그 고소는 혼인이 해소되거나 이혼소송을 제기한 후에만 유효하며, 적법하게 간통고소를 한 후에도 다시 혼인을 하거나 이혼소송을 취하한 때에는 고소가 취하된 것으로 간주된다(형사소송법 제229조). 고소는 제1심판결선고 전까지 취소할 수 있으며, 고소를 취소한 자는 다시 고소하지 못한다(형사소송법 제232조).

라. 재판관 이강국, 재판관 이공현, 재판관 조대현의 합헌의견

(1) 이 사건 법률조항에 의하여 제한되는 기본권

헌법 제10조는 "모든 국민은 인간으로서의 존엄과 가치를 가지며, 행복을 추구할 권리를 가진다. 국가는 개인이 가지는 불가침의 기본적 인권을 확인하고 이를 보장할 의무를 진다"라고 규정하여 개인의 인격권과 행복추구권을 보장하고 있다. 개인의 인격권·행복추구권에는 개인의 자기운명결정권이 전제되는 것이고, 이 자기운명결정권에는 성행위 여부 및 그 상대방을 결정할 수 있는 성적자기결정권이 또한 포함되어 있으며 간통죄의 규정이 개인의 성적자기결정권을 제한하는 것임은 틀림없다(헌재 1990. 9. 10. 89헌마82, 판례집 2, 306, 310 참조). 나아가 이 사건 법률조항은 개인의 성생활이라는 내밀한 사적 생활영역에서의 행위를 제한하므로 우리 헌법 제17조가 보장하는 사생활의 비밀과 자유 역시

제한하는 것으로 보인다(헌재 1990. 9. 10. 89헌마82, 판례집 2, 306, 321-322 참조).

그러나 위와 같은 기본권도 절대적으로 보장되는 것은 아니며, 헌법 제37조 제2항에 따라 국가안전보장, 질서유지 또는 공공복리를 위하여 필요한 경우에는 그 본질적 내용을 침해하지 않는 한도에서 법률로써 제한할 수 있는 것이다(헌재 1990. 9. 10. 89헌마82, 판례집 2, 306, 310 참조).

(2) 과잉금지원칙 위배 여부

국가와 사회의 기초가 되는 가족생활의 초석을 이루고 있는 혼인관계는 개인의 의사나 욕구만으로 형성되는 것은 아니고, 전통과 문화에 기반을 둔 하나의 소중한 사회제도로서의 성격 역시 가진다. 그런데 배우자 있는 자의 간통은 자유로운 의사에 기하여 스스로 형성한 혼인관계에서 비롯된 성적 성실의무를 위배하는 행위로서 단순한 혼인계약의 위배를 넘어 부부사이의 근본적인 신뢰를 무너뜨린다. 간통 및 상간행위는 혼인관계의 파탄을 야기하고, 혼인관계를 파탄시키는 정도에 이르지 아니하는 때에도 근대 혼인제도의 근간을 이루는 일부일처주의에 대한 중대한 위협이 되며, 배우자와 가족구성원의 유기 등 사회문제를 야기한다. 간통 및 상간행위가 우리 사회가 요구하는 건전한 성도덕에 반함은 두말할 필요가 없다.

사회질서를 유지하고, 개인의 존엄과 양성평등에 기초한 혼인과 가족생활이 유지될 수 있도록 보장할 국가의 의무(헌법 제36조 제1항 참조)에 비추어 위와 같은 간통 및 상간행위에 대한 규제의 필요성은 충분히 수긍 가능하고, 바로 이 점에서 이 사건 법률조항의 입법목적의 정당성이 인정된다.

나아가 간통 및 상간행위가 개인의 성적 자기결정으로서 내밀한 사생활의 영역에 속하는 것이라 하더라도 성적 욕구나 사랑의 감정이 내심에 머무른 단계를 떠나 외부에 행위로 표출되어 혼인관계에 파괴적인 영향을 미치게 된 때에는 법이 개입할 수 없거나, 법적 규제가 효과를 발휘할 수 없는 순수한 윤리와 도덕적 차원의 문제만은 아니다. 따라서 이 사건 법률조항이 개인과 사회의 자율적 윤리의식의 제고를 촉구하는데 그치지 아니하고 형벌의 제재를 동원한 행위금지를 선택한 것은 입법목적 달성에 기여할 수 있는 수단으로서 적절하다.

다만 비형벌적 제재나 가족법적 규율이 아닌 '형벌'의 제재를 규정한 것이 지나친 것인지 문제될 수 있으나, 어떠한 행위를 불법이며 범죄라 하여 국가가 형벌권을 행사하여 이를 규제할 것인지의 문제는 인간과 인간, 인간과 사회와의 상호관계를 함수로 하여 시간과 공간에 따라 그 결과를 달리할 수밖에 없는 것이고, 결국은 그 사회의 시대적인 상황·사회구성원들의 의식 등에 의하여 결정될 수밖에 없으며, 기본적으로 입법권자의 의지 즉 입법정책의 문제로서 입법권자의 입법형성의 자유에 속한다(헌재 2001. 10. 25. 2000헌바60, 판례집 13-2, 480, 486 참조).

우리 사회의 구조와 국민의식의 커다란 변화에도 불구하고 우리 사회에서 고유의 정절관념 특히 혼인한 남녀의 정절관념은 전래적 전통윤리로서 여전히 뿌리 깊게 자리 잡고 있으며, 일부일처제의 유지와 부부간의 성에 대한 성실의무는 우리 사회의 도덕기준으로 정립되어 있어서, 간통은 결국 현재의 상황에서는 사회의 질서를 해치고 타인의 권리를 침해하는 경우에 해당한다고 보는 우리의 법의식은 여전히 유효하다(헌재 2001. 10. 25. 2000헌바60, 판례집 13-2, 480, 486).

다시 말하면, 간통행위자가 속한 가정의 고유한 사정이나 간통 및 상간에 이르게 된 배경, 행위자의 의사에 비추어 배우자에 대한 가해의사나 혼인관계 및 가족생활을 파탄에 이르게 하려는 목적, 경향성이 없는 경우에도 법률상 배우자 있는 자라는 객관적인 행위자의 지위, 배우자 아닌 자와 성교한다는 고의가 인정되는 한 그러한 행위가 사회적 윤리의 상당성을 일탈한 것으로 보며, 그에 동조한 상간자의 행위 역시 유사한 정도의 비난가능성이 존재한다고 보는 것이 현재 우리의 법의식에 부합한다는 것이다. 이에 더하여 간통 및 상간행위는 그 행위태양에 관계없이 혼인과 가족생활의 해체를 초래하거나 초래할 위험성이 높다는 점에서 사전예방에 대한 강한 요청 역시 부인하기 어렵다고 할 것이다.

따라서 이러한 법의식, 그리고 간통 및 상간행위의 예방에 대한 사회의 강한 요청에 기초하여 혼인과 가정의 해체를 야기한 간통 및 상간행위자에 대하여는 그것이 단순한 성적 욕구에서 비롯된 1회적인 것이든, 진정한 사랑의 감정에서 비롯된 것이든, 사전에 이혼의사의 합치 등으로 인한 동의가 있었거나 사후에 혼인과 가정생활을 유지하기로 하는 합의가 있었다는 등의 특별한 사정이 없는 한 엄정한 책임을 부과할 필요가 있다고 본 입법자의 판단이 현저히 자의적인 것이라 보기는 어렵다. 또한 입법자는 고소권자인 배우자의 고소요건으로서 혼인의 해소나 이혼소송의 제기를 규정하여 간통 및 상간행위의 결과로 혼인과 가족생활이 사실상 파탄에 이른 경우에 한하여만 법적 규제가 미치도록 하여 이 사건 법률조항에 의한 자유의 제한범위를 최소화하고 있고, 간통의 종용이나 유서가 있는 경우의 고소권의 제한(형법 제241조 제2항) 및 일정한 경우의 고소 취하간주(형사소송법 제229조)와 재고소 금지(형사소송법 제232조)를 규정하여 고소권의 남용을 방지하고 있으므로 개인의 성적 자기결정의 자유 등에 대한 과도한 제한을 인정하기 어렵다.

오늘날 세계입법의 추세가 간통 및 상간행위에 대하여 형벌을 부과하지 아니하는 것이라거나 간통이 이혼사유와 위자료지급사유가 된다는 점을 고려하더라도, 가족법적 법률관계의 조정에 따라 간통행위의 반사회성이 없어져 형사처벌의 필요성이 해소된다고 보기 어렵고, 각국의 시대적 상황이나 국민의 성의식 등 가치관, 평등에 기초한 가족법제도의 완비 여부 등은 현저한 차이가 있으므로 위와 같은 판단이 달라지는 것은 아니다.

나아가 이 사건 법률조항의 행위규제는 법률혼관계가 유지되고 있는 동안 간통할 수 없고, 법률상 배우자 있는 자라는 사실을 알면서 상간할 수 없다는 특정한 관계에서의 성행위 제한이다. 이는 간통행위자에 대하여는 스스로의 자유로운 의사에 따라 형성한 혼인관계에 따르는 당연한 의무·책임의 내용에 불과하고, 미혼인 상간자에 대하여도 타인의 법적·도덕적 의무위반을 알면서 적극적으로 동참하여서는 아니 된다는 것으로 이성과의 정신적인 교감이나, 우발적으로 일어날 수 있는 경미한 성적 접촉까지 금지하는 것은 아니므로 일반적으로 이 사건 법률조항으로 인하여 침해되는 사익은 매우 경미하다. 그에 비하여 이 사건 법률조항으로 인하여 달성되는 공익은 선량한 성도덕을 수호하고, 혼인과 가족제도를 보장한다는 것으로 높은 중요성이 인정되므로 법익균형성 역시 인정할 수 있다.

결국 이 사건 법률조항이 과잉금지원칙에 위배하여 개인의 성적 자기결정권, 사생활의 비밀과 자유를 침해한다고 보기 어렵다.

(3) 헌법 제36조 제1항 위배 여부

"혼인과 가족생활은 개인의 존엄과 양성의 평등을 기초로 성립되고 유지되어야 하며, 국가는 이를 보장한다"고 규정하고 있는 헌법 제36조 제1항은, 인간의 존엄과 양성의 평등이 가족생활에 있어서도 보장되어야 함을 규정함과 동시에 혼인과 가족생활에 관한 제도적 보장 역시 규정한다(헌재 2002. 3. 28. 2000헌바53, 판례집 14-1, 159, 165 참조).

이 사건 법률조항에 의한 간통 및 상간행위의 처벌이 개인의 성적 자기결정권 등에 대한 과도한 제한으로 볼 수 없음은 앞서 살펴 본 바와 같고, 이 사건 법률조항은 남녀평등처벌주의를 취하고 있으므로 양성의 평등이 훼손될 여지도 없다. 오히려 일부일처제를 보장하고, 건전한 성도덕을 형법상 보호함으로써 혼인과 가족생활의 유지·보장 의무이행에 부합한다고 할 것이다(헌재 1990. 9. 10. 89헌마82, 판례집 2, 306, 312 참조).

(4) 책임과 형벌 간 비례원칙 위배 여부

법정형의 종류와 범위의 선택의 문제는 그 범죄의 죄질과 보호법익에 대한 고려뿐만 아니라 우리의 역사와 문화, 입법당시의 시대적 상황, 국민일반의 가치관 내지 법감정 그리고 범죄예방을 위한 형사정책적 측면 등 여러 가지 요소를 종합적으로 고려하여 입법자가 결정할 사항으로서 역시 입법재량 내지 형성의 자유가 인정되어야 할 분야이다(헌재 1992. 4. 28. 90헌바24, 판례집 4, 225, 229; 1995. 4. 20. 91헌바11, 판례집 7-1, 478, 487).

이 사건 법률조항은 징역형만을 규정하고 있으나, 2년 이하의 징역에 처하도록 하여 법정형의 상한 자체가 높지 않을 뿐만 아니라, 비교적 죄질이 가벼운 간통행위에 대하여는 선고유예까지 선고할 수 있으므로 행위의 개별성에 맞추어 책임에 알맞은 형벌을 선고할 수 없도록 하는 지나치게 과중한 형벌을 규정하고 있다고 볼 수 없다.

또한 간통 및 상간행위는 일단 소추가 된 때에는 행위태양에 관계없이 필연적으로 가족의 해체로 인한 사회적 문제를 야기한다는 점에서 다른 성풍속에 관한 죄와는 다른 법익침해가 문제되고, 경미한 벌금형은 기존의 혼인관계의 해소에 따른 부양이나 손해배상의 책임을 피하고자 하는 간통행위자에 대하여는 위하력을 가지기 어렵다는 점 등을 고려할 때 입법자가 이 사건 법률조항에 대하여 형법상 다른 성풍속에 관한 죄와 달리 벌금형을 규정하지 아니한 것이 형벌체계상의 균형에 반하는 것이라 할 수도 없다.

(5) 소결

그러므로 이 사건 법률조항은 헌법에 위반되지 아니한다.

마. 재판관 민형기의 별개의 합헌의견

나는 다수의 합헌의견이 앞서 설시한 바와 같이, 개인의 성적 자기결정권이나 사생활의 비밀과 자유도 헌법상 기본권의 제한에 관한 일반적인 원칙에 따라 규제의 대상이 될 수 있으므로, 형법이 간통죄를 범죄로서 처벌하는 것 자체는 입법재량의 범위를 벗어난 것이라고 보기 어려워 헌법에 위반되지 않는다고 보나, 다만 이 사건 법률조항이 그 행위의 태양과 관련하여 일부 문제점을 안고 있으므로 이를 해소하기 위하여는 국민적인 합의를 바탕으로 하는 입법적인 개선이 필요하다고 보아 다음과 같은 견해를 밝히고자 한다.

아래 사.항에서 헌법불합치의견이 적절히 지적하는 바와 같이, 간통은 그 행위의 태양이 매우 광범위하고 다양하여 사안에 따라 반사회적 성격이나 비난가능성의 유무 및 정도가 현저히 다른데도, 구체적인 행위 태양의 개별성이나 특수성을 고려하지 않은 채 이들을 간통이라는 한 가지 개념으로 일률적으로 처벌하여 형벌을 부과하는 것은 사실상 부당하거나, 규범적인 의미를 벗어난다는 평가를 받을 수 있다.

물론 이 가운데 상당 부분은 법원이 재판과정에서 법의 해석이나 형의 양정 등을 통하여 문제를 해결할 수 있으리라 여겨지지만, 그럼에도 불구하고 이 사건 법률조항의 부당성에 관한 의혹이 완전히 해소되는 것은 아니라 할 것이다.

이렇듯 성문의 규범이 스스로 예정하거나 의도하지 아니한 사실상의 요인으로 인하여 발생하는 사회적인 문제나 법률적인 평가 등으로 규율의 당부에 관하여 의심이 있는 경우 이를 개선하는 것은 입법재량에 속하는 것으로서 이는 원칙적으로 현실정치의 영역에서 국민을 대표하고 의사를 형성하는 입법기관의 책무이고, 사법기관인 헌법재판소가 적극적으로 개입하여 합헌이나 위헌 여부의 헌법적인 판단을 하여야 할 몫은 아니라 할 것이다.

이 사건 법률조항 중 행위의 태양과 관련하여 헌법불합치의견이 뒤에서 상술하는 바와 같이 반사회적 성격이 미약한 부분의 사례에 이르기까지 이를 처벌하는 것은 사실상으로나 정책적으로 부당한 결과를 초래할 우려가 있으므로, 입법자로서는 여기에 지적되는 문제점에 대하여 우리의 인습과 사회적인 합의, 국민의 법의식 등을 실증적, 종합적으로 고려하여 이를 입법적으로 개선할 수 있도록 정책적인 노력을 기울여야 할 것임을 지적해 두고자 한다.

바. 재판관 김종대, 재판관 이동흡, 재판관 목영준의 위헌의견

우리는 형법 제241조가 간통행위를 형사처벌함으로써 개인의 성적(性的) 자기결정권과 사생활의 비밀과 자유를 제한하는 것은 헌법상 과잉금지 원칙에 위반하여 위헌이라고 판단하므로 다음과 같이 견해를 밝힌다.

(1) 이 사건 법률조항의 개정 논의

법무부 형법개정소위원회는 1989. 1.경 8대2의 찬성으로 간통죄 폐지를 결정하였다. 법무부는 그 의견을 받아들여 형법개정 요강에서 이를 폐지하기로 하였으나, 헌법재판소의 합헌결정(헌재 1990. 9. 10. 89헌마82 결정)이 있자 간통죄를 존치시키되 징역형만으로 되어 있는 처벌규정에 벌금형을 추가·보완키로 변경하였다.

그러나 1992. 4. 8. 입법예고된 형법개정법률 안에서는 간통죄가 삭제되어 있었는데, 법무부는 그 이유로, 첫째 기본적으로 개인 간의 윤리적 문제에 속하는 간통죄는 세계적으로 폐지추세에 있고, 둘째 개인의 사생활 영역에 속하는 내밀한 성적 문제에 법이 개입함은 부적절하며, 셋째 협박이나 위자료를 받기 위한 수단으로 악용되는 경우가 많고, 넷째 수사나 재판과정에서 대부분 고소취소되어 국가 형벌로서의 처단기능이 약화되었으며, 다섯째 형사정책적으로 보더라도 형벌의 억지효나 재사회화의 효과는 거의 없고, 여섯째 가정이나 여성보호를 위한 실효성도 의문이라는 점 등을 들었다.

위 입법예고 후인 1992. 5. 27. 법무부는 전문 405조로 구성된 형법개정안을 최종확정하였는데, 이때 간통죄에 대하여 2년 이하의 징역형만으로 규정되어 있던 법정형을 1년 이하의 징역형으로 낮추고 500만 원 이하의 벌금형을 선택적으로 추가하였다. 이와 같이 간통죄가 다시 부활된 것은 위 입법예고 후 각계각층에서 간통죄의 폐지가 아직은 시기상조라는 의견이 대두하자 존치론과 폐지론의 조화점을 모색한 것으로 보인다.

그러나 1995. 12. 29. 법률 제5057호로 개정된 형법에서는 위 개정안이 입법화되지 못하고, 종래의 간통죄의 규정이 아무런 변화 없이 존치하게 되었다.

(2) 이 사건 법률조항의 과잉금지원칙 위반 여부

(가) 심사기준

국민의 성적 자기결정권과 사생활의 비밀과 자유는 우리 헌법상 인정되는 기본적 권리이므로 그 제한에 대한 위헌 여부는 엄격한 비례심사를 거쳐야 한다.

(나) 목적의 정당성

이 사건 법률조항의 입법목적이 일부일처제에 터잡은 혼인제도를 보호하고 부부간 성적 성실의무를 지키게 하기 위하는데 있다면, 이를 위하여 그 위반자를 형사처벌하는 것에는 목적의 정당성이 인정된다.

(다) 수단의 적절성 및 피해최소성

그러나 이러한 입법목적을 달성하기 위하여 간통행위를 형사처벌하는 것이 그 수단에 있어서 적절한지 및 그로 인한 기본권의 제한이 필요최소한도에 그친 것인지에 대하여는 아래에서 보는 바와 같이 동의하기 어렵다.

1) 국민 일반의 법감정의 변화

최근의 우리 사회는 급속한 개인주의적·성개방적인 사고의 확산에 따라 성(性)과 사랑은 법으로 통제할 사항이 아닌 사적인 문제라는 인식이 커지고 있다. 또한 오늘날 성도덕과 가족이라는 사회적 법익보다 성적 자기결정권이라는 개인적 법익이 더 중요시 되는 사회로 변해가고 있다. 성의 개방풍조는 막을 수 없는 사회변화이고 이젠 그것을 용인할 수밖에 없게 된 것이다.

이러한 사회환경의 변화로 간통죄의 존립기반이 이제 완전히 붕괴되었다고까지 단언하기는 어렵다고 할지라도, 적어도 그 존립기반이 더 이상 지탱할 수 없을 정도로 근본적인 동요를 하고 있음은 부인하기 어렵다.

2) 형사처벌의 적정성

가) 형사처벌에 관한 입법권의 범위와 한계

특정의 인간행위에 대하여 그것이 불법이며 범죄라 하여 국가가 형벌권을 행사하여 이를 규제할 것인지, 아니면 단순히 도덕률에 맡길 것인지의 문제는 인간과 인간, 인간과 사회와의 상호관계를 함수로 하여 시간과 공간에 따라 그 결과를 달리할 수밖에 없는 것이고, 결국은 그 사회의 시대적인 상황·사회구성원들의 의식 등에 의하여 결정될 수밖에 없다(헌재 2001. 10. 25. 2000헌바60).

우리의 생활영역에는 법률이 직접 규율할 영역도 있지만 도덕률에 맡겨두어야 할 영역도 있다. 법률을 도덕의 최소한이라 하듯이 법률규범은 그보다 상층규범에 속하는 도덕규범에 맡겨두어야 할 영역까지 함부로 침범해서는 안 된다. 법률이 도덕의 영역을 침범하면 그 사회는 법률만능에 빠져서 품격 있는 사회발전을 기약할 수 없게 되는 것이다.

불효, 악질적인 채무불이행, 구걸, 자살, 지나친 낭비 등은 모두 비도덕적이고 반사회적인 행위지만, 그렇다고 이러한 행위를 모두 범죄로 처벌할 수는 없다. 도덕적으로 비난받을 만한 행위 모두를 형사처벌의 대상으로 삼는 사회가 반드시 정의로운 사회라고 할 수 없고, 국가가 형벌로써만 국민을 도덕적으로 개선시키려는 시도는 성공하기도 어려울 뿐 아니라 결코 바람직하지도 않기 때문이다.

나) 성생활에 대한 형사처벌

성인(成人)이 쌍방의 동의 아래 어떤 종류의 성행위와 사랑을 하건, 그것은 개인의 자유 영역에 속하고, 다만 그것이 외부에 표출되어 사회의 건전한 성풍속을 해칠 때에만 비로소 법률의 규제를 필요로 한다. 성도덕에 맡겨 사회 스스로 자율적으로 질서를 잡아야 할 내밀한 성생활의 영역을 형사처벌의 대상으로 삼아 국가가 간섭하는 것은, 국가가 사생활의 비밀과 자유를 침해하는 것이고, 성적 자기결정권의 내용인 성행위 여부와 상대방 결정권을 지나치게 제한하는 것이다.

또한 간통죄보다 선량한 풍속을 더 크게 해치고 비도덕적이며 혐오감이 더 크다고 할 수 있는 근친상간(近親相姦)·수간(獸姦)·혼음(混淫) 등에 대하여 우리 법률은 별도의 처벌규정을 두고 있지 않으면서도, 간통에 대해서만 형벌로 다스리는 것은 입법 체계상 균형이 맞지 않는다.

다) 입법과 판례의 추세

비록 도덕률에 반하더라도 본질적으로 개인의 사생활에 속하고 사회유해성이 없거나 법익에 대한 명백한 침해가 없는 경우에는 국가권력이 개입해서는 안 된다는 비범죄화 경향이 현대 형법의 추세이다. 세계적으로도 간통죄를 폐지해 가는 추세에 있어 대부분의 국가들이 1970년대 이전에 간통죄를 폐지하였다.

간통죄 처벌에 관한 검찰과 법원의 처리경향도 과거에 비해 많이 완화되었다. 간통고소가 취소되지 않으면 원칙적으로 구속되고 실형을 선고받았던 종래의 관례는 불구속되고 집행유예를 선고받는 쪽으로 변해가고 있다. 또한 최근에 대법원은, "당사자가 더 이상 혼인관계를 지속할 의사가 없고 이혼의사의 명백한 합치가 있는 경우에는 비록 법률적으로는 혼인관계가 존속한다 하더라도 상대방의 간통에 대한 사전 동의라고 할 수 있는 종용에 관한 의사표시가 그 합의 속에 포함되어 있는 것으로 보아야 한다(대법원 2008. 7. 10. 선고 2008도3599 판결)"고 판시함으로써 간통으로 인한 처벌을 완화하려는 경향을 보이고 있다.

3) 형사처벌의 실효성

가) 일부일처제 및 가정질서 보호

이 사건 법률조항의 보호법익이 일부일처제에 터잡은 혼인제도임은 합헌론에서도 지적하고 있는 바와 같다.

그러나 일단 간통행위가 발생한 이후에는 이 사건 법률조항이 혼인생활 유지에 전혀 도움을 주지 못한다. 우리 형사법상 간통죄는 친고죄로 되어 있고(형법 제241조 제2항) 고소권의 행사는 혼인이 해소되거나 이혼소송을 제기한 후에라야 가능하기 때문에(형사소송법 제229조 제1항), 고소권의 발동으로 기존의 가정은 이미 파탄을 맞게 되고, 설사 나중에 고소가 취소된다고 하더라도 부부감정이 원상태로 회복되기를 기대하기 어려우므로, 간통죄는 더 이상 혼인제도 내지 가정질서의 보호에 기여할 수 없게 된다. 더구나 우리 사회에서 형벌을 받는다는 것은 사회적인 파멸을 초래하므로 간통죄로 처벌받은 사람이 고소를 한 배우자와 재결합할 가능성은 거의 없다. 또한 간통에 대한 형사처벌과정에서 부부갈등이 심화되면서 자녀들의 상처도 더욱 커질 수 있어 원만한 가정질서를 보호할 수도 없다.

오히려 실제로는 간통행위가 없었음에도, 배우자가 상대방 배우자의 간통을 의심 또는 확신하고 이에 대한 증거를 확보하기 위하여 치밀한 뒷조사와 증거수집행위를 시도하게 되는데, 이러한 과정에서 발생하는 상호 불신이 가정을 파탄으로 이끄는 경우도 빈번히 발생하게 된다.

결국 간통행위를 형사처벌함으로써 혼인제도를 보호한다는 것은, 일방 배우자가 간통행위를 하기 이전에, 만일 간통을 하면 형사적으로 처벌된다는 두려움 때문에 간통행위에 이르지 못하게 한다는 것뿐이다. 그러나 이러한 심리적 사전억제수단에 실효성이 있는지 의문일 뿐 아니라, 혼인과 가정의 유지는 당사자의 자유로운 의지와 애정에 맡겨야지, 형벌을 통하여 타율적으로 강제될 수는 없는 것이므로, 이 사건 법률조항이 일부일처제의 혼인제도와 가정질서를 보호한다는 목적을 달성하는데 적절하고 실효성 있는 수단이라고 할 수 없다.

나) 부부간의 성적 성실의무 보호

부부는 동거하며 서로 부양하고 협조하여야 하는바(민법 제826조 제1항 전단), 그 당연한 결과로서 부정한 행위, 즉 간통행위를 하지 않을 의무가 있다. 그러므로 일방 배우자가 간통행위를 한 경우, 이는 재판상 이혼사유가 되고(민법 제840조 제1호), 그로 인한 재산상 및 정신적 손해를 배상할 의무를 진다(민법 제843조, 제806조). 또한 법원이 자(子)의 양육에 관한 사항과 자(子)에 대한 면접교섭권의 제한·배제에 관하여 자(子)의 복리를 고려하도록 함으로써(민법 제843조, 제837조 제3항, 제4항, 제837조의 2 제2항), 부정한 행위를 한 배우자에게 이에 관한 불이익을 줄 수 있도록 하였다.

물론 이러한 부부간 성적 성실의무위반행위가 부도덕하다는 데에는 이견(異見)이 있을 수 없다. 그러나 그러한 위반행위에 대하여 위와 같은 민사법상 책임 이외에 형사적으로 처벌함으로써 부부간 성적 성실의무가 보호될 수 있는지는 의문이다. 왜냐하면 이러한 성실의무는 개인과 사회의 자율적인 윤리의식, 그리고 배우자의 애정과 신의에 의하여 준수되어야 하지, 형벌로 그 생성과 유지를 강요해 봐야 아무 실효성이 없다. 불효를 형벌로써 다스려 효도를 강요할 때 그 효도는 이미 참의미의 효도가 아닌 것과 같이 형벌로써 강요될 정절은 이미 정절이 아닌 것이다.

다) 여성의 보호

과거 우리 사회에서 간통죄의 존재가 여성을 보호하는 역할을 수행하였던 것은 사실이다. 즉, 우리 사회에서 여성은 사회적·경제적 약자였고 간통행위는 주로 남성에 의하여 이루어졌으므로, 간통죄의 존재가 남성들로 하여금 간통행위에 이르지 않도록 심리적 억제작용을 하였고, 나아가 여성 배우자가 간통고소를 취소하여 주는 조건으로 남성 배우자로부터 위자료나 재산분할을 받을 수 있었다.

그러나 오늘날 우리 시대의 법적, 사회적, 경제적 변화는 간통죄의 위와 같은 존재이유를 상당 부분 상실하도록 하였다.

우선 여성의 사회적·경제적 활동이 활발하여 짐에 따라 여성의 생활능력과 경제적 능력이 향상됨으로써, 여성이 경제적 약자라는 전제가 모든 부부에 적용되지는 않는다. 또한 1990. 1. 13. 민법의 개정에 따라, 부부가 이혼을 하는 경우 각 당사자에게 재산분할청구권이 부여되는 한편, 자녀에 대한 친권도 남녀 간에 차별 없이 평등하게 보장되었다. 즉, 민법상 처의 재산분할청구권이 인정되고 주부의 가사노동도 재산형성에 대한 기여로 인정되어 이혼 후의 생활토대를 마련할 수 있는 제도가 마련되었고, 부부의 이혼 시에 위자료를 통한 손해배상청구권이 현실화되었으며, 양육비의 청구 등으로 자녀의 양육이 가능하게 된 것이다.

물론 남성 배우자가 재산명의를 제3자로 돌려놓은 경우 여성의 위자료 및 재산분할 판결의 실효성 있는 집행방안이 필요하지만, 이는 입법적으로 보완할 문제이지 간통죄를 존속시킬 명분은 될 수 없다.

설사 여성 배우자의 경제적 지위가 아직 남성 배우자에 비하여 열악하다는 전제에 서더라도, 간통죄의 존재가 여성 배우자를 반드시 보호한다고 보기도 어렵다. 간통죄 고소를 위하여는 이혼이 전제되어야 하므로 경제적 및 생활능력이 없는 여성 배우자는 오히려 고소를 꺼릴 수도 있다. 2006년 한 해 동안의 간통죄 사건에서 남성 고소인과 여성 고소인의 수가 거의 동일하였는데, 간통행위의 빈도수에서 남녀 간에 현격한 차이가 있는 현실을 고려하여 보면, 간통죄가 실제로는 여성에게 상대적으로 더 불리하게 작용되는 파행성을 띠고 있음을 알 수 있다.

이와 같이 오늘날 간통죄의 존재가 여성 배우자를 보호하는 기능은 상당 부분 상실되었다고 할 것이다.

라) 소결어

결국 오늘날 간통죄는 간통행위자 중 극히 일부만 처벌받는 암장범죄화(暗藏犯罪化)되었기 때문에 다수의 잠재적 범죄자를 양산하고 그들의 기본권만을 제한할 뿐, 혼인제도 및 성적 성실의무를 보호하기 위한 실효성은 잃게 되었다.

4) 형사처벌의 예방적 기능

간통의 유형을 보면 애정에서 비롯되는 경우와 그렇지 않은 경우로 대별할 수 있는데, 애정에서 비롯된 경우에는 어떤 의미에서 확신범 내지 양심범적인 측면이 없지 않아서 통제가 어려운 성격을 가지고 있고, 애정에서 비롯된 경우가 아닌 때에는 온갖 형태로 무수히 저질러지고 있는 남성들의 성매수에서 보듯이 그 역시 현실적으로 범죄의식이 크지 아니하므로, 이를 형사적으로 처벌한다고 하여 간통을 억지하는 효과를 기대하기 어렵다.

한편 과거에 비하여 간통행위가 적발되고 또 처벌까지 되는 비율이 매우 낮아졌다. 간통행위 중 형사사건화되는 수는 1년에 3,000~4,000건에 불과한 점에 비추어 볼 때, 대부분의 간통행위는 배우자에게 발각되지 않았고, 설사 발각되더라도 배우자가 고소하지 않았다고 보아야 한다. 더구나 간통죄로 구속기소되는 경우는 고소 사건의 10%에도 못 미치고, 고소 이후에도 수사나 재판과정에서 고소취소되어 공소권없음 또는 공소기각으로 종결되는 사건이 상당수에 이름으로써 형벌로서의 처단기능이 현저히 약화되었다.

간통죄를 폐지할 경우 성도덕이 문란해지거나 간통으로 인한 이혼이 더욱 빈발해 질 것이라고 우려하는 견해도 있으나, 이미 간통죄를 폐지한 여러 나라에서 간통죄의 폐지 이전보다 성도덕이 문란하게 되었다는 통계는 없다.

결국 간통죄는 행위규제규범으로서의 기능을 잃어가고 있어 형사정책상 일반예방 및 특별예방의 효과를 모두 거두기 어렵게 되었다.

5) 형사처벌로 인한 부작용

간통죄가 건전한 혼인제도 및 부부간 성적 성실의무보호와는 다른 목적을 위하여 악용될 가능성도 배제할 수 없다. 간통행위자 및 상간자에 대한 고소 및 고소취소는 간통행위자의 배우자만이 할 수 있고, 간통죄는 친고죄로서 고소취소 여부에 따라 검사의 소추 여부 및 법원의 공소기각 여부가 결정되므로, 결국 간통행위자 및 상간자의 법적 운명은 간통행위자의 배우자의 손에 전적으로 달려 있게 된다.

그 결과, 이러한 간통고소 및 그 취소가, 사실상 파탄상태에 있는 부부간에 이혼을 용이하게 하려는 수단으로, 사회적으로 명망 있는 사람이나 일시적으로 탈선한 가정주부를 공갈하는 수단으로, 상간자로부터 재산을 편취하는 수단으로 악용되는 폐해도 종종 발생한다.

6) 소결어

이와 같이 간통행위를 형사처벌하는 것은 수단의 적절성과 피해최소성을 갖추지 못하였다고 할 것이다.

(라) 법익의 균형성

앞에서 본 바와 같이, 이 사건 법률조항으로 달성하려는 일부일처제에 터 잡은 혼인제도 및 부부간 성적 성실의무 보호라는 공익이 더 이상 이 사건 법률조항을 통하여 달성될 것으로 보기 어려운 반면, 이 사건 법률조항은 개인의 내밀한 성생활의 영역을 형사처벌의 대상으로 삼음으로써 국민의 성적 자기결정권과 사생활의 비밀과 자유라는 기본권을 지나치게 제한하는 것이므로, 결국 이 사건 법률조항은 법익의 균형성을 상실하였다고 할 것이다.

(마) 소결

결국 이 사건 법률조항은 수단의 적절성 및 피해최소성을 갖추지 못하였고, 법익의 균형성도 이루지 못하였으므로 헌법 제37조 제2항의 과잉금지원칙을 위반하여 국민의 성적 자기결정권 및 사생활의 비밀과 자유를 침해하는 것으로 헌법에 위반된다 할 것이다.

사. 재판관 김희옥의 헌법불합치의견

나는 이 사건 법률조항이 단순히 도덕적 비난에 그쳐야 할 행위 또는 비난가능성이 없거나 근소한 행위 등 국가형벌권 행사의 요건을 갖추지 못한 행위에까지 형벌을 부과하는 등 국가형벌권을 과잉행사하여 헌법에 합치되지 아니한다고 보므로 아래와 같이 의견을 밝힌다.

(1) 국가형벌권의 근거와 한계

개인에 대한 형사처벌은 헌법상 보장된 그의 자유영역에 대한 심각한 침해를 가져온다. 형벌은 원칙적으로 각 개인의 지위, 명성, 사회 기여도 등을 가리지 아니하고 국가가 범죄로 규정한 행위를 범한 사람 누구에게나 틀림없이 가해진다. 우리 사회에서 아무리 저명하고 명성이 있던 인사라고 할지라도 형사제재를 받게 되는 순간 회복할 수 없는 불명예와 치욕이 그에게 새겨지게 되는 것이다.

'국가형벌권의 근거는 어디에 있고, 범죄에 대한 정당한 형벌은 무엇인가', '국가는 무엇을 범죄로 규정하여 법익보호와 평화로운 공동생활의 조건을 확보할 것인가'라는 문제에 대해서는 역사적으로, 각 국가사회에 따라 다양하고 광범위한 논의와 입법이 있어왔지만, 이는 매우 난해한 문제로서 일의적으로 정립될 수는 없는 것이다.

국가형벌권의 정당성과 관련해서, 어떠한 행위가 범죄로 규정되어 형벌을 통해 금지되어야 하는가 하는 문제는 형사처벌의 범위를 어디까지로 할 것인가 하는 판단과 관련되어 있다.

국민의 어떠한 행위를 범죄로 규정하고 형사처벌을 할 것인가의 문제는 첫째, 그 행위에 대하여 과연 공적 제재를 가해야 하는가 하는 제재당위성에 대한 판단과 둘째, 이러한 공적 제재의 내용이 반드시 형벌이어야 하는가라는 형벌필요성에 대한 판단의 두 단계로 나누어 진다.

먼저, 공적 제재의 당위성은 어떠한 종류의 제재이든 관계없이 공적 제재의 대상이 되어야 하는 행위인가를 판단하는 소위 당벌성이 있는 행위인가의 여부로 판단하는 것이다. 당벌성의 판단기준은 '반사회성'이라는 기본적 속성이다. 즉 특정 행위가 형사처벌 대상이 되기 위해서 기본적으로 갖추어야 하는 것은 행위의 반사회적 유해성이다. 이는 형벌이 부과되기 위한 필요조건이지만 이것을 갖추었다고 해서 바로 형사처벌의 대상이 된다는 결론을 내릴 수는 없다.

다음, 이러한 제재당위성을 갖추어서 마땅히 제재 받아야 할 행위이기는 하지만, 그 제재가 반드시 형벌이어야 할 필요성까지 있느냐에 대하여 판단해야 한다. 이러한 형벌필요성 측면에서 보면, 법익보호는 형사처벌을 통해서만 이루어지는 것이 아니고, 그 밖의 다른 수단을 통해서도 가능하다. 법익침해라는 속성은 형벌이 부과되기 위한 필요조건이기는 하지만 충분조건은 아닌 것이다. 비록 법익침해행위가 있었다고 하더라도 민사적 제재, 행정제재, 사회법적 제재 등에 의해서도 법익보호가 가능하면 형사처벌을 가하지 않아도 되기 때문이다.

일반적으로 법익침해 행위 중 형사처벌의 대상이 되는 것은 '법익침해가 매우 심한 행위', 즉 '사회적으로 매우 유해한 것으로 평가되는 행위'라고 할 수 있고, 이러한 범위 내에서 범죄의 구성요건이 규정되어야 한다. 형벌은 제재당위성을 갖춘 행위 가운데 다른 제재수단을 통해서는 도저히 형벌에 의한 것과 같은 수준의 일반예방과 특별예방 효과를 볼 수 없는 경우에 한해서 부과되어야 하는 것이다. 법률은 절대로 필요한 형벌만을 규정해야 한다(프랑스 인권선언 제8조). 국가는 형벌필요성의 요건을 갖추지 못한 행위를 범죄로 규정하여 처벌해서는 안 된다. 이는 법치주의와 죄형법정주의 등 헌법상의 원리와 바로 관련되는 사항이다.

우리 헌법은 국가권력의 남용으로부터 국민의 기본권을 보호하려는 실질적 법치국가의 실현을 기본이념으로 하고 있고, 따라서 어떤 행위를 범죄로 규정하고 어떠한 형벌을 과할 것인가 하는데 대한 입법자의 입법형성권이 무제한으로 인정될 수는 없다(헌재 2004. 12. 16. 2003헌가12, 판례집 16-2하, 446, 457).

입법자는 어떠한 행위가 공적 제재의 당위성과 형벌필요성을 갖추어 국가형벌권 행사의 대상이 되는가의 여부에 관하여 시대의 문화와 사회의 가치관 등을 고려하여 판단할 일차적 권한이 있으나, 법치국가원리에 비추어 불필요하거나 과도한 형벌의 위협으로부터 인간의 존엄과 가치를 보호하기 위하여 처벌의 대상이 되는 행위를 입법기술상 가능한 범위에서 명확하게, 또한 상세하게 규율하도록 주의를 기울여야 한다.

(2) 간통행위 태양의 다양성에 따른 형벌권 행사의 요건 및 형벌의 대상이 될 수 없는 행위에 대한 제재

간통죄의 보호법익은 성적 풍속으로서의 성도덕 또는 가정의 기초가 되는 제도로서의 혼인이다. 이 사건 법률조항에 의하여 제한되는 기본권은 개인의 인격권·행복추구권에서 나오는 성적 자기결정권과 사생활의 비밀과 자유로 보인다.

그런데 형법 제241조가 규정하는 간통행위의 태양은 매우 광범위하고 다양하여 이들 모든 행위에 대하여 위 기본권이 제한되어 위헌이거나 또는 합헌이라고 할 수는 없다고 본다. 즉 이 사건 법률조항이 처벌하는 간통 및 상간행위에는 부부관계가 법률상·사실상 유지되고 있음에도 불구하고 부부간의 성적 성실의무나 신의를 저버린 채 가족 등의 만류에도 불구하고 행하는 간통에서부터 사실상 혼인관계가 파탄에 이르렀으나 미처 법률상 이혼이 이루어지지 아니한 상태에서 새로운 정인(情人)을 만나게 됨에 따라 이루어지는 간통, 지속적으로 단일한 사람을 상대로 이루어짐으로써 반문화적인 첩제도와 같은 사실상의 중혼적 간통에서부터 행위자가 일부일처의 법적 혼인상태의 유지를 원하는 상태에서 일시적으로 행하여지는 1회적 간통, 상간자가 기혼인 경우에서부터 상간자가 미

혼인 경우 등에 이르기까지 행위자의 의사나 가정생활의 상태, 행위의 상대방, 행위의 횟수 및 방법 등에 따라 매우 다양한 유형이 포함되며, 개별적 행위유형에 따라 그 반사회성의 유무, 비난 가능성의 유무·정도가 현저하게 다르다.

위와 같은 간통 및 상간행위의 유형 중에는 현재 우리 사회가 요구하는 선량한 성도덕과 가정의 기초가 되는 제도로서의 일부일처주의 혼인제도의 유지 및 가족생활의 보장, 부부간의 성적 성실의무의 수호라는 관점에서 단순히 도덕률이나 민사적 제재 등 다른 제재의 영역에 맡기기 어려운 부분이 존재하고, 그와 같은 행위의 처벌은 국가형벌권의 행사에 관한 입법재량의 범위 내에 있다고 할 것이지만, 장기간 생활을 공동으로 영위하지 아니하는 등 사실상 혼인이 파탄되고 부부간 성적 성실의무가 더 이상 존재한다고 보기 어려운 상태에서 행한 간통이나 단순한 1회성 행위 등과 같이 일부일처주의 혼인제도나 가족생활을 저해하는 바 없고 선량한 성도덕에 반한다고 보기 어려워 반사회성이 극히 약한 경우까지 처벌하는 것은 불필요하거나 과도한 형벌로서 국가형벌권의 과잉행사에 해당하며, 개인의 성적 자기결정과 사생활의 비밀·자유에 관한 지나친 국가의 형벌권 개입에 해당한다고 본다. 즉 이러한 경우는 형벌의 필요성 요건을 갖추지 못하여 민사적 제재 등 다른 수단으로도 충분히 그 제재가 가능하다고 할 것이다.

이 사건 법률조항이 형벌부과의 목적 달성을 위하여 구체적 행위태양의 개별성과 특수성을 고려할 수 있는 가능성을 일체 배제한 상태에서 이를 전혀 고려하지 아니한 채, 간통 및 상간행위의 위와 같은 모든 태양의 행위에 대하여 일률적으로 처벌하도록 규정한 것은 법치국가적 한계를 넘어 국가형벌권을 행사토록 한 것으로 헌법에 합치되지 아니한다.

(3) 잠정적용을 명하는 헌법불합치

이 사건 법률조항의 위헌성은 간통행위의 처벌을 규정한 것 자체에 있는 것이 아니라, 반사회성이 약하여 형벌에까지 이르지 않아도 될 행위까지 국가형벌권 행사의 대상행위로 형사벌의 처벌범위에 포함되도록 규정한 점에 있으며, 이와 같은 법적 비난가능성이 없거나 근소하여 민사적 제재 등 다른 수단으로도 그 제재가 충분하다고 평가될 수 있는 행위의 범위는 시대와 사회의 변화 및 국민의 법감정 등을 고려하여 입법자가 확정하는 것이 상당하므로 헌법불합치결정을 하되, 이 사건 법률조항의 적용을 중지하는 경우 처벌이 요청되는 간통행위의 처벌마저 불가능해짐에 따라 이 사건 법률조항을 그대로 존속시킬 때보다 더욱 헌법적 질서와 멀어지는 법적상태가 초래될 우려가 있으므로 입법자가 합헌적 법률을 입법할 때까지 잠정적으로 적용하게 할 필요가 있다.

아. 재판관 송두환의 위헌의견

나는 간통행위에 대한 형사처벌제도 자체의 위헌 여부에 관하여는 합헌의견에 찬동하면서, 다만 이 사건 법률조항이 법정형으로 징역형만을 규정한 것은 책임과 형벌 간 비례원칙에 합치되지 아니하여 헌법에 위반된다고 보므로, 아래와 같이 반대의견을 밝힌다.

가. 간통행위의 금지 및 형사처벌 자체의 위헌 여부

(1) 이 사건 법률조항이 간통행위를 금지하고 그에 대하여 일정한 형벌을 과하도록 규정한 것 자체의 위헌 여부에 대하여는 합헌의견과 결론을 같이 한다.

(2) 다만 합헌의견이 설시하는 바, 이 사건 법률조항에 의하여 제한되는 주된 기본권으로 '개인의 성적자기결정권'을 들고 이를 전제로 과잉금지원칙 위배 여부를 심사하는 것에 대하여는 의문을 표해 두고자 한다.

헌법 제10조가 규정하는 개인의 인격권과 행복추구권에는 개인의 자기운명결정권이 내포되어 있고, 이 자기운명결정권에는 성행위의 여부 및 그 상대방을 선택할 수 있는 성적자기결정권이 포함되어 있음은 틀림없다(헌재 1990. 9. 10. 89헌마82, 판례집 2, 306, 310 참조). 그러나 개인의 성적자기결정권이 배우자 있는 자의 간통행위 및 그 상대방의 상간행위까지 보호하는 것인지는 의문이다.

개인의 '자기결정권'은 원하는 것은 언제든, 무엇이든 할 수 있다는 의미에서의 무제한적 자유를 포함하는 것은 아니다. 개인의 자기결정이 타인과의 관계를 결정하거나 타인에 대하여, 또는 사회에 대하여 영향을 미치게 되는 때에 타인과의 공존을 부정하는 자기결정은 사회적 존재로서 자신의 인격을 발현시키고 자아를 실현하기 위한 자기결정권의 순수한 보호영역을 벗어나게 된다.

이는 성적자기결정권에 있어서도 마찬가지로, 성적 공동생활을 포함한 공동의 삶의 목적과 가치를 실현하기 위하여 일부일처제에 기초한 혼인이라는 사회적 제도를 선택하는 자기결단을 한 자가 배우자에 대한 성적 성실의무에 위배하여 간통행위로 나아가거나 또는 그러한 점을 알면서 상간하는 것은 간통행위자의 배우자 및 사회적·법적 제도로서의 혼인을 보호하는 공동체에 대한 관계에서 타인과의 공존을 부정하는 것이라는 점에서 '성적 자기결정권'의 보호영역에 포섭될 수 없다고 볼 것이다.

따라서 개인의 성적자기결정권이라는 개념은 일반적인 성폭력범죄, 성희롱 등의 문제 및 배우자 상호간에 있어서도 일방통행적인 성관계는 허용될 수 없다는 등의 문제에 관련하여서는 핵심적 개념이 될 것이지만, 배우자의 고소를 전제로 간통행위를 처벌함으로 인하여 침해되는 주된 기본권으로 삼는 것은 적절하다고 보기 어렵다.

(3) 한편, 위헌의견에서 지적 하는 바 간통죄의 처벌이 협박이나 위자료를 받기 위한 수단으로 악용되는 사례가 많고 사실상 국가 형벌로서의 처단기능이 약화되었으며 형벌로서의 억지효나 가정보호의 실효성도 거의 없게 되었고 세계적으로 간통죄 폐지의 추세에 있다는 등은 마땅히 경청하여야 할 것이다.

그러나 위와 같은 현실적 악용 사례는 이 사건 법률조항의 제도외적 남용에 따른 사실적이고 결과적인 부작용일 뿐 이 사건 법률조항에 내포된 규범적 결함이라고는 볼 수 없고, 나머지 점들은 입법정책적으로 적절한지 여부 또는 향후 입법적 해결을 함에 있어서 고려하여야 할 사정들일 뿐, 이 사건 법률규정의 위헌 여부를 직접 결정할 요소는 아니라고 볼 것이다.

물론 현재 진행하고 있는 것으로 보이는 성적 도덕관념의 변화가 좀 더 진행되고 그리하여 혼인제도가 지니는 사회적 의미조차도 지금과는 다른 양상으로 변화하여 이 사건 법률조항이 사회일반의 법의식과 너무나 현저하게 괴리되었다고 판단되는 상황이 된다면, 그때는 입법자의 법조항 폐지 조처를 기다릴 필요 없이 위헌선언으로써 문제를 해결해야 할 것이나, 현재로서는 그와 같은 상황에까지 이르렀다고 보이지 아니한다.

(4) 부연하건대, 이 사건 법률조항은 혼인제도 및 배우자간의 성적 성실의무를 보호, 보장하는 한편, 간통 및 상간행위자에 대한 자연적 응보관념을 인정하면서도 사적 보복을 금지하는 법체계 등을 구조적으로 조화시키기 위한 입법자의 노력이 구체화된 것으로 볼 것이고, 입법자의 입법형성권의 범위를 일탈하여 현저히 자의적인 것이라고는 볼 수 없다.

나. 법정형 설정의 위헌 여부

위와 같이 이 사건 법률조항이 간통행위를 금지하고 그에 대하여 일정한 형벌을 과하도록 규정한 것 자체에 대하여는 합헌의견과 결론을 같이 하나, 이 사건 법률조항의 법정형 규정 부분, 즉 "2년 이하의 징역에 처한다"고 하여 자유형 일원주의를 취하고 있는 것에 대하여는 별도로 위헌 여부를 검토할 필요가 있다.

(1) 법치국가의 개념은 범죄에 대한 법정형을 정함에 있어 죄질과 그에 따른 행위자의 책임 사이에 적절한 비례관계가 지켜질 것을 요구하는 실질적 법치국가의 이념을 포함(헌재 1992. 4. 8. 90헌바24, 판례집 4, 225, 230)하고 있다. 따라서 어떤 행위를 범죄로 규정하고 어떠한 형벌을 과할 것인가 하는 데 대한 입법자의 입법형성권이 무제한한 것이 될 수는 없다. 형벌 위협으로부터 인간의 존엄과 가치를 존중하고 보호하여야 한다는 헌법 제10조의 요구에 따라야 하고, 헌법 제37조 제2항이 규정하고 있는 과잉입법금지의 정신에 따라 형벌개별화의 원칙이 적용될 수

있는 범위의 법정형을 설정하여 실질적 법치국가의 원리를 구현하도록 하여야 하며, 형벌이 죄질과 책임에 상응하도록 적절한 비례성을 지켜야 한다(헌재 2003. 11. 27. 2002헌바24, 판례집 15-2, 242).

(2) 이 사건 법률조항은 법정형으로 단일한 '징역형'만을 규정하여 법정형의 하한을 비교적 높게 설정하고 있다.

이와 같이 법정형의 하한을 높게 설정하는 것이 정당화되기 위하여는 그 처벌되는 행위의 죄질, 불법성이 일반적으로 중하여 법정형의 하한을 높게 설정하더라도 실제 사례에서 행위자가 책임을 초과하여 형벌을 선고받지 않으리라는 점이 합리적으로 예측될 수 있어야 한다.

(3) 그런데 간통 및 상간행위에는 행위의 태양에 따라 죄질이 현저하게 다른 수많은 경우가 존재한다. 예컨대 우연한 기회의 일회적, 찰나적 일탈이 있을 수 있는 반면, 상당한 기간에 걸쳐 배우자에 대한 유기를 수반하는 지속적, 반복적인 범행도 있을 수 있다. 또한 법적으로나 사실상으로나 혼인관계를 유지하는 가운데 간통을 저지른 자와 상대방의 혼인관계가 사실상 파탄에 이른 것으로 믿고 상간한 미혼인 행위자의 경우는 그 법적 책임성이 질적으로 다르다고 평가하여야 할 것이다. 이렇듯 구체적 사례 여하에 따라 책임의 편차가 매우 넓을 것이라는 것은 일반적으로 충분히 예측 가능한 것이다.

그럼에도 불구하고 이 사건 법률조항이 간통 및 상간행위에 대하여 선택의 여지없이 반드시 징역형으로만 응징하도록 규정하고 있는 것은, 형벌의 본질상 인정되는 응보적 성격을 지나치게 과장하여 행위자의 책임에 상응하는 형벌을 부과하기 어렵게 하는 것으로 균형감각을 잃은 것이다.

(4) 이와 같이 이 사건 법률조항이 법정형을 징역형만으로 한정하고 있는 것은 실무상 수사 및 재판의 과정에서 구체적 사례 여하에 따른 적절한 법운용을 어렵게 하고, 판결 선고 단계에서 법관의 양형재량권을 제한하고 있다.

또한, 현실적으로 구속에 대한 공포감을 이용하여 협박 또는 과도한 위자료를 지급받는 수단으로 악용하는 등 제도의 본지를 벗어난 남용 사례가 발생하는 것도 이와 같이 법정형을 오로지 징역형만으로 한정하고 있는 것에서 기인하는 바가 크다고 보인다.

(5) 물론 어떠한 종류의 범죄에 대하여는 행위태양 여하를 묻지 않고 단지 징역형만으로 무겁게 처벌하여야 할 필요성이 있을 수도 있을 것이나, 간통죄 처벌규정의 존폐를 둘러싼 형사정책적·입법적 논쟁이 계속되고 있는 현실에서 간통 및 상간행위가 사회적으로 매우 중대한 불법성을 가진다거나 범죄예방의 필요가 긴절하여 일률적으로 엄중하게 처벌하여야 한다고까지 보기는 어렵고, 따라서 이 사건 법률조항의 자유형 일원주의의 규율은 정당화되지 아니한다.

(6) 결국, 이 사건 법률조항 중 법정형에 관한 부분은 구체적 사안의 개별성과 특수성을 고려할 수 있는 가능성을 배제 또는 제한하고 있으므로, 책임과 형벌 사이의 비례원칙에 위배된다.

다. 결론

이 사건 법률조항이 간통행위를 금지하고 일정한 형사처벌을 하는 것 자체는 헌법에 위반되지 아니하나, 이 사건 법률조항 중 법정형에 관한 부분은 책임과 형벌 사이의 비례원칙에 위배되어 헌법에 위반된다.

4. 결론

이 사건 법률조항에 대하여 재판관 4인이 합헌의견, 재판관 4인이 위헌의견, 재판관 1인이 헌법불합치의견으로 비록 위헌의견이 다수이긴 하나 법률의 위헌선언에 필요한 정족수 6인에 미달하므로 이 사건 법률조항은 헌법에 위반되지 않는다는 선언을 하기로 하여 주문과 같이 결정한다.

재판관 이강국(재판장) 이공현 조대현 김희옥 김종대 민형기 이동흡 목영준 송두환

참고판례

▷ 서울북부지법 2007. 7. 16.자 2007고단1516 위헌제청결정 【간통】 (각공 2007, 2444)

3. 이 사건 법률조항의 위헌 여부

가. 간통죄의 연혁

* * *

나. 외국의 입법례

선진제국에서도 전통적으로 간통죄 처벌규정은 존재하였으나 현재는 대부분 폐지되었거나 폐지되는 추세이다. 주요국들의 예를 보면, 노르웨이는 1927년에, 덴마크는 1930년에, 스웨덴은 1937년에, 독일은 1969년에, 여자를 더 엄하게 처벌하는 남녀차등처벌주의였던 프랑스는 1975년에, 여성일방처벌주의였던 일본은 1947년에 각 간통죄를 폐지하였고, 이탈리아는 1968년, 1969년에 걸친 일련의 헌법재판소의 위헌판결로 간통죄규정이 실효되었으며, 미국의 경우엔 현재 24개 주에서 간통죄 처벌규정을 두고 있으나 사실상 사문화되어 있고, 1955년 미국법률협회가 제정한 모범형법전(Model Penal Code)에서는 간통죄 규정을 삭제하였다. 현재 서유럽국가 중에서는 스위스, 오스트리아만이 간통죄 처벌규정을 두고 있는 실정이다. 우리와 같은 유교문화권이었던 중국, 북한에도 간통죄 규정은 존재하지 않는다. 가장 최근의 예로는 우간다에서 2007년 4월 여성만을 처벌하던 간통죄 규정이 헌법재판소에서 위헌결정을 받은 바 있다.

한편, 1996년에 간통죄를 폐지하였던 터키에서 이슬람세력의 주도로 2004년 간통죄를 부활시키려 하였으나, 유럽연합(EU)이 해당 법안이 통과될 경우 터키의 유럽연합 가입협상을 시작할 수 없다고 완강히 반대하여 터키에서 이를 포기한 바 있는데, 이러한 예를 보아도 알 수 있듯이 현재 서구 선진사회에서는 간통죄의 형사처벌은 불가하다는 인식이 확고한 듯 해 보인다.

다. 간통처벌의 위헌성 검토

(1) 성(性)적 자기결정권

자유주의 국가로서의 우리나라 헌법은 제10조 전문에서 “모든 국민은 인간으로서의 존엄과 가치를 가지며, 행복을 추구할 권리를 가진다”라고 규정하여 개인의 인격권과 행복추구권을 보장하고 있고, 이는 개인의 자기운명결정권이 전제되는 것이다. 이 자기운명결정권에는 성적 자기결정권이 포함되고, 성적 자기결정권은 성행위 여부와 상대방, 그리고 시간과 장소 등 모든 사항에 관하여 개인의 선택과 결정의 권리가 보장되어야 한다는 것을 내용으로 한다(헌법재판소 1990. 9. 10. 선고 89헌마82 결정 참조).

성적 자기결정권은 헌법상의 행복추구권을 포괄적인 근거로, 또한 헌법 제12조 제1항에서 규정한 신체활동의 자유 및 헌법 제17조에서 보장한 사생활의 비밀과 자유를 구체적인 근거로 한 개인의 가장 원초적인 자유권의 하나이다. 물론 모든 자유권과 마찬가지로 여기에는 타인의 기본권 침해 또는 중대한 공익 등을 이유로 법률적 제한이 부과될 수 있다. 문제는 그 침해의 중대성에 대한 가치의 형량판단인데, 헌법적 기본가치의 법률적 제약은 신중하고 제한적으로 접근해야 하며, 이 점은 우리 헌법 제37조 제2항에서 과잉금지의 원칙 내지 비례의 원칙으로 선언되어 있다.

(2) 간통죄의 입법 취지

개인의 성적 자기결정권에 대한 제한의 하나로서 형법 제241조에서 간통죄를 두고 있는 입법 취지는, ‘선량한 성도덕’과 ‘일부일처주의 혼인제도의 유지’ 및 ‘부부의 성적 성실의무의 확보’를 위한 것으로 설명되고 있다(헌법재판소 1990. 9. 10. 선고 89헌마82 결정, 헌법재판소 2001. 10. 25. 선고 2000헌바60 결정 참조). 또한, 일각에서는 간통처벌이 사회적 약자인 여성보호를 위해 존재 의의가 있다고 역설한다.

합헌성 판단은 궁극적으로는 이러한 입법 취지에 근거하여 개인의 자유의사에 의한 간통행위를 형사처벌의 방법으로 제한하는 것이 헌법적 타당성을 지니고 있는 것인지의 비교형량 문제에 귀착된다 하겠다.

(3) 간통행위의 본질

간통의 본질은 부부 간의 성적 성실의무위반이며 도덕위반이라는 점에 있다. 일부일처제의 부부관계란 여러 가지 문화인류학적, 사회적 의미를 가지는 것이겠지만 법적으로는 계약성을 띄는 것이고 그 관계에서의 의무위반은 그것이 심각한 것이라 하더라도 기본적으로는 계약상 책임에 가까운 것이다.

간통행위는 배신행위일지언정 범죄행위일 수는 없다. 따라서 본질상 계약위반 책임 혹은 불법행위 책임을 묻고 이혼법정이나 민사법정에서 다루어져야 할 문제이지 형사법정에 세워야 할 문제는 아닌 것이다. 이미 부부관계의 실질이 깨어진 상태라면 배신성조차도 희박할 것이다. 배우자와는 몸과 마음이 이미 서로 떠난 경우에도 타인과의 성행위는 범죄행위라면 법은 개인에게 무엇을 요구하는 것인지 의문이다. 부부는 상대방에게 충실할 것을 요구할 권리는 있지만 상대방을 소유하거나 예속시킬 권리는 없다. 그럼에도 지나친 소유와 예속의 발상에서 간통행위에 대하여 형사상 처벌까지 나아가도 무방하다는 과도한 자유권 억압의 감정적 근거가 비롯되고 있다.

배우자 이외의 자와의 성교에는 여러 가지 동기가 있을 수 있겠지만, 애정이 전제된 관계라면 이는 인간 본능과 내면세계의 자연스러운 발현으로 막는 것도 불가능하고 선뜻 공적인 제재에 나서는 것도 부적절하다. 간통죄 규정은, 혼외의 애정관계는 불문하지만 성교행위까지 나아가는 순간부터는 윤리적 비난이나 배우자의 민사적 책임추궁을 넘어서 국가권력이 개입하여 처벌하겠다는 것인데, 이것은 성행위라는 것에 지나친 비중을 두는 구시대적 관념에서 비롯한 것은 아닌지, 혼외 애정관계와 혼외 성관계와의 사이에 그렇게까지 질적으로 다른 구분선이 있어야 하는 것인지, 자유주의 확대라는 현대 법원칙에 비추어 강렬한 위화감이 느껴진다. 법이 이불 안까지 들어가서는 안 된다.

(4) 여성보호 문제

실제로 간통죄의 존속이 여성보호에 얼마나 정책적 기여를 하고 있는지 실증적, 경험적으로 확인된 바가 없고 여성의 사회경제적 지위향상과 법적 권리의 보장에 따라 간통죄의 여성보호 역할이 의문스럽게 되었기도 하다.

하지만, 그러한 판단 이전에, '여성의 법적 권리보장'과 '여성보호'는 국면이 다른 문제로서 구별되어야 함이 상기되어야 한다. 전자는 법이 관철해야 할 원칙이지만, 후자는 일반규율로서의 법의 보장대상은 아니며 사회 현황에 따른 가변적인 정책목표일 뿐이다. '여성이니까 보호해야 한다'는 것은 영속하는 권리가 아니라, 여성의 지위가 열악하다는 사회적 공감대가 존재할 때 부각될 수 있는 개별적·정책적 목표에 불과하다.

우리 헌법이 채택하고 있는 자유주의 원칙은 강제를 필요불가결한 것으로 받아들이되 그것은 개별인간이나 집단이 타인에게 자의적으로 강제를 행사하지 못하도록 막는데 필요불가결한 정도의 최소수준에 국한되어야 한다는 것이다. 자유주의의 일반원칙이 여성보호라는 개별적 명분 앞에서 훼손되어서는 안 되며, 위헌적인 법조항이 정책적인 고려로 합헌성을 얻게 되는 것도 아니다.

(5) 성도덕 유지 문제

간통죄는 그것이 규정되어 있기 때문에 그 처벌이 당연시되어온 면이 있다. 제도에는 자체의 관성과 프리미엄이 있다. 하지만, 특히 성(性)에 관련된 형사처벌문제는 당대의 시대정신에 따라 원점에서 합헌성 여부를 재검토할 필요가 있다.

도덕위반이 모두 범죄가 되는 것은 아니며, 성도덕에 관하여는 더욱 그렇다. 성도덕을 모두 형법전에 규정하는 것도, 형법이 성도덕유지의 선봉장이 되는 것도 안 될 일이다. 인간의 본능에까지 회귀하는 성문제는, 특히 그것이 간통의 처벌문제처럼 논쟁거리인 경우에는, 사회의 다수 혹은 힘 있는 세력이 단지 싫어한다는 이유로 개인의 원천적 자유에 대한 고려 없이 형법전에 등재하여서는 안 된다. 사회경제적 소수를 위한 많은 목소리가 존재하듯이, 도덕적 소수를 위한 주장도 무시해서는 안 된다.

성도덕 보호를 위해 국가형벌권을 사용하는 것은 개인의 가장 내밀한 사적 영역에 대한 국가권력의 개입이므로 최대한 자제되어야 한다. 사회의 평균적인 성도덕이라는 것은 시대와 사회에 따라 부침이 심한 것이고, 그 흐름을 인위적으로 막을 수도 없는 반면 자체적인 자정능력도 있다. 형벌의 기본 역할은 사회도덕 유지에 있지 않다. 성(性)문화란 자유의사를 가진 성인들에 의한 결정이 집합되고 화학반응을 일으켜 만들어지고 변화해가는 존재로서 사회의 자율과 진화에 맡겨야 할 문제이다. 여기에 국가가 국친주의(paternalism)적 입장에서 개입하여 일정한 도덕률을 제시하고 이에 위반시에는 형사적 제재를 동원한다는 것은 국가의 이성이 시민의 이성보다 우월하다고 생각하는 시대착오적인 권력의 오만이다.

(6) 혼인제도 보호 문제

간통은 혼인파탄의 원인이라기보다는 혼인파탄의 결과이다. 이미 부부간의 애정과 신뢰가 사라져 외피만 남은 혼인관계에서 성적 성실의무만을 형사처벌로까지 겁을 주어 강제한다고 혼인제도가 보호된다고 보기 어렵다. 또한, 간통죄의 고소는 절차상 이혼을 전제로 하는 것으로 부부가 갈라서야 만이 간통죄 처벌이 가능한 것인데, 혼인제도보호를 위해 간통죄를 처벌한다고 하는 것도 일응 모순이다.

애정 없는 성(性)의 예속을 과도하게 강요하는 것이 개인의 자유에 얼마나 심각한 침해가 될 것인지 진지하게 고려해야 한다. 개인의 자유권과 행복의 희생 하에 겉모습만의 혼인제도가 유지된다고 해서 그것이 건전한 사회는 아닐 것이다. 가정은 구성원 개인을 떠나서 존재하는 것도 아니고 또 개인을 떠나서는 존재가치도 없다. 개인의 자유는 최대한의 보장대상이지만 제도는 최소한의 보장으로 족하다.

(7) 자유권 제한의 한계

형벌은 기본권제한의 형태와 수단에 있어 가장 강력한 것이다. 따라서 국가형벌권은 과잉금지 및 비례의 원칙상 사회생활상 본질적으로 중요한 법익의 보호를 위해서만, 그것도 다른 수단으로 효과가 없을 때 최후수단으로 사용되어야 한다.

혼인제도 유지와 성도덕 유지 등의 목적을 위해서라면 문화, 종교, 교육 등 접근가능한 다른 수단이 얼마든지 있다. 모든 정책과 대안을 검토하여도 부족할 때 최후로 고려되는 수단이 형벌이어야 할 것이다. 자발적인 성인들의 성행위를 형사처벌하여 공공목적을 달성하려는 것은 법만능주의이며, 형벌과잉이라 아니할 수 없다. 더욱이 간통죄는 법정형에 있어서도 벌금형도 없이 오로지 징역형만을 규정하고 있어 형평성까지 잃은 처벌조항으로 보인다.

(8) 첨언 – 간통죄 운용의 현실

위헌 여부에 대한 판단에 더하여 간통죄의 효용성 관점에서 첨언하면,

현실에서는 이미 간통고소는 본래의 목적보다는 이혼시 위자료나 양육 등 이혼조건협의에서 유리한 위치를 얻기 위한 압박용 수단으로 이용되는 경우가 많다. 또한, 수사나 재판과정에서 상당수가 고소 취소되어 끝나며, 판결까지 가더라도 근래에는 사회의식변화를 반영하여 대부분이 불구속재판에 집행유예 형을 받고 있다. 구속과 이어지는 실형의 추상같은 처벌로 표면적으로나마 입법목적에 걸맞는 위하력을 갖추던 시대는 이미 지나가고 의미 없는 처벌로 전과자만 만들어내고 있어, 명분도 실리도 모두 잃고 있는 듯하다. 간통죄 처벌의 일반예방효과나 특별예방효과는 거의 기대하기 힘들게 되었다. 간통은 '들킨 죄'라는 국민일반의 인식도 분명히 존재한다. 간통처벌조항은 자유주의의 확산에 따른 사회의 진전에서 보조를 맞추지 못하고 불균등발전의 하나로 뒤쳐져 남아있는 전근대적인 조항으로 강력하게 의심된다.

라. 결어

간통죄의 위헌성판단이 곧 간통의 정당성 인정은 아니며, 간통행위에 대한 민사적, 도덕적 책임은 면할 수 없다. 하지만 그것을 범죄화한다는 것은 개인의 성적 자기결정권의 중대성에 비추어 위헌소지가 짙고, 입법재량의 범위를 넘어선 것으로 판단된다.

국가의 강제력은 사회의 원칙이 유지되도록 규칙의 준수를 보장하는 일반적인 행동규율을 실시하는 데에 국한시켜야 한다. 특정한 개별적인 목적을 위해 강제력을 남용하려는 유혹은 빠지기 쉽지만 자제되어야 할 낡은 본능이다.

개인의 자유란 그것이 함부로 제약되었을 때의 손실은 아무도 알 수 없는 반면, 자유에 대한 통제의 효과는 눈에 쉽게 보인다. 따라서 권력은 개입과 통제를 선호하게 되는 속성을 갖지만, 개인의 자유와 창의성이 해방되면서 사회가 비약적으로 발전해온 것을 돌이켜보면 국가권력은 인식의 한계를 인정하고 자유에 대한 통제를 최대한 자제하여 주는 것이 마땅하다.

4. 결론

그렇다면 형법 제241조는 그 위헌 여부가 이 사건 재판의 전제가 될 뿐만 아니라, 과잉금지의 원칙을 벗어나 헌법상 보장된 개인의 성적 자기결정권의 본질적 내용을 침해한 위헌적 조항이라고 의심할 만한 상당한 이유가 있으므로 주문과 같이 결정한다.

쟁점연구

오늘날 간통죄는 입법론적으로는 존치론 대 폐지론의 논쟁거리가 되어 있으며, 합헌성 여부에 대하여는 단순합헌이라는 견해, 단순위헌이라는 견해, 헌법불합치라는 견해 등 매우 다양한 전개를 보이고 있다.

1. 간통죄의 위헌성 판단에 대한 헌법재판소 결정의 변천을 개관하라. 몇 차례의 결정을 통해 판례의 중점이 어떻게 이동하고 있는가를 점검해 보자.
2. 도입판례에는 간통죄를 둘러싼 쟁점이 매우 다채롭게 펼쳐지고 있다. 다음 쟁점에 대해 음미해 보자.
    (1) 본죄는 성풍속에 관한 죄의 하나로 편성되어 있다. 간통죄의 처벌은 성풍속에 어떠한 영향을 미치는가. 반면 간통죄의 폐지는 성풍속에 어떤 영향을 미칠까.
    (2) 간통죄와 같은 범죄에 대하여 형법의 사회적 기능에 대한 논쟁이 있을 수 있다. '형법의 탈도덕화' 명제의 의미를 알아보고, 왜 형법이 도덕의 시멘트 역할을 자임하는 것이 어떤 문제를 초래하는지를 살펴보자.
    (3) 참고판례에서 "법이 이불 안까지 들어가서는 안 된다"는 명제로 정리되고 있는 바, 성생활과 관련하여 형사입법의 한계가 있는지, 있다면 어느 정도로 설정될 수 있는지 논의해 보자.
    (5) 간통죄의 처벌규정에서 자유형만을 규정한 이유는 무엇일까. 그렇게 자유형만을 규정함으로써 생겨나는 문제점은 무엇인가. 이렇게 자유형만을 규정한 것은 헌법상 비례의 원칙, 과잉금지의 원칙에 저촉된다고 볼 수 있는가.

(6) 간통죄의 위헌론이 아니라 헌법불합치론(재판관 김희옥)에 따르면, 간통죄를 무조건 폐지했을 때의 위험성이 지적되고 있다. 간통죄를 폐지한다고 할 때, 어떤 대안적 입법이 필요한가. 필요하다면 그 대안은 어떻게 생각될 수 있는가.

Ⅱ. 형법상 음란의 개념

도입판례

대법원 2002. 8. 23. 선고 2002도2889 판결【음화전시·음화판매·음란문서제조교사·음란문서판매·음란문서반포】(공2002, 2273)

【피 고 인】 갑

【상 고 인】 피고인

【원심판결】 서울지법 2002. 5. 21. 선고 2001노11472 판결

【주 문】 상고를 기각한다.

【이 유】

형법 제243조에 규정된 '음란한 도화'라 함은 일반 보통인의 성욕을 자극하여 성적 흥분을 유발하고 정상적인 성적 수치심을 해하여 성적 도의관념에 반하는 것을 가리킨다고 할 것이고, 이는 당해 도화의 성에 관한 노골적이고 상세한 표현의 정도와 그 수법, 당해 도화의 구성 또는 예술성, 사상성 등에 의한 성적 자극의 완화의 정도, 이들의 관점으로부터 당해 도화를 전체로서 보았을 때 주로 독자의 호색적 흥미를 돋구는 것으로 인정되느냐의 여부 등을 검토, 종합하여 그 시대의 건전한 사회통념에 비추어 판단하여야 할 것이며(대법원 1995. 6. 16. 선고 94도1758 판결, 1997. 8. 22. 선고 97도937 판결 등 참조), 예술성과 음란성은 차원을 달리하는 관념이므로 어느 예술작품에 예술성이 있다고 하여 그 작품의 음란성이 당연히 부정되는 것은 아니라 할 것이고, 다만 그 작품의 예술적 가치, 주제와 성적 표현의 관련성 정도 등에 따라서는 그 음란성이 완화되어 결국은 형법이 처벌대상으로 삼을 수 없게 되는 경우가 있을 수 있을 뿐이다(대법원 2000. 10. 27. 선고 98도

679 판결 참조).

원심판결 이유에 의하면 원심은, 제1심이 적법하게 조사, 채택한 증거를 종합하여 피고인이 제작한 이 사건 도화는 교복을 입은 여고생이 성인 남자의 성기를 빨고 있는 모습, 교복을 입은 여고생이 팬티를 벗어 음부와 음모를 노출시킨 모습 등을 극히 사실적으로 묘사하고 있는 것들이고, 이 사건 문서 역시 그 표지 안쪽에 청소년 성매매를 옹호하는 듯한 문구를 기재하고 위 그림들을 그대로 수록한 것으로서, 피고인이 주장하는 바와 같은 사정을 감안하더라도 이는 모두 보통 사람들의 성적 수치심과 선량한 성적 도의관념을 침해하는 음란한 도화 및 문서에 해당한다고 판단하여 이 사건 공소사실을 유죄로 인정한 제1심판결을 유지하였는바, 위에서 본 법리와 기록에 비추어 살펴보면 원심의 이 같은 조치는 정당한 것으로 수긍이 가고, 거기에 상고이유에서 주장하는 바와 같은 위법이 있다고 할 수 없다.

그러므로 상고를 기각하기로 하여 관여 법관의 일치된 의견으로 주문과 같이 판결한다.

대법관 이규홍(재판장) 송진훈 윤재식(주심)

쟁점연구

1. '음란'한 문서, 도화 등을 처벌하는 근거는 무엇인가. 오늘날 그 처벌근거는 얼마나 현실적합성을 갖고 있는가.
2. 판례에서 정립된 '음란'의 개념은 죄형법정주의의 명확성의 요건에 부합하는가. '일반 보통인,' '정상적인' 성적 수치심, 그 시대의 '건전한 사회통념'과 같은 기준은 구체적이고 객관적인 기준이라 할 수 있는가.
3. 오늘날에 올수록 음란물은 각종 매체를 통해 확산되어가는 반면, 음란물에 대한 형사처벌은 그러하지 못하다. 그렇다면 음란물에 대한 형사처벌의

자의성에 대하여, 법집행자의 입장에서는 그 처벌의 당위성과 유용성에 대하여 어떻게 주장할 수 있을 것인가.

4. 형사처벌이 아닌 대안적 접근의 필요성과 가능성은 있는가.

Ⅲ. 인터넷상의 음란물의 '전시'

도입판례

대법원 2003. 7. 8. 선고 2001도1335 판결【전기통신기본법위반】(공 2003, 1739)

【피 고 인】 갑, 을
【상 고 인】 검사 및 피고인 을
【변 호 인】 변호사 한상호 외 2인
【원심판결】 수원지법 2001. 2. 15. 선고 99노4573 판결
【주 문】 원심판결 중 피고인 갑에 대한 부분을 파기하고, 이 부분 사건을 수원지방법원 본원 합의부에 환송한다. 피고인 을의 상고를 기각한다.
【이 유】

1. 검사의 상고이유를 본다.

가. 피고인 갑에 대한 이 사건 공소사실의 요지는, 위 피고인이 1998. 5. 8.경부터 1998. 6. 23.경까지 사이에 인터넷 서비스업체인 P 상에 개설한 인터넷 신문인 'Q신문'에, 원심 공동피고인, 피고인 을이 개설한 각 홈페이지들 및 공소외 A가 미국 인터넷 서비스업체 R 상에 개설하여 수십 개의 음란소설을 게재한 홈페이지에 바로 연결될 수 있는 링크사이트를 만들고, 이를 통해 위 원심 공동피고인, 피고인 을, 공소외 A가 음란사진과 음란소설을 게재하고 있는 사이트에 바로 접속되도록 하여 위 'P신문'에 접속한 불특정 다수의 인터넷 이용자들이 이를 컴퓨터 화면을 통해 볼 수 있도록 함으로써, 전기통신역무를 이용하여 음란한 영상 및 문언을 공연히 전시하였다는 것이다.

나. 이에 대하여 원심은, 인터넷에서 사용되는 이른바 '링크(link)'의 방식에는, 다른 웹사이트의 초기화면에 링크하는 방식과 다른 웹사이트에 속하는 개개의 문서나 파일에 링크하는 방식이 있고, 다른 웹사이트의 초기화면에 링크한 경우에는 그 링크 부분을 마우스로 클릭하면 링크된 웹사이트의 초기화면으로 이동하면서 이동된 웹사이트의 서버로 연결되고 새로운 도메인 이름이 화면에 표시되는 반면, 다른 웹사이트에 속하는 개개의 문서나 파일에 링크한 경우에는 링크 부분의 마우스 클릭시에 해당 웹사이트의 주소나 도메인 이름이 변하지 않은 채 링크된 다른 웹사이트의 문서나 파일에 직접 접속할 수 있는데, 이 사건에서 피고인 갑은 자신이 개설한 인터넷 신문에다가 음란한 부호 등이 게재되거나 음란한 부호 등이 수록된 파일들이 존재하는 웹사이트의 초기화면을 링크하여 두었을 뿐이므로, 이는 위 웹사이트의 주소를 전시하거나 알려준 것에 불과하여, 이를 들어 구 전기통신기본법 제48조의2(정보통신망이용촉진및정보보호등에관한법률에 의하여 2001. 1. 16. 삭제)에서 말하는 음란한 부호 등을 공연히 전시한 것에 해당한다고 볼 수 없고, 음란한 부호 등이 게재되거나 음란한 부호 등이 수록된 파일들이 존재하는 웹사이트의 주소를 전시하는 것까지 음란한 부호 등을 전시하는 것으로 본다면, 음란한 부호 등을 전시하는 것뿐만 아니라 음란한 부호 등이 위치하고 있는 주소를 전시하는 것도 처벌하게 되는 결과 그 처벌범위가 지나치게 확대되어 죄형법정주의에 반한다는 이유로, 위 피고인의 행위는 죄가 되지 않는다고 판단하였다.

다. 그러나 원심의 위와 같은 판단은 다음과 같은 이유에서 수긍할 수 없다.

(1) 구 전기통신기본법 제48조의2(2001. 1. 16. 법률 제6360호 부칙 제5조 제1항에 의하여 삭제되기 전의 규정이며, 현행 정보통신망이용촉진및정보보호등에관한법률 제65조 제1항 제2호에 해당한다)는 "전기통신역무를 이용하여 음란한 부호·문언·음향 또는 영상을 반포·판매 또는 임대하거나 공연히 전시(전시)한 자는 1년 이하의 징역 또는 1천만 원 이하의 벌금에 처한

다”라고 규정하고 있는바, 위 규정은 정보화시대의 핵심기반구조인 초고속정보통신망 구축을 촉진하기 위한 제도를 마련한다는 취지에서 구 전기통신기본법이 1996. 12. 30. 법률 제5219호로 개정되는 기회에 초고속정보통신망의 구축에 따른 음란물 폐해를 막기 위한 취지에서 신설된 것이고, 여기에서 ‘공연히 전시’한다고 함은, 불특정·다수인이 실제로 음란한 부호·문언·음향 또는 영상(이하 ‘부호 등’이라 한다)을 인식할 수 있는 상태에 두는 것을 의미하는 것이다. 따라서 음란한 부호 등이 담겨져 있는 웹사이트를 인터넷에 직접 개설하는 행위는 당연히 위 규정의 위반행위에 해당하고, 다만 이 사건에서는 음란한 부호 등이 담겨져 있는 다른 웹사이트나 웹페이지 또는 음란한 부호 등으로의 링크(link)를 포함한 일련의 연결수단부여행위가 음란한 부호 등을 전시한 경우와 같게 볼 수 있는지 여부가 문제된다.

(2) 형식적으로 보면, 인터넷상의 링크는 링크된 웹사이트나 파일의 인터넷 주소 또는 경로를 나타내는 것에 불과하여 그 링크에 의하여 연결된 웹사이트나 파일의 음란한 부호 등을 전시하는 행위 자체에 해당하지 않는다고 볼 여지가 없지 아니하나, 인터넷상의 링크란 하나의 웹페이지 내의 여러 문서와 파일들을 상호 연결하거나 인터넷상에 존재하는 수많은 웹페이지들을 상호 연결해 주면서, 인터넷 이용자가 ‘마우스 클릭(mouse click)’이라는 간단한 방법만으로 다른 문서나 웹페이지에 손쉽게 접근 검색할 수 있게 해주는 것(다른 웹페이지의 정보를 검색하기 위하여 특별한 명령어를 키보드로 입력하는 것과 같은 조치를 별도로 취할 필요가 없게 해준다)으로서, 초고속정보통신망의 발달에 따라 그 마우스 클릭행위에 의하여 다른 웹사이트로부터 정보가 전송되어 오는 데 걸리는 시간이 매우 짧기 때문에, 인터넷 이용자로서는 자신이 클릭함에 의하여 접하게 되는 정보가 링크를 설정해 놓은 웹페이지가 아니라 링크된 다른 웹사이트로부터 전송되는 것임을 인식하기조차 어렵고, 점점 더 초고속화하고 있는 인터넷의 사용환경에서 링크는 다른 문서나 웹페이지들을 단순히 연결하여 주는 기능을 넘어서 실질적으로 링크된 웹페이지의 내

용을 이용자에게 직접 전달하는 것과 마찬가지의 기능을 수행하고 있다고 하지 않을 수 없다.

(3) 따라서 음란한 부호 등으로 링크를 해 놓는 행위자의 의사의 내용, 그 행위자가 운영하는 웹사이트의 성격 및 사용된 링크기술의 구체적인 방식, 음란한 부호 등이 담겨져 있는 다른 웹사이트의 성격 및 다른 웹사이트 등이 음란한 부호 등을 실제로 전시한 방법 등 모든 사정을 종합하여 볼 때, 링크를 포함한 일련의 행위 및 범의가 다른 웹사이트 등을 단순히 소개·연결할 뿐이거나 또는 다른 웹사이트 운영자의 실행행위를 방조하는 정도를 넘어, 이미 음란한 부호 등이 불특정·다수인에 의하여 인식될 수 있는 상태에 놓여 있는 다른 웹사이트를 링크의 수법으로 사실상 지배·이용함으로써 그 실질에 있어서 음란한 부호 등을 직접 전시하는 것과 다를 바 없다고 평가되고, 이에 따라 불특정·다수인이 이러한 링크를 이용하여 별다른 제한 없이 음란한 부호 등에 바로 접할 수 있는 상태가 실제로 조성되었다면, 그러한 행위는 전체로 보아 음란한 부호 등을 공연히 전시한다는 구성요건을 충족한다고 봄이 상당하며, 이러한 해석은 죄형법정주의에 반하는 것이 아니라, 오히려 링크기술의 활용과 효과를 극대화하는 초고속정보통신망 제도를 전제로 하여 신설된 위 처벌규정의 입법 취지에 부합하는 것이라고 보아야 한다.

(4) 그런데 기록에 의하면, 피고인 갑은 'P신문'이라는 웹사이트를 직접 운영하면서 자신의 웹사이트에 접속하는 사람들의 수가 많아야 팬티회사로부터 많은 광고료를 받을 수 있다는 계산 아래, 음란한 부호 등을 미끼로 내세워 이용자들의 접속을 유도하기 위하여 그 초기화면의 좌측하단에다가 '관련 사이트' 항목을 별도로 만든 다음, 거기에다가 'free photo', 'nippon', 'sixnine 주식회사', '섹스룰렛', '야한 박물관', '야설' 등의 링크 표지를 집중적으로 나열해 놓은 사실, 그런데 ① 이용자가 위 'free photo' 표지를 클릭하면 곧바로 'persiankitty'라는 외국의 웹사이트 초기화면이 나오고, 그 초기화면에는 서양여성의 음부가 드러난 음란영상과 함께 일부의 음란영상을 무료로 더 볼 수 있다는 취지가 기재되어

있는 관계로, 피고인 갑은 이 부분 링크 표지의 이름을 위와 같이 무료 영상의 의미를 가진 'free photo'라고 붙여 놓았던 사실, ② 또 이용자가 위 'nippon' 표지를 클릭하면 원심 공동피고인가 운영하는 웹사이트 중 일본여성 등이 나오는 음란영상들을 모아놓은 웹페이지에 바로 연결되는 관계로, 피고인 갑은 이 부분 링크 표지의 이름을 위와 같이 일본의 의미를 가진 'nippon''이라고 붙여 놓았던 것이고, ③ 이용자가 위 'sixnine 주식회사' 표지를 클릭하면 피고인 을이 운영하는 웹사이트 중 151개의 음란소설을 모아놓은 웹페이지에 연결되는데, 위 음란소설 등은 원래 'sixnine adult 주식회사'라는 명칭 아래 유포되었던 관계로, 피고인 갑은 이 부분 링크 표지의 이름을 위와 같이 'sixnine 주식회사'로 붙여 놓았던 것이며, ④ 이용자가 위 '야설' 표지를 클릭하면 공소외 A가 운영하는 웹사이트 중 54개의 음란소설을 모아놓은 웹페이지에 연결되는데 음란소설을 속칭 야설이라고 하므로, 피고인 갑은 이 부분 링크 표지의 이름을 위와 같이 '야설'이라고 붙여 놓았던 사실, 그리고 위와 같이 링크된 웹사이트들은 실제로 불특정·다수인이 위 링크를 이용하여 아무런 제한 없이 음란한 부호 등에 바로 접할 수 있는 상태에 있었던 사실 등을 알 수 있다.

사정이 이러하다면, 피고인 갑은 불특정·다수인이 자신의 웹사이트를 이용하여 아무런 제한 없이 자족적으로 음란한 부호 등을 접할 수 있는 조직적 장치를 링크 등의 수법에 의하여 마련한 것이고, 여기에다가 앞서 본 법리를 종합하여 보면, 위와 같은 링크를 포함한 피고인 갑의 일련의 행위 및 범의는 다른 웹사이트 등을 소개·연결할 뿐이거나 또는 다른 웹사이트 운영자의 실행행위를 방조하는 정도를 넘어, 음란한 부호 등이 공연히 전시되어 있는 다른 웹사이트를 링크의 수법으로 사실상 지배·이용함으로써 그 실질에 있어서 음란한 부호 등을 직접 전시하는 것과 다를 바 없다고 평가되고, 이에 따라 불특정·다수인이 이러한 링크를 이용하여 별다른 제한 없이 음란한 부호 등에 바로 접할 수 있는 상태가 실제로 야기되었다고 할 것이므로, 피고인 갑의 위와 같은 행위는 전체로 보아 음란한 부호 등을 공연히 전시한다는 구성요건을 충족한다고 보아야 한다.

(5) 그럼에도 불구하고, 원심은 앞서 본 이유만으로 피고인 갑의 행위가 무죄라고 단정하였으니, 거기에는 음란한 부호 등의 전시에 관한 법리를 오해하여 판결에 영향을 미친 위법이 있다고 아니할 수 없고, 이 점을 지적하는 상고이유의 주장은 이유 있다.

2. 피고인 을의 상고이유를 본다.

원심이 인용한 제1심판결 명시의 증거들을 기록과 대조하여 살펴보면, 피고인 을이 인터넷 네트워크를 이용하여 웹페이지를 개설한 후 음란소설을 게재하여 위 웹페이지에 접속한 불특정 다수의 인터넷 이용자들이 이를 볼 수 있게 함으로써 전기통신역무를 이용하여 음란한 문언을 공연히 전시한 사실을 인정한 다음 위 피고인을 유죄로 처단한 원심의 조치는 정당하고, 거기에 상고이유의 주장과 같은 채증법칙 위배, 법리오해, 이유불비, 심리미진 등의 위법이 없다.

3. 그러므로 원심판결 중 피고인 갑에 대한 부분을 파기하여 이 부분 사건을 원심법원에 환송하고, 피고인 을의 상고를 기각하기로 하여, 주문과 같이 판결한다.

대법관 이용우(재판장) 서성 배기원 박재윤(주심)

※ [참조조문]

구 전기통신기본법

제48조의 2(벌칙)

전기통신역무를 이용하여 음란한 부호·문언·음향 또는 영상을 반포 판매 또는 임대하거나 공연히 전시한 자는 1년 이하의 징역 또는 1천만원 이하의 벌금에 처한다.

정보통신망이용촉진및정보보호등에관한법률

제65조(벌칙) 제1항

다음 각호의 1에 해당하는 자는 1년 이하의 징역 또는 1천만 원 이하의 벌금에 처한다.

2. 정보통신망을 통하여 음란한 부호·문언·음향·화상 또는 영상을 배포·판매·임대하거나 공연히 전시한 자

쟁점연구

도입판례는 인터넷으로 '링크'를 통해 음란정보로 연결될 수 있는 소위 링크행위에 대하여 전기통신기본법상의 '음란한 부호 등'을 '공연히 전시'한 것인가에 초점을 맞추고 있다. 그에 대해 원심판결(부정설)과 대법원판결(긍정설)은 상반된 결론을 내리고 있다.

1. 음란정보를 직접 제공하지 않고 음란사이트에 링크하는 행위를 '공연히 전시'에 해당할 수 없다고 보는 입장(원심)의 논거는 무엇이며, 음란물전시에 해당한다고 보는 대법원의 논거는 무엇인가.
2. 위의 판례경향은 죄형법정주의의 관점에서 어떤 문제를 갖고 있는가.
3. 만일 도입판례의 사례를 음란물전시의 정범이 아니라 방조범으로 규율해야 한다는 주장에 대해서는 어떻게 생각하는가.

* 다음 문헌을 아울러 참고하시오.

하이퍼링크의 형사법적 책임 - 사이버음란물의 링크를 중심으로[6)]

전 지 연

* * *

(2) '공연히 전시'에 해당가능성

공연히 전시한다라는 의미는 통상 불특정 다수인 관람할 수 잇는 상태에 두는 것을 말한다. 따라서 음란한 부호 등이 담겨져 있는 웹사이트를

인터넷에 직접 개설하는 행위는 당연히 정보통신망법 제65조 '공연한 전시'행위에 해당한다. 문제는 음란한 부호 등이 담겨져 있는 다른 웹사이트로 링크를 설정하는 행위 역시 음란한 부호 등을 공연히 전시한 경우와 같게 볼 수 있는지 여부이다. 링크제공자의 행위를 공연히 전시한 것으로 볼 수 있는가에 대해서는 다음과 같은 견해가 대립되고 있다.

a) 긍정설

대법원은 소위 팬티신문사건과 관련하여 링크제공자의 형사책임에 대한 논의의 과정에서 결론적으로는 링크설정자의 행위를 '공연히 전시'한 것에 해당한다고 판단하였다. 이와 같은 판단의 논증과정에서 대법원은 링크설정행위가 공연전시에 해당하는 근거를 다음과 같은 세 가지 이유에서 구하고 있다.

첫째, 링크행위는 형식적으로는 웹사이트의 연결에 불과하나, 실질적으로는 링크된 웹페이지의 내용을 직접 전달한다는 것이다. 즉 대법원은 '공연히 전시'한다고 함은 불특정·다수인이 실제로 음란한 부호·문언·음향 또는 영상(이하 '부호 등'이라 한다)을 인식할 수 있는 상태에 두는 것을 의미하는 것이라고 보고, 형식적으로 보면 인터넷상의 링크는 링크된 웹사이트나 파일의 인터넷 주소 또는 경로를 나타내는 것에 불과하여 그 링크에 의하여 연결된 웹사이트나 파일의 음란한 부호 등을 전시하는 행위 자체에 해당하지 않는다고 볼 여지가 없지 아니하나, 인터넷상의 링크란 하나의 웹페이지 내의 여러 문서와 파일들을 상호 연결하거나 인터넷상에 존재하는 수많은 웹페이지들을 상호 연결해 주면서, 인터넷 이용자가 '마우스 클릭(mouse click)'이라는 간단한 방법만으로 다른 문서나 웹페이지에 손쉽게 접근 검색할 수 있게 해주는 것(다른 웹페이지의 정보를 검색하기 위하여 특별한 명령어를 키보드로 입력하는 것과 같은 조치를 별도로 취할 필요가 없게 해준다)으로서, 초고속정보통신망의 발달에 따라 그 마우스 클릭행위에 의하여 다른 웹사이트로부터 정보가 전송되어 오는 데 걸리는 시간이 매우 짧기 때문에, 인터넷 이용자로서는 자신이 클릭함에 의하여 접하게 되는 정보가 링크를 설정해 놓은 웹페이지가 아니라 링크된 다른 웹사이트로부터 전송되는 것임을 인식하기조차 어렵고, 점점 더 초고속화하고 있는 인터넷의 사용 환경에서 링크는 다른 문서나 웹페이지들을 단순히 연결하여 주는 기능을 넘어서 실질적으로 링크된 웹페이지의 내용을 이용자에게 직접 전달하는 것과 마찬가지의 기능을 수행하고 있다고 본다.

둘째, 직접 전시한 것과 동일하게 평가할 수 있다는 것이다. 음란한 부호 등으로 링크를 해 놓는 행위자의 의사의 내용, 그 행위자가 운영하는 웹사이트의 성격 및 사용된 링크기술의 구체적인 방식, 음란한 부호 등이 담겨져 있는 다른 웹사이트의 성격 및 다른 웹사이트 등이 음란한 부호 등을 실제로 전시한 방법 등 모든 사정을 종합하여 볼 때, 링크를 포함한 일련의 행위 및 범의가 다른 웹사이트 등을 단순히 소개·연결할 뿐이거나 또는 다른 웹사이트 운영자의 실행행위를 방조하는 정도를 넘어, 이미 음란한 부호 등이 불특정·다수인에 의하여 인식될 수 있는 상태에 놓여 있는 다른 웹사이트를 링크의 수법으로 사실상 지배·이용함으로써 그 실질에 있어서 음란한 부호 등을 직접 전시하는 것과 다를 바 없다고 평가되고, 이에 따라 불특정다수인이 이러한 링크를 이용하여 별다른 제한 없이 음란한 부호 등에 바로 접할 수 있는 상태가 실제로 조성되었다면, 그러한 행위는 전체로 보아 음란한 부호 등을 공연히 전시한다는 구성요건을 충족한다고 본다.

셋째, 신설된 정보통신망법의 처벌규정의 취지에 부합한다는 것이다. 즉 링크설정행위가 공연히 전시에 해당한다고 해석하는 것은 죄형법정주의에 반하는 것이 아니라, 오히려 링크기술의 활용과 효과를 극대화하는 초고속정보통신망제도를 전제로 하여 신설된 위 처벌규정의 입법 취지에 부합하는 것이라고 보아야 한다는 것이다.

b) 원칙적 부정설

이 견해는 음란물 등에 링크시킨 행위를 원칙적으로 공연히 전시한 것으로 해석할 수 없다는 입장이다. 이에 대해서는 몇 가지 근거를 가지고 논증하고 있다.

첫째, 링크설정을 공연전시로 해석하는 것은 형법이 가지고 있는 보장적 기능에 기초한 형식적 확실성에 어긋나는 해석이라는 점이다. 음란사이트에 링크 시킨 것만으로 음란 부호를 전시하였다고 하기에는 석연치 않은 점이 있다. 대상판결이 밝히고 있듯이 음란사이트에 링크하도록 한 것으로는 형식적으로 전시에 해당한다고 어려운 점이 있다. 대상판결은 실질적 의미라는 용어를 사용하여 전시의 개념을 넓히고 있는 것은 이 때문일 것이다. 형법에서는 보장적 기능을 강화하기 위해 실질적 내용 보다는 형식적 확실성을 중요시한다. '실질적'이라는 개념이 구체적 타당성 있는 해결에 도움을 주는 것이 사실이지만, 형법해석에서는 이와 같이 신축적 개념을 사용하는 것은 경계되어야 한다고 본다.

둘째, 음란 사이트의 음란정보나 영상에 바로 접근할 수 있도록 링크한 경우에는 실질적 의미의 전시라고 할 수도 있을 것이다. 그러나 초기화면에 링크되도록 한 경우에는 형식적 뿐만 아니라 실질적으로도 전시라는 개념에 포함되기는 매우 어렵다.

셋째, 초기화면에 있는 영상들을 음란영상이라고 본다면 거의 모든 성인사이트들은 음란영상이라고 보아야 할 것이고, 이에 대해 형사처벌을 해야 한다는 문제점이 있다.

넷째, 음란범죄는 특별히 다른 사람에게 해를 끼치는 것이 아니므로 그에 관한 규정은 엄격하게 해석, 적용해야 하고 특히 전시행위는 더욱 엄격하게 해석, 적용해야 한다. 음란물이나 음란정보를 전시하는 행위를 처벌하는 규정의 보호법익은 선량한 성풍속과 청소년의 보호라고 할 수 있다. 즉, 청소년의 건전육성을 위해 음란물을 규제하는 것이고, 성인의 경우에는 '자신의 의사에 반하여 음란정보에 노출되지 않도록' 하기 위해 음란물을 규제하는 것이다. 그런데 인터넷의 경우 일반 사이트에서 링크된 경우뿐만 아니라 음란정보 사이트에서라도 음란정보에 접근하기 위해서는 자신의 의사에 따른 클릭을 해야 하고 그것도 대부분 여러 번 해야 한다. 이런 점에서 보면 인터넷에서 '자신의 의사에 반하여 음란정보에 노출되는 경우'란 그리 많지 않고, 특히 다른 사이트의 초기화면을 링크시킨 경우에는 더욱 그러하다.

다섯째, 초기화면에 링크시킨 행위를 처벌해야 할 것인가는 법관이 결정할 수 있는 문제가 아니라 국민들이 국회를 통하여 결정할 문제이다. 따라서 이러한 행위를 처벌하더라도 전시행위에 대한 해석을 통해서가 아니라, 당해 법률에 '전시' 이외에 '링크'(혹은 적절한 번역어)라는 행위유형을 추가하여 입법을 통해 해결해야 할 것이다.

c) 링크방식에 따른 차별화설

이것은 링크방식과 관련하여 음란정보를 담고 있는 파일 자체에 링크하는 경우와 음란정보를 게시한 웹페이지의 초기화면에 링크한 경우를 구별하여 전자의 경우만 공연히 전시한 것으로 인정하는 입장이다. 이는 인터넷에서 사용되는 이른바 '링크(link)'의 방식에는, 다른 웹사이트의 초기화면에 링크하는 방식과 다른 웹사이트에 속하는 개개의 문서나 파일에 링크하는 방식이 있고, 다른 웹사이트의 초기화면에 링크한 경우에는 그 링크 부분을 마우스로 클릭하면 링크된 웹사이트의 초기화면으로 이동하면서 이동된 웹사이트의 서버로 연결되고 새로운 도메인 이름이 화면에 표시되는 반면, 다른 웹사이트에 속하는 개개의 문서나 파일에 링크한 경우에는 링크 부분의 마우스 클릭시에 해당 웹사이트의 주소나 도메인 이름이 변하지 않은 채 링크된 다른 웹사이트의 문서나 파일에 직접 접속할 수 있는데, 음란한 부호 등이 게재되거나 음란한 부호 등이 수록된 파일들이 존재하는 웹사이트의 초기화면을 링크하여 두었을 뿐인 경우 이는 웹사이트의 주소를 전시하거나 알려준 것에 불과하여, 이를 음란한 부호 등을 공연히 전시한 것에 해당한다고 볼 수 없고, 음란한 부호 등이 게재되거나 음란한 부호 등이 수록된 파일들이 존재하는 웹사이트의 주소를 전시하는 것까지 음란한 부호 등을 전시하는 것으로 본다면, 음란한 부호 등을 전시하는 것뿐만 아니라 음란한 부호 등이 위치하고 있는 주소를 전시하는 것도 처벌하게 되는 결과 그 처벌범위가 지나치게 확대되어 죄형법정주의에 반한다는 것이다.

d) 입장의 표명

긍정설에 의하면 전술한 사건과 같은 단순링크의 경우에도 처벌하므로 '직접링크, 프레임링크' 등의 경우는 당연히 공연전시로 처벌가능하게 될 것이다. 그러나 대법원판결이 지적하는 바와 같이 '공연히 전시'한다고 함은 불특정·다수인이 실제로 음란한 부호·문언·음향 또는 영상(이하 '부호 등'이라 한다)을 인식할 수 있는 상태에 두는 것을 의미하는 것이다. 링크설정자는 불특정 다수인이 인식할 수 있는 상태에로 이동시켜주는 것이지 링크설정자 자신이 인식할 수 있는 상태에 두는 것은 아니다. 오프라인적 사건으로 말한다면 음란물이 자신이 직접 전시하거나 진열해 놓지 않고 다른 사람이 전시해 놓은 장소로 사람을 이동시켜주었다고 하여 이를 공연전시라고 볼 수는 없다. 정보통신망법의 공연전시 또한 오프라인의 공연전시에 상응하게 음란한 부호 등을 자신이 직접 전시하여 다수인이 인식할 수 있는 상태에 두는 행위를 하는 사람을 처벌하고자 하는 것이 입법적인 취지일 것이다. 여기서 링크의 유형에 따라 전시여부가 달라진다고 생각되지는 않는다. 물론 단순링크의 경우에는 이용자를 해당 사이트의 초기화면으로 이동시키는 데 반하여, 음란한 부호 등의 내용물이 존재하는 장소로 이용자를 직접 이동시키는 deep link나 frame link는 공연전시의 가능성은 높을 것이다. 이런 점에서 보면 차별화설이 다소 현실의 법감정과 인터넷의 특성을 잘 반영하고 있는 것으로 보인다.

6) 연세대학교 법학연구소, 「법학연구」 제13권 제4호, 2003. 12, 175~180면.

Ⅳ. 공연음란죄

도입판례

대법원 2000. 12. 22. 선고 2000도4372 판결【공연음란】(공2001, 402)

【피 고 인】 갑
【상 고 인】 검사
【원심판결】 수원지법 2000. 9. 6. 선고 2000노2245 판결
【주 문】 원심판결 중 무죄 부분을 파기하고, 이 부분 사건을 수원지방법원 본원 합의부에 환송한다.
【이 유】

상고이유를 판단한다.

원심판결 이유에 의하면, 원심은 피고인이 2000. 4. 10. 19:30경 하남시 천현동 소재 중부고속도로 하행선 서울기점 약 5㎞ 지점에서 승용차를 운전하여 가던 중 앞서가던 A 운전의 승용차가 진로를 비켜주지 않는다는 이유로 그 차를 추월하여 정차하게 한 다음, 승용차를 손괴하고 그 안에 타고 있던 B를 때려 상해를 가하는 등의 행패를 부리다가 신고를 받고 출동한 경찰관이 이를 제지하려고 하자, 시위조로 주위에 운전자 등 사람이 많이 있는 가운데 옷을 모두 벗어 알몸의 상태로 바닥에 드러눕거나 돌아다닌 사실을 인정한 다음, 위와 같이 피고인이 공중 앞에서 단순히 알몸을 노출시킨 행위가 음란한 행위에 해당한다고 보기는 어렵다고 판단하여, 이 부분 공연음란의 공소사실에 대하여 무죄를 선고하였다.

형법 제245조 소정의 '음란한 행위'라 함은 일반 보통인의 성욕을 자극하여 성적 흥분을 유발하고 정상적인 성적 수치심을 해하여 성적 도

의관념에 반하는 것을 가리킨다고 할 것이고, 위 죄는 주관적으로 성욕의 흥분 또는 만족 등의 성적인 목적이 있어야 성립하는 것은 아니지만 그 행위의 음란성에 대한 의미의 인식이 있으면 족하다고 할 것인바, 원심이 인정한 바와 같이 피고인이 불특정 또는 다수인이 알 수 있는 상태에서 옷을 모두 벗고 알몸이 되어 성기를 노출하였다면, 그 행위는 일반적으로 보통인의 정상적인 성적 수치심을 해하여 성적 도의관념에 반하는 음란한 행위라고 할 것이고, 또 피고인이 승용차를 손괴하거나 타인에게 상해를 가하는 등의 행패를 부리던 중 경찰관이 이를 제지하려고 하자 이에 대항하여 위와 같은 행위를 한 데에는 피고인이 알몸이 되어 성기를 드러내어 보이는 것이 타인의 정상적인 성적 수치심을 해하는 음란한 행위라는 인식도 있었다고 보아야 할 것이다.

그럼에도 불구하고 원심이 피고인이 시위조로 공중 앞에서 단순히 알몸을 노출시킨 행위가 음란한 행위에 해당한다고 보기 어렵다는 이유로 이 부분 공연음란의 공소사실에 대하여 무죄를 선고한 것은, 공연음란죄의 음란한 행위와 그 고의에 관한 법리를 오해하여 판결에 영향을 미친 위법을 저지른 것이라고 할 것이다. 상고이유 중 이 점을 지적하는 부분은 이유 있다.

그러므로 원심판결 중 무죄 부분을 파기하고, 이 부분 사건을 다시 심리·판단케 하기 위하여 원심법원에 환송하기로 관여 법관의 의견이 일치되어 주문과 같이 판결한다.

대법관 이용우(재판장) 조무제 강신욱 이강국(주심)

쟁점연구

1. 도입판례는 시위조로 다중 앞에 알몸노출한 행위를 공연음란죄로 처벌하고 있다. 판례가 유지해오고 있는 '음란'의 개념 속에 알몸노출행위를 포

함시킬 수 있는가.

2. 도입판례는 공연음란죄에서의 '음란'은 음화반포등(제243조), 음화제조등(제244조)의 '음란'과 달리, '주관적으로 성욕의 흥분 또는 만족 등의 성적인 목적'이 있어야 성립하는 것은 아니라고 하고 있다. 음란의 개념은 주관적이고 자의적으로 남용될 가능성이 많아 죄형법정주의의 명확성 원칙에 저촉된다는 비판을 받고 있는데, 나아가 다시 음란개념에서 조문에 따라 다른 해석을 하는 것은 타당한가.
3. 성적 목적이 없는 과다노출행위에 대해 경범죄처벌법으로 제재하는 방안(예컨대 동법 제1조 제41호 "여러 사람의 눈에 뜨이는 곳에서 함부로 알몸을 지나치게 내놓거나 속까지 들여다보이는 옷을 입거나 또는 가려야 할 곳을 내어놓아 다른 사람에게 부끄러운 느낌이나 불쾌감을 준 사람 …"), 혹은 벌하지 않는 방안에 대해서는 어떤가.
4. 성풍속에 반하는 죄, 특히 음란개념의 적용을 둘러싼 일련의 법원판례들은 어떤 경향을 보이고 있는가.

* 다음 문헌을 아울러 참고하시오.

공연음란죄의 내포와 외연

대상판결: 대판 2000. 12. 22, 2000도4372[7]

조 국

2000년 대상 판결의 논지에 따르면 형법상의 공연음란죄와 경범죄처벌법상의 알몸노출죄의 구별이 모호해진다. 피고인의 알몸시위가 보통인성인의 성적 수치감을 해쳤을지는 모르나, 사회유해성이 심각한 성적 욕망의 유발 또는 자극행위, 즉 '음란행위'라고 규정할 수는 없다. 피고인의 알몸시위는 공연음란죄의 행위태양에 포괄될 수 없으며, 단지 경범죄처벌법의 대상일 뿐이라고 본다.

사회의 기층에서는 성개방이 만연하고 있지만, 법과 제도적으로는 보수적 성관념이 지배하고 있는 우리 사회의 이중적 성문화 속에서 '성풍속에 관한 죄'를 어떻게 해석·적용할 것인가는 미묘한 문제이다. 형법의 도덕형성적 역할을 부인할 수 없지만, 그 역할은 특정 행위의 '사회유해성'과 실정법체계상의 구성요건을 전제로 이루어져야 한다. 공연음란죄와 경범죄처벌법상의 '알몸노출죄'가 우리 법체계에서 병립하고 있다는 점을 고려할 때 양자는 분명히 사회유해성의 양과 질에서 상이한 행위를 대상으로 하고 있다고 해석해야 한다. 이렇게 볼 때 단순한 성기·알몸노출이나 알몸질주 등은 경범죄처벌법의 대상이며, 공연음란죄의 규율대상은 사람의 성욕을 명백히 자극·흥분시키는 것으로 보통인의 성적 수치심을 심각하게 침해하는 행위, 예컨대 동성·이성간의 성행위나 자위행위 또는 이에 준하는 행위로 제한된다고 보아야 할 것이다.

7) 형사판례연구회, 「형사판례연구」, 제10호, 박영사.

제18장 내란의 죄

도입판례

대법원 1997. 4. 17. 선고 96도3376 전원합의체 판결【…내란수괴 · 내란모의참여 · 내란중요임무종사 · 내란목적살인…】(공1997, 1303)

【피 고 인】 갑 외 16인
【상 고 인】 피고인들 및 검사
【변 호 인】 변호사 전상석 외 15인
【원심판결】 서울고법 1996. 12. 16. 선고 96노1892 판결
【주 문】 피고인 을, …에 대한 각 상고를 모두 기각한다. 피고인 병, 정의 상고 후 구금일수 중 100일씩을 각 본형에 산입한다. 피고인 무에 대한 이 사건 공소를 기각한다.
【이 유】

* * *

나. 폭동성

(1) 비상계엄 전국확대의 폭동성

(가) 비상계엄의 전국확대에 폭동성이 없다는 피고인 을, …의 변호인들의 주장에 대하여

형법 제87조의 구성요건인 폭동의 내용으로서의 폭행 또는 협박은 일체의 유형력의 행사나 외포심을 생기게 하는 해악의 고지를 의미하는 최광의의 폭행·협박을 말하는 것으로서, 이를 준비하거나 보조하는 행위를 전체적으로 파악한 개념이라고 할 것이다.

그런데 1980. 5. 17. 당시 시행되고 있던 계엄법 등 관계 법령에 의하면, '비상계엄의 전국확대'는 필연적으로 국민의 기본권을 제약하게 되므로(제11조, 제12조, 제13조), 비상계엄의 전국확대 그 사실 자체만으로도 국민에게 기본권이 제약될 수 있다는 위협을 주는 측면이 있고, 민간인인 국방부장관은 지역계엄실시와 관련하여 계엄사령관에 대하여 가지고 있던 지휘감독권을 잃게 되므로(제9조), 군부를 대표하는 계엄사령관의 권한이 더욱 강화됨은 물론 국방부장관이 계엄업무로부터 배제됨으로 말미암아 계엄업무와 일반국정을 조정 통할하는 국무총리의 권한과 이에 대한 국무회의의 심의권마저도 배제됨으로써, 헌법기관인 국무총리와 국무위원들이 받는 강압의 효과와 그에 부수하여 다른 국가기관의 구성원이 받는 강압의 정도가 증대된다고 할 것이며, 따라서 비상계엄의 전국확대조치의 그와 같은 강압적 효과가 법령과 제도 때문에 일어나는 당연한 결과라고 하더라도, 이러한 법령이나 제도가 가지고 있는 위협적인 효과가 국헌문란의 목적을 가진 자에 의하여 그 목적을 달성하기 위한 수단으로 이용되는 경우에는 비상계엄의 전국확대조치가 내란죄의 구성요건인 폭동의 내용으로서의 협박행위가 되므로 이는 내란죄의 폭동에 해당한다고 할 것이다.

한편 범죄는 '어느 행위로 인하여 처벌되지 아니하는 자'를 이용하여서도 이를 실행할 수 있으므로(형법 제34조 제1항), 내란죄의 경우 '국헌문란의 목적'을 가진 자가 그러한 목적이 없는 자를 이용하여 이를 실행할 수도 있다고 할 것이다.

그런데 앞서 본 사실관계에 의하면, 피고인들은 12.12군사반란으로 군의 지휘권을 장악한 후, 국정 전반에 영향력을 미쳐 국권을 사실상 장악하는 한편, 헌법기관인 국무총리와 국무회의의 권한을 사실상 배제하고자 하는 국헌문란의 목적을 달성하기 위하여, 비상계엄을 전국적으로 확대하는 것이 전군지휘관회의에서 결의된 군부의 의견인 것을 내세워 그와 같은 조치를 취하도록 대통령과 국무총리를 강압하고, 병기를 휴대한 병력으로 국무회의장을 포위하고 외부와의 연락을 차단하여 국무위원들을 강압 외포시키는 등의 폭력적 불법수단을 동원하여 비상계엄의 전국확대를 의결·선포하게 하였음을 알 수 있다.

사정이 이와 같다면, 위 비상계엄 전국확대가 국무회의의 의결을 거쳐 대통령이 선포함으로써 외형상 적법하였다고 하더라도, 이는 피고인들에 의하여 국헌문란의 목적을 달성하기 위한 수단으로 이루어진 것이므로 내란죄의 폭동에 해당하고, 또한 이는 피고인들에 의하여 국헌문란의 목적을 달성하기 위하여 그러한 목적이 없는 대통령을 이용하여 이루어진 것이므로 피고인들이 간접정범의 방법으로 내란죄를 실행한 것으로 보아야 할 것이다.

같은 취지의 원심 판단은 정당하고, 거기에 상고이유로 지적하는 바와 같은 죄형법정주의 및 간접정범에 관한 법리오해 등의 위법이 있다고 할 수 없다.

* * *

(다) 비상계엄의 전국확대로 인하여 한 지방의 평온을 해하는 정도에 이르지 아니하였다는 피고인 병, 정의 변호인들의 주장에 대하여

내란죄의 구성요건인 폭동의 내용으로서의 폭행·협박의 정도가 한 지방의 평온을 해할 정도의 위력이 있음을 요함은 상고이유에서 주장하는 바와 같으나, 기록에 의하면, 위 비상계엄의 전국확대로 인한 폭행·협박이 우리나라 전국의 평온을 해하는 정도에 이르렀음을 인정할 수 있다.

피고인들의 폭동으로 말미암아 한 지방의 평온이 해하여졌음을 전제로 한 원심의 사실인정 및 판단은 정당하고, 거기에 상고이유로 지적하는 바와 같은 채증법칙 위반으로 인한 사실오인 또는 법리오해 등의 위법이 있다고 할 수 없다.

* * *

대법관 윤관(재판장) 박만호 최종영 천경송 정귀호(주심) 박준서
이돈희 김형선 지창권 신성택 이용훈 이임수 송진훈

참고판례

(가) 대법원 1997. 4. 17. 선고 96도3376 전원합의체 판결【…내란수괴 · 내란모의참여 · 내란중요임무종사 · 내란목적살인…】(공1997, 1303)

원심은 폭동에 의한 국헌문란의 죄는 한 지방의 평온을 해칠 정도에 이르게 된 때에 기수가 되나, 즉시범이 아니라 계속범이고, 우리나라와 같은 민주주의 국가에서는 기존의 권력집단의 굴복만으로 내란이 종료하는 것이 아니라 주권자이며 헌법제정권력인 국민이 이를 용납하지 아니하여 내란집단에 저항하는 때에는 그 저항을 완전히 제압하거나 또는 반대로 내란집단이 국민의 저항에 굴복하기까지는 결코 종료된 것이 아니라고 전제한 다음, 이 사건의 경우 1980. 5. 18. 이후에 일어난 광주시민의 일련의 대규모 시위 같은 것이 바로 이러한 국민의 저항에 해당하고, 이러한 국민의 저항과 이에 대한 피고인들의 폭동적인 진압은 제5공화국정권이 1987. 6. 29. 이른바 6.29선언으로 국민들의 저항에 굴복하여 대통령직선제요구를 받아들일 때까지 간단없이 반복, 계속되었으며, 따라서 그 기간 중의 모든 폭동적인 시위진압은 이 사건 범죄사실란에서 폭동으로 인정한 것들을 포함하여 포괄하여, 하나의 내란죄를 구성한다고 할 것이어서, 1980. 5. 17. 비상계엄의 전국확대로 시작된 이 사건의 국헌문란의 폭동은 1987. 6. 29.의 이른바 6.29선언시에 비로소 종료되었다고 판단하였다.

내란죄는 국토를 참절하거나 국헌을 문란할 목적으로 폭동한 행위로서, 다수인이 결합하여 위와 같은 목적으로 한 지방의 평온을 해할 정도의 폭행 · 협박행위를 하면 기수가 되고, 그 목적의 달성 여부는 이와 무관한 것으로 해석되므로, 다수인이 한 지방의 평온을 해할 정도의 폭동을 하였을 때 이미 내란의 구성요건은 완전히 충족된다고 할 것이어서 상태범으로 봄이 상당하며, 따라서 원심이 이 사건 내란죄를 계속범으로 본 조처는 적절하지 아니하다고 할 것이다.

한편 내란죄는 다수인이 결합하여 범하는 집단범죄적 성질을 가지고 있고, 또 국헌문란의 목적이 있어야 성립되는 범죄이므로, 그 구성요건의 요소인 목적에 의하여 다수의 폭동이 결합되는 것이 통상이며, 따라서 내란죄는 그 구성요건의 의미 내용 그 자체가 목적에 의하여 결합된 다수의 폭동을 예상하고 있는 범죄라고 할 것이므로, 내란자들에 의하여 애초에 계획된 국헌문란의 목적을 위하여 행하여진 일련의 폭동행위는 단일한 내란죄의 구성요건을 충족하는 것으로서 이른바 단순일죄로 보아야 할 것이다.

이 사건의 경우, 앞서 본 바와 같이 비상계엄의 전국확대는 일종의 협박행위로서 내란죄의 구성요건인 폭동에 해당하므로, 그 비상계엄 자체가 해제되지 아니하는 한 전국계엄에서 지역계엄으로 변경되었다 하더라도 그 최초의 협박이 계속되고 있는 것이어서 그 비상계엄의 전국확대로 인한 폭동행위는 이를 해제할 때까지 간단없이 계속되었다 할 것이고, 이와 같은 폭동행위가 간단없이 계속되는 가운데 그 비상계엄의 전국확대를 전후하여 그 비상계엄의 해제시까지 사이에 밀접하게 행하여진 이른바 예비검속에서부터 정치활동 규제조치에 이르는 일련의 폭동행위들은 위와 같은 비상계엄의 전국확대로 인한 폭동행위를 유지 또는 강화하기 위하여 취하여진 조치들로서 위 비상계엄의 전국확대로 인한 폭동행위와 함께 단일한 내란행위를 이룬다고 봄이 상당하므로, 위 비상계엄의 전국확대를 포함한 일련의 내란행위는 위 비상계엄이 해제된 1981. 1. 24.에 비로소 종료되었다고 할 것이다.

한편 기록에 의하여 살펴보아도, 피고인들이 이 사건 비상계엄 해제 이후에도 원심 판시와 같이 이에 항거하는 시위를 진압한 피고인들의 행위가 국헌문란의 목적을 가지고 한 것으로서 내란죄의 구성요건을 충족하는 폭동이라는 점을 인정하기에는 부족하므로, 6.29선언시까지 원심 판시와 같은 각종 시위가 있었다고 하여 그 때까지 피고인들의 모든 시위진압이, 이 사건 범죄사실란에서 폭동으로 인정한 것들을 포함하여, 포괄하여 하나의 내란죄를 구성한다고 판단한 원심의 조처는 수긍하기 어렵다고 할 것이다.

결국 원심이 위와 같이 내란죄를 계속범이라고 본 점과 내란죄의 종료시기를 1987. 6. 29. 이른바 6.29선언시로 본 점은 상고이유로 지적하는 바와 같이 잘못이라 아니할 수 없으나, 앞서 본 바와 같이 위 피고인들의 내란죄 등에 대한 공소시효가 5.18특별법 제2조에 따라 1993. 2. 25.부터 진행한다고 할 것이어서, 위 피고인들에 대한 내란 등 사건의 공소는 그 공소시효가 완성되기 전에 기소되었음이 명백하므로, 원심의 위와 같은 잘못은 판결에 영향이 없다고 할 것이다.

(나) 대법원 1997. 4. 17. 선고 96도3376 전원합의체 판결【…내란수괴 · 내란모의참여 · 내란중요임무종사 · 내란목적살인…】(공1997, 1303)

(1) 비상계엄의 전국확대와 국가보위비상대책위원회의 설치가 국헌문란에 해당하지 아니한다는 주장에 대하여

원심은, 형법 제91조 제2호에 의하면 헌법에 의하여 설치된 국가기관을 강압에 의하여 전복 또는 그 권능행사를 불가능하게 하는 것을 국헌문란의 목적의 하나로 규정하고 있는데, 여기에서 '권능행사를 불가능하게 한다'고 하는 것은 그 기관을 제도적으로 영구히 폐지하는 경우만을 가리키는 것은 아니고 사실상 상당기간 기능을 제대로 할 수 없게 만드는 것을 포함한다고 해석하여야 한다고 전제하고는, 그 내세운 증거에 의하여, 피고인들이 이른바 12.12군사반란으로 군의 지휘권과 국가의 정보기관을 실질적으로 완전히 장악한 뒤, 정권을 탈취하기 위하여 1980. 5. 초순경부터 비상계엄의 전국확대, 비상대책기구설치 등을 골자로 하는 이른바 '시국수습방안' 등을 마련하고, 그 계획에 따라 같은 달 17. 비상계엄을 전국적으로 확대하는 것이 전군지휘관회의에서 결의된 군부의 의견인 것을 내세워 그와 같은 조치를 취하도록 대통령과 국무총리를 강압하고 병기를 휴대한 병력으로 국무회의장을 포위하고 외부와의 연락을 차단하여 국무위원들을 강압 외포시키는 등의 폭력적 불법수단을 동원하여 비상계엄의 전국확대를 의결 · 선포하게 함으로써, 국방부장관의 육군참모총장 겸 계엄사령관에 대한 지휘감독권을 배제하였으며, 그 결과로 비상계엄 하에서 국가행정을 조정하는 일과 같은 중요국정에 관한 국무총리의 통할권 그리고 국무회의의 심의권을 배제시킨 사실, 같은 달 27. 그 당시 시행되고 있던 계엄법(1981. 4. 17. 법률 제3442호로 전문 개정되기 전의 것, 이하 같다) 제9조, 제11조, 제12조 및 정부조직법(1981. 4. 8. 법률 제3422호로 개정되기 전의 것) 제5조에 근거하여 국가보위비상대책위원회 및 그 산하의 상임위원회를 설치하고, 그 상임위원장에 피고인 갑이 취임하여 공직자 숙정, 언론인 해직, 언론 통폐합 등 중요한 국정시책을 결정하고 이를 대통령과 내

각에 통보하여 시행하도록 함으로써, 국가보위비상대책상임위원회가 사실상 국무회의 내지 행정 각 부를 통제하거나 그 기능을 대신하여 헌법기관인 행정 각 부와 대통령을 무력화시킨 사실 등을 인정한 다음, 피고인들이 비상계엄을 전국으로 확대하게 하여 비상계엄 하에서 국가행정을 조정하는 일과 같은 중요국정에 관한 국무총리의 통할권과 이에 대한 국무회의의 심의권을 배제시킨 것은 헌법기관인 국무총리와 국무회의의 권능행사를 강압에 의하여 사실상 불가능하게 한 것이므로 국헌문란에 해당하며, 국가보위비상대책위원회를 설치하여 헌법기관인 행정 각 부와 대통령을 무력화시킨 것은 행정에 관한 대통령과 국무회의의 권능행사를 강압에 의하여 사실상 불가능하게 한 것이므로 역시 국헌문란에 해당한다고 판단하였다.

구 계엄법과 구 정부조직법 등 관계 법령의 각 규정과 기록에 비추어 볼 때, 원심의 위와 같은 사실인정 및 판단은 정당하고, 거기에 상고이유로 지적하는 바와 같은 채증법칙 위반으로 인한 사실오인, 심리미진, 법리오해 등의 위법이 있다고 할 수 없다.

(다) 대법원 1997. 4. 17. 선고 96도3376 전원합의체 판결【…내란수괴 · 내란모의참여 · 내란중요임무종사 · 내란목적살인…】(공1997, 1303)

형법 제88조의 내란목적살인죄는 국헌을 문란할 목적을 가지고 직접적인 수단으로 사람을 살해함으로써 성립하는 범죄라 할 것이므로, 국헌문란의 목적을 달성함에 있어 내란죄가 '폭동'을 그 수단으로 함에 비하여 내란목적살인죄는 '살인'을 그 수단으로 하는 점에서 두 죄는 엄격히 구별된다 할 것이다. 그러므로 내란의 실행과정에서 폭동행위에 수반하여 개별적으로 발생한 살인행위는 내란행위의 한 구성요소를 이루는 것이므로 내란행위에 흡수되어 내란목적살인의 별죄를 구성하지 아니하나, 특정인 또는 일정한 범위내의 한정된 집단에 대한 살해가 내란의 와중에 폭동에 수반하여 일어난 것이 아니라 그것 자체가 의도적으로 실행된 경우에는 이러한 살인행위는 내란에 흡수될 수 없고 내란목적살인의 별죄를 구성한다고 할 것이다.

같은 취지에서 이 사건 광주재진입작전 수행으로 인하여 피해자들을 사망하게 한 부분에 대하여 내란죄와는 별도로 내란목적살인죄로 다스린 원심의 조처는 정당하고, 거기에 상고이유로 지적하는 바와 같이 내란목적살인죄와 내란죄의 관계에 관한 법리를 오해한 위법이 있다고 할 수 없다.

쟁점연구

1. 도입판례는 내란죄(형법 87)의 객관적 구성요건인 폭동의 의미내용을 보여주고 있다. 도입판례가 제시하고 있는 '폭동'의 개념을 정의해 보라.
2. 내란죄의 '폭동', 폭행죄(형법 제260조 제1항)의 '폭행', 강요된 행위(형법 12)의 '폭력'의 개념을 비교 · 분석해 보라.
3. 참고판례 (가)는 내란죄의 성질이 계속범인가 상태범인가를 다루고 있다. '계속범'과 '상태범'의 개념을 정의하고 양자의 차이점을 설명해 보라.
4. 내란죄는 '국토참절'이나 '국헌문란'의 목적을 요구하는 목적범이다. '국헌문란의 목적'을 설명하고 참고판례 (나)에서 문제된 쟁점을 검토해 보라.
5. 내란죄는 내란목적단체에 의하여 범해지는 범죄이다. 이러한 특성이 내란죄의 고의 판단에 미치는 영향을 분석해 보라.
6. 참고판례 (다)는 내란죄(형법 87)와 내란목적살인죄(형법 88)의 관계를 보여주고 있다. 두 죄의 구조상 차이점을 설명해 보라.
7. 내란죄의 경우 살상행위를 한 자는 내란임무주요임무종사자로서 사형, 무기 또는 5년 이상의 징역이나 금고에 처하도록 되어 있다(형법 87 ii 후단). 이에 대해 내란목적살인죄(형법 88)를 범한 자는 사형, 무기징역 또는 무기금고에 처하도록 되어 있다. 내란목적살인죄를 이와 같이 무겁게 처벌하는 이유를 설명해 보라.

제19장 외환의 죄

도입판례

대법원 1997. 7. 16. 선고 97도985 전원합의체 판결【국가보안법위반(간첩·찬양·고무·회합·통신)】(공1997, 2243)

【피 고 인】 갑
【상 고 인】 피고인
【변 호 인】 변호사 강현태
【원심판결】 서울고법 1997. 3. 27. 선고 96노2834 판결
【주　　문】 원심판결 중 판시 제1죄에 관한 부분을 파기하고, 그 부분 사건을 서울고등법원에 환송한다. 나머지 상고를 기각한다.
【이　　유】

* * *

2. 국가기밀의 수집, 전달의 점(판시 제1의 죄)에 관하여

원심판결 이유에 의하면, 원심은, 공소외 A(일명 강○철)는 1991. 8. 17. 북한에 들어가 그 구성원인 공소외 B로부터 국내 정세나 재야 단체의 동향을 파악하여 알려달라는 지령을 받은 이외에 수차례 북한의 구성원들과 접촉하여 지령을 받아 그 목적을 수행하여 온 자이고, 피고인으로서도 공소외 A와 국내에서 접촉하여 그의 연락처를 알아냈고, 그에게 가족을 찾아달라는 부탁을 하는 취지의 서신연락으로 시작되기는 하였지만 그 이후 공소외 A의 위와 같은 역할을 알고서도 그의 부탁을 받고 국내의 정치상황, 재야 운동단체들의 활동, 조국통일범민족연합(약칭

범민련) 남측본부 인사들의 구속 및 재판과정 등을 상세히 기재한 편지와 녹음테이프를 그에게 우송한 사실을 인정한 다음, 국가보안법 제4조 제1항 제2호에 정한 국가기밀이라 함은 반국가단체에 대하여 비밀로 하거나 확인되지 아니함이 대한민국의 이익을 위하여 필요한 모든 정보자료로서, 순전한 의미에서의 국가기밀에 한하지 아니하고 정치, 경제, 사회, 문화 등 각 방면에 관한 국가의 모든 기밀사항이 포함되며, 그것이 국내에서의 적법한 절차 등을 거쳐 널리 알려진 공지의 사항이라고 하더라도 반국가단체인 북한에게는 유리한 자료가 되고, 대한민국에는 불이익을 초래할 수도 있는 것이면 국가기밀에 속한다고 할 것이며, 또 지령의 수수는 상명하복의 지배관계가 있을 것을 필요로 하지 않음은 물론 구두, 서신 등 그 형식에도 아무런 제한이 없는 점에 비추어 피고인이 공소외 A의 지령에 따라 위와 같이 국내의 정치상황, 재야 운동단체들의 활동, 범민련 남측본부 인사들의 구속 및 재판과정 등을 전달한 행위는 국가보안법 제4조 제1항 제2호 (나)목의 국가기밀 수집, 전달에 해당한다고 판단하였다.

그러나 국가보안법 제1조 제1항은 이 법은 국가의 안전을 위태롭게 하는 반국가활동을 규제함으로써 국가의 안전과 국민의 생존 및 자유를 확보함을 목적으로 한다고 규정하고, 그 제2항에서 이 법을 해석 적용함에 있어서는 제1항의 목적달성을 위하여 필요한 최소한도에 그쳐야 하며, 이를 확대 해석하거나 헌법상 보장된 국민의 기본적 인권을 부당하게 제한하는 일이 있어서는 아니 된다고 규정하고 있을 뿐 아니라, 유추해석이나 확대해석을 금지하는 죄형법정주의의 기본정신에 비추어서도 그 구성요건을 엄격히 제한 해석하여야 할 것이다.

따라서 현행 국가보안법 제4조 제1항 제2호 (나)목에 정한 기밀을 해석함에 있어서 그 기밀은 정치, 경제, 사회, 문화 등 각 방면에 관하여 반국가단체에 대하여 비밀로 하거나 확인되지 아니함이 대한민국의 이익이 되는 모든 사실, 물건 또는 지식으로서, 그것들이 국내에서의 적법한 절차 등을 거쳐 이미 일반인에게 널리 알려진 공지의 사실, 물건 또는 지식에 속하지 아니한 것이어야 하고, 또 그 내용이 누설되는 경우 국가의 안전에 위험을 초래할 우려가 있어 기밀로 보호할 실질가치를 갖춘 것이어야 할 것이다.

다만 국가보안법 제4조(목적수행)가 반국가단체의 구성원 또는 그 지령을 받은 자의 목적수행행위를 처벌하는 규정이므로 그것들이 공지된 것인지 여부는 신문, 방송 등 대중매체나 통신수단 등의 발달 정도, 독자 및 청취의 범위, 공표의 주체 등 여러 사정에 비추어 보아 반국가단체 또는 그 지령을 받은 자가 더 이상 탐지·수집이나 확인·확증의 필요가 없는 것이라고 판단되는 경우 등이라 할 것이고, 누설할 경우 실질적 위험성이 있는지 여부는 그 기밀을 수집할 당시의 대한민국과 북한 또는 기타 반국가단체와의 대치현황과 안보사항 등이 고려되는 건전한 상식과 사회통념에 따라 판단하여야 할 것이며, 그 기밀이 사소한 것이라 하더라도 누설될 경우 반국가단체에는 이익이 되고 대한민국에는 불이익을 초래할 위험성이 명백하다면 이에 해당한다 할 것이다.

따라서 이와 일부 다른 견해를 취한 대법원 1993. 10. 8. 선고 93도1951 판결; 1994. 5. 24. 선고 94도930 판결; 1995. 7. 28. 선고 95도1121 판결; 1995. 9. 26. 선고 95도1624 판결 및 이와 같은 취지의 종전 판결들은 이를 변경하기로 한다.

이 점에 대하여는 대법관 천경송, 대법관 정귀호, 대법관 이임수의 별개의견이 있다(제8항 참조).

이제 이 사건에 돌아와 보건대, 기록에 의하면 갑에 대한 이 사건 국가기밀의 탐지, 수집, 전달에 관한 공소사실의 요지는 피고인이 반국가단체로부터 지령을 받은 공소외 A의 지령에 따라 1992. 1. 21.부터 1994. 5. 4.까지 12회에 걸쳐 P, Q 등 국내 일간지와 월간 R지 등 잡지, 방송 등을 통하거나 범민련 등 재야운동단체 사무실 등지를 출입하면서 입수한 자료들을 탐지, 수집한 후 이를 종합하여 국내 정세와 재야 운동단체들의 활동, 범민련 남측본부 인사들의 구속 및 재판과정 등에 관한 내용을 편지 또는 녹음테이프에 정리하여 공소외 A에게 전달하였다는 것인바, 그렇다면 원심으로서는 갑이 탐지·수집·전달하였다는 위와 같은 공소사실의 기밀의 내용 중에는 신문, 방송 등 대중매체나 통신수단 등의 발달 정도, 독자 및 청취의 범위, 공표의 주체 등 여러 사정에 비추어 보아 반국가단체인 북한이나 그 지령을 받은 공소외 A 또는 갑이 더 이상 탐지·수집이나 확인·확증의 필요가 없는 것이라고 판단되어 공지의 사실에 속하는 것도 포함되어 있는 것으로 보이므로, 과연 갑이 탐지·수집·전달한 내용에 위와 같은 공지된 사실에 속하는 것이 있는지 여부를 심리하고, 나아가 위에서 설시한 판단기준에 비추어 그 내용을 누설할 경우 국가의 안전에 위험을 초래할 우려가 있어 기밀로 보호할 실질가치를 가지고 있는지 여부 등에 관하여 좀더 심리하여 그것이 국가보안법 제4조 제1항 제2호 (나)목에 정한 '국가기밀'에 해당하는지 여부를 가려 보았어야 할 것이다.

그럼에도 불구하고 이러한 조치를 취하지 아니한 원심판결에는 국가보안법 제4조 제1항 제2호 (나)목에 정한 '국가기밀'에 관한 법리를 오해한 위법이 있다고 할 것이고, 이는 판결에 영향을 미쳤음이 분명하다고 할 것이다. 이 점을 지적하는 상고이유는 받아들이기로 한다.

* * *

7. 결론

그러므로 원심판결 중 판시 제1의 죄에 관한 부분(이 부분은 제1심 판시 범죄사실 첫머리의 전과와 형법 제37조 후단의 경합범관계에 있어 주문에서 따로 형이 선고되었다)은 국가보안법 제4조 제1항 제2호 (나)목에 정한 국가기밀에 관한 법리를 오해한 위법이 있어 파기를 면치 못할 것이므로, 이 부분을 파기하여 원심법원에 환송하고 갑의 나머지 판시 제2 내지 6 죄에 관한 상고는 이유가 없으므로 이를 기각하기로 하여 주문과 같이 판결하는바, 이 판결에는 국가기밀의 의미에 관하여 대법관 천경송, 대법관 정귀호, 대법관 이임수의 별개의견이 있는 이외에는 관여 대법관들의 의견이 일치되었다.

8. 별개의견

대법관 천경송, 대법관 정귀호, 대법관 이임수의 별개의견은 다음과 같다.

원심판결 중 그 판시 제1죄 부분을 파기하여야 할 것이라는 다수의견에 관하여 그 결론에는 찬성하나, 그 이유와 국가보안법 제4조 제1항 제2호 (나)목에 정한 기밀에 관한 종전 대법원판례를 변경하여야 한다는 점에는 찬동하지 아니한다. 그 이유는 다음과 같다.

첫째, 우리 대법원은 종래에 일관하여 “반국가단체에 대하여 비밀로 하거나 확인되지 아니함이 대한민국의 이익을 위하여 필요한 모든 정보자료로서, 순전한 의미에서의 국가기밀에 한하지 아니하고 정치, 경제, 사회, 문화 등 각 방면에 관한 국가의 모든 기밀사항이 포함되며, 그것이 국내에서의 적법한 절차 등을 거쳐 널리 알려진 공지의 사항이라고 하더라도 반국가단체인 북한에게는 유리한 자료가 되고 대한민국에는 불이익을 초래할 수도 있는 것이면 국가기밀에 속한다”고 판시하여 왔는바(대법원 1995. 9. 26. 선고 95도1624 판결; 1995. 7. 28. 선고 95도1121 판결; 1995. 7. 25. 선고 95도1148 판결; 1994. 4. 15. 선고 94도126 판결; 1993. 10. 8. 선고 93도1951 판결 등 참조), 우리 대법원이 외교상비밀누설죄(형법 제113조), 공무상비밀누설죄(형법 제127조), 군사기밀보호법상의 군사기밀누설 등의 죄의 경우와는 달리, 위와 같이 국가보안법상의 국가기밀의 범위를 넓게 인정하여 하여 온 것은, 국가보안법이 무력에 의한 대남적화통일의 야욕을 포기하지 않고 있는 북한공산집단과 대치하고 있는 우리만의 특수한 상황 아래에서 우리의 안전과 생존 및 자유를 확보하기 위하여 반국가단체나 그 지령을 받은 자가 그 목적수행을 위하여 국가기밀을 탐지·수집·전달하는 행위를 처벌하기 위하여 제정된 법률이고, 오늘날 각국의 첩보활동이나 북한공산집단의 대남적화통일전략에 비추어 볼 때, 국가보안법상의 기밀의 의미를 북한공산집단이 우리의 전체적 잠재력을 체계적으로 탐색·파악하거나 남한 내의 지지세력 확보와 대남적화전략을 수행하기 위하여 필요로 하는 일체의 공개되거나 공개되지 아니하는 정보라고 보는 것이 상당하다고 할 것이기 때문이다.

다수의견처럼 국가기밀의 개념을 좁게 해석하는 경우에는, 국가기밀의 탐지·수집·전달 등의 죄로 처벌하여야 할 필요성이 있음에도 불구하고 이를 처벌하지 못하는 결과가 되어 대한민국의 안전에 위험을 초래하게 되는 수가 있을 것이다. 그리고 위와 같은, 우리가 처하여 있는 특수상황이 현재에도 아무런 변화가 없이 계속되어 오고 있다는 것이 우리의 인식이므로, 아직은 종전의 대법원의 견해를 변경할 때가 아니라고 보는 것이다.

둘째, 다수의견은 기밀로 인정되기 위하여서는 기밀로 보호할 실질가치가 있는 것이어야 한다고 하고 있는바, 이는 종전의 대법원 판례의 판단기준인 '반국가단체인 북한에게는 유리한 자료가 되고 대한민국에는 불이익을 초래할 수 있는 것'과 그 적용범위에 있어서 별다른 차이가 없다고 생각한다. 생각건대, 국가기밀의 개념 그 자체는 절대적인 것이 아니고 상대적인 것으로서 시기와 장소 및 상황에 따라 달리 평가될 수 있는 것이므로 남북대치 현황 등 상황의 변경 여부에 따라 국가기밀의 범위의 판단기준을 신축성 있게 해석하여야 할 것이고, 오늘날 전자매체의 발달로 국내에서 발간되는 신문이나 잡지 등이 세계 각국으로 배포되고 있고 인터넷을 통하여서도 정보를 얻을 수 있는 점 등에 비추어 보면, 이미 반국가단체인 북한이 손쉽게 접근, 파악할 수 있는 사항 등은 이제는, 탐지·수집·전달 등의 대상이 되는, '북한에게는 유리한 자료가 되고 대한민국에는 불이익을 초래할 수 있는 것'에 해당하지 아니한다고 판단되는 것이므로, 이 점에서도 굳이 종전 판례의 견해를 변경할 필요까지는 없다고 할 것이다.

따라서 이 사건의 경우, 갑이 탐지·수집·전달하였다는 공소사실의 기밀의 내용 중에는 종전 대법원 판례의 판단기준에 따르더라도 국가기밀로 볼 수 없는 것도 일부 포함되어 있는 것으로 보이므로, 원심으로서는 이 점에 관하여 좀더 심리하여 그것이 국가보안법 제4조 제1항 제2

호 (나)목에 정한 '국가기밀'에 해당하는지 여부를 가려 보았어야 할 것이다. 결국, 원심판결 중 국가기밀 탐지, 수집, 전달에 관한 판시 제1죄 부분은 국가보안법 제4조 제1항 제2호 (나)목에 정한 '국가기밀'에 관한 법리를 오해한 위법이 있다는 이유로 파기하여야 할 것이다.

대법관 윤관(재판장) 박만호 최종영 천경송 정귀호 박준서 이돈희(주심) 김형선 지창권 신성택 이용훈 이임수 송진훈

참고판례

(가) 대법원 1995. 12. 5. 선고 94도2379 판결【외교상기밀누설】(공1996, 311)

형법 제113조 제1항 소정의 외교상의 기밀이라 함은, 외국과의 관계에서 국가가 보지해야 할 기밀로서, 외교정책상 외국에 대하여 비밀로 하거나 확인되지 아니함이 대한민국의 이익이 되는 모든 정보자료를 말한다.

원심이 적법하게 확정한 사실에 의하면, 이 사건에서 피고인들이 P지 특집호에 공개한 사항 중 외교상의 기밀에 해당한다고 기소된 사항들은 모두 위 공개 전에 이미 외국 언론에 보도된 내용들이거나 외신을 통하여 국내 언론사에 배포된 것으로 추단된다는 것인바, 사정이 그러하다면 오늘날 각종 언론매체의 성장과 정보산업의 급속한 발전 및 그에 따른 정보교환의 원활성 등을 감안해 볼 때 이러한 사항들은 보도된 나라 이외의 다른 외국도 그 내용을 쉽게 지득할 수 있었다고 봄이 상당하고, 이와 같은 경위로 외국에 이미 널리 알려져 있는 사항은 특단의 사정이 없는 한 이를 비밀로 하거나 확인되지 아니함이 외교정책상의 이익이 된다고 할 수 없는 것이어서 외교상의 기밀에 해당하지 아니한다 할 것이다.

외국에 널리 알려진 사항이라고 하더라도 대한민국 정부가 외교정책상 그 사항의 존재 또는 진위 여부 등을 외국에 대하여 공식적으로 알리지 아니

하거나 확인하지 아니함이 외교정책상의 이익으로 되는 예외적인 경우가 있을 수 있음은 소론이 지적하는 바와 같으나, 피고인들이 공개한 사항들 중 어느 사항이 어떠한 이유로 위와 같은 경우에 해당한다는 점에 관하여 검사의 주장·입증이 전혀 없을 뿐만 아니라, 가사 피고인들이 공개한 사항 중 일부가 이에 해당한다고 하더라도, 외국에 널리 알려진 사항 그 자체가 외교상의 기밀이 되는 것은 아니고 다만 그러한 사항의 존재나 진위 여부에 대한 대한민국 정부의 공식적인 입장이나 견해가 외교상의 기밀이 될 수 있을 뿐이라고 할 것인데, 기록에 의하면 피고인들은 외교상의 기밀에 해당된다고 기소된 사항 등에 대하여 정부가 국내 언론사에 이른바 '보도지침'을 보내 보도의 자제나 금지를 요청하는 형식으로 언론을 통제하고 있다는 사실을 공개한 것으로 인정될 뿐이고, 나아가 피고인들이 공개한 내용만으로는 위와 같이 보도의 자제나 금지가 요청된 사항에 대한 대한민국 정부의 공식적인 입장이나 견해는 물론 그 사항 자체의 존부나 진위조차 이를 알거나 확인할 수 없으므로, 피고인들의 위 행위가 외교상의 기밀을 알리거나 확인함으로써 이를 누설한 경우에 해당한다고 볼 수도 없다.

따라서 원심이 피고인들에 대한 이 사건 공소사실 중 외교상비밀누설의 점에 관하여 무죄의 선고를 한 조치는 그 이유 설시에 다소 미흡한 점이 없지 아니하나 결과적으로 정당하고, 거기에 판결에 영향을 미친 법리오해의 위법이 있다 할 수 없다. 논지는 이유 없다.

(나) 대법원 1983. 3. 22. 선고 82도3036 판결【간첩·구국가보안법위반·반공법위반·국가보안법위반】(공1983, 774)

북한괴뢰집단은 우리 헌법상 반국가적인 불법단체로서 국가로 볼 수 없음은 소론과 같으나, 간첩죄의 적용에 있어서는 이를 국가에 준하여 취급하여야 한다는 것이 당원의 판례이며(1959. 7. 18 선고4292형상180 판결 및 1971. 9. 28 선고 71도1498 판결 각 참조), 현재 이 견해를 변경할 필요는 느끼지 않는다. 위와 같은 견해가 헌법에 저촉되는 법률해석이라는 논지는 독단적 견해에 불과하여 받아들일 수 없다.

(다) 대법원 1984. 9. 11. 선고 84도1381 판결 【국가보안법위반・간첩・간첩미수】 (공1984, 1675)

원심판시 사실에 의하면, 을이 일본국 오사카부 소재 공소외 A 집에서 B와 접선하여 동인으로부터 대한민국의 정치, 경제, 사회, 군사 등 제반사항에 관한 기밀을 탐지 수집하여 도일시 보고하라는 공작임무를 부여받고 1983. 5. 13 김포공항으로 입국 기밀을 탐지 수집하려던 중 같은 달 20경 경찰관 2인이 피고인의 행적을 탐문하고 갔다는 말을 전해 듣고 지령사항 수행을 보류하고 있던 중 같은 해 7. 12 수사기관에 검거됨으로써 미수에 그쳤다는 것인바 기록에 의하여 살펴보면, … 범죄사실을 인정한 조치는 수긍이 가고 간첩의 목적으로 외국 또는 북한에서 국내에 침투 또는 월남하는 경우에는 기밀탐지가 가능한 국내에 침투 상륙함으로써 실행의 착수가 있다고 할 것이므로(대법원 1958. 10. 10. 선고 4291형상294 판결; 1960. 9. 30. 선고 4293형상508 판결; 1964. 9. 22. 선고 64도290 판결; 1971. 9. 28. 선고 71도1333 판결 참조) 동 피고인이 입국한 뒤 간첩의 기회를 노리다가 체포된 … 위의 인정사실에 의하면, 동 피고인은 기밀탐지의 기회를 노리다가 검거된 것이므로 동 소위를 간첩미수범으로 의율한 원심의 조치는 정당하고 이를 중지범으로 의율하여야 한다는 논지는 채용할 수 없다.

(라) 대법원 1982. 2. 23. 선고 81도3063 판결 【국가보안법위반・간첩・간첩방조・반공법위반】 (공1982, 400)

(1) 원심이 유지한 위 갑에 대한 1심판결 이유 중 범죄사실 1의 (라)에 의하면, 1심은 피고인이 1966. 10. 14. 15:00 평양 근교 대동강변 초대소에서 북괴 대남사업총국장 A 등으로부터 격려를 받고 포섭대상자 명단을 제출한 후 그간의 사업보고를 하고, 그 판시 내용과 같이 그해 10. 18 위 초대소에서 대남간첩 B와 C 지도원에게 ① 남한정치실태, ② 월남파병, ③ 서민생활 및 한일관계, ④ 군사시설, ⑤ 경찰의 검문 및 경비상황 등에 관하여 설명하고, 그달 중순경 위 초대소에서 전시 A에게 박○○이 5.16 직후보다 많이 달라져 신망이 조금씩 높아가고 있다는 등 4개항을 말하여 반국가단체의 지령

을 받고 그 목적수행을 위하여 월북 직전 국가기밀을 탐지 수집한 것을 누설함으로써 간첩하였다고 인정한 후, 위 판시 소위에 대하여 행위시법인 구 국가보안법(1960. 6. 10 법률 제549호) 제2조, 형법 제98조 제1항을 적용하였다.

그러나 위 형법 제98조 제1항의 간첩행위는 적국에 제보하기 위하여 은밀히 또는 묘계로서 우리나라의 군사상은 물론 정치, 경제, 사회, 문화, 사상 등 기밀에 속한 사항 또는 도서, 물건을 탐지 수집함을 말하는 것이고, 직무에 관하여 군사상 기밀을 지득한 자가 이를 적국에 누설한 경우에는 형법 제98조 제2항에, 직무에 관계없이 지득한 군사상 기밀을 적국에 누설한 경우에는 형법 제99조에 해당한다 함이 당원의 판례이다(당원 1975. 5. 13 선고 75도862 판결 참조).

그러므로, 형법 제98조 제1항에 규정된 간첩행위는 기밀에 속한 사항 또는 도서, 물건을 탐지 수집한 때에 기수가 되는 것이고 간첩이 이미 탐지, 수집하여 지득하고 있는 사항을 타인에게 보고, 누설하는 행위는 간첩의 사후행위로서 간첩행위 자체라고는 볼 수 없는바, 위에서 본 1심 판시사실에 의하면 1심은 갑이 이미 탐지 수집한 사항을 입북하여 북괴 간부나 지도원 등에게 보고, 누설한 행위 자체를 간첩행위로 인정한 것이라고 볼 수밖에 없으니, 이 점에서 원심은 형법 제98조 제1항의 간첩죄의 구성요건에 관한 법리를 오해한 위법이 있다.

만일 위 1심 판시 취지가 위 보고, 누설행위만을 간첩행위로 본 것이 아니라 월북 전에 탐지 수집한 행위까지 간첩행위로 포함하여 인정한 취지라면 범행일시 등으로 그 범행내용과 기수시기를 특정하여야 할 것이다.

왜냐하면 위 보고, 누설행위 자체가 이 사건 공소제기 약 14년 7개월 전에 있었으므로 그 이전에 있었을 기밀탐지수집행위에 대하여 공소시효가 완성된 여부를 밝혀 볼 필요가 있기 때문이다.

결국, 원심판결 중 갑의 위 간첩죄에 관한 부분은 그대로 유지될 수 없는바 위 간첩죄와 다른 죄들은 서로 경합범관계에 있어 위 간첩죄에 관한 위법은 판결결과에 영향이 있으므로 다른 상고이유에 대한 판단을 생략하고 위 피고인에 대한 원심판결 전부를 파기하기로 한다.

(마) 대법원 1986. 2. 25. 선고 85도2533 판결 【국가보안법위반·반공법위반】 (공1986, 569)

간첩이라 함은 적국을 위하여 국가기밀을 탐지, 수집하는 행위를 말하는 것이므로 간첩방조의 죄가 성립하려면 간첩의 활동을 방조할 의사로서 그의 기밀의 탐지, 수집행위를 용이하게 하는 행위가 있어야 하고 단순히 숙식을 제공한다느니 또는 무전기를 매몰하는 행위를 도와주었다느니 하는 사실만으로서는 간첩방조죄가 성립할 수 없다 함은 과연 소론과 같으나 원심이 인용한 제1심 판결이 확정한 사실은 을이 1971. 2. 초순경 남파북괴간첩인 공소외 A에게 공군사관학교의 소재지와 그 생도의 선발 및 교육기간과 졸업후 임관관계, 공군사병교육과 그 선발, 편성, 근무연한 및 병력, 비행기 수리항공창의 소재지, 공군훈련비행관계, 공군조종사와 정비사의 교육 및 미군사고문단의 기술교육지도 등과 5호 다이알의 개발, 제작 및 그 성능 등에 관한 사항 등을 제보하여 공소외 A의 간첩행위를 용이하게 하여 이를 방조하였다는데 있고 (뒤의 상고이유 제2점의 기재도 이를 간첩방조로 확정한 사실을 전제로 하고 있는 것 같아 소론은 전후 일관성이 없다) 소론 지적과 같은 공소외 A에게 은신처를 제공하고 위장업체를 동업하여 동인의 활동을 비호하였다는 등의 사실은 간첩방조죄로서 죄가 되는 사실로 확정한 바가 아님이 그 판문상 명백한 터이므로 이와 같은 원심조치에 소론 간첩방조죄의 법리오해로 인한 사실오인, 이유불비 내지 의율착오 등의 위법이 없다.

쟁점연구

1. 외환의 죄는 직접적인 무력행사를 전제로 하는 경우(직접침략)와 간접적으로 무력행사에 영향을 주는 경우(간접침략)로 나누어 볼 수 있다. 간첩죄는 후자에 속한다. 간첩죄의 실행행위인 '간첩'의 개념을 정의해 보라.
2. 외환죄의 일종인 간첩죄는 무력행사를 염두에 두고 마련된 범죄유형이다. 그리하여 행위객체로 '군사상 기밀'이라는 표현이 사용되고 있다(형법 98 ②). 이에 대해 국가보안법은 '국가기밀'이라는 표현을, 국교에 관한 죄의

하나인 외교상기밀누설죄(형법 113)는 '외교상 기밀'이라는 표현을 각각 사용하고 있다. 도입판례와 참고판례 (가)를 대비하여 '군사상 기밀', '국가기밀', '외교상 기밀'의 상호관계를 분석해 보라.

4. 도입판례에서 대법원은 '국가기밀'과 관련하여 '기밀'의 개념요소를 분석하고 있다. 그런데 '국가기밀'과 관련하여 대법원의 견해가 나뉘고 있다. 다수의견과 소수의견을 대비하여 그 차이점을 분석해 보라.
5. 참고판례 (나)는 간첩죄와 관련하여 북한의 법적 성질을 분석하고 있다. 논의가 제기되는 계기와 이를 해소하기 위한 방안을 모색해 보라.
6. 참고판례 (다)는 간첩죄의 실행의 착수시기에 관한 것이다. 간첩죄는 외부로부터 국내에 침투한 경우와 국내에서 간첩행위로 나아간 경우로 나눌 수 있다. 이러한 유형분류가 간첩죄의 실행의 착수시점과 관련하여 발생시키는 차이점을 설명해 보라.
7. 참고판례 (라)는 협의의 간첩죄(형법 98① 전단)와 군사기밀누설죄(형법 98②)의 관계를 보여주고 있다. 양자의 관계를 설명하고 참고판례 (라)에서 구체적으로 문제된 쟁점을 분석해 보라.
8. 참고판례 (마)는 간첩방조죄(형법 98① 후단)의 구조를 보여주고 있다. 간첩방조죄의 성립요건을 분석하고 참고판례 (마)에서 구체적으로 문제된 쟁점을 분석해 보라.

제20장 공무원의 직무에 관한 죄

Ⅰ. 공무원의 직무수행에 관한 죄

1. 직무유기죄

도입판례

대법원 1993. 12. 24. 선고 92도3334 판결【허위공문서작성 · 허위공문서작성행사 · 직무유기】(공1994, 582)

【피 고 인】 갑
【상 고 인】 피고인
【변 호 인】 변호사 정기승
【원심판결】 대전지방법원 1992. 11. 27. 선고 92노1080 판결
【주 문】 상고를 기각한다.
【이 유】

상고이유에 대하여 본다.

제1점에 대하여

직무유기죄에 있어서도 직무를 버린다는 주관적인 인식이 필요하고, 또 직무를 유기한 때라 함은 법령 등에 의한 추상적인 의무를 태만하는 일체의 경우를 이르는 것이 아니고 직장의 무단이탈, 직무의 의식적인 포기 등과 같이 그것이 국가의 기능을 저해하며 국민에게 피해를 야기시킬 가능성이 있는 경우를 말하는 것임은 소론 주장과 같다.

그런데 원심이 인용한 제1심판결이 확정한 사실에 의하면, P군청 산

업과 농어촌개발계에 근무하면서 농지전용허가 및 불법 농지전용고발 등 전반적인 농지사무를 담당하고 있던 피고인은 1991. 10. 16. P읍사무소 직원인 공소외 A로부터 Q개발주식회사 대표이사인 공소외 B가 P읍 구룡리 산45 외 2필지에서 토석을 채취하면서 절대농지인 같은 리 805 등 4필지를 그 채석장의 진입로 및 골재야적장으로 사용하는 등 농지를 불법전용하고 있다는 사실을 통보받고 현장도면 및 사진 등 증거자료를 교부받은 후 같은 달 22. 현장을 확인하고도 아무런 조치를 취하지 아니하였다는 것인바, 농지의보전및이용에관한법률의 입법취지나, 농지를 전용하고자 할 때에는 관할청의 허가를 받도록 하는 한편 허가를 받지 아니하고 불법으로 농지를 전용한 경우 군수 등에게 원상회복을 명할 수 있는 권한과 고발권한을 부여하고 있는 등의 위 법률 관계규정의 내용에 비추어 보면, P군의 농지사무를 담당하고 있던 피고인으로서는 위와 같이 그 관내에서 발생한 농지불법전용 사실을 알게 되었으면 P군수에게 그 사실을 보고하여 P군수로 하여금 원상회복을 명하거나 나아가 고발을 하는 등 적절한 조치를 취할 수 있도록 하여야 할 직무상 의무가 있다 할 것이고, 소론이 주장하는 농지관리에 대한 1차적인 책임이 읍장에게 있다고 하는 것은 어디까지나 내부위임에 의하여 그렇다는 것에 불과할 뿐 원상회복을 명하거나 고발을 하는 권한은 여전히 군수에게 있는 것이므로(당원 1985. 8. 13. 선고 85도1193 판결 참조), 피고인이 공소외 B의 농지불법전용사실을 애써 외면하고 아무런 조치를 취하지 아니한 것은 자신의 직무를 저버린 행위로서 농지의 보전, 관리에 관한 국가의 기능을 저해하며 국민에게 피해를 야기시킬 가능성이 있는 것이라고 하지 않을 수 없다.

그리고 피고인이 위 농지불법전용사실을 알고 이를 확인하게 된 경위나 그 업무내용, 특히 당시는 농지불법전용에 대하여 일제 조사를 하던 시기로서 피고인도 P읍에 대한 조사자로 지정되어 있었던 점 등 기록에 나타난 사정들로 미루어보면 피고인에게 직무를 버린다는 데에 대한 주관적인 인식이 없었다고 할 수 없고, 소론 주장의 사정들만으로 이와 달리 볼 수는 없다.

원심이 이와 같은 취지에서 피고인의 위와 같은 소위를 직무유기죄로 처단한 조치는 옳고, 거기에 소론과 같이 직무유기죄의 성립요건에 관한 법리를 오해한 위법이 있다고 할 수 없다. 논지는 이유 없다.

제2점에 대하여

원심이 인용한 제1심판결은, 거시증거에 의하여, 피고인은 1991. 10. 21. 공소외 B로부터 위 농지에 관한 일시전용허가 신청서를 접수하고 위와 같이 위 농지의 불법전용사실을 확인하였으므로 불법전용된 농지를 원상복구하고 적법절차를 거쳐 다시 신청을 하기 전에는 위 농지의 전용을 허가하여 주어서는 아니 됨을 직무상 잘 알고 있음에도 불구하고 위 농지의 일시전용허가를 하여 주기 위하여, 행사할 목적으로, 같은 달 24. 현장출장복명서를 작성하면서 위와 같은 불법농지전용사실은 일체 기재하지 아니한 채 복명자 의견란에 위 농지에 출장하여 확인 조사한 결과 경지지역 내에 석산개발을 위한 진입로를 시설코자 하는바, 허가하여 줌이 타당하다고 사료되어 허가코자 한다라는 취지로 기재하고, 심사의견서를 작성하면서 종합의견란에 적합하다는 표시를 하고 그 이유로서 위 복명서와 같은 취지로 기재하여 그 직무에 관하여 허위의 공문서인 복명서 1매 및 심사의견서 1매를 각 작성하고, 그 무렵 결재를 위하여 위 허위 작성된 복명서 1매 및 심사의견서 1매를 마치 진정하게 작성된 것처럼 산업과장, 군수에게 제출하여 이를 각 행사한 사실을 인정한 다음, 피고인의 위 각 소위를 허위공문서작성, 동행사죄로 의율처단하고 있는바, 기록을 살펴보면 원심의 위와 같은 사실인정과 판단은 정당한 것으로 수긍이 가고, 거기에 소론과 같이 채증법칙에 위배하여 사실을 오인하거나 허위공문서작성, 동행사죄에 대한 법리를 오해한 위법이 있다고 할 수 없다.

논지는 피고인이 당시의 여러 가지 정황을 종합하여 농지일시전용의 폐해보다는 그 허가로 인한 공익의 확충이 더 긴요하다고 판단하였기 때문에 위와 같은 내용으로 복명서 등을 작성하였다는 것이나, 기록에 의하여 살펴보면 이는 피고인의 단순한 변명에 불과한 것으로 인정될 뿐이고, 소론이 지적하는 판례는 이 사건에 적절한 것이라고 할 수 없다. 논지도 이유 없다.

제3점에 대하여

공무원이 어떠한 위법사실을 발견하고도 그 직무상의 의무에 따른 적절한 조치를 취하지 아니하고 오히려 그 위법사실을 적극적으로 은폐할 목적으로 허위의 공문서를 작성, 행사하였다면 이러한 경우에는 직무위배의 위법상태는 허위공문서작성 당시부터 그 속에 포함되는 것으로 작위범인 허위공문서작성, 동행사죄만이 성립하고 부작위범인 직무유기죄는 따로 성립하지 아니한다고 함이 당원의 견해(당원 1982. 12. 28. 선고 82도2210 판결; 1972. 5. 9. 선고 72도722 판결 참조)임은 소론이 주장하는 바와 같다.

그러나 이 사건에 있어서 피고인이 위 복명서 및 심사의견서를 허위작성한 것은 공소외 B가 농지일시전용허가를 신청하자 이를 허가하여 주기 위하여 한 것이지, 직접적으로 공소외 B의 농지불법전용사실을 은폐하기 위하여 한 것은 아니므로, 원심이 위 허위공문서작성, 동행사죄와 직무유기죄가 실체적 경합범의 관계에 있는 것으로 본 조치는 정당하고, 거기에 소론과 같이 허위공문서작성, 동행사죄와 직무유기죄의 관계에 대한 법리를 오해한 위법이 있다고 할 수 없다. 논지 역시 이유 없다.

* * *

그러므로 상고를 기각하기로 하여 관여 법관의 일치된 의견으로 주문과 같이 판결한다.

대법관 윤영철(재판장) 김상원 박만호 박준서(주심)

참고판례

(가) 대법원 2006. 10. 19. 선고 2005도3909 전원합의체 판결【증거인멸·직무유기】(공2006, 1952)

1. 직무유기죄와 증거인멸죄의 관계에 관한 상고이유에 대하여

P경찰서 방범과장이던 피고인이 부하직원으로부터 Q오락실을 음반·비디오물 및 게임물에 관한 법률 위반 혐의로 단속하여 범죄행위에 제공된 증거물로 오락기의 변조기판을 압수하여 위 방범과 사무실에 보관중임을 보고받아 알고 있었음에도 그 직무상의 의무에 따라 위 압수물을 같은 경찰서 수사계에 인계하고 검찰에 송치하여 범죄혐의의 입증에 사용하도록 하는 등의 적절한 조치를 취하지 않고, 오히려 부하직원에게 위와 같이 압수한 변조기판을 돌려주라고 지시하여 Q오락실 업주에게 이를 돌려주었다면, 직무위배의 위법상태가 증거인멸행위 속에 포함되어 있는 것으로 보아야 할 것이므로, 이와 같은 경우에는 작위범인 증거인멸죄만이 성립하고 부작위범인 직무유기(거부)죄는 따로 성립하지 아니한다고 봄이 상당하다고 할 것이다(대법원 1971. 8. 31. 선고 71도1176 판결; 1996. 5. 10. 선고 96도51 판결; 1997. 2. 28. 선고 96도2825 판결 등 참조).

이와 달리, 사법경찰관인 피고인이 피의자 등에게 관련자를 은폐하기 위하여 허위진술을 하도록 교사하였다면 타인을 교사하여 증거인멸죄를 범하게 한 것인 동시에 그것이 또한, 정당한 직무집행을 거부한 것이 된다고 판시한 대법원 1967. 7. 4. 선고 66도840 판결은 이를 변경하기로 한다.

같은 취지의 원심의 판단은 정당하고, 거기에 직무유기죄와 증거인멸죄의 관계 및 상상적 경합에 관한 법리오해의 위법이 없다.

(나) 대법원 1997. 8. 29. 선고 97도675 판결【직무유기】(공1997, 2983)

형법 제122조 후단 소정의 공무원이 정당한 이유 없이 직무를 유기한 때라 함은 직무에 관한 의식적인 방임 내지 포기 등 정당한 사유 없이 직무를 수행하지 아니한 경우를 의미하는 것이므로 공무원이 태만, 분망, 착각

등으로 인하여 직무를 성실히 수행하지 아니한 경우나 형식적으로 또는 소홀히 직무를 수행하였기 때문에 성실한 직무수행을 못한 것에 불과한 경우에는 직무유기죄는 성립하지 아니한다고 할 것이고(대법원 1994. 2. 8. 선고 93도3568 판결; 1997. 4. 11. 선고 96도2753 판결 등 참조), 이 직무유기죄는 그 직무를 수행하여야 하는 작위의무의 존재와 그에 대한 위반을 전제로 하고 있는바, 그 작위의무를 수행하지 아니함으로써 구성요건에 해당하는 사실이 있었고 그 후에도 계속하여 그 작위의무를 수행하지 아니하는 위법한 부작위상태가 계속되는 한 가벌적 위법상태는 계속 존재하고 있다고 할 것이며 형법 제122조 후단은 이를 전체적으로 보아 1죄로 처벌하는 취지로 해석되므로 이를 즉시범이라고 할 수 없다고 할 것이다(대법원 1965. 12. 10. 선고 65도826 판결 참조).

그런데 원심판결이 명시한 증거들과 검사 작성의 제1심 공동피고인에 대한 피의자신문조서 및 진술조서의 각 기재{…}에 의하면, 피고인 [갑]은 이 사건 교통사고 당일 대전 중구 문화동 소재 P병원에서 경사 A로부터 이 사건 교통사고처리를 인계받은 후 바로 공소외 제1심 공동피고인 [을]과 함께 사고 현장에 가서 현장조사를 하고 그 때 제1심 공동피고인으로부터 그가 좌회전신호를 위반하여 이 사건 교통사고가 발생한 것 같다는 말을 듣고도 같은 달 16. 17:00경 대전 중부경찰서 교통과 사고처리반에서 위 제1심 공동피고인 [을]로부터 [피해자] B와 보험처리만 하고 사고처리는 하지 아니하기로 합의(같은 달 15. 합의하였음)하였으니 사고처리를 하지 말아달라는 부탁을 받고 이 사건 교통사고를 입건하여 수사하지 않은 사실, 피고인 [갑]은 같은 달 21. 11:00경 위 중부경찰서를 방문한 Q화재해상보험 주식회사 대전보상사무소 직원인 공소외 C로부터 피해자 B가 이 사건 교통사고로 뼈가 부러지는 사고를 당하고 위 P병원에서 의식이 회복되어 사고 당일에 R병원으로 전원되었는데, 위 제1심 공동피고인 [을]과 B가 서로 상대방이 신호를 위반하였다고 주장하여 예상보험금지급액 6,400만 원을 지급할 것인지 여부를 결정할 수 없다고 하면서 위 교통사고를 정식 입건하여 수사하여 달라는 요청을 받았는데도 이를 거부하고 그대로 있다가 같은 해 12. 21.경 보험금을 지급받지 못한 위 B가 위 교통사고를 신고하자 부랴부랴 위 제1심 공동피고인 [을]

이 신호를 위반하여 이 사건 교통사고를 야기하였다고 하여 위 제1심 공동피고인 [을]을 교통사고처리특례법위반죄로 입건하고 뒤늦게 수사에 나서게 된 사실, 그런데 경찰청의 교통사고처리지침(수사기록 1권 407쪽) 제23조에 의하면 교통사고처리특례법 제3조 제2항 단서의 중요법규 10개항 위반 사고 등 공소권 있는 사고는 교통사고보고서 및 수사서류를 작성하여 가해자를 원칙적으로 24시간(단, 관계 증빙서류 필요시 48시간) 내 구속 또는 불구속 수사 여부를 결정·신병처리하고 수사기록은 기소의견으로 검찰에 송치하여야 한다고 규정하고 있는 사실을 인정할 수 있는바, 사실관계가 위와 같다면, 설사 피고인이 주장하는 바와 같이 당시 교통사고가 폭주하여 피고인의 교통사고 수사직무가 몹시 바빠 그 처리가 지연될 수밖에 없었던 점을 감안하더라도 피고인은 태만, 분망, 착각 등으로 인하여 그 직무를 성실히 수행하지 아니한 경우나 형식적으로 또는 소홀히 직무를 수행하였기 때문에 성실한 직무수행을 못한 것에 불과한 경우에 해당하는 것이 아니라 그 직무에 관한 의식적인 방임 내지 포기 등 정당한 사유 없이 교통사고 수사직무를 수행하지 아니한 경우에 해당한다고 할 것이고, 피고인 [갑]이 위 제1심 공동피고인 [을]의 신호위반 사실을 알고 있으면서도 수사에 착수하지 아니하고 그 후에도 그 작위의무를 수행하지 아니하는 위법한 부작위상태가 계속되어 그 가벌적 위법상태는 계속 존재한 것이므로 원심이 같은 취지로 피고인의 행위가 전체적으로 보아 1죄로서 직무유기죄에 해당한다고 판단한 조치는 옳다고 여겨지고 거기에 상고이유가 지적하는 직무유기죄에 관한 법리오해나 심리미진, 이유불비의 위법이 있다고 할 수 없으므로 이 점을 지적하는 상고이유의 주장도 이유 없다.

쟁점연구

1. 직무유기죄(형법 122)는 독일 형법이나 일본 형법에는 없는, 우리 형법의 독자적인 범죄유형이다. 신생 대한민국의 출범과 관련하여 마련된 직무유기죄의 입법취지와 보호법익을 설명해 보라.

2. 직무유기죄는 다른 나라에서 유례를 찾아보기 힘든 범죄유형이다. 그만큼 처벌이 지나치다는 비난이 제기될 수 있다. 직무유기죄의 지나친 처벌을 방지하기 위하여 대법원이 제시한 대비책을 도입판례에서 찾아 설명해 보라.
3. 직무유기죄의 행위태양은 직무집행을 거부하는 경우(형법 122 전단)와 직무집행을 유기하는 경우(형법 122 후단)로 나누어진다. 참고판례 (가)는 직무집행거부의 경우를, 참고판례 (나)는 직무집행유기의 경우를 각각 보여주고 있다. 양자의 차이점은 어디에 있으며, 그 실익은 무엇인가?
4. 우리 형법은 공무원의 직무수행과 관련하여 여러 가지 범죄유형을 규정해 놓고 있다. 직무유기죄는 이러한 공무원범죄들 가운데 가장 기초적인 범죄유형이라고 할 수 있다. 그리하여 직무유기죄가 여타의 공무원범죄에 대해 어떠한 관계에 있는가를 놓고 죄수론상 논란이 제기되고 있다. 도입판례는 직무유기죄(형법 122)와 허위공문서작성죄(형법 227)의 관계를, 참고판례 (가)는 직무유기죄(형법 122)와 증거인멸죄(형법 155①)와의 관계를 각각 보여주고 있다. 직무유기죄의 성립 여부와 관련하여 두 판례를 같은 점과 다른 점을 분석해 보라.

2. 직권남용죄

도입판례

대법원 2006. 5. 26. 선고 2005도6966 판결【변호사법위반·직권남용권리행사방해】(미간행)

【피 고 인】 갑
【상 고 인】 피고인
【변 호 인】 법무법인 세종 담당변호사 서성 외 2인
【원심판결】 서울남부지법 2005. 8. 26. 선고 2005노314 판결
【주　　문】 상고를 기각한다.
【이　　유】

* * *

2. 직권남용죄에 대하여

(1) 원심은, 그 채용증거들을 종합하여 판시와 같은 사실을 인정한 다음 피고인이 공소외 A를 검사실로 소환한 목적은 로비자금 수사나 범죄정보의 수집을 위한 것이라기보다는 공소외 A에게 가족들을 면회할 수 있는 편의를 제공하거나 자신의 장인인 공소외 B와 관련된 문제를 해결하기 위한 목적 등으로 소환한 것이라고 봄이 상당하다고 판단하였는바, 기록에 비추어 살펴보면, 원심에서의 증거취사와 사실인정은 수긍이 가고, 거기에 상고이유로 주장하는 바와 같은 채증법칙 위배로 인한 사실오인의 위법이 없다.

(2) 직권남용죄는 공무원이 그 일반적 직무권한에 속하는 사항에 관하여 직권의 행사에 가탁하여 실질적, 구체적으로는 위법·부당한 행위를 한 경우에 성립하고, 그 일반적 직무권한은 반드시 법률상의 강제력을 수반하는 것임을 요하지 아니하며, 그것이 남용될 경우 직권행사의 상대

방으로 하여금 법률상 의무 없는 일을 하게 하거나 정당한 권리행사를 방해하기에 충분한 것이면 되는 것이다(대법원 2004. 5. 27. 선고 2002도6251 판결 참조).

그런데 검사는 수사에 관하여는 그 목적을 달성하기 위하여 필요한 조사를 할 수 있고(형사소송법 제199조), 검사는 수사목적 달성을 위하여 필요한 경우에는 피의자나 피의자 아닌 제3자(참고인)에 대한 출석을 요구하여 진술을 들을 수 있으며(형사소송법 제200조, 제221조), 검사가 출석을 요구하는 자가 교도소나 구치소에 수용된 자인 경우 당해 구금시설의 교도관리는 당해 수용자를 검사조사실 등 지정된 장소에 동행하고 출정수용자에 대한 계호업무를 수행하며, 수용자의 신병확보와 증거인멸 방지 등 소송진행에 협력하여야 하는 것이므로(계호근무준칙 제290조) 위와 같은 규정에 비추어 보면 검사가 참고인 조사를 위하여 타청 관할에 속하는 교도소장에 대하여 참고인의 소환을 요청하는 것은 그의 일반적 직무권한에 속하는 사항이라고 할 것이다.

그러나 위와 같은 일반적 직무권한을 가진 피고인이 실제로는 개인적인 목적을 위하여 공소외 A를 소환하면서도 수사 목적이라는 명분을 내세워 공소외 A가 수용된 구치소 또는 교도소의 교도관리에게 공소외 A에 대한 소환요구 또는 출석요구를 하였고, 이에 따라 교도관리들이 공소외 A를 검사실로 호송한 행위는, 검사로서의 일반적 직무권한에 속하는 업무에 가탁하여 실질적, 구체적으로는 교도관리들로 하여금 직무상 의무 없는 일을 하게 한 것으로서 직권남용죄가 성립한다고 보아야 할 것이다.

같은 취지의 원심의 판단은 정당하고, 거기에 상고이유로 주장하는 바와 같은 직권남용죄의 성립 및 해석에 관한 법리오해 등의 위법이 없다.

상고이유로 내세우는 대법원 1991. 12. 27. 선고 90도2800 판결은 이 사건과 사안을 달리하는 것이어서 이 사건에 원용하기에 적절하지 아니하다.

3. 결론

그러므로 상고를 기각하기로 하여, 관여 대법관의 일치된 의견으로 주문과 같이 판결한다.

대법관 손지열(재판장) 이강국(주심) 박시환

참고판례

(가) 대법원 1991. 12. 27. 선고 90도2800 판결【직권남용 · 직무유기】(공 1992, 806)

1. 직권남용죄 부분을 본다.

원심판결 이유에 의하면, 원심은, 피고인이 공소외 박종철을 부검한 국립과학수사연구소 의사 A에게 직접 기자간담회용 메모의 작성을 지시하고 두 차례에 걸쳐 부검소견에 어긋나는 내용을 메모에 기재토록 요구하여 이를 교부받았다는 점에 부합하는 검사 작성의 A, B에 대한 각 진술조서, 그들이 작성한 각 진술서 및 A의 일기장은 동인들이 원심법정에서 한 번복진술에 비추어 믿을 수 없고, 달리 이를 인정하기에 충분한 증거가 없으며, 나아가 피고인이 제4차장 C를 통하여 위 A로 하여금 이 사건 메모를 작성토록 하여 이를 교부받았다 하더라도 이 사건 메모의 성격이 그 작성자 명의로 대외적으로 발표되는 것이 아니라 단순히 1987. 1. 16. 08:30경으로 예정된 기자간담회에서 피고인이 참고하기 위한 자료에 불과하여 위 메모작성행위가 위 A의 직무상 의무에 해당한다고 보기 어렵고, 위 A가 위 메모를 작성한 것도 동인이 4차장의 요청을 받아들여 호의적으로 작성한 것에 불과하며, 위 A는 사후에 정식감정서를 작성하면서 처음의 부검소견대로 작성하였을 뿐만 아니라, 피고인 역시 기자간담회에서 위 A가 작성한 대로 정서된 이 사건 메모를 사용하지 아니하고 자신이 별도로 만든 자료를 이용하였던 점 등에 비추어 볼 때, 위 제4차장을 통한 피고인의 위와 같은 행위를 피고인이 직권을 남용하여 위 A로 하여금 의무 없는 일을 행하게 하거나 권리행사를 방해하였다고 보기는 어렵고, 달리 피고인이 직권을 남용하여 사람으로 하여금 의무 없는 일을 행하게 하거나 사람의 권리행사를 방해하였다고 인정하기에 충분한 증거가 없다고 판시하였다.

살피건대 직권남용죄의 '직권남용'이란 공무원이 그의 일반적 권한에 속하는 사항에 관하여 그것을 불법하게 행사하는 것, 즉 형식적, 외형적으로는 직무집행으로 보이나 그 실질은 정당한 권한 이외의 행위를 하는 경우를 의미하고, 따라서 직권남용은 공무원이 그의 일반적 권한에 속하지 않는 행위를 하는 경우인 지위를 이용한 불법행위와는 구별되며, 또 직권남용죄에서 말하는 '의무'란 법률상 의무를 가리키고, 단순한 심리적 의무감 또는 도덕적 의무는 이에 해당하지 아니하는바, 기록에 의하면 위 A의 메모작성행위가 국립과학수사연구소의 행정업무에 관한 행정상 보고의무라고 할 수 없고 피고인이 위 A에게 메모를 작성토록 한 행위가 피고인의 일반적 권한에 속하는 사항이라고도 볼 수 없다. 또 위 A가 피고인의 요청에 따라 작성해 준 메모는 정식 부검소견서가 아니고 피고인이 기자간담회를 할 때 참고하기 위한 것에 지나지 아니하여 동인이 피고인에게 위 메모를 작성하여 줄 법률상 의무가 있는 것도 아닐 뿐만 아니라, 그와 같은 메모를 작성하여 준 것도 단순한 심리적 의무감 또는 스스로의 의사에 기한 것으로 볼 수 있을 뿐이어서 법률상 의무에 기인한 것이라고 인정할 수도 없으므로, 피고인이 위 A에게 메모의 작성을 요구하고 이를 위 A의 내심의사에 반하여 두 번이나 고쳐 작성하도록 하였다 하여도 이를 의무 없는 일을 하게 한 것이라고 볼 수는 없다. 따라서 이와 같은 취지의 원심판단은 옳고, 여기에 소론과 같이 직권남용죄에 관한 법리오해의 위법은 없다. 논지는 이유 없다.

(나) 대법원 2008. 12. 24. 선고 2007도9287 판결【…직권남용권리행사방해…】(미간행)

4. 피고인 갑의 상고이유에 대하여

가. 직권남용권리행사방해의 점에 관한 공소사실의 요지 및 원심의 판단

이 부분 공소사실의 요지는, "피고인 갑은 P토지공사 경북지사가 분양하는 Q시 일반지방산업단지 내 폐기물처리장 부지를 피고인 을, 피고인 병 주

식회사로 하여금 분양받게 하기 위하여, P토지공사 경북지사와 협의하여 그 폐기물처리장 부지에 관한 분양추첨 절차에 참가할 수 있는 자격을 Q시 시장의 입주추천서를 발급받은 자로 제한하기로 한 다음, 2004. 4. 1. 위 폐기물처리장 부지를 분양받고자 하는 공소외 R 주식회사로부터 입주추천서 발급을 의뢰받았음에도, 2004. 4. 6. Q시 시장의 Q시 일반지방산업단지 내에서 폐기물최종처리업을 하고자 하는 자를 P토지공사에 심의·추천할 수 있는 직권을 남용하여 특별한 사유 없이 공소외 R 주식회사에 대하여 입주추천서 발급을 거절함으로써 공소외 R 주식회사의 입찰참가 권리를 방해하였다"는 것인데, 원심은 그 채택 증거를 종합하여 그 판시와 같은 사실을 인정한 다음, 피고인 갑은 폐기물처리업 허가권자인 Q시 시장으로서 사업시행자인 P토지공사 경북지사와 폐기물처리장 처분계획을 협의하여 폐기물처리장 부지의 공급대상자의 자격을 Q시 시장의 입주추천서를 발급받은 자로 제한함으로써 그에 관한 심의·추천권을 가지게 되었으므로, 그러한 직무권한을 적법·타당하게 행사하여야 할 것인데도 합리적인 추천기준을 마련하거나 심의절차를 거치는 등의 조치를 취하지 아니한 채 특정업체가 위 부지를 취득할 수 있도록 하기 위하여 결격사유도 제시하지 않고 공소외 R 주식회사의 입주추천서 발급의뢰를 거절한 점, 위 분양공고에 따른 추첨일인 2004. 4. 6.까지 피고인 을, 피고인 병 주식회사는 입주추천서 발급의뢰를 한 사실이 없음에도 같은 날 공소외 R 주식회사에 대하여 입주추천서 발급의뢰 거절통지를 한 점 등에 비추어 보면, 피고인 갑은 그 직권을 남용하였다고 할 것이고, 나아가 이 사건 폐기물처리장 부지는 산업입지의 원활한 공급과 산업의 합리적 배치를 통하여 균형 있는 국토개발과 지속적인 산업발전을 촉진함으로써 국민경제의 건전한 발전에 이바지함을 목적으로 제정된 산업입지 및 개발에 관한 법률에 근거하여 조성한 산업단지 내의 부지로서 사업시행자가 그러한 부지를 분양하고자 하는 경우에는 분양계획서를 작성하고 그 계획에 따라 분양하여야 하는 등 법령의 규정에 따라 처분하여야 하는 점(위 법률 시행령 제39조), 사업시행자인 P토지공사 경북지사가 그와 같은 규정에 따라 위와 같은 분양공고를 한 점에 비추어 보면, 피고인 갑이 직권을 남용하여 공소외 R 주식회사의 입주추천서 발급의뢰를 거절함으로써 공소외 R 주식회사가 위와 같은 관계규정에 따라 그 부지를 공급받고자 하는 자로서 분양추첨에 참가할 권리의 현실적인 행사가 방해되는 결과가 발생되었다고 할 것이므로 피고인 갑의 행위는 직권남용권리행사방해죄에 해당한다고 판단하였다.

나. 대법원의 판단

그러나 원심의 위와 같은 판단은 다음과 같은 이유로 그대로 수긍하기 어렵다.

형법 제123조가 규정하는 직권남용권리행사방해죄에서 권리행사를 방해한다 함은 법령상 행사할 수 있는 권리의 정당한 행사를 방해하는 것을 말한다고 할 것이므로 이에 해당하려면 구체화된 권리의 현실적인 행사가 방해된 경우라야 할 것이고, 따라서 공무원의 직권남용행위가 있었다 할지라도 현실적으로 권리행사의 방해라는 결과가 발생하지 아니하였다면 본죄의 기수를 인정할 수 없다(대법원 2006. 2. 9. 선고 2003도4599 판결 등 참조).

그런데 원심이 그 채택 증거를 종합하여 인정한 그 판시와 같은 사실관계에 의하면, 피고인 갑은 Q시 시장으로서 P토지공사 경북지사와의 협의에 의하여 Q시 일반지방산업단지 내의 폐기물처리장 부지에 관한 분양추첨 절차에 참가할 수 있는 입주대상자를 심의·추천할 수 있는 권한을 부여받게 되었고, 한편 그러한 권한에 기하여 공소외 R 주식회사에 대하여 입주추천서를 발급할 것인지 여부는 피고인 갑의 재량에 속한다 할 것이므로, 공소외 R 주식회사의 입주추천서 발급의뢰가 있다고 하여 피고인 갑이 당연히 입주추천서를 발급하여야 하는 것은 아니다. 따라서 특별한 사정이 없는 한 공소외 R 주식회사에게 피고인 갑에 대하여 입주추천서의 발급을 구할 수 있는 구체화된 법령상의 권리가 인정된다고 볼 수 없다. 또한, 공소외 R 주식회사가 그 입주추천서를 발급받기 전에는 단지 위 분양추첨 절차에 참가할 수 있다는 기대를 갖는 것에 불과하므로, 그 입주추천서를 발급받지 못한 이상 공소외 R 주식회사에게 위 분양추첨 절차에 참가할 수 있는 구체화된 법령상의 권리도 인정되지 않는다. 따라서 비록 피고인 갑이 공소외 R 주식회사에 대하여 입주추천서 발급을 거부함에 따라 결과적으로 공소외 R 주식회사가 그 분양추첨 절차에 참가할 수 없게 되었다 하더라도 그러한 사정만으로는 공소외 R 주식회사의 구체화된 권리의 현실적인 행사가 방해되었다고 볼 수 없다.

그럼에도, 원심은 피고인 갑이 공소외 R 주식회사의 입주추천서 발급의뢰를 거절함으로써 공소외 R 주식회사가 그 분양절차에 참가할 권리의 현실적인 행사가 방해되는 결과가 발생하였다고 인정하여 피고인 갑의 행위가 직권남용권리행사방해죄에 해당한다고 판단하였는바, 이러한 원심의 판단에는 직권남용권리행사방해죄에 관한 법리를 오해한 위법이 있고, 이는 판결에 영향을 미쳤다고 할 것이다. 이 점을 지적하는 상고논지는 이유 있다.

쟁점연구

1. 도입판례에서 변호인은 참고판례 (가)를 원용하면서 직권남용죄(형법 123)가 성립하지 않는다고 주장하고 있다. 도입판례와 참고판례 (가)의 같은 점과 다른 점은 무엇인가?
2. 직권남용죄는 공무원이 '직권을 남용'할 때 성립한다. 직권남용과 그 밖의 불법행위의 차이점은 무엇인가?
3. 도입판례와 참고판례 (가)를 종합하여 '직권남용'의 범위를 설명해 보라.
4. 참고판례 (가)와 참고판례 (나)는 모두 직권남용죄의 성립을 부정하고 있다. 양자를 비교하여 같은 점과 다른 점을 설명해 보라.
5. 참고판례 (나)에서는 권리행사방해 여부를 놓고 항소심과 대법원의 판단이 갈리고 있다. 항소심의 판단과 대법원의 판단이 나뉘는 대목은 무엇인가? 대법원의 판단이 타당하다고 생각하는가? 찬성, 반대의 입장을 택하고 그 논거를 제시해 보라.

3. 불법체포감금죄

도입판례

대법원 1991. 12. 30.자 91모5 결정【재정신청기각결정에대한재항고】(공1992, 818)

【재항고인】 A

【원 결 정】 서울고등법원 1990. 12. 14. 자 90초35 결정

【주 문】 원심결정 중 피의자 갑, 을의 불법감금의 점에 관한 부분을 파기하고, 이 부분 사건을 서울고등법원에 환송한다. 피의자 병, 정, 무, 기에 대한 재항고와 피의자 갑의 협박의 점에 대한 재항고는 이를 모두 기각한다.

【이 유】

재항고이유를 판단한다.

* * *

2. 원심결정 이유에 의하면, 원심은 피의자 갑, 을이 직권을 남용하여 재항고인[A]을 감금하였다는 점에 대하여 판단하기를, 용산경찰서 조사계장 및 조사계원인 위 피의자들이 재항고인을 1989. 7. 21. 14:00경 신병인수시부터 7. 24. 23:55경 재항고인에 대한 구속영장이 집행될 때까지 약 82시간 동안 위 경찰서 조사계사무실 및 형사피의자 대기실 등에 있게 하면서 조사를 한 사실은 인정되나, 그 기간 중 신병처리품신과 영장신청을 위하여 형사피의자 대기실에서 대기하였던 몇 시간을 제외하고는 재항고인은 위 사무실에서 직장 동료인 위 피의자들과 어울려 함께 식사도 하고 사무실 내외를 자유로이 통행하였으며 또한 며칠이 걸려서 조사를 받아도 좋으니 철저히 조사하여 억울한 일이 없도록 하여 달라고 위 피의자들에게 요청한 사실도 인정되는 터이므로 위 피의자들이

위 기간 동안 재항고인을 그 의사에 반하여 부당하게 구금하였다고 보기 어렵고, 또 재항고인의 진술 외에는 달리 고소사실을 뒷받침할 자료를 찾아 볼 수 없는 이상 위 직권남용에 의한 감금의 고소사실을 인정하기 어렵다고 하면서, 검사가 같은 취지로 한 불기소(무혐의)처분은 정당하다고 판단하였다.

그러나 감금죄에 있어서의 감금행위는 사람으로 하여금 일정한 장소 밖으로 나가지 못하도록 하여 신체의 자유를 제한하는 행위를 가리키는 것이고, 그 방법은 반드시 물리적, 유형적 장애를 사용하는 경우뿐만 아니라 심리적, 무형적 장애에 의하는 경우도 포함되는 것인바, 설사 재항고인이 경찰서 안에서 판시와 같이 식사도 하고 사무실 안팎을 내왕하였다 하여도 재항고인을 경찰서 밖으로 나가지 못하도록 그 신체의 자유를 제한하는 유형, 무형의 억압이 있었다면 이는 바로 감금행위에 해당 할 수도 있는 것이다.

원심은 재항고인이 며칠이 걸려서 조사를 받아도 좋으니 철저히 조사하여 억울한 일이 없도록 하여 달라고 하면서 스스로 경찰서에 머물러 있는 것이어서 재항고인이 경찰서에 계속 머물러 있은 것은 그 스스로의 의사에 의한 것이지 강압에 의한 것은 아니라는 취지의 판단을 하였으나 원심의 이와 같은 판단은 우리의 경험칙에 비추어 수긍할 수 없는 것이다.

원심의 위와 같은 판단은 피의자 을의 검찰 진술에 터잡은 것으로 보이나 기록에 비추어 보면 위 피의자의 이 점에 관한 진술을 선뜻 믿기도 어려울 뿐 아니라, 설사 재항고인이 그와 같은 말을 했다 하더라도 이는 철저하고 공정한 조사를 하여 달라는 것을 강조한 것이지 스스로 경찰서 안에 머물러 있을 것을 요구한 취지로 받아들일 수는 없는 것이다.

특히 재항고인이 스스로 경찰서에 찾아간 것이 아니라 임의동행 형식으로 연행되어 경찰서까지 인치된 점에 비추어 더욱 그러하다 할 것이다.

원심으로서는 재항고인이 판시와 같이 장시간 경찰서에 머물러 있은 사유가 무엇인지 좀더 심리를 하여 재항고인에 대한 불법감금 여부를 판단하였어야 할 것이다.

그럼에도 불구하고 원심이 판시와 같은 수긍할 수 없는 이유를 들어 검사의 무혐의불기소처분이 정당하다고 판단하여 이 사건 재정신청을 배척하고 만 것은 결국 불법감금의 법률해석을 그르치거나 필요한 심리를 다하지 아니한 소치라 할 것이다.

이 점에 대한 논지는 이유 있다.

3. 그러므로 위에서 설시한 이유에 의하여, 원심결정 중 피의자 갑, 을의 불법감금의 점에 대한 부분을 파기하여 이 부분 사건을 원심법원에 환송하고, 피의자 갑에 대한 협박의 점 및 나머지 피의자들에 관한 재항고는 기각하기로 하여, 관여 법관의 일치된 의견으로 주문과 같이 결정한다.

대법관 김주한(재판장) 최재호 윤관 김용준

참고판례

▷ 대법원 1997. 6. 13. 선고 97도877 판결【특정범죄가중처벌등에관한법률위반(감금)】(공1997, 2111)

감금죄에 있어서의 감금행위는 사람으로 하여금 일정한 장소 밖으로 나가지 못하도록 하여 신체의 자유를 제한하는 행위를 가리키는 것이고, 그 방법은 반드시 물리적, 유형적 장애를 사용하는 경우뿐만 아니라 심리적, 무형적 장애에 의하는 경우도 포함되는 것이므로(대법원 1991. 12. 30.자 91모5 결정 참조), 설사 그 장소가 경찰서 내 대기실로서 일반인과 면회인 및 경찰관이 수시로 출입하는 곳이고 여닫이문만 열면 나갈 수 있도록 된 구조라 하여도 경찰서 밖으로 나가지 못하도록 그 신체의 자유를 제한하는 유형, 무형의 억압이 있었다면 이는 감금에 해당한다.

원심 및 제1심판결 이유에 의하면 원심은, 피고인이 피해자의 정당한 귀가요청을 거절한 채 경찰서 보호실 직원에게 피해자의 신병을 인도하고 다음날 즉결심판법정이 열릴 때까지 피해자를 경찰서 보호실에 강제유치시키려고 함으로써 피해자를 즉결피의자 대기실에 10~20분 동안 있게 하고, 이로 인하여 피해자를 위 보호실에 밀어 넣으려 하는 과정에서 피해자로 하여금 치료일수를 알 수 없는 우견갑부좌상 등을 입게 한 점에 대하여 범죄의 증명이 있다고 하여 피고인을 특정범죄가중처벌에관한법률 제4조의2 제1항, 형법 제124조 제1항을 적용하여 처단하였는바, 원심이 인용한 제1심판결의 명시 증거들을 기록에 비추어 검토하여 보면 원심의 이러한 인정과 판단은 옳다고 여겨[진다.]

* * *

원심이, 피고인의 정당행위 주장에 대하여 형사소송법이나 경찰관직무집행법 등의 법률에 정하여진 구금 또는 보호유치 요건에 의하지 아니하고는 즉결심판피의자라는 사유만으로 피의자를 구금, 유치할 수 있는 아무런 법률상 근거가 없고, 경찰업무상 그러한 관행이나 지침이 있었다 하더라도 이로써 원칙적으로 금지되어 있는 인신구속을 행할 수 있는 근거로 할 수 없다는 이유로 위 주장을 배척하였는바, 기록에 비추어 살펴보면 원심의 이러한 판단은 옳다고 여겨지고, 거기에 상고이유의 주장과 같은 형법 제20조 소정의 정당행위에 관한 법리오해의 위법이 있다고 할 수 없다.

쟁점연구

1. 도입판례와 참고판례는 불법체포감금죄(형법 124①)가 성립하는 경우를 보여주고 있다. 한편 형법 제276조 제1항은 통상의 체포감금죄를 규정하고 있다. 두 조문을 비교하여 같은 점과 다른 점을 추출해 보라.
2. 형법 제124조 제1항의 불법체포감금죄는 경찰관 등이 '그 직권을 남용하여' 체포·감금의 행위를 할 것을 요건으로 하고 있다. 그런데 참고판례를

보면 경찰관이 보호실에 피의자를 밀어 넣는 과정에서 물리력을 행사하고 있다. 이러한 경우에 형법 제276조 제1항의 감금죄가 아니라 형법 제124조 제1항의 불법체포감금죄가 성립한다고 보아야 할 것인가? 찬성, 반대의 입장을 택하고 그 이유를 제시해 보라.

3. 도입판례는 불법체포감금죄가 성립하지 않는다고 판단한 검사의 불기소처분에 대해 고발인이 법원에 재정신청을 한 결과 내려진 대법원판례이다. 현행 형사소송법상 공무원의 직무집행과 관련하여 재정신청이 허용되는 경우를 검토해 보라.
4. 참고판례에서 대법원은 즉결심판피의자를 보호실에 유치하는 종래의 경찰관행에 대해 불법체포감금죄가 성립한다는 점을 분명히 하고 있다. 경찰관직무집행법상 보호실유치가 허용되기 위한 요건을 분석해 보라.

4. 공무상비밀누설죄

도입판례

대법원 1982. 6. 22. 선고 80도2822 판결【뇌물공여·공무상비밀누설·특정범죄가중처벌등에관한법률위반】(공1982, 710)

【피고인, 상고인】 갑, 을, 병
【변 호 인】 변호사 박충순, 안병수, 박수춘, 유현석
【원심판결】 서울고등법원 1980. 10. 8. 선고 80노1195 판결
【주 문】 원심판결 중 을에 대한 부분을 파기하고, 그 부분 사건을 서울고등법원으로 환송한다. 갑, 병의 상고를 모두 기각한다.
【이 유】

피고인 갑, 을의 각 변호인들의 상고이유 및 피고인 병의 상고이유를 판단한다.

* * *

2. 피고인 갑, 을의 각 변호인들의 공무상 비밀누설죄의 법리오해 주장에 관하여,

국가공무원법, 지방공무원법, 교육공무원법, 경찰공무원법, 법원조직법, 법원공무원규칙, 국가안전기획부직원법 등의 법령에 의하면 공무원은 재직 중은 물론 퇴직 후에도 직무상 지득한 비밀을 엄수할 의무를 일반적, 추상적으로 규정하고 이를 위반한 경우 징계사유로 규정한 경우도 있고, 정당법, 군사기밀보호법 등의 법령에는 위와 같은 비밀엄수의 의무에 위반하거나, 특정사항에 관하여 비밀로 할 것을 규정하고 이에 위반하여 그 비밀을 누설한 경우 형사처벌의 벌칙규정을 둔 예도 있는바, 후자의 경우에는 그 특별규정에 의한 형사상 범죄를 구성할 것이나 당해 법령에 비밀누설에 관한 벌칙규정이 없고 전자와 같이 비밀누설금지의 추상

적 규정만 있는 경우라도 그에 위반하여 비밀을 누설한 경우에는 비밀의 종류, 정도에 따라 징계사유에 한정되지 아니하고 형법상의 공무상 비밀누설죄를 구성하는 경우도 있다 할 것이다.

형법 제127조는 공무원 또는 공무원이었던 자가 법령에 의한 직무상 비밀을 누설하는 것을 구성요건으로 하고 있고 동조에서 법령에 의한 직무상 비밀이란 반드시 법령에 의하여 비밀로 규정되었거나 비밀로 분류 명시된 사항에 한하지 아니하고 정치, 군사, 외교, 경제, 사회적 필요에 따라 비밀로 된 사항은 물론 정부나 공무소 또는 국민이 객관적, 일반적인 입장에서 외부에 알려지지 않는 것에 상당한 이익이 있는 사항도 포함한다고 해석함이 상당하다 할 것인바(당원 1981. 7. 28. 선고 81도 1172 판결 참조), 원심판결 이유에 의하면 원심은 피고인 갑은 P시 도시계획국 도시계획 1과에 근무하는 토목기좌로서 도시계획 시설결정 업무에 종사하는 자이고 피고인 을은 같은 계에 재직 중인 토목기사보로 각 같은 업무에 종사하는 공무원들로서 P시에서 판시와 같이 동 청사를 판시 지상으로 이전할 계획을 극비리에 수립하고 도시계획 1과에서 도면작성 등 기초작업을 마친 후 동 지역을 제1공용청사 부지로 한 도시계획시설 결정안을 도시계획위원회에 상정하여 동 위원회에서 가결하게 되자, 피고인 갑은 동 위원회에 참석하여, 피고인 을은 위 결정이 끝난 후 잔무처리 과정에서 시청이 이전될 도시계획시설이 결정된 사실과 동 이전부지 위치를 지득하게 되었음을 기화로 피고인 갑은 판시와 같이 친구인 공소외 A에게 시청이전 결정지를 지적하여 주고, 피고인 을은 피고인 병에게 위 시청이전 결정지를 알려주어 판시와 같은 부동산 투기에 나아가게 하여 전매차익을 얻게 한 사실을 인정하고 피고인들이 위 도시계획위원회에서 가결한 공용청사 시설결정지를 고지한 사실을 형법 제127조 소정의 공무원이 법령에 의한 직무상 비밀을 누설한 경우에 해당하는 것으로 의율 처단하고 있는바, 판시와 같이 가결된 도시계획시설 결정은 그것이 법 소정의 절차를 거쳐 일반에게 공고 또는 고시 등에 의하여 공개되기 전에 관계공무원이 이를 미리 특정인에게 누설하는 경우, 부동산 투기를 조장하여 특정인에게 부당한 이익을 줄 염려가 있는 한편, 선량한 시민에게 부당한 피해를 주어 도시계획의 건전한 발전을 저해하는 요소로 작용될 수 있는 사항이라 할 것이므로, 비록 도시계획사업을 규율하는 도시계획법 등에 도시계획 시설결정 사실을 비밀사항으로 규정한 바 없다 하더라도 판시와 같은 도시계획시설결정 사실은 실질적으로 비밀성을 지녔다 할 것이므로 이를 특정인의 이익을 도모하여 정당한 이유 없이 누설함은 형법 제127조 소정의 공무상 비밀누설죄에 해당한다고 봄이 상당하고, 피고인들이 도시계획국 소관사무를 취급하고 있었고, 위 시설결정 사실을 지득한 경위가 판시와 같다면 이는 직무상 지득한 것으로 볼 수 있다 할 것이며, 도시계획 시설 결정안은 소정의 절차를 거쳐 도시계획위원회에서 가결되고 건설부장관이 그 결정을 고시하고, 도면을 공람케 함으로써 일반에게 공개되는 것이므로(도시계획법 제12조 참조) 그 입안과정에 있어서 지방의회의 의견을 듣는다거나 공청회를 개최한다고 하여 그 최종결정 과정까지 공개된 것이라고는 할 수 없으므로 도시계획의 공개성에 비추어 판시의 사항이 비밀성이 없는 것이라거나, 비밀사항에 관한 명문의 규정이 없다는 이유로 죄형법정주의의 원칙에 어긋난다는 논지는 채용할 수 없다.

* * *

대법관 강우영(재판장) 김중서 이정우 신정철

참고판례

▷ 대법원 1996. 5. 10. 선고 95도780 판결 【공무상비밀누설】 (공1996, 1934)

형법 제127조는 공무원 또는 공무원이었던 자가 법령에 의한 직무상 비밀을 누설하는 것을 구성요건으로 하고 있고, 동조에서 법령에 의한 직무상 비밀이란 반드시 법령에 의하여 비밀로 규정되었거나 비밀로 분류 명시된 사항에 한하지 아니하고 정치, 군사, 외교, 경제, 사회적 필요에 따라 비밀로 된 사항은 물론 정부나 공무소 또는 국민이 객관적, 일반적인 입장에서 외부에 알려지지 않는 것에 상당한 이익이 있는 사항도 포함하는 것이나(대법원 1981. 7. 28. 선고 81도1172 판결, 1982. 6. 22. 선고 80도2822 판결 각 참조), 동조에서 말하는 비밀이란 실질적으로 그것을 비밀로서 보호할 가치가 있다고 인정할 수 있는 것이어야 할 것이다. 그리고 본죄는 기밀 그 자체를 보호하는 것이 아니라 공무원의 비밀엄수의무의 침해에 의하여 위험하게 되는 이익, 즉 비밀의 누설에 의하여 위협받는 국가의 기능을 보호하기 위한 것이라고 볼 것이다.

그런데 원심판결 이유에 의하면, 원심은 그 판결에서 채용하고 있는 증거들을 종합하여 이 사건에서 문제가 된 감사는 1989. 4. 말 공소외 A가 감사원 제2국장으로 부임하면서 부동산투기가 심각한 사회문제로 대두되어 정부에서 토지공개념 도입 등의 대책을 강구하고 있고, 기업의 비업무용 부동산 보유실태에 관하여 국민의 관심이 집중된 상황 하에서 이에 부응하기 위하여 당초의 1989년도 연중감사계획을 수정하여 기획 입안한 것으로 부동산 관련 세제의 실제 운용실태, 기업의 비업무용 부동산 보유현황, 과세실태, 법령상 개선사항 등을 파악하고자 한 것이었고, 피고인 갑이 공개하였다는 실지감사귀청보고서는 감사대상기관을 '국세청(법인의 비업무용 부동산 취득에 대한 과세실태)'으로 하고, 조사결과의 개황에서 38개 조사대상법인 중 23개 법인의 부동산 총 보유면적과 사용현황을 밝히는 한편 이에 부수하여 "한국은행감독원의 국회제출자료(89. 5. 18.)와 대비"라는 제목 하에 은행감독원의 조사결과는 30대 재벌 520개 법인의 비업무용 토지 비율이 총 보유면적의 1.2%이고, 감사원의 조사결과는 그 비율이 43.3%라고 기재하여 대비한 다음 "법인의 부동산 투기는 관계기관의 발표내용보다 훨씬 심각한 실정임"이라고 단서를 달았고, 계속하여 법인별로 비업무용 부동산에 대한 과세누락 명세를 개요와 면적, 추징세액 등을 표시하여 기재하였으며, 다음으로 "법령상 개정이 요구되는 사항"으로서 감사과정에 드러난 법령의 모순점을 사항별로 지적하였고, 마지막으로 처리의견으로 "법인에 의한 부동산투기는 관계기관의 공식적인 발표내용보다 훨씬 심각하나 이미 정부에서 토지공개념 도입을 입법

추진 중이고 재무부에서도 세법개정 예정에 있으므로 차기 감사자료로 하기로 하였다”라는 내용이라는 것이고, 한편 위 보고서에서 인용하고 있는 은행감독원의 조사결과는 주거래은행이 보고한 내용을 아무 검증 없이 취합만 하여 1989. 5. 18. 국회에 제출한 것인데, 국세청이 정부의 5.8조치에 따라 같은 기준에 의하여 조사하여 1990. 8.경 발표한 48대 그룹의 비업무용 부동산 보유비율은 35.3%였다는 것인바, 위 보고서의 내용 중 은행감독원의 자료는 이미 국회에 제출되어 공개된 것이고, 법령상 개선사항은 추상적 의견에 불과한 것이어서 비밀이라 할 수 없으며, 나머지 개별기업의 비업무용 부동산 보유실태 역시 일반에게 알려지지 않은 비밀이라고 보기 어려울 뿐 아니라 그 당시 부동산투기가 심각한 사회문제로 대두되어 정부에서 토지공개념 도입 등의 대책을 강구하고 있었고, 기업의 비업무용 부동산 보유실태에 관하여 국민의 관심이 집중된 상황 하에서 기업의 비업무용 부동산 보유실태가 공개되는 것이 국민 전체의 이익에 이바지한다 할 수 있을 뿐 그러한 사항이 공개됨으로써 국가의 기능이 위협을 받는다고 할 수도 없으므로 이 사건 보고서의 내용은 공무상 비밀에 해당한다고 할 수 없다라고 판단하여 갑에 대한 이 사건 공소사실에 관하여 무죄를 선고하고 있다.

원심의 이러한 조치는 위와 같은 법리에 비추어 볼 때 정당한 것으로 수긍이 가고, 상고이유에서 지적하는 바와 같이 갑이 이 사건 보고서를 공개함으로써 은행감독원이나 감사원의 공신력에 손상을 초래할 수 있다고 하더라도 그러한 사유로 국가의 기능이 위협을 받는다고 할 수는 없는 일이고, 이 사건 보고서가 처리과정 중에 있는 중간문서라고 볼 수 없음은 물론 처리중에 있는 문서라고 하여도 그 때문에 그 내용이 당연히 공무상 비밀에 해당한다고 볼 수도 없으며, 갑이 자신에 대한 인사에 관한 불만으로 이 사건 보고서를 공개하였다 하여 달리 볼 것이 아니므로, 거기에 어떠한 법리오해의 잘못도 없다. 그 밖에 원심판결이 경험칙에 반하는 증거판단을 하여 채증법칙을 위반한 잘못도 없다. 상고이유는 모두 받아들일 수 없다.

쟁점연구

1. 우리 형법은 다른 나라의 경우와 달리 공무원의 비밀누설행위를 처벌하고 있다. 도입판례에서 대법원이 공무상비밀누설죄(형법 127)의 입법취지로 제시한 내용을 분석해 보라.
2. 도입판례 및 참고판례는 공무상비밀누설죄의 구성요건요소인 '법령에 의한 직무상 비밀'의 범위를 제시하고 있다. 여기에 해당하는 경우를 유형화하여 설명해 보라.
3. 도입판례에서 피고인 측이 공무상비밀누설죄의 성립을 다투기 위하여 제시한 논점들을 추출하고, 그에 대한 대법원의 판단을 검토해 보라.
4. 참고판례에서 검사 측이 공무상비밀누설죄의 성립을 주장하기 위하여 제시한 논점들을 추출하고, 그에 대한 대법원의 판단을 검토해 보라.
5. 도입판례와 참고판례를 비교하여 대법원이 참고판례에서 '공무상 비밀'의 개념요소에서 특히 주목한 사항을 설명해 보라.

Ⅱ. 뇌 물 죄

1. 뇌물수수죄

도입판례

대법원 2008. 2. 1. 선고 2007도5190 판결【뇌물수수】(미간행)

【피 고 인】 갑
【상 고 인】 피고인 및 검사
【변 호 인】 법무법인 화우 담당변호사 백현기 외 1인
【원심판결】 서울고법 2007. 6. 1. 선고 2007노224 판결
【주 문】 상고를 모두 기각한다.
【이 유】

상고이유를 판단한다.

1. 피고인의 상고이유에 대하여

뇌물죄는 공무원의 직무집행의 공정과 이에 대한 사회의 신뢰 및 직무행위의 불가매수성을 그 보호법익으로 하고 있고, 직무에 관한 청탁이나 부정한 행위를 필요로 하는 것은 아니기 때문에 수수된 금품의 뇌물성을 인정하는 데 특별한 청탁이 있어야만 하는 것은 아니며, 또한 금품이 직무에 관하여 수수된 것으로 족하고 개개의 직무행위와 대가적 관계에 있을 필요는 없고, 공무원이 그 직무의 대상이 되는 사람으로부터 금품 기타 이익을 받은 때에는 사회상규에 비추어 볼 때에 의례상의 대가에 불과한 것이라고 여겨지거나, 개인적인 친분관계가 있어서 교분상의 필요에 의한 것이라고 명백하게 인정할 수 있는 경우 등 특별한 사정이 없는 한 직무와의 관련성이 없는 것으로 볼 수 없으며, 공무원이 직무와 관련하여 금품을 수수하였다면 비록 사교적 의례의 형식을 빌어

금품을 주고받았다고 하더라도 그 수수한 금품은 뇌물이 되고(대법원 2002. 7. 26. 선고 2001도6721 판결 등 참조), 나아가 뇌물죄가 직무집행의 공정과 이에 대한 사회의 신뢰를 그 보호법익으로 하고 있음에 비추어 볼 때 공무원이 금원을 수수하는 것으로 인하여 사회 일반으로부터 직무집행의 공정성을 의심받게 되는지의 여부도 하나의 판단기준이 된다고 할 것이다(대법원 2001. 9. 18. 선고 2000도5438 판결 등 참조).

위 법리와 기록에 비추어 살펴보면, 원심이 그 채용증거들에 의하여 판시와 같은 사실을 인정한 다음, 부실채권의 매각, 부실기업의 구조조정 방식 및 컨설팅업체 선정 등의 업무를 행하고 있던 P은행의 총재인 피고인이 Q그룹의 총괄부회장으로서 부실기업 구조조정 등과 관련한 자산·부채 실사, 매각전략 수립 및 매각전략 자문 등의 용역을 수주하는 일을 담당하고 있던 공소외인 [A]로부터 미화 1만 달러를 교부받은 것은 피고인의 직무와 관련된 것으로 뇌물에 해당하고, 이를 개인적 친분관계에서 교부받은 의례적인 것이라고 볼 수는 없다고 하여 이 부분 공소사실을 유죄로 판단한 조치는 정당하고, 거기에 상고이유에서 주장하는 바와 같은 뇌물죄의 직무관련성에 관한 법리오해 등의 위법이 있다고 할 수 없다.

2. 검사의 상고이유에 대하여

가. 상고이유 제1점에 대하여

뇌물수수죄는 공무원 또는 중재인이 그 직무에 관하여 뇌물을 수수한 때에 성립하는 것이어서 그 주체는 현재 공무원 또는 중재인의 직에 있는 자에 한정되므로, 공무원이 직무와 관련하여 뇌물수수를 약속하고 퇴직 후 이를 수수하는 경우에는, 뇌물약속과 뇌물수수가 시간적으로 근접하여 연속되어 있다고 하더라도, 뇌물약속죄 및 사후수뢰죄가 성립할 수 있음은 별론으로 하고, 뇌물수수죄는 성립하지 않는다.

원심이 같은 취지에서, 피고인이 공소외인 [A]로부터 사무실 등을 제공받을 당시 P은행 총재직에서 퇴직한 이상 뇌물수수죄는 성립하지 않는다고 판단한 것은 위 법리에 따른 것으로 정당하고, 거기에 상고이유로 주장하는 바와 같은 뇌물수수죄에 관한 법리오해의 위법이 있다고 할 수 없다. 상고이유서에서 들고 있는 대법원판결은 사안이 달라 이 사건에 원용하기에 적절하지 않다.

나. 상고이유 제2점 및 제3점에 대하여

원심판결 이유를 기록에 비추어 살펴보면, 원심이 그 채택 증거들을 종합하여, 피고인이 공소외인으로부터 사무실 등 제공 제의를 받고 이를 승낙한 것은 피고인의 퇴임 방침이 확정된 2003. 4. 10. 이후부터 피고인이 퇴임한 4. 17. 전까지 사이라고 인정한 다음, 이와 같이 피고인이 공소외인으로부터 사무실 등을 제공받기로 약속한 시점이 피고인의 퇴임 확정 이후여서 공소외인으로서는 피고인의 직무와 관련하여 어떤 혜택을 기대할 가능성이 전혀 없었던 점, 그 무렵 P은행의 업무와 관련하여 공소외인에게 어떠한 현안이 있었다고 인정할 뚜렷한 자료가 없는 점, 공소외인이 피고인에게 사무실 등을 제공하기로 한 것은 피고인이 P은행 총재로 재직하는 동안 편의를 보아준 데 대한 대가라기보다는 피고인의 인맥, 경륜 등을 자신의 사업에 활용하여 도움을 받고자 하는 의도였던 것으로 보이는 점 등을 종합하여, 피고인이 공소외인으로부터 사무실 등을 제공받기로 한 것이 피고인의 직무에 관한 것으로 대가관계가 인정된다거나 피고인이 이를 인식하였다고 보기는 어렵다고 인정하여 사무실 등 제공과 관련한 뇌물약속의 점을 무죄로 판단한 조치는 정당한 것으로 수긍할 수 있고, 거기에 상고이유로 주장하는 바와 같은 채증법칙 위배 또는 뇌물죄의 직무관련성에 관한 법리오해 등의 위법이 있다고 할 수 없다.

3. 그러므로 상고를 모두 기각하기로 하여 관여 법관의 일치된 의견으로 주문과 같이 판결한다.

대법관 박시환(재판장) 박일환 김능환(주심)

참고판례

(가) 대법원 2006. 6. 15. 선고 2005도1420 판결 【특정범죄가중처벌등에관한 법률위반(뇌물)·뇌물수수】 (미간행)

뇌물죄에서 말하는 직무에는 공무원이 법령상 관장하는 직무 그 자체뿐만 아니라 직무와 밀접한 관계가 있는 행위 또는 관례상이나 사실상 관여하는 직무행위도 포함된다고 할 것이나, 구체적인 행위가 공무원의 직무에 속하는지 여부는 그것이 공무의 일환으로 행하여졌는가 하는 형식적인 측면과 함께 그 공무원이 수행하여야 할 직무와의 관계에서 합리적으로 필요하다고 인정되는 것이라고 할 수 있는가 하는 실질적인 측면을 아울러 고려하여 결정하여야 할 것이다(대법원 2002. 5. 31. 선고 2001도670 판결 등 참조).

원심은, 그 채택 증거들을 종합하여, 피고인은 P대학교 의과대학 교수로서 1984. 5. 7. P대학교병원에 겸직 근무를 명받아 그 이후로 계속하여 P대학교 의과대학 교수 겸 P대학교병원 의사로서 근무하여 온 사실, 피고인은 공소외 A의 처 공소외 B의 부탁을 받고 6회에 걸쳐 서울구치소로 직접 왕진을 가서 공소외 A를 진료하고 진단서를 작성해 주었으며, 구속집행정지신청에 관한 법원의 사실조회에 대해 회신을 보내주었고, 이러한 일련의 구속집행정지와 관련한 과정에서 공소외 B로부터 사례금 명목으로 4회에 걸쳐 합계 1,500만 원을 받은 사실 등을 인정한 다음, 기본적으로 P대학교병원에서 환자를 진료하고 진단서를 작성하는 것과 같은 진료업무는 그것이 겸직교원에 의하여 이루어진다고 하여도 원칙적으로 P대학교병원 의사의 업무이지 P대학교 의과대학 교수의 업무라고 할 수는 없고, 또한 P대학교 의과대학 교수의 직무인 교육, 연구업무와 밀접한 관련성이 있다고도 할 수 없으며, 이 사건에서 비록 피고인이 P대학교병원 내에서 환자를 진료하고, 진단서를 작성하는 통상적인 경우와는 다르게 공소외 B의 부탁을 받고 서울구치소까지 직접 외부 진료를 가고, 그곳에 비치된 진단서 용지를 이용하여 진단서를 작성하기는 하였으나, 환자를 진료하고 진단서를 작성하는 가장 기본적인 부분에 있어서는 그 업무의 내용이나 성격이 병원 내에서 이루어지는 의사의 진료행위와 전적으로 동일하다고 보이고, 달리 의과대학 교수의 직무와 밀접한 관련성이 있음을 발견할 수 없는 점, 이 사건 사실조회회신은 공소외 A에 대한 형사사건의 제1심 재판부가 공소외 A의 변호인으로부터 구속집행정지 신청이 있자 공소외 A의 건강상태를 알아보기 위해 P대학교병원에 보낸 사실조회에 대한 것이고, 위 조회에 대한 회신도 P대학교병원장 명의로 되어 있으며, 그 회신의 내용은 피고인이 1992년부터 공소외 A를 진료해 온 경과, 공소외 A의 당시 건강상태 및 구금생활 감당 여부 등에 대한 담당 의사로서의 의견을 담은 것이라는 점, 피고인이 작성한 회신서의 발신 명의는 'P대학교 의과대학 내과학교실 교수 피고인'으로 되어 있으나, 위 회신은 발신 명의에 불구하고 그동안 지속적으로 공소외 A에 대한 진료를 담당해 온 의사로서의 피고인이 그 진료업무의 연장선상에서 작성한 것으로 보일 뿐, 위 회신이 P대학교 의과대학 교수의 직무와 밀접한 관련이 있는 것으로는 생각되지 아니하는 점 등을 종합하면, 피고인이 공소외 A를 위하여 서울구치소로 왕진을 나가 진료하고 진단서를 작성해 주거나 법원의 사실조회에 대하여 회신을 해주는 것은 의사로서의 진료업무라고 보이고, 그것이 교육공무원인 P대학교 의과대학 교수의 직무와 밀접한 관련 있는 행위라고는 할 수 없다는 이유로 이 사건 공소사실에 대하여 무죄를 선고하였다.

앞서 본 법리와 기록에 비추어 살펴보면, 위와 같은 원심의 조치는 옳은 것으로 수긍이 가고, 거기에 뇌물죄에 있어서의 직무관련성에 관한 법리오해의 위법이 있다고 할 수 없다.

(나) 대법원 1992. 2. 28. 선고 91도3364 판결【특정범죄가중처벌등에관한법률위반(뇌물)·공갈·배임수재】(공1992, 1218)

원심이, 무릇 뇌물죄는 직무집행의 공정과 이에 대한 사회의 신뢰에 기하여 직무행위의 불가매수성을 그 직접적 보호법익으로 하고 있으므로 뇌물성은 의무위반행위의 유무와 청탁의 유무 및 금품 수수시기와 직무집행행위의 전후를 가리지 아니하고, 따라서 뇌물죄에서 말하는 '직무'에는 법령에 정하여진 직무뿐만 아니라 그와 관련 있는 직무, 과거에 담당하였거나 또는 장래에 담당할 직무 이외에 사무분장에 따라 현실적으로 담당하지 않는 직무라

하여도 법령상 일반적인 직무권한에 속하는 직무 등 공무원이 그 직위에 따라 공무로 담당할 일체의 직무도 포함된다고 설시한 후, 제1심이 적법하게 조사 채택한 증거들에 의하여 인정되는 피고인들과 원심공동피고인 병과의 관계, 수수된 금액, 수수행위의 시기, 병의 피고인들에 대한 명시적 묵시적 청탁 내용 등을 종합하여, 피고인들은 각각 그 직무에 관하여 뇌물을 수수하였다고 인정한 데에 소론과 같은 위법은 없다.

그리고, 피고인 갑이 일단 영득의 의사로 뇌물을 수수하였지만 그 액수가 너무 많아서 나중에 반환할 의사로 보관하였다 하더라도 뇌물죄의 성립에는 영향이 없고, 또한 같은 피고인이 뇌물을 수수한 후 자신의 편의에 따라 그 중 일부를 타인에게 교부하였어도 위 뇌물 전액을 수수하였다고 보아야 할 것이므로, 같은 취지의 원심의 판단도 옳다.

또한 원심이 적법히 인용한 제1심 거시의 증거들을 종합해 보면, 위 병은 공소외 26개 주택조합에 이 사건 토지들을 그들 조합의 주택부지로 매도하면서 그 주택신축공사를 수급하였으나, 위 토지들이 도시계획법상 자연녹지지역이어서 그 신축공사를 전혀 추진할 수 없었기 때문에 위 주택조합들의 불만이 고조되어 있던 중, 마침 서울특별시가 건설부장관에게 위 토지들을 주택신축이 가능한 택지개발촉진법상 택지개발예정지구로 지정할 것을 요청하자, 당시 건설부 토지국장으로서 그 업무를 담당하던 피고인 을에게 그 지정업무를 신속하게 처리하여 주고 아울러 토지소유자들에게 유리한 방향으로 업무를 처리하여 달라는 청탁을 하면서 자기앞수표 10,000,000원을 교부하였는데, 그후 위 병의 의도대로 이 사건 토지들이 택지개발예정지구로 지정되긴 했으나 그 사업시행자로 서울특별시가 지정됨으로써 위 병 및 직장주택조합들에게 불리한 결과가 된 사실을 인정할 수 있는바, 그렇다면 위 청탁 당시 위 병으로서는 건축이 불가능한 자연녹지지역이던 이 사건 토지들 위에 주택신축이 가능하게끔 이들을 택지개발예정지구로 지정되도록 함이 최소한의 의도였고(오랜 기간 건설업에 종사해 온 동인이 택지개발사업의 시행자가 택지개발촉진법상 국가 등 공공단체로 한정되어 있음을 모를 리는 없다), 논지와 같이 피고인 을이 주택정책심의위원회에 직접 관여한 바가 없고 단지 동 심의위원회의 의결내용을 소정의 절차를 밟아 이를 고시하는 일 이외에는 이를 취소,

변경할 수 있는 아무런 권한이 없었다고 하더라도 그 당시 위 택지개발예정지구의 지정 업무가 피고인 을의 담당업무가 아니었다 할 수 없고 동 업무가 동 피고인과 관련 있는 업무였던 이상, 가사 소론대로 같은 피고인의 업무처리결과와 위 병이 내심으로 바라던 바가 서로 어긋났다 하더라도, 뇌물죄의 성립에는 아무런 영향이 없다 할 것이다. 그러므로 논지들은 모두 이유 없다.

(다) 대법원 1992. 12. 22. 선고 92도1762 판결【…뇌물공여…】(공1993, 651)

뇌물수수죄나 뇌물공여죄에 있어서의 뇌물이란 금전, 물품 기타의 재산적 이익 등 사람의 수요, 욕망을 충족시키기에 족한 유형, 무형의 일체의 이익이 포함되는 것이므로, 이 사건 조합아파트 가입권에 붙은 소위 프레미엄도 뇌물에 해당한다고 보아야 할 것이다.

그러므로 원심이, 피고인 갑이 P시 Q구청 민영주택사업승인담당자인 을의 요구를 받고, 같은 피고인이 조합장으로 있던 판시 주택조합에 대한 사업계획승인 등 제반업무를 순조롭게 처리하여 줄 것을 기대하고 승낙하여, 위 을이 알선한 5명 명의의 조합가입신청서류를 접수하고 세대당 프레미엄이 금 20,000,000원인 R지역 조합원으로 가입시켜 조합원변경인가를 받는 등으로 위 을의 업무에 관하여 뇌물을 공여하였다고 인정한 것도 정당하다. 따라서 논지는 이유가 없다.

(라) 대법원 1992. 12. 8. 선고 92도1995 판결【특정범죄가중처벌등에관한법률위반】(공1993, 495)

1. 뇌물을 받은 자가 그 뇌물을 보관하고 있다가 증뢰자에게 반환한 때에는 이를 수뢰자로 부터 몰수 또는 추징할 수 없는 것이므로, 피고인이 수수한 이 사건 당좌수표 1매를 그대로 보관하고 있다가 이를 공여자에게 반환하였다면 증뢰자로부터 몰수 또는 추징을 할 것이지 피고인으로부터 추징할 수 없음은 소론과 같다 하겠으나, 증뢰자가 교부한 당좌수표가 부도나자 부도된 당좌수표를 반환받고 그 수표에 대체하여 수표의 액면가액에 상응하는 현금이나 유가증권을 수뢰자에게 다시 교부하고 수뢰자가 이를 수수하였다면, 형법 제134조의 규정취지가 수뢰자로 하여금 불법한 이득을 보유시키지

않으려는 데에 있는 점에 비추어 볼 때, 이 현금이나 유가증권이 몰수, 추징의 대상이 된다고 보는 것이 상당하다.

2. 기록에 의하면, 피고인이 수수한 뇌물인 금 10,000,000원의 이 사건 당좌수표 1매가 증뢰자인 공소외 A에게 그대로 반환된 사실은 이를 인정할 수 있으나(검사 작성의 갑에 대한 피의자신문조서, 갑의 원심법정에서의 진술, 검사 작성의 공소외 A에 대한 진술조서 및 피의자신문조서), 한편 검사 작성의 공소외 A에 대한 피의자신문조서 및 공소외 B에 대한 진술조서의 각 기재에 의하면, 피고인이 원래 수수한 이 사건 당좌수표 1매가 부도나자, 공소외 A의 처인 공소외 B와 공소외 C를 통하여 위 당좌수표 대신 금 1,000,000원짜리 자기앞수표 3매와 금 100,000원짜리 자기앞수표 20매 및 금 3,000,000원짜리 자기앞수표 1매, 금 100,000원짜리 자기앞수표 17매와 현금 300,000원 등 액면 합계 금 10,000,000원을 피고인에게 교부하고 피고인이 이를 수수하였다는 것이고, 검사 작성의 갑에 대한 제1회 피의자신문조서(수사기록 41면)의 기재에 의하면 피고인 역시 부도된 당좌수표에 대신하여 자기앞수표 액면 금 10,000,000원 상당을 수수하였음을 시인하였음을 알 수 있으므로, 사실이 그와 같다면 이와 같은 경우에 있어서는 부도된 수표에 대체하여 교부된 현금이나 자기앞수표도 몰수, 추징의 대상이 된다고 하여야 할 것이다.

3. 그렇다면 현금 및 자기앞수표 액면 합계 금 10,000,000원은 피고인이 수수한 뇌물로서 이미 소비하여 몰수할 수 없다는 이유로 그 가액인 금 10,000,000원을 피고인으로부터 추징한 제1심판결을 유지한 원심의 조처는 정당한 것으로 수긍할 수 있고, 거기에 뇌물죄의 몰수, 추징에 관한 법리를 오해한 위법이 있다고 할 수 없다. 논지도 이유 없다.

(마) 대법원 1993. 10. 12. 선고 93도2056 판결【뇌물수수】(공1993, 3133)

수인이 공동하여 수수한 뇌물을 분배한 경우에는 각자로부터 실제로 분배받은 금품만을 개별적으로 몰수하거나 그 가액을 추징하여야 하는 것인바(당원 1970. 1. 27. 선고 69도2225 판결; 1975. 4. 22. 선고 73도1963 판결 등 참조), 관계증거와 기록에 의하면, 피고인이 세무서 직세과 법인세계에 근무할 당시 계장인 공소외 A, 차석인 공소외 B, 계원인 공소외 C 등과 공동하여 제1심이 판시한 바와 같이 합계 금 7,000,000원의 뇌물을 수수한 다음, 공소외 B에게 이를 전달하였다가 나중에 금 2,000,000원만을 분배받아 소비한 사실을 인정할 수 있으므로, 이 사건에서 피고인으로부터 추징하여야 할 금액은 금 2,000,000원뿐이라고 할 것이다.

그럼에도 불구하고, 원심은 피고인으로부터 피고인이 당초 수수한 뇌물 전부의 가액인 금 7,000,000원을 추징한 제1심판결에 대한 갑의 항소를 기각하였으니, 원심판결에는 추징의 요건에 관한 법리를 오해한 위법이 있다고 할 것이고, 이와 같은 위법은 판결에 영향을 미친 것임이 분명하므로, 이 점을 지적하는 논지는 이유가 있고, 원심판결 중 추징에 관한 부분은 파기하지 않을 수 없다.

쟁점연구

1. 도입판례는 특가법위반죄(뇌물수수)를 다루고 있다. 특가법위반죄는 수수금액을 제외하면 형법상의 뇌물수수죄(형법 129①)와 구조를 같이하고 있다. 도입판례에서 대법원은 뇌물수수죄의 보호법익을 논하면서 그로부터 도출되는 구체적 결론들을 제시하고 있다. 대법원이 뇌물수수죄의 보호법익과 관련하여 판시한 사항들을 정리해 보라.
2. 도입판례에서 피고인은 P은행총재직의 퇴임방침이 확정된 후 퇴임하기 전의 시점에 A로부터 사무실 등을 제공하겠다는 제의를 받아들인 후 퇴임 후에 A가 제공한 사무실 등을 사용하고 있다. 피고인의 행위에 대해 검사는 뇌물수수죄(형법 129①)가 성립한다고 주장하고 있다. 이에 대한 대법원의 판단과 그에 대한 논거를 분석해 보라.
3. 위 2의 사실관계에 대해 검사는 뇌물약속죄(형법 129①)가 성립할 수 있다고 주장하고 있다. 이에 대한 대법원의 판단과 그에 대한 논지를 분석해 보라.
4. 위 2의 사실관계에 대해 대법원은 사후수뢰죄(형법 131③)가 성립할 여지가 있다고 판시하고 있다. 사후수뢰죄가 뇌물수수죄나 뇌물약속죄에 비하여

차이가 있는 점은 무엇인가? 사후수뢰죄가 성립하기 위하여 피고인에게 추가로 인정되어야 할 구성요건표지는 무엇이며 그 내용은 무엇인가?

5. 도입판례에서 보듯이 뇌물죄에 있어서 직무관련성은 대단히 폭넓게 해석되고 있다. 그런데 참고판례 (가)는 이례적으로 직무관련성이 없다는 이유로 뇌물수수죄가 부정되고 있다. 참고판례 (가)의 사실관계에서 직무관련성을 인정할 수 있는 요소와 이를 부인할 수 있는 요소들을 추출하여 상호 비교해 보라. 그리고 이를 토대로 대법원의 판단에 대한 찬성, 반대의 입장을 택하고 그 이유를 제시해 보라.
6. 참고판례 (나)는 뇌물의 '수수'와 불법영득의사의 문제를 보여주고 있다. 불법영득의사가 뇌물수수의 성립에 미치는 영향을 유형별로 나누어 설명해 보라.
7. 참고판례 (다)는 뇌물죄의 객체인 '뇌물'의 성립요소를 보여주고 있다. 금전이나 기타 유형물을 제외하고, '사람의 수요, 욕망을 충족시키기에 족한 무형의 이익'의 예를 구체적으로 들어보라.
8. 참고판례 (라)와 (마)는 뇌물의 몰수에 관한 것이다. 뇌물죄에 있어서 몰수 여부를 결정하는 기준은 무엇인가? 공범자의 경우에 몰수의 범위는 어디까지 미치는가?
9. 부패범죄에 엄격히 대처하기 위하여 '공무원범죄에 관한 몰수 특례법'이 제정 실시되고 있다. 이 특례법이 형법상의 몰수 법리에 대하여 규정한 특례의 내용들을 설명해 보라.

2. 제3자뇌물제공죄

도입판례

대법원 1998. 9. 22. 선고 98도1234 판결【특정범죄가중처벌등에관한법률위반(뇌물)·뇌물수수{인정된 죄명: 특정범죄가중처벌등에관한법률위반(뇌물)}·뇌물공여】(공1998, 2628)

【피 고 인】 갑, 을
【상 고 인】 피고인들
【변 호 인】 변호사 임완규 외 2인
【원심판결】 서울고법 1998. 4. 21. 선고 97노2289 판결
【주　　문】 원심판결을 파기하여 사건을 서울고등법원에 환송한다.
【이　　유】

1. 상고이유에 대하여 판단하기에 앞서서 직권으로 판단한다.

피고인 갑에 대한 이 사건 공소사실의 요지는, 피고인 갑은 구청장으로 재직하며 P구청 소속 직원들의 업무에 대한 지휘·감독권과 직원들에 대한 인사권 등을 가지고 P구청 업무 전반을 총괄적으로 관장하는 사람인데 P구청 재무과 계약계장인 피고인 을로부터 그의 업무에 대한 감독, 인사 등과 관련하여 잘 보아달라는 취지로 ① 1996. 6. 초순 서울 P구 Q동 소재 피고인의 집에서 현금 10,000,000원, ② 같은 해 10. 초순경 같은 구 R동 소재 여의도 세모선착장 1층 식당에서 현금 5,000,000원, ③ 같은 해 11. 초순경 같은 구 소재 P구청 근처 (상호 생략) 식당에서 현금 10,000,000원, ④ 같은 해 12. 중순경 P구청장실에서 현금 10,000,000원, ⑤ 1997. 1. 중순경 P구청장실에서 현금 6,000,000원, ⑥ 1997. 2. 초순경 P구청 근처 S병원 건물 1층 다방에서 현금 3,000,000원, ⑦ 1997. 3. 초순경 P구청장실에서 현금 10,000,000원, ⑧ 1997. 4. 초순경

P구청장실에서 현금 6,000,000원, ⑨ 1997. 5. 27.경 같은 구 T동 소재 (상호 생략) 주유소 근처 피자집에서 현금 6,000,000원을 각 교부받아 합계 금 66,000,000원의 뇌물을 수수하였다는 것이고, 피고인 을에 대한 이 사건 뇌물공여죄 공소사실의 요지는, 피고인 을은 P구청 재무과 계약계장으로서 구청이 발주하는 공사의 입찰, 계약 등의 업무를 담당하는 사람인데 피고인 갑의 직무에 관하여 위와 같이 9회에 걸쳐 합계 금 66,000,000원의 뇌물을 공여하였다는 것이다.

이에 대하여 원심이 그대로 유지한 제1심판결이 인정한 범죄사실은, 피고인 갑은 피고인 을로부터 ① 1996. 6. 초순 서울 P구 Q동 소재 피고인의 집에서 현금 10,000,000원, ② 같은 해 10. 초순경 같은 구 R동 소재 여의도 세모선착장 1층 식당에서 현금 5,000,000원, ③ 같은 해 11. 초순경 여의도 세모선착장 1층 식당에서 현금 5,000,000원, ④ 같은 해 11. 초순경 위 같은 구 소재 P구청 근처 (상호 생략) 식당에서 현금 10,000,000원, ⑤ 같은 해 12. 중순경 P구청장실에서 현금 6,000,000원, ⑥ 같은 해(1997년의 오기로 보인다) 2. 초순경 P구청 근처 S병원 건물 1층 다방에서 현금 3,000,000원, ⑦ 같은 해 3. 초순경 P구청장실에서 현금 10,000,000원, ⑧ 같은 해 4. 초순경 P구청장실에서 현금 6,000,000원, ⑨ 같은 해 5. 27.경 같은 구 T동 소재 (상호 생략) 주유소 근처 피자집에서 현금 6,000,000원을 각 교부받아 합계 금 66,000,000원 상당의 뇌물을 수수하고(포괄하여 특정범죄가중처벌등에관한법률 제2조 제1항 제2호, 형법 제129조 제1항), 피고인 을은 피고인 갑의 직무에 관하여 위와 같이 9회에 걸쳐 합계 금 66,000,000원의 뇌물을 공여하였다는 것(포괄하여 형법 제133조 제1항, 제129조 제1항)이다. 아울러 제1심은 피고인 갑으로부터 금 66,000,000원을 추징하였다.

제1심이 인정한 하나하나의 뇌물수수 및 공여행위의 일자와 금액을 공소사실과 대조하여 보면 제1심이 인정한 범죄사실 중 ③과 ⑤는 공소사실과 기본적 사실이 동일하다고 보기 어렵고, 이 점에서 제1심판결은 불고불리의 원칙을 위반한 것이고, 아울러 제1심이 인정한 하나하나의 뇌물수수 및 공여행위의 금액을 합산하여 보면 합계 금 61,000,000원이 되므로 제1심이 피고인들이 수수 또는 공여한 뇌물의 합계액이 금 66,000,000원이라고 인정하고, 피고인 갑에 대하여 금 66,000,000원을 추징한 조치는 이유에 모순이 있다 할 것이고, 제1심판결을 그대로 유지한 원심판결 역시 같은 위법을 저지른 것이므로 원심판결은 우선 이 점에서 파기를 면할 수 없다.

2. 상고이유에 대한 판단

가. 갑의 특정범죄가중처벌등에관한법률위반(뇌물)죄에 대하여

* * *

(3) 공소외인이 수령한 돈에 대한 수뢰죄 성립 여부

그런데 기록에 의하면 공소사실 기재를 기준으로 하여 위 ②의 돈은 피고인 갑이 같이 있는 자리에서 피고인 을이 공소외인[A]에게 직접 주었고, 위 ⑥의 돈은 피고인 갑의 지시에 따라 피고인 갑이 없는 자리에서 피고인 을이 공소외인에게 주었고, 위 ③과 ⑨의 돈은 피고인 갑이 피고인 을로부터 받아서 그 즉시 동석하고 있던 공소외인에게 주었던 것으로 보인다.

형법 제129조 제1항은 공무원이 그 직무에 관하여 뇌물을 수수한 때에는 5년 이하의 징역 또는 10년 이하의 자격정지에 처하도록 규정하고 있고, 그와 별도로 형법 제130조는 공무원이 그 직무에 관하여 부정한 청탁을 받고 제3자에게 뇌물을 공여하게 한 때에는 5년 이하의 징역 또는 10년 이하의 자격정지에 처하도록 규정하고 있다. 형법 제130조의 제3자뇌물제공죄를 형법 제129조 제1항의 단순수뢰죄와 비교하여 보면 공무원이 직접 뇌물을 받지 아니하고, 증뢰자로 하여금 제3자에게 뇌물을 공여하도록 하고 그 제3자로 하여금 뇌물을 받도록 한 경우에는 부정한 청탁을 받고 그와 같은 행위를 한 경우에 한하여 단순수뢰죄와 같은 형으로 처벌하고, 공무원이 직접 뇌물을 받지 아니하고, 증뢰자로 하여금 제3자에게 뇌물을 공여하도록 하고 그 제3자로 하여금 뇌물을 받도록 하였다 하더라도 부정한 청탁을 받은 일이 없다면 이를 처벌하지 아니

한다는 취지로 해석하여야 할 것이다. 다만 공무원이 직접 뇌물을 받지 아니하고, 증뢰자로 하여금 다른 사람에게 뇌물을 공여하도록 하고 그 다른 사람으로 하여금 뇌물을 받도록 한 경우라 할지라도 그 다른 사람이 공무원의 사자 또는 대리인으로서 뇌물을 받은 경우나 그 밖에 예컨대 평소 공무원이 그 다른 사람의 생활비 등을 부담하고 있었다거나 혹은 그 다른 사람에 대하여 채무를 부담하고 있었다는 등의 사정이 있어서 그 다른 사람이 뇌물을 받음으로써 공무원은 그만큼 지출을 면하게 되는 경우 등 사회통념상 그 다른 사람이 뇌물을 받은 것을 공무원이 직접 받은 것과 같이 평가할 수 있는 관계가 있는 경우에는 형법 제129조 제1항의 단순수뢰죄가 성립할 것이다.

이 사건에 돌아와 기록에 의하여 살펴보면 위 공소사실 ③과 ⑨에 대하여는 피고인 갑이 피고인 을로부터 해당되는 돈을 받아 그것을 소비하는 방법으로 공소외인에게 준 것으로 볼 수 있으나, 위 공소사실 ②와 ⑥에 대하여는 피고인 을이 공소외인[A]에게 직접 돈을 준 것으로서 그와 같이 볼 수 없다 할 것이다. 따라서 위 공소사실 ②와 ⑥에 대하여 형법 제129조 제1항을 적용하기 위하여는 공소외인이 피고인 갑의 사자, 또는 대리인으로서 해당하는 돈을 받은 것이라거나 사회통념상 공소외인이 그 돈을 받은 것을 피고인 갑이 직접 받은 것과 같이 평가할 수 있는 관계가 있어야만 할 것인데, 기록에 의하면 공소외인[A]은 P구 여성연합회 회장과 P구 문고 회장 등으로서 피고인 갑과 가깝게 지내는 사이이고, P구청 주변에는 피고인 갑과 공소외인이 연인관계라는 소문이나 있었음(정작 당사자인 피고인 갑과 공소외인은 연인관계가 아니라고 부인하고 있음)을 알 수 있으나, 이와 같은 사정만 가지고는 피고인 갑이 피고인 을로 하여금 공소외인에게 돈을 주도록 하였다 할지라도 공소외인이 위 공소사실 ②와 ⑥에 기재된 돈을 받은 것을 가지고 피고인 갑이 이를 받은 것과 동일시하기에는 부족하다 할 것이다. 결국 원심이 사회통념상 공소외인이 위 공소사실 ②와 ⑥에 기재된 돈을 받은 것을 가지고 피고인 갑이 이를 받은 것과 동일시할 정도의 사정이 있는지에 대하여 더 심리하지도 아니하고 위 공소사실 ②와 ⑥에 기재된 돈에 대하여도 피고인 갑이 이를 수수하였다고 인정한 것은 형법 제129조 제1항과 제130조에 대한 법리를 오해한 나머지 심리를 다하지 아니한 위법을 범하여 판결 결과에 영향을 미친 것이고, 이 점을 지적하는 논지는 위에 적은 범위 안에서는 이유가 있다 할 것이다.

* * *

3. 그러므로 피고인 갑과 피고인 을이 위 범죄사실 ① 내지 ⑨ 기재 각 돈을 뇌물로 주고받았음을 전제로 하여 피고인 갑에 대하여는 특정범죄가중처벌등에관한법률 제2조 제1항 제2호, 형법 제129조 제1항의 포괄일죄가 성립하는 것으로 보고 처벌하고, 피고인 을에 대하여는 형법 제133조 제1항, 제129조 제1항의 포괄일죄가 성립하는 것으로 판단하고 이를 제1심 판시 특정범죄가중처벌등에관한법률 제2조 제1항 제2호 위반죄 및 형법 제129조 제1항의 단순수뢰죄 등과 경합범으로 처벌한 제1심판결을 그대로 유지한 원심판결은 그 전체가 파기를 면할 수 없다 할 것이다. 이에 원심판결을 파기하여 사건을 원심법원에 환송하기로 하여 관여 법관의 일치된 의견으로 주문과 같이 판결한다.

대법관 박준서(재판장) 이돈희 이임수(주심) 서성

참고판례

▷ 대법원 2009. 1. 30. 선고 2008도6950 판결 【…제3자뇌물수수…】

형법 제130조의 제3자뇌물공여죄에 있어서 '청탁'이란 공무원에 대하여 일정한 직무집행을 하거나 하지 않을 것을 의뢰하는 행위를 말하고, '부정한 청탁'이란 의뢰한 직무집행 자체가 위법하거나 부당한 경우는 물론, 의뢰한 직무집행 그 자체는 위법하거나 부당하지 아니하지만 당해 직무집행을 어떤 대가관계와 연결시켜 그 직무집행에 관한 대가의 교부를 내용으로 하는 청탁이라고 할 것이다(대법원 2008 6. 12. 선고 2006도8568 판결 참조). 그런데 형법 제130조의 제3자뇌물공여죄에서 '부정한 청탁'을 요건으로 하는 취지는 처벌의 범위가 불명확해지지 않도록 하기 위한 것으로서, 이러한 '부정한 청탁'은 명시적인 의사표시에 의한 것은 물론, 묵시적인 의사표시에 의한 것도 가능하다고 할 것이지만, 묵시적인 의사표시에 의한 부정한 청탁이 있다고 하기 위하여는 당사자 사이에 청탁의 대상이 되는 직무집행의 내용과 제3자에게 제공되는 금품이 그 직무집행에 대한 대가라는 점에 대하여 공통의 인식이나 양해가 존재하여야 할 것이고, 그러한 인식이나 양해 없이 막연히 선처하여 줄 것이라는 기대에 의하거나 직무집행과는 무관한 다른 동기에 의하여 제3자에게 금품을 공여한 경우에는 묵시적인 의사표시에 의한 부정한 청탁이 있다고 보기 어렵고, 공무원이 먼저 제3자에게 금품을 공여할 것을 요구하였다고 하여 달리 볼 것은 아니다.

이러한 법리에 비추어 보면 원심이 그 채택 증거들에 의하여 인정되는 판시 사정들만으로는 피고인 갑의 후원요청을 받은 기업관계자들이 자신들의 일상적인 모든 현안에 관하여 유리하게 해달라는 부정한 청탁의 취지로 피고인 갑의 직무에 대한 대가로 P미술관에 후원금을 지급하였다고 인정하기 부족하다고 판단한 것은 정당한 것으로 수긍이 가고 거기에 상고이유 주장과 같은 제3자뇌물공여죄에 관한 법리오해 등의 위법이 없다.

쟁점연구

1. 형법 제129조 제1항은 뇌물수수죄를 5년 이하의 징역 또는 10년 이하의 자격정지에 처하도록 규정하고 있다. 이에 대해 특정범죄가중처벌 등에 관한 법률(이하 특가법으로 약칭함) 제2조는 수뢰액의 규모에 따라 형을 가중하고 있다. 현행 특가법이 규정하고 있는 가중처벌의 기준과 가중된 형벌의 내용을 설명해 보라.
2. 도입판례의 사안이 문제되던 당시 특가법은 수뢰액이 5천만 원 이상일 때에는 무기 또는 10년 이상의 징역을, 수뢰액이 1천만 원 이상 5천만 원

미만인 때에는 5년 이상의 유기징역에 처하도록 하고 있었다. 수뢰액이 5천만 원 이상일 때에는 설사 재판부가 작량감경(형법 54)을 허용한다고 해도 5년 이상의 징역을 선고하게 되어 집행유예가 불가능하다(형법 62①). 뇌물수수죄의 가중근거가 되는 수뢰액의 계산방법을 설명해 보라.

3. 도입판례에서 대법원은 제3자뇌물제공죄(형법 130)에 제공된 뇌물은 뇌물수수죄(형법 129①)의 수뢰액에 산입할 수 없다는 입장을 취하고 있다. 전자를 후자의 수뢰액에 산입을 할 수 없는 이유를 설명해 보라.
4. 도입판례에서 대법원이 뇌물수수죄(형법 129①)와 제3자뇌물제공죄(형법 130)의 구별기준으로 제시한 사항을 정리해 보라.
5. 참고판례는 제3자뇌물제공죄(형법 130)의 구성요건표지인 '부정한 청탁'의 개념을 다루고 있다. 참고판례에서 대법원이 제시한 '청탁'과 '부정한 청탁'의 의미내용을 설명해 보라.

3. 수뢰후 부정처사죄

도입판례

대법원 2003. 6. 13. 선고 2003도1060 판결【특정범죄가중처벌등에관한 법률위반(뇌물)(인정된 죄명: 수뢰후부정처사)】(공2003, 1573)

【피 고 인】 갑
【상 고 인】 피고인
【변 호 인】 변호사 양기준 외 1인
【원심판결】 서울고법 2003. 1. 29. 선고 2002노3104 판결
【주　　문】 상고를 기각한다.
【이　　유】

상고이유를 본다.

1. 피고인 및 국선변호인과 사선변호인의 상고이유 중 사실오인의 점에 대하여

원심이 인용한 제1심판결의 채용증거들을 기록에 비추어 살펴보면, 원심이, 피고인이 공소외 A의 도박장개설 및 도박범행을 묵인하는 등 편의를 봐주는 데 대한 사례비 명목으로 그 직무에 관하여 뇌물을 수수한 후, 위 도박장개설 및 도박범행사실을 잘 알면서도 이를 단속하지 아니함으로써 부정한 행위를 하였다는 이 사건 범행을 유죄로 인정한 것은 수긍이 되고, 원심판결에 상고이유에서 주장하는 바와 같이 채증법칙을 위반하여 사실을 잘못 인정한 위법이 있다고 할 수 없다.

2. 국선변호인 및 사선변호인의 상고이유 중 수뢰후부정처사죄에 관한 법리오해의 점에 대하여

뇌물죄는 직무집행의 공정과 이에 대한 사회의 신뢰에 기하여 직무행위의 불가매수성을 그 직접의 보호법익으로 하고 있으므로 뇌물성은 의

무위반 행위나 청탁의 유무 및 금품수수 시기와 직무집행 행위의 전후를 가리지 아니한다 할 것이고, 따라서 뇌물죄에서 말하는 '직무'에는 법령에 정하여진 직무뿐만 아니라 그와 관련 있는 직무, 과거에 담당하였거나 장래에 담당할 직무 외에 사무분장에 따라 현실적으로 담당하지 않는 직무라도 법령상 일반적인 직무권한에 속하는 직무 등 공무원이 그 직위에 따라 공무로 담당할 일체의 직무를 포함한다 할 것이고(대법원 1995. 9. 5. 선고 95도1269 판결, 1996. 1. 23. 선고 94도3022 판결 등 참조), 수뢰후부정처사죄에서 말하는 '부정한 행위'라 함은 직무에 위배되는 일체의 행위를 말하는 것으로 직무행위 자체는 물론 그것과 객관적으로 관련 있는 행위까지를 포함한다 할 것이다.

경찰관직무집행법 제2조 제1호는 경찰관이 행하는 직무 중의 하나로 '범죄의 예방·진압 및 수사'를 들고 있고, 이와 같이 범죄를 예방하거나, 진압하고, 수사하여야 할 일반적 직무권한을 가지는 피고인이 도박장개설 및 도박범행을 묵인하고 편의를 봐주는 데 대한 사례비 명목으로 금품을 수수하고, 나아가 도박장개설 및 도박범행사실을 잘 알면서도 이를 단속하지 아니하였다면, 이는 경찰관으로서 직무에 위배되는 부정한 행위를 한 것이라 할 것이고, 비록 피고인이 이 사건 범행당시 P경찰서 교통계에 근무하고 있어 도박범행의 수사 등에 관한 구체적인 사무를 담당하고 있지 아니하였다 하여도 달리 볼 것은 아니라고 할 것이다.

이 부분 상고이유의 주장도 이유 없다.

* * *

4. 결론

그러므로 상고를 기각하기로 하여 관여 법관의 일치된 의견으로 주문과 같이 판결한다.

대법관 강신욱(재판장) 변재승(주심) 윤재식 고현철

참고판례

▷ 대법원 1983. 7. 26. 선고 83도1378 판결【가중뇌물수수·허위공문서작성·허위공문서작성행사】(공1983, 1380)

1. 원심판결 이유에 의하면, 원심은 예비군 중대장인 피고인이 그 판시와 같이 공소외인을 1982년 1년간 예비군훈련을 받지 않게 해주는 대가로 동인으로부터 180,000원을 교부받고 1982년 1년간 동인이 예비군훈련에 불참하였음에도 불구하고 참석한 것처럼 피고인 명의의 예비군 중대학급편성부(출석부)에 '참'이라는 도장을 찍어 허위공문서를 작성하고 이를 예비군중대사무실에 비치하여 행사함으로써 공무원이 그 직무에 관하여 뇌물을 수수하고 부정한 행위를 한 사실을 인정하고, 위 행위 중 수뢰후 부정처사의 점에 대하여는 형법 제131조 제1항, 제129조 제1항을, 허위공문서작성, 동행사의 점에 대하여는 형법 제227조 및 제229조를 각 적용한 후 이상은 형법 제37조 전단의 경합범에 해당한다고 하여 그 형이 중한 수뢰후 부정처사죄의 형에 경합가중을 하여 피고인에 대한 처단형을 정하고 있다.

2. 형법 제131조 제1항의 수뢰후 부정처사죄에 있어서 공무원이 수뢰후 행한 부정행위가 허위공문서작성 및 동행사죄와 같이 보호법익을 달리하는 별개 범죄의 구성요건을 충족하는 경우에는 수뢰후 부정처사죄 외에 별도로 허위공문서작성 및 동행사죄가 성립하고 이들 죄와 수뢰후 부정처사죄는 각각 상상적 경합관계에 있다고 할 것인바, 이와 같이 허위공문서작성죄와 동행사죄가 수뢰후 부정처사죄와 각각 상상적 경합범관계에 있을 때에는 허위공문서작성죄와 동행사죄 상호간은 실체적 경합범관계에 있다고 할지라도 상상적 경합범관계에 있는 수뢰후 부정처사죄와 대비하여 가장 중한 죄에 정한 형으로 처단하면 족한 것이고 따로이 경합가중을 할 필요가 없다고 할 것이다.

3. 그럼에도 불구하고, 원심은 수뢰후 부정처사죄와 허위공문서작성죄 및 동행사죄를 모두 실체적 경합범으로 보고 경합가중을 하고 있으니 이 점에서 수뢰후 부정처사죄와 허위공문서작성죄 및 동행사죄의 죄수에 관한 법

리를 오해하여 판결에 영향을 미친 허물이 있다고 할 것이다.

쟁점연구

1. 도입판례는 수뢰후 부정처사죄(형법 131①)의 사안을 다루고 있다. 수뢰후 부정처사죄의 구성요건표지는 '부정한 행위'이다. 대법원이 '부정한 행위'의 개념에 대하여 판시한 사항을 분석해 보라.
2. 수뢰후 부정처사죄(형법 131①)의 '부정한 행위'와 제3자뇌물제공죄(형법 130)의 '부정한 청탁'의 개념을 비교 분석해 보라.
3. 참고판례는 수뢰 후에 행한 부정처사행위가 별도의 범죄를 구성할 수 있는지, 만일 별도의 범죄가 성립한다면 양자의 관계는 어떠한 것인지에 대해 판단하고 있다. 대법원이 참고판례에서 제시한 판단기준과 처리방안을 설명해 보라.

4. 알선수뢰죄

도입판례

대법원 1993. 7. 13. 선고 93도1056 판결【특정범죄가중처벌등에관한법률위반(뇌물)】(공1993, 2331)

【피 고 인】 갑
【상 고 인】 피고인
【변 호 인】 변호사 이성렬
【원심판결】 광주고등법원 1993. 4. 2. 선고 93노4 판결
【주 문】 상고를 기각한다.
상고후의 구금일수 중 90일을 본형에 산입한다.
【이 유】

* * *

2. 형법 제132조 소정의 알선수뢰죄에 있어서 "공무원이 그 지위를 이용하여"라 함은 친구, 친족관계 등 사적인 관계를 이용하는 경우에는 여기에 해당한다고 할 수 없으나, 다른 공무원이 취급하는 사무처리에 법률상이거나 사실상으로 영향을 줄 수 있는 관계에 있는 공무원이 그 지위를 이용하는 경우에는 여기에 해당하고 그 사이에 반드시 상하관계, 협동관계, 감독권한 등의 특수한 관계가 있음을 요하지 않는다고 할 것인바(당원 1990. 8. 10. 선고 90도665 판결 참조), 원심이 확정한 바와 같이 피고인이 공소외 A가 근무하는 P시청 공단관리계의 전임계장이었고 이 사건 당시 같은 시청 지방세의 세외수입계장으로 근무하고 있었다면 이에 터잡아 위 A의 직무에 관하여 사실상의 영향력을 행사할 수 있는 지위에 있었다고 인정할 수 있을 것이므로, 원심이 같은 취지에서 피고인이 그 지위를 이용하여 위 A의 직무에 속한 사항의 알선에 관하여 수뢰

하였다고 인정한 조처는 수긍할 수 있고, 거기에 소론과 같은 알선수뢰죄의 법리를 오해한 위법이 있다고 할 수 없다.

공무원이 다른 공무원의 직무에 속한 사항에 관하여 사실상의 영향력을 행사할 수 있는 지위에 있기 위하여는 반드시 같은 부서에 근무할 것을 요하는 것은 아니므로 설사 피고인과 위 A가 1990. 6. 15.부터 같은 달 19.까지 5일 간 지역경제과에서 함께 근무한 것이라는 원심의 사실인정이 잘못된 것이라 하더라도, 이 사건에서는 그러한 사실을 제외한 다른 사실에 의하여도 피고인이 위 A에 대하여 사실상의 영향력을 행사할 수 있는 지위에 있었다고 인정할 수 있다고 보여지므로, 이는 판결의 결과에 영향이 없다고 할 것이다.

소론이 지적하는 판례들은 이 사건에 적절하지 아니하다.

3. 원심이 확정한 사실에 의하면, 주식회사 Q기계가 이 사건 공단용지를 주식회사 R기계에 양도하기 위하여는 P시청에 양도동의신청서를 제출하여 입지심의위원회의 심의를 거쳐야 하는 등 그 절차가 복잡하고, 또 그 양도양수가 가능하다는 보장도 없으므로, 공단용지 양도양수에 관한 승인절차를 밟는 대신 위 A로 부터 단순히 업체명의를 변경한다는 등의 내용으로 사업계획변경승인서를 받는 방법으로 위 공단용지의 양도양수 절차를 신속하게 마무리하기로 공소외 B 등과 결의하고, 피고인이 위 A의 직무에 속하는 공단입주기업체의 명의변경 기타 사업계획변경의 동의에 관한 사항의 알선행위를 하였다는 것인바, 이와 같은 알선행위의 내용에는 정식의 공단용지양도양수에 관한 승인절차 밟는 대신에 업체명의변경에 따른 사업계획변경승인서를 받는 탈법적 방법을 묵인하여 공단양도양수절차가 가능하도록 한다는 취지도 포함되어 있다고 볼 것이고, 이 사건 뇌물의 액수(예금통장의 금액)에 비추어 보아도 그렇게 보이는바, 원심은 피고인이 이와 같은 알선에 대한 사례의 뜻으로 뇌물을 받은 행위가 그 판시의 알선수뢰죄에 해당한다는 것이지 피고인이 단순히 사업계획변경승인서를 신속하게 처리하도록 하는 행위가 판시의 죄에 해당한다고 판시한 것은 아니므로, 원심판결에 소론과 같은 이유모순의 위법이

있다고 할 수 없다.

* * *

대법관 최종영(재판장) 최재호 배만운(주심) 김석수

참고판례

(가) 대법원 2007. 2. 23. 선고 2004도6025 판결【사기 · 변호사법위반】(공보불게재)

1. 피고인에 대한 이 사건 변호사법 제111조 위반죄의 공소사실 요지는, 피고인은 P시 Q동 일대의 R지구에서 아파트사업을 추진하던 공소외 S 주식회사가 그 토지매입 잔금을 조달하기 위하여 P시로부터 'R지구에서 아파트사업이 가능하다'는 공문을 받아야 할 상황에 있음을 알고는 공소외 B, C와 공모하여, 2003. 9. 14.경 피고인이 공소외 S 주식회사의 대표이사 공소외 D에게 "P시장의 비서실장인 공소외 E에게 부탁하여 공소외 S 주식회사가 추진하는 R지구의 아파트사업이 가능하다는 취지의 공문을 받아 줄 테니 공소외 E에 대한 로비자금으로 2억 원을 달라"고 요구하여, 2003. 9. 16. 공소외 D로부터 현금 1억 원을 교부받고, 같은 날 공소외 B가 피고인으로부터 위 1억 원을 다시 교부받음으로써 공무원이 취급하는 사무에 관하여 청탁 또는 알선한다는 명목으로 금품을 받았다는 것인바, 제1심은 그 채택한 증거들을 종합하여 이를 유죄로 인정하였고, 원심은 제1심판결을 그대로 유지하였다.

2. 그러나 원심의 이러한 판단은 다음과 같은 이유로 수긍하기 어렵다.

공무원이 취급하는 사건 또는 사무에 관하여 청탁한다는 명목으로 자신의 이득을 취하기 위하여 금품 등을 교부받은 것이 아니고, 공무원이 취급하는 사무에 관한 청탁을 받고 청탁 상대방인 공무원에게 제공할 금품을 받아 그 공무원에게 단순히 전달한 경우에는 알선수뢰죄나 증뇌물전달죄만이 성립하고, 이와 같은 경우에 변호사법 제111조 위반죄는 성립할 수 없다(대법원 1997. 6. 27. 선고 97도439 판결 참조).

그런데 기록에 의하면, 피고인은 공소외 S 주식회사 대표이사에게 P시장의 비서실장인 공소외 E를 통하여 P시로부터 R지구의 아파트사업이 가능하다는 공문을 받을 수 있도록 청탁해 주겠다고 하는 한편 공소외 E와 잘 알고 있다는 공소외 B를 만나 공소외 S 주식회사가 위와 같은 공문을 받을 수 있도록 공소외 E에게 청탁하여 줄 것을 요청하였고, 그 후 위 요청에 따라 공소외 E에게 그러한 청탁을 한 공소외 B가 피고인에게 "공소외 E가 P시 도시과로부터 위와 같은 공문을 받아주는 조건으로 2억 원을 요구하는데 우선 1억 원을 주고 나머지 1억 원은 그 공문이 나와 토지매입 자금을 지원받게 되면 달라고 한다"고 하자, 피고인은 공소외 S 주식회사 측에 공소외 B가 말하는 공소외 E의 요구조건을 그대로 전한 사실, 이에 공소외 S 주식회사의 대표이사 공소외 D, F는 2003. 9. 16. 피고인을 통하여 공소외 E가 우선 요구한다는 현금 1억 원을 공소외 B에게 교부하였고, 이때 공소외 B도 피고인과 동행한 공소외 D, F에게 위 1억 원을 공소외 E에게 전달해 주겠다고 한 사실을 알 수 있다.

사실이 이와 같다면, 위 1억 원이 공소외 S 주식회사로부터 피고인을 거쳐 공소외 B에게 교부될 당시 위 금원 수수의 당사자들 사이에는 위 돈을 그대로 공무원인 공소외 E에게 전달하기로 하는 합의가 존재하였던 것이고, 따라서 피고인은 공무원이 취급하는 사건 또는 사무에 관하여 청탁한다는 명목으로 자신의 이득을 취하기 위하여 위 금원을 받은 것이 아니라 단순히 청탁의 상대방인 공소외 E에게 이를 전달하여 주기 위하여 받은 것이므로 피고인의 이러한 금품수수행위를 변호사법 제111조에 해당하는 범죄로 보기 어렵다.

그럼에도 피고인의 위 행위를 변호사법 제111조 위반죄에 해당하는 것으로 판단한 원심은 채증법칙을 위배하여 사실을 오인하거나 변호사법 제111조 위반죄에 관한 법리를 오해한 위법을 저지른 것이고 그 위법은 판결 결과에 영향을 미쳤다고 할 것이다.

(나) 대법원 1986. 3. 25. 선고 86도436 판결【변호사법위반・제3자뇌물교부】(공1986, 728)

(1) 피고인 갑 및 그 변호인의 상고이유를 함께 판단한다.

원심이 유지한 제1심판결이 들고 있는 증거들을 기록에 대조하여 검토하여 보면, 피고인 갑이 피고인 을에 대한 탈세사건에 관하여 P세무서장에게 부탁하여 무마시켜 준다는 명목으로 합계 금 12,000,000원을 수령하였다는 공소사실을 인정한 원심의 조치는 정당하고 거기에 소론의 채증법칙위배의 위법이 있다고는 할 수 없고 공무원이 취급하는 사건 또는 사무에 관하여 청탁 또는 알선한다는 명목으로 금품, 향응 기타 이익을 받거나 받을 것을 약속하고 또는 제3자에게 이를 공여하거나 공여하게 할 것을 약속한 때에는 위와 같은 금품을 받거나 받을 것을 약속하는 것으로써 변호사법 제78조 제1호 위반죄는 성립된다 할 것이고 위 금품의 수교부자가 실제로 청탁할 생각이 없었다 하더라도 위 금품을 교부받은 것이 자기의 이득을 취하기 위한 것이라면 동 죄의 성립에는 영향이 없다고 할 것인바(대법원 1982. 3. 9 선고 81도2765 판결; 1968. 2. 6 선고 67도1547 판결 각 참조) 원심은 위와 같은 취지에서 위 확정사실에 변호사법 제78조 제1호를 적용하고 있음이 분명하므로 이에 법리오해의 위법이 있다 할 수 없다. 다만 뇌물에 공할 목적으로 금품을 교부한 자에게 형법 제133조 제2항 후단의 증뇌물전달죄가 의율된다면, 그 금품을 공무원에게 전달하기 위하여 교부받은 자를 변호사법 제78조 제1호의 위반죄로 의율할 수 없음은 소론과 같으나 아래 피고인 을, 병의 변호인의 상고이유에서 판단하는 바와 같이 같은 피고인들에 대한 증뇌물전달죄는 성립되지 않는다고 보아야 할 것이므로 동 피고인들의 위 금원교부행위가 형법 제133조 제2항 후단의 증뇌물전달죄에 해당됨을 전제로 하는 논지는 이유 없다.

(2) 피고인 을, 병의 변호인의 상고이유를 판단한다. 원심판결에 의하면, 원심은 제1심판결이 거시한 증거들을 종합하여, 피고인 을, 병이 공모하여, 피고인 을에 대한 탈세사건을 선처해 주도록 P세무서장 등에게 부탁해 달라는 명목으로 ① 1983. 11. 23. 12:00경 P시 Q동 소재 (상호 생략) 지하다방에

서 현금 등 3,300,000원, ② 같은 달 26. 10:30경 같은 시 R동 105의 8 P축산기업 조합장실에서 수표 등 6,700,000원 ③ 같은 달 27. 11:00 위 같은 곳에서 수표 2매 2,000,000원 등 합계 금 12,000,000원을 갑에게 교부함으로써 뇌물에 공할 목적으로 금품을 교부한 사실을 인정하고 이를 형법 제133조 제2항 후단의 증뇌물전달죄로 의율, 처단하였다.

그러나 공무원이 취급하는 사무에 관한 청탁을 받고, 청탁상대방인 공무원에 제공할 금품을 받아 그 공무원에게 단순히 전달한 경우와는 달리, 자기 자신의 이득을 취하기 위하여 공무원이 취급하는 사건 또는 사무에 관하여 청탁한다는 등의 명목으로 금품 등을 교부받으면 그로써 곧 변호사법 제78조 제1호의 위반죄가 성립되고 이와 같은 경우 알선수뢰죄나 증뢰물전달죄는 성립할 여지가 없다고 할 것인바(대법원 1982. 3. 9 선고 81도2765 판결; 1976. 12. 24 선고 76도3391 판결; 1977. 8. 23 선고 74도2674 판결; 1971. 12. 24 선고 71도1848 판결 각 참조) 이 사건의 경우 피고인 갑은 자기 자신의 이득을 취하기 위하여 세무공무원에게 청탁하여 피고인 을에 대한 세무조사를 무마시켜 준다는 명목으로 합계 금 12,000,000원 상당의 현금, 수표를 교부받았다 하여 변호사법 제78조 제1호 위반죄에 의율되고 있으므로 위 금원의 교부자인 피고인 을, 병에 대한 형법 제133조 제2항의 증뇌물전달죄는 성립될 여지가 없다 할 것이다.

결국 피고인 을, 병의 위 금원교부행위를 증뢰물전달로 보아 동 피고인들에 대하여 유죄를 선고한 제1심판결을 유지한 원심판결은 채증법칙위배로 인한 사실오인 내지 형법 제133조 제2항 후단의 증뢰물전달죄의 성부에 관한 법리를 오해하여 판결에 영향을 미쳤다고 할 것이므로 논지는 이유 있다.

쟁점연구

1. 도입판례는 알선수뢰죄의 사안을 다루고 있다. 알선수뢰죄(형법 132)가 통상의 뇌물수수죄(형법 129①)와 구별되는 특색은 무엇인가?
2. 도입판례에서 대법원이 알선수뢰죄의 주체와 관련하여 제시한 요건을 분

석해 보라.

3. 도입판례와 참고판례 (가), (나)는 모두 공무원의 직무와 관련한 소위 브로커 행위가 문제되고 있다. 이와 관련하여 논의되는 조문으로 '알선수뢰죄'(형법 132), '증뇌물전달죄'(형법133②), '변호사법위반죄'(동법 111)가 주목된다. 세 가지 범죄유형을 놓고 행위주체, 행위태양, 행위객체 등을 비교하고 상호간의 관계를 분석하라.

5. 뇌물공여죄

도입판례

대법원 2008. 11. 27. 선고 2006도8779 판결【업무상배임・뇌물공여・뇌물공여의사표시】(미간행)

【피 고 인】 갑
【상 고 인】 피고인
【변 호 인】 법무법인 바른 담당변호사 주경진
【원심판결】 서울서부지법 2006. 11. 21. 선고 2006노604 판결
【주 문】 상고를 기각한다.
【이 유】 상고이유를 본다.

1. 제1점에 대하여

공무원이 그 직무의 대상이 되는 사람으로부터 금품 기타 이익을 받은 때에는, 사회상규에 비추어 의례상의 대가에 불과하거나 개인적 친분관계가 있어 교분상의 필요에 의한 것이라고 인정되는 등의 특별한 사정이 없는 한 직무와 관련이 없다고 볼 수 없으며, 공무원이 직무와 관련하여 금품을 수수하였다면 비록 사교적 의례의 형식을 빌려 금품을 주고받았다 하더라도 그 수수한 금품은 뇌물이 된다(대법원 2002. 7. 26. 선고 2001도6721 판결, 대법원 2008. 2. 1. 선고 2007도5190 판결 참조).

이 사건 공소사실 중 공소외 A에 대한 피고인의 뇌물공여 부분은, 당시 P지구 재건축추진위원장이던 피고인이 공소외 B와 공모하여 재건축조합의 조속한 설립인가를 위해, 이를 관할하는 Q구청의 주택과장으로 재직중이던 공소외 A에게 두 차례에 걸쳐 그 판시와 같이 점심식사를 제공하였다는 것인바, 원심이 적법하게 채택・조사한 증거들에 의해 알 수 있는 당시 공소외 A의 직무내용, 그 직무와 피고인과의 관계, 피고인

등과 공소외 A 사이에 특수한 사적 친분관계는 없었던 점 및 이익을 수수한 경위와 시기 등을 종합하여 보면 그와 같은 이익은 공소외 A의 직무와 관련한 뇌물이라고 보기에 충분하고, 그것이 단순히 사교적·의례적 범위 내의 것이라고 볼 수는 없다.

* * *

대법관 고현철(재판장) 김지형 전수안(주심) 차한성

참고판례

▷ 대법원 2006. 2. 24. 선고 2005도4737 판결 【뇌물수수】 (공 2006, 554)

뇌물공여죄가 성립하기 위하여는 뇌물을 공여하는 행위와 상대방측에서 금전적으로 가치가 있는 그 물품 등을 받아들이는 행위가 필요할 뿐 반드시 상대방측에서 뇌물수수죄가 성립하여야 함을 뜻하는 것은 아니라 할 것이므로(대법원 1987. 12. 22. 선고 87도1699 판결 참조), 위 2억 원의 현금이 든 굴비상자를 제공한 공소외 A의 행위가 뇌물공여죄가 성립한다 하여 그가 제공하려고 한 물건의 뇌물성에 대한 인식이 없었던 피고인에 대하여도 뇌물수수죄가 반드시 성립하는 것은 아니라고 본 원심 판단도 정당하다.

쟁점연구

1. 도입판례는 뇌물공여죄(형법 133①)와 관련하여 뇌물의 성립범위를 판단하고 있다. 도입판례에서 대법원이 '뇌물'의 성립범위와 관련하여 제시한 기준을 분석해 보라.
2. 참고판례는 뇌물공여죄(형법 133①)와 뇌물수수죄(형법 129①)의 관계를 다루고 있다. 일반적으로 뇌물공여죄와 뇌물수수죄는 필요적 공범의 관계에 있다고 설명된다. 그런데 필요적 공범관계라고 하여 양자가 모두 처벌되

어야 한다는 의미는 아니다. 참고판례에서 뇌물공여자는 처벌되고 뇌물수수자는 처벌되지 않고 있다. 참고판례에서 이와 같은 결론에 이르게 된 요인이 무엇인지 분석해 보라.

제21장 공무방해에 관한 죄

Ⅰ. 공무집행방해죄

도입판례

대법원 2000. 7. 4. 선고 99도4341 판결【폭력행위등처벌에관한법률위반·공무집행방해】(공 2000, 1851)

【피 고 인】 갑
【상 고 인】 검사
【원심판결】 인천지법 1999. 9. 8. 선고 99노1870 판결
【주 문】 상고를 기각한다.
【이 유】

상고이유를 본다.

1. 공무집행방해의 점에 대하여

원심판결 이유에 의하면, 원심은, 형사소송법 제211조가 현행범인으로 규정한 '범죄실행의 즉후인 자'란 체포하는 자가 볼 때 범죄의 실행행위를 종료한 직후의 범인이라는 것이 명백한 경우를 일컫는 것으로서, 시간이나 장소로 보아 체포당하는 자를 방금 범죄를 실행한 범인이라고 볼 증거가 명백히 존재하는 것으로 인정되는 경우에만 그를 현행범인으로 볼 수 있는 것인데, 이 사건 교통사고가 발생한 지점과 피고인이 체포된 지점은 거리상으로 약 1㎞ 떨어져 있고 시간상으로도 10분 정도의 차이가 있으며, 경찰관들이 피고인의 차량을 사고현장에서부터 추적하여

따라간 것도 아니고 순찰 중 경찰서로부터 무전연락을 받고 도주차량 용의자를 수색하다가 그 용의자로 보이는 피고인을 발견하고 검문을 하게 된 사정에 비추어 보면, 피고인을 현행범인으로 보기 어렵다고 판단하였다.

사실관계가 위와 같다면, 피고인을 형사소송법 제211조 제1항이 규정하고 있는 현행범인에 해당한다고 보기는 어려울 것이나, 원심이 확정한 사실관계에 의하면, P경찰서 Q파출소에 근무하는 경장 공소외 A와 순경 공소외 B가 112차량을 타고 순찰 근무를 하던 중 이 사건 교통사고가 발생한 지 4분만에 경찰서 지령실로부터 교통사고를 일으킨 검정색 그랜져 승용차가 경찰서 방면으로 도주하였다는 무전연락을 받고 인천 (상세 주소 생략) 소재 R아파트 쪽으로 진행하고 있었는데, 다시 도보 순찰자인 C순경으로부터 검정색 그랜져 승용차가 펑크가 난 상태로 삼익아파트 뒷골목으로 도주하였다는 무전연락을 받고 그 주변을 수색하던 중 R아파트 뒤편 철로 옆에 세워져 있던 검정색 그랜져 승용차에서 피고인이 내리는 것을 발견하였고, 그 승용차의 운전석 범퍼 및 펜더 부분이 파손된 상태였다는 것인바, 사정이 이와 같다면, 피고인으로서는 형사소송법 제211조 제2항 제2호의 "장물이나 범죄에 사용되었다고 인정함에 충분한 흉기 기타의 물건을 소지하고 있는 때"에 해당한다고 볼 수 있으므로, 준현행범인으로서 영장 없이 체포할 수 있는 경우에는 해당한다고 봄이 상당하다.

그럼에도 피고인이 형사소송법 제211조 제1항의 현행범인이 아니라는 이유에서 그를 영장 없이 체포한 공소외 B 등의 행위가 적법한 공무집행에 해당하지 않는다고 한 원심판결에는 형사소송법 제211조 제2항 제2호의 준현행범인에 관한 법리를 오해하였거나, 그 점을 간과하여 공무집행의 적법성에 관한 판단을 그르친 위법이 있다고 하지 않을 수 없다.

그러나 헌법 제12조 제5항 전문은 "누구든지 체포 또는 구속의 이유와 변호인의 조력을 받을 권리가 있음을 고지 받지 아니하고는 체포 또는 구속을 당하지 아니 한다"는 원칙을 천명하고 있고, 형사소송법 제72조는 "피고인에 대하여 범죄사실의 요지, 구속의 이유와 변호인을 선임할 수 있음을 말하고 변명할 기회를 준 후가 아니면 구속할 수 없다"고 규정하는 한편, 이 규정은 같은 법 제213조의2에 의하여 검사 또는 사법경찰관리가 현행범인을 체포하거나 일반인이 체포한 현행범인을 인도받는 경우에 준용되므로, 이 사건과 같이 사법경찰리가 피고인을 현행범인으로 체포하는 경우에 반드시 피고인에게 범죄사실의 요지, 구속의 이유와 변호인을 선임할 수 있음을 말하고 변명할 기회를 주어야 할 것임은 명백하다.

이러한 법리는 비단 현행범인을 체포하는 경우뿐만 아니라 긴급체포의 경우에도 마찬가지로 적용되는 것이고(대법원 1994. 3. 11. 선고 93도958 판결, 1995. 5. 26. 선고 94다37226 판결 등 참조), 이와 같은 고지는 체포를 위한 실력행사에 들어가기 이전에 미리 하여야 하는 것이 원칙이나, 달아나는 피의자를 쫓아가 붙들거나 폭력으로 대항하는 피의자를 실력으로 제압하는 경우에는 붙들거나 제압하는 과정에서 하거나, 그것이 여의치 않은 경우에라도 일단 붙들거나 제압한 후에는 지체 없이 행하여야 할 것이다.

그리고 형법 제136조가 규정하는 공무집행방해죄는 공무원의 직무집행이 적법한 경우에 한하여 성립하는 것이고, 여기서 적법한 공무집행이라 함은 그 행위가 공무원의 추상적 권한에 속할 뿐 아니라 구체적 직무집행에 관한 법률상 요건과 방식을 갖춘 경우를 가리키는 것이므로, 경찰관이 적법절차를 준수하지 아니한 채 실력으로 현행범인을 연행하려고 하였다면 적법한 공무집행이라고 할 수 없고, 현행범인이 그 경찰관에 대하여 이를 거부하는 방법으로써 폭행을 하였다고 하여 공무집행방해죄가 성립하는 것은 아니다(대법원 1994. 10. 25. 선고 94도2283 판결; 1995. 5. 9. 선고 94도3016 판결; 1996. 12. 23. 선고 96도2673 판결 등 참조).

원심이 같은 취지에서 위와 같은 적법절차를 준수하지 아니한 채 피고인을 강제로 순찰차에 태우려고 한 사실을 들어 공소외 A 등이 피고인을 현행범인으로 체포하려고 한 행위를 적법한 공무집행으로 볼 수 없다고 판단하였음은 정당하고, 위에서 본 원심의 잘못은 판결 결과에 영향을 미칠 만한 것이 되지 못한다.

이 점을 다투는 상고이유의 주장은 받아들일 수 없다.

* * *

3. 결론

그러므로 상고를 기각하기로 하여 관여 법관의 일치된 의견으로 주문과 같이 판결한다.

대법관 이돈희(재판장) 이임수 송진훈(주심) 윤재식

참고판례

(가) 대법원 1961. 8. 26. 선고 4293형상852 판결【공무집행방해등】(집9, 형102)

일건 기록에 의하면 본건 가옥에 대하여 소론과 같은 입입금지 가처분 결정이 있었고 동 결정이 집행되었던 사실은 인정할 수 있으나 원심에서의 증인 공소외 A, B(집달리)의 증언으로서 우 가처분에 대한 이의신립에 의하여 광주지방법원에서 원결정을 취소하고 우 가처분을 해제하는 가집행을 할 수 있다는 판결이 있었던 사실과 본건 가옥명도를 집행할 당시 우 가처분에 의한 입입금지의 표시가 없었음을 인정할 수 있으므로 입입금지 가처분의 집행상태가 존속중이었음을 전제로 한 소론과 집달리가 집행력 있는 판결정본에 의하여 정당한 직권행사로서 한 가옥명도 집행행위를 부당한 권리의 침해라고 처단하는 전제하에서의 정당행위 운운의 논지는 이유 없다 할 것이며 원래 공무원이 그 권한에 속하는 사항에 관하여 법령에 정한 방식에 따라 그 직무를 집행하는 경우에 있어서 가사 그 직무집행의 대상이 된 사실에 관하여 착오가 있었다 하더라도 일응 그 행위가 공무원의 적법한 행위라고 인정할 수 있는 시는 이는 형법 제136조의 소위 공무집행에 해당된다고 해석하여야 할 것인바 원심이 확정한 사실에 의하면 집달리는 집행력 있는 판결정본에 의하여 소정의 절차에 따라 본건 가옥명도의 집행을 하였다는 것이므로 가사 우 집달리가 본건 집행에 있어서 그 목적물에 대하여 입입금지 가처분결정의 집행상태가 계속중이었음에도 불구하고 착오로서 이를 모르고 본건 집행을 하였다고 가정하더라도 이를 방해한 갑 등의 행위는 역시 공무집행을 방해한 것이라고 아니할 수 없다.

(나) 대법원 1999. 9. 21. 선고 99도383 판결【공무집행방해·상해】(공1999, 2273)

1. 이 사건 공소사실의 요지는, 피고인은 하반신 지체장애자인바, 1997. 6. 4. 14:00경 서울 P구 Q동 소재 서울지방법원 R지원 앞 도로상에서 운전하는 소나타승용차를 주차가 금지된 장소에 주차시킨 데 대하여 P구청 소속 공무원으로서 불법주차단속원인 피해자(여, 26세)가 위 승용차 유리에 불법주차 과태료 스티커를 붙였다는 이유로 피해자의 치마를 양손으로 잡아당겨 찢고, 피고인이 타고 있던 휠체어로 피해자의 다리를 부딪치게 하여 피해자에게 약 10일간의 치료를 요하는 양측하퇴부좌상의 상해를 입힘과 동시에 피해자의 정당한 주차단속업무를 방해한 것이다라는 것이고, 원심판결 이유에 의하면, 원심은, 위 공소사실에 의하더라도 피고인이 피해자를 폭행한 것은 피해자가 피고인의 승용차 유리에 과태료 부과고지서를 붙인 후이고, 제1심 증인 피해자의 증언에 의하면 피해자는 피고인이 없을 때 불법주차 스티커를 피고인 차량에 붙인 후 피고인이 오는 것을 보고 휠체어를 탄 장애인이라는 것을 알고 과태료 부과고지서를 다시 떼어 낸 사실을 인정할 수 있는바, 그렇다면 피해자의 주차단속업무가 이미 종료된 시점에 피고인의 폭행이 이루어졌다고 할 것이므로, 위 사실관계로써 피해자에 대한 상해죄가 성립하는 외에 공무집행방해죄가 성립하는 것은 아니라고 판단하여 위 공소사실 전부를 유죄로 인정한 제1심판결을 파기하고 위 공소사실 중 상해 부분은 유죄로 인정하고, 공무집행방해 부분은 무죄임을 판시하면서 위 유

죄 부분과 상상적 경합관계에 있다는 이유로 주문에 별도로 무죄선고를 하지 아니하였다.

2. 형법 제136조 제1항 소정의 공무집행방해죄에 있어서 '직무를 집행하는'이라 함은 공무원이 직무수행에 직접 필요한 행위를 현실적으로 행하고 있는 때만을 가리키는 것이 아니라 공무원이 직무수행을 위하여 근무중인 상태에 있는 때를 포괄한다 할 것이고, 직무의 성질에 따라서는 그 직무수행의 과정을 개별적으로 분리하여 부분적으로 각각의 개시와 종료를 논하는 것이 부적절하고 여러 종류의 행위를 포괄하여 일련의 직무수행으로 파악함이 상당한 경우가 있다고 할 것이다.

돌이켜 이 사건에 관하여 보건대, 도로교통법(1997. 8. 30. 법률 제5405호로 개정되기 전의 것) 제31조 제1항, 제102조의2 제1항, 제102조 제3항 내지 제5항, 같은법 시행령(1997. 12. 6. 대통령령 15531호로 개정되기 전의 것) 제10조의2 제1항의 규정 등 관계 규정 및 기록에 의하면, 피해자는 서울 P구청 교통지도과 주차관리계 소속의 단속담당 공무원으로 정차, 주차위반 차량의 운전사나 관리책임자에 대하여 일정한 조치를 명할 수 있고, 또한 고지서를 교부하고 운전면허증의 제출을 요구하여 이를 보관할 수도 있는 등의 직무권한이 있음을 알 수 있으므로, 피해자가 불법주차 스티커를 피고인 차량에 붙인 행위나 과태료 부과고지서를 떼어 낸 행위만을 따로 분리하여 그러한 시점에 직무수행이 종료되고 피해자가 피고인에 대하여 별개의 조치를 취하거나 다른 차량에 대한 단속에 착수할 때에 직무수행이 재개된다고 보는 것은 부적절하고 피해자의 위와 같은 여러 종류의 행위를 포괄하여 일련의 직무수행으로 파악함이 상당하다 할 것이며, 따라서 원심 확정의 사실관계 아래에서 피고인의 피해자에 대한 폭행 당시 피해자는 일련의 직무수행을 위하여 근무중인 상태에 있었다고 봄이 상당하다 할 것이다.

(다) 대법원 1981. 3. 24. 선고 81도326 판결 【공무집행방해】 (공1981, 13856)

1. 형법 제136조에 규정된 공무집행방해죄에 있어서의 폭행은 공무를 집행하는 공무원에 대하여 유형력을 행사하는 행위를 말하는 것으로 그 폭행은 공무원에 직접적으로나 간접적으로 하는 것을 포함한다고 해석되며(당

원 1970. 5. 12. 선고 70도561 판결 참조) 또 동조에 규정된 협박이라 함은 사람을 공포케 할 수 있는 해악을 고지함을 말하는 것이나 그 방법도 언어, 문서, 직접, 간접 또는 명시, 암시를 가리지 아니한다고 해석되는 바, 본건에 있어서 갑이 순경 공소외인이 공무를 집행하고 있는 경찰관 파출소 사무실 바닥에 인분이 들어 있는 물통을 던지고 또 책상 위에 있던 재떨이에 인분을 퍼담아 동 사무실 바닥에 던지는 행위는 동 순경 공소외인에 대한 폭행이라 할 것이며 또 동 순경에 대하여 "씹할 놈들 너희가 나를 잡아넣어, 소장 데리고 와라"고 폭언을 농한 것은 이에 불응하면 신체에 위해를 가할 것을 암시하는 협박에 해당한다고 할 것이니 이런 취지에서 갑의 소위를 공무집행방해죄로 단정하였음은 정당한 조치라 할 것이니 견해를 달리 하는 소론은 채택할 수 없고 소론 적시의 당원 판례는 사안을 달리 하여 본건에 적합한 것이 못된다.

쟁점연구

1. 형법 제136조 제1항은 '직무를 집행하는 공무원에 대하여 폭행 또는 협박' 하는 것을 공무집행방해죄의 구성요건으로 규정하고 있다. 그런데 도입판례는 단순한 '직무의 집행'을 넘어서서 '적법한 직무의 집행'일 것을 요구하고 있다. 명문의 근거가 없음에도 불구하고 대법원이 직무집행의 '적법성'을 요구하는 이유는 무엇이라고 생각하는가?
2. 도입판례에서 대법원이 제시하고 있는 '적법성'의 요건을 분석해 보라.
3. 참고판례 (가)는 객관적으로 적법성의 요건이 갖추어지지 아니하였음에도 불구하고 공무원이 주관적으로 적법성의 요건이 갖추어졌다고 생각하고 직무집행에 나아간 경우를 다루고 있다. 대법원은 참고판례 (가)의 사안에 대해 직무집행의 적법성을 인정하여 공무집행방해죄를 긍정하고 있다. 대법원이 이러한 결론에 이르기 위하여 제시한 판단기준은 무엇인가? 또한 이와 같은 대법원은 태도가 타당하다고 생각하는가?
4. 참고판례 (나)는 직무집행의 시간적 한계를 다루고 있다. 이와 관련하여

대법원이 제시한 기준을 분석해 보라.

5. 참고판례 (다)는 공무집행방해죄의 실행행위인 '폭행'의 개념에 대해 다루고 있다. 공무집행방해죄(형법 136①)의 '폭행'과 단순폭행죄(형법 260①)의 '폭행' 사이에 같은 점과 다른 점을 분석해 보라.

Ⅱ. 위계에 의한 공무집행방해죄

도입판례

대법원 1997. 2. 28. 선고 96도2825 판결【위계공무집행방해·직무유기】(공1997, 1032)

【피 고 인】 갑
【상 고 인】 피고인 및 검사
【변 호 인】 법무법인 강동종합법률사무소 담당변호사 박연철 외 4인
【원심판결】 전주지법 1996. 10. 10. 선고 95노416 판결
【주 문】 상고를 모두 기각한다.
【이 유】

상고이유를 판단한다.

1. 갑의 변호인의 상고이유에 대하여

가. 제1점, 제3점에 대하여

원심판결 이유에 의하면, 원심은, P도청 수산과 계장으로서 어업허가신청업무를 담당하고 있던 갑이 공소외 A의 어업허가처리를 부탁받은 P도청 수산과 직원인 공소외 B로부터 어선이 없고 선박증서만 있는 공소외 A의 선박에 대한 어업허가장이 발부되도록 처리하여 달라는 청탁을 받고 이를 승낙한 다음 어업허가담당자인 공소외 C에게 어업허가시 필요한 선박실체확인 등 어업허가 실태조사를 하지 말고 어업허가 처리기안문을 작성하도록 지시하여 동인으로 하여금 어업허가 처리기안문을 작성하게 한 다음 갑 스스로 중간결재를 하고 그 정을 모르는 농수산국장으로부터 최종결재를 받아 P도지사 명의의 허가장을 발급하게 한 사실을 인정하고, 갑을 위계에 의한 공무집행방해죄로 처단하고 있다.

기록에 비추어 살펴보면, 원심의 이와 같은 사실인정은 정당하고, 거기에 채증법칙을 위배한 잘못이나 심리를 다하지 아니한 잘못은 없다. 이 점을 지적하는 상고이유는 받아들일 수 없다.

그리고 위계에 의한 공무집행방해죄에 있어서 위계라 함은 행위자의 행위목적을 이루기 위하여 상대방에게 오인, 착각, 부지를 일으키게 하여 그 오인, 착각, 부지를 이용하는 것을 말하는 것으로 상대방이 이에 따라 그릇된 행위나 처분을 하였다면 이 죄가 성립되는 것이지만(대법원 1983. 9. 27. 선고 83도1864 판결, 1995. 5. 9. 선고 94도2990 판결 등 참조), 행정관청이 출원에 의한 인·허가처분을 함에 있어서는 그 출원사유가 사실과 부합하지 아니하는 경우가 있음을 전제로 하여 인·허가할 것인지 여부를 심사결정하는 것이므로, 행정관청이 사실을 충분히 확인하지 아니한 채 출원자가 제출한 허위의 출원사유나 허위의 소명자료를 가볍게 믿고 인가 또는 허가를 하였다면, 이는 행정관청의 불충분한 심사에 기인한 것으로서 출원자의 위계에 의한 것이었다고 할 수 없어 위계에 의한 공무집행방해죄를 구성하지 않는다고 할 것이다(대법원 1975. 7. 8. 선고 75도324 판결, 1989. 1. 17. 선고 88도709 판결 등 참조).

그러나 이 사건에 있어서와 같이 출원에 대한 심사업무를 담당하는 공무원이 출원인의 출원사유가 허위라는 사실을 알면서도 결재권자로 하여금 오인, 착각, 부지를 일으키게 하고 그 오인, 착각, 부지를 이용하여 인·허가처분에 대한 결재를 받아낸 경우라면, 출원자가 허위의 출원사유나 허위의 소명자료를 제출한 경우와는 달리 더 이상 출원에 대한 적정한 심사업무를 기대할 수 없게 되었다고 할 것이어서 위와 같은 행위는 위계로써 결재권자의 직무집행을 방해한 것이라고 하지 않을 수 없다. 원심이 피고인의 위와 같은 행위를 위계에 의한 공무집행방해죄로 처단한 것은 위와 같은 법리에 따른 것으로, 거기에 위계에 의한 공무집행방해죄의 법리를 오해한 잘못이 없다. 이 점을 지적하는 상고이유도 받아들일 수 없다.

* * *

3. 그러므로 피고인과 검사의 상고를 모두 기각하기로 관여 법관의 의견이 일치되어 주문과 같이 판결한다.

대법관 박준서(재판장) 박만호 김형선 이용훈(주심)

참고판례

(가) 대법원 2000. 3. 24. 선고 2000도102 판결【…위계에의한공무집행방해】(공2000, 1109)

원심판결 이유와 제1심판결 이유에 의하면, 이 부분 공소사실은, 위 피고인들이 공소외 A, B, C, D와 공모하여, 피고인 을은 대구지방법원 95타경○○○○호로 입찰에 회부된 P시 Q동 863의 11 대 2,223.8㎡ 및 그 지상 건물에 관하여 제3차 입찰기일이 공고되자 1995. 8. 21. 피고인 갑에게 입찰에 참가하게 하고, 피고인 갑은 공소외 A와 함께 위 부동산을 답사한 다음 공소외 B, C, D에게 연락하여 함께 입찰에 참가하기로 합의한 후 같은 달 28일 09:30경 대구지방법원 경매법정에 갔으나, M이 입찰에 참가한다는 사실을 알고서 피고인 갑 등이 낙찰 받는 방법을 논의하다가 M의 입찰가격을 알아내어 그보다 높은 가격으로 입찰하기로 하고, 피고인 을은 자신이 대구지방법원 집행관실의 사무원이기 때문에 평소 잘 알고 있던 M측 경매브로커인 N으로부터 M의 입찰가액을 알아내어 피고인 갑 등에게 알려주기로 하여, 같은 날 10:00경 위 경매법정에서 공소외 A는 입찰참가표시를 한 다음 밖으로 나오고, 피고인 을은 경매브로커로서 자신의 말을 들을 수밖에 없는 N으로부터 M의 입찰가격이 금 2,428,964,800원이라는 사실을 알아내어 이를 피고인 갑 및 공소외 A, B, C, D에게 알려주고, 피고인 갑 및 공소외 B, C, D는 금 2,455,000,000원으로 입찰함으로써 위 부동산을 낙찰 받아 위계로써 대구지방법원 집행관의 입찰에 관한 직무집행을 방해하였다는 것인바, 이에 대하여 원심은, 구 형법은 위계 또는 위력으로써 공적 기관의 경매 또는 입찰의 공정을 해하는 경매·입찰방해죄를 공무의 집행을 방해하는 죄의 한 태양으로 규정하였는데 신 형법은 경매·입찰방해죄를 제8장 공무방해에 관한 죄의 편별에서 분리하여 제34장 신용, 업무와 경매에 관한 죄에 편입하면서 그 보호대상을 국가나 공공단체의 경매·입찰로 한정하지 아니하고 사인의 경매·입찰도 포함하는 모든 경매·입찰로 확대하였으니, 이러한 입법연혁과 입법취지 등에 비추어 보면, 국가나 공공단체의 경매·입찰이라고 하더라도 위계로써 그 공정을 해하는 행위는 위계에 의한 공무집행방해죄가 아니라 그 특별죄로서의 성질을 겸비하는 경매·입찰방해죄에만 해당하고 위계에 의한 공무집행방해죄로 의율할 수는 없다는 이유로 무죄라고 판단하였다.

피고인들의 범죄행위가 법원경매업무를 담당하는 집행관의 구체적인 직무집행을 저지하거나 현실적으로 곤란하게 하는 데까지는 이르지 않고 입찰의 공정을 해하는 정도의 것임이 공소사실 자체에 의하여 명백한바, 이러한 행위라면 형법 제315조의 경매·입찰방해죄에만 해당될 뿐, 형법 제137조의 위계에 의한 공무집행방해죄에는 해당되지 않는다고 할 것이므로, 같은 취지에서 위 공소사실에 대하여 무죄로 처단한 원심의 판단에 경매·입찰방해죄 또는 위계에 의한 공무집행방해죄에 관한 법리오해 또는 판단유탈의 위법이 없다. 논지도 이유가 없다.

쟁점연구

1. 도입판례는 위계에 의한 공무집행방해죄(형법 137)에 있어서 '위계'의 범위를 다루고 있다. '위계'의 개념정의와 성립범위에 대해 대법원이 판시한 내용을 분석해 보라.
2. 참고판례는 위계에 의한 공무집행방해죄의 요건으로 '공무집행방해'의 요건에 대해 다루고 있다. 통상의 공무집행방해죄(형법 136①)와 달리 위계에 의한 공무집행방해죄(형법 137)의 경우에는 공무집행방해의 결과발생이 필요하다. 이와 같은 차이가 발생하게 되는 이유는 무엇이라고 생각하는가?

3. 위계에 의한 공무집행방해죄(형법 137)와 경매방해죄(형법 315)의 관계에 관하여 참고판례에서 대법원이 판시한 내용을 분석해 보라.
4. 참고판례의 사안에서 경매브로커들의 농간에 의하여 법원의 경매가 유찰되었다고 하자. 이러한 경우에 위계에 의한 공무집행방해죄가 성립할 수 있을 것인가? 긍정, 부정의 견해 가운데 하나를 택하고 그 논거를 제시해 보라.

제22장 도주와 범인은닉의 죄

Ⅰ. 도 주 죄

도입판례

대법원 2006. 7. 6. 선고 2005도6810 판결【도주】(공2006, 1572)

【피 고 인】 갑
【상 고 인】 검사
【원심판결】 춘천지법 2005. 8. 26. 선고 2005노429 판결
【주 문】 상고를 기각한다.
【이 유】

1. 형사소송법 제199조 제1항은 "수사에 관하여 그 목적을 달성하기 위하여 필요한 조사를 할 수 있다. 다만, 강제처분은 이 법률에 특별한 규정이 있는 경우에 한하며, 필요한 최소한도의 범위 안에서만 하여야 한다"고 규정하여 임의수사의 원칙을 명시하고 있는바, 수사관이 수사과정에서 당사자의 동의를 받는 형식으로 피의자를 수사관서 등에 동행하는 것은, 상대방의 신체의 자유가 현실적으로 제한되어 실질적으로 체포와 유사한 상태에 놓이게 됨에도, 영장에 의하지 아니하고 그 밖에 강제성을 띤 동행을 억제할 방법도 없어서 제도적으로는 물론 현실적으로도 임의성이 보장되지 않을 뿐만 아니라, 아직 정식의 체포·구속단계 이전이라는 이유로 상대방에게 헌법 및 형사소송법이 체포·구속된 피의자에게 부여하는 각종의 권리보장 장치가 제공되지 않는 등 형사소송법의

원리에 반하는 결과를 초래할 가능성이 크므로, 수사관이 동행에 앞서 피의자에게 동행을 거부할 수 있음을 알려 주었거나 동행한 피의자가 언제든지 자유로이 동행과정에서 이탈 또는 동행장소로부터 퇴거할 수 있었음이 인정되는 등 오로지 피의자의 자발적인 의사에 의하여 수사관서 등에의 동행이 이루어졌음이 객관적인 사정에 의하여 명백하게 입증된 경우에 한하여, 그 적법성이 인정되는 것으로 봄이 상당하다. 형사소송법 제200조 제1항에 의하여 검사 또는 사법경찰관이 피의자에 대하여 임의적 출석을 요구할 수는 있겠으나, 그 경우에도 수사관이 단순히 출석을 요구함에 그치지 않고 일정 장소로의 동행을 요구하여 실행한다면 위에서 본 법리가 적용되어야 할 것이고, 한편 행정경찰 목적의 경찰활동으로 행하여지는 경찰관직무집행법 제3조 제2항 소정의 질문을 위한 동행요구도 형사소송법의 규율을 받는 수사로 이어지는 경우에는 역시 위에서 본 법리가 적용되어야 할 것이다.

2. 원심이 적법하게 인정한 다음과 같은 사정, 즉 ① 경찰관들이 피고인을 동행한 시각이 동틀 무렵인 새벽 06:00경이었고, 그 장소는 피고인의 집 앞이었으며, 그 동행의 방법도 4명의 경찰관들이 피고인의 집 부근에서 약 10시간 동안 잠복근무를 한 끝에 새벽에 집으로 귀가하는 피고인을 발견하고 4명이 한꺼번에 차에서 내려 피고인에게 다가가 피의사실을 부인하는 피고인을 동행한 것인 점, ② 피고인을 동행한 경찰관 공소외 A가 1회 검찰진술에서 "공소외 B(피고인의 누나로서 도난당한 수표를 피고인으로부터 건네받았다고 진술하였다)는 임의동행 형식으로 P경찰서로 데리고 온 사실이 있고, 공소외 B의 진술을 확인하고 피의자 갑을 검거하기 위하여 Q시 퇴계동 소재 갑의 집에 출장을 가서 피의자 갑을 긴급체포하면서 검거하게 되었다"라고 진술하여 원심상피고인 공소외 B에 대해서는 임의동행하였다고 하면서 피고인의 경우는 긴급체포하였다는 식으로 양자를 구별하였고, 2회 검찰진술에서는 "공소외 B의 진술서와 진술조서를 근거로 하여 현장에서 긴급체포하려고 하였으나 갑이 혐의사실을 완강히 부인하고, 공소외 B의 진술 외에 확실한 증거가 없

었기 때문에 현장에서 바로 피고인을 긴급체포하면 보강증거를 찾기에는 시간이 너무 부족한 것 같아 갑의 동의를 얻은 후 임의동행하려고 하였던 것입니다"라고 진술하는 등 애당초 피고인을 긴급체포할 의사로 피고인의 집으로 간 것으로 보이는 점, ③ 공소외 A는 동행을 요구할 당시 피고인에게 공소외 B가 이야기한 절도 사실에 대하여 고지하니 피고인이 혐의내용을 완강히 부인하여 경찰서에 가서 확인을 해 보고 피고인의 이야기가 맞으면 그냥 돌아가도 좋다고 설득하였다고 진술하면서도 피고인에게 동행요구에 응하지 않아도 된다는 점을 고지하였음을 인정할 만한 진술은 하고 있지 않는 반면에, 피고인은 원심법정에서 당시 경찰관들로부터 동행요구에 대해 거부할 수 있다는 것을 사전에 고지받은 적이 없다고 진술하는 등, 경찰관들이 동행을 요구할 당시 피고인에게 그 요구를 거부할 수 있음을 말해주지 않은 것으로 보이는 점, ④ 피고인이 원심법정에서 경찰서에서 화장실에 갈 때도 경찰관 1명이 따라와 감시했다고 진술한 점 등에 비추어 피고인이 경찰서에 도착한 이후의 상황도 피고인이 임의로 퇴거할 수 있는 상황은 아니었던 것으로 보이는 점 등 제반 사정에 비추어 보면, 비록 사법경찰관이 피고인을 동행할 당시에 물리력을 행사한 바가 없고, 피고인이 명시적으로 거부의사를 표명한 적이 없다고 하더라도, 사법경찰관이 피고인을 수사관서까지 동행한 것은 위에서 본 적법요건이 갖추어지지 아니한 채 사법경찰관의 동행요구를 거절할 수 없는 심리적 압박 아래 행하여진 사실상의 강제연행, 즉 불법체포에 해당한다고 보아야 할 것이고, 사법경찰관이 그로부터 6시간 상당이 경과한 이후에 비로소 피고인에 대하여 긴급체포의 절차를 밟았다고 하더라도 이는 동행의 형식 아래 행해진 불법체포에 기하여 사후적으로 취해진 것에 불과하므로, 그와 같은 긴급체포 또한 위법하다고 아니할 수 없다.

따라서 피고인은 불법체포된 자로서 형법 제145조 제1항 소정의 '법률에 의하여 체포 또는 구금된 자'가 아니어서 도주죄의 주체가 될 수 없다.

3. 원심은 이 사건 피고인에 대한 동행이 임의성을 결여하였고, 따라서 그 실질은 영장을 발부받지도 않은 채 이루어진 강제연행 즉 체포에 해당하며, 이에 이은 긴급체포도 적법한 것으로 볼 수 없다고 보아 피고인이 형법 제145조 제1항 소정의 도주죄의 주체가 될 수 없다는 이유로, 피고인에 대하여 무죄를 선고한 제1심을 유지하였다. 원심이 이 사건 피고인에 대한 수사관서로의 동행이 부적법하다고 판단함에 있어서 설시한 이유는 위의 법리와는 다소 달라 적절하지 아니한 점이 없지 아니하나, 피고인에 대한 수사관서로의 동행과 이에 이은 긴급체포를 불법으로 보아 피고인에 대한 도주의 공소사실을 무죄로 판단한 조치는 결론에 있어 정당하다고 할 것이므로, 원심판결에 판결결과에 영향을 미친 법리오해 등의 위법이 있다고 할 수 없다.

4. 그러므로 상고를 기각하기로 하여, 관여 법관의 일치된 의견으로 주문과 같이 판결한다.

대법관 박시환(재판장) 이강국 손지열(주심)

참고판례

▷ 대법원 1991. 10. 11. 선고 91도1656 판결【특수도주방조 · 도주원조】(공 1991, 2762)

도주죄는 즉시범으로서 범인이 간수자의 실력적 지배를 이탈한 상태에 이르렀을 때에 기수가 되어 도주행위가 종료하는 것이고, 도주원조죄는 도주죄에 있어서의 범인의 도주행위를 야기시키거나 이를 용이하게 하는 등 그와 공범관계에 있는 행위를 독립한 구성요건으로 하는 범죄이므로, 도주죄의 범인이 도주행위를 하여 기수에 이르른 이후에 범인의 도피를 도와주는 행위는 범인도피죄에 해당할 수 있을 뿐 도주원조죄에는 해당하지 아니한다.

원심판결 이유에 의하면, 원심은 피고인 갑의 동생인 공소외 A가 수감

되어 있던 P시 소재 Q병원에서 간수자를 폭행하고 병원에서 탈주함으로써 동인의 도주죄는 기수에 달하였다고 보고, 그 후 일단 구금시설로부터의 탈주에 성공한 공소외 A가 보다 멀리 서울로 도피할 수 있도록 공소외 A 소유의 승용차를 인도하게 하여 준 피고인의 이 사건 행위는 공소외 A의 도주범행이 종료한 이후의 행위로서 도주원조죄에는 해당하지 아니한다고 판시하였는바, 원심의 이와 같은 판시는 앞에 설시한 법리에 비추어 정당하고, 거기에 소론이 지적하는 바와 같은 법리오해 등의 위법이 있다 할 수 없다. 논지는 이유 없다.

쟁점연구

1. 도입판례는 도주죄(형법 145①)의 행위주체에 관한 것이다. '법률에 의하여 체포 또는 구금된 자'의 범위를 설명해 보라.
2. 참고판례는 도주죄(형법 145①)와 도주원조죄(형법 147)의 관계를 다루고 있다. 도주죄의 실행행위인 '도주'의 개념을 정의하고 구체적인 예들을 들어 보라.
3. 참고판례에서 도주원조죄(형법 147)가 성립하지 아니한 이유는 무엇인가?
4. 참고판례에서 피고인을 범인도피죄(형법 151①)로 처벌할 수는 없겠는가?

Ⅱ. 범인은닉죄

도입판례

대법원 1982. 1. 26. 선고 81도1931 판결【범인은닉】(공1982, 313)

【피 고 인】 갑
【상 고 인】 피고인
【원심판결】 서울형사지방법원 1981. 5. 29. 선고 81노1291 판결
【주　　문】 상고를 기각한다.
【이　　유】

갑의 상고이유를 본다.

범인은닉죄는 형사사법에 관한 국권의 행사를 방해하는 자를 처벌하고자 하는 것이므로 형법 제151조 제1항의 이른바 죄를 범한 자라 함은 그 입법의 목적에 비추어 범죄의 혐의를 받아 수사대상이 되어 있는 자를 포함한다고 함이 당원의 판례(1960. 2. 24. 선고 4292형상555 판결 참조)로 하는 바이니, 가사 소론과 같이 구속수사의 대상이 된 공소외 A가 그 후 무혐의로 석방되었다 하더라도 갑에 대한 범인은닉죄의 성립에는 영향이 없다 할 것이다.

따라서, 원심이 갑은 항소이유서를 제출하지 아니하였을 뿐만 아니라 제1심 판결을 살펴보아도 아무런 직권조사 사유를 발견할 수 없다고 하여 갑의 항소를 기각한 조처는 정당하고, 소론과 같은 위법사유가 있다고 할 수 없다. 논지는 이유 없다.

이에, 상고를 기각하기로 하여 관여법관의 일치된 의견으로 주문과 같이 판결한다.

대법관 김중서(재판장) 정태균 윤일영 김덕주

참고판례

(가) 대법원 2006. 5. 26. 선고 2005도7528 판결 【도로교통법위반(음주운전)·범인도피교사】 (공2006, 1221)

형법 제151조에서 규정하는 범인도피죄는 범인은닉 이외의 방법으로 범인에 대한 수사·재판 및 형의 집행 등 형사사법의 작용을 곤란 또는 불가능하게 하는 행위를 말하는 것으로서 그 방법에는 아무런 제한이 없고, 또한 범인도피죄는 위험범으로서 현실적으로 형사사법의 작용을 방해하는 결과가 초래되어야만 하는 것은 아니다(대법원 1995. 3. 3. 선고 93도3080 판결, 2000. 11. 24. 선고 2000도4078 판결 등 참조).

원심이 채용한 증거들을 기록에 비추어 살펴보면, 피고인은 음주운전 혐의로 적발되자 평소 알고 지내던 공소외 A를 불러내어 그로 하여금 단속경찰관인 공소외 B가 피고인에 대한 주취운전자 적발보고서를 작성하거나 재차 음주측정을 하지 못하도록 제지하는 등으로 공소외 B의 수사를 곤란하게 했던 사실을 인정할 수 있는바, 이러한 피고인의 행위는 범인도피죄에서 말하는 도피에 해당하고, 나아가 피고인이 위 공소외 A에게 전화를 걸어 음주단속 현장으로 나오게 한 점이나 그에게 "어떻게 좀 해 보라"고 계속 재촉한 사정 등에 비추어 보면 피고인에게 범인도피교사에 대한 범의가 없었다고 보기도 어렵다.

같은 취지에서, 피고인에 대한 범인도피교사의 범죄사실을 유죄로 인정한 원심의 조치도 수긍이 가고, 거기에 상고이유로 주장하는 바와 같은 범인도피죄에 있어 도피의 개념 및 도피의 범의에 관한 법리오해 등의 위법이 없다.

(나) 대법원 1995. 3. 3. 선고 93도3080 판결 【범인도피·특정범죄가중처벌등에관한법률위반(재산국외도피)】 (공1995, 1654)

1. 형법 제151조에서 규정하는 범인도피죄는 범인은닉 이외의 방법으로

범인에 대한 수사, 재판 및 형의 집행 등 형사사법의 작용을 곤란 또는 불가능하게 하는 행위를 말하는 것으로서 그 방법에는 어떠한 제한이 없고, 또 이는 위험범으로서 현실적으로 형사사법의 작용을 방해하는 결과가 초래될 것이 요구되지는 아니하나, 다른 한편 형사사법의 작용을 방해하는 모든 행위 내지 범인을 돕는 모든 행위가 범인도피죄의 구성요건에 해당한다고 본다면 이는 일반 국민의 행동의 자유를 지나치게 제한하는 것으로서 부당하다고 하지 않을 수 없다.

그러므로 범인도피행위는 범인을 도주하게 하는 행위 또는 도주하는 것을 직접적으로 용이하게 하는 행위에 한정된다고 봄이 상당하고, 그 자체가 도피시키는 것을 직접의 목적으로 한 것이라고는 보기 어려운 행위로 말미암아 간접적으로 범인이 안심하여 도피할 수 있도록 하는 것과 같은 경우는 이에 포함되는 것이 아니라고 해석하여야 할 것이다.

나아가 어떤 행위가 범인도피죄에 해당하는 것처럼 보이더라도 그것이 사회적으로 상당성이 있는 행위일 때에는 이 또한 처벌할 수 없다고 보아야 할 것이다.

2. 가. 그러므로 피고인들이 유가증권위조, 사기 등의 범행을 범하고 1992. 11. 19. 미국으로 도주한 공소외 A를 도피하게 하였다는 이 사건 범인도피의 각 공소사실 가운데 피고인 을이 1992. 12. 9. 15:00경 공소외 B로부터 위 공소외 A에게 송금하여 달라는 부탁과 함께 자기앞수표를 받아 이를 가명으로 예금하여 두었다는 점은, 위 피고인이 현실적으로 공소외 A에게 송금하지 아니한 이상 아직 형사사법작용을 방해하는 위험을 초래한 데에까지 이른 것은 아니어서 현행법상 처벌규정이 없는 범인도피의 예비에 불과하므로 범인도피죄로 처벌할 수는 없다고 할 것이고, 마찬가지로 피고인 병이 1992. 12. 6. 23:30경 공소외 A의 재산을 국외로 도피시키기 위하여 미국으로부터 입국한 위 공소외 B를 원심공동피고인과 만나게 해 주어 위 원심공동피고인으로 하여금 은행예금통장과 자기앞수표 등을 위 B에게 교부하게 한 행위 또한 현실적으로 위 재산이 공소외 A의 지배하에 놓였다는 점에 관한 입증이 없는 이상 범인도피의 예비행위에 가공한 것에 불과하여 처벌대상이 아니라고 할 것이다.

나. 또한 피고인 갑이 위 공소외 A가 편취하여 마련한 자금 중 일부를 여러 차례에 걸쳐 가명으로 예금하고 입금과 출금을 되풀이하면서 그 인출한 돈 중 일부를 공소외 A의 자녀들의 생활비 및 공소외 A의 유령회사들의 운영유지비 등으로 사용하게 하고 공소외 A의 도피자금으로 비축하여 공소외 A의 도피생활을 용이하게 하였다는 점이나, 피고인 병이 원심공동피고인으로부터 받은 돈 중 일부를 공소외 A의 자녀들의 생활비로 공소외 C에게 교부하고 일부는 원심공동피고인의 변호사선임비로 사용하였다는 점 또한 이러한 행위들에 의하여 위 A가 안심하여 도피생활을 계속할 수 있다고 하여도 이로써 위 A의 도주를 직접적으로 용이하게 하였다고는 말할 수 없으므로(뿐만 아니라 범인의 가족을 돕는 행위는 다른 특별한 사정이 없는 한 사회적 상당성이 있는 것이라고 할 것이다) 역시 범인도피죄에 해당하지 아니한다고 보아야 할 것이다.

다. 그리고 피고인 병이 공소외 A의 부탁을 받고 공소외 A의 자녀들을 미국으로 보내기 위하여 김포공항까지 안내하여 주어 공소외 A를 도피하게 하였다는 점도 공소외 A의 자녀들이 현실적으로 미국으로 가지 아니하였음이 기록상 명백한 이상 범인도피죄에 해당하지는 아니한다고 할 것이다(가사 위 갑이 공소외 A의 자녀들을 미국으로 보냈다고 하더라도 이는 사회적 상당성이 있는 행위로서 범인도피죄는 성립하지 아니한다고 할 것이다).

라. 나아가 위 피고인이 1992. 11. 21. 원심공동피고인의 위치를 알려달라는 공소외 A의 지시를 받고 서울 용산구 이태원동 소재 P호텔에 숨어있는 원심공동피고인의 위치를 알려주어 공소외 A와 통화하게 하였다는 점은, 공소외 A와 원심공동피고인의 통화 자체가 공소외 A에 대한 범인도피를 내용으로 하는 것이고 이를 위 피고인이 사전에 알았다는 등의 특별한 사정이 있는 경우에만 범인도피죄를 구성한다고 할 것인데, 기록에 의하면 당시 공소외 A는 원심공동피고인에게 우선 잠잠할 때까지 모두 몸조심하라, 미안하다라고 하면서 자신의 아이들을 잘 부탁한다고 하였다는 것에 불과하므로(수사기록 제3책 981, 1344쪽 참조) 위와 같은 갑의 행위 또한 범인도피죄에 해당하지 아니한다고 할 것이다.

한편 피고인이 1992. 12. 14.경 공소외 A의 전화를 받고 원심공동피고인이 검찰에 자수한다는 것과 변호사를 선임하였다는 사실을 알려준 후 공소외 A로부터 모든 범행을 자신에게 미루고 검찰에 출석하여 부인하라는 지시를 받고 이를 원심공동피고인에게 전달하였다는 점도 그 내용 자체로 보아 그것이 공소외 A에 대한 범인도피행위라고 볼 수는 없다고 할 것이다.

마. 결국 위 피고인들에 대한 범인도피의 이 사건 공소사실은 어느 것이나 범죄로 되지 아니하거나 범죄의 증명이 없는 경우에 해당한다고 할 것이고, 원심판결이 위 공소사실에 대하여 무죄를 선고한 것도 같은 취지로 보지 못할 바 아니어서 원심판결에 소론과 같은 범인도피죄의 법리를 오해한 위법이 있다는 논지는 이유 없음에 돌아간다.

(다) 대법원 2006. 12. 7. 선고 2005도3707 판결【범인도피교사】(공2007, 156)

원심판결 이유에 의하면 원심은, 무면허 상태로 프라이드 승용차를 운전하고 가다가 화물차를 들이받는 사고를 일으켜 경찰에서 조사를 받게 된 피고인이 무면허로 운전한 사실 등이 발각되지 않기 위해, 동생인 공소외인에게 "내가 무면허상태에서 술을 마시고 차를 운전하다가 교통사고를 내었는데 운전면허가 있는 네가 대신 교통사고를 내었다고 조사를 받아 달라"고 부탁하여, 이를 승낙한 위 공소외인으로 하여금 P경찰서 교통사고조사계 사무실에서 자신이 위 프라이드 승용차를 운전하고 가다가 교통사고를 낸 사람이라고 허위 진술로 피의자로서 조사를 받도록 함으로써 범인도피를 교사하였다는 이 사건 공소사실에 대하여, 범인도피를 교사한 피고인은 범인 본인이어서 구성요건 해당성이 없고, 피교사자 역시 범인의 친족이어서 불가벌에 해당하므로 피고인이 타인의 행위를 이용하여 자신의 범죄를 실현하고, 새로운 범인을 창출하였다는 교사범의 전형적인 불법이 실현되었다고 볼 수 없을 뿐만 아니라, 피고인이 자기방어행위의 범위를 명백히 일탈하거나 방어권의 남용에 속한다고 보기 어려워 위 공소사실은 죄가 되지 아니한다고 판단하였다.

그러나 범인이 자신을 위하여 타인으로 하여금 허위의 자백을 하게 하여 범인도피죄를 범하게 하는 행위는 방어권의 남용으로 범인도피교사죄에 해당하는바(대법원 2000. 3. 24. 선고 2000도20 판결 참조), 이 경우 그 타인이 형법 제151조 제2항에 의하여 처벌을 받지 아니하는 친족, 호주 또는 동거 가족에 해당한다 하여 달리 볼 것은 아니라 할 것이다.

따라서 원심판결에는 범인도피교사죄에 관한 법리를 오해하여 판결 결과에 영향을 미친 잘못이 있다 할 것이므로, 이 점을 지적하는 검사의 상고논지는 이유 있다.

(라) 대법원 1987. 2. 10. 선고 85도897 판결【폭력행위등처벌에관한법률위반 · 범인도피】(공1987, 475)

원래 수사기관은 범죄사건을 수사함에 있어서 피의자나 참고인의 진술여하에 불구하고 피의자를 확정하고 그 피의사실을 인정할 만한 객관적인 제반증거를 수집 조사하여야 할 권리와 의무가 있는 것이므로 참고인이 범인 아닌 다른 자를 진범이라고 내세우는 경우 등과 같이 적극적으로 허위의 사실을 진술하여 수사관을 기만, 착오에 빠지게 함으로써 범인의 발견 · 체포에 지장을 초래케 하는 경우와는 달리 참고인이 수사기관에서 진술을 함에 있어 단순히 범인으로 체포된 사람과 동인이 목격한 범인이 동일함에도 불구하고 동일한 사람이 아니라고 허위진술을 한 정도의 것만으로는 참고인의 그 허위진술로 말미암아 증거가 불충분하게 되어 범인을 석방하게 되는 결과가 되었다 하더라도 바로 범인도피죄를 구성한다고 할 수는 없다고 봄이 상당하다 할 것이다.

위와 같이 보지 않는다면 참고인은 항상 수사기관에 대하여 진실만을 진술하여야 할 법률상의 의무를 부담하게 되고, 추호라도 범인에게 유리한 허위진술을 하면 모두 처벌받게 되는 결과가 되어 법률에 의한 선서를 한 증인이 허위의 진술을 한 경우에 한하여 위증죄가 성립된다는 형법의 규정취지와 어긋나기 때문이다(당원 1971. 3. 9. 선고 71도186 판결; 1977. 2. 22. 선고 76도3685 판결 등 참조, 위 판결들은 위계에 의한 공무집행방해죄에 관한 것이나 이 사건에서도 참고가 된다).

따라서 피고인이 공소외 B로 하여금 경찰에서 참고인진술을 함에 있어 절도혐의로 체포되어 있던 공소외 A가 동인이 목격한 절도범인이 아니라고 허위진술하게 하였다 하더라도 그것만으로는 범인도피죄가 성립될 수 없다고 할 것임에도 불구하고 원심이 피고인의 위 소위를 범인도피죄로 의율한 제1심판결을 그대로 유지하였음은 범인도피죄의 법리를 오해한 위법을 저지른 것이라고 하지 아니할 수 없고, 이 점을 지적하는 취지의 상고논지는 이유 있다.

(마) 대법원 1995. 9. 5. 선고 95도577 판결【도로교통법위반 · 범인도피】(공 1995, 3457)

범인도피죄는 범인을 도피하게 함으로써 기수에 이르지만 범인도피행위가 계속되는 동안에는 범죄행위도 계속되고 행위가 끝날 때 비로소 범죄행위가 종료된다고 할 것이고, 공범자의 범인도피행위의 도중에 그 범행을 인식하면서 그와 공동의 범의를 가지고 기왕의 범인도피상태를 이용하여 스스로 범인도피행위를 계속한 자에 대하여는 범인도피죄의 공동정범이 성립한다고 할 것이다. 원심판시와 같이 피고인 을, 원심공동피고인 A, B가 서로 공모하여 위 원심공동피고인 B가 이 사건 사고를 낸 운전사인 양 수사관서에 허위신고한 후 진범인 원심공동피고인 C가 자수하기 전에, 피고인 갑이 이러한 사실을 인식하면서, 위 원심공동피고인 B와 C를 만나 판시와 같은 행위를 하였다면, 비록 동 피고인이 다른 공범자들과 사전에 범인도피의 공모를 하지 아니하였다고 하더라도 그들과 공동의 범인도피의 범의를 가지고 기왕의 범인도피상태를 이용하여 스스로 범인도피의 실행행위를 계속한 것으로서 범인도피죄의 공동정범이 성립된다고 할 것이다.

논지는 동 피고인의 행위가 이미 범인도피행위가 완료된 후의 행위로서 범인도피죄에 해당하지 않는다는 것이나 받아들일 수 없다.

쟁점연구

1. 형법 제151조 제1항은 '벌금 이상의 형에 해당하는 죄를 범한 자'를 은닉 또는 도피하게 한 행위를 범인은닉 또는 범인도피의 죄로 처벌하고 있다.

그런데 도입판례에서 대법원은 사후에 무혐의로 판명된 자를 도피하게 한 피고인에 대해 범인도피죄를 긍정하고 있다. 형법 조문이 '…죄를 범한 자'로 되어 있음에도 불구하고 이러한 경우까지 처벌을 확장하는 것이 과연 타당한가?

2. 도주원조죄(형법 148)와 범인도피죄(형법 151①)의 차이점을 설명해 보라.
3. 참고판례 (가)와 (나)는 범인도피죄에 있어서 '도피'의 개념을 다루고 있다. 참고판례 (가)와 (나)를 종합하여 '도피'의 성립범위를 설명해 보라.
4. 참고판례 (다)는 범인도피교사죄의 성립범위를 다루고 있다. 참고판례 (다)에서 원심법원과 대법원의 논증과정을 비교 분석해 보라.
5. 참고판례 (라)와 (마)는 수사기관에서의 허위진술 문제를 다루고 있다. 현행법상 수사기관에서의 허위진술이 처벌되는 경우와 그렇지 아니한 경우를 구별해 보라.

제23장 위증과 증거인멸의 죄

Ⅰ. 위 증 죄

도입판례

대법원 1983. 9. 27. 선고 83도42 판결 【위증】 (공1983, 1626)

【피 고 인】 갑
【상 고 인】 검사
【변 호 인】 변호사 안이준
【원심판결】 전주지방법원 1982. 11. 3 선고 82노551 판결
【주　　문】 원심판결을 파기한다.
　　　　　　검사의 항소를 기각한다.
【이　　유】

검사의 상고이유를 본다.

원심판결 이유에 의하면, 원심은 공소사실과 같이 피고인이 증인으로 나서서 "본건 부동산은 종중소유인데 원고의 선대인 소외 망 A 앞으로 명의신탁된 사실을 압니다", "본건 부동산은 수백 년 전부터 종중 소유였읍니다"라고 한 진술은 피고인이 스스로 경험한 사실에 관한 진술일 수는 없고 다만 동 부동산의 권리귀속에 관한 피고인 나름대로의 의견 내지는 평가에 관한 진술에 지나지 아니한 것이므로 그 진술내용이 피고인이 경험한 사실에 터잡아 추론하여 얻은 의견 내지는 평가와 달리 진술된 것이라고 하더라도 그와 같은 진술은 위증죄의 구성요건이 되는

허위의 공술에는 해당되지 아니하므로 이 사건 공소사실은 죄가 되지 아니하고, 제1심 판결은 그 이유는 다르나 갑에 대하여 무죄를 선고한 조처는 결국 정당하다 하고, 이에 대한 검사의 항소를 기각하였다. 그러나 증인이 흔히 "……한 사실을 압니다", "…은 …의 소유였읍니다"라고 진술할 경우 그와 같은 진술이 경험사실이 아닌 증인 나름대로의 단순한 의견이나 평가의 진술에 불과한 경우에는 위증죄의 구성요건인 허위의 공술에 해당될 수 없다고 할 것이나 일반적으로는 그러한 진술은 증인이 직접 경험하거나 또는 타인의 경험한 바를 전해 들어서 어떤 사실을 알게 되고 또 권리귀속에 관한 인식을 가지게 되어 그러한 내용을 진술하는 것이라 할 것이어서 이와 같은 경우에는 증인이 그 증언내용을 알게 된 경위에 따라 그 증언내용이 기억에 반한 진술인지의 여부를 가려야 한다고 할 것이다. 그런데 기록에 의하면 이 사건 공소사실의 요지는 피고인이 이 사건 부동산의 권리귀속관계에 관하여 알고 있는 바와 다르게 증언한 것이 위증이라는 취지이고, 또한 피고인은 경찰 이래 제1심 법정에 이르기까지 이 사건 부동산의 권리귀속관계에 관하여 피고인의 선친 등으로부터 전해 들어서 알고 있는 사실을 그대로 증언하였다고 변소하고 있는 바이므로 이 사건 증언의 취지는 이 사건 부동산의 권리귀속관계에 관한 피고인의 단순한 의견이나 평가에 관한 진술이 아니라 피고인이 타인으로부터 들어서 알게 된 사실을 증언한 취지라고 할 것이므로 원심으로서는 피고인이 판시 증언내용을 알게 된 경위를 심리판단하여 피고인의 진술내용이 기억에 반한 것인지의 여부를 가렸어야 할 것임에도 불구하고 이 사건 증언은 이 사건 부동산의 권리귀속관계에 관한 단순한 의견 내지 평가에 관한 진술에 불과하여 위증죄의 구성요건이 되는 허위의 공술에는 해당되지 아니한다고 단정하고 바로 검사의 항소를 기각한 원심의 조처는 필경 위증죄의 법리를 오해하고 심리를 제대로 하지 아니한 위법을 저질렀고 이는 판결에 영향을 미쳤다고 할 것이므로 이를 탓하는 논지는 이유 있다.

그러므로 원심판결을 파기하고, 이 사건은 소송기록 및 원심법원과 제

1심 법원이 조사한 증거에 의하여 당원에서 판결하기에 충분하다고 인정되므로 형사소송법 제396조에 의하여 자판하기로 한다.

검사의 항소이유의 요지는, 피고인의 증언내용은 피고인의 아들 공소외 A의 진술과도 서로 맞지 아니하여 허위의 증언임을 알 수 있을 뿐만 아니라 참고인 B, C의 각 진술에 의하면 피고인이 허위의 증언을 하고 있다는 것을 충분히 인정할 수 있는 데도 불구하고 피고인이 그의 선대 등으로부터 전해 들어서 알고 있는 사실을 그대로 진술하였다는 변소를 받아들여 그 증언내용이 피고인의 선대 등으로부터 전해들은 내용과 다르냐에 관하여 입증이 없다고 하여 피고인에게 무죄를 선고한 제1심 판결은 심리를 다하지 못하여 사실을 오인하고 위증죄의 법리를 오해하여 판결에 영향을 미친 위법이 있다는 것이다.

그러므로 보건대, 기록을 살펴보면 제1심이 이 사건에 있어서와 같이 다른 사람으로부터 전해 들어 알게 된 것을 증언함에 있어서 그 증언이 위증죄로 되기 위하여서는 그 증언내용이 다른 사람이 전해 알려준 내용과 다른 내용의 증언임이 입증되어야 할 것이라고 전제하고, 이 사건에 있어서 피고인이 위와 같이 증언한 내용이 피고인의 선친 등 선대들이 피고인에게 이 건 부동산의 소유관계에 대하여 전해 알려준 내용과 다르다는 점에 대하여 아무런 입증이 없다고 한 조처는 수긍이 가고, 소론이 들고 있는 증거들을 비롯한 이 사건의 모든 증거들에 의하여도 피고인이 알게 된 경위와 달리 기억에 반한 진술을 한 것이라고 인정하기에 미흡하다 할 것이므로 결국 이 사건 공소사실에 대하여 범죄의 증명이 없다고 하여 피고인에게 무죄를 선고한 제1심 판결은 정당하고, 검사의 항소는 이유가 없으므로 이를 기각하기로 하여 관여법관의 일치된 의견으로 주문과 같이 판결한다.

대법관 오성환(재판장) 정태균 윤일영 김덕주

참고판례

(가) 대법원 1996. 8. 23. 선고 95도192 판결【특정경제범죄가중처벌등에관한법률위반(배임)·절도·위증】(공1996, 2931)

1. 특정경제범죄가중처벌등에관한법률위반(배임), 배임, 위증의 각 죄에 대하여

형사재판에 있어서 유죄의 인정은 법관으로 하여금 합리적인 의심을 할 여지가 없을 정도로 공소사실이 진실한 것이라는 확신을 가지게 할 수 있는 증명력을 가진 증거에 의하여야 하므로 이와 같은 증거가 없다면 설령 피고인에게 유죄의 의심이 간다고 하더라도 피고인의 이익으로 판단할 수밖에 없고(대법원 1996. 3. 8. 선고 95도3081 판결; 1996. 4. 12. 선고 94도3309 판결 등 참조), 또한 형사재판에 있어서 관련된 민사사건의 판결에서 인정된 사실은 공소사실에 대하여 유력한 인정자료가 된다고 할지라도 반드시 그 민사판결의 확정사실에 구속을 받는 것은 아니며(대법원 1983. 6. 28. 선고 81도3011 판결 참조), 한편 위증죄는 법률에 의하여 선서한 증인이 자기의 기억에 반하는 사실을 진술함으로써 성립하는 것이므로 그 진술이 객관적 사실과 부합하지 않는다고 하여 그 증언이 곧바로 위증이라고 단정할 수는 없다(대법원 1988. 12. 13. 선고 88도80 판결 참조).

원심판결 이유에 의하면, 원심은 공소사실 중 판시 각 죄에 대하여, 피고인은 경찰(검찰의 오기임) 이래 원심법정에 이르기까지 일관하여 서울 P구 Q동 815의 1 대지는 원래 공소외 망 A와 내연의 관계에 있던 공소외 망 B의 소유로서 피고인에게 명의신탁된 것이므로 위 공소외 B의 상속인인 제1심 공동피고인 을, 병이 피고인을 상대로 명의신탁 해지를 원인으로 한 소유권이전등기청구소송을 제기하자 이를 인낙한 것일 뿐이고, 또한 그가 직장 상사로 모시던 위 공소외 A로부터 듣거나 그로부터 지시받아 실행한 사실을 판시 법정에서 그대로 증언하였을 뿐 기억에 반하여 허위의 진술을 한 사실이 전혀 없다면서 위 범행사실을 극구 부인하고 있고, 제1심이 유죄의 증거로 들고 있는 증거들 중, 위 공소외 A의 처인 공소외 C와 그 아들인 공소외

D의 검찰 이래 제1심 법정에서의 각 진술은 다른 증거에 비추어 그 신빙성이 의심스럽거나 위 각 공소사실을 인정하기에 부족하고, 위 공소외 C의 오빠인 공소외 E와 위 공소외 A가 경영하던 공소외 F 주식회사의 임직원이던 공소외 G, H, I, J, K의 검찰 또는 제1심 및 원심 법정에서의 각 진술은 다른 증거에 비추어 신빙성이 희박하거나 회사 내에서의 소문 및 자신의 생각 내지 추측을 나타낸 것 등으로서 위 각 공소사실의 증거로 삼을 수 없거나 그 증거로 삼기에 부족하며, 검사 작성의 공소외 L, M에 대한 각 진술조서의 기재는 피고인이 증거로 함에 동의하지 아니하고 그 진술조서의 진정성립을 인정할 아무런 자료도 없으므로 증거능력이 없고, 관련 민사판결(서울고등법원 … 판결)들은 모두 이 사건에 제출되어 있는 증거들과 동일한 증거자료들에 의하여 사실인정을 한 것으로서 판시와 같이 이 사건에 제출되어 있는 증거들이 위 각 공소사실을 유죄로 인정할 증거로 삼을 수 없거나 부족한 점 및 유죄의 인정에 있어 엄격한 증거를 요하는 형사재판의 특성에 비추어 보아 위 각 민사판결로서 위 각 공소사실을 유죄로 인정하기에 부족하며, 나머지 등기부등본, 제적등본, 호적등본, 증인신문조서사본, 절취서류사본, 확인서, 인낙조서사본, 교환계약서사본, 종합토지세 납세영수증의 각 기재만으로 위 각 공소사실을 인정할 증거로 삼을 수 없거나 그 증거로 삼기에 부족하다는 이유로 위 각 공소사실에 대하여 유죄로 인정한 제1심판결을 파기하고 무죄를 선고하였다.

기록과 위에서 본 법리에 비추어 살펴보면, 원심의 위 인정판단은 모두 수긍이 가고, 거기에 소론과 같이 채증법칙을 위배하여 사실을 오인한 위법이 있다고 할 수 없다.

(나) 대법원 1973. 11. 27. 선고 73도1639 판결 【위증】 (공1973, 7623)

형법 제153조에 의하면, 동법 제152조의 위증죄를 범한 자가 그 공술한 사건의 재판 또는 징계처분이 확정되기 전에 자백 또는 자수를 한때에는 그 형을 감경 또는 면제한다고 되어 있어 이러한 재판확정 전의 자백을 필요적 감경 또는 면제사유로 규정하고 있으며, 위와 같은 자백의 절차에 관하여는 아무런 법령상의 제한이 없으므로 그가 공술한 사건을 다루는 기관에 대한 자발적인 고백은 물론, 위증사건의 피고인 또는 피의자로서 법원이나 수사기관에서의 심문에 의한 고백 또한 위 자백의 개념에 포함되는 것이라고 할 것이다.

이 사건에서 볼 때 갑은 수사기관에서부터 원심 법정에 이르기까지 자기의 위증사실을 자백하고 있고, 특히 제1심 법정에서는 변호인을 통하여 당시 피고인이 증언한 사건인 71나○○○○호 대여금청구 항소사건을 심리하고 있던 서울고등법원에 고백한 자백서의 부[본]을 제출함으로서 이 사건 제1심 법원에 대하여 형의 감면사유를 주장하였던 것으로 보인다.

그렇다면 이 사건에서 피고인에 대하여 형법 제153조에 의한 형의 필요적 감면조치도 하지 아니하고, 또 형사소송법 제323조 제2항에 의하여 이러한 주장에 대한 판단이유도 명시하지 아니한 원심판결은 결국 위증죄에 있어서의 자백에 관한 법리를 오해하여 그 심리를 다하지 아니함으로써 판결에 영향을 미친 것이라고 할 것이므로 피고인의 이 점에 대한 상고를 받아들여 원심판결을 파기환송 하기로 한다.

(다) 대법원 2008. 10. 23. 선고 2005도10101 판결【위증】(공2008하, 1620)

1. 이 사건 공소사실의 요지

피고인은 2004. 4. 7. 부산고등법원에서 강도상해죄로 징역 4년을 선고받고 2004. 4. 16. 그 판결이 확정된 사람으로서, 사실은 2002. 9. 27. 새벽 부산 동래구 온천 3동에 있는 P주점 앞길에서 술에 취해 귀가하는 공소외 A와 어깨를 부딪치며 시비를 걸어 동인의 멱살을 잡고 주먹으로 얼굴을 때리는 등으로 공소외 A의 지갑을 강취하였음에도 불구하고, 2005. 1. 14. 16:00경 부산지방법원 제301호 법정에서, 위 강도상해 사건과 관련하여 피고인과 공범으로 기소된 공소외 B에 대한 강도상해 피고사건에 증인으로 출석한 후 선서하고 증언함에 있어 “피해자 공소외 A와 어깨를 부딪친 후 멱살을 잡고 시비한 사실이 있는가요”라는 검사의 질문에 “그런 사실은 없습니다”라고 대답함으로써 기억에 반하는 허위의 진술을 하여 위증하였다.

2. 원심의 판단

원심은 공범이 공동피고인으로 함께 재판을 받는 경우, 그 공동피고인에게는 증언을 거부할 수 있는 권리가 인정되어 위증죄로부터의 탈출구가 마련되어 있는 만큼 적법행위의 기대가능성이 없다고 할 수 없으므로, 증인선서를 한 공동피고인이 증언거부권을 포기하고 허위의 진술을 한 이상 위증죄의 처벌을 면할 수 없지만(대법원 1987. 7. 7. 선고 86도1724 판결 참조), 이 사건의 경우 피고인은 공범이기는 하나 강도상해죄로 이미 유죄판결이 확정된 상태이어서 공동피고인의 경우와는 달리 증언거부권이 인정되지 않으므로(형사소송법 제148조에 규정하고 있는 '유죄판결을 받을 사실이 발로될 염려가 있는 경우' 등에 해당되지 않는다), 피고인으로서는 공범으로 별건 기소된 공소외 B의 피고사건에 증인으로 채택되어 소환된 이상 증언을 거부할 수는 없는바, 위증죄로부터의 탈출구가 마련되어 있지 않은 피고인에게 그동안의 일관된 진술을 뒤엎고 확정된 유죄판결에서 판시하고 있는 자신의 범죄사실(이 사건의 경우는 피고인이 공소외 B와 공모하였는가에 관한 것이 아니라 피고인이 공소외 A와 어깨를 부딪친 사실이 있는지 여부에 관한 것이다)을 시인하는 증언을 하는 것을 기대할 수 없고, 따라서 자신의 범행사실을 부인하는 증언을 한 피고인의 판시 행위는 적법행위의 기대가능성이 없어 이 사건 공소사실은 범죄가 되지 않는 경우에 해당한다고 본 제1심판결이 정당하다고 판단하였다.

3. 당원의 판단

피고인에게 적법행위를 기대할 가능성이 있는지 여부를 판단하기 위하여는 행위 당시의 구체적인 상황하에 행위자 대신에 사회적 평균인을 두고 이 평균인의 관점에서 그 기대가능성 유무를 판단하여야 하는 점, 자기에게 형사상 불리한 진술을 강요당하지 아니할 권리가 결코 적극적으로 허위의 진술을 할 권리를 보장하는 취지는 아닌 점, 이미 유죄의 확정판결을 받은 경우에는 일사부재리의 원칙에 의해 다시 처벌되지 아니하므로 증언을 거부할 수 없는바, 이는 사실대로의 진술 즉 자신의 범행을 시인하는 진술을 기대할 수 있기 때문인 점 등에 비추어 보면, 피고인은 강도상해죄로 이미 유죄의 확정판결을 받았으므로 그 범행에 대한 증언을 거부할 수 없을 뿐만 아니라 나아가 사실대로 증언하여야 하고, 설사 피고인이 자신에 대한 형사사건에서 시종일관 그 범행을 부인하였다 하더라도 이러한 사정은 이 사건 위증죄에 관한 양형참작사유로 볼 수 있음은 별론으로 하고 이를 이유로 피고인에게 사실대로의 진술을 기대할 가능성이 없다고 볼 수는 없다.

그런데도 원심은 이와 달리 판시와 같은 이유로 피고인에게 사실대로의 진술을 기대할 가능성이 없다고 판단하였으니, 원심판결에는 기대가능성 내지 증언거부권에 관한 법리를 오해하여 판결에 영향을 미친 위법이 있고, 이를 지적하는 검사의 상고이유는 이유 있다.

쟁점연구

1. 도입판례는 위증죄(형법 152①)의 구성요건표지인 '허위의 진술'에 관한 것이다. 도입판례에서 문제된 쟁점을 정리해 보고, '진술'의 개념을 정의해 보라.

2. 참고판례 (가)에서 대법원은 증인의 진술이 설사 객관적 진실에 반한다고 할지라도 그 증언이 곧바로 위증에 해당하는 것은 아니라는 입장을 취하고 있다. 대법원이 이러한 태도를 취하게 되는 계기는 무엇인가? 대법원의 이러한 태도가 과연 타당하다고 생각하는가?

3. 참고판례 (나)는 위증죄와 관련한 자수·자백의 특례(형법 153)를 다루고 있다. 위증죄의 자수·자백의 특례가 가지는 특징과 그 적용시점을 설명해 보라.

4. 참고판례 (다)는 공범자가 있는 사안에서 위증죄와 기대가능성의 문제를 다루고 있다. 공범자 갑에 대한 재판에서 다른 공범자 을이 진술할 경우에 그 진술은 곧 을 자신의 처벌과 관련된 진술이 될 수 있다. 이 때문에 법정에서의 허위진술이 문제된 경우에 기대불가능성을 주장하는 경우가 생긴다. 공범자 간의 진술에 대해 대법원이 기대불가능성의 주장에 대해 취하고 있는 태도를 유형별로 분석해 보라.

Ⅱ. 증거인멸죄

도입판례

대법원 1995. 9. 29. 선고 94도2608 판결【허위공문서작성・허위공문서작성행사・공용서류손상・증거인멸】(공1995, 3650)

【피 고 인】 갑, 을, 병, 정
【상 고 인】 피고인들
【변 호 인】 변호사 양기준(갑을 위하여)
【원심판결】 전주지방법원 1994. 9. 6. 선고 94노146판결
【주　　문】 원심판결 중 갑, 을에 대한 부분을 파기하고, 이 부분 사건을 전주지방법원 합의부에 환송한다.
병, 정의 상고를 모두 기각한다.
【이　　유】

* * *

2. 피고인 갑, 을의 각 상고이유(기간이 경과된 후에 제출된 피고인 을의 각 추가상고이유서 중 상고이유를 보충하는 부분 포함)를 본다.

가. 공용서류손상죄에 대하여

원심이 인용한 제1심판결이 든 증거들을 기록에 비추어 살펴보면, 피고인 갑, 을의 판시 공용서류손상의 범죄사실을 인정하기에 넉넉하고, 원심판결에 소론과 같이 신빙성이 없는 증거에 의하여 사실을 인정한 채증법칙위반이나 심리미진, 이유불비 등의 위법이 없으며, 또한 판시 정원초과운항 확인서는 공무소에서 보관중이던 승선임검철에서 임의로 빼어낸 것으로서 공용서류손상죄의 객체가 됨이 분명하고, 위 증거에 드러난 범행의 모의와 실행 경위에 비추어 보면 위 피고인들은 공용서류

손상죄의 공동정범에 해당한다고 할 것이므로, 이와 같은 취지로 판단한 원심판결은 옳고, 거기에 소론과 같은 법리오해 등의 위법사유를 찾아볼 수 없으며, 갑의 항소이유서를 살펴보아도 거기에 소론의 사실오인이나 법리오해의 점을 항소이유로 내세운 것으로 볼 수 없으므로 원심판결에 이 점에 관한 판단유탈의 위법이 있다고 할 수 없다.

위 피고인들의 이 부분에 관한 논지들은 모두 이유가 없다.

나. 증거인멸죄에 대하여

증거인멸죄는 타인의 형사사건 또는 징계사건에 관한 증거를 인멸하는 경우에 성립하는 것으로서, 피고인 자신이 직접 형사처분이나 징계처분을 받게 될 것을 두려워한 나머지 자기의 이익을 위하여 그 증거가 될 자료를 인멸하였다면, 그 행위가 동시에 다른 공범자의 형사사건이나 징계사건에 관한 증거를 인멸한 결과가 된다고 하더라도 이를 증거인멸죄로 다스릴 수는 없다 할 것이며(대법원 1976. 6. 22. 선고 75도1446 판결 참조), 이러한 법리는 그 행위가 피고인의 공범자가 아닌 자의 형사사건이나 징계사건에 관한 증거를 인멸한 결과가 된다고 하더라도 마찬가지라고 하여야 할 것이다.

원심은 위 피고인들이 검찰로부터 이 사건 선박의 침몰사건과 관련하여 선박의 안전운항과 관련된 항만청의 직무수행 내용 등에 관한 서류의 제출을 요구받자, 이미 항만청 해무과 소속 공무원들이 위 선박의 정원초과 운항사실 등을 적발하여 선장 등으로부터 정원초과운항확인서 4장을 작성 받아 보관중이면서도 이에 따른 아무런 조치를 취하지 아니한 채 방치한 사실과 관련하여 위 피고인들을 비롯한 항만청 관계자들이 형사처벌 및 징계를 받을 것을 두려워하고 있던 중, 원심 판시와 같이 순차로 공소외 A에게 위 정원초과운항 확인서 4장을 소각할 것을 지시하여 위 공소외인이 이를 소각함으로써 위 서류의 효용을 해함과 동시에 위 선박의 정원초과운항과 관련하여 구속기소된 제1심 공동피고인에 대한 선박안전법위반사건의 증거를 인멸하였다는 제1심의 범죄사실을 인용하고, 위 피고인들을 공용서류손상죄와 증거인멸죄의 상상적 경합범으로 처벌하였으나, 원심의 위 범죄사실 자체에 의하더라도 위 피고인들은 자신들이 직접 형사처분이나 징계처분을 받게 될 것을 두려워한 나머지 스스로의 이익을 위하여 그 증거가 될 자료를 인멸하였다는 것이므로, 비록 위 피고인들의 행위가 동시에 위 제1심 공동피고인에 대한 별개 범행의 증거를 인멸한 결과가 된다고 하더라도 이를 증거인멸죄로 처벌할 수는 없다 할 것이다.

따라서 원심의 위 판단에는 증거인멸죄에 관한 법리를 오해한 위법이 있다 할 것이고, 한편 원심이 상상적 경합범의 관계에 있는 수죄를 모두 유죄로 인정한 것을 그 일부만이 유죄로 인정되는 경우와는 양형의 조건을 참작함에 있어서 차이가 생기게 됨으로써 판결의 결과에 영향을 미친 것이라 할 것이므로(대법원 1980. 12. 9. 선고 80도384 전원합의체 판결 참조), 원심판결 중 위 피고인들에 대한 부분은 파기를 면할 수 없다.

3. 그러므로 원심판결 중 피고인 갑, 을에 대한 부분을 파기하여 이 부분 사건을 원심법원에 환송하고, 피고인 병, 정의 상고는 모두 기각하기로 하여 관여 법관의 일치된 의견으로 주문과 같이 판결한다.

대법관 안용득(재판장) 천경송 지창권 신성택(주심)

참고판례

▷ 대법원 1995. 4. 7. 선고 94도3412 판결 【증거위조】 (공1995, 1909)

이 사건 공소사실은, 공소외 A가 공소외 B를 고소함에 따라 공소외 B에 대하여 수사가 시작되자, 피고인은 위 사건에 관하여 아는 바가 없음에도 불구하고 공소외 A의 부탁을 받아 경찰서에서 참고인으로 조사를 받으면서 그 부탁에 따라 공소외 B가 공소외 A를 강간하려고 하는 것을 목격하였다는 요지의 진술을 함으로써 타인의 형사사건에 관한 증거를 위조하였다는 취지이다.

그러나, 형법 제155조 제1항에서 타인의 형사사건에 관한 증거를 위조한다 함은 증거 자체를 위조함을 말하는 것이고, 참고인이 수사기관에서 허위의 진술을 하는 것은 이에 포함되지 아니한다 할 것이다.

원심이 피고인의 위 행위는 위 법조에 규정된 증거위조죄를 구성하지 아니한다고 판단하여 무죄를 선고한 제1심판결을 유지한 조치는 정당하고, 거기에 소론과 같이 증거위조죄에 관한 법리를 오해한 위법이 있다고 할 수 없다.

쟁점연구

1. 도입판례에서는 공용서류손상죄(형법 141①)와 증거인멸죄(형법 155①)가 문제되고 있다. '공용서류'와 '공문서'의 차이점을 설명해 보라.
2. 도입판례에서는 선박침몰사고가 문제되고 있다. 관련 공무원들은 자신들의 형사책임 및 징계처분을 면하기 위하여 관련 서류를 손괴하고 있다. 그런데 문제의 관련 서류는 선박침몰사고를 일으킨 선장의 형사처벌과 관련한 증거로도 되고 있다. 그렇다면 피고인들의 행위는 선장의 형사처벌에 관한 증거를 인멸한 행위에도 해당된다고 볼 수 있다. 그런데 대법원은 증거인멸죄(형법 155①)의 성립을 부정하고 있다. 이와 관련하여 대법원이 제시한 논거는 무엇인가?
3. 도입판례에서 증거인멸죄의 성립을 부정한 대법원의 태도는 과연 타당한가? 찬성, 반대의 입장을 택하고 논거를 제시해 보라.
4. 참고판례에서는 증거위조죄가 문제되고 있다. 증거위조죄(형법 155①)의 '위조' 개념과 각종 문서위조죄(형법 225, 231 참조)의 '위조' 개념을 비교·분석해 보라.

제24장 무고의 죄

도입판례

대법원 2005. 9. 30. 선고 2005도2712 판결【무고·변호사법위반】(공 2005, 1753)

【피 고 인】 갑, 을
【상 고 인】 피고인 을 및 검사
【원심판결】 서울고법 2005. 4. 15. 선고 2004노2656, 3230 판결
【주 문】 원심판결 중 피고인 을에 대한 부분과 피고인 갑에 대한 무죄 부분을 모두 파기하고, 이 부분 사건을 서울고등법원에 환송한다.
【이 유】

* * *

2. 검사의 상고에 대하여

가. 원심의 판단

원심은, 피고인들은 공모하여, 2002. 5. 23. 서울 P구 소재 P경찰서 민원실에서 사실은 피고인들이 각 공소외인에게 돈을 빌려 준 적이 없음에도 불구하고 공소외인으로 하여금 형사처분을 받게 할 목적으로 "고소인들이 2002. 4. 22. 공소외인에게 각 5,000만 원을 빌려주고 공소외인이 2002. 5. 19.까지 1주일 단위로 원리금을 균등상환하기로 하였는데 2002. 5. 22.까지 원리금을 전혀 변제하지 않아서 고소장을 제출하니 자세히 살펴보고 엄벌에 처해 달라"는 취지의 허위사실을 기재한 고소장

을 피고인들 각자의 명의로 작성하여 P경찰서장 앞으로 제출, 접수케 하여 공소외인을 무고하였다는 이 사건 공소사실에 대하여, 채용 증거들을 종합하여, 피고인들은 공소외인과 그로부터 피해를 당한 사람들 사이의 합의를 주선하기 위하여 자신들도 피해자인 것처럼 행세하기 위한 방편으로 공소외인을 고소하기로 하고 이러한 취지를 공소외인에게도 미리 알린 후 공소외인으로부터 차용금 피해를 당한 것처럼 허위사실을 기재하여 공소외인을 고소한 사실, 피고인들의 공소외인에 대한 고소사실은 피고인들이 각자 공소외인에게 2002. 4. 22. 금 5,000만 원을 변제기 2002. 5. 19., 이자 월 5부로 정하여 매주 원리금을 균등 상환받기로 하는 약정하에 대여하였는데 공소외인이 위 변제기를 경과한 2002. 5. 22.까지 원리금을 전혀 변제하지 않고 있으니 엄벌하여 달라는 것이고 고소장에 그와 같은 내용의 허위의 차용증을 작성하여 첨부한 사실, 피고인들은 바로 공소외인에게 합의서를 작성하여 교부해 주는 한편 수사기관의 고소인 출석요구에 응하지 않았고, 결국 피고인들의 고소사건은 고소장 각하로 종결된 사실을 각 인정할 수 있는바, 위 인정사실에 나타난 피고인들의 고소경위, 고소내용, 고소 전후의 대응방법에 관한 사전계획 등에 비추어 보면, 피고인들은 당초부터 고소인 진술을 회피할 의사를 가졌고, 고소내용도 단순히 공소외인이 돈을 빌리고도 약정에 반하여 변제하지 않는다는 것에 불과하여, 그 정도 내용의 고소에 대하여 고소인이 전혀 출석을 하지 않으면 피고소인으로서는 형사상의 불이익한 처분을 받을 가능성이 전혀 없다고 나름대로 판단하였거나, 혹은 그러한 가능성을 전적으로 배제하지는 못한다고 하더라도 최소한 그러한 가능성을 감수, 용인하면서 고소한 것으로는 보기 어렵다는 이유로 피고인들에 대한 이 사건 공소사실에 대하여 무죄를 선고한 제1심의 조치를 유지하였다.

나. 대법원의 판단

그러나 원심의 위와 같은 판단은 아래와 같은 이유로 수긍하기 어렵다.

무고죄는 국가의 형사사법권 또는 징계권의 적정한 행사를 주된 보호법익으로 하고 다만, 개인의 부당하게 처벌 또는 징계 받지 아니할 이익을 부수적으로 보호하는 죄이므로, 설사 무고에 있어서 피무고자의 승낙이 있었다고 하더라도 무고죄의 성립에는 영향을 미치지 못한다 할 것이다. 그리고 무고죄에 있어서 형사처분 또는 징계처분을 받게 할 목적은 허위신고를 함에 있어서 다른 사람이 그로 인하여 형사 또는 징계처분을 받게 될 것이라는 인식이 있으면 족한 것이고 그 결과발생을 희망하는 것까지를 요하는 것은 아니므로, 고소인이 고소장을 수사기관에 제출한 이상 그러한 인식은 있었다고 보아야 할 것이다(대법원 1991. 5. 10. 선고 90도2601 판결 참조).

그런데 원심이 확정한 사실관계에 의하면, 피고인들은 공소외인과 그로부터 피해를 당한 사람들과의 합의를 주선하기 위하여 자신들도 피해자인 것처럼 행세하기 위하여 공소외인의 승낙을 받고 공소외인으로부터 차용금 피해를 당한 것처럼 허위사실을 기재한 이 사건 고소장을 제출하였다는 것이므로, 공소외인에 대한 형사처분이라는 결과발생을 의욕한 것은 아니라 하더라도 적어도 그러한 결과발생에 대한 미필적인 인식은 있었던 것으로 보아야 할 것이다.

이와 달리, 그 판시와 같은 이유만으로 피고인들에게 무고의 목적이 없었다고 한 원심의 판단에는 무고죄의 목적에 관한 법리오해의 위법이 있고, 이는 판결결과에 영향을 미쳤다 할 것이다.

* * *

대법관 유지담(재판장) 배기원 이강국(주심) 김용담

참고판례

(가) 대법원 1994. 2. 8. 선고 93도3445 판결【무고】(공1994, 1045)

타인으로 하여금 형사처분을 받게 할 목적으로 공무소에 대하여 허위의 사실을 신고하였다고 하더라도, 신고된 범죄사실에 대한 공소의 시효가 완성되었음이 그 신고의 내용 자체에 의하여 분명한 경우에는, 형사처분의 대상이 되지 않는 것이므로 무고죄가 성립하지 아니한다고 보아야 할 것이다(당원 1982. 3. 23. 선고 81도2617 판결; 1985. 5. 28. 선고 84도2919 판결 등 참조). 이 사건 공소장에 기재된 공소사실의 요지는 갑이 1992. 1. 하순경 P지방검찰청 Q지청에서 "공소외 A가 1978. 6. 4. 13:00경에 피고인 명의의 기증약정서를 위조하였다"는 취지의 고소장을 작성 접수시켜 위 A를 무고하였다는 것인바, 피고인이 신고하였다는 범죄사실은 사문서위조죄에 해당하는 것으로서 형법 제231조와 형사소송법 제249조 제1항 제4호에 의하면 그 공소시효의 기간이 5년임이 명백하고, 따라서 피고인이 고소한 내용 자체에 의하더라도 고소할 당시에 이미 공소의 시효가 완성되었음이 역수상 명백하므로, 피고인이 고소한 사실이 허위라고 하더라도 무고죄가 성립하지 않는 것이다.

(나) 대법원 1991. 10. 11. 선고 91도1950 판결【무고】(공1991, 2766)

1. 원심판결 이유에 의하면, 원심은 거시증거에 의하여, 서울 P구 소재 [Q]아파트의 관리대행업체인 공소외 A주식회사의 관리소장 공소외 B가 같은 회사의 보일러 기계실장이던 피고인 등 3인이 보일러 세관[洗罐] 후 발생하는 폐수를 하수구에 무단방류하였다고 경찰에 고발하자, 피고인이 이에 대응하여 "자신은 폐수를 버리라고 지시한 적도 없고, 폐수를 버린 적도 없으며, 폐수를 버린 사실을 알지도 못하고 있는데 관리소장 공소외 B가 허위사실을 고발하여 피고인을 무고하였다"는 취지로 공소외 B를 경찰에 고소한 사실, 한편 검사는 공소외 B의 고발사건에 대하여 "피고인 등이 보일러 세관수를 하수구에 방류한 사실은 인정되나, 위 세관수는 수소이온농도(PH)가 4.1로서 그 농도가 2.0 이하 또는 12.5 이상인 산업폐기물에 해당하지 아니하고, 또 이에는 환경보전법시행규칙 별표3 소정의 특정유해물질이 포함되어 있지 않다는 이유로 갑 등의 환경보전법위반의 피의사실은 범죄혐의 없다"는 취지의 결정을 내린 사실을 인정하고, 위 인정사실에 의하면 피고인이 방류한 세관수는 환경보전법상의 산업폐기물에 해당하지 아니하고, 또 동법 시행규칙

소정의 특정유해물질도 함유하고 있지 않아서 공소외 B가 고발한 갑의 행위는 결과적으로는 환경보전법위반죄를 구성할 수 없는 것이므로, 비록 갑이 위 방류폐수의 성분에 관한 법률적 문제점에 관하여는 언급함이 없이 피고인이 폐수를 방류한 사실이 없는데도 있는 것처럼 무고하였다는 취지로 공소외 B를 고소하였다 하더라도 이는 공소외 B의 고발내용이 결국 범죄를 구성하지 아니한다는 객관적 사실에 부합하여 무고죄가 성립되지 않는다고 판시하였다.

2. 무고죄는 타인으로 하여금 형사처분 등을 받게 할 목적으로 신고한 사실이 객관적 진실에 반하는 허위사실인 경우에 성립되는 범죄로서, 신고자가 그 신고내용을 허위라고 믿었다 하더라도 그것이 객관적으로 진실한 사실에 부합할 때에는 허위사실의 신고에 해당하지 않아 무고죄는 성립하지 않는 것이며, 한편 위 신고한 사실의 허위 여부는 그 범죄의 구성요건과 관련하여 신고사실의 핵심 또는 중요내용이 허위인가에 따라 판단하여 무고죄의 성립 여부를 가려야 할 것이다.

3. 기록에 의하면, 공소외 B의 피고인에 대한 고발내용 중 범죄구성요건에 관련된 중요부분은 피고인이 환경보전법 제37조에서 규정하고 있는 '특정유해물질 또는 산업폐기물'을 함유하고 있는 보일러 세관수를 정당한 사유 없이 방류함으로써 결국 위 법조를 위반하였다는 것이고, 한편 피고인의 공소외 B에 대한 고소내용의 중요부분은 갑이 그와 같이 '특정유해물질 또는 산업폐기물'을 함유하고 있는 보일러 세관수를 방류한 사실이 없어 결국 공소외 B의 위 고발내용이 허위라는 것이므로, 앞서, 본 검사의 불기소결정에서와 같이 피고인이 보일러 세관수를 방류한 사실이 인정된다 하더라도 그 세관수가 위 법조에 규정된 특정유해물질이나 산업폐기물을 함유하고 있지 않다면, 공소외 B의 위 고발내용은 결과적으로 그 범죄구성요건에 관련된 중요부분이 허위인 것이고, 반면 피고인의 고소내용은 그 중요부분에 있어 객관적으로 진실한 사실에 부합하는 것이어서, 피고인이 허위사실을 신고한 것이라고는 할 수 없다 할 것이다.

4. 따라서 같은 취지에서 피고인의 이 사건 행위가 무고죄에 해당하지 아니한다고 판시한 원심판결은 정당하고, 거기에 소론과 같이 무고죄의 법리

를 오해하는 등의 위법이 있다 할 수 없으므로 논지는 이유 없다.

(다) 대법원 1991. 12. 13. 선고 91도2127 판결【공갈·공갈미수·무고】(공1992, 561)

무고죄에 있어서의 형사처분을 받게 할 목적이란 허위신고를 함으로써 다른 사람이 그로 인하여 형사처분을 받게 될 것이라는 인식이 있으면 족한 것이고 그 결과발생을 희망하는 것까지는 필요치 않는 것이며(당원 1986. 8. 19. 선고 86도1259 판결 참조), 또 무고죄에 있어서의 범의는 반드시 확정적 고의임을 요하지 아니하므로 신고자가 진실하다는 확신 없는 사실을 신고함으로써 무고죄는 성립하고 그 신고사실이 허위라는 것을 확신할 것까지는 없다고 할 것인바(당원 1988. 2. 9. 선고 87도2366 판결 참조), 이 사건에 있어 피고인들이 제출한 진정서의 기재내용에 의하면 그 진정의 취지는 피진정인에 대한 사업수익금 전용에 따른 탈세혐의사실의 조사를 바라는 데 있음을 알 수 있으므로, 피고인들에게 위 진정제기에 있어 피진정인들의 형사처분을 받게 할 목적이 있었다고 충분히 인정되고, 또 피고인들이 위 진정서상에 그 진정사실이 진실하다는 확신이 없음을 미리 밝혔다고 해서 무고의 범의를 인정하는 데 장애가 된다고 할 수도 없다. 또한 국세청장은 조세범칙행위에 대하여 벌금 상당액의 통고처분을 하거나 검찰에 이를 고발할 수 있는 권한이 있으므로, 위 국세청장에 대하여 탈세혐의사실에 관한 허위의 진정서를 제출하였다면 무고죄가 성립한다고 볼 것이다. 논지는 모두 이유 없다.

(라) 대법원 1991. 6. 25. 선고 91도884 판결【무고】(공1991, 2074)

2. 제1심이 단순일죄인 공소사실의 일부에 대하여만 유죄로 인정한 경우에 피고인만이 항소하였다 하여도 그 항소는 그 일죄의 전부에 미친다 할 것이어서(당원 1982. 3. 23. 선고 80도2847 판결 참조), 항소심은 그 무죄부분에 대하여도 심판할 수 있다 할 것이므로, 이 사건의 제1심이, 피고인들이 공소외인에 대하여 3개의 문서를 위조 변조 행사하였다 하여 고소함으로써 무고하였다는 공소사실에 대하여 그 중 1개의 문서에 대한 고소 부분만이 무고

라고 보아 주문에 유죄의 선고를 하고 나머지 2개의 문서에 대한 고소 부분에 대하여는 무고라고 볼 증거가 없다면서 이유 중 무죄의 설시를 한 데 대하여 피고인만이 항소하였으나, 원심은 공소사실을 단순일죄로 보고 제1심판결의 무죄 부분까지를 심리의 대상으로 삼아 제1심판결을 파기하고 공소사실 전부에 대하여 유죄로 인정하면서 제1심과 동일한 형을 선고하였는바, 원심의 이와 같은 조치는 이를 수긍할 수 있고 거기에 소론이 지적하는 불이익변경금지원칙이나 항소심의 심판범위에 대한 법리를 오해한 위법이 있다 할 수 없다.

쟁점연구

1. 도입판례는 무고죄의 보호법익에 대하여 다루고 있다. 무고죄의 보호법익에 관한 견해들을 살펴보고 논쟁의 실익을 설명해 보라.
2. 도입판례는 피무고자의 승낙에 기초한 무고의 사안으로서 소위 자기무고에 준하는 것이라고 할 수 있다. 자기무고의 처벌 여부에 대한 견해들을 소개하고 자신의 입장을 택한 다음 그 타당성을 논증해 보라.
3. 소위 허무인에 대한 무고의 사안에 대해 그 처벌 여부에 대한 견해들을 소개하고 자신의 입장을 택한 다음 그 타당성을 논증해 보라.
4. 참고판례 (가)는 허위사실의 신고가 범죄사실을 구성하지 않는 경우를 다루고 있다. 허위사실의 신고가 범죄사실을 구성하는 경우와 그렇지 아니한 경우의 구별에 대해 대법원이 제시하고 있는 기준을 분석해 보라.
5. 참고판례 (나)는 '허위사실의 신고'와 관련하여 '허위' 여부에 대한 판단기준을 다루고 있다. '허위'의 개념을 정의하고 대법원이 제시한 판단기준을 설명해 보라.
6. 참고판례 (다)는 무고죄의 주관적 구성요건에 관한 문제를 다루고 있다. 대법원이 무고죄의 주관적 구성요건의 판단기준으로 제시한 사항을 유형별로 설명해 보라.

7. 참고판례 (라)는 무고죄의 죄수에 관한 문제를 다루고 있다. 무고죄의 죄수판단과 관련하여 제시되는 견해들을 소개하고, 각 학설을 본 판례의 사안에 대입시켜 결론을 도출해 보라.

판례색인

사항색인

[ㅈ]

공저자약력

신동운(申東雲)
독일 프라이부르그 대학교 법학박사
법무부 형사법개정특별심의위원회 위원
서울대학교 교수

한인섭(韓寅燮)
서울대학교 법학박사
대법원 양형위원회 위원
서울대학교 교수

이용식(李用植)
독일 프라이부르그 대학교 법학박사
법무부 형사법개정특별심의위원회 위원
서울대학교 교수

조 국(曺 國)
미국 캘리포니아 버클리대학교 법학박사
국가인권위원회 위원
서울대학교 교수

이상원(李祥源)
서울대학교 법학박사
대법원 재판연구관(전)
서울대학교 부교수

로스쿨 형법각론

2009年 9月 10日 初版印刷
2009年 9月 20日 初版發行

共著者 신동운 · 한인섭 · 이용식 · 조 국 · 이상원
發行人 安 鍾 萬
發行處 (株) 博 英 社
서울特別市 鍾路區 平洞 13-31番地
電話 (733) 6771 FAX (736) 4818
登錄 1959. 3. 11. 제300-1959-1호(倫)

www.pakyoungsa.co.kr e-mail: pys@pakyoungsa.co.kr

定 價 42,000원 ISBN 978-89-7189-174-2